Reiner Sörries

Die alpenländischen Fastentücher

Vergessene Zeugnisse
volkstümlicher Frömmigkeit

Universitätsverlag Carinthia · Klagenfurt

Eingereicht als Habilitationsschrift an der
Theologischen Fakultät der
Friedrich-Alexander-Universität Erlangen/Nürnberg
im Juli 1986

ISBN 3-85378-232-9

Einband von Dr. Ingeborg Zengerer
Herstellung: Graphischer Betrieb Carinthia, Klagenfurt

Vorwort

Die Fastentücher zählen zu den merkwürdigsten und denkwürdigsten Kirchengebräuchen des Mittelalters. Für die wenigen Wochen der vorösterlichen Fastenzeit hat man große Leintücher geschaffen, mit bis zu hundert biblischen Bildern bemalt und mitten im Kirchenraum aufgehängt. Die übrige Zeit des Jahres blieben sie zusammengerollt und unbeachtet. Einst über ganz Europa verbreitet, sind die Fastentücher selten geworden und als geschlossene Gruppe in der beschriebenen Form nur noch in den Alpen anzutreffen.

Von jeher ist das Alpenland aufgrund seiner besonderen geographischen Verhältnisse ein Gebiet, in das auf den großen Durchgangsstraßen immer wieder Neuerungen von außen gelangten, das sich aber auch ausgeprägt konservative Strukturen bewahrte. Enge und unwegsame Täler sowie beschwerliche Paßübergänge haben eine Mobilität der Bevölkerung nicht gestattet; die klimatischen Gegebenheiten bedeuteten für viele Menschen im Winter eine monatelange Isolation und verstärkten ihre Seßhaftigkeit. Im ganzen gesehen, haben die Alpen eine eher ländlich-bäuerliche Siedlungsstruktur und relativ wenig städtische Zentren. Die überwiegende Mehrheit der Bevölkerung fand ihren Lebensunterhalt in der Landwirtschaft und der Viehhaltung, kam selten zu großem Reichtum, doch langte es zu einem bescheidenen Auskommen.

Diese Faktoren trugen entscheidend dazu bei, daß sich in den Alpen häufiger als anderswo Formen mittelalterlicher Frömmigkeit sehr lange, teilweise bis heute zäh erhalten haben. So kennen wir aus den Alpen noch zahlreiche religiöse Bräuche, die speziell in der kirchlichen Fastenzeit vor Ostern geübt wurden. Aufgrund ihrer hohen Anschaulichkeit sind an erster Stelle die Passionsspiele zu nennen, wie sie heute in Oberammergau, in Erl und vielleicht typischer noch an anderen Orten, wie zum Beispiel in Treßdorf (Kärnten), gepflegt werden.

Schon weniger bekannt sind das Aufstellen der Heiliggräber und der Fastenkrippen. Dazu gehören die Karfreitagsandachten und die Auferstehungsfeiern. Innerhalb dieses Brauchtums müssen auch die Fastentücher oder andernorts Hungertücher genannten großen textilen Behänge gesehen werden. Ihre Eigenart besteht darin, daß sie die einzig erhaltene Form der liturgischen Verhüllung darstellen und paradoxerweise entgegen ihrem Verhüllungszweck zu den monumentalsten bildlichen Entfaltungen der Heilsgeschichte gehören. Beides kommt hier zusammen: So verhüllen die alpenländischen Fastentücher einerseits Bildwerke, andererseits erzählen sie, auf Leinwand gemalt, die biblische Geschichte von der Schöpfung über den Sündenfall bis zum Jüngsten Gericht.

Angesichts ihrer weiten Verbreitung, die sie einst besessen haben, und ihrer beherrschenden Rolle im Kirchenraum während der Passionszeit erstaunt es sehr, daß die Fastentücher über ein heimatkundliches Interesse hinaus kaum Beachtung gefunden haben. Einen Grund für ihren geringen Bekanntheitsgrad sehen wir in dem Umstand, daß sie dort, wo sie noch in Verwendung stehen, ausschließlich in der Passionszeit zu sehen sind, in Museen und Sammlungen aber selten geeignete Ausstellungsräume für die großformatigen Tücher existieren. Zahlreiche Reisen in den Wintermonaten Februar und März waren notwendig, um eine einigermaßen flächendeckende Kenntnis der Fastentücher zu gewinnen, die sich teilweise in entlegenen Dörfern und bei Schneereichtum schwer zugänglichen Kirchen befinden. Umso mehr freut es uns, nun erstmalig einen umfassenden, wenngleich sicher nicht ganz vollständigen Katalog der alpenländischen Fastentücher vorlegen zu können.

Kärnten muß als die Landschaft gesehen werden, in der sich das Fastentuch als kirchlich geübter Brauch am längsten bis heute gehalten hat. In einigen Kirchen des südlichsten österreichischen Bundeslandes werden auch heute noch von Aschermittwoch bis kurz vor Ostern die historischen Fastentücher aufgezogen. Und gar nicht selten zu beobachten stehen daneben späte Nachfahren dieser Tradition aus dem 19. und 20. Jahrhundert in Gebrauch.

Die Forschungen Monsignores Dr. Otto Rainer, dem langjährigen Kustos am Diözesanmuseum in Klagenfurt, die schon 1929 mit einer geplanten, aber nie erschienenen Dissertation „Die Fastentücher in Kärnten"[1] vorgelegt werden sollten, konnten leider nicht zu Ende geführt werden und liegen nur in fragmentarischen Einzelveröffentlichungen vor.[2] Mein Anliegen war es, die liegengebliebene Arbeit über die Kärntner Fastentücher zu Ende zu führen. Dabei stellte es sich aber schnell heraus,

1. MILLSTATT; Stiftskirche. Fastentuch im Chorbogen. Foto: Verfasser

2. STERNBERG; St. Georgen. Fastentuch im Chorbogen. Foto: Verfasser

den. Zu guter Letzt danke ich dem Carinthia Verlag in Klagenfurt und seinem Verlagsleiter, Herrn Anton Kreuzer, der das Vorhaben einer Publikation der alpenländischen Fastentücher mit Freude und Engagement unterstützt hat.

Nürnberg, im Juli 1986

Anmerkungen:

1 Sie wird zwar bei S. Hartwagner, Der Dom zu Gurk, Klagenfurt–Wien 1963, Nr. 142, angegeben, sie ist aber auch als Dissertations-Manuskript nicht eingereicht worden, weder in Graz (wie angegeben) noch anderswo.

2 S. Literaturverzeichnis.

3 Leopold Schmidt, Volkskunst in Österreich, Wien–Hannover 1966, S. 11–12.

1. Kapitel

Geschichte, Herkunft und Verbreitung der Fastentücher

Ein heute nur noch selten anzutreffender, im Mittelalter aber fast überall geübter Brauch besteht darin, in der vierzigtägigen Fastenzeit vor Ostern ein Fasten- oder Hungertuch aufzuziehen. Die Zweckbestimmung dieser großformatigen Textilien kann nicht mit einem Satz umschrieben werden, denn außer der einen Gemeinsamkeit, daß sie in der Passionszeit Verwendung fanden, weisen sie doch in ihrer Typenvielfalt untereinander erhebliche Unterschiede auf. Mit Sicherheit kann man aber sagen, daß sie – in einer heute nicht mehr klar zu umreißenden Zeitspanne – entstanden sind, um bestimmte Gegenstände des liturgischen Gebrauchs oder auch ganze Bereiche des Kirchenraumes zu verhüllen. So entziehen die Fastentücher den Altar, das Altarretabel oder Altarblatt oder auch den gesamten liturgischen Bereich des Altarsakramentes, also die Meßfeier, den Blicken der Gläubigen.

Die unmittelbaren Vorläufer der Fastentücher scheinen die sog. Passionsvela zu sein, die man wohl schon im frühen Mittelalter dazu verwendete, die Gegenstände auf den Altären, wie Kreuze, Reliquienschreine und andere Bildnisse, zu verhüllen, um den strahlenden Glanz dieser Kostbarkeiten der ernsten Zeit des Kirchenjahres entsprechend in den Hintergrund zu stellen. In der violetten, der Fastenzeit vorbehaltenen liturgischen Farbe begegnen wir diesen Tüchern heute noch in vielen katholischen Kirchen. Verbindlich im liturgischen Recht wurde diese Vorschrift im Missale Romanum von 1570: „Vor der Vesper des 1. Passionssonntages werden die Kreuze und Bilder verhüllt.“[4]

Mit diesen Passionsvela haben die Fastentücher den Verhüllungszweck gemein, besitzen aber ursprünglich eine solche Größe, daß sie, am Chorbogen aufgehangen, zwischen der versammelten Gemeinde und dem die Messe zelebrierenden Geistlichen eine undurchdringliche Wand bilden. Der Altarraum war dadurch vom Kirchenschiff derart abgetrennt, daß das Geschehen am Altar und der besondere Schmuck des Chorraumes nicht zu sehen waren. Die heute noch erhaltenen Fastentücher werden überwiegend in Museen und deren Depots verwahrt, sodaß sie über ihren ursprünglichen Anbringungsort keine Auskunft mehr geben können. Aber auch dort, wo sie noch in kirchlichem Gebrauch stehen, ist ihr mittelalterlicher Standort vielfach nicht mehr beibehalten. So muß zum Beispiel die Aufhängung des Baldramsdorfer Fastentuches an der Südwand des rechten Kirchenschiffes als sekundär bezeichnet werden, denn dort hängt es eigentlich nur noch zu dekorativen Zwecken und verbirgt lediglich die weiße Wand.

Eine Vorstellung von der raumbeherrschenden Wirkung des Fastentuches vermittelt am ehesten noch das etwa 80 Quadratmeter große, mit 99 Bildfeldern bemalte Tuch im Gurker Dom (Abb. 12). Das – mit einer Seitenlänge von jeweils nahezu neun Metern – quadratische Fastentuch verbirgt das gesamte Altarretabel und die Mensa, doch hängt die riesige Leinwand heute wohl zu dicht vor dem Altar, weil dahinter ein liturgischer Vollzug kaum mehr denkbar ist. Seinen ursprünglichen Ort am Chorbogen hat sich das Fastentuch von Sternberg bewahrt (Abb. 2). Es füllt den Chorbogen derart vollständig aus, daß es keinerlei Durchblicksmöglichkeiten gewährt. (Der Altar vor dem Fastentuch wurde erst nach der Liturgiereform des 2. Vatikanischen Konzils dort aufgestellt.)

Etwas zu hoch hängt heute das Fastentuch in der Millstätter Stiftskirche (Abb. 1). Wer jedoch mit etwas Phantasie das 8,80 Meter hohe Tuch so weit herabläßt, daß es mit seiner Unterkante auf den Chorstufen auftrifft, erhält den ursprünglichen Eindruck seiner raumtrennenden Funktion. Überdeutlich zeigt das Millstätter Beispiel auch das Problem, daß das ursprüngliche, spätgotische Ambiente durch die Erneuerung der Kirchenräume im Barock fast überall verloren ist, so daß die Fastentücher nicht mehr in ihrem ursprünglichen Kontext gesehen werden können.

Zwischen dem eben beschriebenen Verhüllungszweck und der bilderreichen, schaufreudigen Gestaltung der Fastentücher scheint nun ein offe-

die Argumentationsbasis nicht sehr breit, weil wir über die vorgotischen Fastenbehänge fast nichts wissen. Urkundlich gesichert ist die im 12. Jahrhundert erfolgte Stiftung zweier geschmückter (depicta) Fastentücher (vela quadragesimalia) an das Kloster Marienberg im südtirolischen Burgeis.[17] Eines davon war mit alttestamentlichen Bildern versehen, das zweite mit nichtbiblischen Themen. Interessant dürfte die Beobachtung sein, daß in Marienberg wie in Augsburg nicht nur ein, sondern zwei und mehr Fastentücher in Gebrauch waren, während in der gotischen Epoche ein einziger, sehr großer Vorhang die Regel war.

Der romanischen Epoche entstammte noch eine „. . . mit dem Bilde der Maria und sechs Aposteln bemalte Leinwand in St. Aposteln zu Köln . . .“[18], deren Bezeichnung als Fastentuch aber schon Otte mit einem Fragezeichen versah. Das Tuch wurde bei einem Brand im 19. Jahrhundert vernichtet.[19]

Temporäre Verwendung

In der Mitte des 19. Jahrhunderts war der Gebrauch eines Fasten- oder Hungertuches bis auf einige wenige Kirchen Westfalens in Deutschland in Vergessenheit geraten. Und so zählte man die damals noch in Spanien übliche Sitte zu den „Alterthümlichen Kirchengebräuchen“[20]: „Beim Beginn der Fasten . . . wird ein weißer Vorhang[21] vor dem Altar und quer über das Heiligthum aufgespannt, so daß das Volk im Schiffe der Kirche vollständig dessen, was am Altare vorgeht, beraubt ist.“

Damit sind aber Ort und Funktion des Fastenvelums eindeutig beschrieben. Der Zeitpunkt des Aufhängens dieser Tücher am Beginn der Fastenzeit war nicht ganz einheitlich. Vielfach wählte man dafür den Aschermittwoch.[22] Es konnte als Termin hierfür allerdings auch der erste Fastensonntag bestimmt werden.[23] Prinzipiell sind auch die anderen Tage zwischen dem Sonntag Estomihi (Fastnachtsonntag) und dem ersten Passionssonntag möglich.

In der Passionszeit hingen die Fastentücher keineswegs starr und unverrückbar, vielmehr entnehmen wir den Quellen, daß zu bestimmten liturgischen Vollzügen die Vorhänge auf- oder hochgezogen wurden.[24] Sehr ausführlich informiert ein Bericht über diese Handlungen, wie sie im ausgehenden Mittelalter im Hochstift Basel zu beobachten waren: „Am Dienstag nach dem Sonntag Estomihi werden drei Vorhänge aufgespannt, auf beiden Seiten des Chores und vor dem Lettner; einen vierten, durch den das Allerheiligste vom Chor abgetrennt wird, hängt man am Aschermittwoch nach der Messe auf. Dieser ist an allen Wochentagen heruntergelassen, ausgenommen während der Messen; dann wird er nämlich nach dem Evangelium hochgezogen und nach dem Paternoster wieder herabgelassen. Wenn aber die Vesper von irgendeinem Heiligen folgt, wird er nach dem Paternoster in der zweiten Messe nicht mehr herabgelassen, sondern bleibt bei der Vesper dieses Festes, bei der Komplet und den ganzen folgenden Tag hindurch emporgezogen. Das gleiche ist auch an den Samstagen und Sonntagen zu beobachten. Aber in der zweiten Sonntags- oder (Fest-)messe wird, wenn dabei eines Heiligen gedacht wird, der Vorhang herabgelassen.“[25]

Man kann sich ein solches Auf- und Zuziehen bei den erhaltenen, großformatigen und deshalb auch schweren Fastentüchern nicht recht vorstellen. Manche Vorhänge waren zur leichteren Handhabung einstens wohl in der Mitte geteilt. Das Gurker Fastentuch (s. dort) erinnert in seiner Gestaltung noch an diese Übung, weil sein formaler Aufbau noch die vertikale Teilung in eine linke (alttestamentliche) und rechte (neutestamentliche) Hälfte erkennen läßt, obwohl auch schon das Gurker Tuch aus einem Stück bestand. Da alle anderen erhaltenen Fastentücher eine solche Teilung nicht mehr besitzen, ist anzunehmen, daß das Auf- und Zuziehen im 15. Jahrhundert nicht mehr üblich war und die bilderreichen Vorhänge einen wandhaften, starren Charakter erhielten. Für eine bewegliche Handhabung waren die Tücher einfach zu groß und zu schwer und auch zu kostbar.[26]

Entfernt wurden die Fastentücher grundsätzlich vor dem Osterfest, meist am Mittwoch der Karwoche, doch gab es auch hier vereinzelte Abweichungen.[27] Der oben zitierte Bericht aus dem Hochstift Basel fährt fort: „Die vorerwähnten drei Vorhänge im Chore werden am Dienstag nach dem Palmsonntag herabgenommen. Mit dem aber, der den Chor vom Allerheiligsten trennt, verfährt man wie folgt: am Mittwoch der Karwoche, wenn in der Leidensgeschichte Christi die Stelle ‚Und der Vorhang des Tempels riß mitten entzwei‘ verlesen wird, läßt man ihn herunterfallen, während ihn die Chorsänger sorgfältig mit den Armen auffangen und sogleich über die hinteren Chorstufen auf die Pfalz hinter der Münster tragen.“[28]

Das Niederfallen des Fastentuches war häufig mit großem Lärm und Geklapper verbunden, um das Erdbeben beim Tode Jesu zu symbolisieren. Diesen Brauch weiß Savels aus der Lambertikirche zu Coesfeld (Westfalen) zu berichten; dort gibt „. . . der Küster im Chor dem auf dem Gewölbe befindlichen Glöckner kurz vorher dadurch ein Zeichen, daß er mit einem hölzernen Hammer, sogenannten Bücker, auf die Bank schlägt, worauf dieser die haltenden Schnüre des Hungertuches löst und letzteres mit der tragenden Stange unter großem Geräusche zu Boden fällt. Das Geräusch sinnbildet wohl ebenso wie das Geklapper mit den Chorbüchern . . . das Erdbeben beim Tode unseres Erlösers."[29]

Ob diese Gebräuche auch in der Verwendung der erhaltenen Fastentücher eine Rolle gespielt haben, muß dahingestellt bleiben. In Kärnten, wo sich die letzten noch in kirchlicher Verwendung stehenden Tücher befinden, hat sich ein solcher Brauch nicht erhalten. Auch in der gesamten Fastenzeit gibt es keinen Wechsel von Verhüllen und Aufdecken, wie man überhaupt sagen muß, daß die liturgische Funktion der Vorhänge weitgehend eingeschränkt wurde. Sie sind allenfalls noch optische Anzeiger der stillen Passionszeit. Die Abnahme der Fastentücher in Kärnten erfolgt in der Regel am Karsamstag.

Deutungen

Weil die Fastentücher früher am Mittwoch der Karwoche beim Verlesen des Textes ‚Und der Vorhang des Tempels riß mitten entzwei' (et velum templi scissum est, Mk 15, 38) herabgelassen wurden, wurde die Bezeichnung ‚velum templi' auf das Fastentuch selbst übertragen. Unter diesem Namen begegnet es in Kirchenrechnungen von Saint Donatien in Brügge der Jahre 1376–77 und 1380–81.[30] Auch hundert Jahre später wird es in Aufzeichnungen aus der Saint Jaques Kirche ebenfalls zu Brügge ‚velum templi' genannt.[31] Und in einem Inventar von Hennersdorf (Schlesien) führt es diese Bezeichnung noch 1579.[132]

Mit dem Namen hat man auch die Bedeutung des Tempelvorhangs auf die Fastentücher übertragen und sie als Analogie zum Velum vor dem Allerheiligsten und der Bundeslade im Jerusalemer Tempel verstanden. Diese Deutung wird von allen mittelalterlichen Symbolikern genannt, und dennoch wird man sagen können, daß die Fastentücher nicht in diesem Sinne entstanden sind. Der Vergleich mit dem Jerusalemer Vorhang stellt vielmehr eine nachträglich eingetragene Interpretation dar, deren Nährboden das mittelalterliche Bedürfnis war, alles symbolisch auszulegen.[33]

Die einschlägigen Quellen hat Emminghaus zusammengetragen[34], doch gibt er sie mit dem entsprechenden Vorbehalt weiter: „Bekanntlich deutet dieser Kreis von Schriftstellern nur allegorisch aus, was er vorfindet; Historie und ursprüngliche Funktion des Beschriebenen sind mehr oder weniger gleichgültig oder verfremdet."[35]

Wenngleich also die Gleichsetzung des Fastenvelums mit dem Tempelvorhang mindestens bis auf das 13. Jahrhundert zurückreicht, so darf man in ihr nicht die Begründung für die ursprüngliche Funktion sehen.

Den mittelalterlichen Schriftstellern verdanken wir daneben eine weitere Erklärung, die in den Fastentüchern das bewußte Verbergen der Gottheit Christi sieht. Der Kirchenjahreszeit entsprechend, in der die Kirche des Leidens und Sterbens Jesu gedachte, wollte man die Herrlichkeit seines göttlichen Wesens hinter die gepeinigte menschliche Natur zurücktreten lassen. Angesichts der Tatsache, daß der Gekreuzigte in der romanischen Kunst keineswegs eine leidende Kreatur, sondern ein triumphierender König war, scheint diese Begründung für das Aufkommen verhüllender Tücher den ursprünglichen Absichten schon sehr nahezukommen. So hatten ja die Passionsvela als Vorläufer der Fastentücher genau die Aufgabe, den herrlichen, goldglänzenden Schmuck der Kirchen und die königlichen Triumphkreuze zu verbergen, weil sie von ihrer Aussage her mit der Passionszeit nicht in Einklang zu bringen waren. Wenn die Quellen nun davon berichten, daß die göttliche hinter die menschliche Natur zurücktreten sollte, dann mag man daraus schließen, daß man hier schon Vorhänge vor Augen hatte, auf denen Bilder aus der Passion zu sehen waren. Wie die Augsburger Fastentücher zeigen, kannte bereits das 12. Jahrhundert bebilderte Vorhänge dieser Art.

Inwieweit eine solche Erklärung uns dem Verständnis der erhaltenen mittelalterlichen Tücher näherbringt, bleibt dennoch sehr zweifelhaft, weil bei kritischer Durchsicht keines der Beispiele aus dem 15. und 16. Jahrhundert sich ausschließlich auf die Passion konzentriert. Solche Tücher, die es nach der genannten Deutung schon im frühen Mittelalter gegeben haben müßte, kennen wir erst seit dem 17. Jahrhundert. Aus dieser Zeit stammen etliche Fastentücher, die großformatige Passionsszenen besitzen und so vor dem Altarretabel aufgehängt sind, daß das glänzende, prächtige Hochaltarbild hinter ein Leidensbild zurücktritt.[36] Auf den mittelalterlichen Tüchern wurden zwar ebenfalls viele Szenen aus der Passion dargestellt, sie wirken allerdings nicht so dominant, weil sie in einen gesamtbiblischen Kontext eingepaßt sind, der meist von der Schöpfung bis zum Weltgericht reicht.

Eine dritte Deutung der Fastentücher, die auf mittelalterlichen Quellen fußt, muß noch besprochen werden. So hat man den Gebrauch der Fastenbehänge mit der Unwürdigkeit des Sünders, Gott zu schauen, begründet. Die verhinderte Gottesschau mag einesteils auf die verhüllten prächtigen Bilder im Altarraum bezogen sein, eine Erklärung, die sich mit der oben angeführten Erläuterung berührt, andernteils muß sie als Entzug des Altarsakramentes verstanden werden. Denn wenn die Funktion der Fastentücher aus den historischen Quellen richtig erschlossen ist, dann dienten diese Tücher im Gegensatz zu den Passionsvela einst dazu, nicht einzelne Bilder oder Statuen, sondern den liturgischen Ablauf der Eucharistiefeier zu verhüllen. Die Tücher verbargen den geopferten Leib Christi, und die Gemeinde war somit von der Augenkommunion[37] und höchstwahrscheinlich auch von der realen Teilnahme am Abendmahl ausgesperrt.

Die für das religiöse Empfinden des mittelalterlichen Menschen schmerzliche Verweigerung der geistigen oder realen Kommunion kann aus der damaligen Bußpraxis erklärt werden. Seit altkirchlicher Zeit konnte über den Büßer der Ausschluß vom Heiligen Abendmahl als Kirchenstrafe verhängt werden. Dies bedeutete gleichzeitig einen zeitlichen Ausschluß aus der Kirche. Die Wiederaufnahme der reuigen und bußfertigen Sünder geschah am Fest der Einsetzung des Abendmahles am Gründonnerstag. Aus dieser Praxis heraus entwickelte sich das Verständnis, demzufolge sich die ganze Gemeinde während der Fastenzeit in den Status des Sünders versetzte und sich freiwillig vom Empfang des Altarsakramentes ausschloß.[38]

Daß der Gebrauch der Fastentücher an diese Sitte erinnerte, zeigt sich daran, daß die Wegnahme der Vorhänge keineswegs, was eigentlich zu erwarten wäre, erst kurz vor dem Osterfest geschah; die Tücher fielen bereits am Mittwoch der Karwoche und gaben am Gründonnerstag den ungehinderten Blick auf den Chorraum, den Vollzug der Messe und die Hostie frei. Am Karfreitag also, dem theologischen Höhepunkt der Passionszeit, waren die Fastentücher nicht mehr zu sehen. Daß die Wegnahme der Fastentücher mit der Mittwochlesung ‚et velum templum scissum est' zusammenfiel, ist demnach zufällig und sekundär. Der Termin hat seinen Ursprung in der Bußpraxis, und die Analogie zum Tempelvorhang wurde erst später eingetragen.

Ob allerdings die mittelalterliche Bußpraxis als Erklärung für den Gebrauch, die Form und ikonographische Gestaltung der spätgotischen und neuzeitlichen Fastentücher ausreicht, muß sehr bezweifelt werden. Wohl kann man sich vorstellen, daß der Ursprung dieser einst bildlosen, meist einfach leinenfarbenen oder allenfalls schwarz oder violett eingefärbten Tücher hier zu suchen ist, doch die bilderreiche Ausstattung der Fastenbehänge läßt sich aus der Verhüllungspraxis allein nicht erklären.

Weitere Deutungen, deren volkstümlicher Charakter sie als ebenfalls sekundär erweist, seien hier nur kurz angeführt. So konnten die Fastentücher symbolisch als Grabtuch Christi verstanden werden; vermutlich setzt diese Interpretation bereits eine Konkurrenz mit der Sitte, ein Heiliggrab[39] in der Kirche aufzustellen, voraus.[40] Indes konnten Fastentuch und Heiliggrab wohl auch eine harmonische Verbindung eingehen, wie es in Girlan (Südtirol) der Brauch war: „In der Karwoche wurden diese Fastentücher in der Kirche auf einen Rahmen gespannt und mit dem zitternden Licht der Grabkugeln am Heilig-Grab gaben sie dem Raum eine stimmungsvolle Wirkung."[41]

Andere Deutungen beruhen auf einer symbolischen Ausdeutung der fastenzeitlichen Leinentücher. Der mühevolle Prozeß der Herstellung des Leinens vom Flachs zum fertigen Gewebe sollte an die Auferstehung Christi erinnern. Ebenfalls vom Material her gedacht ist die Erklärung, die im gebleichten Leinen die durch eine lange Bußzeit gereinigte Seele sieht. Offenkundig brachte die volkstümliche Frömmigkeit solche Deutungen hervor, berührte sich aber im Falle des Bußgedankens durchaus mit den kirchlichen Liturgikern.[42]

Zusammenfassend kann man sagen, daß man in der wissenschaftlichen Literatur bisher unter drei Deutungsmöglichkeiten grob zu unterscheiden hat, die sich folgendermaßen charakterisieren lassen:

1. Die Fastentücher besitzen eine überwiegend dekorative Funktion, sie schmücken den Kirchenraum und sind durch ihre bildliche Thematik äußere Kennzeichen der Fastenzeit.[43]

2. Die Fastentücher besitzen eine überwiegend verhüllende Funktion. Verfechter dieser Theorie sind alle die, die Fastentücher aus der mittelalterlichen Bußübung heraus verstehen. Daß die überreich bebilderten Fastentücher der Alpenregionen jedoch in der Bußzeit der „Askese der Augensinnlichkeit" – wie Emminghaus es formuliert[44] – dienen sollten, kann nicht recht einleuchten. Das Verdienst, die unterschiedlichen Verhüllungsmöglichkeiten in der abendländischen Kirche[45] untersucht zu haben, gebührt Emminghaus trotzdem.[46] Er verweist auf die lange Tradition solcher Verhüllungspraktiken, die Handel-Mazzetti letztlich sogar in der altchristlichen Liturgie begründet sieht.[47] Diese Theorie kann die bebilderten Fastentücher nur als Endpunkt einer Entwicklung verstehen, in der der eigentliche Fastensinn längst verlorengegangen ist. Da die Fastentücher, wie die Augsburger Beispiele zeigen, schon im 12. Jahrhundert bebildert waren, müßte dieser Funktionswandel sehr weit zurückliegen. Das zeigt aber, daß die Verhüllungstheorie allein sicher nicht ausreicht, die alpenländischen Fastentücher zu erklären.[48]

3. Eine symbolische Funktion schreiben diejenigen dem Fastentuch zu, die in ihm das ‚velum

templi', das Verbergen der Gottheit Christi sehen oder ihm andere übertragene Bedeutungen zuschreiben. Die symbolische Deutung wird aber heute im allgemeinen als nachträglich eingetragen verstanden und somit kaum mehr vertreten.[49]

In der Frage nach der Funktion der Fastentücher neige ich allerdings dazu, einen Entwicklungsprozeß zu betonen, d. h., der Zweck der Fastentücher hat sich im Laufe der Geschichte von ihrem ersten, nur literarisch greifbaren Auftreten um die Jahrtausendwende bis hin zu den letzten Exemplaren im 19. Jahrhundert sicherlich mehrfach entscheidend gewandelt. Das ist bei einer Zeitspanne von knapp tausend Jahren auch gar nicht anders zu erwarten, und der verhängnisvolle Trugschluß bis heute lag darin, daß man die spätmittelalterlichen, bebilderten Fastentücher mit möglichst frühen, aus dem Hochmittelalter stammenden Quellen zu erklären versucht hat. So mag der Ursprung der fastenzeitlichen Behänge durchaus in der Bußdisziplin zu suchen sein. Das eklatante Mißverhältnis dieser Deutung zu den bemalten Fastentüchern hat dabei nur wenige gestört.[50]

Sie bieten dem Auge des Betrachters nicht nur eine Vielzahl von biblischen Bildern, auch das Prinzip der Gliederung in klar überschaubare quadratische bis hochrechteckige Felder zeigt deutlich, daß sie nicht verbergen, sondern zeigen, daß sie nicht verhüllen, sondern offenbaren. Allein eine Analyse der Objekte verrät, daß ihnen letztlich eine erzählerische und damit auch didaktische Funktion zugrunde liegt. Dies wird wohl nach einer Betrachtung der erhaltenen historischen Beispiele offenkundig sein.

Ansatzweise ist dieser Gedanke bisher nur sehr selten geäußert worden. So erklärt der Volkskundler Nikolaus Grass, ohne den Sinn des bußzeitlichen Fastensymbols zu leugnen, als den Hauptzweck der Fastentücher, es „. . . sollte der des Lesens unkundigen Gemeinde die Heilsgeschichte in Bildern vor Augen gestellt werden, um die für die Fastenzeit und Osterbeicht geziemende seelische Stimmung beim Volke hervorzurufen. Sie bildeten eine Art Armenbibel[51]. Die erläuternden Worte eines Predigers konnten die Bedeutung der einzelnen Bilder besser erklären und so die Glaubenswahrheiten in den Herzen der Menschen verankern. Mitunter war die ganze Heilsgeschichte – von der Erschaffung der Welt bis zum letzten Gerichte – auf diesen Riesentüchern dargestellt."[52] Grass führt diesen Gedanken zwar nicht weiter aus, er beschreitet damit jedoch einen methodischen Weg, der die Erklärung der Fastentücher in einer genauen Analyse der Objekte selbst sucht.

Den überaus vielschichtigen Charakter der Fastentücher betont der Liturgiewissenschaftler Walter Heim; er wehrt sich ebenfalls gegen eine zu starke Betonung des Bußgedankens[53] und nennt sie ein „Spezifikum der Fastenzeit" und ein „liturgisches Kommunikationssymbol"[54]. Den letzten Begriff halte ich insofern für gut gewählt, als sich darunter die Beweglichkeit des Gegenstandes im liturgischen Vollzug einerseits und die Wechselbeziehung mit der versammelten Gemeinde andererseits verstehen läßt. Das Aufziehen des Fastentuches geschieht als Antwort auf die beginnende Passionszeit; darauf antworten Klerus und Gemeinde mit einer veränderten, weniger reichen Liturgie. Die Bilder der Tücher rufen bei der Gemeinde eine besondere Reaktion hervor, zumal die fastenzeitlichen Behänge nicht ständig zu sehen sind und deshalb einen hohen Aktualitätswert besitzen.

Benennung

In der Benennung der großformatigen, teils schmucklosen, teils reich bebilderten fastenzeitlichen Vorhänge herrscht eine erschreckende Vielfalt. Die unterschiedlichen Bezeichnungen rühren einmal von geographischen und somit mundartlichen Gegebenheiten her. Die gebräuchlichsten Namen sind Fasten- und Hungertuch. Ersterer findet sich vornehmlich im östlichen Alpenraum und damit auch in Kärnten.[55]

Als Hungertücher sind sie in der Schweiz[56], in Schwaben und im Elsaß bekannt, ebenso werden sie in Westfalen und in Sachsen genannt[57]. Ein sachlicher Unterschied kann zumindest heute nicht mehr festgestellt werden. In Tirol findet sich auch die Bezeichnung ‚Leidenstücher'[58], die wohl auf die Ikonographie Bezug nimmt. Auf den norddeutschen Raum beschränkt sind die dialektgefärbten Ausdrücke S(ch)machtlappen oder -fetzen[59].

In den mittelalterlichen Quellen wurden die Namen cortina und velum verwendet, wobei zur genaueren Bezeichnung noch der Terminus ‚quadragesimale' (40tägig) hinzugefügt werden konnte.[60] Älter als Fastentuch scheint nach dem Stand der Forschung im deutschen Sprachgebrauch die Benennung als Hungertuch zu sein. Geiler von Kaysersberg, der Straßburger Leutpriester, und Luther haben es so bezeichnet.[61] Nach den Angaben von Savels[62] findet sich in einer münsterschen Chronik, die sich auf das Jahr 1306 bezieht, der Ausdruck ‚hungerdoeck'. Das Wort Fastentuch dagegen ist vor dem 16. Jahrhundert nicht belegt. Weil das Fastentuch in Güglingen entgegen der allgemeinen Sitte von Palmsonntag bis zum Ostermontag aufgezogen wurde, nannte man es dort Palmtuch.[63]

Einige wenige Fastentücher besitzen Inschriften, in denen sie als Gegenstand selbst benannt sind, doch läßt sich auch da keine einheitliche Linie ablesen. Die auf das Gurker Tuch bezogenen Worte nennen es einfach ‚velum'[64], während es in Haimburg nur ‚Tuch' genannt wird[65]. Auf dem Virgener Tuch, das sich heute auf Schloß Bruck bei Lienz befindet, hat sich auf der Rückseite der Leinwand jedoch eine Inschrift gefunden, in der der Name Fastentuch gebraucht wurde.[66] Da wir hier – authentisch verbürgt – für das ausgehende 16. Jahrhundert den Begriff Fastentuch vorfinden, habe ich mich dafür entschieden, diesen Ausdruck auch für die übrigen vergleichbaren Tücher alpenländischer Herkunft zu benutzen.

So regional verschieden die Terminologie erscheint, so unterschiedlich wird auch in der Literatur davon gesprochen. Um der sprachlichen Verwirrung zu entgehen, hat Braun den Kunstbegriff ‚Fastenvelum' geprägt[67], der allerdings dem volkstümlichen Charakter der Fastentücher keineswegs angemessen ist. Indem man die sprachliche Vielfalt einebnet, wächst auch die Gefahr, daß Hinweise auf das ursprüngliche Bedeutungsspektrum verlorengehen. So deuten fasten, hungern, aber auch schmachten[68] darauf hin, daß man im deutschen Sprachraum die Quadragese tatsächlich als echte Abstinenzzeit verstanden hat. So predigte Geiler von Keysersberg: „Dich sol leren das Hungertuch – so man ufspannt – Abstinenz und Fasten[69]." Und so hat die deutsche Sprache in den unterschiedlichen Ausprägungen sich an dem orientiert, „. . . was dem ‚stomachus germanicus' am meisten zu schaffen machte. Tatsächlich wurde vornehmlich in nördlichen Gegenden die Quadragesima in ihrer ganzen Strenge während des Mittelalters als Hungerzeit empfunden"[70].

Die altertümliche Redensart ‚am Hungertuch nagen' hat sich bis heute im deutschen Sprachschatz erhalten. Dabei dürfte sich der eigentliche Sinn, nämlich Mangel leiden, arm leben, seit dem 16. Jahrhundert kaum geändert haben. So reimt schon Hans Sachs, der Nürnberger Schuhmacherpoet: „ich füll mein wanst und wasch mein kragen, lasz weib und kind am hungertuch nagen.[71]" Nicht anders zu verstehen ist das Sprichwort: „auf königlichen tafeln breitet man kein hungertuch.[72]" Die gedankliche Verbindung zum Hungern in der Fastenzeit liegt nahe. Erstaunlich mutet es an, daß ‚am Hungertuch nagen' aus ‚am Hungertuch nähen' entstanden sein soll. Trotz der verständlichen Zweifel von Gustav Kalt[73] scheint dies aber zwingend.[74]

„dein eigen weib und kind, knecht, meid und alles hausgesind, das musz am hungertuch erst nehen"[75] bleibt rätselhaft, drückt aber wohl eine ähnliche Mangelsituation aus: „musz oft eine gute fette küchen lassen, und am hungertuche flicken.[76]" Eine direkte Beziehung zum liturgischen Gebrauch der Hungertücher läßt sich nicht feststellen.

Bisher wenig beachtet wurde die Tatsache, daß die Hungertücher als Devotionalgaben angesichts einer Hungersnot gestiftet werden konnten.[77] Ob sie allerdings von daher ihren Namen haben oder ob umgekehrt der beziehungsreiche Name den Ausschlag gab, gerade Hungertücher in solcher Situation als geeignete Votivgabe anzusehen, läßt sich nicht entscheiden.

Das verlorene Fastentuch aus dem elsässischen Rufach soll in Erinnerung an eine Hungersnot geschaffen worden sein: „Anno 1347 ist ein großer Hunger und Mangel in der Stadt Ruffach entstanden wegen Mangel der Erdfrüchten, das die Bürger zur ewigen Gedechtnus zusamen gestürdt und ein grosser Vorhang in die Pfarrkürch machen lassen undt haben undten daran schreiben lassen: Anno 1347 ist ein großer Hunger und Mangel der Erdtfrüchten in der Stadt Ruffach gewesen, welcher Vorhang jährlich in der Fasten ist aufgethan undt herunter gelassen worden, deswegen wurde er genanndt Fastentuech, so doch vor alters allein Hungertuch genannt worden.[78]" Dies deutet auf einen unterschiedlichen Gebrauch der beiden Begriffe hin, doch bleibt der Wert dieser Quelle für die Gesamtheit der Fastentücher gering. So kritisiert schon Lucian Pfleger: „An der verworrenen Darstellung dürfte nur soviel richtig sein, daß die Rufacher durch eine Aufschrift die Erinnerung an das Hungerjahr festhalten wollten. In älteren Inventaren und Aufzeichnungen werden beide Bezeichnungen unterschiedslos gebraucht."[79]

Ebenso wurde das 1472 geschaffene Fastentuch im sächsischen Zittau von dem Getreide- und Gewürzhändler Jakob Gürteler in Erinnerung an die überstandene Hungersnot gestiftet.[80] Für einen reichen Kaufmann ist die Gabe eines solch großen und teuren Tuches ‚ex voto' nicht unwahrscheinlich, erhoffte er sich davon doch letztlich den Fortbestand seines Reichtums.[81]

Von etlichen anderen Fastentüchern weiß man, daß sie gestiftet worden sind, wenngleich der Stiftungsgrund nicht bekannt ist. Teils haben sich hier Einzelpersonen ein Verdienst erworben,[82] teils haben auch ganze Dorfgemeinschaften zum Erwerb beigesteuert[83]. Dieser Umstand verleiht den Fastentüchern allerdings keine besondere Stellung, sondern reiht sie vielmehr ein in den breiten Strom frommer Stiftungen, mit denen man sich Gnade und Ablaß zu erwerben erhoffte.[84] Daß die Stifter selbst in andächtigem Gebet mit dargestellt sind, wie das auf Altären häufig der Fall ist, trifft für die fastenzeitlichen Tücher nicht zu. Allenfalls sind ihre Namen oder auch einmal ihre Wappen[85] dargestellt. Fastentücher sind allerdings keine Votivgaben[86], obwohl sie manchmal aus Dankbarkeit oder aufgrund eines abgelegten Gelübdes gestiftet worden sind.

Neuere Geschichte

Im Gegensatz zum volkstümlichen Sprachgebrauch ist der Gegenstand der oben genannten Redewendung, also das Fasten- bzw. Hungertuch, weitgehend vergessen und unbekannt. Viele Gründe haben zur Preisgabe der Fastentücher geführt. Je tiefer sie in der Frömmigkeit der Altgläubigen verwurzelt waren, desto heftiger traf sie der Einspruch der Reformatoren. Luther wollte sie wie so vieles katholische Brauchtum ausgerottet sehen: „Die fasten, palmtag und marterwochen lassen wir bleiben . . . doch nicht also, das man das hungertuch, palmen schiessen, bilde decken, und was des gauckelwerks mehr ist, halten . . . soll.[87]"

Wo die Reformation mit der Bilderfeindschaft einherging, wurden die Fastentücher abgeschafft. In den reformierten Kantonen der Schweiz gerieten sie außer Übung. Andererseits bestand zwischen der lutherischen Predigt und den Fastentüchern keine prinzipielle Feindschaft, verkündigten sie doch lauter und rein die Geschichten der Heiligen Schrift ohne alle menschlichen Zusätze, wie das der Reformator gefordert hatte.[88] So blieb das alte, 1472 gestiftete Hungertuch in Zittau nach der Einführung der Reformation noch bis 1672 in Gebrauch und wurde dann nicht aus theologischen Gründen abgeschafft, sondern der hinfällige Zustand der Leinwand erzwang diese Maßnahme.[89] Im kärntnerischen Sternberg stiftete der evangelische Adelige Hans Khevenhüller 1629 ein Fastentuch; im selben Jahr mußte er aus Glaubensgründen emigrieren und starb 1632 in den Diensten König Gustav Adolfs.[90]

In den katholisch gebliebenen bzw. durch die Gegenreformation zurückgewonnenen Gebieten gab es zwei unterschiedliche Tendenzen. Einerseits stellte man dem neuen Glauben gern das traditionelle kirchliche Brauchtum entgegen und schätzte deshalb die Fastentücher als sichtbaren Ausdruck altgläubiger Frömmigkeit, andererseits war die Entwicklung der katholischen Liturgie den Tüchern nicht günstig: Das Schaubedürfnis war gestiegen, die Elevation der Hostie zentraler Bestandteil des Gottesdienstes. Bei der Lesung des Evangeliums und an Heiligenfesten wurden die Vorhänge zur Seite oder hochgezogen. Die Verhüllungsfunktion der Tücher war eigentlich nicht mehr gefragt, vielmehr führte die Entwicklung dahin, „. . . daß sie immer mehr als lästiges Hindernis empfunden wurden . . ."[91]

Daraufhin blieben sie dann mancherorts ständig derart hochgezogen, daß sie den Blick auf den Chorraum freigaben, oder sie wurden in ihren Ausmaßen so konzipiert, daß sie nur das Altarblatt verdeckten. Eine ganz neue Generation von Fastentüchern war die Folge, kleiner im Format neigten sie zu großflächigen, drastisch dramatischen Darstellungen. In nachreformatorischer Zeit war in katholischen Landen die Passionsfrömmigkeit nämlich keineswegs gesunken, vielmehr traten den Leidenstüchern Heiliggräber, Fastenkrippen und vor allem Kreuzwege mit ihren Stationstafeln konkurrierend zur Seite. Ja, man kann sogar sagen, daß die vierzehnteiligen Leidensstationen das legitime Erbe der Passionszyklen auf den Hungertüchern antraten.[92]

Nur in Gegenden mit einem stark ausgeprägten Traditionsbewußtsein hielt sich der Brauch der Fastentücher bis an die Schwelle zu unserem Jahrhundert und brachte auch im 18. Jahrhundert noch bedeutende Exemplare dieser Gattung hervor. An allen anderen Orten versetzte die Aufklärung mit ihren neuen Vernunftsidealen dem alten Brauchtum den Todesstoß.[93] Von diesen Ideen angesteckt und liturgisch nicht mehr an die Fastentücher gebunden, trennte sich die Kirche ohne Widerstand von ihnen, denn „. . . in der Aufklärungszeit geriet das Hungertuch – wie so mancher andere kirchliche Brauch – erst recht in den Geruch von altem Plunder".[94]

Diese Zeit hat nun in der Tat das traurigste Kapitel in der Geschichte der Fastentücher geschrieben. Da gute Gründe zu der Annahme berechtigen, daß einst bald jede Kirche solche Vorhänge besessen hat, muß der Verlust Hunderter solcher Tücher beklagt werden. Nicht einmal einhundert davon haben die Zeit überdauert. Nicht die Hinfälligkeit des Materials, sondern die Unvernunft des Menschen ist dafür verantwortlich zu machen. Selbst die Romantik tat kaum etwas zur Rettung der Fastentücher, weil sie zu sehr an künstlerischen Idealen hing und den bescheideneren Erzeugnissen volkstümlichen Schaffens zu wenig Verständnis entgegenbrachte.

Rigoros verfuhren vor allem die aufgeklärten Pfarrherren, die die altmodischen Tücher – teilweise im besten Glauben, besonders fortschrittlich zu sein – außer Gebrauch setzten. Manchmal wanderten sie in den Kunsthandel, der wenigstens einige Exemplare den Museen erhielt, manchmal wurden sie aber auch regelrecht an Trödler verschleudert und blieben für immer verschollen.[95]

Nur in ganz seltenen Fällen, wie etwa in Gurk oder Freiburg, haben ungebrochene Traditionen

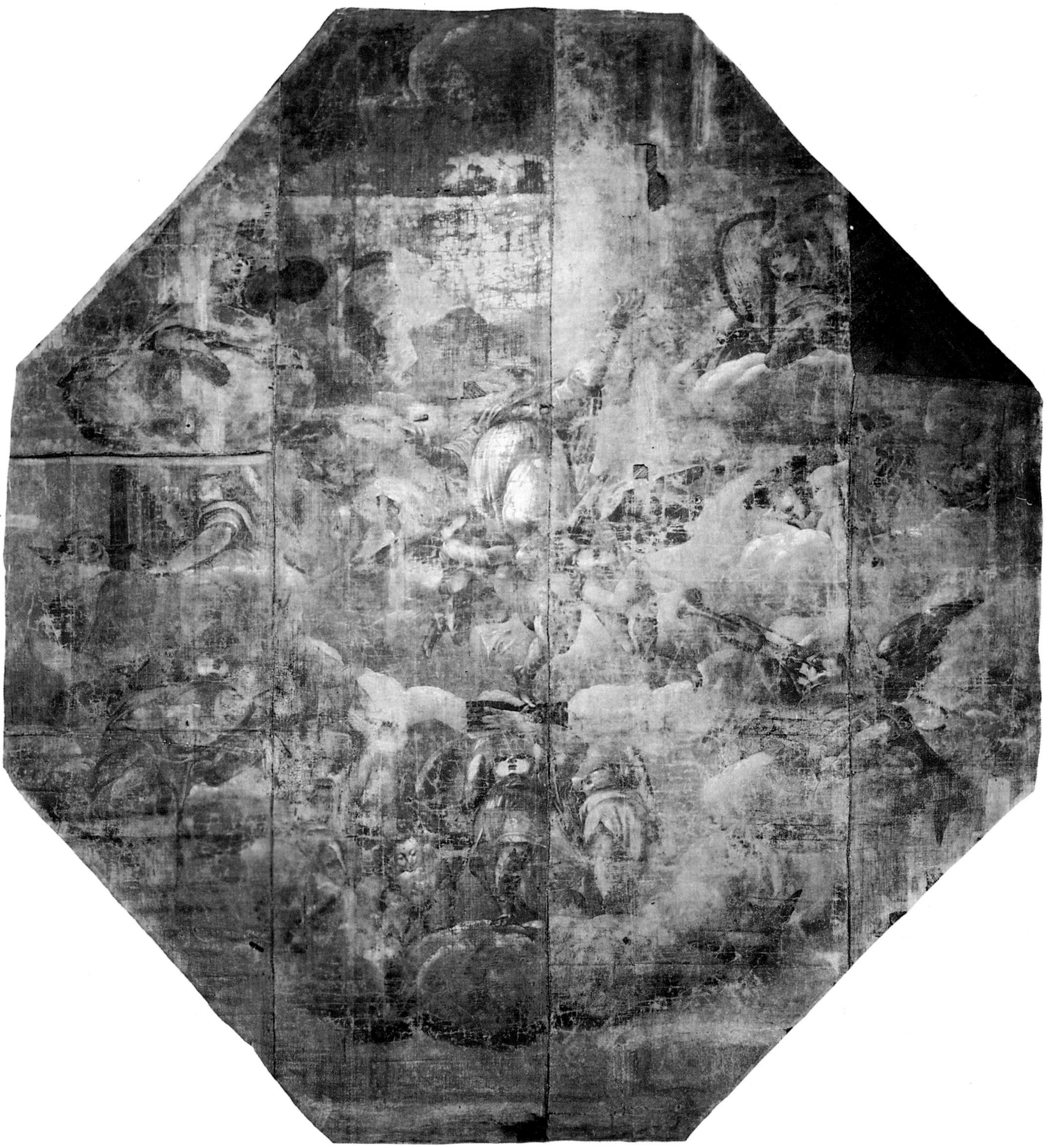

3. ZUG; St. Michael. Fastentuch in Zweitverwendung als Unterlage eines barocken Deckengemäldes.
Foto: Schweizerisches Landesmuseum Zürich. Neg.-Nr. 36558

zum Erhalt beigetragen. Weitaus häufiger rettete eine zufällige Entdeckung die alten Leinwände vor dem endgültigen Verfall auf feuchten Dachböden oder in modrigen Kellern. „Als Pfarrer Albert Schlatter im Jahre 1947 die Seelsorge in der Pfarrei Bendern übernahm, fand er auf der Heubühne des zu einem Wirtschaftsgebäude umgebauten alten Pfarrhauses das Hungertuch von Bendern in völlig verwahrlostem Zustande."[96]

Etliche Fastentücher blieben dadurch erhalten, weil man, nachdem sie unnütz geworden waren, die großen Leinwände dankbar einer neuen Verwendung zuführte. Um Kosten zu sparen, zerschnitt man das alte Tuch aus Zug und klebte es mit der Bildseite an die Decke, worauf es als Unterlage für das neue barocke Deckengemälde einer Himmelfahrt Mariens diente. Als es im Zuge einer Renovierung abgelöst wurde, kamen die teilweise noch gut erhaltenen alt- und neutestamentlichen Szenen zum Vorschein (Abb. 3).[97]

Während der Heuernte im schweizerischen Kerns machte der dortige Pfarrhelfer Küchler einen Spaziergang durch die Felder. Die Bauern waren gerade dabei, das abgemähte Gras in Leintüchern zu bergen, als ihm eines der Heutücher durch Spuren farbiger Bemalung auffiel. So hatte ein weiteres Mal der Zufall ein Fastentuch gerettet, welches nach sorgfältiger Restaurierung nun in gutem Zustand den Gekreuzigten zwischen Maria und Johannes zeigt, während Magdalena am Kreuzfuß kniet (Abb. 4).[98] Diese Begebenheit beleuchtet auch, wie tief das Verständnis der Fastentücher in der Bevölkerung selbst gesunken war. Man scheute nicht davor zurück, den Heiland am Kreuz einer solch profanen Verwendung zuzuführen, nachdem er dem kultischen Zweck entfremdet war und sich das etwa zwei mal zwei Meter große Leintuch als geeignet für den Heutransport erwies.[99]

Mit hoher Wahrscheinlichkeit ist auch die Wiederentdeckung der Fastentücher noch nicht abgeschlossen, denn bis in die jüngste Gegenwart hinein dauern die Funde an. Bei einer Zivilschutzübung entdeckte man 1977 an der Rückseite des Hochaltares der Stiftskirche Rheinfelden ein Hungertuch.[100] Wie in Rheinfelden war auch die Rückseite des barocken Hochaltares der Kirche in Altheim (Saulgau) zum Schutz gegen die Feuchtigkeit mit einem ausgedienten Fastentuch versehen worden. Restaurierungsarbeiten im Sommer des Jahres 1960 brachten es wieder ans Licht.[101] Verstaubt und vermodert gelangten die Fastentücher von Menzingen[102] und von Sursee auf den Abfall.[103] Inzwischen fehlt es aber nicht mehr am historischen Bewußtsein, diese Tücher zu retten und wie die letztgenannten Beispiele als unverzichtbares Erbe der christlichen Tradition zu achten und zu bewahren.

Verbreitung

Aus den literarischen Quellen geht klar hervor, die Fastentücher waren einst über ganz Europa verbreitet. Wenn heute nur noch wenig Landschaften über Zeugnisse dieser alten Tradition verfügen, kann dies nur dadurch erklärt werden, daß unzählige Tücher im Laufe der Zeit verlorengegangen sind. So läßt sich die Geschichte des Hungertuches im Elsaß vom 14. bis zum 17. Jahrhundert mit vielen Beispielen belegen, obwohl kein einziges mehr erhalten ist.[104] Die Entwicklung, die hieraus

4. Fastentuch KERNS. Foto: Verfasser

sichtbar wird, ist sogar so typisch, daß es sich lohnt, sie kurz nachzuzeichnen.

Oben haben wir schon auf das 1347 anläßlich einer Hungersnot gestiftete Hungertuch von Ruffach hingewiesen.[105] Für das 15. Jahrhundert sind Hungertücher belegt für Weissenburg, Börsch und Schlettstadt. Während man laut einem Inventar von 1580 in der Pfarrkirche von Sulz ein Tuch besaß, „. . . das man pflegt in der fasten für den fronaltar im chor zu henken . . .“[106], beklagte der Pfarrer von Weyersheim ein Jahr zuvor, „daß seine Pfarrkirche ‚kein Fasten- oder Hungertuch‘ habe.“[107] Wo etwas über die Beschaffenheit der Tücher zu erfahren ist, stimmen die Angaben mit dem allgemein erkennbaren Entwicklungsgang überein. Für die St.-Georgs-Kirche in Hagenau wurde 1484 ein großes Fastentuch mit Darstellungen aus dem Alten und Neuen Testament angeschafft.[108] Knapp hundert Jahre später ist für das Barfüßerkloster in Zabern ein Tuch belegt, das zwar auch bemalt, aber schwarzgrundig war.[109] Schwarzgrundige Tücher besitzen nur eine großformatige, der Leidensgeschichte entnommene Darstellung; somit vertritt das Zaberner Tuch den späten einszenigen Typus.

Bemalte Fastentücher waren nicht überall die Regel, auch einfarbige standen hier und da in Verwendung. Ein weißes Leintuch ist 1544 für Zabern bezeugt.[110] Eine Kirchenordnung von 1556 für die Stiftskirche St. Martin in Colmar enthält für den Aschermittwoch folgenden Eintrag: „Am Vorabend wird das Hungertuch aufgehängt, auch die Altäre werden mit Tüchern behängt."[111] Hier sind also in der Fastenzeit verschiedene Vorhänge in Gebrauch, wohl ein größerer, welcher in der alten Tradition das Kirchenschiff vom Chor trennte, sowie kleinere, die ausschließlich die Altäre verhüllten und im 16. Jahrhundert aufgekommen waren.[112]

Während im 14. und 15. Jahrhundert Fastentücher überall in Gebrauch waren, spaltet die Reformation das Land in fastentuchtreue Katholiken und -ablehnende Protestanten. So verbot 1525 der reformatorisch gesinnte Straßburger Magistrat: „... daß man die altar und die bilder oder crucifixe nit soll verhencken oder verbutzen, auch kein hungertuch ußhenken."[113]

Andererseits hielten die Katholiken zunächst noch zäh daran fest, wie die Quellen für Dammerkirch (1612)[114], Erstein (1625)[115] und die Jesuitenkirche in Molsheim (1629)[116] bestätigen. Doch auch hier hatte sich der alte Brauch bald überlebt; als 1681 das Straßburger Münster dem katholischen Kultus zurückgegeben wurde, lebte die alte Sitte des Hungertuches nicht mehr auf. So brachte, wie an vielen anderen Orten, die Aufklärung hier das Ende der Fastentücher, was nicht ausschloß, daß sie vereinzelt noch bis ins 18. Jahrhundert verwendet wurden, wie zum Beispiel in Bergheim, wo ein Hungertuch noch 1785 bezeugt ist.[117]

5. Hungertuch VREDEN; Pfarrkirche Vreden, ehemalige Stiftskirche Sta. Felicitatis. (Nach Engelmeier, Abb. 58)

Warum sich historischen Unbilden und menschlichem Unverstand zum Trotz die Fastentücher in manchen Regionen schwerpunktmäßig erhalten haben, kann kaum beantwortet werden. Einer im Alpenraum vorherrschenden konservativen Grundhaltung kommt wohl das Verdienst zu, an altmodisch gewordenen Bräuchen länger und zäher festgehalten zu haben als andernorts. Andererseits kann dies der alleinige Grund nicht sein, denn die erhaltenen Fastentücher verteilen sich keineswegs gleichmäßig auf das Gebiet zwischen Kärnten und dem Rheintal. So kann die Steiermark nur mehr ein Exemplar vorweisen[118], Südtirol besitzt nur noch deren drei[119], und auch in Nordtirol sind die Fastentücher rar geworden. Zwischen dem Land am Inn und Graubünden klafft eine tiefe Lücke, doch hat es auch hier Fastentücher gegeben, wie die vereinzelten Beispiele in Berwang und Bregenz belegen. Die Deutschschweizer Kantone hingegen und der oberschwäbische Raum erweisen sich als wahre Fundgrube.

Da in Kärnten noch etliche Fastentücher in kirchlichem Gebrauch stehen, kann man durchaus die ungebrochene Tradition für deren Erhaltung annehmen. In der Schweiz, wo Reformation und Aufklärung gleichermaßen einen Schlußpunkt setzten, kann dies nicht gelten. Hier ist der Erhalt der Fastentücher fast ausschließlich[120] dem historischen Zufall zuzuschreiben. Wo die Tücher in Oberösterreich und Vorarlberg, in Oberbayern und im Außerfern geblieben sind, wissen wir nicht. Das heutige Fehlen von Fastentüchern darf nicht als Indiz gewertet werden, daß sie auch früher ungebräuchlich waren. Eine Durchsicht der kirchlichen Quellen und Archive dürfte ein ähnliches Ergebnis wie im Elsaß zeitigen.

Die so selten gewordenen Fastentücher finden sich also im österreichischen und alemannischen Raum noch vergleichsweise häufig. Die alpenländischen Tücher bilden im deutschen Sprachgebiet neben denen des westfälischen Münsterlandes eine zweite bedeutende und eigenständige Gruppe.[121] Wenn wir die alpenländischen Fastentücher als eine Einheit betrachten, so geschieht das jedoch nicht nur aufgrund geographischer Erwägungen, sondern insbesondere ist die Tatsache ausschlaggebend, daß sie allesamt auf Leinwand gemalt sind, eine Technik, die man im Münsterland vergeblich sucht.

Technik

„Die westfälischen Fastenvelen sind durchwegs Leinenarbeiten, die jeweils nach dem Geschmack der Entstehungszeit als gestickte Tücher, überwiegend als Filettücher gefertigt wurden, die meist durch schlichte Leinenstücke miteinander verbunden sind."[122] So charakterisiert Paul Engelmeier die äußere Gestalt jener Tücher, die zwar mit den alpenländischen Fastentüchern Zweck und Funktion gemeinsam haben, in ihrem Erscheinungsbild aber völlig anders wirken. Die Filettechnik läßt sie transparent erscheinen, und vor dem Altar aufgehängt gleichen sie mehr einem geheimnisvollen Schleier als einer undurchsichtigen Wand. Dies trifft umsomehr für die jüngeren Beispiele zu, die vollständig aus einem feinen Netz gearbeitet sind. Eher dem Erscheinungsbild alpenländischer Tücher entsprechen Beispiele aus dem 17. Jahrhundert, die noch vergleichsweise breite Leinenstege besitzen (Abb. 5 u. 6).[123]

Die andersartige Technik bestimmt auch insofern das Erscheinungsbild, daß die Netzstickerei Flächen füllt und freiläßt; dadurch stoßen harte schwarzweiße Kontraste aufeinander, und die Darstellung bleibt flächig und plakativ. Sicherlich war diese künstlerische Technik dem Ornament mehr gewachsen als kleinteiligen, vielfigurigen Szenen. Von den Ursprüngen der mit der Nadel gearbeiteten Hungertücher zeugt noch jenes aus dem Dom zu Halberstadt (Abb. 7). Es besitzt eine ausschließlich ornamentale Zeichnung des Kreuzmusters und verzichtet auf jede Darstellung. Es soll bereits um 1300 entstanden sein[124], entspräche also den nicht erhaltenen, szenenlosen Fastentüchern aus roher oder eingefärbter Leinwand. Später finden sich figürliche Darstellungen aus der Passion und symbolhafte Zeichnungen zu gleicher Zeit nebeneinander.[25] Der Bilderreichtum der alpenländischen Fastentücher wird jedoch nirgendwo erreicht, und der hier so bemerkenswerte heilsgeschichtliche

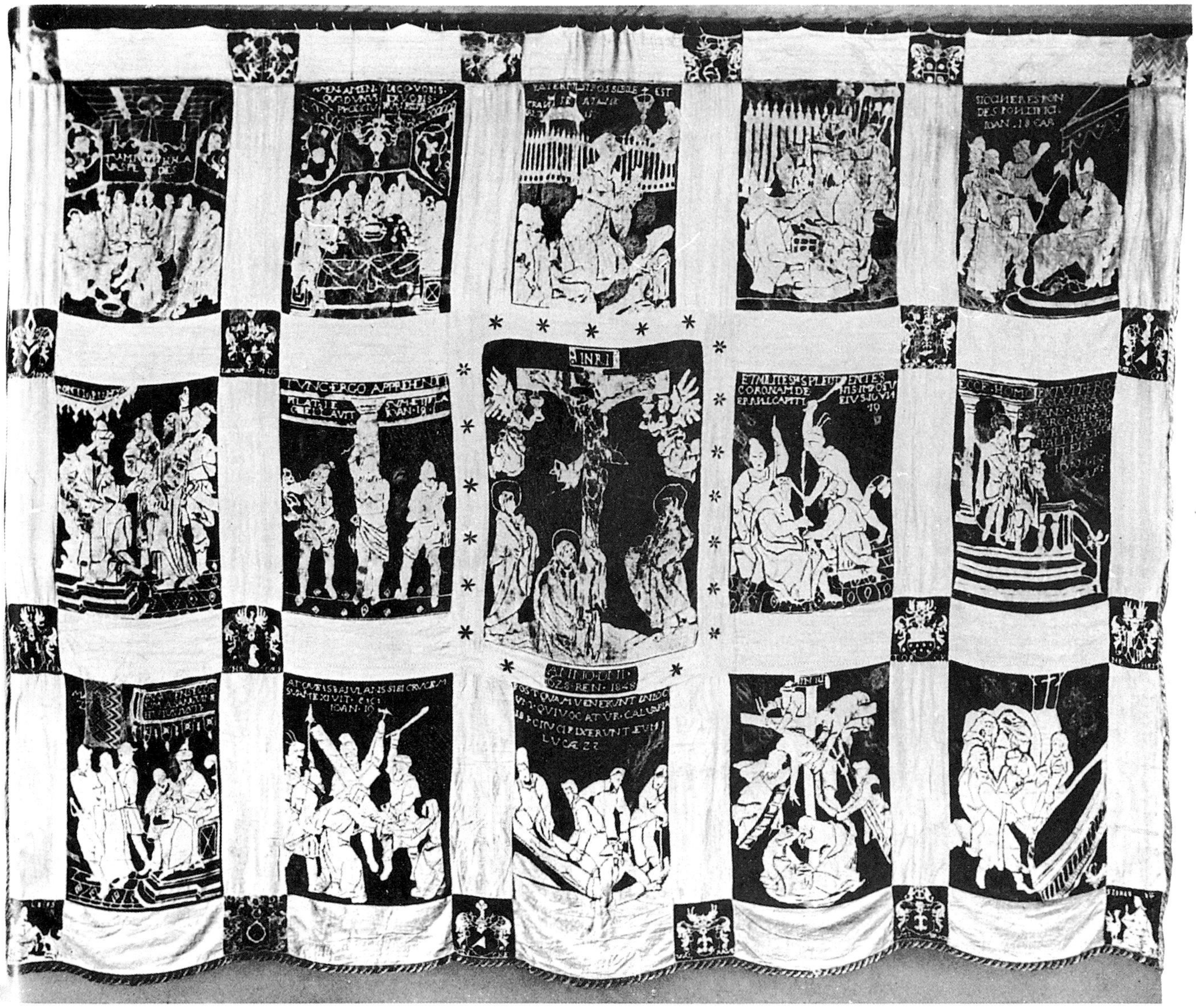

6. Hungertuch FRECKENHORST (1628). (Nach Engelmeier, Abb. 63)

Zusammenhang von Altem und Neuem Testament wird auf den westfälischen Tüchern (von seltenen Ausnahmen abgesehen[126]) nicht gewahrt.

So tut sich doch zwischen den westfälischen und den alpenländischen Fastentüchern eine tiefe Kluft auf: Hier die weiß bestickten, dort die bunt bemalten Vorhänge; hier die strenge Konzentration auf die Passion, dort ein Kompendium biblischer Verkündigung. Der ikonographische Unterschied mag aber daher rühren, daß die gestickten Fastentücher in großer Zahl erst aus dem 17./18. Jahrhundert erhalten sind, aus jener Zeit also, da in Kärnten und in der Schweiz die letzten großen Bilderzyklen auf Fastentüchern geschaffen werden. Seit dieser Zeit wandelt sich auch das Bild der alpenländischen Tücher, die Konzentration auf die Passion nimmt zu.

Einige Tücher Westfalens aus früherer Zeit sind ihrer Existenz nach bekannt[127], doch sind ihre Beschaffenheit und ihr Aussehen unbekannt. Allein ein Fastenlaken aus dem Dom zu Paderborn kennen wir, von dem es ausdrücklich heißt, daß es aus Leder gearbeitet war.[128] Daraus kann man schließen, daß nicht nur Tücher in feiner Filetarbeit existiert haben[129], sondern auch andere Materialien verwendet wurden. Ob es in Westfalen je gemalte Fastentücher gegeben hat, bleibt unbeweisbar, ich halte es für unwahrscheinlich.[130]

7. Hungertuch HALBERSTADT (um 1300). Dommuseum Halberstadt. (Nach Engelmeier, Abb. 12)

Der Ursprung der Kärntner Fastentücher wird immer wieder mit dem ältesten erhaltenen in dieser Region, jenem 1458 geschaffenen in Gurk, in Verbindung gebracht. Gurk als bedeutendes kirchliches Zentrum könnte beispielgebend die anderen Kärntner Tücher hervorgerufen und ikonographisch wie formal geprägt haben.[131] Die These von der Initialfunktion des Gurker Fastentuches steckt auch in der Arbeit von Engelmeier.[132] Denn er vertrat die Ansicht, daß Kärnten die Einführung dieses Brauches der westfälischen Tradition verdankt. Der aus Soest gebürtige Johann Schallermann war zwischen 1436 und 1465 Bischof in Gurk und soll für die Entstehung des Gurker Tuches verantwortlich sein.

Nach dem vergleichenden Blick auf die westfälischen und alpenländischen Fastentücher, wird man jedoch eher das Trennende als das Gemeinsame betonen müssen. Es ist nicht nur die völlig unterschiedliche Technik, die beide Gruppen trennt, auch das ikonographische Programm und damit das theologische Anliegen sind grundverschieden. Sollte Bischof Schallermann Anregungen aus Westfalen mitgebracht haben, sie müßten sich deutlicher zeigen. Seine Urheberschaft für Gurk verliert aber vollends an Wahrscheinlichkeit, wenn man bedenkt, daß er aus Altersgründen bereits 1453 auf sein Bistum resignierte, und sein Name in der Widmungsinschrift des Gurker Tuches gar nicht erscheint.

Weiters bleibt es zweifelhaft, ob das Gurker Tuch im Kärntner Raum wirklich das älteste ist. Wenn wir auch im Ostalpenraum keine Fastentücher vor der Mitte des 15. Jahrhunderts besitzen, so kann kaum ein Zweifel daran bestehen, daß die Tradition großformatiger, in Felder geteilter und bemalter Passionsvorhänge älter ist. Ihr Ursprung kann nicht in einer Anregung aus Westfalen gesehen, sondern muß als alpenländisches Gesamtphänomen erkannt werden. Mit einem Fastentuchfragment in Altdorf kann die Geschichte der bemalten Fastentücher noch dreieinhalb Jahrzehnte über das Gurker Tuch hinaus verfolgt werden. Das Gurker Beispiel steht damit eindeutig nicht am Anfang der Entwicklung, sondern markiert bereits einen Höhepunkt. Aufgrund ihres ikonographischen Reichtums müssen die bemalten Fastentücher zwischen Kärnten und Schwaben nicht nur als eigenständige Gruppe behandelt werden, sondern sie lassen auch besondere Rückschlüsse auf ihre Verwendung und Bedeutung in der mittelalterlichen Frömmigkeit erwarten.

Die Farbe als spezifisches Medium der bunten Bilderbibeln hat den meist unbekannten Künstlern dabei Schwierigkeiten besonderer Art bereitet. Sollten die leinernen Tücher beweglich bleiben – eine unverzichtbare Voraussetzung, um die Tücher außerhalb ihrer Verwendung zusammenrollen zu können –, durften sie keine Grundierung auftragen. Zwei ungünstige Möglichkeiten galt es zu vermeiden, daß die Farben zutief in den Malgrund eindrangen oder daß sie ohne haftende Bindung blieben und deshalb abplatzten. Letztere Gefahr bestand vor allem bei der Verwendung von Ölfarben; Tücher solcher Machart weisen überdurchschnittlich viele Beschädigungen auf, sind von einem unregelmäßigen Netz feiner Risse überzogen (Abb. 8). Man hat deshalb Ölfarben nur sehr selten verwendet. Lediglich im späten Barock nahm man zugunsten einer leuchtenden Farbigkeit die Gefahr einer frühzeitigen Beschädigung in Kauf. Die älteren Fastentücher wurden überwiegend mit Tempera-[133] und Leimfarben[134] bemalt. Auch Wasserfarben[135] und die selten geübte Wachsmalerei kamen zur Verwendung.[136] Die chemische Analyse fehlt für die meisten Tücher, und so kommt es auch immer wieder zu widersprüchlichen Angaben in der Literatur.[137] Die ideale Technik hat man allen Anschein nach nicht gefunden. Auch der Malgrund selbst bereitete Probleme. Allein durch ihr Gewicht, das lediglich an dem entsprechenden Tragbalken hing, waren die teilweise riesigen Leinentücher einem ständigen Verfallsprozeß ausgeliefert. Brüchig gewordene Leinwände hielten dem eigenen Gewicht nicht stand und mußten durch aufgenähte oder aufgeklebte Flicken gestützt werden. Vor allem mit Klebstoff ausgeführte Reparaturen schadeten dem Gewebe wie der Farbe. So waren die Fastentücher immer gegen Beschädigungen anfällig und mußten schon in historischer Zeit aufgrund ihres schlechten Zustandes entfernt und erneuert werden. Das mag ein Grund dafür sein, daß Fastentücher vor dem 15. Jahrhundert nicht erhalten sind.

Wie die Fastentücher in den Regionen beschaffen waren, in denen sie verloren gegangen sind, wissen wir zum größten Teil nicht. Zwei Beispiele aus dem sächsischen Zittau belegen, daß die in den Alpen gebräuchliche Machart auch andernorts verwendet wurde.[138] Es ist nicht anzunehmen, daß sie einzig in dieser Gegend gewesen sind, vielmehr muß in Sachsen eine weitere Verbreitung angenommen werden. Weiter nach Norden lassen sich mit biblischen Szenen bemalte Fastentücher allerdings nicht nachweisen. Hungertücher hat es im deutschen Nordosten zwar gegeben, der Schmuck

8. Fastentuch ST. PANKRAZ OB FÜGEN (18. Jh.). Detail aus „Geißelung Christi“. Foto: Verfasser

der weißen oder auch schwarz gefärbten Leinwände bestand jedoch lediglich in einem schwarzen oder roten Kreuz.[139]

Im südlich an Sachsen angrenzenden Oberfranken hat es Fastentücher gegeben, die Inventare belegen ihren Gebrauch für Bamberg.[140] Ob sich ein solcher Passionsvorhang im Bamberger Diözesanmuseum erhalten hat, kann nicht mit Sicherheit gesagt werden. Das Fragezeichen besteht in der besonderen Machart des Bamberger Beispieles (Abb. 9). Zwar zeigt es in der charakteristischen Anordnung alpenländischer Fastentücher in einer strengen Gliederung hochrechteckiger Felder Szenen aus der Leidensgeschichte Christi, doch handelt es sich nicht um ein Leintuch, sondern um einen gewebten Teppich. Gewebte Teppiche in der Funktion von Fastentüchern sind sonst nicht bekannt.[141]

Wenn wir also die bemalten Fastentücher als für den Alpenraum typisch ansehen, so soll doch darauf hingewiesen werden, daß Fastentücher in Nadelarbeit dort nicht gänzlich unbekannt waren. Dies vermutet Kalt für den Schweizer Raum, obwohl sich dort solche gestickten Tücher nicht erhalten haben.[142] Belegen läßt sich ihre Existenz durch ein Hungertuch im städtischen Museum zu Bozen, das wahrscheinlich aus Südtirol stammt. In den Maßen 2,20 x 1,90 Meter zeigt es in einer einzigen Darstellung die Kreuzabnahme (Abb. 10). Die Figuren besitzen etwa halbe Lebensgröße. An den Seiten und unten wird das hochrechteckige Blickfeld von einer etwa 20 Zentimeter breiten, mit floralen Motiven gezierten Borte eingefaßt. Das Hungertuch ist mit 1717 bezeichnet. Obwohl wir Tücher dieser Art nicht recherchiert haben, dürften sie nach unserer Kenntnis im Alpenraum eine absolute Minderheit darstellen. Sie dürften auf auswärtige Einflüsse zurückzuführen sein.

9. Passionsteppich BAMBERG (um 1500). Detail: Auferstehung Christi. Bamberg, Diözesanmuseum. Foto: Bamberg, Diözesanmuseum

10. Fastentuch, STÄDTISCHES MUSEUM BOZEN.
Foto: Städtisches Museum Bozen

Forschungsgeschichte

Fastentücher sind historische Zeugnisse. Sie sind künstlerisch gestaltete Gegenstände, die einst zur kultischen Grundausstattung mittelalterlicher Gottesdiensträume gehört haben. Sie besitzen einen ziemlich exakt definierbaren Ort in der Liturgie der Passionszeit und mit einem vergleichsweise eng umrissenen ikonographischen Programm eine besondere theologische Aussage.

Aber weder die Kunstgeschichte noch die Volkskunde und ebensowenig Theologie- und Frömmigkeitsgeschichte haben bisher den reichen Quellenschatz der Fastentücher gehoben. Einzig die Liturgiewissenschaft hat ihren Beitrag zur Erforschung der Fastentücher wenigstens ansatzweise geleistet. Ihr Manko aber liegt darin, daß sie fast ausschließlich mit den literarischen Quellen gearbeitet, das Aussehen der Fastentücher dabei jedoch außer acht gelassen hat. Man war dabei überdies bestrebt, möglichst zu den ältesten Belegen vorzustoßen, ohne zu berücksichtigen, daß die Fastentücher bis ins 18. Jahrhundert hinein eine lebendige und ungebrochene Tradition besaßen. Erst als die Liturgiewissenschaft die Verwendung der Fastentücher schon als geklärt betrachtete, wandte man sich den Denkmälern selbst zu und legte für die westfälischen Hungertücher eine zeitgemäße Dokumentation vor. Eine vergleichbare Erfassung der zahlreich erhaltenen alpenländischen Fastentücher ist dagegen bisher unterblieben. Diesem Mißstand will die vorliegende Arbeit in erster Linie entgegentreten.

Doch bevor wir dies tun, soll hier ein kurzer Abriß der Forschungsgeschichte darlegen, was bisher geleistet wurde. Nachdem vereinzelt schon früher Fastentücher oder Hungertücher in der Literatur als bemerkenswerte Überreste mittelalterlicher Frömmigkeit behandelt worden waren, hat sie erstmals der evangelische Pfarrer HEINRICH OTTE in seinem Handbuch der kirchlichen Kunst-Archäologie des Mittelalters[143] unter einem systematischen Gesichtspunkt zusammengefaßt. Hinsichtlich der Zahl erhaltener Fastentücher muß sein damaliger Kenntnisstand allerdings als äußerst gering eingestuft werden. So erwähnt er nur die Fastentücher aus Zittau, Gingen, Güglingen und Freiburg im Breisgau sowie das noch der romanischen Zeit entstammende Tuch aus St. Aposteln in Köln.[144] Über den Gebrauch der Fastentücher weiß Otte zu berichten, daß sie in der Fastenzeit vor dem Sanctuarium aufgezogen wurden zur Erinnerung an den Tempel in Jerusalem. Bemerkenswerterweise behandelt er die Fastentücher noch nicht als eigenständige Gruppe, sondern betrachtet sie unter dem Stichwort „Teppiche“ praktisch ohne Unterschied im Kontext mittelalterlicher gewebter und gestickter Textilien.[145]

Wenige Jahre später, 1886, erscheint das „Fastentuch, Hungertuch (cortina, velum s. circitorium quadragesimale, texture de careme, drap de faim)" als eigenes Stichwort in Wetzer und Welte's Kirchenlexikon.[146] Der von Heuser verfaßte Artikel ist an den literarischen Quellen orientiert und geht in seiner Kenntnis noch nicht über das von Otte Vorgebrachte hinaus. Bekannt sind ihm wohl die westfälischen Filetarbeiten und das Zittauer Tuch.

Die weitere Entwicklung der Erforschung der Hungertücher ist in einem Aufsatz von CARL AUGUST SAVELS (1894) vorgezeichnet.[147] Er gliedert sich in zwei Teile. Im ersten erörtert Savels die wichtigsten liturgischen Quellen, im zweiten Teil wendet er sich vornehmlich den erhaltenen Beispielen im Münsterland zu. Die Hungertücher, welche im Münsterland nie ganz vergessen worden sind, haben den Ausschlag gegeben, sich zunächst mit ihnen wissenschaftlich auseinanderzusetzen. So waren Hungertücher schon auf einer 1879 in Münster veranstalteten Ausstellung „Westfälische Alterthümer und Kunsterzeugnisse zu Münster" zu sehen. „Hungertüchern der Diözese Münster" war eine weitere Ausstellung 1888 gewidmet. Ein dort gehaltener Vortrag von Savels lag dann seinem späteren Aufsatz zugrunde. Seine Forschungen haben bereits im wesentlichen die liturgische Verwendung und den praktischen Gebrauch der Hungertücher klären helfen. Er zog bereits die entsprechenden Notizen bei Durandus aus dem 13. Jahrhundert zu Rate, demzufolge das Fastenvelum den Tempelvorhang zu Jerusalem versinnbildlichte und von mannigfacher Schönheit war. Die Tücher waren meist im Chorbogen aufgehängt und wurden während der Karwoche unter großem Getöse, das an das Erdbeben in der Todesstunde Christi erinnern sollte, herabgelassen. Daneben hatte Savels bereits eine Entwicklung der Fastentücher vom unverzierten Leinen- oder Seidentuch zum kunstvoll verzierten Behang aufgezeigt. Die Kenntnisse existierender Fastentücher scheinen bei Savels allerdings auf die westfälischen Tücher beschränkt. Daß die Fastentücher früher im ganzen Abendland weit verbreitet waren, weiß er aus den Quellen, meint aber „. . . von vereinzelten Ausnahmen abgesehen, kennen Frankreich, Italien, die Niederlande, Österreich und das übrige Deutschland keine Hungertücher mehr . . ." (Sp. 175).

Etwa gleichzeitig, aber völlig unabhängig von der Münsterschen Forschung setzte auch in Kärnten das Interesse an den mittelalterlichen Fastentüchern ein. Gefördert wurde das Interesse mit Sicherheit durch die im Rahmen der Österreichischen Kunsttopographie erstmals erfolgte Inventarisierung der Kunstdenkmäler Kärntens.[148] Immerhin wurden hier schon die Fastentücher von Gurk, Baldramsdorf, Haimburg und Sternberg erfaßt sowie das bereits damals verschollene Tuch von St. Margarethen. Andere bedeutende Fastentücher wie jene von Millstatt, Bad St. Leonhard, Maria Bichl usw. blieben unverständlicherweise unberücksichtigt. Als Prof. FRANZ G. HANN[149] begann, sich mit ihnen zu beschäftigen, waren sie bis auf die inventarischen Notizen in der Kunsttopographie „. . . im Auslande noch unbekannt . . . und bis jetzt noch nie kunstgeschichtlich beschrieben . . ."[150] Hann zählte sie deshalb „. . . zu den archäologisch seltensten und darum merkwürdigsten Kunstobjekten."[151] Am Ende des vergangenen Jahrhunderts standen sie in Kärnten noch in Verwendung und bezeugen eine seit dem Mittelalter ungebrochene kirchliche Tradition. Als wissenschaftliche Erforschung der Fastentücher im engeren Sinn können die Beschreibungen der Tücher von Haimburg und Millstatt jedoch nicht gelten. Es sind im wesentlichen ikonographische Beschreibungen der vielszenigen Tücher. Ebenso von ikonographischem Interesse geprägt ist die Arbeit von ALFRED SCHNERICH über das Gurker Fastentuch.[152] Der ausgesprochene Bilderreichtum der Fastentücher hat natürlich den Blick stark auf das Inhaltliche gelenkt. Doch fragte Schnerich bereits nach den formalen und künstlerischen Bedingungen. Bemerkenswert fand er die Tatsache einer für die Zeit nicht typischen Konzentration auf die Bibel. So endet das Gurker Fastentuch, wie er hervorhebt, nicht mit der Verherrlichung Mariens und zeigt wenig Allegorisches und Apokryphes.

Nachdem unabhängig voneinander sowohl in der Diözese Münster als auch in Kärnten eine bescheidene lokalgeschichtliche Forschung an die Existenz der mittelalterlichen Fastentücher erinnert hatte, gab HERMANN HANDEL-MAZZETTI, Oberregierungsrat und Naturschutzreferent der Tiroler Landesregierung in Innsbruck und Verfasser volkskundlicher und floristischer Arbeiten, erstmals eine gemeinsame Übersicht über die räumlich so entfernten Schwerpunkte erhaltener Tücher.[153] Mit Tirol nahm er eine weitere Landschaft als Verbreitungsgebiet der Fastentücher in den Blick und bereicherte unsere Kenntnis um die Exemplare auf Schloß Tratzberg und in Innsbruck. Doch Handel-Mazzetti erweiterte nicht nur das Wissen um erhaltene Fastentücher, sondern konnte auch neues Licht auf ihre Herkunft und liturgische Verwendung werfen. So brachte er die fastenzeitlichen Verhüllungen mit der schon in der altchristlichen Kirche herausgebildeten Bußdisziplin in Zusammenhang. Er erklärte deshalb die Fastentücher als Ausdruck des freiwilligen Verzichts der Gemeinde, das Allerheiligste zu schauen; deshalb „. . . ist somit das Hungertuch zunächst das Sinnbild der Trauer und Buße, welcher sich der Sünder zu unterwerfen hat . . .“ (S. 194). Diese Buße war ursprünglich nur einzelnen Sündern aus konkretem Anlaß im Rahmen der Kirchenzucht auferlegt worden, indem sie vollkommen von der Teilnahme an der Heiligen Messe ausgeschlossen wurden, ja ihnen sogar das Betreten der Kirche verboten worden war. Später hat dann die Gemeinde insgesamt im Vollzug der Buße auf das Altarsakrament verzichtet. Erst am traditionellen Tag der Wiederaufnahme der reuigen Sünder, dem Gründonnerstag, gab das entfernte Fastentuch den Blick auf das Allerheiligste wieder frei. Im Gebrauch der Fastentücher unterschied Handel-Mazzetti (S. 196) Tücher, die den gesamten Chorraum verhüllten, und solche, welche lediglich zum Schmücken einzelner Altäre bzw. ihrer Bilder gedient haben. Ihm zufolge haben sich beide Bräuche nebeneinander erhalten, während wir eine historische Entwicklung für wahrscheinlicher erachten.

Wenige Jahrzehnte nachdem die Fastentücher ins Blickfeld wissenschaftlichen Interesses getreten waren, erschien das zweibändige Altarwerk des Jesuiten JOSEPH BRAUN.[154] Von Haus aus Klassischer Archäologe, diente er seinem Orden als Professor für Christliche Kunst, Archäologie und Liturgik an den Jesuitenkollegen in Valkenburg (NL), Frankfurt a. M. und Pullach. Sein wissenschaftliches Interesse galt vor allem den liturgischen Vollzügen am Altar und den textilen Erzeugnissen kirchlicher Kunst. Im zweiten Band seines epochemachenden Werkes über den Christlichen Altar, das bis heute noch keinen Nachfolger gefunden hat, widmete er dem Fastenvelum ein eigenes Kapitel. Ihm verdanken wir die wesentlichen Erkenntnisse über die Geschichte und liturgische Funktion der Fastentücher, die er aus den einschlägigen Quellen gewonnen hat. Seine Forschungen blieben richtungweisend und sind auch nicht in Frage gestellt worden. Die Auswertung der Quellen aber, das sei an dieser Stelle ausdrücklich betont, leidet unter der Schwierigkeit, daß die befragten Consuetudines und Inventare keine einheitliche Terminologie besitzen. Aus der Benennung liturgischer Tücher (vela, cortinae etc.) geht nicht immer eindeutig hervor, inwieweit es sich um Fastentücher, Passionsvela oder sonstige liturgische Vorhänge handelt. Braun hat seine aus den Quellen gewonnenen Erkenntnisse nicht am Denkmälerbestand überprüft, seine Kenntnisse erhaltener Fastentücher müssen sogar als äußerst gering eingeschätzt werden. So zählt er aus Kärnten nur das Gurker Fastentuch auf, Tiroler Beispiele kennt er überhaupt nicht.

Mit den Forschungen des Christlichen Archäologen PAUL STYGER werden zahlreiche Fastentücher auch in der Schweiz bekannt.[155] Unter anderem bearbeitete er das älteste erhaltene Fastentuch aus dem Jahre 1421 in Altdorf. Bedenkenswert sind vor allem einige Bemerkungen Stygers zum Wesen des Fastentuches, die durchaus als Kritik an den damals vorliegenden, allein aus dem Quellenstudium gewonnenen Erkenntnissen zu lesen sind. So wies er auf die unerklärliche Diskrepanz hin, derzufolge die Fastentücher verhüllen sollten, dem entgegen aber eine szenenreiche Bilderzier besaßen: „. . . entweder wollte man Bilder verhüllen oder Bilder zeigen, gewiß nicht beides zugleich.“ (S. 86) Dabei erwägt Styger, die Fastentücher wären vielleicht ein Ersatz der großen biblischen Zyklen, wie sie in den romanischen Kirchen in Freskomalerei ausgeführt waren, in den gotischen dagegen immer weniger zur Ausstattung gehörten. Die Kritik Stygers verweist auf das Defizit einer umfassenden Materialsichtung, was nur folgenden Schluß nach sich ziehen kann: „So ist es also nach dem Stand der heutigen und in diesem Punkt noch ganz vernachlässigten Forschung eine Unmöglichkeit, das Urteil über den Ursprung der Fastentücher abzugeben“ (S. 87). Das schrieb Styger 1919. Leider sind, wie sich zeigen wird, seine Anregungen nicht ernst genommen worden. Zwar hat sich unsere Materialkenntnis im Laufe der Jahrzehnte beträchtlich erweitert, zu einer systematischen Zusammenstellung und Auswertung der Denkmäler ist es jedoch nicht gekommen.

Unter diesen Vorzeichen ist es außerordentlich zu bedauern, daß den umfangreichen Forschungen von Monsignore OTTO RAINER so wenig publizistischer Erfolg beschieden war. Sein Lebenswerk galt der Erforschung der Kärntner Fastentücher, jedoch konnte er nur einen Bruchteil seiner Recherchen in kleineren Aufsätzen publizieren.[156] Von 1921 an war Rainer vierzig Jahre lang Kustos des Kärntner Diözesanmuseums in Klagenfurt. Diese aufreibende Tätigkeit war wohl schuld daran, daß viele Arbeiten Rainers im Manuskript steckenblieben.[157] Eine wissenschaftliche Beschäftigung mit den Kärntner Fastentüchern nach dem zweiten Weltkrieg blieb aus.[158] Lediglich aufzählender Natur sind die kurzen Zusammenfassungen des Klagenfurter Stadtpfarrers JOHANNES SCHNEIDER[159], von GÜNTHER H. NECKHEIM[160] und RICHARD MILESI[161].

Hatte die Erforschung der Fastentücher im Münsterlande eingesetzt, so wurde sie nach dem Zweiten Weltkrieg auch dort fortgesetzt. Mit seiner (leider ungedruckten) Dissertation über „Westfälische Hungertücher aus nachmittelalterlicher Zeit und ihre liturgische Herkunft"[162] setzte der Liturgiewissenschaftler und Christliche Archäologe JOHANNES EMMINGHAUS die Forschungen Joseph Brauns fort und konzentrierte sich auf die westfälischen Hungertücher. Auf den Seiten 29–33 handelt Emminghaus auch von den Fastentüchern der alpenländischen Gruppe, der er neben den westfälischen Tüchern ein deutlich eigenes Gepräge zuerkennt. Man gewinnt allerdings den Eindruck, daß Emminghaus hier ausschließlich aus der spärlichen Literatur schöpft und wohl kaum eines der angeführten Fastentücher aus eigener Anschauung kennt. Von ihm stammen auch die einschlägigen Lexikonartikel im LCI und RDK, wobei vor allem letzterer kenntnisreich Quellen und Material präsentiert. Die lexikalische Knappheit erlaubt jedoch nur eine geographische Differenzierung der Fastentuchlandschaften, während die inhaltliche und formale Analyse lediglich zwischen den bemalten und den bestickten Fastentüchern unterscheidet.

Was am Anfang der Fastentuchforschung hätte stehen sollen, nämlich eine exakte Katalogisierung des erhaltenen Bestandes, erfolgte erst 1961 durch den Museumsdirektor des Telgter Heimathauses Münsterland, PAUL ENGELMEIER.[163] In seiner Rezension sprach Emminghaus ihm das notwendige Lob aus: „Es wäre gut, wenn sich die Arbeiten der Museumsleute zunächst ebenfalls – wie es hier vorbildlich geschieht – auf die Katalogisierung, Deskription und Abbildung des Vorhandenen oder Erschließbaren beschränkten und gleichsam nur das Material aufbereiteten."[164] Dem ist eigentlich nur anzufügen, daß dieses Beispiel für die alpenländischen Fastentücher keinen Nachfolger hat. Seine Wertschätzung, derzufolge „Unter allen alten Werken textiler religiöser Volkskunst in Westfalen . . . den Fastentüchern der erste Rang" gebührt (S. 6), möchten wir gerne auf die alpenländischen Tücher übertragen wissen. Uns will es sogar scheinen, daß das Bild der alpenländischen Fastentücher noch vielfältiger ist; wir sehen in ihnen mehr Typen und umfangreichere Inhalte. Ihrem Wesen nach sind sie echte Zeugnisse volkstümlicher Frömmigkeit und doch gleichzeitig beachtenswerte Denkmäler der Kunstgeschichte.

Seit 1976 gibt es ein Hungertuch in neuer Gestalt, es dient als optisches Signal der Fastenaktionen des katholischen Hilfswerkes Misereor. Die neuen Hungertücher wurden überwiegend von Künstlern aus dem Bereich der dritten Welt geschaffen und haben weder formal noch inhaltlich mit den mittelalterlichen Fastentüchern zu tun. Allein ihr Name und ihre Verwendung in der Passionszeit knüpfen an die alte Tradition an.[165] Die außerordentlich hohe Verbreitung der neuen Hungertücher[166] hatte aber zumindest auch ein gestiegenes und teilweise neu erwachtes Interesse an den historischen Fastentüchern zur Folge. Vor allem in der deutschsprachigen Schweiz waren verstärkte Aktivitäten zu verzeichnen, den neuen Brauch und die alte Tradition zu überdenken.[167]

Das Misereor-Hungertuch war vom Fastenopfer der Schweizer Katholiken übernommen worden. Obwohl die Schweiz als Traditionsland der Fastentücher zu gelten hat, war der alte Brauch völlig in Vergessenheit geraten. Auf Initiative des Luzerner Kirchenhistorikers GUSTAV KALT veranstaltete das Schweizer Landesmuseum in Zürich eine kleine Ausstellung von Hungertüchern aus eigenen Beständen und einigen Leihgaben.[168] Die Präsentation zog überraschend viele Besucher an, die Gunst der Stunde zu einer weitergehenden Erforschung der Fastentücher unterblieb dagegen. Die von Gustav Kalt verfaßte und vom Fastenopfer der Schweizer Katholiken herausgegebene Broschüre zur Sonderausstellung wird wissenschaftlichen Ansprüchen nur in geringem Maße gerecht.[169] Immerhin konnte der Denkmälerbestand gegenüber der veralteten Zusammenstellung von COLUMBAN BUHOLZER[170] auf den neuesten Stand gebracht werden.[171]

Auch andernorts ist ein wachsendes Bewußtsein um das Fastentuch als bedeutsamen Kulturgut zu verzeichnen; weniger dort, wo die alten Leinwände in den Magazinen der Museen verborgen bleiben, verstärkt aber da, wo noch die meisten Fastentücher in kirchlichem Gebrauch stehen, wie etwa in Kärnten.

Überblickt man nun einhundert Jahre Fastentuchforschung, so ist das Ergebnis zwar nicht mager, jedoch ausgesprochen einseitig. Fast ausschließlich waren es kirchenhistorisch oder liturgiegeschichtlich interessierte Forscher, die Verwendung und Funktion der Fastentücher untersucht haben. Seit Joseph Braun sind die einschlägigen Quellen bekannt, ihre Aussagefähigkeit für Form und Inhalt der mittelalterlichen Fastentücher ist jedoch äußerst beschränkt. Was bislang unterblieb, ist die Betrachtung der Denkmäler selbst. Hierbei zeigen sich nämlich auf der inhaltlichen Seite ganz erstaunliche Gesetzmäßigkeiten[172], auf der formalen Seite hingegen ebenso bemerkenswerte gestalterische Variationen. Weder die Volkskunde[173] noch die Kunstgeschichte[174] haben sich für die Fastentücher zuständig gefühlt, und sicher würde ihrem Charakter ein interdisziplinäres Vorgehen am ehesten gerecht werden. Bleibt zu hoffen, daß das Interesse und vor allem die Möglichkeit, sich mit den Fastentüchern zu beschäftigen, durch die nun vorliegende Arbeit gefördert wird.

Anmerkungen:

[4] Heim, S. 33.

[5] Styger, S. 86.

[6] Braun, Altar Bd. II, S. 148–159; ders., Die liturgischen Paramente, Freiburg 1924, S. 233–234.

[7] Braun, Altar Bd. II, S. 148.

[8] Braun, Altar Bd. II, S. 149 („In quadragesima reliquie et cruces occultantur et velamen inter sancta sanctorum et populum pomitur . . .").

[9] z. B. Handel-Mazzetti, S. 210.

[10] Emminghaus, Velum quadragesimale, Sp. 75.

[11] Braun, Altar Bd. II, S. 150.

[12] Die Quellen sind aufgeführt u. a. bei Braun, aaO. und bei Emminghaus, Art. Fastentuch im RDK, Sp. 826–828.

[13] Braun, Altar Bd. II, S. 156.

[14] Fr. Wilhelmi Wittwer Catalogus Abbatum monasterii SS. Udalrici et Afrae Augustensis, in: Archiv für die Geschichte des Bistums Augsburg, hrsg. von Anton Steichele, III. Band, Augsburg 1860, S. 116–124.

[15] Sachs, Badstübner, Ikonographie S. 342–346.

[16] Braun, Altar Bd. II, S. 156.

[17] Emminghaus, Art. Fastentuch im RDK, Sp. 835.

[18] Otte, S. 387.

[19] Savels, Sp. 185.

[20] in: Kirchenschmuck, Archiv für kirchliche Kunstschöpfungen und christliche Alterthumskunde, Band IX, Stuttgart 1861, S. 57.

[21] Weiß als symbolische Farbe für die reinigende Kraft der Buße war für die am Aschermittwoch getragene Kasel nicht unüblich; so der Osnabrücker Eremit Gottschalk Holen, um 1490, in einer Fastenbräuche aufzählenden Predigt auf den Aschermittwoch: „In hoc sciendum, quod casula quadragesimalis est alba et habet rubeam crucem. In hoc, quod est alba, significatur castitas et munditia, quam poenitentes debent servare in quadragesima . . ." in: Kirchenschmuck, a. a. O., S. 58.

[22] Emminghaus, Velum quadragesimale, Sp. 75.

[23] Braun, Altar Bd. II, S. 151.

[24] Braun, Altar Bd. II, S. 152.

[25] De cortinis in quadragesima per chorum extendendis et rursum deponendis, in: Das Hochstift Basel im ausgehenden Mittelalter (Quellen und Forschungen) bearb. von K. W. Hieronimus, Basel 1938, S. 141.

[26] Eine Entwicklung vom beweglichen zum starren Fastentuch ist auch dem kurzen Beitrag von Paulus Volk, Das sogenannte Hungertuch, in: Studien und Mitteilungen zur Geschichte des Benediktinerordens 57, 1939, S. 247–248 zu entnehmen.

[27] Emminghaus, Velum quadragesimale Sp. 77; Braun, Altar Bd. II, S. 151.

[28] De cortinis in quadragesima . . ., aaO. S. 141 f.

[29] Savels, Sp. 180 f.

[30] 1376/7: „Item, pro reparando velum templi, et cortinis in xl usitandis, cum annulis cupreis ad dictas cortinas, xxviij s." 1380/1: „Item, pro lotione iiij cortinarum, et veli templi ante crucem, et veli in choro tempore Quadragesimali . . ." zitiert nach M. Weale, Le velum templi, in: Le Beffroi II, Brügge 1864, S. 42.

[31] „Betaelt om de coerde van velum templi of gordynen hanghende in den Vastenen . . ." nach M. Weale, aaO, S. 43.

[32] Braun, Altar Bd. II, S. 152.

[33] So etwa Durandus in seinem Rationale divinorum officiorum (1286–91) Liber I, cap. 3, einer Zusammenfassung der symbolisch-allegorischen Literatur des Mittelalters.

[34] Honorius von Autun, Gemma animae (MPL 172, 656), Sacramentarium (MPL 172, 743), Speculum ecclesiae (MPL 172, 887); Rupert von Deutz, De divinis officiis (MPL 170, 95); Johannes Beleth, Rationale divinorum officiorum (MPL 202, 89); Hugo von St. Victor, De sacramentis christianae fidei (MPL 176, 474); Sicardus von Cremona, Mitrale (MPL 213, 260).

[35] Emminghaus, Velum quadragesimale, Sp. 78.

[36] Sehr anschaulich spiegelt sich dieser Gedanke auf einem späten Fastentuch aus Matrei in Osttirol (s. dort) wider. Die Leinwand besitzt das gleiche, oben halbrund geschlossene Format wie das Altarblatt selbst. Dem flüchtigen Betrachter entzieht sich vollends die Tatsache, daß es sich dabei um einen Wechselbehang handelt, der mit dem Thema der Dornenkrönung das ‚normale' Bild der Anbetung der Hirten verdeckt. Die Beziehung eines solchen ‚Wandelaltares' zu den spätgotischen Flügelaltären liegt auf der Hand.

[37] Seit dem frühen Mittelalter war die Zahl der Kommunikanten rapide gesunken. Auch aus Angst vor dem Sakramentsgenuß war ein einmaliger Abendmahlsgang an Ostern zur Regel geworden. Als Ersatz spielte die geistige Kommunion und die Anbetung des in der geweihten Hostie gegenwärtigen Christus eine große Rolle. Vgl. dazu: P. Browe, Mittelalterliche Kommunionssitten, in: Jahrbuch für Liturgiewissenschaft 15, 1941, S. 23–66.

[38] P. Meinhold, Art. Bußwesen II. In der christlichen Kirche, in: RGG³, 1548–1551; dort auch weitere Lit.

[39] Franz Kollreider, Krippen und Heiliggräber in Osttirol, Lienz 1958.

[40] So verzichteten die Girlaner in Südtirol 1581 auf die Erneuerung des Fastentuches, da es durch ein prachtvolles Heiliggrab verdrängt worden war. So Karl F. Zani, in: Dolomiten 66, 1951 vom 22. 3., S. 3.

[41] Zani, a. a. O., S. 3.

[42] Irrig und zu weitgehend ist wohl die Interpretation von Joseph M. Hasler: „Diese Verhüllung deutete die Feindschaft an zwischen Gott und der Menschheit, wie sie vor dem Erlösungswerk des Herrn bestanden hatte." In: Allgemeine Kölnische Rundschau 2, 1949, Nr. 44, S. 5.

[43] So etwa Karl Adam Kellner, Heortologie oder die geschichtliche Entwicklung des Kirchenjahres und der Heiligenfeste von den ältesten Zeiten bis zur Gegenwart, Freiburg i. Br. 1911, S. 81 f. Ähnlich: Karl Atz und Stephan Beissel, Die kirchliche Kunst in Wort und Bild, Regensburg o. J. (1915), 4. Aufl., Stichwort Fastentuch. Äußere Kennzeichnung der Fastenzeit: Paul Sartori, Westfälische Volkskunde, Leipzig 1922, S. 150.

[44] Emminghaus, Westfälische Hungertücher, S. 23.

[45] Braun neigt ebenfalls zur Verhüllungstheorie, doch hat diese Praxis in der abendländischen Kirche mit dem Mysteriumsgedanken der Ostkirche nichts zu tun. Braun, Altar Bd. II, S. 171.

[46] Emminghaus, Westfälische Hungertücher, S. 4–22.

[47] Handel-Mazzetti, S. 194.

[48] Dennoch wird der Verhüllungszweck als Begründung für die Sitte der Fastentücher immer noch vertreten, so: Karl Hölker, Das Telgter Hungertuch, in: Das schöne Münster 5, 1933, S. 65. Ebenso Elisabeth Hohmann, Fastentücher, in: Zeitschrift für Kunst 2, 1950 (4. Jg.), S. 152. Auch Johannes Schneider, Kärntner Fastentücher, in: Heiliger Dienst, 14, 1960, S. 1.

[49] Früher z. B. vertreten von H. Samson, Das Fastentuch, in: Pastor Bonus, Zeitschrift für kirchliche Wissenschaft und Praxis Trier, 7, 1895, S. 152. Trotz gründlicher Arbeiten übernimmt auch Savels, Sp. 180, die symbolische Deutung des Durandus.
Teilweise werden bis in die neueste Literatur hinein die verschiedenen Deutungen unachtsam miteinander verbunden, so: Matthias Maierbrugger, Lebendiges Brauchtum in Kärnten, Klagenfurt 1978, S. 26.28.

[50] Etwa Styger, S. 86.

[51] Der Begriff der Armenbibel hier kunsthistorisch falsch verwendet.

[52] Nikolaus Grass, Vom Fasten- oder Hungertuch, in: Ostern in Tirol, Innsbruck 1957 (= Schlern-Schriften 169), S. 17.

[53] Dieser Gedanke ist im Gefolge von Emminghaus, Westfälische Hungertücher, S. 38 nahezu unausrottbar und wird auch in der sonst gründlichen Arbeit von Felix Marxer, Das Fastentuch von Bendern (Jahrbuch des Historischen Vereins für das Fürstentum Liechtenstein Bd. 74) S. 143–144 kritiklos übernommen.

[54] Heim, S. 34.

[55] Otto Rainer, Die Kärntner Fastentücher, in: Fürs Kärntner Heim Nr. 2, 1931; Joh. Schneider, Kärntner Fastentücher, in: Heiliger Dienst 14, 1960; Günther H. Neckheim, Die Fastentücher im Kärntner Kunstschaffen zur Passionszeit, in: Die Kärntner Landsmannschaft 1965, Heft 4, S. 4 u. a.

[56] Bürgerbuch der Stadt Luzern von 1366 in einem Verzeichnis des Kirchenschatzes der Peterskapelle: Item ein Hungertuoch (Kalt o. P.). Inventar des Einsiedler Stiftsarchivs von 1550: Item das gross wyss Hungertuoch. (Zeitschrift für Schweizerische Archäologie und Kunstgeschichte, Bd. 18, 1958, S. 199.) Im Inventar des Kirchenschatzes des Berner Münsters finden sich die beiden Bezeichnungen von 1586: Item ein mechtig schön fastentuoch oder hungertuoch uff 200 linwatt. Mone, Anzeiger für Kunde der teutschen Vorzeit V, 1836, Sp. 374.

[57] Für die zahlreichen elsässischen Quellen siehe: M. Barth, Das Fasten- oder Hungertuch im Elsaß, in: Archiv für elsässische Kirchengeschichte, 6. Jg., 1931 (Straßburg), S. 407. Für Westfalen: Emminghaus, Westfälische Hungertücher, und Engelmaier, Westfälische Hungertücher. Für Sachsen: Johann Benedikt Carpzow, Analecta fastorum Zittaviensium, Zittau 1716, S. 63: „. . . daß vormals nach Päbstischen Gebrauch das so genannte Hunger Tuch in der Kirchen zu sehen gewesen . . ."

[58] Friedrich Haider, Tiroler Volksbrauch im Jahreslauf, Innsbruck 1968, S. 150.

[59] Trübners Deutsches Wörterbuch, Stichwort Hungertuch.

[60] Vgl. Braun, Altar, Bd. II, S. 148 ff.; manchmal auch velamen genannt. An das lat. cortina schließen sich auch die Bezeichnungen

[172] In Verkennung solcher Gesetzmäßigkeiten hatte Emminghaus betont (RDK, Art Fastentuch) „. . . Bildthemen auf Fastentüchern waren verschieden . . .“ (Sp. 834) und „. . . es gibt keine Darstellungen, die für das Fastentuch typisch sind . . .“ (Sp. 836).

[173] Vgl. die spärliche Information: Beitl, Wörterbuch zur deutschen Volkskunde, Stuttgart 1974, 3. Aufl. S. 392 f., beschränkt sich hauptsächlich auf Westfalen. Ähnlich spärlich die Angaben bei Matthias Maierbrugger, Lebendiges Brauchtum in Kärnten, Klagenfurt 1978, S. 26–29.

[174] Die Mißachtung geschieht sicherlich zu Unrecht, da ein Großteil der Fastentücher mindestens das künstlerische Niveau ländlicher und provinzieller Wandmalerei besitzt, für die sich die Kunstgeschichte ja zuständig fühlt.

im Frz. courtine und im Engl. courtain an. Auch für die 40tägige Fastenzeit gibt es im außerdeutschen Sprachraum keine Parallelen, dort wurde das lat. quadragesima übernommen, so im Frz. careme und im Ital. quaresima.

61 Grimm, Wörterbuch, Bd. IV, Sp. 1950, Stichwort Hungertuch.

62 Savels, Sp. 190.

63 Karl Klunzinger, Zweiter Bericht über den Alterthums-Verein im Zabergau, 1846, Stuttgart 1847, S. 9.

64 „Hoc velum coparatum est per Venerabilem . . .“ Otto Rainer, Dom zu Gurk-Fastentuch, Gurk 1984, S. 4. Der vollständige Wortlaut im Katalogteil wiedergegeben.

65 „das tuch ist gemacht nach christ gepurth 1504 . . .“ Kunsttopographie Kärnten, S. 101 f. Der vollständige Text im Katalogteil.

66 „. . . ist dieses Fastentuch durch M. Stephan Flaschberger . . .“ Franz Kollreider, Das Virgener Fastentuch im Osttiroler Heimatmuseum Schloß Bruck, in: Tiroler Heimatblätter 34, 1959, 101. Vollständiger Text im Katalogteil.

67 Braun, Altar, Bd. II, S. 148.

68 Schmachten bedeutet u. a. leiden, hungern. Wahrig Wörterbuch der deutschen Sprache, München 1978, S. 675. So kann Schmachtlappen vielleicht auch als Leidenstuch (vgl. Tirol!) übersetzt werden.

69 Zit. bei Röhrich, Lexikon der sprichwörtlichen Redensarten 1, Freiburg i. Br. 1976, 4. Aufl., S. 456.

70 Gustav Kalt, Am Hungertuch nagen, in: Schweizerische Kirchenzeitung, Bd. 145, 1977, Nr. 1, S. 5.

71 Grimm, Wörterbuch, Bd. IV, Sp. 1950, Stichwort Hungertuch.

72 Ebd.

73 Gustav Kalt, a. a. O., S. 5, meint, daß umgekehrt nähen aus nagen entstanden ist.

74 So Röhrich, Lexikon der sprichwörtlichen Redensarten, Freiburg i. Br. 1976, 4. Aufl., 1. Bd., S. 456, und auch Grimm, Wörterbuch, Bd. IV, Sp. 1950, Stichwort Hungertuch.

75 Hans Sachs, zit. Grimm, Wörterbuch, a. a. O.

76 Grimm, Wörterbuch, a. a. O.

77 Z. B. Bericht des Sebastian Münster aus Basel, 1550, in: Kirchenschmuck, Ein Archiv für kirchliche Kunstschöpfungen und christliche Alterthumskunde, 13. Jg., 1869, S. 20.

78 Archivalische Beilage zum Straßburger Diözesanblatt 10, 1891, S. 52.

79 L. Pfleger, Analecta liturgica Argentinensia, in: Archiv für elsässische Kirchengeschichte, 3. Jg., 1928, S. 379.

80 Christian Pescheck, Handbuch der Geschichte von Zittau, Bd. 1, Zittau 1834, S. 56.

81 Eine Exvoto-Gabe des Gewürzhändlers Gürteler vermutet auch Christian Pescheck in: Nachricht über das im Jahre 1840 wiederaufgefundene sogenannte Zittauer Hungertuch von 1472, in: Mittheilungen des königlich sächsischen Vereins für Erforschung und Erhaltung vaterländischer Alterthümer, Heft 2, 1842, S. 70.

82 Z. B. Gurk, Haimburg, Bendern; Näheres im Katalogteil.

83 Z. B. Virgen, Sternberg; Angehörige des Georgritterordens stifteten das Millstätter Tuch; Näheres im Katalogteil.

84 Hartmut Boockmann, Kirche und Frömmigkeit vor der Reformation, in: Martin Luther und die Reformation in Deutschland, Katalog zur Ausstellung Nürnberg 25. 6.–25. 9. 1983, S. 41 f.; dort auch weitere Literatur.

85 So in Virgen bzw. Wappen in Millstatt.

86 Auf ihnen wird niemals der Grund der Votation angegeben, sie schildern ausschließlich biblische Themen; zur Votivgabe: Beitl, S. 613.

87 Deutsche Messe und ordnung gottis diensts, Luthers Werke, Bd. 19, Weimar 1897, S. 112.

88 So werden auf Fastentüchern keine Heiligen dargestellt, ebensowenig allegorische oder symbolische bzw. dogmatische Bilder, wie sie für das späte Mittelalter eigentlich typisch sind. Vgl. 5. Kapitel ‚Anmerkungen zu einer Theologie der Fastentücher‘.

89 Christian Pescheck, Nachricht über das im Jahre 1840 wiederaufgefundene sogenannte Zittauer Hungertuch von 1472, in: Mittheilungen des königlich sächsischen Vereins für die Erforschung und Erhaltung vaterländischer Alterthümer, Heft 2, 1842, S. 71.

90 Oskar Sakrausky, Hrsg., Evangelisches Österreich, Wien o. J., S. 293.

91 Heim, S. 35.

92 Zunächst nur sieben, seit dem 17./18. Jh. waren 14 Stationen gebräuchlich; die etwas veränderte Ikonographie setzte erst bei der Handwaschung Pilati ein und endete bei der Grablegung. Vgl. F. Dambeck, Art. Kreuzweg, LCI Bd. 2, Sp. 653–655, und K. A. Kneller, Geschichte der Kreuzwegandacht von den Anfängen bis zur völligen Ausbildung, in: Stimmen aus Maria Laach, Erg. Bd. 98, 1908.

93 Alois Maier, Kärntner Kirchengeschichte, Klagenfurt 1979, S. 64 ff.

94 Heim, S. 36.

95 Z. B. das Fastentuch aus St. Margarethen in der Reichenau wurde Ende des 19. Jh.s an einen Trödler verkauft. Derart in den Handel gebrachte Fastentücher wurden möglicherweise auch in Einzelfelder zerschnitten, um sie besser verkaufen zu können. Vgl. dazu die heute verschollenen, auch in Einzelfelder zerschnittenen Klagenfurter Fragmente.

96 Felix Marxer, Das Fastentuch von Bendern, in: Jahrbuch des Historischen Vereins für das Fürstentum Liechtenstein, Bd. 74, S. 133.

97 Linus Birchler, Kunstdenkmäler Kanton Zug, 2. Halbband, 2. Aufl. 1959, S. 114.

98 Freundlicher Hinweis von Frau Zita Wirz, Konservatorin am Heimatmuseum Sarnen; s. a. im Katalogteil!

99 Dabei ist zu bemerken, daß hier in der Landschaft Obwalden keineswegs der Protestantismus einer Bilderverachtung Vorschub leistete; die Gegend um Kerns war dem katholischen Glauben treu geblieben.

100 Kalt, o. P., nach einem Hinweis von A. Heiz, Konservator des Fricktaler Museums Rheinfelden.

101 Herbert Hofmann, Ein Fastenvelum aus der Zeit um 1500, in: Nachrichtenblatt der Denkmalpflege für Baden-Württemberg 4, Stuttg. 1961, S. 41.

102 Vaterland Nr. 74, 29. März 1979 (Luzern), S. 27.

103 Vaterland Nr. 78, 2. April 1977 (Luzern), S. 15.

104 Belege dafür sind zusammengestellt (und nur vereinzelt hier weitergegeben) bei: Lucian Pfleger, Analecta liturgica Argentinensia, in: Archiv für Elsässische Kirchengeschichte 3. Jg. 1928 (Freiburg), S. 378 bis 379, und bei: M. Barth, Das Fasten- und Hungertuch im Elsaß, in: Archiv für Elsässische Kirchengeschichte 6. Jg. 1931 (Straßburg), S. 406 bis 408.

105 Archivalische Beilage zum Straßburger Diözesanblatt 10, 1891, S. 52.

106 Edmund Ungerer, Elsässische Altertümer in Burg und Haus, in Kloster und Kirche, Inventare vom Ausgang des Mittelaltars bis zum Dreißigjährigen Krieg aus Stadt und Bistum Straßburg, 1. Bd., Straßburg 1913, S. 343.

107 Ebd., S. 268.

108 Hans Rott, Oberrheinische Meister des 15.–16. Jh.s, Namen und Werke, in: Oberrheinische Kunst 3, 1928, S. 56 f.

109 Edmund Ungerer, a. a. O., Bd. 3, S. 275.

110 „ein alt leynin weiss hungertuch“, Archivalische Beilage zum Straßburger Diözesanblatt, 10, 1891, S. 52.

111 Kirchenordnung der ehemaligen Stiftskirche St. Martin zu Colmar während des Mittelalters, Rixheim 1904, S. 21.

112 Davon allerdings eine sprachliche Differenzierung zwischen dem Hungertuch am Chorbogen und den Fastentüchern vor den Altären (wie das manchmal versucht wird) abzuleiten, ist nicht möglich.

113 Aus der Imlin'schen Familienchronik, in: Stöbers Alsatia 1873–74, S. 402.

114 Die Kirchenordnung von Dammerkirch verfügte, daß der Küster „uff Zinstag vor Aschermittwoch das Fastentuch herabelassen“ soll. In: Archivalische Beilage zum Straßburger Diözesanblatt 8, 1889, S. 149.

115 René Friedel, Geschichte des Fleckens Erstein, Erstein 1927, S. 514.

116 Zu dem Preis von 70 Gulden wurde ein „velumpraegrande“ angeschafft, um den Hochaltar zu verdecken. Synopsis ortus et progressus Collegii Societatis Jesu Molshemii ab anno 1577 ad annum 1636, Handschrift im Pfarrarchiv Molsheim, S. 104.

117 E. Hans, Urkundenbuch der Pfarrei Bergheim, Straßburg 1894, S. 278.

118 Jenes aus Veitsch, heute St. Lambrecht (Lienz? Innsbruck, Kat. Nr. 18?).

119 Jene in Ortisei (St. Ulrich in Gröden), in Bozen und aus Obervintl im Pustertal (heute Innsbruck).

120 Vereinzelte Hungertücher waren noch im 20. Jh. in Gebrauch, so jene in Steinen und in Bendern.

121 Als eigenständige Gruppen werden die bemalten und die gestickten Fastentücher von Joh. Emminghaus, Art. Fastentuch im RDK, Sp. 837 und 842, geführt, wobei den westfälischen Beispielen solche auch aus Hessen und Niederdeutschland zur Seite gestellt werden. Ebenfalls Emminghaus war es, der den westfälischen Tüchern eine ausführliche Untersuchung widmete: Westfälische Hungertücher aus nachmittelalterlicher Zeit und ihre liturgische Herkunft, Münster 1949. Da diese Dissertation ungedruckt blieb, hat sie erst Paul Engelmeier einer breiteren Öffentlichkeit vorgestellt: Westfälische Hungertücher vom 14. bis zum 19. Jahrhundert, Münster 1961.

122 Engelmeier, S. 14.

2. Kapitel

Katalog der alpenländischen Fastentücher

Im ersten Kapitel gaben wir eine Zusammenfassung über Herkunft und Wesen der Fastentücher aufgrund des gegenwärtigen, durch die Literatur erreichbaren Wissensstandes. Viele Fragen, wie etwa die Entwicklung der Fastentücher, ihr Verhältnis zur übrigen mittelalterlichen Kunst oder gar ihr ikonographisch-inhaltlicher Hintergrund, konnten dabei nicht einmal gestellt oder gar beantwortet werden. Denn die bisherige Fastentuchforschung, wenn man von einer solchen überhaupt sprechen kann, stützt sich auf Einzelbeobachtungen und die Beschreibung isolierter Denkmäler.[175] Eine systematische Auflistung der noch vorhandenen Fastentücher ist bisher unterblieben.[176]

Diesem Manko nun eine systematische, aussagefähige Dokumentation des erhaltenen Denkmälerstandes entgegenzusetzen, ist das Hauptanliegen der vorliegenden Arbeit. Wir erachten ein solches Bemühen für notwendig, weil über die alpenländischen Fastentücher in ihrer überwiegenden Mehrheit nicht oder nur unzulänglich geschrieben wurde und sie auch an Ort und Stelle dem Betrachter meist nicht zugänglich sind, denn sie fristen entweder in den Magazinen der Museen ein verborgenes Dasein[177] oder sind dort, wo sie noch in kirchlichem Gebrauch stehen, nur während der kurzen Wochen der Fastenzeit zu sehen. Inhaltlich wird ein solcher Katalog dadurch gerechtfertigt, daß die Fastentücher innerhalb der alpenländischen Kulturgeschichte eine festumrissene Größe ähnlich der Wand-, Glas- oder Tafelmalerei darstellen. Daß die Kunstgeschichte den Fastentüchern bisher keine Aufmerksamkeit geschenkt hat, läßt sich aus der stillschweigenden Zuweisung an die Volkskunde erklären. Vielfach wurden sie wohl auch überhaupt nicht zur Kenntnis genommen. Ebensowenig hat sich bis heute die Textilforschung für bemalte Leinenstoffe zuständig gefühlt.

Im Katalog werden die historischen Fastentücher systematisch erfaßt. Berücksichtigt werden dabei nahezu alle erhaltenen Denkmäler sowie diejenigen, die aufgrund literarischer Hinweise noch rekonstruierbar oder greifbar sind.[178] Dadurch wird ein Zeitraum von vier Jahrhunderten vorgegeben, von den ältesten Stücken aus dem frühen 15. Jahrhundert bis zum Beginn des 19. Jahrhunderts. Die späten Fastentücher, die noch im 19. und im frühen 20. Jahrhundert entstanden sind, wurden im Katalog nicht mehr berücksichtigt, sondern nur summarisch gewürdigt. Der Katalog erschließt die Fastentücher in ihrer chronologischen Abfolge, die nur durch die geographische Trennung in die beiden Hauptverbreitungsgebiete österreichischer und alemannischer Raum in zwei Blöcken dargestellt wird. Diese Zweiteilung scheint angesichts der enormen Ausdehnung des behandelten Gebietes geboten zu sein; ja, er mag manchem noch zu wenig differenziert sein, doch würde eine weitere Untergliederung die statistische Auswertung und den Überblick nur erschweren. So ist die Zweiteilung des Katalogs in den östlichen Alpenraum mit den österreichischen Bundesländern Kärnten, Steiermark, Tirol und Oberösterreich und das alemannische Gebiet mit dem österreichischen Bundesland Vorarlberg, den Deutschschweizer Kantonen sowie See- und Oberschwaben methodisch und sachlich gerechtfertigt, denn tatsächlich trennen die Allgäuer Alpen, die Verwall- und Silvrettagruppe wie ein unpassierbarer Riegel die beiden Verbreitungsgebiete.[179] Zum anderen gibt es doch, wie sich erweisen wird, trotz überwiegender Gemeinsamkeiten auch einige Unterschiede im Gesamterscheinungsbild.

Die Vielzahl der Fastentücher erlaubt nicht in jedem Fall eine eingehende Beschreibung. Besonders muß bei den Felder-Tüchern in ikonographischer Hinsicht meist das Schema genügen. Eine ausführliche Benennung der einzelnen Szenen erfolgt bei der Behandlung des Gurker Fastentuches; es deckt mit seinem 108 Szenen umfassenden Bildbestand den größten Teil aller vorkommenden Themen ab. Bei den übrigen Fastentüchern werden in der Regel nur neu hinzutretende Szenen, ikonographische Besonderheiten und Auffälligkeiten in der Anordnung angemerkt. Überhaupt wurde darauf Wert gelegt, in der katalogmäßigen

Beschreibung die charakteristischen Merkmale hervorzuheben, während die Gemeinsamkeiten dann unter dem 3. Kapitel „Typen und Ikonographie der Fastentücher" herausgestellt werden. Im Katalog selbst werden jedoch bereits die Zuweisungen zu den einzelnen Typen vorgenommen, die aus der Übersicht aller Fastentücher erarbeitet wurden.

Am Anfang jeder Katalognummer steht ein stichwortartiger Steckbrief, der die wichtigsten Daten in folgender Reihenfolge nennt:

Herkunft
Heutiger Aufbewahrungsort
Datierung
Künstler
Technik
Maße, Höhe x Breite
Kurzcharakteristik der Bildanordnung
Typ
Inschriften
Literatur

Nicht für alle Katalognummern konnten jeweils alle Punkte geklärt werden.

Nur wenige Fastentücher sind durch Inschrift oder archivalische Belege datiert. So muß in den meisten Fällen auf allgemeine stilkritische Erwägungen zurückgegriffen werden. Dabei erschwert ein besonderes Charakteristikum der Fastentücher die Arbeit erheblich: Sie sind künstlerisch äußerst konservativ und nehmen Stilveränderungen häufig erst mit großer zeitlicher Verzögerung auf. Zeitverschiebungen von annähernd zweihundert Jahren sind keine Seltenheit. Gotische Bildentwürfe werden bis ins 18. Jahrhundert mitgeschleppt. Ja, es hat den Anschein, als verstärkte sich der konservative Geist im Laufe der Zeit noch. Dramatische Bildgestaltungen des Barock erfreuen sich bis ins 19. Jahrhundert einer ungebrochenen Beliebtheit. Als lediglich reproduzierende Kunstwerke sind die Fastentücher auch immer von Vorlagen abhängig.

Selten läßt sich in Erfahrung bringen, wem wir jeweils ein bestimmtes Fastentuch zu verdanken haben. Wo uns eine Signatur den Meister verrät, ist es meist der ortsansässige Künstler, der mit seiner Werkstatt sowohl die Altäre zimmermannsmäßig erstellt als auch ihre Figuren und Bilder farbig faßt und auch die Fresken an die Wände der Kirchen malt. Häufig sind es aber künstlerisch nur bedingt begabte, handwerkliche Meister, deren Namen wir nicht kennen.

Die Maltechnik ist nicht überall zu ermitteln, da die Leinwandmalerei in ihren Anfängen noch wenig erforscht ist, und Befunduntersuchungen fast überall fehlen. Meist wurden die Farben, vorzugsweise Tempera oder Wasserfarben, auf die ungrundierte, selten vorgeleimte Leinwand aufgetragen. Es galt im wesentlichen, die Struktur des Leinens zum Aufrollen der Tücher beweglich zu halten. Dadurch ergaben sich enorme Haftprobleme der Farben, die für den geringen Erhaltungsbestand früher Leinwandmalerei verantwortlich zu machen sind. Seit dem 18. Jahrhundert werden die Fastentücher überwiegend mit Ölfarbe bemalt, eine Technik, die für die beweglichen Tücher wenig geeignet ist und zu Rissen und Abplatzungen neigte. Diese Tücher sind selten in gutem Zustand.

Die Maße sind immer auf die Gesamtgröße des Tuches bzw. des Fragmentes bezogen und nennen Höhe vor Breite. Nicht in allen Fällen, vor allem dort, wo die Tücher in Gebrauch sind und teilweise sehr hoch hängen, war ein exaktes Maßnehmen möglich. Hier sind dann Circa-Maße angegeben.

Die angegebenen Literaturhinweise nennen nur Beiträge, die inhaltlich etwas über das betreffende Objekt aussagen. Literatur, die das Fastentuch nur nennt bzw. unter anderen aufzählt, wird lediglich dort aufgeführt, wo sie den einzigen literarischen Beleg darstellt.

Der Katalog wurde mit großer Sorgfalt und Gewissenhaftigkeit zusammengetragen; weil allerdings in manchen Fällen auch der Zufall geholfen hat, muß damit gerechnet werden, daß das eine oder andere Fastentuch doch fehlt. Diese Gefahr scheint uns für die mittelalterliche Zeit äußerst gering, die Möglichkeit steigt mit der Annäherung an die Gegenwart. (Es wurden auch nicht alle Fastentücher, die uns bekannt sind, in den Katalog aufgenommen, aber im fortlaufenden Text erwähnt. Im Katalog Vermißtes kann also u. U. über das Ortsverzeichnis gefunden werden.)

Es war während der Arbeit an diesem Buch nicht möglich, den gesamten untersuchten Raum systematisch nach Fastentüchern abzusuchen, die einzige Möglichkeit, wirklich alle noch in Gebrauch stehenden Tücher zu erfassen. Aber selbst dieser zeitraubenden und durch die temporäre Verwendung der Tücher zeitlich eingeschränkten Arbeitsweise müssen die außer Gebrauch gesetzten Exemplare verborgen bleiben.

Die neben der systematischen, flächendeckenden Ausforschung von der Volkskunde praktizierte Methode der Fragebogenerfassung erwies sich in unserem Fall als unmöglich. Zum einen war angesichts der räumlichen Ausdehnung von Wien bis zum Bodensee eine Fragebogenaktion rein postalisch nicht zu bewältigen, zum anderen hat sich herausgestellt, daß selbst gezieltes Anschreiben nur einen Rücklauf von höchstens 50% zur Folge hatte. Auch hätte die Gefahr bestanden, eine Nachrichtenflut auszulösen, die sich aber durch Unkenntnis der Befragten im wesentlichen auf Fastentücher des 19. Jahrhunderts bezogen hätte, die noch zahlreich vorhanden sind. Diesen Hinweisen hätte man dann allen nachgehen müssen, ohne den Bestand historischer Fastentücher zu mehren.

Unser Katalog stützt sich demnach auf eine gründliche Auswertung der Literatur, auf die Einsichtnahme der wichtigsten Karteien in Museen und Bibliotheken sowie den Denkmalämtern. Schließlich konnte die Kenntnis historischer Fastentücher durch flächendeckende Exkursionen in ‚verdächtigen' Regionen gemehrt werden.

Die österreichischen Fastentücher

östlich des Arlbergs: Kärnten, Tirol, Steiermark, Oberösterreich

Der Katalog österreichischer Fastentücher umfaßt 41 Objekte, davon entfällt mit 23 Nummern über die Hälfte auf das Bundesland Kärnten. Kärnten besitzt außerdem die größte Zahl vollständig erhaltener Beispiele vom kulturhistorisch wichtigen Felder-Typ.

Daneben steht Tirol unter Einschluß von Süd- und Osttirol mit 14 Fastentüchern an zweiter Stelle.

Lediglich zwei Exemplare kann die Steiermark beisteuern, wobei nur die Herkunft des Tuches aus Veitsch gesichert ist, während das andere, sich ehemals in Innsbruck befindliche, nicht mehr lokalisiert werden kann.

Mit dem Fastentuch des Johann Carl von Reslfeld von 1697 und den Wechselbehängen des Kremser Schmidt von 1777, alle in Garsten, reiht sich auch Oberösterreich in die Fastentuchlandschaft ein.

Die Fastentücher haben über Jahrhunderte hinweg ein äußerst beständiges Erscheinungsbild bewahrt mit einer großen Zäsur im 17. Jahrhundert. Von ihrem ersten greifbaren Auftreten an, 1458 in Gurk, bis weit ins 17. Jahrhundert zeigen sie das typische Schachbrettmuster, ein Raster, das eine Vielzahl biblischer Szenen in eine geordnete Abfolge zwingt. Der Einbruch der Reformation im 16. Jahrhundert hat weder die Form noch den Inhalt der Fastentücher entscheidend geändert.

Eine Formveränderung bringt erst das 17. Jahrhundert mit sich. Die Fastentücher werden generell kleiner, beschränken sich von da an auf eine einzige Szene und verhüllen nicht mehr den gesamten Chorraum, sondern hängen nun unmittelbar vor dem Altaraufbau.

In der Übergangszeit wird zusätzlich ein sogenannter Zentral-Typ ausgeprägt, der bereits der Konzentration auf ein einziges Bild unterworfen ist, aber die Vielszenigkeit der alten Fastentücher in Form kleiner Medaillons noch mitträgt. Dieser Typ ist nur in Kärnten nachweisbar.

Eine Übersicht über die zahlenmäßige Verteilung und zeitliche Einordnung der erhaltenen Fastentuch-Typen zeigt folgendes Bild:

Felder-Typ	18	1458–1663
Zentral-Typ	4	1612–1800
Einszeniger Typ	17	2. Hälfte 17.–20. Jh.
nicht bestimmbar	2	
	41	

Seit dem 18. Jahrhundert kommt in der Gruppe der einszenigen Typen der Fastentuch-Folge, bestehend in der Regel aus drei Tüchern, Geißelung – Kreuzigung – Dornenkrönung, eine besondere Bedeutung zu.

Trotz der augenscheinlich hohen Zahl von 41 erhaltenen Fastentüchern kann es sich dabei nur um den verschwindend geringen Rest zufällig erhaltener Exemplare handeln. Einst besaß jede Pfarr- und Filialkirche ein bzw. mehrere Fastentücher. In Kärnten, wo sich der Brauch am zähesten gehalten hat, läßt sich die flächendeckende Verwendung der Fastentücher in manchen Gegenden heute noch nachweisen. Elf der dreiundzwanzig Kärntner Fastentücher befinden sich im Umkreis von Gurk. Neben dem Tuch in Gurk selbst zählen dazu Lieding, Pisweg, Straßburg (St. Nikolaus und St. Stephan), Kraßnitz, St. Stephan am Krappfeld, St. Peter-Taggenbrunn, Dreifaltigkeit am Gray sowie Deutsch-Griffen und Metnitz. Man kann sogar noch das neuzeitliche Tuch von Weitensfeld dazuzählen.

Auch wer die historischen Fastentücher noch in kirchlicher Funktion sehen will, muß sich nach Kärnten wenden. Hier sind außer zahlreichen neuzeitlichen Fastentüchern noch 13 Tücher vom 15. (Gurk), 16. (Haimburg, Baldramsdorf, Millstatt), 17. (St. Stephan am Krappfeld, Sternberg) und 18. Jahrhundert (St. Peter bei Taggenbrunn, Metnitz, Lieding, Deutsch-Griffen, St. Oswald, Pisweg, Dreifaltigkeit am Gray) während der Passionszeit in den Kirchen aufgezogen.

Einige Fastentücher, von deren Existenz wir wissen, konnten aus verschiedenen Gründen nicht in den Katalog aufgenommen werden und sollen hier kurz angeführt werden.

Drei Orte, an denen sich nachweislich noch historische Fastentücher – wohl aus dem 18. Jahrhundert – befinden, sind nicht berücksichtigt, weil in allen Fällen eine Besichtigung aufgrund örtlicher Gegebenheiten nicht möglich war. So befindet sich ein barockes Fastentuch noch in Tragöß-Oberort. Dort wird es aber schon seit langer Zeit in einer Truhe aufbewahrt und soll so schadhaft sein, daß es nicht mehr hervorgeholt werden kann. Für kirchliche Zwecke wurde es schon im 19. Jahrhundert durch ein Fastentuch mit einer im Nazarenerstil gehaltenen „Gefangennahme Christi" ersetzt. Es war seinerseits dazu bestimmt, den Altar zu verhüllen.

In Pack an der Packstraße zwischen Steiermark und Kärnten existieren noch drei barocke Fastentücher, die allerdings auch schon seit „Menschengedenken" nicht mehr verwendet werden und dem endgültigen Verfall preisgegeben sind. An ihrem Schicksal offenbart sich das ganze Dilemma nicht nur der Würdigung und Erhaltung der Fastentücher, sondern zahlreicher Kunstwerke dritter und vierter Güte, vor allem, wenn sie aus dem volkstümlichen Bereich stammen. Das Pfarramt in Pack wie die Diözese haben beschlossen, die alten Tücher als nicht restaurierungswürdig ihrem Schicksal zu überlassen.[180] Sie gelten als „derbe und bäuerliche Malerei" und verdienen deshalb weder finanzielles Engagement noch liturgische Reaktivierung. Von den drei Fastentüchern, die einst dazu bestimmt waren, den Hochaltar und zwei Seitenaltäre zu verhüllen, ist eines, welches eine Geißelung Christi an einer niederen Säule zwischen zwei Schergen zeigt, von Swoboda ohne Text an abgelegener Stelle abgebildet worden.[181] Der daraus gewonnene Eindruck bestätigt die künstlerische Minderwertigkeit des Tuches; als repräsentatives Denkmal kirchlichen Brauchtums ist es jedoch ein schützenswertes Objekt. Nicht die großen Kunstwerke zierten die kleinen Landkirchen, verbreitet waren tatsächlich Werke der niederen Kunst. Aber sie haben das Bewußtsein der Gläubigen geprägt und sind von ihnen als „schön" empfunden worden.

Zur selben Spezies gehören die ehemals in Preitenegg (Kärnten) verwendeten Fastentücher: „Fastentücher sind noch vorhanden, aber nicht in gutem Zustand. Seit einigen Jahrzehnten werden sie nicht mehr verwendet."[182] Obwohl keine weiteren Angaben gemacht werden konnten, läßt sich fast blindlings sagen, daß es sich bei den Preitenegger Tüchern um eine der typischen Dreierfolgen, Geißelung – Kreuzigung – Dornenkrönung, gehandelt haben muß.

Eine unkanonische Abfolge hätte dagegen die Fastentuchnachfolge in Thurn bei Lienz besessen. Einer kurzen Bemerkung Kollreiders[183] zufolge hat sie Abschied – Ölberg – Geißelung auf drei Tüchern gezeigt. Ein Ölbergbild im Zentrum weist überdeutlich schon auf das 19. Jahrhundert hin. Die Tücher befinden sich allerdings nicht mehr am ursprünglichen Ort.

Ebensowenig hat sich das Schicksal eines Fastentuches in Grafendorf (Gailtal) klären lassen, das zwar nur in Fragmenten erhalten, aber noch dem 17. Jahrhundert zuzurechnen sein soll.[184] Ein Fastentuch in Wiesen (Lesachtal) soll 1970 gestohlen worden sein.[185]

Unwiderruflich scheinen die Fastentücher dem Verfall preisgegeben zu sein, vor allem dann, wenn ihnen weder künstlerische Qualität noch ein ehrwürdiges Alter zukommt. Umso mehr ist es geboten, den jetzt noch greifbaren Bestand zu dokumentieren.

Übersicht

1458	Gurk	Felder-Typ
um 1460	Obervintl	Felder-Typ
um 1470	Veitsch	Felder-Typ
1481	St. Margarethen	
Ende 15./Anf. 16. Jhdt.	Klagenfurter Fragm.	
um 1490	Rietz	Felder-Typ
1504	Haimburg	Felder-Typ
Frühes 16. Jhdt.	Tratzberg	Felder-Typ
Frühes 16. Jhdt.	Südtiroler Fragm.	Felder-Typ
um 1520	Reichenfels	Felder-Typ
um 1530	Steuerberg	Felder-Typ
1555	Baldramsdorf	Felder-Typ
2. Hälfte 16. Jhdt.	Maria Bichl	Felder-Typ
1593	Millstatt	Felder-Typ
1598	Virgen	Felder-Typ
1612	St. Stephan	Zentral-Typ
1629	Sternberg	Felder-Typ
spätgotisch	unbek. Herkunft	Felder-Typ
Anf. 17. Jhdt.	St. Jakob in Gröden	Felder-Typ
1640	Lienz	Felder-Typ
1663	Kraßnitz	Felder-Typ
2. Hälfte 17. Jhdt.	Kleinstockach	Einszeniger Typ
2. Hälfte 17. Jhdt.	Anras	Einszeniger Typ
2. Hälfte 17. Jhdt.	Leiblfing	Einszeniger Typ
2. Hälfte 17. Jhdt.	Straßburg (St. Nikolaus)	Einszeniger Typ
2. Hälfte 17. Jhdt.	Fügen	Einszeniger Typ
17./18. Jhdt.	Straßburg (St. Stephan)	Einszeniger Typ (F)
17./18. Jhdt.	St. Peter-Taggenbrunn	Einszeniger Typ (F)
1697	Garsten I	Einszeniger Typ
1. Hälfte 18. Jhdt.	Pleßnitz	Zentral-Typ
1746	Berwang	Einszeniger Typ
um 1760	Metnitz	Einszeniger Typ (F)
2. Hälfte 18. Jhdt.	Lieding	Einszeniger Typ (F)
1777	Garsten II	Einszeniger Typ (F)
Letztes Drittel 18. Jh.	Deutsch-Griffen	Einszeniger Typ
Letztes Drittel 18. Jh.	St. Oswald	Einszeniger Typ (F)
Ende 18. Jhdt.	St. Pankraz	Einszeniger Typ (F)
1793	Pisweg	Zentral-Typ
um 1800	Dreifaltigkeit a. Gray	Zentral-Typ
nachbarock	Förolach	Einszeniger Typ
Anf. 19. Jh.	Matrei	Einszeniger Typ

(F) = Fastentuchfolge

1 Gurk

dort noch im kirchlichen Gebrauch
1458
Meister Konrad von Friesach
Tempera auf Leinen
8,87 x 8,87 m
99 Bildfelder mit 108 Themen, davon 50 aus der Zeit des Alten Testamentes und 49 aus dem Neuen Testament in 10 Reihen zu 10 Feldern (in der letzten Reihe 1 Doppelfeld). Felder-Typ, vertikale Trennung von AT und NT.

Inschrift:

Hoc velum coparatum est per Venerabilem prm dmn Io (annem) Hindercircher ppositum et archidiaconu Ecclesie Gurcen: depictumq.per.prouidu virum.Mgrm.Gunradu.ciuem.Frisacen: Anno. domini millesimo.Quadringentesimo.Quinquagesimo octano. I (pso.di)e.Sancti Ambrosii.episcopi.Completum: Orate.pro.eo. deum.

(Die Inschrift ist nur noch schlecht zu lesen. Die Wiedergabe erfolgt hier nach Otto Rainer, Dom zu Gurk – Fastentuch, S. 4. Die älteste greifbare Wiedergabe der Inschrift bietet Alfred Schnerich, Die beiden biblischen Gemäldecyclen, S. 14; die Lesart von Rainer wird hier im wesentlichen bestätigt.)

Literatur:

Kunsttopographie Kärnten, Wien, 1889, S. 95.
SCHNERICH, Die beiden biblischen Gemäldecyclen, 1893, S. 35 ff, 1894, S. 8 ff.
HANDEL-MAZZETTI, 1919/20, S. 211 f.
Kunstdenkmäler Kärntens VI, 1, S. 726 f.
GINHART/GRIMSCHITZ, Der Dom zu Gurk, Wien, 1930, S. 109 ff.
Otto RAINER, Das Gurker Fastentuch, in: Die Warte. 30. März 1946, Nr. 13, S. 1 ff.
SCHNEIDER, S. 1 f.
Gerhart EGGER, Das Gurker Fastentuch, in: Notring-Jahrbuch, Wien, 1960, S. 149.
STANGE, Deutsche Malerei der Gotik, Bd. XI, S. 87 f.
Siegfried HARTWAGNER, Der Dom zu Gurk, Klagenfurt-Wien, 1963, Nr. 142.
Herbert STRUTZ, Eine Volksbibel in Bildern, in: Die Kärntner Landsmannschaft, Heft 4/1965, S. 6 f.
NECKHEIM, S. 4 f.
MILESI, S. 145 f.
EMMINGHAUS, RDK, Sp. 838.
MAIERBRUGGER, S. 6.
Otto RAINER, Dom zu Gurk – Fastentuch, 1. Aufl. o. J., 2. Aufl. Gurk 1984.

Das Fastentuch aus dem Dom zu Gurk steht an erster Stelle der in Kärnten erhaltenen Beispiele. An der rechten Seite des unteren Randes trägt dieses fast 80 Quadratmeter umfassende Tuch eine Inschrift, aus der hervorgeht, daß es von Meister Konrad aus Friesach am 8. April des Jahres 1458 vollendet und von Domprobst Johann Hinterkircher für seine Kirche erworben worden ist. Damit ist das Gurker Fastenvelum inschriftlich als das älteste in Kärnten erhaltene Tuch ausgewiesen. Neben dieser Ehrenstellung, die ihm aufgrund seines hohen Alters zukommt, darf es aber auch den Superlativ für sich in Anspruch nehmen, das größte und szenenreichste Fastentuch in Kärnten zu sein.

Aber auch wenn es die Jahreszahl seiner Entstehung nicht verraten würde, so müßten wir es aufgrund seiner ikonographischen und formalen Gestaltung in die Frühzeit der Fastentücher einordnen. Die frühe Entstehungszeit des Werkes kann schon an der Anordnung der Bildfelder abgelesen werden. Die Verteilung der Darstellungen aus dem Alten und dem Neuen Testament auf die beiden Seiten des vertikal in der Mitte geteilten Tuches entspricht der ursprünglichen Form der Fastentücher, die man zu beiden Seiten auseinanderziehen konnte.[186] Beide Hälften des Tuches, die jeweils aus fünf aneinandergenähten Leinwandbahnen bestehen, sind in 50 quadratische Felder unterteilt. Die Felder sind durch ein schlichtes rotes Band voneinander getrennt. Wo beide Tuchhälften aufeinandertreffen, stoßen die roten Trennlinien direkt aufeinander und ergeben hier ein Doppelband.

Der vertikalen Halbierung des Tuches entspricht die Verteilung der beiden Testamente auf die linke und rechte Tuchhälfte. Aus der Zeit des Alten und des Neuen Testamentes sind gleich viel Szenen dargestellt, wodurch zum Ausdruck kommt, daß man der Zeit des Alten Bundes ebensoviel Bedeutung beimißt wie der neutestamentlichen Gnadenzeit. Dadurch, daß das letzte Thema der rechten Hälfte – das Weltgericht – auf zwei Felder ausgedehnt ist, besitzt die neutestamentliche Seite statt 50 nur 49 Bildfelder.

In manchen Feldern sind zwei Szenen synchron dargestellt. Seit der altchristlichen Zeit war es die Bildersprache gewohnt, in einem einzigen Bild ein und dieselbe Person mehrfach agieren zu lassen. So werden zum Beispiel das letzte Abendmahl und die Fußwaschung Petri in einem Bildfeld (VI/3, Abb. 11) dargestellt. Der Zwölferkreis sitzt um den

11. Fastentuch GURK. Detail: Abendmahl und Fußwaschung.
Foto: Hansjörg Abuja

Tisch des Abendmahles, Christus in ihrer Mitte. Rechts im Vordergrund kniet Christus ein zweites Mal und wäscht Petrus die Füße. Durch solche synchrone Darstellungen übersteigt die Zahl der dargestellten Szenen die Anzahl der Felder noch geringfügig. Der Entwerfer des Bildprogrammes sah sich wohl durch inhaltliche Zusammenhänge zu diesem Schritt gedrängt und nicht so sehr durch das Streben, die Zahl der Themen noch zu vergrößern, denn als Ganzes gesehen wurde diese Darstellungsform nicht sehr häufig angewendet. Es ist auch nicht auszuschließen, daß bereits die zugrunde gelegten Vorlagen diese Doppelungen enthielten. Insgesamt sind 108 biblische und nichtbiblische Begebenheiten verarbeitet.

Die Darstellungen sind teilweise auf den horizontalen Trennlinien oder im Bildfeld selbst mit erläuternden Inschriften versehen. Die Kürze der erklärenden Texte, die in der ikonographischen Übersicht wiedergegeben werden, konnte sicher nicht den Zweck verfolgen, weniger bekannte Szenen dem Betrachter zu erklären; die formelhaften Inschriften waren jedoch in der Lage, bildlich selten dargestellte und deshalb ikonographisch nicht vertraute Themen mit dem zu identifizieren, was realiter im Bewußtsein der Gläubigen bekannt war. Ich denke also, daß auch Szenen, die uns heutigen Menschen wenig vertraut und gar abseitig erscheinen, dem damaligen Betrachter durch Predigt, Unterricht und volksfrommes Schauspiel vertraut waren. Nach meiner Ansicht handelt es sich auch nicht um abseits liegende Themen, die notwendigerweise herangezogen werden mußten, um für die Vielzahl der Felder ausreichende Inhalte zu finden. Vielmehr muß angenommen werden, daß die Auswahl der Szenen überlegt und geplant vorgenommen wurde. Anders ist es nicht zu erklären, daß auf durchaus geläufige Darstellungen wie der Tanz ums Goldene Kalb zugunsten – nach unserem Verständnis – abwegiger Themen verzichtet wurde.

Ohne hier bereits der ikonographischen Analyse vorzugreifen, kann man sagen, daß Vielzahl, Anordnung und Auswahl der Themen dem Fastentuch einer großen Domkirche mit einem theologisch geschulten Klerus gerecht werden.

Die Werkstatt des Gurker Fastentuches

Mit der Herstellung dieses Fastentuches ist die Werkstatt des Meisters Konrad von Friesach beauftragt worden. Es ist vollkommen klar, daß mit der Arbeit an einem solch monumentalen Tuch weder ein heimischer Dorfmaler noch ein vielleicht qualitativ sogar hochstehender Wanderkünstler beauftragt werden konnte, sondern nur ein Werkstattbetrieb, der über ausreichende Kapazitäten verfügte. Damit ist schon festgelegt, und dies gilt für das Gurker wie für die meisten anderen großen Fastentücher, daß es sich um eine heimisch orientierte, bodenständige Arbeit handelt.

Bereits 1450 war Meister Konrad von Friesach[187] von Bischof Johann V. zu Gurk mit zwei Joch Acker zu Winklern und drei Joch Acker unterm Geisberg bei Friesach belehnt worden, wo er auch eingebürgert war[188]. Er muß demnach schon damals größere Aufträge für den Gurker Dom erledigt haben. Aus seiner Werkstatt sind noch manche andere Werke bekannt, wenngleich uns das meiste verloren ist bzw. Werke des Meisters unerkannt in Kärntner Kirchen schlummern.[189]

Von Alfred Stange wird Meister Konrad als „... kein sonderlich fortschrittlicher Künstler ..."[190] bezeichnet, und Ginhart/Grimschitz sehen am Gurker Fastentuch einen für seine Zeit altertümlichen Maler am Werk[191]. Das mögen Urteile sein, die aus einer Gesamtschau spätgotischer Malerei gewonnen sind, doch können sie in einer so konservativ geprägten Kunstlandschaft wie Kärnten nur relativen Wert besitzen. Denn Konrads Arbeit liegt ja keineswegs unter dem landesüblichen Niveau. Auch forderte gewiß die ungewöhnliche Arbeit an einem solch großformatigen Tuch ihren Tribut. Zudem konnte auf das Tuch, damit es

12. Fastentuch GURK. Foto: Hansjörg Abuja

zum Aufrollen beweglich blieb, keine Grundierung aufgetragen werden.

Die Form der Malerei ist knapp und linienbetont. Die Farbe wurde sehr sparsam aufgetragen, so daß als optischer Eindruck der in ein gelbliches Oliv gehende Grundton der blanken Leinwand vorherrscht. Die Architektur wirkt wie ein klar konstruierter Bühnenkasten, der jedoch im Realitätsverhältnis von Figur und Raum viel zu klein ist, ja geradezu unräumlich erscheint. Meister Konrad bemühte sich nicht um Perspektive, weder im Innenraum noch am Außenaufriß der Architekturen. Jede Illusion des Raumes fehlt. Bei der Wiedergabe von Innenräumen kommt es außerdem zu jener ornamentalen Umbildung, die der Gotik von den Umrahmungen der Miniaturen her geläufig ist. Da die Vorlagen für die Malereien des Tuches in der Graphik und Buchmalerei zu suchen sind, können diese Beobachtungen nicht überraschen.

Die menschlichen Gestalten sind linear verstanden, und auch die Farbe verleiht ihnen keine Plastizität. Die Hauptpersonen werden wie in der volkstümlichen Malerei groß dimensioniert, während nebensächliche Figuren viel kleiner wiedergegeben werden. Bei Massenszenen schichtet Konrad die Personen völlig unräumlich neben- und hintereinander. Auch die Landschaft vermittelt keine räumliche Tiefe. Sie wirkt wie die Darstellung der Tiere und Pflanzen formelhaft und ist wenig variiert.

Gegenüber dieser schematischen Auffassung muß andererseits der Detailreichtum herausgestellt werden. Von den heiligen Personen abgesehen, die in historisch verstandene biblische Gewänder gekleidet sind, tragen die anderen Figuren das zeitgenössische mittelalterliche Kostüm. In der exakten Wiedergabe vornehm-bürgerlicher Kleidung und ritterlicher Prunkrüstung kommt eine besondere Liebe und Sachkenntnis[192] zum Ausdruck.

Auf der ungefärbten, naturbelassenen Leinwand werden die farblichen Akzente durch ein helles Schwefelgelb und grelles Zinnoberrot gesetzt. Beide Farbtöne bilden jeweils den Nimbus Christi und erreichen teilweise einen metallischen Glanz. Andere Farben wie etwa ein blasses Blau oder verschiedene Brauntöne treten demgegenüber stark zurück. Doch hängt der heutige farbige Gesamteindruck sehr eng mit dem Erhaltungszustand des Tuches zusammen.

Elf Monate im Jahr wurde das Tuch zusammengerollt gelagert. Und auch während der liturgischen Verwendung hat das Tuch wohl durch häufiges Auf- und Zuziehen gelitten. Aus einem Briefwechsel des Jahres 1558 erfahren wir von Verhandlungen über ein neues Fastentuch.[193] Nach einer hundertjährigen Verwendungszeit hatte das Tuch also bereits so großen Schaden genommen, daß man an eine Neuanschaffung dachte. Dem Betrachter fällt auch auf, daß das riesige Tuch überall Falten wirft; immerhin zerrt ein immenses Gewicht an den Stoffbahnen. So war man im 17. Jahrhundert genötigt, auf der Rückseite Flecken aufzunähen, um ein Zerreißen des Tuches zu verhindern. Die Malerei war schließlich derart verblaßt, daß 1765 der Stiftsmaler Dietrich die Bilder malerisch erneuert hat; das Dreikönigsbild (I/5) wurde dabei völlig neu gemalt. Bei einer gründlichen Restaurierung Mitte der fünfziger Jahre dieses Jahrhunderts, die 12.000 Arbeitsstunden in Anspruch nahm, wurde auf dieses Bild verzichtet. Die Konservierung des Tuches konnte ihm allerdings nur eine neue Festigkeit geben, die verblaßten Farben und die abgewetzten Fehlstellen mindern den Gesamteindruck erheblich; teilweise sind die Bilder nicht mehr klar erkennbar.[194]

So besticht das Gurker Fastentuch heute am stärksten durch seine Fernwirkung. Als ungeheure Bilderwand bildet das Tuch den undurchdringlichen Abschluß des Langhauses und gemahnt damals wie heute an den Ernst der Passionszeit. In dieser gekonnten Fernwirkung des Fastentuches bestand aber schon zur Entstehungszeit die künstlerische Leistung des Konrad von Friesach und zum Teil auch der Sinn gerade der Gurker Verhüllung. Denn durch seine monumentale Größe waren die einzelnen Szenen dem Gläubigen zumindest in den entfernteren oberen Reihen nicht erkennbar, von den Tituli in gotischen Minuskeln ganz zu schweigen. Darin unterscheidet sich auch das Gurker Tuch von seinen meist kleineren Verwandten, deren didaktischer Zweck durch ihre gute Sichtbarkeit viel einsichtiger erscheint.

Der Verkündigungswert des Gurker Fastentuches kann also nicht so sehr in der Einzelszene gesehen werden, als vielmehr in der eindrücklichen Vergegenwärtigung des umfassenden göttlichen Heilsplanes von der Erschaffung der Welt bis zum Jüngsten Gericht. Viele Stationen waren notwendig, um die durch den Sündenfall gestörte gute Schöpfung Gottes ans Ziel ihrer Vollendung zu führen. Dabei überrascht im Vergleich mit den anderen Fastentüchern die Behandlung der alttestamentlichen Zeit; die alttestamentlichen Geschichten werden hier als Teil des göttlichen Heilsweges verstanden, während in späterer Zeit die Fastentücher fast ausschließlich Schöpfung und Sündenfall zeigen, um damit die Begründung zu liefern, warum der Weg Christi ans Kreuz notwendig geworden ist.

13. Fastentuch GURK. Detail: Ausschnitt aus der rechten Tuchhälfte. Foto: Hansjörg Abuja

Altes Testament, linke Tuchhälfte

	1	2	3	4	5
I	Schöpfung	Erschaffung Evas / Erschaffung Adams	Baum der Erkenntnis	Vertreibung aus dem Paradies	Folgen des Sündenfalls
II	Opfer Kains und Abels / Brudermord	Enoch wird entrückt	Sintflut	Noahs Trunkenheit	Turmbau zu Babylon
III	Untergang Sodoms	Opferung Isaaks / Opfer Melchisedeks	Segen Isaaks	Jakobsleiter	Joseph wird verkauft
IV	Jakob kommt nach Ägypten	Auffindung des Mose	Mose vor dem brennenden Dornbusch	Tötung der Erstgeburt	Auszug aus Ägypten
V	Durchzug durchs Rote Meer	Mannaregen / Gesetzesübergabe am Sinai	Aufrichtung der ehernen Schlange	Orakel der zwölf Stäbe	Hiob im Elend
VI	Traum Jesses	Josua schlägt die Amoriter	Gideon mit dem Fell	Samson tötet die Philister	Samuel salbt Saul zum König
VII	David und Goliath	Tod Absaloms / Pest in Israel	Salomonisches Urteil	Salomons Tempelbau	Zerstörung Jerusalems
VIII	Himmelfahrt Elias	Martyrium Jesajas	Martyrium des Jeremia	Martyrium Ezechiels	Daniel in der Löwengrube
IX	Meerwurf und / Ausspeiung des Iona	Tötung des Holofernes durch Judith	Esther und Haman	Die Wiedererbauung der Stadt Jerusalem	Alexander der Große vor dem Hohenpriester
X	Sieg des Judas Makkabäus	Tod des Caesar	Vision Augustus und Sibylle	Mariä Geburt	Mariä Opferung

Neues Testament, rechte Tuchhälfte

	1	2	3	4	5
I	Mariä Verkündigung	Mariä Heimsuchung	Christi Geburt	Beschneidung Jesu	(Anbetung des Kindes, zerstört)
II	Darstellung Jesu im Tempel	Flucht nach Ägypten	Kindermord in Bethlehem	Zwölfjähriger Jesus im Tempel	Taufe Jesu
III	Jesus fastet in der Wüste	Erste Versuchung	Zweite und dritte Versuchung	Hochzeit zu Kana	Heilung der zehn Aussätzigen
IV	Heilung des Besessenen	Heilung des Gelähmten am Teich Bethesda	Verklärung Christi	Wunderbare Brotvermehrung	Wunderbarer Fischzug des Petrus
V	Berufung des Zachäus	Gastmahl im Hause Simons	Jesus am Jakobsbrunnen / Heilung einer Besessenen	Auferweckung des Lazarus	Salbung Christi in Bethanien
VI	Einzug in Jerusalem	Tempel-austreibung	Abendmahl und / Fußwaschung	Christus am Ölberg	Gefangennahme Jesu
VII	Jesus vor dem Hohenpriester / Verleugnung Petri	Verspottung Jesu im Haus des Hohenpriesters	Christus vor Pilatus	Christus vor Herodes	Jesus an der Geiselsäule
VIII	Dornenkrönung	Ecce homo	Verurteilung Jesu und Handwaschung des Pilatus	Kreuztragung	Kreuzannagelung
IX	Kreuzigung	Kreuzabnahme	Auferstehung	Christus erscheint seiner Mutter	Noli me tangere
X	Ungläubiger Thomas	Himmelfahrt	Pfingsten	Weltgericht	

Die Bilderfolge des Gurker Fastentuches

DAS ALTE TESTAMENT

I.

1. Die Schöpfung der Welt
   Gen. 1, 1ff.
   Zwei Elemente des Bildes deuten darauf hin, daß parallel zur Schöpfung das Böse mit dargestellt werden soll, das durch den Sturz der Engel entstanden ist. Rechts im Hintergrund steht ein betender Engel über einem Teufel, und im Vordergrund öffnet sich ein feuriger Schlund.
2. Die Erschaffung Adams
   Die Erschaffung Evas
   Gen. 2, 7.2, 21
   Das zweite Feld ist eine der wenigen Doppelszenen. Nebeneinander werden die Erschaffung Adams und Evas dargestellt.
3. Der Baum der Erkenntnis
   Gen 2, 16
   Der Baum der Erkenntnis steht im Mittelpunkt, jedoch ist nicht klar, ob das Geschehen kurz vor dem Sündenfall, also das Verbot Gottes, von den Früchten dieses Baumes zu essen, oder danach gemeint ist. Ein eindeutiges Indiz, nämlich das Feigenblatt, das in ähnlichen Fällen zur Klärung beiträgt, könnte verblaßt sein; es ist auch in der folgenden Szene der Vertreibung nicht erkennbar. Die dritte Szene darf aber so oder so als ‚Sündenfall' verstanden werden.
4. Die Vertreibung aus dem Paradies
   Gen 3, 23
5. Die Folgen des Sündenfalles
   Gen 3, 16–22
   Häufig wird diese Szene auch durch die Kurzformel ‚Adam gräbt und Eva spinnt' angezeigt; damit wird das Los des Menschen nach dem Sündenfall beschrieben, wie es aus der Rede Gottes an den Menschen nach dem Fall zu erschließen ist.

II.

1. Das Opfer Kains und Abels *(Das Opher kae abell. kaem erslug kae abell)*
   Der Brudermord
   Gen 4, 3–8
   In einer Doppelszene werden beide Begebenheiten synchron dargestellt.
2. Enoch wird entrückt *(enoch bard in der Paradis gefurtt)*
   Gen 5, 24
   Damit beginnt die Geschichte der Erzväterzeit.
3. Die Sintflut *(die archen noy)*
   Gen 7–8
4. Die Trunkenheit Noahs (noy lag verschamter pockh an Weinstock)
   Gen 9, 21–23
   Der biblisch nicht begründete Steinbock, der am Weinstock nascht, ist auch im Titulus erwähnt. Er ist also mehr als ein dekoratives Element, sondern muß in mittelalterlicher Weise als negatives Symbol verstanden werden, möglicherweise als Symbol der Lüsternheit oder der Luxuria.
5. Der Turmbau zu Babylon *(das paw Babolony)*
   Gen 11

III.

1. Der Untergang Sodoms *(dye verprenung Sodome sara ein stain)*
   Gen 19
2. Die Opferung Isaaks
   Das Opfer Melchisedeks
   Gen 22, Gen 14, 18
   Die in einer Doppelszene vereinten Szenen gehören chronologisch nicht zusammen; ihre inhaltliche Verbindung liegt in der typologischen Ausrichtung der beiden Szenen, die das Opfer Christi auslegen. Dieses Feld ist eines von vielen Indizien, daß im Bildprogramm des Gurker Tuches die mittelalterliche Typologie noch fragmentarisch vorhanden ist.
3. Der Segen Isaaks über Jakob
   Gen 27
4. Jakobs Traum von der Himmelsleiter
   Gen 28, 11–22
5. Joseph wird verkauft *(Joseph wad verchauft und gefurt inegypten)*
   Gen 37, 18–36

IV.

1. Jakob kommt nach Ägypten *(Joseph was einher inegypten sein Vater mit den bruedrn kam zu im)*
   Gen 46
2. Die Auffindung des Mose *(dye tochter pharonis hies auff vachen Moyses in der reuschen)*
   Ex 1–2
3. Mose vor dem brennenden Dornbusch *(sach prinen den pusch und den heren darinnen)*
   Ex 3
4. Die Tötung der Erstgeburt *(der sterben und zaichen inegypten)*
   Ex 12, 29
5. Der Auszug aus Ägypten *(das essen des laps und ausgang der Chinder von Isrl)*
   Ex 12, 31 ff.

V.

1. Der Durchzug durchs rote Meer *(dye ertrenchnis des wagens auff dem raeten mer)*
   Ex 14, 26–30
2. Mannaregen und Gesetzesübergabe am Sinai *(das himelbrot in der wust moyses mit den tafeln)*
   Ex 16, 11–17
   Ex 20
   Wieder sind in einem Bild zwei nicht zusammengehörende Geschehnisse miteinander vereint. Möglicherweise soll hier in direkter Gegenüberstellung der himmlische Anspruch Gottes und die Verstricktheit des Menschen in irdische Bedürfnisse angeprangert werden. (So ist es vielleicht auch zu verstehen, daß auf dem Haimburger Fastentuch die Übergabe der Zehn Gebote als einziges doppelszeniges Feld gestaltet ist: dort ist der Sinaiszene der Tanz um das goldene Kalb beigegeben.)
   Im rechten Bildfeld reicht die Halbfigur Gottvaters Mose die Gesetzestafeln, auf denen der paradoxe Satz zu lesen ist: *gelab in ainen gott nicht*
3. Die Aufrichtung der ehernen Schlange *(dy auff gehengt slang von Moysis zwischen lebentig und tot)*
   Num 21, 6–9
4. Das Orakel der zwölf Stäbe *(dy XII rueten umb arons briesterschaft)*
   Num 17
5. Hiob im Elend *(hie leit iob auff dem mist sein beib pei im)*
   Hiob 2, 7–9

VI.

1. Der Traum Jesajas *(Jesse sach indem slaff dy frucht des pywmes)*
   Jes 11, 1 ff.

2. Josua schlägt die Amoriter *(yosue macht um den chinigg)*
Jos 10, 13–27
3. Gideon mit dem Fell *(gideon sach ain vell nas)*
Ri 6, 37
4. Samson tötet die Philister *(samsan erslug dy philistern mit der eselschewzin tod)*
Ri 15, 16
5. Samuel salbt Saul zum König *(samuell macht den ersten chinig in israhell)*
1. Sam 10

VII.

1. David und Goliath *(der chlain dauit den großen golias da pey saull)*
1. Sam 17
2. Tod Absaloms *(Absalon hieng ampawn)*
Die Pest in Israel *(dauit sach den zornigen engell)*
2. Sam 18, 9. 2. Sam 24, 15
3. Das salomonische Urteil *(Salomon sprach das urtaill sbissen)*
1. Kö 3, 16
4. Salomons Tempelbau *(salomon pawtt den tempell)*
1. Kö 11
5. Zerstörung Jerusalems durch Nebukadnezar *(nacbochodonosor prach die sta und ving die iuden)*
2. Kö 24 f.

14. Fastentuch GURK. Detail: Martyrium des Jesaja.
Foto: Hansjörg Abuja

VIII.

1. Die Himmelfahrt des Elia *(helias für in einem fewerig wagen in das paradies)*
2. Kö 2, 11
2. Das Martyrium Jesajas (Abb. 14) *(ysaias wardt von einander gesagtt)*
Davon, daß Jesaja unter König Manasse auseinandergesägt wird, weiß die Bibel nichts zu berichten. Vom Martyrium des Propheten berichtet aber die jüdische Tradition, die sich einerseits schon im Neuen Testament (Hebr 11, 37), andererseits bei altchristlichen und mittelalterlichen Kirchenvätern findet. In der christlichen Kunst ist die Szene eigentlich nur in der Buchmalerei häufiger anzutreffen. Quellen und Vergleichsbeispiele finden sich aufgelistet bei Schnerich, Die beiden biblischen Gemälde-Cyclen, S. 216.
3. Das Martyrium des Jeremia *(jerimis bartt verstaint)*
Die Szene ist ebenfalls der jüdischen Legende entnommen und wurde von den christlichen Schriftstellern aufgenommen.
4. Martyrium Ezechiels *(Esechiell bardtt verbrant)*
Daß Ezechiel eines gewaltsamen Todes starb, berichtet ebenfalls die jüdische Legende. Die Art und Weise seines Martyriums hat der Künstler hier aber selbst frei gestaltet, weil die Sage darüber keine Auskunft gibt.
5. Daniel in der Löwengrube *(abakuk speisat daniell in der leo grub)*
Dan 14

IX.

1. Meerwurf und Ausspeiung des Jona *(Jonas bardt geborffen aus dem schoff der visch in auss)*
Jona 2
2. Judith tötet Holofernes *(Judith slug oliver us das haubt ab)*
Judith 13
Das Buch Judith gehört zu den alttestamentlichen Apokryphen, ein Umstand, der allerdings mehr in den reformatorischen Kirchen zu einer Geringschätzung dieser Bücher führte; in der katholischen Kirche waren sie der Bibel nahezu gleich geachtet.

15. Fastentuch GURK. Detail: Alexander betet den Hohenpriester an.
Foto: Hansjörg Abuja

3. Esther und Haman *(hester patt asbern homo an dem holz gehangen)*
   Esth 5
   Das alttestamentliche Buch Esther schildert dichterisch die Beziehung zwischen dem persischen König Ahasver und der Jüdin Esther. Das Vorkommen dieses Bildes im christlichen Bilderkreis kann nur durch die typologische Bedeutung der Esther erklärt werden. Sie konnte sowohl Vorbild der Kirche (Ekklesia), der Braut Christi und der Maria sein. Die auf dem Gurker Fastentuch dargestellte Szene der Esther vor Ahasver ist auch auf dem Heilsspiegelaltar des Konrad Witz dargestellt.
4. Die Wiedererbauung der Stadt Jerusalem *(die wider pauung ieruslem)*
   Esra 3
   Der Priester und Schriftgelehrte hat die Juden aus dem babylonischen Exil nach Jerusalem zurückgeführt und dort die Stadt und den Tempel wieder aufgebaut. Das hier dargestellte Thema wie überhaupt Episoden aus Esra werden fast ausschließlich in der Buchmalerei dargestellt. Dies unterstreicht den Bilderreichtum in Gurk. Gegen Ende der alttestamentlichen Reihe mehren sich ungewohnte Themen, die der jüdischen Spätzeit und der heidnischen Antike zugehören.
5. Alexander der Große vor dem Hohenpriester (Abb. 15) *(der gro alexander petat den brister an)*
   Das Bild Alexanders vor dem Hohenpriester scheint innerhalb der christlichen Ikonographie ein Unikat zu sein. Bekannt dagegen ist die berühmte Luftfahrt Alexanders.

X.

1. Sieg des Judas Makkabäus (Abb. 16) *(machabeus erslug dy chunige)*
   2. Makk 15 ff.
   Auch der Kampf der Makkabäer gegen Religionsunterdrückung und Tempelschändung durch den syrischen König Antiochos gehört zur jüdischen Spätgeschichte. Zwar hat sich schon das frühe Christentum der Verehrung der Makkabäer angeschlossen, doch können für die Darstellungen auf dem Gurker Tuch eigentlich nur typologische Gründe eine Rolle gespielt haben.
2. Der Tod des Cäsar (Abb. 17) *(Julius der cheyser zu rom bard erslagen in sein palast)*
   Julius Cäsar, der römische Kaiser, geht seit dem 14. Jahrhundert in die Bildfolge des Heilsspiegels ein.
3. Die Vision Kaiser Augustus und der Sibylle (Abb. 18) *(Octavianus sach maria und jesum-Sabilla sach maria in der sun)*
   Die volkstümliche und häufig dargestellte Szene beruht auf einer byzantinischen Legende, die von der Legenda Aurea verarbeitet wurde: Auf die Frage des Augustus, wer größer sei als er und nach ihm regieren werde, verweist ihn die Prophetin Sibylle auf die Erscheinung der Maria in der Sonne. Die Szene findet auch im Heilsspiegel Verwendung.
4. Mariä Geburt *(hie bardt unser frw geboren)*
   Pseudo-Jakobus 4, 1
   Pseudo-Matthäus
   Die Darstellung von der Geburt der Gottesmutter findet sich nur in apokryphen Evangelien. Die bildliche Darstellung, die seit dem 15. Jahrhundert auf allen großen Zyklen des Marienlebens anzutreffen ist, lehnt sich literarisch wie ikonographisch eng an die Geburt Christi an (vgl. dazu: A. Feigl, St. Anna im Wochenbett, in: Münchner Jahrbuch der Kunstgeschichte, Jg. 9, 1914/15).
5. Mariä Opferung (Abb. 19) *(da bart unser fraw in den tempell geophert)*
   Protevangelium des Jakobus
   Pseudo-Matthäus
   Von ihren Eltern Anna und Joachim wird die dreijährige Maria in den Tempel geführt, um Gott zu dienen im Kreise anderer auserwählter Jungfrauen. Diese, auch Tempelgang Mariens genannte Szene ist ebenfalls apokryph und unterstreicht die göttliche Rolle Mariens, die ihr von Anfang an zugedacht war.
   Mit den beiden Szenen aus dem Marienleben schließt die alttestamentliche Bilderfolge und hat damit bereits die Zeit des Neuen Testamentes betreten.

DAS NEUE TESTAMENT (Abb. 13)

I.

1. Mariä Verkündigung
   Lk 1, 26
   Der Verkündigungsengel hält ein Spruchband mit den Worten: *Ave gracia plena dominus*
2. Mariä Heimsuchung (Abb. 20) *(Maria ging uiber das gepirg elisabet)*
   Lk 1, 41
3. Geburt Christi
   Lk 2, 7
4. Beschneidung Christi *(die besneidung ihs)*
   Lk 2, 21
   Die Beschneidung wurde nach jüdischem Brauch acht Tage nach der Geburt vollzogen und mit der Namensgebung verbunden. Da bei dieser Gelegenheit zum ersten Mal das Blut Christi fließt, zählt die Begebenheit zum Leiden Christi und den sieben Schmerzen Mariens.
5. Die Anbetung des Kindes durch die Könige
   Mt 2, 1–12
   Dieses Bild entstammte einer Übermalung von 1765 und wurde bei der letzten Restaurierung weggelassen. Die Szene gehört aber zum ikonographischen Bestand des Tuches.

II.

1. Die Darstellung Jesu im Tempel
   Lk 2, 22
2. Die Flucht nach Ägypten
   Mt 2, 14 ff.
   Obwohl diese Szene dem Mt.-Evangelium entnommen ist, wurde es mit apokryphen Elementen bereichert, wie z. B. den erblindeten Kriegsknechten des Herodes.
3. Der Kindermord in Bethlehem
   Mt 2, 16–18
4. Der zwölfjährige Jesus im Tempel
   Lk 2, 41 ff.
5. Die Taufe Jesu
   Lk 3, 21 ff. par

III.

1. Jesus fastet in der Wüste *(unser herr vastet in der wüst)*
   Mt 4, 2 par
2. Erste Versuchung Jesu
   Mt 4, 3 f. par
   Bemerkenswert die Darstellung des Versuchers, sein Aussehen mit spitzen Ohren, Rüssel und Schweif sowie Tatzen und Krallen statt der Hände ist phantastisch, ein kostümhafter Eindruck dagegen unverkennbar; erklärbar ist dies am besten aus der Überlegung, daß in den mittelalterlichen Schauspielen der Teufel mit diesem Kostüm auftrat. Geschickt wird durch die zusätzlichen Fratzen an Gelenken und Bauch die Vielgesichtigkeit des Teufels ausgedrückt.
3. Die zweite und dritte Versuchung
   Mt 4, 5–11
   Auch diese Szene, die scheinbar eine innige Umarmung zwischen Christus und dem Versucher zeigt, kann man am besten

16. Fastentuch GURK. Detail: Judas Makkabäus. Foto: Hansjörg Abuja

17. Fastentuch GURK. Detail: Tod des Cäsar. Foto: Hansjörg Abuja

18. Fastentuch GURK. Detail: Augustus und die Sybille vor der Vision der Gottesmutter. Foto: Hansjörg Abuja

19. Fastentuch GURK. Detail: Mariä Opferung. Foto: Hansjörg Abuja

20. Fastentuch GURK. Detail: Mariä Heimsuchung.
Foto: Hansjörg Abuja

aus dem realen Ablauf des geistlichen Schauspiels erklären, in dem der Teufel Christus auf den Berg trägt. Dieses Bild wurde nicht formal-theologisch, sondern nach dem natürlichen Augenschein entworfen.

4. Die Hochzeit zu Kana
   Joh 2, 1–11
5. Die Heilung der zehn Aussätzigen *(Da unser herr die zehn ausseczigen raynigt)*
   Lk 17, 11–20
   Das Bild ist schlecht erhalten, in der unteren Partie nahezu zerstört. Das Fastentuch gibt an dieser Stelle die Heilung der zehn Aussätzigen – so die Inschrift – wieder, also nicht nach Matthäus, wo nur von einem Aussätzigen die Rede ist, sondern nach Lukas. Das Bild zeigt nicht das Wunder selbst, sondern seine Folgen in der Weise, daß nur einer zu Jesus zurückkommt, um sich zu bedanken, während die anderen Geheilten sich den Priestern zeigen, wie ihnen Jesus aufgetragen hatte.

IV.

1. Die Heilung des Besessenen
   Mt 8, 28 ff. oder Mk 5, 2–17
   Das Bild zeigt nur das Ausfahren des Dämons aus dem Mund des Besessenen; es läßt sich nicht eindeutig einem Evangeliumsbericht zuordnen. Darin zeigt sich ein charakteristischer Zug dieser Zyklen: Es geht nicht um eine minutiöse Illustrierung der evangelischen Berichte, sondern um eine mehr oder weniger freie Aneinanderreihung der Taten Christi. Darin zeigt sich einmal mehr der Einfluß des Schauspiels, dessen Leistung ja darin bestand, aus den unterschiedlichen Evangeliumsberichten eine spielbare Handlung zu entwickeln.
2. Die Heilung des Gelähmten am Teich Bethesda *(probatica piscina)*
   Joh 5, 1–16
   Auch diese Szene erinnert in ihrer Gestaltung an mittelalterliche Leben-Jesu-Spiele, denn es fällt auf, daß die im biblischen Text erwähnten Säulenhallen, die malerisch ja durchaus wiederzugeben wären, durch drei aus Holz gezimmerte Hütten ersetzt sind. Solche einfachen Hütten sind ohne Probleme als Requisiten auf der Bühne schnell aufbaubar. Auch erinnert die hier angegebene Inschrift ‚probatica piscina' eher an eine kurze Regieanweisung denn an einen der Klärung der Szene dienenden Text.
3. Die Verklärung Christi *(Transfiguracio domini)*
   Mt 17, 1–8 par
   In dieser Szene sind zwei Beobachtungen anzumerken. Wie schon in der vorhergehenden Szene weicht die Beschriftung von den sonst in derbem Kärntner Dialekt gegebenen Erklärungen ab und benennt die Szene der Verklärung Christi mit dem theologischen Terminus der Transfiguration.
   Die Gestalt des Mose in dieser Szene weicht deutlich von seiner Darstellung auf der alttestamentlichen linken Tuchhälfte ab. Daß hier die Form der typischen ‚Mosehörner' anders ist, läßt sich nur durch unterschiedliche Vorlagen erklären.
4. Die wunderbare Brotvermehrung
   Mt 14, 13–21 par oder Mt 15, 32–39 par
   Ob die Speisung der Viertausend oder Fünftausend gemeint ist, läßt sich nicht entscheiden. Es gilt sinngemäß das zu Szene IV. 1 Gesagte.
5. Wunderbarer Fischzug des Petrus
   Lk 5, 1–12 par

V.

1. Die Berufung des Zachäus *(Do vnser herr zache um becheret)*
   Lk 5, 27–32 par
2. Das Gastmahl Simons und die Salbung Christi
   Luk 7, 36–50, formal und inhaltlich verwandt mit der Salbung Christi in Bethanien, Joh 12, 1–8 par
3. Jesus am Jakobsbrunnen *(vnser herr bey de prun mit der haydenynn)* – Heilung einer Besessenen
   Joh 4, 5–26 und Lk 8,2
   Wieder in einer Doppelszene handelt Christus zweimal. Die doppelte Anordnung in diesem Feld scheint wenig begründet, da es sich bei der Heilung einer Besessenen um einen biblisch wenig gesicherten Akt handelt; lediglich Lk 8 berichtet kurz davon, daß Jesus einigen Frauen die Dämonen ausgetrieben habe. Ähnlich berichtet das Nachtragskapitel Mk 16, 9 davon, daß Jesus der Maria von Magdala einst sieben Dämonen ausgetrieben habe.
4. Die Auferweckung des Lazarus
   Joh 11
5. Salbung Christi in Bethanien
   Joh 12, 3
   Es ist beachtenswert, daß das Gurker Tuch in seiner Szenenfolge die beiden Salbungen (vgl. oben Nr. V. 2) auseinanderhält und damit gegenüber den meisten mittelalterlichen Kommentaren bereits ein historisches Bewußtsein erkennen läßt.

VI.

1. Einzug in Jerusalem
   Joh 12, 12–19 par
   Mit dem Einzug Christi in Jerusalem beginnt auf den meisten Fastentüchern der Passionszyklus, er fehlt auch in Gurk nicht, wenngleich hier die Leidensgeschichte bereits mit der Auferweckung des Lazarus (Nr. V. 4) anhebt, weil auf dieses Wunder Jesu hin der Hohe Rat die Tötung Jesu beschließt.
2. Die Tempelaustreibung
   Joh 2, 13–17 bzw. Mt 21, 12–17 par
3. Abendmahl und Fußwaschung (Abb. 11)
   Joh 13, 26 bzw. Mt 26, 20–29 par und Joh 13, 1–20
   Wieder werden in einem einzigen Bildfeld zwei Begebenheiten dargestellt, und zwar dergestalt, daß der Zwölferkreis nur ein-

mal dargestellt ist, während Jesus zweimal agiert. Er reicht Judas den Bissen und wäscht Petrus die Füße.
Schnerich sah die Vorlage zu diesem Bild in der Darstellung des Lübecker Passionales (S. 11).

4. Christus am Ölberg (Abb. 21)
Mt 26, 36–46 par
Wie auf fast allen Fastentüchern, die dieses Bild zeigen, drängen die Häscher bereits heran, während Christus noch im Gebet verharrt. Sonst ist es jedoch allgemein üblich, Judas und die Soldaten weit entfernt im Hintergrund nahen zu lassen, auf dem Gurker Fastentuch wird die Szene jedoch so dichtgedrängt dargestellt, daß Judas Christus bereits an der Schulter packt.

5. Gefangennahme Jesu
Mt 26, 36–46 par
Die Szene besticht durch ihre Dramatik und antithetische Gestaltung: So faßt ihn der Verräter von hinten, um ihn den Häschern auszuliefern, während Christus, den Malchas segnend, an die von Petrus geschlagene Wunde faßt. Judas trägt wie in allen anderen Szenen das gelbe Gewand. Gelb ist die Farbe von Neid, Mißgunst und Hochmut und kennzeichnet den Verräter auch auf den meisten anderen Fastentüchern.
Die Soldaten tragen alle den geharnischten Panzer; dies kennzeichnet die frühen Fastentücher, so auch das nachfolgende Beispiel aus Obervintl, während auf den jüngeren Beispielen die Häscher meist das zeitgenössische Landsknechtkostüm tragen.

21. Fastentuch GURK. Detail: Christus am Ölberg.
Foto: Hansjörg Abuja

VII.

1. Jesus vor dem Hohenpriester
Verleugnung Petri
Mt 26, 57–68 par
Mt 26, 69–75 par
Auch diese Szene kann als Doppelszene angesprochen werden, wenngleich es sich hier nicht um eine Doppelung agierender Personen handelt, vielmehr sind zwei zeitgleich sich ereignende Geschehen zusammen dargestellt. Man könnte fast von Vorder- und Hintergrund sprechen, doch sind hier beide Ereignisse nebeneinander abgebildet.
Vor dem Hohenpriester beginnt die Reihe der Vorführungen Christi; auf dem Gurker Tuch folgen noch Christus vor Pilatus und Christus vor Herodes. Die Reihe der Vorführungen Christi kann nur aus einer synoptischen Zusammenschau aller Evangelien gewonnen werden, weil z. B. die Vorführung vor Herodes nur bei Lukas 23, 6–12 berichtet wird. Zusätzlich kann die Vorführung vor den Hohenpriester verdoppelt werden, einmal vor Annas am Abend, das andere Mal am Morgen vor Kaiphas, vor Pilatus, vor Herodes, wieder vor Pilatus, und schließlich kann man das Ecce homo als dritte Begegnung mit Pilatus sehen. Die vollständige Reihenfolge begegnet in den bildlichen Zyklen nirgends, die meisten Passionsreihen beschränken sich auf eine oder zwei Vorführungen, auf den Fastentuchzyklen sind es in der Regel drei oder vier. Die vollständige Reihenfolge begegnet aber in den mittelalterlichen Passionsspielen, wo die einzelnen Vorführungen gewissermaßen als retardierendes Moment dramaturgisch eingebaut sind.[195]
Eine Unterscheidung der einzelnen Vorführungen ist nicht in jedem Fall möglich. So trägt zwar der Hohepriester meist priesterliche Kleidung, doch sind Annas und Kaiphas nur dann zu unterscheiden, wenn sie beide nacheinander dargestellt sind. Sowohl Pilatus als auch Herodes tragen vornehme, häufig pelzverbrämte Bekleidung und sind manchmal an der Kopfbedeckung zu unterscheiden. Herodes trägt meist eine Krone, Pilatus dagegen eine Art Mütze mit orientalischem Charakter.

2. Verspottung Jesu im Hause des Hohenpriesters
Mt 26, 67 ff par
Die einzelnen Verspottungen und Peinigungen Christi sind häufig nebeneinander dargestellt, das Gurker Tuch versucht sie sachgemäß und chronologisch zu unterscheiden. So folgt die erste Verspottung auf das Verhör vor dem Hohenpriester. Die anderen Schmähungen Christi sind allerdings vertauscht und folgen nach der Herodesszene. Dies kann nur dadurch erklärt werden, daß auf die Herodesszene erneut eine Vorführung vor Pilatus erfolgt, an die sich Geißelung und Dornenkrönung anschließen. Diese zweite Pilatusszene fehlt aber auf dem Gurker Tuch, weil man dies wohl als unnötige Doppelung erachtete.

3. Christus vor Pilatus
Mt 27, 1–14 par

4. Christus vor Herodes
Lk 23, 6–12

5. Jesus an der Geißelsäule
Mt 27, 26 und Joh. 19, 1
Die nur jeweils in einem Vers erwähnte Geißelung Christi müßte eigentlich nach der zweiten Vorführung vor Pilatus erfolgen, die hier ausfällt. Deshalb erscheint hier die Geißelung nach der Herodesszene. (Vgl. dazu das unter Nr. VII. 2 Gesagte!)

VIII.

1. Dornenkrönung
Mt 27, 27–31 par
Mit riesigen gekreuzten Lanzen wird Christus die (nicht mehr erkennbare) Dornenkrone aufs Haupt gepreßt. Ein anderer Schärge reicht Christus anstelle des Zepters ein Rohr. Die Szene, die ikonographisch früher auch als Huldigungsszene verstanden werden konnte, wird hier durch die Mißhandlung eindeutig zur Passionsszene.

2. Ecce homo
Joh 19, 4–15
Christus, dessen Wunden deutlich sichtbar sind, steht zwischen Pilatus, über dessen Haupt *ecce homo* zu lesen steht, und den Pharisäern, über denen *crucifige eum* angeschrieben ist.

3. Verurteilung Jesu und Handwaschung des Pilatus
Mt 27, 24 par

4. Kreuztragung
   Mt 27, 32 par
   Wie hier in Gurk ist auf allen Fastentüchern der eigentliche Kreuzweg Christi nur mit einem einzigen Bild wiedergegeben; angesichts der Ausführlichkeit, mit der die Vorführungen und Schmähungen Christi dargestellt werden, verwundert diese Knappheit. Dies umsomehr, als die Volksfrömmigkeit seit dem 15. Jahrhundert ausführliche Kreuzwege kannte.[196]
   Dieser Umstand kann am besten aus dem Vergleich mit den Passionsspielen erklärt werden, wo jede Vorführung und Marter als einzelne Szene aufgefaßt wurde und der Kreuzweg insgesamt auch eine szenische Einheit bildete.[197]
5. Kreuzannagelung
   Die Annagelung als Vorgang ist biblisch nicht eigens erwähnt, im Vollzug der Passion als Schauspiel war sie jedoch unumgänglich und eignete sich als dramatischer Höhepunkt. Im Bild sind die einzelnen Hammerschläge, mit denen die Nägel Christi ins Fleisch getrieben werden, deutlich ‚hörbar'.

IX.

1. Kreuzigung
   Mt 27, 35 par
   In der Kreuzigungsszene, die mehr von statuarischer Ruhe denn bewegter Dramatik gezeichnet ist, wird das Schwergewicht auf den Lanzenstich (Joh 19, 34 f) gelenkt. Mit präparierten Farbbeuteln konnte auch im Schauspiel diese Szene realistisch nachgespielt werden.
2. Kreuzabnahme
   Joh 19, 38
3. Auferstehung
   Das Auferstehungsereignis wird in seinem Vorgang biblisch nicht beschrieben und mußte gewissermaßen erfunden werden. Dazu hat die Kunst des Abendlandes das Bildschema entworfen, wie Christus mit der Siegesfahne in der Hand dem Grab entsteigt. Die Ostkirche hat als Osterbild den Abstieg in die Vorhölle geprägt, eine Szene, die auf vielen Fastentüchern auch zu finden ist, auf dem Gurker Tuch aber fehlt.
4. Christus erscheint seiner Mutter
   Das Motiv des Auferstandenen vor Maria wird in den Evangelien nicht erwähnt und ist von der mittelalterlichen Literatur erfunden und legendär ausgeschmückt worden. Dort begegnet es bei Ludolf von Sachsen, Pseudo-Bonaventura und anderen. Bildlich dargestellt wird es seit dem 14. Jahrhundert.[198]
5. Noli me tangere oder Christus als Gärtner (Abb. 22)
   Joh 20, 11–18 bzw. Mk 16,9

X.

1. Ungläubiger Thomas
   Joh 20, 24 f
2. Himmelfahrt Christi
   Mk 16, 19 und Lk 24, 50 bzw. Apg 2, 1 ff
3. Pfingsten – die Ausgießung des Heiligen Geistes
   Apg 2, 1 ff
4. Weltgericht
   Mt 24, 39–41. 25, 31–33. Offb. 1, 7. 20, 11–15 u. a.
   Das Gurker Tuch endet mit der Darstellung des Weltgerichtes. Die besondere Stellung dieses Themas kommt dadurch zum Ausdruck, daß ihm ein doppeltes Bildfeld gewidmet ist. Die Ausdehnung auf zwei Felder wird nicht allein durch die Komposition bedingt, denn es gibt auch Fastentücher, die diese Szene in einem Bildfeld unterbringen.
   Unter dem Weltgerichtsbild findet sich die Stifterinschrift.

22. Fastentuch GURK. Detail; Noli me tangere. Foto: Hansjörg Abuja

Ikonographische Analyse

a) Die alttestamentliche Seite

Die Bilderfolge des Gurker Fastentuches kann unter zwei Gesichtspunkten gesehen werden. Auf der einen Seite bietet die klare Scheidung in Altes und Neues Testament eine einleuchtende Gliederung. Innerhalb der beiden Testamente herrscht eine chronologische Ordnung, die beim Entlanggehen der einzelnen Register die Heilsgeschichte von der Erschaffung der Welt bis zum Jüngsten Gericht schildert. Mit insgesamt 108 Themen gehört die Bilderfolge des Gurker Fastentuches zu den ausführlichsten biblischen Zyklen, die wir überhaupt besitzen.

Auf der anderen Seite verrät eine genaue ikonographische Analyse, daß das Gurker Tuch in der biblischen Abfolge besondere Schwerpunkte aufweist, die nach einer Erklärung verlangen.

Ich gehe davon aus, daß die Auswahl der Themen weder willkürlich erfolgte, noch dadurch zustande kam, daß man einer einzigen Vorlage gefolgt ist. Eine solch umfangreiche Vorlage hat sicherlich nicht vorgelegen. Es wäre demnach ein außerordentlich aufwendiger Weg nötig, die einzelnen Vorlagen ausfindig zu machen.[199]

Beim katalogmäßigen Erfassen aller Fastentücher muß dieser Schritt angesichts von Hunderten von Bildern unterbleiben und kann nur an manchen Punkten exemplarisch vollzogen werden. Die Auswahl des Gurker Fastentuches ist so umfang-

reich, daß wir nur die Richtung angeben können, in der gesucht werden müßte.

Sicherlich müssen dazu die vorhandenen Passionszyklen ebenso beachtet werden wie die Darstellungsfolgen von der Geburt und der Kindheit des Herrn sowie seinem öffentlichen Auftreten. Andererseits zeigt gerade die Szenenwahl der alttestamentlichen Seite, daß hier auch die typologisch geordneten Werke der Biblia pauperum und des Speculum humanae salvationis herangezogen worden sind. So sind aus dem Alten Testament teilweise Szenen ausgewählt worden, die ihre besondere Funktion nur in der Gegenüberstellung von alttestamentlichem Typus und neutestamentlichem Antitypus besitzen. Nicht anders können die eingestreuten Themen verstanden werden, die für den chronologischen Fortgang der Heilsgeschichte nicht notwendig sind, dagegen als Praefigurationen eine wichtige Aussage leisten.

So sei etwa der Traum Jesajas VI/1 exemplarisch herausgegriffen. Er ist Typus für die Leibesfrucht Mariens, und eben deshalb steht hier die Gottesmutter mit dem Kind übergroß im Bild. Nicht anders verhält es sich mit der wundersamen Erzählung vom Fell Gideons VI/3, das seit dem 12. Jahrhundert häufig als Vorbild für die Verkündigung an Maria bzw. für die Geburt Christi verwendet worden ist. Die Himmelfahrt des Elias VIII/1 schließlich erhält in der mittelalterlichen Auffassung ihre Bedeutung durch die vorbildhafte Vorwegnahme der Himmelfahrt Christi. Noch deutlicher wird die Herkunft einzelner Themen aus typologischen Bildfolgen in den Darstellungen, die der Profangeschichte entnommen sind. Sie stammen aus der typologischen Reihe des Heilsspiegels, weil dort zu den biblischen Beispielen Exempla der Profangeschichte hinzutreten.

So begegnet Caesar etwa auf dem 1435 entstandenen Heilsspiegelaltar des Konrad Witz[200] als Typus Christi, der im Jüngsten Gericht Gottvater seine Wunden zeigt. Ebenso fußt die Darstellung von der Vision der Sibylle vor Kaiser Augustus X/3 auf der Illustration des Heilsspiegels. Wie schon in Jesajas Traum ist auch hier der Gegenstand der Vision groß ins Bild gesetzt. Judas Makkabäus in seinem Sieg über die Heiden X/1 muß ebenfalls im Zusammenhang typologischer Reihen gesehen werden, gilt er doch als Typus verschiedener Begebenheiten wie der Tempelreinigung, der Gefangennahme und der Kreuzigung Christi. Daß uns heutigen Menschen diese Bezüge teilweise mehr als gewollt und konstruiert erscheinen, darf ihre Bedeutung für den mittelalterlichen Menschen nicht schmälern.

Neben den typologischen Linien laufen aber noch Querverbindungen zwischen einzelnen Gestalten des Erzählzusammenhanges. So gehören Caesar und Judas Makkabäus mit Alexander dem Großen zu den sogenannten neun guten Helden.[201] Sind dies aus den guten Helden die Vertreter des Heidentums, so sind es David und Josua aus dem Judentum. Die neun guten Helden sind zwar nicht ausgesprochen Gegenstand der christlichen Kunst, doch begegnen sie seit dem 14. Jahrhundert vor allem in der profanen, bürgerlichen Bilderwelt; sie sind Sinnbilder der Hüter des Rechts. Von den im Spätmittelalter parallel gebildeten neun guten Heldinnen sind zwei Vertreterinnen des Judentums, nämlich Esther und Judith, auf dem Gurker Tuch abgebildet.

Es zeigt sich sehr deutlich, daß die Bilder des Gurker Fastentuches den unterschiedlichsten Vorstellungskreisen entnommen sind. Die eben dargestellten ursprünglichen Bezüge hat man aber zugunsten einer neuen Idee vollständig aufgegeben. Wenn man einmal von der prinzipiellen Gegenüberstellung des Alten und des Neuen Testamentes absieht, kann man von einer typologischen Gliederung nicht mehr sprechen. An die Stelle der Typologie ist die chronologische Abfolge der biblischen Heilsgeschichte getreten.

Den typologischen Bezügen muß man deshalb gar nicht mehr überall konsequent nachgehen, denn sie bestimmen das Bildprogramm nicht mehr. Sie sind nicht mehr der Schlüssel zum theologischen Programm. Ich ziehe allerdings den Schluß, daß die Entwerfer des Gurker-Fastentuch-Zyklus ihre Anregungen und Vorlagen aus den äußerst umfangreichen Bildfolgen der Biblia pauperum und des Heilsspiegels geschöpft haben. Sie haben die vorgefundenen Themen als Versatzstücke benutzt und unter dem neuen Gesichtspunkt der biblischen Heilsgeschichte zusammengestellt. So erzählt das Gurker Fastentuch die Urgeschichte bis zum Brudermord, die Geschichte der Erzväter, Exodus und Landnahme sowie die Zeit der staatlichen Existenz Israels bis zum Untergang und zum Wiederaufbau Jerusalems.

Daß sich Altes und Neues Testament nicht einfach einander gegenüberstehen, sondern letztlich die fortlaufende, ununterbrochene Geschichte Gottes mit den Menschen bedeuten, zeigt sich darin, daß die Geburt Jesu bereits in der sibyllinischen Vision und im Traum Jesajas angezeigt wird und die Mariengeschichte in der Zeit des Alten Testamentes beginnt und dann nahtlos in die neutestamentliche Gnadenzeit überleitet.

b) Die neutestamentliche Seite

Die rechte Hälfte des Gurker Tuches gliedert sich in vier Abschnitte: die Kindheit Jesu, seine

öffentliche Wirksamkeit, die Leidensgeschichte sowie die nachösterlichen Ereignisse bis zum Weltgericht.

Die Epoche der Kindheit Jesu kann von der Verkündigung der Geburt an Maria bis zur Taufe oder auch bis zur Versuchung gerechnet werden und enthält alle wichtigen und gängigen Themen. Bemerkenswert ist hier allenfalls, daß die Versuchung Jesu mit dem vorausgehenden vierzigtägigen Fasten in der Wüste (Mt 4, 1–11) sehr ausführlich in drei Feldern, III/1–3, dargestellt ist. Ich halte dies für umso bemerkenswerter, als die Versuchungen Christi in der bildenden Kunst nicht allzu häufig begegnen, hingegen zum Standardrepertoire der Fastentücher gezählt werden müssen.

Der öffentlichen Wirksamkeit Jesu, die mit der Hochzeit zu Kana III/4 beginnt, ist breiter Raum eingeräumt. Zwölf Bildfelder mit dreizehn Szenen berichten von Wundern, Heilungen, aber auch von der Verklärung Christi. Die ausführliche Darstellung der Wundergeschichten erinnert an die altchristliche und karolingische Themenwahl[202], während im 15. und 16. Jahrhundert in den Leben-Jesu-Zyklen eine deutliche Konzentration auf Jugendgeschichte und Passion zu beobachten ist. Schon beispielgebende Werke des 14. Jahrhunderts, die sich mit dem Leben Jesu befassen, vernachlässigen zwischen Kindheit und Passion das öffentliche Leben Jesu fast vollständig. Duccios Maestà zu Siena enthält zwischen Versuchung und Einzug in Jerusalem trotz reicher Themenpalette insgesamt nur sechs Szenen aus dem öffentlichen Leben Jesu. Giottos Leben-Jesu-Zyklus in der Arenakapelle zu Padua verzichtet darauf fast völlig; hier folgen auf die Hochzeit zu Kana die Auferweckung des Lazarus und der Einzug in Jerusalem, womit aber schon die Passion beginnt.

Aber auch in der Kärntner Bildlandschaft begegnen Wunder- und Heilungsszenen nicht häufiger. Die volkstümliche Frömmigkeit konzentriert sich derart auf die Kindheit und Passion, daß sich dies in der bildenden Kunst niederschlägt. Ebensowenig sind Darstellungen aus dem öffentlichen Leben Jesu für die Fastentücher typisch, und Gurk nimmt hier eine weitere Sonderstellung ein. Möglicherweise muß man hier mit einer Einflußnahme der Gurker Vorhallenfresken rechnen. Im 14. Jahrhundert entstanden sind 32 Bildfelder zum Neuen Testament, in deren Erzählfolge auf die Versuchung Christi vier Wundergeschichten folgen. Nach dem Abendmahl ist die Verklärung Christi dargestellt.[203]

Nach den Schilderungen der öffentlichen Wirksamkeit Jesu beginnt mit dem Einzug in Jerusalem VI/1 der Passionszyklus, der nahezu die Hälfte der neutestamentlichen Seite umfaßt. In 17 Feldern mit 19 Szenen wird die Leidensgeschichte erzählt, daran schließen sich vier Osterbilder an. Damit gehört die Gurker Passionsfolge zu den umfangreichsten der Kunstgeschichte überhaupt. Diese Aussage gilt auch angesichts einer im Spätmittelalter noch einmal sprunghaft gestiegenen Passionsfrömmigkeit, die zwar einen Kanon von 16 Leidensstationen[204] herausgebildet hat, diesen aber aus Platzmangel meist nicht voll entfalten kann.

Es ist heute schwer zu sagen, wie dieser Kanon entstanden ist. Er kann nur verstanden werden aus einer Zusammenschau aller vier evangelischen Passionsberichte, denn auch die Szenenfolge des Gurker Fastentuches folgt keineswegs einem biblischen Bericht. Die in den Evangelien gemeinsam geschilderten Leidensstationen bilden zwar das Gerüst der Erzählabfolge, doch werden diese Szenen durch Sondergut – Themen also, die nur bei einem Evangelisten berichtet sind – ergänzt. Vor allem das Johannesevangelium wird herangezogen in den Szenen ‚Ecce homo' (Joh 19, 6), ‚Ungläubiger Thomas' (Joh 20, 24 f) und ‚Auferweckung des Lazarus' (Joh 11), wobei letztere Szene einerseits das Ende der öffentlichen Wirksamkeit Jesu bezeichnet, andererseits aber den Beginn der Passion, weil auf das Auferweckungswunder hin das Synedrium den Tötungsbeschluß faßt. Manchmal werden Szenen herangezogen, die in der Bibel nur beiläufig berichtet sind, in den Passionsfolgen aber einen festen Platz einnehmen, so z. B. ‚Jesus an der Geißelsäule', von der es nur heißt: „Da ließ Pilatus Jesus geißeln." (Joh 19, 1).

Daneben erzählt das Gurker Tuch – wie auch andere Passionsfolgen – manches, wovon die Bibel selbst nichts berichtet. Kreuzannagelung, Kreuzabnahme und Auferstehung sind natürlich aus einem kontinuierlichen Erzählgeschehen nicht wegzudenken, biblisch sind sie jedoch nicht, sondern werden jeweils durch die nachfolgenden Geschehnisse als Faktum vorausgesetzt. Unter den Osterberichten ist die Erscheinung Christi vor seiner Mutter IX/4 erst mittelalterlichen Ursprungs. Prägende Kräfte, die außerhalb der biblischen Verkündigung liegen, haben Zyklen dieser Art geformt, und ein Element in diesem Kräftespiel sind sicherlich die mittelalterlichen Passionsspiele gewesen, die eben auf eine logisch sich entwickelnde Handlung nicht verzichten konnten und auf dramaturgisch höchst eindringliche Szenen nicht verzichten wollten.

Auf den Einzug in Jerusalem folgt die Tempelaustreibung. Die Szene des letzten Abendmahles (Mt 26, 20–27) ist mit der bei Johannes überlieferten Fußwaschung im Stil einer Doppelszene (Joh 13, 1–20) kombiniert. Nach dem Gebet Christi am Ölberg (Mt 26) und der anschließenden Gefangennahme (Mt 26, 36–46) beginnt die Reihe der Vor-

führungen Christi vor den jüdischen und römischen Instanzen, die zu seiner Verurteilung führen. Auf dem Gurker Fastentuch werden vier von fünf möglichen Vorführungen dargestellt. Jesus wird zunächst vor den Hohenpriester geführt, wobei hier bildlich nicht zu entscheiden ist, ob es sich um das Verhör bei Kaiphas (Mt 26, 57–68 par) oder bei Hannas (Joh 18, 13) handelt. Die Vorführungen vor Kaiphas und Hannas zu differenzieren, wie das etwa auf dem Rietzer Fastentuch geschieht, ermöglicht nur eine fünfte Szene. Die Fünfzahl begegnet allerdings auf den Fastentüchern nie vollständig, sie ist jedoch Bestandteil der volkstümlichen Kreuzwegandachten. Der Weg Christi führt von Hannas zu Kaiphas, von dort zu Pilatus und zu Herodes und zurück zu Pilatus, der ihn schließlich verurteilt. Die Herodesepisode wird bei Lukas (23, 6–12) berichtet.

Auf die Marter Jesu durch Geißelung und Dornenkrönung folgt die Kreuztragung. Trotz ausführlicher Passionszyklen kennen das Gurker und die übrigen Fastentücher die Kreuztragung nur in einem Bild, während die spätmittelalterlichen Kreuzwege diesen Vorgang stets in mehrere Szenen unterteilen.[205]

Die biblisch nicht ausdrücklich erwähnte, im Spielablauf aber zwangsläufig darzustellende Kreuzannagelung, die auf fast allen Fastentüchern dargestellt ist, geht auch in Gurk der Kreuzigung (Mt 27, 32 ff.) voraus. In dem räumlich relativ beschränkten Bildfeld steht die Darstellung zwischen der volkreichen Kreuzigung und der Reduzierung auf wenige Personen. In Gurk sind Maria und Johannes zugegen, dahinter stehen noch zwei weitere nimbierte Gestalten. Der reichgewandete römische Hauptmann öffnet die Seitenwunde Christi, während sich rechts die Menge der geharnischten Soldaten drängt.

Die Kreuzabnahme erfolgt direkt in das Grab und entspricht so am ehesten dem johanneischen Bericht (19, 38). Während Christi Abstieg in die Vorhölle auf den meisten Fastentüchern zum festen Bestand zählt, fehlt diese Szene auf dem Gurker Tuch, und an die Auferstehung schließen sich drei Ostererscheinungen an. Die Erscheinung Christi vor seiner Mutter IX/4 ist biblisch nicht bezeugt, wurde erst im Mittelalter legendenhaft gestaltet und begegnet in der Kunst nicht vor dem 14. Jahrhundert. Als beliebtes Motiv folgt die Begegnung Maria Magdalenas mit ‚Christus, dem Gärtner' IX/5, so genannt nach dem biblischen Zeugnis (Joh 20, 11–18), demzufolge Magdalena den Auferstandenen für den Gärtner hält. Nach dem Wort Christi „Rühre mich nicht an, denn ich bin noch nicht zum Vater aufgefahren" (Joh 20, 17) wird die Szene auch als ‚noli me tangere' bezeichnet. Johanneisches Sondergut ist die Erscheinung Christi vor dem Jüngerkreis mit dem zweifelnden Thomas (Joh 20, 24–29).

Die Bilderfolge des Gurker Fastentuches schließt mit der Himmelfahrt Christi, der Ausgießung des Heiligen Geistes und dem Weltgericht, das sich über zwei ungeteilte Felder erstreckt.

EXKURS

Die Vorhallenfresken im Dom zu Gurk

Über hundert Jahre älter als das Gurker Fastentuch ist ein vergleichbarer Bilderzyklus in der Vorhalle des Gurker Domes.[206] Zwischen 1339 und 1343 wurde die ursprünglich offene Halle zwischen den beiden Türmen durch eine Wand geschlossen. In dieser Zeit sind auch die Malereien anzusetzen, die die Innenwände dieser Vorhalle schmücken. Da die Ostwand Malerei nur auf dem schmalen Streifen zwischen Portal und Tonne zuläßt, verteilt sich der Zyklus auf die West-, Nord- und Südwand. Die Nordwand ist in vier Register zu vier Bildzeilen unterteilt, die Südwand ebenfalls in vier Register, jedoch zu sechs Bildzeilen. Die jeweils angrenzenden Flächen der Westwand sind dem nördlichen bzw. südlichen Zyklus zugeordnet. Insgesamt entsteht somit eine Bilderfolge von 19 Feldern auf der Nordseite, eine Folge von 26 Bildfeldern auf der Südseite.

Die nördliche Bildergruppe schildert Szenen des Alten Testamentes, die südliche solche aus dem Neuen Testament. Beide Zyklen verfahren streng chronologisch. In den einzelnen Bildfeldern können sich zwei, manchmal auch drei verschiedene Szenen in synchronistischer Darstellung befinden. Dadurch übersteigt die Anzahl der Themen die der Bildfelder. Auf den Bildleisten befinden sich geometrische Muster, die zahlreichen erklärenden Inschriften sind in schwarzen Buchstaben auf weiße Spruchbänder gemalt.

Die Abfolge der alttestamentlichen Bilderfelder auf der Nordseite ist wie folgt:

I. Register	1. Schöpfung der Engel
	2. Sturz der Engel
	3. Schöpfung der Pflanzen und Tiere
	4. Erschaffung Evas und Sündenfall
	5. Vertreibung aus dem Paradies und das Opfer Kains und Abels
	6. Brudermord, Gott stellt Kain zur Rede, Verschließung der Arche
II. Register	7. Trunkenheit Noahs und Turmbau zu Babel
	8. Abrahams Opfer, Segen Isaaks an Jakob

	9.	Jakob segnet seine Söhne, Josef deutet seinen Traum
	10.	Mose zertrümmert als Knabe die Krone des Pharao und Passahlamm
III. Register	11.	Aaron als Hoherpriester und die eherne Schlange
	12.	Bileams Eselin, Gideon kehrt aus der Midianiterschlacht zurück
	13.	Samson vernichtet die Philister, Davids Spiel vor König Saul
	14.	Königin von Saba vor Salomo, Ezechias und Josia zertrümmern die Götzen
	15.	Hiob und seine Freunde, Tobias mit dem Engel
IV. Register	16.	geringe Reste (?), Gastmahl der Königin Esther
	17.	Einzug Judiths in Bethulia und Segen des Mathias
	18.	Himmelfahrt des Elias und Verspottung des Elisäus
	19.	zerstört

Die Abfolge der neutestamentlichen Bildfelder auf der Südseite ist folgendermaßen:

I. Register	1.	Verkündigung an Maria
	2.	Geburt Christi
	3.	Anbetung der Könige
	4.	Reinigung Mariens und Darbringung im Tempel
	5.	Taufe Christi und Versuchung
	6.	Heilung der Aussätzigen
	7.	Heilung des Lahmen
II. Register	8.	Teufelsaustreibung
	9.	Auferweckung des Lazarus
	10.	Tempelreinigung
	11.	Einzug in Jerusalem
	12.	Fußwaschung
	13.	Abendmahl
	14.	Verklärung Christi
III. Register	15.	Ölberg und Christus bei den schlafenden Jüngern
	16.	Verrat des Judas
	17.	Pilatusurteil und Verspottung
	18.	Entkleidung Christi und Geißelung
	19.	Kreuztragung
	20.	Kreuzigung
IV. Register	21.	Grablegung
	22.	Auferstehung
	23.	Die Frauen am Grabe
	24.	Christi Abstieg in die Vorhölle
	25.	Himmelfahrt Christi
	26.	Ausgießung des Heiligen Geistes

Anlage und Charakter des Gurker Vorhallen-Zyklus entsprechen dem Fastentuch. Damit eröffnet sich nun von Anfang an die Perspektive, die Fastentücher insgesamt im Kontext der mittelalterlichen Wandmalerei zu sehen.[207] Andererseits stellt sich die Frage, welche Gründe in Gurk dafür ausschlaggebend waren, ein bereits vorhandenes Bildprogramm in einem zweiten Bildwerk zu wiederholen.

Wir vermuten aufgrund dieser Duplizität, daß nicht der Gurker Vorhallenzyklus das Fastentuch direkt beeinflußt hat, sondern daß die Fastentuchtradition zu diesem Zeitpunkt so fest geprägt war, daß man gar nicht umhin konnte, das Fastentuch in dieser Weise zu gestalten, obwohl ein entsprechender Bilderzyklus schon vorhanden war. Schließlich zeigt ja ein direkter Vergleich, daß man in der Auswahl der Themen durchaus sehr stark variierte und die absolute Zahl der Bilder nochmals erheblich steigerte.

2 Obervintl · Pustertal

Innsbruck, Tiroler Landesmuseum Ferdinandeum, Inv. T 45 um 1460.
Südtiroler Meister, Schule des Hans von Bruneck?
Tempera auf Leinen
3,10 x 3,68 m
24 Bildfelder, davon 10 aus dem Alten Testament und 14 aus dem Neuen Testament in 4 Reihen zu 6 Feldern.
Felder-Typ

Literatur:

Vinzenz OBERHAMMER, Christus am Ölberg. Teilstück eines Fastentuches aus Obervintl, in: Deutsche Kunst, Bd. 8, Bremen o. J. (ca. 1942/43) o. P.

Ausstellungskatalog, Gotik in Tirol, Innsbruck 1950, Nr. 56.

STANGE, Deutsche Malerei der Gotik, Bd. X, S. 189 f.

23. Fastentuch OBERVINTL. Foto: Landesmuseum Ferdinandeum, Innsbruck

	1	2	3	4	5	6
I	Erschaffung der Erde	Erschaffung der Fische	Erschaffung der Vögel und Tiere	Erschaffung Adams	Erschaffung Evas	Sündenfall
II	Vertreibung	Folgen des Sündenfalls	Opfer Kains und Abels	Brudermord	Verkündigung Mariä	Christi Geburt
III	Einzug in Jerusalem	Abendmahl	Ölberg	Gefangen-nahme Jesu	Christus vor Pilatus	Dornen-krönung
IV	zerstört	Kreuz-tragung	Kreuzigung	Grablegung	Auferstehung	Weltgericht

24. Fastentuch OBERVINTL. Detail: Abendmahl. Foto: Verfasser

25. Fastentuch OBERVINTL. Detail: Christus vor Pilatus. Foto: Verfasser

Aus dem Südtiroler Pustertal stammt das Fastentuch aus Obervintl. Es ist inschriftlich nicht datiert, und so muß die zeitliche Einordnung auf stilistischen Beobachtungen basieren. Die Architektur, die häufig für die zeitliche Bestimmung eine Hilfestellung bietet, ist auf dem Obervintler nur sparsam verwendet. In der Abendmahlsszene hat sich die Tischgemeinschaft unter einer typisch gotischen Tabernakelarchitektur versammelt (Abb. 24). Die Untersicht der Gewölbe zeigt ein tiefes Blau mit schmalen roten Rippen. In der Bekleidung der Figuren sind langbahnige Gewänder charakteristisch, die auf dem Boden aufstoßen und in rechtwinklig umknickenden Faltenbahnen auslaufen. In den alttestamentlichen Bildern sind die Figuren schlank, die Gliedmaßen der als Akte gegebenen Adam und Eva wirken geradezu grazil. In der neutestamentlichen Reihe überwiegen flüssig weiche Linienführungen, die noch stark an den weichen Stil erinnern. Zu dem zarten Gesamteindruck paßt die gefühlvolle Zusammenstellung der zurückhaltenden Farbtöne. Die Landschaften im Hintergrund deuten auf ein wachsendes Naturverständnis hin. Wie auf dem zuvor beschriebenen Gurker Fastentuch tragen die Kriegsknechte in der Vorführung vor Pilatus sowie die Wächter am Grab noch mittelalterliche Rüstungen (Abb. 25 u. 26).

26. Fastentuch OBERVINTL. Detail: Auferstehung Christi/Weltgericht. Foto: Verfasser

Alle diese Beobachtungen deuten auf eine Entstehung des Tuches in der Mitte des 15. Jahrhunderts hin. So datieren Oberhammer und Nikolaus Grass[208] das Tuch auf etwa 1460. Stange dagegen (S. 189) nimmt sogar eine Entstehung vor der Mitte des 15. Jahrhunderts an. Damit ist das Fastentuch aus Obervintl mit dem aus Gurk etwa zeitgleich, und es ist gar nicht einmal auszuschließen, daß es sogar noch vor diesem entstanden ist. Die Gegenüberstellung dieser beiden Fastentücher macht deutlich, wie wenig sie miteinander vergleichbar sind. Wirkt das Gurker Tuch in seiner holzschnittartigen Verknappung geradezu archaisch, so bemüht sich das Obervintler Tuch um eine anspruchsvolle und ansprechende Ausdrucksweise. Dabei erreicht es einen Qualitätsstandard, der es neben die besten Tafelbilder seiner Zeit stellt.

In der künstlerischen Art seiner Darstellung kann das Tuch aus Obervintl in eindrucksvoller Weise die Meinung widerlegen, die die Fastentücher insgesamt nur im dritten und vierten Glied des Kunstschaffens sehen möchte. Keineswegs trifft für alle Fastentücher die Zuweisung in den Bereich der Volkskunst zu.

Der Maler dieses Tuches ist nicht bekannt, doch wird man ihn mit Recht in einem der Südtiroler Kunstzentren vermuten dürfen, Brixen oder Bruneck. So glaubte Stange, er „. . . dürfte aus der Werkstatt des Meisters Hans von Bruneck gekommen sein". (S. 189)

Die Unterschiedlichkeit der Tücher aus Gurk und Obervintl kann man also zu einem großen Teil auf ihre Entstehung an weit voneinander entfernten Orten in völlig verschiedenen künstlerischen Traditionen zurückführen. Beide Tücher unterscheiden sich nun nicht nur stilistisch in eklatanter Weise, sie zeigen sich auch ikonographisch höchst verschieden. Zwar beginnen beide mit der Erschaffung der Erde und enden mit dem Jüngsten Gericht, doch zeigt das Obervintler Tuch bereits die für Fastentücher typische Konzentration auf Urgeschichte, Kindheit und Passion. Auf ungewohnte Szenen, wie sie das Gurker Tuch in hohem Maße bietet, verzichtet jenes aus Obervintl. Ikonographisch begegnet hier weder Ungewohntes noch Neues, weshalb hier auch getrost auf eine Auflistung der einzelnen Szenen verzichtet werden kann. Und daran ist wohl nicht nur die relative Kleinheit des Obervintler Tuches schuld, das statt 99 nur 24 Bildfelder besitzt. Denn innerhalb der Schöpfungsgeschichte und der Folgen des Sündenfalles wird mit dem Platz geradezu verschwenderisch umgegangen. Die Schöpfungsgeschichte umfaßt mit fünf Bildfeldern drei mehr als die Gurker Bilderfolge. Der Sündenfall und seine Folgen bis zum Brudermord umfaßt weitere fünf Felder. Durch Verknappung an dieser Stelle wäre eine Vermehrung der Themen durchaus möglich gewesen. Daraus ist zu schließen, daß die Konzentration gewollt war. Unmittelbar an die Szene des Brudermordes schließen sich Verkündigung und Geburt an. Die letzten beiden Reihen – und damit die Hälfte aller Bilder – schildern die Passion und das Weltgericht.

27. Fastentuch OBERVINTL. Detail: Vertreibung aus dem Paradies/ Adam gräbt, und Eva spinnt. Foto: Verfasser

28. Fastentuch OBERVINTL. Detail: Christi Gebet am Ölberg. Foto: Verfasser

Ikonographisch zeigt das Tuch aus Obervintl eine besondere Nähe zu jenem aus Präsanz in Graubünden (1530). Die Felderaufteilung ist identisch, und nur wenige Szenen sind verschieden. Dies darf zunächst als Indiz dafür gewertet werden, daß es im alpenländischen Verbreitungsgebiet der Fastentücher so etwas wie einen Themenkatalog gegeben hat, der über viele Jahrzehnte, ja sogar Jahrhunderte hin konstant geblieben ist.

Der Erhaltungszustand des Tuches aus Obervintl ist leider ziemlich schlecht. Das Feld IV/1 ist vollständig zerstört (es zeigte vermutlich eine Geißelung?), weitere Felder III/1, III/6, IV/2 und IV/3 sind großflächig beschädigt. Die Farbe, nur dünn auf die ungrundierte Leinwand aufgetragen, hat ebenfalls stark gelitten. Lediglich Rot und Grün haben sich recht ordentlich erhalten, dagegen ist Blau häufig abgerieben und Weiß weitgehend verblaßt. Ähnlich wie auf dem Gurker Tuch scheint die Leinwand nicht überall bemalt gewesen zu sein. Die Farbgebung wirkt einheitlich grün-oliv.

Das Fastentuch aus Obervintl verfehlt trotz zahlreicher Beschädigungen auch heute seine Wirkung nicht, wobei man im Gegensatz zu Gurk noch feststellen kann, daß hier die Felder auch in der Nahsicht bestehen. Zu den schönsten Feldern zählt dabei die Vertreibung aus dem Paradies (Abb. 27). Von graziler Schönheit sind Adam und Eva in dieser und in der folgenden Szene. Die Körper der Figuren sind hervorragend proportioniert, die Gesichter äußerst fein durchgezeichnet und mit zarter Farbe modelliert. Bestechend ist die Art und Weise, in der die Frisuren wiedergegeben sind. Dabei hat Eva interessanterweise in der Szene der Folgen des Sündenfalls II/2 ihre lange Haarpracht gegenüber den vorhergehenden Szenen verloren, doch bleibt die Frisur im Prinzip gleich. Die Schönheit dieses Tuches und die Qualität seiner Ausführung dürfen unter Hinweis auf die Szene am Ölberg (Abb. 28) noch einmal hervorgehoben werden. Die fließenden Bewegungen sind auch in den Passionsszenen nicht aufgegeben; dadurch tritt das Leiden des Gottessohnes letztlich hinter die Anmut seiner Gestalt zurück.

3 Veitsch · Steiermark

St. Lambrecht, Stiftskirche
um 1470
Wasserfarben auf Leinwand
6,00 x 5,00 m
56 Bildfelder, davon 13 aus dem Alten Testament und 43 aus dem Neuen Testament in 8 Reihen zu 7 Feldern.
Felder-Typ

Literatur:

Othmar WONISCH, Die Kunstdenkmäler des Benediktinerstiftes St. Lambrecht, Wien 1951 (= Österreichische Kunsttopographie Bd. XXXI), S. 79–80. Mit zahlreichen Abbildungen.

Gottfried BIEDERMANN, Zur gotischen Kunst im Bereich des Stiftes, in: Gotik in der Steiermark, Landesausstellung Stift St. Lambrecht, Graz 1978, S. 339.

An der südlichen Wand des Chores der Stiftskirche von St. Lambrecht hängt heute das große, 56 Felder umfassende Fastentuch aus der ehemals dem St. Lambrechter Stift inkorporierten Pfarre Veitsch. Das einzige mittelalterliche Tuch aus der Steiermark befindet sich trotz aufwendiger Restaurierung in einem derart schlechten Zustand, daß die einzelnen Szenen vom Standpunkt des Betrachters kaum ausgemacht werden können, obwohl der graphische Stil der Malerei wohl ursprünglich auf gute Lesbarkeit abzielte. Die einzelnen Felder sind 70 cm hoch und 65 cm breit und werden durch schlichte, unverzierte, drei bis vier Zentimeter breite Leisten rasterartig getrennt. Unter den stark verblaßten Farben Graublau, Lichtgrün, Rostbraun, Ocker und Weiß ist an manchen Stellen eine rotbraune Vorzeichnung zu erkennen. Die Datierung muß nach Wonisch und Biedermann um 1470 angesetzt werden.

Zunächst bestätigt das Veitscher Fastentuch die Existenz bilderreicher Passionsvorhänge auch für abseits gelegene, kleine Berggemeinden. Zwar er-

Die Bilderfolge:

	1	2	3	4	5	6	7
I	Erschaffung der Welt	Erschaffung Evas	Sündenfall	Vertreibung	Folgen des Sündenfalls	Kain und Abel	Sintflut
II	Isaaks Opferung	Mose vor dem Dornbusch	Mose am Sinai/Goldenes Kalb	Mannawunder	Kundschafter mit der Traube	Eherne Schlange	Opfer Joachims
III	Verkündigung der Geburt Mariens	Begegnung an der Goldenen Pforte	Mariä Opferung	Mariä Vermählung	Verkündigung der Geburt Jesu	Heim-suchung	Geburt Christi
IV	Beschneidung Jesu	Anbetung durch die Könige	Darbringung im Tempel	Flucht nach Ägypten	12jähriger Jesu im Tempel	Taufe Jesu	Verklärung
V	Versuchung Jesu	Jesus und die Samariter am Brunnen	Wunderbare Brotvermehrung	Jesus und die Ehebrecherin	Auferweckung des Lazarus	Einzug in Jerusalem	Tempel-austreibung
VI	Abendmahl	Ölberg	Gefangen-nahme	Jesus vor dem Hohen-priester	Verspottung Jesu	Geißelung	Dornen-krönung
VII	Jesus vor Pilatus	Verurteilung Jesu	Kreuz-tragung	Kreuz-annagelung	Kreuzigung	Kreuzabnahme	Grablegung
VIII	Vorhölle	Auferstehung	Noli me tangere	Gang nach Emmaus	Himmelfahrt	Pfingsten	Weltgericht

reicht auch das Veitscher Tuch nicht den Umfang der Gurker Bilderfolge, doch ist sein Themenreichtum noch immer beachtlich und keineswegs das Vorrecht kirchlicher Zentren.

Die ikonographische Abfolge ist jener in Gurk ähnlich, setzt jedoch auch eigene Akzente. Beide Tücher haben immerhin 46 Szenen gemeinsam, das sind 80 Prozent des Veitscher Bestandes. Das Programm reicht von der Erschaffung der Welt bis zum Weltgericht und entspricht so der umfassenden Darstellung der Weltgeschichte durch den Heilsspiegel. So entspricht das erste Register von der Erschaffung der Welt bis zur Sintflut den ersten beiden Kapiteln des Heilsspiegels. Diese sind noch nicht typologisch geordnet, sondern stellen die Voraussetzung für die Heilsgeschichte dar. Sie betonen nicht Typus und Antitypus, sondern stellen einen Kausalnexus zwischen Sündenfall und Erlösung dar. Dieser Zusammenhang wird von allen Felder-Tüchern bis zum Beginn des 17. Jahrhunderts beibehalten. Im übrigen hat das Veitscher wie das Gurker Tuch die typologische Ordnung zugunsten einer chronologischen Abfolge aufgegeben. Die alttestamentlichen Themen des zweiten Registers sind dem typologischen Bilderschatz entnommen.

Dabei ist aber im Folgenden nicht damit zu rechnen, daß sich eine eindeutige Abhängigkeit von einem bestimmten typologischen Programm nachweisen läßt, denn die alttestamentlichen Vorbilder werden unterschiedlichen Heilsereignissen zugeordnet[209]:

Themen des Fastentuches	Entsprechung der ntl. Szene in		
	Heilsspiegel	Armenbibel	Concordantia Caritatis
Isaaks Opferung (II/1)	–	Kreuzigung	–
Mose am brennenden Dornbusch (II/2)	Verkündigung an Maria	Geburt Christi	Verkündigung an die Hirten
Mose empfängt das Gesetz Goldenes Kalb (II/3)	–	Pfingsten Sturz der ägyptischen Götzen	Pfingsten
Mannawunder (II/4)	Abendmahl	Abendmahl	„Wer dieses Brot ißt, wird in Ewigkeit leben."
Kundschafter mit der Traube (II/5)	Kreuztragung	Taufe	–
Eherne Schlange (II/6)	–	Kreuzigung	Kreuzaufrichtung

Erkennbar bleibt jedoch, daß die hier chronologisch zusammengestellten alttestamentlichen Themen alle ihren Stellenwert im typologischen Programm haben oder hatten.

Seit dem 14. Jahrhundert war von Italien die Gepflogenheit ausgegangen, Zyklen des Lebens Jesu Szenen aus dem Marienleben voranzustellen.[210] Doch war ein mehrszeniges Marienleben auch Bestandteil des Heilsspiegels. Die Erzählung greift hier mangels biblischer Überlieferung auf die Legenda aurea und die in ihr gesammelten neutestamentlichen Apokryphen zurück. Auf dem Veitscher Fastentuch beginnt das Marienleben mit der Geschichte ihrer Eltern:

1. Das Opfer Joachims wird zurückgewiesen (Legenda Aurea = LA, Von der Geburt der seligen Jungfrau Maria, Benz S. 679). Das fromme Paar, Anna und Joachim, war seit 20 Jahren kinderlos und gelobten im Falle der Fruchtbarkeit, ihr Kind dem Herrn zu weihen. Sie waren fromme Juden, die dreimal im Jahr zu den Hauptfesten nach Jerusalem wallfahrteten.
   Joachim begab sich in den Tempel „. . . und trat mit den anderen vor den Altar und wollte sein Opfer darbringen. Aber da ihn der Priester sah, stieß er ihn mit großem Zorn hinweg und schalt ihn, daß er es wage, an den Altar des Herrn zu treten; denn es sei nicht ziemlich, daß der dem Herrn des Gesetzes sein Opfer darbringe, der dem Fluch des Gesetzes verfallen sei; wie dürfe der Unfruchtbare unter den Fruchtbaren stehen, der das Volk Gottes nicht hätte gemehret." (LA, Benz S. 679) Joachim wagt sich daraufhin nicht mehr zu seiner Frau Anna zurück und sucht Zuflucht bei den Hirten auf dem Felde.
2. Verkündigung der Geburt Mariens (LA, Benz S. 680f.). Analog zur Verkündigung der Geburt Jesu an Maria wurde auch eine Verkündigung der Geburt Mariens erzählt. Ein Engel erscheint zunächst Joachim, darauf aber der Anna und verkündet dem kinderlosen Paar die Geburt einer Tochter, die sie Maria heißen sollten.
3. Begegnung an der goldenen Pforte (LA, Benz S. 681). Auf Geheiß des Engels gingen sie nach Jerusalem und begegneten einander an der goldenen Pforte. „Da freuten sie sich beide über das Gesicht, das ihnen zugleich erschienen war, und waren getrost des Kindes, das ihnen war verheißen."
4. Mariä Opferung (LA, Benz S. 681). Gemäß ihrem Gelübde brachten Anna und Joachim ihre Tochter im Alter von drei Jahren in den Tempel und ließen sie mit den anderen Jungfrauen dort. „Nun waren um den Tempel fünfzehn Stufen zu einem Bilde der fünfzehn Stufenpsalmen. Denn der Tempel lag auf der Höhe und war auf dem Berge gebaut, also daß man nicht zu dem Altar der Brandopfer, der vor dem Tempel stund, kommen mochte, denn auf den Stufen. Und da man die Jungfrau auf die unterste Stufe stellte, stieg sie die Stufen alle ohn jegliche Hilfe empor, als wäre sie schon vollkommenen Alters." Als fromme Jungfrau wurde Maria im Tempel erzogen, bis sie im Alter von 14 Jahren vermählt werden sollte.
5. Die Vermählung Mariens (LA, Benz S. 682). Mit dem, einem Gottesurteil gleichkommenden Verfahren des grünenden Stabes (hier nicht dargestellt) wurde der Mann für Maria gefunden. Das Bild illustriert die kurze Passage: „Also war das Verlöbnis zwischen ihnen getan."

Darauf folgt die Geschichte der Kindheit Jesu gemäß dem biblischen Bericht, angefangen bei der Verkündigung seiner Geburt bis zur Disputation des 12jährigen Jesus im Tempel mit den Schriftgelehrten. Der Zyklus ist mit acht Feldern ausführlich, wird vom Umfang her aber auch noch von späteren Fastentüchern erreicht. Später kaum mehr anzutreffen, und damit Zeichen seiner Entstehung im 15. Jahrhundert, sind die Szenen aus der Lehr- und Wundertätigkeit Jesu. Neu im Vergleich zum Programm des Gurker Tuches erscheint hier die Geschichte des Verhaltens Christi gegenüber der Ehebrecherin (Joh. 8, 1–11). Diese stark lehrhaft ausgerichtete Erzählung wurde nur in die Bilderfolge von Veitsch aufgenommen.

Der Passionszyklus entspricht dem Fastentuch von Gurk in fast allen Bildern, nimmt lediglich ein paar Umstellungen vor und fügt der Reihe noch die Grablegung Jesu an. Wie sonst auch, lassen sich hier aus gemeinsamen Bildsequenzen keine direkten Abhängigkeiten herleiten. Die Übereinstimmungen beruhen auf der gemeinsamen Tradition.

Das letzte Register mit Szenen der Auferstehung und Verherrlichung Christi beginnt – abweichend von Gurk – mit Christi Abstieg in die Vorhölle. Von der Höllenfahrt Christi wissen die Evangelien nichts zu berichten; einen ausführlichen Bericht der Ereignisse bietet dagegen die Legenda Aurea (LA, Benz S. 281–284), die ihrerseits die Überlieferung des apokryphen Nikodemus-Evangeliums verarbeitet. Christus zerbricht zum Schrecken Satans und seiner Teufel die Pforten der Hölle und erlöst die Verstorbenen des Alten Testamentes, allen voran Adam und Eva. Die Höllenfahrt Christi, traditionellerweise das Osterbild der Ostkirche, und die Auferstehung Christi, das typisch abendländische Osterbild, werden auf den Fastentüchern fast immer gemeinsam dargestellt.

Das dritte Bild des letzten Registers (VII/3) ist teilweise zerstört, wurde deshalb von Wonisch ikonographisch nicht bestimmt und als „Jesus wandelt mit erhobenen Händen" umschrieben. Wir sind uns nahezu sicher, daß es sich dabei um die Begegnung des Auferstandenen mit Maria Magdalena (Noli me tangere) handelt. Christus erhebt tatsächlich leicht die Arme, und zwar in einem abwehrenden Gestus, um die Worte „Rühre mich nicht an; denn ich bin noch nicht zum Vater aufgefahren" (Joh 20, 17) zu unterstreichen.

Der Gang nach Emmaus (VIII/4; Lk 24, 13–35) zählt nicht zu den häufig dargestellten Ostererscheinungen und wird nur noch auf dem Fastentuch von Güglingen dargestellt. Mit den Szenen Himmelfahrt, Pfingsten und Weltgericht endet die Bilderfolge. Das Veitscher Fastentuch steht also insgesamt der Auffassung des Gurker Tuches nahe; sein Spezifikum liegt zweifellos in einer sonst nicht mehr erreichten ausführlichen Darstellung des Marienlebens.

4 St. Margarethen in der Reichenau

verschollen
1481

Literatur:
Kunsttopographie Kärnten, Wien 1889, S. 195.

Ein auf das Jahr 1481 datiertes Fastentuch befand sich einst im Besitz der Pfarrkirche von St. Margarethen in der Reichenau. Infolge der Mißachtung, die man im letzten Jahrhundert vielen kirchlichen, nicht mehr genutzten Gegenständen entgegenbrachte, ist dieses Tuch heute verschollen. Es wurde um den Preis von 10 Gulden an einen Tiroler Antiquitätenhändler verkauft. Die Möglichkeit, daß sich dieses Fastentuch heute irgendwo in Privatbesitz befindet, kann nicht ausgeschlossen werden. Da auch für dieses Tuch eine entsprechende Größe vermutet werden darf, ist es vielleicht wie die Klagenfurter Fragmente zum besseren Verkauf in einzelne Felder zerschnitten worden. Über sein Aussehen liegen keine Nachrichten vor. Da die Anzahl der bekannten Fastentücher aus dem 15. Jahrhundert sehr gering ist, kann aber doch allein die Kenntnis des Tuches aus St. Margarethen einen kleinen Beitrag zur Geschichte der Verbreitung des Fastentuches leisten. Man darf den Schluß ziehen, daß die Existenz der Fastentücher im 15. Jahrhundert nicht auf große Dom- und Wallfahrtskirchen beschränkt war, sondern zur normalen Ausstattung auch kleinerer Pfarrkirchen gehörte.

5 Klagenfurter Fragmente
(Herkunft unbekannt)

verschollen, ehemals Sammlungen des Kärntner Geschichtsvereins
Ende 15./Anf. 16. Jahrhundert
Leimfarben auf Leinwand

Bekannt sind 10 Felder im Format 100 x 79 cm:

1. Palmsonntag
2. Abendmahl
3. Ölberg
4. Judaskuß
5. Christus vor dem Hohenpriester
6. Verspottung Christi
7. Geißelung Christi
8. Verurteilung Christi und Handwaschung des Pilatus
9. Christi Abstieg in die Vorhölle
10. Zwei Heilige, eine davon vielleicht Katharina

Literatur:

F. G. HANN, Fastentücher in Kärnten, in: Carinthia I, 82, 1892, S. 52 f., HANDEL-MAZZETTI, S. 214.

Die Reste eines Fastentuches unbekannter Herkunft kannte auch F. G. Hann nur in ihrer fragmentarischen Existenz. Sie gelangten wohl schon in Einzelfelder zerschnitten in den Besitz des Kärntner Geschichtsvereins. 1902 verzeichnete sie das Inventar des Klagenfurter Landesmuseums unter der Nummer 3597. Heute sind sie verschollen und müssen wohl unter Kriegseinwirkung zerstört worden sein. Der Verlust dieser von Hann als handwerklich bezeichneten Fragmente muß vor allem aus ikonographischem Interesse bedauert werden. Denn neben den üblichen neutestamentlichen Passionsszenen zeigte nach den Angaben Hanns ein Feld die Darstellung zweier Heiliger. Zumindest eine der beiden weiblichen Gestalten war an ihrem Attribut, einem Schwert, als hlg. Katharina zu erkennen. Zusammen mit dem sehr späten Fastentuch aus Brigels von 1695 wären die Klagenfurter Fragmente die einzigen Beispiele für die Darstellungen von Heiligen auf Fastentüchern. Es ist geradezu eines der charakteristischen Merkmale der Fastentuchikonographie, daß sie auf die Abbildung von Heiligen und ihren Legenden verzichtet. Die Beispiele aus Brigels und Klagenfurt bringen allerdings diesen Befund nicht allzusehr ins Wanken, weil die Heiligen, wie auch Hann vermutete, hier allenfalls als die Schutzpatrone der Stifter fungieren.

Die Datierung dieses Tuches nahm Hann unter Bezugnahme auf Trachten und Rüstungen in die Zeit des ausgehenden 15. und beginnenden 16. Jahrhunderts vor.

6 Rietz im Oberinntal

Innsbruck, Tiroler Landesmuseum Ferdinandeum, Inv. T. 44
um 1490
Tempera auf Leinen
2,90 x 3,48 m
15 Bildfelder aus dem Neuen Testament in 3 Reihen zu 5 Feldern. (Fragment?)
Felder-Typ

Literatur:

Ausstellungskatalog, Gotik in Tirol, Innsbruck 1950, Nr. 158.

Ausstellungskatalog, Spätgotische Kunst aus den Studiensammlungen des Tiroler Landesmuseums Ferdinandeum, Innsbruck 1968, Nr. 36.

Ausstellungskatalog, Spätgotik in Tirol, Oberes Belvedere in Wien, 1973, Nr. 54.

29. Fastentuch RIETZ. Foto: Landesmuseum Ferdinandeum, Innsbruck

Die Bilderfolge:

	1	2	3	4	5
I	Flucht nach Ägypten	Der 12jährige Jesus im Tempel	Einzug in Jerusalem	Abendmahl	Ölberg
II	Gefangennahme Jesu	Christus vor Annas	Christus vor Kaiphas	Christus vor Pilatus	Geißelung
III	Dornenkrönung	Ecce homo	Kreuztragung	Kreuzigung	Kreuzabnahme

30. Fastentuch RIETZ. Detail: Die Vorführung Christi. Foto: Verfasser

1925 wurde das aus Rietz stammende Fastentuch erworben; es befindet sich heute in den Schausammlungen des Tiroler Landesmuseums in unmittelbarer räumlicher Nachbarschaft zu dem Fastentuch aus Obervintl. Ein Vergleich der beiden Stücke offenbart eine tiefgreifende Verschiedenheit: Zeigte das Tuch aus Obervintl schon in der Farbgebung eine vornehme Eleganz, bestärkte sich dieser Eindruck durch die feinfühlige Formgebung und detailreiche Durchgestaltung, so kann auf diesem Hintergrund die Erscheinung des Rietzer Tuches nur plakativ genannt werden.

Mit geradezu knalligen Farben wurde ein bunter Bilderbogen geschaffen. Die lineare Gestaltung von Mensch und Architektur zwängt die Farbe in eng umgrenzte Flächen. Da die Farben mit nur wenig Schattierungen aufgetragen wurden, stoßen teilweise harte Farbkontraste aufeinander. Plakativ wirken aber nicht nur die Farben, sondern auch die Bilder selbst. Sie sind insgesamt sehr schematisch gestaltet. So bildet eine aus großen Quaderblöcken bestehende Wand, die nur teilweise von unregelmäßigen Fenstern durchbrochen wird, die Chiffre für Innenraum. In stereotyper Weise sind die einzelnen Vorführungen Christi II/2 bis II/4 (Abb. 30) wiedergegeben. Geharnischte Kriegsknechte schieben Christus vor eine vornehm gekleidete Person, die auf einem thronartigen Sessel sitzt. Abwechslung schafft hier nur der jeweils geänderte Bewegungsablauf.

Um den Leidensweg Christi darzustellen und beim Betrachter emotional wirksam werden zu lassen, verändert der Maler die Christusgestalt im Laufe der Bildsequenz. Zeigt Christus in den ersten Feldern bis zur Gefangennahme eine ruhige Gelassenheit, so dominiert ab der Geißelung der Eindruck des Leidens. Der angewandte Kunstgriff dabei ist denkbar simpel; der Maler zieht in der Physiognomie Christi lediglich die Mundwinkel immer weiter hinab, so daß letztlich ein eher ‚beleidigter' als gepeinigter Christus den Betrachter anblickt (Abb. 31). Der Eindruck echten Schmerzes entsteht jedoch in keiner Weise.

Die malerische Leistung des unbekannten Künstlers kann sicherlich keine hohen ästhetischen Ansprüche befriedigen, doch wirkt das Rietzer Fastentuch umso mehr durch seine naive Eindringlichkeit. Ein Vergleich mit dem Tuch aus Obervintl zeigt das breite Spektrum der Fastentücher im Hinblick auf ihre künstlerische Gestaltung und Sprache. Der volkstümliche Charakter des Rietzer Tuches erschwert seine Datierung. Auf

31. Fastentuch RIETZ. Detail: Kreuzigung. Foto: Verfasser

seine Verwandtschaft zu den 1482 entstandenen Fresken in der St.-Georgs-Kapelle ob Tösens wurde hingewiesen (Ausstellungskatalog Spätgotik in Tirol, Nr. 54). Eine Entstehung um 1490 oder wenig danach darf deshalb angenommen werden.

Ikonographisch gibt das Rietzer Tuch Probleme auf. Zwar sind alle Szenen eindeutig und lassen sich gut entziffern, doch läßt der Beginn der Bilderfolge mit der Flucht nach Ägypten ernste Zweifel aufkommen, ob hier tatsächlich der ursprüngliche Anfang zu sehen ist. Alttestamentliche Themen fehlen völlig. Dies ist ungewöhnlich; auch wenn in der Entwicklung der Fastentücher der Anteil des Alten Testamentes immer weiter zurückgeht, so geht doch der Zusammenhang von Altem und Neuem Bund nicht ganz verloren. Natürlich darf vom erhaltenen Bestand der Fastentücher nicht ohne weiteres postuliert werden, daß es sich beim Rietzer Tuch um ein Fragment handeln muß, weil die alttestamentlichen Themen fehlen. Verdächtig erscheint aber die Beobachtung, daß wir kein Fastentuch kennen, welches mit der Flucht nach Ägypten beginnt. Wenn in der neutestamentlichen Bilderfolge die Kindheit Jesu mitberücksichtigt wird, so beginnt sie entweder mit der Verkündigung an Maria oder mit der Geburt Christi.

Für ein Fastentuch vom Felder-Typ besitzt es zudem verhältnismäßig kleine Abmessungen und nur drei übereinanderliegende Register, während sonst wenigstens vier Bilderreihen das Minimum darstellen. Aus ikonographischen und formalen Erwägungen kann die Möglichkeit nicht ausgeschlossen werden, daß das Rietzer Tuch oben beschnitten wurde. Ob nur eine oder gar mehrere Feldreihen fehlen, läßt sich jedoch sagen. Obwohl das Tuch schon mehrfach in Ausstellungen gezeigt und katalogmäßig erfaßt wurde, hat man sich bisher darüber noch keine Gedanken gemacht. Heute hängt das Tuch derart an einer tragenden Querstange, daß sein oberer Rand nicht gesehen werden kann.

In technischer Hinsicht verdient das Tuch Beachtung, weil es nicht wie üblich aus mehreren Leinwandbahnen, die aneinander genäht wurden, besteht, sondern aus Leinwandflächen in der Größe der einzelnen Bildfelder zusammengesetzt wurde. Der maltechnische Vorgang wurde dadurch erleichtert, weil das einzelne Werkstück besser zu handhaben war. Erst nachdem jedes einzelne Bildfeld fertig bemalt wurde, nähte man die Felder aneinander. Und es erscheint unverständlich, warum diese vereinfachende Herstellungsweise nicht öfter angewandt wurde.

7 Haimburg

dort noch im kirchlichen Gebrauch
1504
Leimfarben auf Leinen
4,20 x 3,80 m
36 Bildfelder, davon 18 aus dem Alten Testament und 18 aus dem Neuen Testament, in 6 Reihen zu 6 Feldern.
Felder-Typ

Inschrift:
Das.tuch.ist.gemacht.nach.christ.gepurrt.1.5.o.4iar.die.zeytt. seindt.zechleitt.her.plassi.pfarrer.und.ruprecht.schtockner.und. naptznykt.
(Die Wiedergabe der Inschrift, die sich auf der Trennleiste zwischen dem fünften und letzten Register befindet, folgt: Kunsttopographie Kärnten, S. 101 f.)

Literatur:
Franz G. HANN, Die Fastentücher in Kärnten, in: Carinthia I, 82, 1892, S. 49–52.
HANDEL-MAZZETTI, S. 213.
Otto RAINER, Das Haimburger Fastentuch, in: Kirchenkunst. Österreich. Zeitschrift für Pflege religiöser Kunst, III. Jg., Heft 1, Wien, 1931, S. 2–8.
SCHNEIDER, S. 1 ff.
MILESI, S. 145.

Die Bilderfolge:

	1	2	3	4	5	6
I	Erschaffung der Welt	Erschaffung der Tiere	Erschaffung Adams	Erschaffung Evas	Sündenfall	Vertreibung
II	Folgen des Sündenfalls	Opfer Kains und Abels	Brudermord	Gott stellt Kain zur Rede	Lamech tötet Kain	Arche Noah
III	Trunkenheit Noahs	Isaaks Opferung	Durchzug durch das Rote Meer	Wasserwunder des Mose	Eherne Schlange	10 Gebote und Tanz um das Goldene Kalb
IV	Einzug in Jerusalem	Tempel-austreibung	Verrat des Judas beim Hohenpriester	Abendmahl	Ölberg	Gefangennahme Jesu
V	Christus vor dem Hohenpriester	Christus vor Pilatus	Geißelung	Dornen-krönung	Verurteilung	Kreuztragung
VI	Kreuzigung	Grablegung	Christus in der Vorhölle	Auferstehung	Erscheinung vor Maria Magdalena	Himmelfahrt

Wie kaum ein anderes Fastentuch wirkt jenes aus Haimburg in seiner formalen, ikonographischen und farblichen Konzeption als einheitliches Gesamtkunstwerk. Es wird heute noch in der Fastenzeit vor dem Hochaltar aufgezogen und kann in seinem ursprünglichen Ambiente betrachtet werden. Dabei zeigt sich vor allem, daß es bis ins Mittelschiff der Kirche hinein klar und deutlich zu erkennen ist. Mit seinem Format von etwa vier mal vier Metern besitzt es eine überschaubare Größe.

32. Fastentuch HAIMBURG. Foto: Hansjörg Abuja

Die 70 Zentimeter hohen Bildfelder erlauben eine großzügige, klar strukturierte Aufteilung.

Die ikonographische Auswahl bewegt sich zwischen der Erschaffung der Erde und der Himmelfahrt Christi. Daß die Heilsgeschichte als ein fortlaufendes Erzählkontinuum verstanden wird, erfährt durch die formale Gestaltung eine eindrucksvolle Bestätigung. Schon bei der ikonographischen Analyse der früheren Fastentücher konnten wir feststellen, daß die typologischen Entsprechungen einer chronologischen ‚Geschichte der Menschheit' gewichen waren. Zwar besitzt auch das Haimburger Fastentuch noch Reste solcher Typologie, etwa in einzelnen Szenen oder in der Gleichzahl alttestamentlicher und neutestamentlicher Bilder, doch gleitet das Auge des Betrachters wie von selbst nahezu ohne Unterbrechung vom ersten bis zum letzten Bild. Zwei Kunstgriffe führen zu dieser Entwicklung.

Das Tuch entfaltet durch geschickten Aufbau der einzelnen Szenen ein dramatisches Crescendo. Es beginnt mit der Erschaffung der Welt. Im Zentrum des ersten Bildes steht der Schöpfer in einem langen faltigen Mantel. Ruhig, fast bewegungslos erscheint er, nur die rechte Hand ist mehr segnend als befehlend leicht erhoben. Dahinter breitet sich bis zum Horizont eine freie, sanft gewellte Hügellandschaft, die nur von wenigen, schütteren Bäumen bestanden ist. Wie in einem sanften Wind neigen sich ihre Kronen leicht zur Seite. Am Horizont stehen Sonne und Mond wie unverrückbar. Eine ungeheure Ruhe und friedliche Stimmung ruhen auf dem Bild. Die Szenerie des nächsten Bildes ist kaum verändert. Der Schöpfer steht wieder in der Mitte des Bildes, nun etwas mehr zum Betrachter gewendet. Der weitläufige Hintergrund erscheint nahezu unverändert, den Vordergrund jedoch belebt die Schar Tiere. Damit kommt eine Belebung ins Bild, die in den nächsten Szenen fast unmerklich zunimmt. Echte Bewegung jedoch entsteht erst im übernächsten Bild, in dem Eva aus der Seite des friedlich ruhenden Adam geschaffen wird. Den dramatischen Höhepunkt bildet das letzte Bild der obersten Reihe. Mit über den Kopf geschwungenem Schwert verjagt der vornehm gekleidete Engel die in ihrer dürren Nacktheit hilflos wirkenden Sünder aus dem Paradies.

Im zweiten Register agieren meist nur zwei, höchstens drei Personen. Der Hintergrund gleicht fast dem des Paradieses, doch fehlen jetzt die üppigen Früchte tragenden Bäume. Der veränderte Lebensraum des Menschen bedingt das erste Bild, in dem die Stammeltern bei ihrer mühevollen Tätigkeit gezeigt werden. Während Adam die Hacke über den Kopf schwingt, um den steinigen Boden zu beackern, ist Eva an der Spindel gezeigt, und vor ihr liegt in einem Körbchen ein gewickelter Säugling. Ruhe kehrt noch einmal in der Darstellung der Opfer von Kain und Abel ein, bevor im Brudermord erneut ein dramatischer Gipfel erreicht wird. Das in sich ruhende Bild der Arche Noah beschließt die zweite Reihe.

Immer noch bleibt auch in der dritten Reihe der paradiesische Hintergrund fast unverändert. Die wachsende Zahl der handelnden Personen im Vordergrund läßt das Bild der Landschaft jedoch immer weiter zurücktreten. Immer stärker werden die einzelnen Bildfelder von Handlungsabläufen geprägt. Das ruhende Element der ersten Reihen weicht immer mehr dramatischen Bewegungen. Es beginnt die Geschichte des Volkes Israel, auf ihm ruht seit Abraham die Verheißung der riesigen Nachkommenschaft. So werden auch tatsächlich die Bilder immer stärker von großen Volksmengen geprägt.

In den letzten drei Reihen, die ausschließlich der Passion gewidmet sind, wird die Landschaft endgültig zur Staffage. Die Handlung spielt sich überwiegend in Innenräumen ab. Die Dramatik nimmt zu, indem die versammelten Personen teilweise heftig bewegt dargestellt werden. Eine der eindrucksvollsten Szenen ist hierbei die Szene des Verrats am Ende der vierten Reihe. Die Zunahme an Bewegung und Dramatik entspricht hier aber auch dem Inhalt der Botschaft, die nun im Leiden und Sterben Jesu ihren Höhepunkt erreicht. Zwar ist die letzte Reihe arg verblaßt, doch läßt sich hier ein Rückgang in der Dramatik deutlich erkennen.

So entsprechen sich also formale und ikonographisch-inhaltliche Gestaltung des Fastentuches in einer selten harmonischen Form.

Der zweite Kunstgriff, der zu einer kontinuierlichen Erzählung führt, ist nicht weniger geschickt. Wie beim Felder-Typ üblich, bilden rechtwinklig sich kreuzende, unverzierte rote Linien das Bildernetz. Die einzelnen Bildfelder jedoch besitzen auch felderübergreifende Elemente. Im obersten Register wird der Hintergrund aller Bildfelder von einer kontinuierlich durchlaufenden Landschaft gebildet. Die Landschaftskulisse wird in jedem Bildfeld exakt wieder aufgenommen, so daß man die senkrechten Leisten fast als störend empfindet. Im zweiten Register wird genau dasselbe Prinzip verfolgt. Hier prägen bucklige, grüne Hügel den Bildmittelgrund. Sie werden jeweils auf dem höchsten Punkt der Kuppe von den senkrechten Leisten durchschnitten. Ebenso bricht der gleichförmige Horizont erst vor dem letzten Bild dieser Reihe ab, wo die Darstellung der Arche Noahs eine neue Situation erfordert.

Das Stilmittel übergreifender Bildelemente tritt dann zwar allmählich zurück, wird aber immer

33. Fastentuch HAIMBURG. Obere Tuchhälfte. Foto: Hansjörg Abuja

wieder sporadisch aufgegriffen, wo der Bildinhalt es erlaubt. So besitzt in der vierten Reihe das dritte und vierte Bildfeld (Judas kommt zum Hohenpriester, um Christus zu verraten und Abendmahl) dieselbe Innenraumarchitektur. In den Szenen der Dornenkrönung und der Verurteilung Christi sitzen Christus und Pilatus auf einer felderübergreifenden gemeinsamen Thronstufe. Und in den Osterbildern der letzten Reihe wird das Motiv des gemeinsamen Horizontes erneut aufgegriffen.

Der klaren und überschaubaren Entwicklung in der formalen Gestaltung entspricht eine thematisch-inhaltliche Gliederung in den einzelnen Registern. Die erste Reihe schildert die Schöpfung und den Sündenfall. Die zweite Reihe stellt dem Betrachter eindringlich die schrecklichen Folgen des Sündenfalles vor Augen; dies sind aber nicht nur die täglichen Mühsale des menschlichen Lebens, die Sorge um Nahrung, Kleidung und die Nachkommenschaft, wie sie das erste Bild der Reihe „Adam gräbt und Eva spinnt" (II/1) zeigt, sondern auch Mord und Totschlag. Biblische Exempel dafür sind der Brudermord (II/3) und die selten dargestellte Begebenheit der Tötung Kains durch Lamech (II/5).

Für diese Szene gibt es in Gen. 4, 23 („Und Lamech sprach zu seinen Weibern Ada und Zilla: Ihr Weiber Lamechs, höret meine Rede und merkt, was ich sage: Ich habe einen Mann erschlagen für meine Wunde und einen Jüngling für meine Beule.") nur einen geringen Anhalt, von Details weiß die Bibel nichts. Doch findet sich davon in der jüdischen Tradition eine ausschmückende Legende.[211] Als Lamech, der Urenkel Kains, mit seinem Sohn Thubalkain auf der Jagd war, bewegte sich etwas im Gebüsch, und Lamech schoß blindlings mit seinem Bogen in diese Richtung. Dabei traf er den alten Kain, der im Dickicht wohnte und deshalb auch als behaarter Waldmensch dargestellt wird, tödlich. Als Lamech seinen Irrtum erkannte, tötete er im Zorn seinen Sohn, der ihn auf das Ziel aufmerksam gemacht hatte, weil Lamech selbst ja blind war. Thubalkain liegt hier allerdings nicht wie auf vergleichbaren Darstellungen tot am

Boden, sondern ist gezeigt, wie er den Bogen des Vaters in die Richtung Kains lenkt.

Kaum eine andere Szene ist geeigneter, zu zeigen, wie eine Sünde die andere nach sich zieht; ihr Platz im zweiten Register ist deshalb überlegt gewählt. Die Szene des gemeinsamen Opfers von Kain und Abel unterbricht die Folgen des Sündenfalles nur scheinbar; vielmehr bringt das Opferbild nur zum Ausdruck, daß nicht einmal fromme Handlungen des Menschen sein Sündersein aufheben.

Auf die Ermordnung Abels durch Kain folgte eine weitere seltene Szene, die man auch verschieden ausdeuten kann. Es wird zweifellos die Begegnung Gottes mit Kain nach der Ermordnung seines Bruders gezeigt. Hann benennt die Szene mit „Gott verflucht Kain" (S. 49; Rainer äußert sich hierzu nicht), und die Tötung Kains durch Lamech würde sich auch gut anschließen, doch widerspricht die Art der Darstellung vollkommen dieser Deutung. Nicht die Verfluchung (Gen. 4, 11–12) selbst ist dargestellt, sondern das anschließende Zwiegespräch zwischen Gott und Kain (Gen. 4, 13–15). Die verlegene Haltung Kains drückt dies aus: „Meine Sünde ist größer, denn daß sie mir vergeben werden möge. Siehe, du treibest mich heute aus dem Lande, und ich muß mich vor deinem Angesicht verbergen, und muß unstet und flüchtig sein auf Erden. So wird's mir gehen, daß mich totschlage, wer mich findet." Und die Haltung Gottes kann ohne weiteres mit den Szenen der ersten Reihe verglichen werden, in denen er die junge Schöpfung (I/1) bzw. den ersten Menschen Adam (I/3) segnet. Die Handhaltung Gottes drückt eindeutig einen Segensgestus aus: „Aber der Herr sprach zu ihm: Nein, sondern wer Kain totschlägt, soll siebenfältig gerächt werden. Und der Herr machte ein Zeichen an Kain, daß ihn niemand erschlüge, der ihn fände."

Mit grausamer Konsequenz schließt sich daran die Tötung Kains durch Lamech an. Und so heißt es Gen. 4, 24: „Kain soll siebenmal gerächt werden, Lamech aber siebenundsiebzigmal."

Schildert die zweite Bilderreihe demnach die Folgen des Sündenfalles, so schiebt sich doch noch eine zweite Aussage regelrecht dazwischen. Die Bilder, die die Folgen der Sünde zeigen, werden jeweils von dem Opfer, vom Segen Gottes an Kain und schließlich von der Arche Noahs unterbrochen. Auf die Sünde des Menschen antwortet Gott jeweils mit der Bekräftigung, daß er den Menschen dennoch erhalten will. Auf den Mord an Abel folgt die Segnung Kains, und auf die Tötung Kains folgt die Verheißung an Noah: „Solange die Erde steht, soll nicht aufhören Same und Ernte, Frost und Hitze, Sommer und Winter, Tag und Nacht." (Gen. 8, 22).

Die Bildauswahl der dritten Reihe kann unter zwei Gesichtspunkten gesehen werden, die sich gegenseitig nicht ausschließen, sondern ergänzen. Noah, Abraham und Mose sind wichtige Gestalten des Alten Testamentes; in ihnen zeigt sich die Geschichte Gottes mit seinem auserwählten Volk, sie sind Empfänger und Träger der Gnade zugleich. Da aus dem Leben der drei Genannten jedoch unendlich viel zu erzählen wäre, muß danach gefragt werden, welche Gründe nun im einzelnen zur Bildauswahl geführt haben.

Hier scheinen doch in erster Linie typologische Gründe eine Rolle gespielt zu haben. Die Darstellung der Trunkenheit Noahs und der Entdeckung seiner Blöße (III/1) erhält ihre Bedeutung erst durch die mittelalterliche Anschauung, die darin einen Typus der Verspottung bzw. Dornenkrönung Christi oder seiner Grablegung sah. Die folgende Szene von der Opferung Isaaks (III/2; Abb. 34) muß als Typus des Kreuzestodes Christi gesehen werden. Rechts am Bildrand steht der Opferaltar mit dem aufgeschichteten Holz. Davor kniet nach rechts gewendet Isaak mit gefalteten Händen. Links hinter ihm steht der prächtig gekleidete Abraham, er packt Isaak mit der Linken am Haarschopf und schwingt mit der Rechten das Schwert zum tödlichen Streich. Am oberen Bildrand fliegt ein Engel heran und hält das Schwert fest, während er gleichzeitig auf den Widder im Baum weist.

Die nächsten vier Bildfelder haben Mose zum Inhalt, von denen zumindest der „Durchzug durchs Rote Meer" (III/3; Abb. 35), das Wasserwunder (III/4) sowie die Aufrichtung der ehernen Schlange (III/5) typologisch verstanden werden können als Typoi der Taufe, nochmals der Taufe sowie der Kreuzigung. Sicherlich bedacht hat man beim Entwurf des Programmes, daß die alttestamentliche Reihe mit der Übergabe des Gesetzes endet (III/6). Fast reformatorisch möchte man diese Auffassung nennen, derzufolge das Alte Testament im Gesetz endet. Und der gleichzeitig mit dargestellte Tanz ums Goldene Kalb deutet an, daß der Mensch der Forderung des Gesetzes nicht Genüge leisten kann.

Wenn nun die folgenden drei Reihen die Leidensgeschichte Jesu und die nachösterlichen Ereignisse bis zur Himmelfahrt erzählen, so mußte diesem Programm die Kindheit Jesu und sein öffentliches Auftreten weichen. Wo der alttestamentliche Weg in der Vergeblichkeit des Gesetzes aufhört, da führt im Neuen Testament der Weg Christi durch das Kreuz zur Auferstehung.

Durch die breite Entfaltung des Kreuzweges scheint die stringente Entfaltung des theologischen

34. Fastentuch HAIMBURG. Detail: Opferung Isaaks.
Foto: Hansjörg Abuja

35. Fastentuch HAIMBURG. Detail: Durchzug durch das Rote Meer.
Foto: Hansjörg Abuja

Programmes, wie sie im Alten Testament vorherrscht, nicht durchgehalten zu sein. Doch entspricht die Konzentration auf die Leidensgeschichte ja dem ursprünglichen Zweck der Fastentücher. Insgesamt gesehen, gehört das Haimburger Fastentuch dennoch zu denen, die die Formulierung eines theologischen Programmes deutlich erkennen lassen. Auf die Schöpfung folgt der Sündenfall, und dieser zieht Jammer, Leid und Elend nach sich, ohne daß jedoch die göttliche Gnade vom Menschen genommen würde. So sind auch die weiteren alttestamentlichen Bilder Vorbilder der Rettung und Erlösung aus Gefahren. Doch bleibt der Höhepunkt des göttlichen Heilsweges das Leiden und Sterben des Gottessohnes. Ihm ist deshalb der breiteste Raum eingeräumt, so daß sogar auf die sonst so beliebte Kindheit Jesu verzichtet werden konnte. Bereits Hann nannte das Haimburger Fastentuch ein „einheitliches christliches Lehrgedicht".

Glücklicherweise sind wir durch die Inschrift des Tuches der mühevollen Aufgabe einer Datierung auf stilistischem Wege enthoben; es ist 1505 entstanden. Es steht damit ikonographisch zwischen den theologisch noch sehr komplizierten Fastentüchern des 15. Jahrhunderts und den Fastentüchern des 16. Jahrhunderts, die einen stärkeren Akzent auf die erzählerische Komponente legen.

Zuletzt werfen wir noch einen Blick auf die künstlerische Gestaltung. Auffallend ist vor allem in den oberen Reihen eine ungemein satte Farbigkeit; sie gründet wohl in der Vorliebe des Künstlers für die Landschaft, die sich breit und grün über die ersten Bildstreifen lagert. Alle Gegenstände werden malerisch behandelt, und nichts erinnert mehr an einen groben, dekorativen Holzschnitt. Der gute Erhaltungszustand gerade der oberen Reihen darf allerdings nicht darüber hinwegtäuschen, daß auch das Haimburger Fastentuch gelitten hat. So bemerkte schon Schnerich am Ende des 19. Jahrhunderts: „... dieses interessante Werk ist leider in neuerer Zeit sehr traurig mit Ölfarbe übermalt worden, dabei sind unter anderem unsere Stammeltern auch noch vor dem Sündenfall zu Kleidern gekommen ..."[212] Nach unten zu nimmt der Erhaltungszustand weiter ab.

In der Darstellungsweise berühren sich spätgotische Elemente mit dem Geist der Renaissance. So ist die Darstellung der Menschen noch dem feingliedrigen, zarten Figurentyp verhaftet. Sowohl in der Darstellung der Landschaft wie der Innenräume bemüht sich der Künstler jedoch um eine zeichnerische und farbige Perspektive. Die Figuren sind nicht mehr kastenartig in Architekturen eingeklemmt, sondern können sich darin frei bewegen. In den Landschaftsdarstellungen verleiht von rechts einfallendes Licht den Personen, Bäumen und Steinen eine helle und eine dunkle Seite, wodurch Schatten angedeutet wird.

Schließlich muß noch kurz die Funktion des Haimburger Fastentuches angesprochen werden. Im heutigen Gebrauch verhängt das Tuch, unmittelbar vor dem Altar aufgezogen, nur das Altarblatt. Die nahezu harmonische Einheit von Retabel und Fastentuch ist jedoch trügerisch, da der Altar barocken Ursprungs und somit sicher jünger als das Fastentuch ist. Angesichts der Höhe des Chorbogens, der das Fastentuch nahezu um das Doppelte überragt, kann man sich allerdings schwer vorstellen, daß das Tuch einst in diesem Chorbogen gehangen hat. Da die Ausmaße des Fastentuches im Verhältnis zur Größe des Raumes verhältnismäßig klein erscheinen, muß hier bereits der Anfang einer Entwicklung gesehen werden, in der die Fastentücher immer kleiner werden, hinter den Chorbogen zurücktreten und schließlich zur Verhüllung des Altares selbst dienen. Der Beginn dieser Entwicklung scheint hier greifbar, auch wenn das 16. Jahrhundert noch etliche große, raumverhüllende Tücher hervorbringt.

Die Aneinanderreihung fortschreitender Szenenabläufe vor einem gemeinsamen Bildgrund begegnet nicht nur auf dem Haimburger Fastentuch. Da ich später noch ausführlicher auf die Beziehung zwischen Fastentüchern und Wandmalerei eingehen werde, sei an dieser Stelle nur kurz auf den Freskenzyklus von Obermauern in Osttirol verwiesen. Er ist gegen Ende des 15. Jahrhunderts von Simon von Taisten geschaffen worden und schildert die Szenen der Leidensgeschichte ebenfalls vielfach vor einem gemeinsamen Bildgrund. Die Anordnung der Bildfelder, die man als fastentuchartig bezeichnen kann, entstand jedoch erst in einem zweiten Schritt, als man die einzelnen Szenen nachträglich durch das Einsetzen von Säulen voneinander getrennt hat (Abb. 230). So überschneidet zum Beispiel eine Säule in der Szene der Annagelung den Querbalken des Kreuzes an seinem äußersten Ende. Ursprünglich waren hier also die Register senkrecht nicht unterteilt, wie auch die Bildkomposition des Haimburger Fastentuches eine solche Gliederung eigentlich nicht erforderte. Die Einfügung der vertikalen Gliederung im Freskenzyklus von Obermauern dürfte so auf den Einfluß der Fastentücher zurückzuführen sein.

Das Fastentuch im sächsischen Zittau von 1472 zeigt ein ähnliches Phänomen. Auch dort durchschneiden die vertikalen Trennleisten oft genug den fortlaufenden Bildgrund. Übergreifende Landschaften werden dabei ebenso zerteilt wie rahmende Architekturen, die über mehrere Bildfelder hinweg eine gemeinsame Kulisse bilden.

Die geschilderten Kunstgriffe dienen auf dem Haimburger Fastentuch – soweit wir das sehen können – der ausdrücklichen Betonung einer fortschreitenden Entwicklung, die in der Passion Christi ihren Höhepunkt erreicht. Diesem Ziel dient letztlich sogar die Farbgebung. Herrscht in den ersten Registern das satte Grün der Landschaft vor, nimmt die Farbigkeit im weiteren Verlauf stark zu. Leider sind die untersten Register, wie das häufig zu beobachten ist, am stärksten verblaßt, doch läßt sich selbst im jetzigen Zustand erkennen, daß die Passionsszenen ursprünglich die farbigsten gewesen sein müssen. Hier stoßen auch die stärksten Farbkontraste aufeinander.

8 Tratzberg · Tirol

Schloß Tratzberg, Burgkapelle
Frühes 16. Jahrhundert
Ca. 1,40 x 4,00 m (Fragment, oben beschnitten)
12 Bildfelder, davon 4 aus dem Alten Testament und 8 aus dem Neuen Testament.
Felder-Typ

Literatur:
HANDEL-MAZZETTI, S. 190–191.

Die Bilderfolge:

	1	2	3	4	5	6
I	Geißelung	Dornenkrönung	Isaak trägt das Opferholz	Kreuztragung	Kreuzigung	Meerwurf des Jona
II	Grablegung	Simsons Löwenkampf	Christus in der Vorhölle	Ausspei des Jona	Auferstehung	Weltgericht

36. Fastentuch TRATZBERG. Passionsszenen mit integrierten typologischen Vorbildern. Foto: Verfasser

Wenig beachtet hängt an der dunklen Rückwand der Burgkapelle von Schloß Tratzberg ein zweibahniges Fastentuchfragment. Nur die beiden untersten Reihen mit je sechs Bildfeldern haben sich erhalten. Zu dieser Annahme berechtigen das untypische Format und die Tatsache, daß kein Passionszyklus mit der Geißelung Christi einsetzt. Wieviel allerdings verloren ist, wissen wir nicht. Die Leinwand zeigt keinen guten Zustand, und die Farben sind mit Ausnahme von Rot stark verblaßt.

Wenn wir dennoch diesem Fastentuch unsere besondere Aufmerksamkeit schenken, dann gilt sie einer bislang nicht dagewesenen Bildabfolge, einem auffälligen Wechsel von alt- und neutestamentlichen Szenen. Auf den bekannten Fastentüchern waren die Darstellungen aus den beiden Testamenten streng getrennt, und das wird auch generell so bleiben. Das Tratzberger Tuch jedoch läßt einigen neutestamentlichen Bildern ihre alttestamentlichen Typologien vorausgehen. Im dritten Bildfeld wird nicht etwa die Opferung Isaaks, sondern sein Weg mit dem gebündelten Opferholz zum Berg Moriah geschildert, also die genaue typologische Entsprechung zur Kreuztragung Christi im folgenden Feld. Die obere Reihe schließt mit dem Meerwurf des Jona, darauf folgt in der unteren Reihe die Grablegung Christi. Beide Szenen sind dem reichen Schatz mittelalterlicher Typologie ebenso entnommen wie die Verbindung von Samsons Löwenkampf (II/2) und Christi Abstieg in die Vorhölle (II/3). Schließlich sind die Ausspeiung des Jona (II/4) und die Auferstehung Christi (II/5) einander zugeordnet. Die verwendeten Typologien beruhen auf einer gedanklichen Entsprechung der Ereignisse und gehörten zum allgemeinen Wissensschatz; es waren theologische Erklärungen der Zuordnung von Altem und Neuem Testament.

Das „Zeichen des Jona" gab bereits Christus (Mt 12, 40) als Sinnbild seiner Auferstehung. Entsprechend hat man die einzelnen Phasen der Jonageschichte den einzelnen Stationen des Heilsweges Christi zugeordnet. Das Verschlingen des Propheten durch einen großen Fisch war gleichbedeutend mit der Grablegung des Herrn, seine Ausspeiung galt dagegen als Hinweis auf die Auferstehung. Die Opferung Isaaks wurde bereits in der alten Kirche als typologisches Vorbild des Todes Jesu gewertet. Sinngemäß entspricht dann der Kreuztragung Christi der Weg Isaaks mit dem Opferholz. Die Typologien beruhten aber keineswegs nur auf theologisch vergleichbaren Parallelen, es genügten rein äußerliche Ähnlichkeiten, die ein assoziatives Denken miteinander in Beziehung setzte. Nicht anders ist es zu erklären, daß der alttestamentliche Held Samson (Ri 13–16) zur Persontypologie Christi wurde. Persontypologie heißt dabei, daß nicht nur einzelne Geschehnisse, sondern eine Gestalt des Alten Testamentes insgesamt als Typus Christi verstanden wurde. Einzelheiten seines Lebens wie die sagenhafte Bezwingung eines Löwen konnten dann zum typologischen Vorbild des Abstiegs Christi in die Vorhölle werden.

Im Mittelalter leistete die Typologie eine tragfähige Kontinuität zwischen Altem und Neuem Testament. So konnte die Bibel trotz ihrer Vielfalt und ihrer vielen zunächst unverständlichen Geschichten als Einheit, eben als das eine Wort Gottes, verstanden werden. Die Geschichten von Altem und Neuem Bund entsprachen einander wie Verheißung und Erfüllung. Der später von den Reformatoren herausgearbeitete Gegensatz von Gesetz und Evangelium wurde damals noch nicht empfunden.

Nicht allen neutestamentlichen Szenen des Tratzberger Tuches sind alttestamentliche Typolo-

37. Fastentuch TRATZBERG. Detail: Christus in der Vorhölle/Ausspeiung des Jonas/Auferstehung. Foto: Verfasser

gien zugeordnet, Dornenkrönung und Kreuzigung besitzen keine vorgeordneten Typen. Die Reihenfolge der Bilder ergibt sich aus dem chronologischen Verlauf der Passion. Leider sind die oberen Reihen nicht erhalten, und wir wissen nichts über den Aufbau des gesamten Tuches. Einen Anhaltspunkt dafür liefern jedoch die einzig vergleichbaren Beispiele aus Bozen und Zug, die ebenfalls einen typologischen Wechsel von alt- und neutestamentlichen Bildern erkennen lassen; ebenfalls nur fragmentarisch erhalten, beweisen sie aber, daß auch die typologisch geordneten Fastentücher mit der Erschaffung der Welt und den Folgen des Sündenfalls einsetzen. Man darf so gewiß für das Tratzberger Tuch einen ähnlichen Zusammenhang vermuten.

Fastentücher mit einer direkten Gegenüberstellung typologischer Szenen bilden die absolute Ausnahme. Tratzberg, Bozen und Zug sind die einzigen sicheren Beispiele. Das Zuger Tuch ist noch im 15. Jahrhundert entstanden, jene aus Tratzberg und Bozen sind nicht später als kurz nach 1500 zu datieren; möglicherweise gehören auch sie noch dem 15. Jahrhundert an, doch ist hier eine absolute Sicherheit nicht zu gewinnen.[213] So vereinzelt die genannten Beispiele heute dastehen, dürften sie früher keine Seltenheit gewesen sein. Und selbst auf jenen Tüchern, die in der Bildanordnung eine chronologische erzählerische Abfolge besitzen, mag die Bildauswahl – wie wir mehrfach vermuten konnten – von typologischen Gesichtspunkten aus getroffen sein. Auf Schloß Tratzberg besitzen wir demnach vermutlich einen späten Vertreter der Klasse typologisch geordneter Fastentücher, wie sie in der Frühzeit wenn nicht die Regel, so doch weit verbreitet waren.

Die einzelnen Bildfelder bestechen durch ihre knappe, auf das Wesentliche beschränkte Gestaltung. Die agierenden Personen sind auf das zum Verständnis der Aussage notwendige Minimum beschränkt. Man ist geneigt, von Bildchiffren zu sprechen, eine aufwendige theatralische Inszenierung ist bewußt vermieden worden. Maximal drei Personen gehören zu einer Szene. Durch die knappe Formulierung wird mehr an das biblische Wissen des Beschauers appelliert, als daß durch die Darstellungsweise Gefühle und Emotionen geweckt würden. Die inhaltliche Zurückhaltung zeichnet viele frühe Fastentücher im Gegensatz zu ihren barocken Verwandten aus.

Eine Erklärung der einzelnen Szenen scheint deshalb auch nicht nötig zu sein. Lediglich die Kahlköpfigkeit des Propheten Jona in der Ausspeiung (II/4) bedarf des Hinweises, daß nach alten jüdischen und islamischen Legenden seine Haare im heißen Fischleib verbrannt sind, ein Detail, das sich so in der Bibel nicht findet und von der lebendigen Tradition jüdischer Überlieferung im Volksbewußtsein zeugt (Abb. 37).

9 Südtiroler Fragmente

Bozen, Städtisches Museum, Inv.-Nr. 12, 13
Frühes 16. Jahrhundert
Südtiroler Meister
Fragment 1 (Inv.-Nr. 12) ca. 0,80 x 4,00 m
Fragment 2 (Inv.-Nr. 13) ca. 2,80 x 1,00 m
Zu erschließende Gesamtgröße mindestens 3,20 x 5,00 m, ursprünglich wohl 20 Felder aus dem Alten und Neuen Testament.
Felder-Typ

Literatur:
unpubliziert

Die Bilderfolge:

	1	2	3	4	5
I	Schöpfung				
II	Brudermord				
III	Verhör Christi				
IV	Grablegung	Meerwurf Jona	Auferstehung	Ausspei Jona	Weltgericht

Wie wenig bislang von einer systematischen Erforschung der alpenländischen Fastentücher gesprochen werden kann, beweist die Existenz zweier Fragmente im Bozner Stadtmuseum, die überhaupt noch nicht zur Kenntnis genommen worden sind. Ihr Wert besteht nicht nur in ihrem hohen Alter, sondern in ihrer direkten Vergleichbarkeit mit dem eben besprochenen Fastentuch auf Schloß Tratzberg, besitzen sie doch in ähnlicher Weise einen Wechsel von alt- und neutestamentlichen Szenen. Dieses so selten zu beobachtende Phänomen erhält dadurch eine etwas breitere Basis und stellt dem bisher einzigartigen Tuch von Tratzberg ein zweites Beispiel zur Seite.

Das querrechteckige Fragment (Inv.-Nr. 12; vgl. Abb. 39) besitzt vier Felder und zeigt die Szenen Meerwurf des Jona, Auferstehung Christi, Ausspeiung des Jona und Weltgericht. Wie in Tratzberg ist also dem Osterbild die wunderbare Rettung des Propheten Jona als typologisches Vorbild beigegeben. Die Anordnung von Typus und Antitypus ist hier allerdings vertauscht. Auf dem Bozner Tuch folgt das alttestamentliche Vorbild auf das neutestamentliche Heilsereignis, während auf dem Tratzberger Tuch umgekehrt der alttestamentliche Typus vorausgeht. Dennoch ist die ikonographische Parallele unverkennbar, und man empfindet es als besonders schmerzlich, daß auch das Bozner Tuch nur fragmentarisch erhalten ist.

Es erhebt sich dann die Frage, ob wenigstens die beiden Fragmente zu ein und demselben Tuch gehören. Dies möchte ich uneingeschränkt bejahen. Eine bis in Einzelheiten gehende stilistische Verwandtschaft legt dies nahe. In den Bildfeldern vom Brudermord (II/1) und vom Ausspei des Jona (IV/4) gestaltet der unbekannte Maler den Über-

39. Südtiroler Fragmente, BOZEN; Fragment 1. Foto: Mario Pintarelli

38. Südtiroler Fragmente, BOZEN; Fragment 2.
Foto: Mario Pintarelli

gang vom Hinter- zum Vordergrund, indem er die flächigen Wiesen in einem harten Steinabbruch enden läßt. Die Steinkante hat er beide Male wie ein unregelmäßiges Netz gestaltet. Zu dieser Beobachtung tritt ein äußeres Kriterium. Beide Fragmente besitzen eine eigentümliche Besonderheit. Auf dem Schöpfungsbild des hochrechteckigen Streifens kann man sehen, daß dieses Bildfeld nach oben zu einmal leicht spitzbogig beschnitten worden ist. Nachträglich (wohl erst im Museum) wurde diese Verstümmelung beim Aufbringen auf eine neue Trägerleinwand optisch korrigiert. In ganz ähnlicher Weise war auch das querrechteckige Fragment im Bild des Meerwurfs (IV/2) angeschnitten worden. Die Fehlstellen wurden ebenfalls erst nachträglich ausgebessert. Beide Beschädigungen können nur von einer Zweitverwendung herrühren, wenngleich wir ihren Zweck nicht mehr benennen können. Da also beide Fragmente zu einem unbestimmten Zeitpunkt ihrem ursprünglichen Zweck entzogen wurden und gemeinsam eine neue Verwendung fanden, darf angenommen werden, daß sie von einem einzigen Fastentuch herstammen, aus dem sie herausgeschnitten worden sind. Über ihre Herkunft weiß man allerdings nichts.[214]

Wenn beide Fragmente zusammengehören, dann kennen wir auch ihre Nahtstelle. Den typologischen Regeln entsprechend gehören die Grablegung des hochrechteckigen und der Meerwurf des querrechteckigen Fragmentes wie auf dem Tratzberger Tuch zusammen. Damit gewinnen wir neue Erkenntnisse für die Frage nach dem ikonographischen Gesamtplan typologisch geordneter Fastentücher, auf die uns das Tratzberger Tuch noch keine Antwort geben konnte. Obwohl also alt- und neutestamentliche Bilder einander zugeordnet sind, verzichtet das Bozner Tuch nicht auf den üblichen Vorspann von Schöpfung und Sündenfall bzw. seinen Folgen. Keineswegs alle Bilder sind typologisch aufeinander bezogen, sondern nur im Passionszyklus wechseln Typus und Antitypus einander ab. Unbeantwortet bleibt leider die Frage nach den Szenen aus der Kindheit Jesu; solche haben sich hier nicht erhalten. Es bleibt auch ungeklärt, ob alle oder nur einige Bilder eine alttestamentliche Typologie besaßen.

Ob wir mit dem hochrechteckigen Fragment (Abb. 38) tatsächlich den linken Rand des Fastentuches besitzen, wie wir das auf unserer Rekonstruktion angenommen haben, bleibt auch offen. Es bliebe dann nur wenig Raum für Szenen aus der Kindheit Jesu. Zwanzig Felder hat das Tuch bestimmt besessen, möglicherweise aber doch mehr. Viele Fragen stehen noch im Raum, die sich nicht klären lassen, dennoch muß dieser Rest eines Fastentuches mit typologischen Beziehungen als besonders wertvoll eingeschätzt werden. Denn mit Sicherheit darf man jetzt annehmen, daß die ansonsten singuläre Bilderfolge des Tratzberger Tuches nicht einer spontanen Laune entsprungen ist, sondern wohl häufiger anzutreffen war. Die regionale Nähe zwischen Nord- und Südtirol darf dabei nicht allzu relativierend gewertet werden, denn immerhin besitzen wir mit dem Zuger Fastentuch noch ein drittes typologisches Tuch, das allerdings darüber hinaus noch neue Probleme aufwirft.

Zeitlich dürfte das Bozner Fastentuch dem Tratzberger nahe stehen. Allerspätestens wird man es zu Beginn des 16. Jahrhunderts einordnen, wenngleich auch hier durchaus mit einer Entstehung noch im 15. Jahrhundert gerechnet werden kann.[215]

Das über die Bildgestaltung des Tratzberger Tuches Gesagte trifft hier ebenfalls zu. Die Szenen sind kurz und prägnant geschildert, doch haben mit Sicherheit andere Bilder als Vorlagen gedient. Die unmißverständliche Bildsprache erlaubt nur im Fall der Vorführung Christi (III/1) keine Differenzierung, ob das Verhör vor dem Hohenpriester, Pilatus oder Herodes stattfindet (Abb. 40).

40. Südtiroler Fragmente, BOZEN; Fragment 2. Detail: Vorführung Christi. Foto: Verfasser

10 Reichenfels im Lavanttal

Bad St. Leonhard, Pfarrkirche
um 1520
5,50 x 3,65 m
25 Bildfelder, davon 7 aus dem Alten Testament und 18 aus dem Neuen Testament, in 5 Reihen zu 5 Feldern.
Felder-Typ

Literatur:

Alfred SCHNERICH, Das Fastentuch in Reichenfels, in: Carinthia I, 1912, S. 145.
SCHNEIDER, S. 3.

Das im oberen Teil sehr ordentlich erhaltene, im unteren dagegen stark abgeriebene Tuch aus Reichenfels ist heute auf einen Rahmen gespannt und wird über dem Chorgestühl der Pfarr- und Wallfahrtskirche in Bad St. Leonhard aufbewahrt; dort ist es das ganze Jahr zu sehen.

Das 25 Darstellungen umfassende Tuch mißt 5,50 Meter in der Höhe und 3,65 Meter in der Breite. Die Seitenränder wurden einst zur Befestigung auf den schweren Rahmen um 10 Zentimeter verkürzt. Das Tuch ist aus vier Leinwandbahnen zusammengenäht. Die einzelnen Felder sind jeweils 105 Zentimeter hoch und 75 Zentimeter breit; die hochrechteckigen Felder werden von 5 Zentimeter breiten braunen, profilierten Streifen eingefaßt.

Die vorherrschenden Farben Umbra, Siena und Dunkelgrün lassen die Darstellungen insgesamt sehr dunkel erscheinen. Der Himmel, der einst blau gewesen sein mag, erscheint heute in einem trüben Grau. Lediglich durch die roten Gewänder werden markante Farbpunkte auf den uniformen Grundton des Tuches gesetzt. Daß die Farbigkeit des Tuches einst lebhafter gewesen ist, verraten einige wenige Stellen. So ist die Farbgebung des Gewandes von Josef in der Szene der Geburt Christi (Abb. 42) mit blauen, roten und grünen Farben ähnlich aufwendig wie die der Gewänder der Heiligen Drei Könige in der benachbarten Anbetungsszene. So verrät die Malerei bei genauem Hinsehen mehr farbiges Bemühen, als der Gesamteindruck zunächst vermuten läßt.

Die Bilderfolge:

	1	2	3	4	5
I	Schöpfung	Erschaffung Evas	Sündenfall	Vertreibung aus dem Paradies	Folgen des Sündenfalls
II	Brudermord	Sintflut	Mariä Verkündigung	Christi Geburt	Anbetung des Kindes
III	Versuchung Jesu	Einzug in Jerusalem	Abendmahl	Christus am Ölberg	Gefangennahme Jesu
IV	Jesus vor dem Hohenpriester	Geißelung Christi	Dornenkrönung	Kreuztragung	Jesus wird seiner Kleider beraubt
V	Kreuzannagelung	Kreuzigung	Kreuzabnahme	Grablegung	Auferstehung

Das Fastentuch wird übereinstimmend in die erste Hälfte des 16. Jahrhunderts (Schneider) bzw. genauer auf die Jahre um 1520 (Schnerich) datiert. Die zeitliche Bestimmung kann sich allerdings nicht auf archivalische Hinweise stützen, sondern muß aus stilistischen Erwägungen gewonnen werden. In den Beginn der alpenländischen Frührenaissance weisen zum Beispiel die stets einfachen, aber in typischer Renaissancemanier gestalteten Architekturen; so in der Verkündigungsszene (Abb. 43), im letzten Abendmahl und in der Szene der Geißelung Christi. Nahezu archaisch wirkt dagegen die Darstellung der Arche Noah: auf einen bananenförmigen Schiffsrumpf ist ein mittelalterliches, wehrhaft wirkendes Haus mit Erkern und Giebeln gesetzt. Zweifellos ist hier der gotische Geist noch spürbar.

Auch in der Gestaltung der Figuren herrscht ein typischer Übergangsstil. Im Bild des Sündenfalles (Abb. 44) stehen sich zwei Auffassungen gegenüber. So steht Adam noch fest mit beiden Beinen nahezu unverrückbar auf dem Boden, während die grazile Gestalt der Eva schon dem neuen Formenkanon entspricht. Bei den Aktfiguren der Stammeltern oder den Darstellungen Christi in den Passionsszenen fallen die langen, sehr dünnen Beine auf; auch dies darf als Bemühen des unbekannten Malers um neue Formen verstanden werden, wobei eben deutlich wird, daß das Wollen das Können noch übertrifft.

Die Kriegsknechte in den Passionsszenen tragen keine Rüstung, sondern die zeitgenössische Tracht der Landsknechte im 16. Jahrhundert. Die Landschaftsdarstellungen vor allem in den Bildern der Urgeschichte lassen eine genaue Naturbeobachtung erkennen. Dicht belaubte wechseln mit kahlen Bäumen. Berge und Burgen im Hintergrund einzelner Szenen verraten die landschaftliche Gebundenheit des Malers. Die Kompositionen etlicher Bilder, wie zum Beispiel die Geburtsszene, stehen in Abhängigkeit zu Vorlagen, die eher im Bereich der deutschen als der italienischen Kunst zu suchen sind. Die Darstellung der Geburt Christi ähnelt stark dem gleichen Bild aus Dürers Marienleben von 1503. Das Fastentuch zeigt Parallelen in der Auffassung der Thematik und der Komposition, doch in einer gegenüber dem Holzschnitt nochmals vereinfachten Darstellung und Konzentration auf das Wesentliche. Eine direkte, durchgängige Abhängigkeit kann somit nicht nachgewiesen werden. Ikonographisch erweist sich das Reichenfelser Fastentuch als traditionell und typisch. Zwischen beiden Testamenten herrscht ein Ungleichgewicht, und die formale Anordnung der Bildfelder zeigt, daß hier keine Gegenüberstellung von Altem und Neuem Testament gemeint ist. Es fehlt jegliche Typologie, und die beiden Heilszeiten gehen nahtlos ineinander über. So folgt unmittelbar auf die Sintflut II/2 die Verkündigung an Maria II/3. Nachdem nur noch sieben von 25 Bildfeldern das Alte Testament vergegenwärtigen, wird eine Konzentration auf das Neue Testament ohne weiteres deutlich. Innerhalb des Neuen Testamentes wiederum wird der breiteste Raum der Passion Christi eingeräumt; sie beginnt mit dem Einzug Christi in Jerusalem III/2 und endet mit der Grablegung. Die Bilderfolge wird nicht mit dem Weltgericht, sondern mit der Auferstehung geschlossen. Ikonographische Schwierigkeiten bereitet das Reichenfelser Fastentuch nicht, auch wenn es nirgendwo erklärende Inschriften besitzt. Bemerkenswert ist allenfalls die zwischen Kreuztragung und Kreuzannagelung eingefügte Szene, in der Jesus seiner Kleider beraubt wird. Die Szene wird in den evangelischen Passionsberichten nicht geschildert, doch muß sie durch den Bericht Mt 27, 35par erschlossen werden, demzufolge die Soldaten um den Rock Christi würfeln. Die Bedeutsamkeit dieser Stelle beruht zum einen auf dem Denkschema von Verheißung und Erfüllung als Grundlage der Zuordnung beider Testamente, weil es in Psalm 22, 19 heißt: „Sie teilten meine Kleider unter sich und warfen das Los um mein Gewand." Allerdings glaube ich, daß dieses theologische Denken hier weniger eine Rolle spielt als vielmehr zum anderen die Tatsache, daß die mittelalterlichen Passionsspiele das Leiden Christi nur chronologisch entfalten konnten und demnach die Entkleidung Christi seiner Kreuzigung und dem Losen um sein Gewand vorausgehen mußte. Aufgrund seiner formalen und ikonographischen Gestaltung muß das Fastentuch aus Reichenfels zu den typischen Vertretern seiner Art gezählt werden.

41. Fastentuch REICHENFELS. Foto: Hansjörg Abuja

42. Fastentuch REICHENFELS. Detail: Geburt Christi und Anbetung. Foto: Hansjörg Abuja

43. Fastentuch REICHENFELS. Detail: Verkündigung an Maria.
Foto: Hansjörg Abuja

44. Fastentuch REICHENFELS. Detail: Sündenfall.
Foto: Hansjörg Abuja

11 Steuerberg

Klagenfurt, Diözesanmuseum
um 1530
3,93×3,20 m
25 Bildfelder, davon 4 aus dem Alten Testament und 21 aus dem Neuen Testament in 5 Reihen zu 5 Feldern.
Felder-Typ

Literatur:
SCHNEIDER, S. 3.
NECKHEIM, S. 4.
Das Diözesanmuseum in Klagenfurt, o. Ort u. Jahr, o. Pag. Raum IV.

Erst 1924 wurde das Fastentuch in Steuerberg vom damaligen Pfarrer D. Wintschnigg wieder aufgefunden und ein Jahr später dem Diözesanmuseum in Klagenfurt übergeben, wo es heute ausgestellt ist. Obwohl es über eine unbestimmte Zeit im Dachgebälk der Kirche verborgen lag, besitzt es dennoch einen insgesamt guten Erhaltungszustand. Im Gegensatz zu den meisten anderen Fastentüchern ist es am oberen Rand stärker abgerieben. Diese Beobachtung veranlaßt zu der Annahme, daß diese häufig zu bemerkenden Abreibungen nicht durch dauerndes Anfassen der Gläubigen zustande kam – die unteren Partien der Fastentücher waren einem solchen Zugriff ja ausgesetzt –, sondern damit zusammenhängen, ob das Tuch von oben nach unten oder umgekehrt von unten nach oben aufgerollt wurde. Die Teile des Tuches, die beim Aufrollen nach außen zu liegen

Die Bilderfolge:

	1	2	3	4	5
I	Erschaffung Evas	Sündenfall / Vertreibung	Folgen des Sündenfalls	Opfer Kains und Abels / Brudermord	Mariä Verkündigung
II	Christi Geburt	Anbetung der Heiligen 3 Könige	Versuchung Jesu	Auferweckung des Lazarus	Einzug in Jerusalem
III	Abendmahl	Ölberg	Gefangennahme Jesu	Jesus vor Pilatus	Geißelung
IV	Dornenkrönung	Ecce homo	Kreuztragung	Kreuzigung	Kreuzabnahme
V	Jesus in der Vorhölle	Auferstehung Jesu	Ungläubiger Thomas	Himmelfahrt	Weltgericht

kamen, waren dem Angriff von Witterung und Feuchtigkeit stärker ausgeliefert. Deshalb kann manchmal auch die obere Hälfte stärker beschädigt sein. Die Überlegung also, daß die Fastentücher wie manche Kultgegenstände zu berühren versucht wurden, muß gänzlich aufgegeben werden. Eine besondere Heiligkeit eignete den Fastentüchern nicht.

Die Farben des Steuerberger Fastentuches sind noch sehr leuchtend. Auffallend ist ein leuchtendes Zinnoberrot auf vielen Gewändern. Für die Kleidung finden auch abgestufte Gelbtöne Verwendung. Blau ist für Maria reserviert, sie kann aber auch rot gewandet sein. Nur die Kleider der wichtigen Personen sind farblich herausgehoben, die Gewänder der Nebenfiguren dagegen changieren zwischen weißlich-grau und oliv.

Trotz des insgesamt guten Zustandes ist in vielen Fällen die Binnenzeichnung verloren; besonders störend wirkt sich das in den Gesichtern aus. Der Verlust der Konturen verleiht ihnen ein maskenhaftes Aussehen (Abb. 45), das ursprünglich nicht vorgesehen war, wie man in den Gesichtern der Könige in der Anbetungsszene II/2 (Abb. 47) noch sehen kann.

In der Farbigkeit kann man das Steuerberger Fastentuch etwa mit dem aus Rietz vergleichen, das vorgenannte aus Reichenfels wird weit in den Schatten gestellt. Mit diesem hat es aber manche andere Gemeinsamkeiten. Sie sind ungefähr gleich

45. Fastentuch STEUERBERG. Detail: Auferstehung Christi.
Foto: Hansjörg Abuja

46. Fastentuch STEUERBERG. Detail: Weltgericht.
Foto: Hansjörg Abuja

groß und besitzen dieselbe Felderaufteilung. Das Steuerberger Tuch ist auch stilistisch mit jenem aus Reichenfels verwandt. Die sparsam eingestreuten Architekturen enthalten überwiegend renaissancehafte Elemente, wenn auch der gotische Spitzbogen etwa in der Pilatusszene III/4 (Abb. 48) noch vorkommt. Wo in der Figurenbehandlung renaissancehafte Formen versucht werden, wirken die grazilen Figuren eigentümlich ungelenk; das zeigt sich etwa bei der Christusgestalt der Auferstehung, die in ungewohnter Orantenhaltung dem Grab entsteigt (Abb. 45). Die Darstellungsweise der Passionsszenen bleibt mild; der Schrecken der Leidensgeschichte kommt nirgendwo existentiell zum Ausdruck.

In der Beurteilung der Qualität bereitet das Tuch erhebliche Schwierigkeiten. Trotz des einheitlichen Gesamteindruckes der Malerei, der aber wohl auf der Farbgebung beruht, tun sich doch zwischen der künstlerischen Behandlung einzelner Szenen Welten auf. Die Anbetung der Könige (Abb. 47) zeigt eine detailreiche und geschickte Ausführung; Licht und Schatten werden zur Fältelung der Gewänder eingesetzt. Die Weltgerichtsszene dagegen (Abb. 46) scheint aus Farbflächen großflächig zusammengesetzt zu sein. Die Posaunenengel im Hintergrund sind völlig mißglückt.

Ikonographisch zeigt das Steuerberger Tuch eine

47. Fastentuch STEUERBERG. Detail: Anbetung des Kindes.
Foto: Hansjörg Abuja

48. Fastentuch STEUERBERG. Detail: Christus vor Pilatus.
Foto: Hansjörg Abuja

weitere Konzentration auf das Neue Testament und speziell die Passion. Die alttestamentlichen Themen sind auf vier Felder reduziert, wobei man allerdings durch zwei synchrone Darstellungen wenigstens den Szenenbestand auf sechs erhöhte. Im Gegensatz zum Reichenfelser Tuch wird die Passion wieder über die Auferstehung bis zum Weltgericht fortgeführt.

12 Baldramsdorf

dort noch im kirchlichen Gebrauch
1555
Leimfarbe auf Leinwand
4,85 x 7,30 m
39 Bildfelder, davon 8 aus dem Alten Testament und 31 aus dem Neuen Testament (1 Doppelfeld) in 5 Reihen zu 8 Feldern.
Felder-Typ

Literatur:
HANDEL-MAZETTI, S. 214
SCHNEIDER, S. 3
NECKHEIM, S. 5

49. Fastentuch BALDRAMSDORF. Foto: Hansjörg Abuja

Die Bilderfolge:

	1	2	3	4	5	6	7	8
I	Schöpfung	Erschaffung der Eva	Sündenfall	Vertreibung	Brudermord	Arche Noahs	Opferung Isaaks	Gesetzesgabe / Tanz um das Goldene Kalb
II	Verkündigung an Maria	Geburt Christi	Anbetung der Könige	Darstellung im Tempel	Flucht nach Ägypten	Kinder-mord	12jähriger Jesus im Tempel	Taufe Jesu
III	Versuchung Jesu	Einzug in Jerusalem	Abendmahl	Fuß-waschung	Ölberg	Gefangen-nahme	Jesus vor dem Hohen-priester	Verspottung
IV	Jesus vor Pilatus	Geißelung	Dornen-krönung	Ecce Homo	Verurteilung Jesu	Kreuz-tragung	Kreuzigung	Kreuz-abnahme
V	Grablegung	Christus in der Vorhölle	Auf-erstehung	Frauen am leeren Grab	Himmel-fahrt	Pfingsten	Weltgericht	

Auf der Rückseite des Leintuches steht die Jahreszahl 1555. Auch wenn diese Zahl ohne weiteren Zusatz und Künstlersignatur etwas unvermittelt erscheint[216], so kann doch kaum ein Zweifel daran bestehen, daß sie Aufschluß über die Entstehung des Fastentuches von Baldramsdorf gibt. Hier war ein Künstler am Werk, der in offenkundiger Weise in der Auseinandersetzung zwischen Gotik und Renaissance stand. Hin und wieder schleichen sich noch gotische Architekturformen ein, wie z. B. in der Darstellung der Vorhölle (V/2; Abb. 51) oder im Einzug in Jerusalem. Im Bild der Kreuztragung (IV/6; Abb. 52) fällt der Blick durch das spitzbogige Stadttor auf prächtige Renaissancepaläste.

Ganz im Sinne der neuen Formensprache erscheint der Muschelbaldachin hinter dem Thron des Pilatus in der Szene der Verurteilung Christi (IV/5). Als offene Säulenhalle wurde die Kulisse der Abendmahlsszene gestaltet (III/5). In der Vorführung Christi vor Pilatus (IV/1) wird die Stadtkulisse von einer mächtigen Kirchenkuppel überragt.

In der Behandlung der Landschaft zeigt der Künstler ein gutes Gespür für die Tiefe des Raumes. Sein besonderes Bemühen gilt zwar der Architekturkulisse, doch schafft er in den Paradiesszenen und in der Opferung Isaaks (I/7) weite und tiefe Landschaftsräume.

Die bäuerliche Herkunft des unbekannten Künstlers wird an seinem Menschenbild deutlich. Einmal mehr zeigen die Aktfiguren von Adam und Eva charakteristische Merkmale. Ihr Aussehen wird von kräftigen Rundungen, markanten Muskelpartien und heftigen Bewegungen bestimmt (I/4). Das Streben nach einer realistischen Anatomie bleibt jedoch in einem starren Schematismus gefangen.

Die Ausführung der einzelnen Szenen geschieht äußerst sorgfältig. Obwohl das Tuch in seiner Konzeption auf Fernsicht berechnet war und deshalb übersichtlich und leicht ablesbar gestaltet ist, ist der malerische Reichtum bestechend. Man beachte im Detail vor allem das Gewand des knieenden Königs in der Anbetung (II/3; Abb. 53), ebenso das Ornat des Priesters in der Beschneidung (II/4). Im kleinen Fenster des Raumes, in dem die Fußwaschung stattfindet (III/4), öffnet sich der Blick in eine weite Landschaft mit bergigem Horizont. Eine Vielzahl natürlich gezeichneter Gräser und Halme ziert den Boden des Paradieses.

Manche Szenen auf dem Baldramsdorfer Fastentuch sind mit denen des Tuches von Maria Bichl verwandt. Es entspricht ihm auch etwa in der Felderzahl und Szenenauswahl. Da wir mit Schneider (S. 3) für eine Spätdatierung des Tuches von Maria Bichl (s. dort!) eintreten, mag also das Tuch von

50. Fastentuch BALDRAMSDORF. Linke Tuchhälfte. Foto: Hansjörg Abuja

51. *Fastentuch BALDRAMSDORF. Detail: Christus in der Vorhölle.* Foto: Kogler

52. *Fastentuch BALDRAMSDORF. Detail: Kreuztragung.* Foto: Kogler

Baldramsdorf jenes der benachbarten Gemeinde beeinflußt haben. Da aber nirgendwo eine sklavische Abhängigkeit nachgewiesen werden kann, läßt sich die Ähnlichkeit auch durch gemeinsame Vorlagen erklären. Für die Konzeption der Fastentücher schälte sich im Verlauf ihrer Verwendung ein gewisser äußerer Rahmen heraus, der einerseits normierend wirkte, andererseits aber genügend Spielraum für Variationen ließ. Da kein Fastentuch dem anderen völlig gleicht, muß man annehmen, daß sich die Auftraggeber jeweils neu mit dieser Aufgabe befaßt haben. Das Baldramsdorfer Tuch bewegt sich im üblichen Rahmen der Fastentücher des 16. Jahrhunderts. Das erste Register schildert Schöpfung und Sündenfall; die Größe des Tuches – in einem für Kärnten unüblichen Breitformat – erlaubt noch die Hinzufügung von Sintflut, Isaaks Opferung und Gesetzesübergabe. Das zweite Register enthält die Kindheit Jesu, wobei auf apokryphe Mariengeschichten völlig verzichtet wird. Mit dem zweiten Bild der dritten Reihe beginnt die Passion, die wiederum breit entfaltet wird. Die letzte Reihe zeigt Ostern, Himmelfahrt und Pfingsten sowie in einem Doppelfeld das Weltgericht.

Das Baldramsdorfer Tuch bringt keine neuen Themen. Der Szenenkatalog scheint in der Mitte des 16. Jahrhunderts im wesentlichen abgeschlossen zu sein. Variationen in der Einzelgestaltung dagegen sind immer möglich. Im Bild der Sintflut (I/6; Abb. 54) kann man sehen, daß die rettende Arche auch einmal inmitten der schrecklichen Vernichtung durch die Wasser der Sintflut dargestellt sein kann, während sonst die Arche fast immer ohne diesen Zusammenhang erscheint.

Neu ist auch die Gestaltung des Schöpfungsbildes (I/1). Die Welt erscheint als runde Scheibe, die von einem breiten, blauen Ring umschlossen wird. Darauf ziehen Sonne, Mond und Sterne ihre Bahn. Die Scheibe schwebt auf einem wolkenartigen Schleier. Im leeren Weltraum steht Gottvater, der Schöpfer und Erhalter der Welt. Die beiden Funktionen des Creator und Servator mundi kommen darin zum Ausdruck, daß Gott die rechte Hand befehlend zum Schöpfungsakt erhoben hält, seine Linke aber bewahrend auf dem äußersten Rand der Scheibe ruht. Gott trägt einen langen, roten Mantel und auf dem Haupt die päpstliche Tiara. War auf den früheren Fastentüchern der Schöpfer in der Gestalt Christi gegeben, so ist er hier ein alter Mann mit grauem, langem Vollbart, er ist der „Alte der Tage" nach Daniel 7, 9 und 13, 22[217].

Das Baldramsdorfer Fastentuch, das aus acht senkrechten Leinwandbahnen zusammengenäht ist, zeigt einen guten Erhaltungszustand mit satten,

53. Fastentuch BALDRAMSDORF. Ausschnitt aus linker oberer Tuchhälfte. Foto: Hansjörg Abuja

54. Fastentuch BALDRAMSDORF. Detail: Arche Noah.
Foto: Hansjörg Abuja

kräftigen Farben. Das Fastentuch wird dem Brauch entsprechend in der Passionszeit in der Kirche gezeigt. Dort hängt es allerdings an der Südwand des rechten Schiffes und hat somit seine Verhüllungsfunktion verloren.

13 Maria Bichl[218]

Klagenfurt, Diözesanmuseum
2. Hälfte 16. Jahrhundert
Leimfarben auf Leinen
5,30×4,45 m
36 Bildfelder, davon 6 aus dem Alten Testament und 30 aus dem Neuen Testament in 6 Reihen zu 6 Feldern.
Felder-Typ

Literatur:
HANDEL-MAZZETTI, S. 215.
SCHNEIDER, S. 3.

Durch unsachgemäße Lagerung hat das Tuch von Maria Bichl sehr gelitten. Erst 1924 wurde es auf dem nur unzureichend mit einem schadhaften Schindeldach gedeckten Dachboden des Mesnerhauses gefunden. Das Leintuch war dort behelfsmäßig um einen rohen, astigen Stamm gewickelt. Die Beschädigungen sind entsprechend tiefgreifend. Die Zeichnung des Tuches ist verwaschen, und die Farben sind teilweise zerstört. Das Tuch, das zahlreiche Risse aufweist, war bereits in früheren Zeiten durch unterlegte Leinwandstreifen ausgebessert worden.[219]

Auffallendstes Merkmal des Fastentuches von Maria Bichl ist, daß die Einteilung der Bildfläche in die üblichen hochrechteckigen Felder nicht wie sonst durch einfache Rahmenleisten geschieht, sondern durch vollrund gedachte Säulen mit korinthischen Basen und Kapitellen. Die horizontale Gliederung wird wie gewohnt durch bordürenartige Leisten vollzogen. Die vertikale Gliederung

55. *Fastentuch MARIA BICHL.* Foto: Hansjörg Abuja

durch Säulen ist bei Fastentüchern eine ausgesprochene Seltenheit und begegnet ein zweites Mal nur auf dem Fastentuch von Bendern in Liechtenstein, das inschriftlich auf 1612 datiert ist. Die große Entfernung zwischen Maria Bichl und Bendern erlaubt es nicht, eine direkte Abhängigkeit zu vermuten. Vielmehr ist anzunehmen, daß die Säulengliederung auch sonst nicht unbekannt war und weitere Exemplare uns nur nicht erhalten sind.

Diese Vermutung wird durch die fastentuchähnlichen Wandmalereien von Obermauern bestärkt, auf die wir schon im Zusammenhang mit dem Haimburger Fastentuch verwiesen haben. Auch in Obermauern werden die einzelnen Bildfelder durch Säulen getrennt. Allerdings sind die gedrehten Säulchen (Abb. 230) in Obermauern keine echten Architekturglieder, Basen und Kapitelle sind unorganische Phantasiegebilde.[220] Den Säulen von Maria Bichl dagegen eignet durch eine Verwendung von Licht und Schatten echte Plastizität (Abb. 56). Kapitelle und Basen sind zwar schematisch, aber dennoch aufwendig gestaltet.

Die Bilderfolge:

	1	2	3	4	5	6
I	Erschaffung der Welt	Erschaffung der Eva	Sündenfall / Vertreibung	Sintflut	Opferung Isaaks	Tanz um das Goldene Kalb / Gesetzesgabe
II	Verlobung Joseph und Mariens	Mariä Verkündigung	Geburt Christi	Beschneidung Jesu	Anbetung des Kindes	Flucht nach Ägypten
III	12jähriger Jesus im Tempel	Taufe Jesu	Auferweckung des Lazarus	Einzug in Jerusalem	Abschied Jesu von Maria	Abendmahl
IV	Ölberg	Gefangennahme	Jesus im Bach Kidron	Jesus vor dem Hohenpriester	Jesus vor Pilatus	Jesus vor Herodes
V	Geißelung	Dornenkrönung	Ecce homo	Verurteilung Jesu	Kreuztragung	Annagelung
VI	Kreuzigung	Grablegung	Abstieg in die Vorhölle	Auferstehung	Himmelfahrt	Weltgericht

Die prunkvolle äußere Aufmachung besitzt in der malerischen Ausführung keine Entsprechung, wenngleich manche Grobheiten wohl auf das Konto späterer Übermalungen zu buchen sind. Die Figuren auf dem Fastentuch sind nirgendwo elegant, die Aktfiguren von Adam und Eva sind breit und gestelzt zugleich. Die anderen Personen tragen vielfach unnötig aufgebauschte Kleider, was ihnen eine betonte Massigkeit verleiht, so daß sie in vielen Fällen geradezu den Bildrahmen sprengen. Für die kleinen Bildfelder sind die Figuren teilweise zu groß gewählt.

Die bescheidene handwerkliche Ausführung und die künstlerisch wenig prägnante Art der Malweise hat zu kontroversen Datierungen Anlaß gegeben. So wird das Tuch einerseits bereits um 1530 angesetzt[221], während Schneider (S. 3) für eine Datierung in die zweite Hälfte des 16. Jahrhunderts eintritt. Handel-Mazzetti schließlich spricht vorsichtig allgemein von einer Entstehung in der Renaissancezeit.[222]

Eine wichtige Rolle in der Datierungsfrage spielt zweifellos eine vermutete gegenseitige Abhängigkeit der Tücher von Baldramsdorf und Maria Bichl. Aber in welcher Richtung legt man diese Abhängigkeit fest? Manche Szenen weisen im Vergleich eine frappante Ähnlichkeit auf. Da sich beide Tücher in unmittelbarer örtlicher Nachbarschaft befinden, kann natürlich an eine optische Beeinflussung gedacht werden. Dasjenige von Baldramsdorf besitzt eine wesentlich höhere Qualität, doch muß das künstlerisch bescheidenere von Maria Bichl deshalb nicht unbedingt das spätere sein. Wahrscheinlich beruht die Ähnlichkeit doch eher auf gemein-

56. *Fastentuch MARIA BICHL. Detail: Auferstehung des Lazarus.*
Foto: Hansjörg Abuja

57. *Fastentuch MARIA BICHL. Detail: Christi Geburt.*
Foto: Hansjörg Abuja

samen Vorlagen. Die ungewöhnliche Säulengliederung weist allerdings auf eine spätere Entstehung, nicht nur, weil das vergleichbare Tuch aus Bendern ebenfalls erst relativ spät entstanden ist, sondern auch deshalb, weil man in Baldramsdorf diese prunkvolle Aufmachung doch wohl übernommen hätte, wenn das Tuch von Maria Bichl als Vorbild gedient hätte. So dürfte also das Fastentuch von Maria Bichl erst nach 1555 geschaffen sein, jenem Jahr also, das uns als Entstehungszeit des Baldramsdorfer Tuches verbürgt ist. Diese Vermutungen bedürfen aber der stilistischen Untermauerung.

In der Tat scheint mir nun der malerische Charakter eher auf die Zeit nach der Jahrhundertmitte zu weisen. Denn gotische Elemente fehlen nun fast völlig und haben einer schweren, aber stilistisch wenig markanten Renaissance Platz gemacht.

Die Ikonographie dieses Fastentuches kann mit seiner Abfolge Schöpfungsgeschichte, Kindheit Jesu und Passion bis zum Jüngsten Gericht als traditionell bezeichnet werden. Seine gegenüber Reichenfels und Steuerberg vermehrte Felderzahl kommt einer breiteren Entfaltung des Alten Testamentes und der Kindheit Jesu zugute. Die Anzahl und Auswahl der Themen unterstreicht die Verwandtschaft mit dem Baldramsdorfer Tuch erneut, doch zeigt das Tuch aus Maria Bichl einige neue, singuläre Szenen.

Eine ikonographische Besonderheit stellt die Erweiterung des Passionszyklus um die Szene des Ganges Jesu durch den Bach Kidron dar. Am Ufer eines Baches stehen die Häscher und ziehen Jesus durch das Wasser. Einer hat ihm dabei einen Strick um den Leib gelegt, während ein anderer ihn an den Haaren zerrt. Am anderen Ufer stehen zwei weitere Kriegsknechte mit Spieß und Fackel. Die Erklärung dieser unbiblischen Szene kann nur aus dem Zusammenhang gewonnen werden. Dem Bild geht die Gefangennahme Jesu voraus, und es folgt das Verhör vor dem Hohenpriester. Die fragliche Szene muß demnach ein Stück des Weges dorthin zum Inhalt haben. Nur im Johannesevangelium (18, 1) ist davon die Rede, daß Jesus auf dem Weg in den Garten Gethsemane den Bach Kidron überquert. Daraus ist zu schließen, daß Jesus auch auf dem Rückweg, nun schon als Gefangener, diesen Bach queren mußte. Der Bach Kidron wird als Ortsangabe im Alten Testament mehrfach erwähnt: 2. Sam 15, 23 erzählt, daß David auf der Flucht vor Absalom den Kidron überquert hat. An zwei Stellen, 2. Kö 23, 4 und 1. Kö 15, 13, wird das Kidrontal als der Ort genannt, an dem heidnische Götzenbilder verbrannt worden sind. Möglicherweise erklärt sich diese ikonographische Besonderheit aus einer lokalen Mysterienspiel-Tradition, in der man auch den Weg Christi vom Ort der Gefangennahme bis zum Palast des Hohenpriesters nachzeichnen wollte.

Zwei weitere unbiblische Themen könnten auf eine besondere Wertschätzung Mariens hinweisen, wie sie sonst auf Fastentüchern äußerst selten ist. So beginnt die neutestamentliche Szenenfolge mit der Eheschließung (Verlobung) von Joseph und Maria (II/1). Lediglich Lukas (1, 27) spricht kurz davon, daß die Jungfrau „. . . verlobt war mit einem Mann namens Joseph . . ." Hier jedoch wird zwischen Joseph und Maria die Ehe förmlich von einem Priester nach katholischem Ritus geschlossen. Vor einer Bogenöffnung, die den Ausblick in eine Säulenhalle freiläßt, stehen links Joseph, rechts Maria. Zwischen ihnen steht ein Priester in vollem Ornat und legt die Hände der beiden ineinander. Hinter Joseph sind zwei Männer, hinter Maria zwei Frauen zu sehen, die als Trauzeugen fungieren. Die Vermählung von Joseph und Maria gehört zu den mittelalterlichen Zyklen des Marienlebens, deshalb findet sich diese Szene auf Fastentüchern normalerweise nicht. Zu den Ausnahmen gehört das Fastentuch von Veitsch, welches der Kindheitsgeschichte Jesu den umfänglichsten mariologischen Zyklus vorschaltet.

Ein weiteres mariologisch akzentuiertes Bild zeigt den Abschied Jesu von Maria (III/5)[223]. Vor dem Portal eines Renaissancehauses sieht man Maria, die im Schmerz der bevorstehenden Passion ihres Sohnes mit ringenden Händen in die Knie gesunken ist. Rechts neben ihr steht Jesus mit erhobener Hand. Hinter Maria stehen Maria Magdalena und Maria Kleophas. Die nur im gnostischen Evangelium der Maria erwähnte Begebenheit war ein beliebtes Thema der religiösen Literatur des 13. Jahrhunderts und wird seit dem 15. Jahrhundert bevorzugt dargestellt, und zwar sowohl in Zyklen des Marienlebens wie der Passion.

Das Kolorit des Tuches ist bei vorherrschend warmen Tönen wohl einst farbiger gewesen, als es heute in seiner gräulichbraunen Grundstruktur erscheint.

14 Millstatt

dort wieder in kirchlichem Gebrauch
1593
Oswalt Kreusel
Wasserfarben auf Leinen (Leimfarben, so: Leitner, Inschr. S. 139)
8,80 x 5,85 m
41 Bildfelder mit 56 Themen, davon 12 aus dem Alten Testament (22 Themen) und 29 aus dem Neuen Testament (34 Themen) in 7 Reihen zu 6 Feldern (in der letzten Reihe 1 Doppelfeld).
Felder-Typ

Literatur:

Franz G. HAHN, Das Fastentuch in der Kirche zu Millstatt, in: Carinthia I, 83, 1893, S. 73–81.

HANDEL-MAZZETTI, S. 215.

Axel HUBER, Das Millstätter Fastentuch, 1987. (Erst nach Abschluß des Manuskripts erschienen.)

Otto RAINER, Die Kärntner Fastentücher, in: Fürs Kärntner Heim, Zeitungsbeilage, Nr. 2, 1931 (1. März), S. 3–5.

SCHNEIDER, S. 3.

NECKHEIM, S. 4.

Das Millstätter Fastentuch verdient besondere Aufmerksamkeit. Immerhin ist es neben dem Gurker Fastentuch das zweitgrößte in Kärnten, mit über acht Metern Höhe eines der größten überhaupt. Es gehörte zur Ausstattung der ehemaligen Stiftskirche in Millstatt und wurde in den letzten Jahren angeschafft, als der Georgs-Ritter-Orden noch in Millstatt residierte. Der Orden war von Kaiser Friedrich III. 1469 gestiftet worden, um in Kärnten ein Bollwerk gegen die immer wieder einfallenden Türken zu bilden. Die dem mittelalterlichen Kreuzzugsgedanken verpflichteten Georgs-Ritter konnten die ihnen gestellte Aufgabe jedoch nie erfüllen und besaßen unter dem Einfluß Maximilians starke restaurative Tendenzen. 1598 übernahmen die Grazer Jesuiten das Stift in Millstatt.

Es ist nicht leicht zu beurteilen, ob das Millstätter Fastentuch der konservativen Grundhaltung der Georgs-Ritter zuzuschreiben ist, oder ob im ausgehenden 16. Jahrhundert der Brauch der vielfeldrigen Fastentücher noch ungebrochen war. Fast möchte ich letzteres annehmen, denn wir besitzen Fastentücher des Feldertypes bis weit in das 17. Jahrhundert hinein, und das folgende Beispiel aus Virgen in Osttirol zeigt, daß auch großformatige Fastentücher am Ende des 16. Jahrhunderts sogar in kleinen Dorfgemeinschaften noch üblich waren.

58. *Fastentuch MILLSTATT.*

Foto: Hansjörg Abuja

Die Bilderfolge:

	1	2	3	4	5	6
I	Erschaffung der Welt	Erschaffung Adams Erschaffung Evas	Sündenfall Vertreibung	Folgen Opfer Kains u. Abels Brudermord	Sintflut	Ararat Einf. des Weinbaus Trunkenheit
II	Opferung Isaaks	Durchzug durchs Rote Meer Untergang Pharaos	Eherne Schlange Mannawunder Wachtelwunder	Samson mit dem Löwen trägt die Tore von Gaza	David und Goliath	Ausspeiung des Jona
III	Verkünd. an Maria	Geburt Jesu	Beschneidung	Anbetung der 3 Könige	Kindermord Flucht nach Ägypten	12jähriger Jesus im Tempel
IV	Taufe Jesu	Hochzeit zu Kana	Versuchung	Brotvermehrung	Einzug in Jerusalem	Tempelaustreibung
V	Abendmahl Fußwaschung	Ölberg	Gefangennahme	Verleugnung Jesus vor Hohempriester	Jesus vor Pilatus	Jesus vor Herodes
VI	Geißelung Dornenkrönung	Ecce Homo	Handwaschung Pilati Abführung	Kreuztragung	Kreuzigung	Grablegung
VII	Christus in der Vorhölle	Auferstehung	Himmelfahrt	Pfingsten	Weltgericht	

Das Erscheinungsbild des Millstätter Fastentuches läßt den Schluß zu, daß der ursprüngliche Sinn der Verkündigung der Heilsgeschichte einer mehr dekorativen Wirkung gewichen ist. Die einzelnen Bildfelder des fast neun Meter hohen Tuches sind mit dem Format von 1,20 x 0,95 m verhältnismäßig groß, doch verhindert ein stark malerischer Charakter ein leichtes Lesen der Bildfelder. Ein einheitliches buntfarbiges Kolorit läßt die Einzelheiten zugunsten eines prächtigen, dekorativen Gesamteindruckes zurücktreten. Die auf manchen Fastentüchern so bemerkenswerte Klarheit und Ordnung der Bilderfolge ist auf dem Millstätter Tuch auch deshalb nicht gegeben, weil die trennenden Leisten äußerst schmal sind; in horizontaler Richtung entsteht fast der Eindruck eines durchlaufenden Bildstreifens. In den einzelnen Bildfeldern sind bis zu drei Themen synchron dargestellt, die vom Standpunkt des Betrachters aus kaum mehr zu differenzieren sind.

Künstlerisch steht das Millstätter Tuch sicher nicht auf dem Höhepunkt seiner Zeit. Davon, daß in anderen Landschaften Europas der Barockstil seinen Siegeszug angetreten hatte, ist hier noch kaum etwas zu spüren. Die Darstellungsweise ist ganz dem Geist der Renaissance verhaftet. Bei einem Viertel der Vorlagen wird sogar auf Dürer'sche Vorlagen zurückgegriffen.

Der Maler ist laut einer Inschrift in der Rahmung der sechsten Bildreihe unter dem dritten Bild von links[224] als Oswald Kreusel ausgewiesen. Seit 1583 in St. Veit an der Glan ansässig (Rainer, S. 3), war er zur selben Zeit auch in Gurk tätig, wo er schon 1591 die ornamentalen Fresken im Gewölbe des Mittelschiffs ausgeführt hatte. Im Falle des Millstätter Tuches beobachten wir also das gleiche Phänomen wie in Gurk. Die Malweise des Fastentuches muß konservativ, ja rückständig genannt werden, und doch wurde dieser Maler zu den bedeutendsten Aufgaben seiner Zeit herangezogen. Das Mill-

59. Fastentuch MILLSTATT. Obere Tuchhälfte. Foto: Hansjörg Abuja

stätter Fastentuch belegt also einmal mehr, daß Kärnten als Kunstlandschaft nicht zu den fortschrittlichsten Gebieten gehörte.

In ikonographischer Hinsicht haben sich die Stifter, die in den Kreisen des Georgs-Ritter-Ordens zu suchen sind[225], ebenfalls sehr traditionell verhalten. Die Zahl der alttestamentlichen Themen ist wieder stark angestiegen. In den 12 Feldern der ersten beiden Register sind durch synchrone Darstellungen 22 alttestamentliche Themen wiedergegeben; gegenüber 34 neutestamentlichen Themen kann man hier schon beinahe wieder von einer gewissen Ausgewogenheit reden.

Die durch synchrone Darstellungen erschwerte Lesbarkeit der einzelnen Bildfelder in den alttestamentlichen Reihen bedarf einer kurzen Erläuterung.

Die alttestamentliche Bilderreihe des Millstätter Fastentuches (Abb. 59)

1. Erschaffung der Welt
   Gen. 1
   Eigentlich müßte man dieses Bildfeld auch zu den synchronen Darstellungen rechnen, denn Gottvater ist bei den einzelnen Schöpfungsakten selbst dreimal dargestellt. Der Schöpfer ist wieder eine ehrwürdige Gestalt mit weißem Bart, es ist Gottvater. Vor dem Hintergrund einer bis zu Gletschern aufragenden Berglandschaft breitet sich eine weite Wasserfläche. Über dieser schwebt in der Mitte mit ausgebreiteten Armen Gottvater, Wasser und Festland trennend. Rechts im Mittelgrund steht wiederum Gottvater mit erhobenen Armen und erschafft die Himmelsgestirne. Links im Vordergrund steht abermals Gottvater; er ist dem Betrachter zugewandt und erschafft die Tiere. Manche Tiere sind mehr nach der Phantasie gestaltet, einige unter ihnen aber als Pfau, Igel und Schaf deutlich zu erkennen.
2. Erschaffung Adams und Evas
   Gen. 2, 7. 2, 21
   Die Landschaft in diesem Bild ähnelt der des vorigen Feldes, wird jedoch beherrscht von einem großen Baum. Vor diesem

60. Fastentuch MILLSTATT. Detail: Der trunkene Noah.
Foto: Hansjörg Abuja

sitzt Adam halb aufgerichtet, Gottvater tritt zu ihm, ergreift mit seiner Linken Adams linke Hand, während er seine Rechte segnend über den Kopf Adams hält. Rechts davon im Mittelgrund des Bildes liegt Adam schlafend, und Gottvater erweckt Eva aus seiner Seite. In den Zweigen des Baumes der Erkenntnis sitzen bunte Vögel, aber auch unheilvoll drohend der Satan in der Gestalt eines kleinen Satyrs.

3. Der Sündenfall und die Vertreibung aus dem Paradies
Gen. 3
Etwas aus der Bildmitte gerückt stehen Adam und Eva links und rechts des Baumes der Erkenntnis. Beide haben bereits ihre Blöße bedeckt. Im Hintergrund des Bildes schwebt in einem goldenen Lichtschein der Erzengel und treibt die Stammeltern vor sich her aus dem Paradies.
4. Die Folgen des Sündenfalls, das Opfer Kains und Abels und der Brudermord
Gen. 3, 16–22. 4, 3–8
Erneut sind drei Szenen in einem Bildfeld zusammengefaßt, die nur aus der Nähe betrachtet klar erkennbar sind. Denn die mühevolle Arbeit der Stammeltern ist hart an den linken Bildrand gedrängt, die Gestalten sind winzig. Auf gleicher Höhe am rechten Bildrand verrichten Kain und Abel ihre Opfer, doch nur der Rauch von Abels Opfer steigt kerzengerade empor, wo Gottvater in einem Wolkenkranz sichtbar wird.
Das Hauptmotiv im Vordergrund ist der Brudermord. Kain schwingt drohend die Keule über dem hingestürzten Abel.
5. Die Sintflut
Gen. 7–8
Über das ganze Bildfeld erstreckt sich die dramatische Schilderung der Sintflut. Beherrschend in der Mitte des Bildfeldes schwimmt die trutzige Arche auf den Wassern. Das Haus auf dem mächtig geschwungenen Schiffsrumpf erinnert an die Darstellung der Arche Noah bei Johann Bocksperger, dessen Illustrationen für die bei Sigmund Feyerabend in Frankfurt 1564 gedruckte Lutherbibel Verwendung fanden.
In den Fluten kämpfen Mensch und Tier ums Überleben. Im Vordergrund des Bildes bergen sich noch viele Menschen auf dem trockenen Land vor dem Herannahen der Flut, darunter eine Mutter mit ihrem Kind.
6. Die Landung der Arche, die Einführung der Weinkultur (?) und die Trunkenheit Noahs (Abb. 60)
Gen. 8 und 9
Im Hintergrund gewahrt man unter einem Regenbogen die Arche Noahs auf dem Berg Ararat. Im Vordergrund des Bildes ist zweifellos der trunkene Noah dargestellt. Schwierigkeiten bereitet die im Mittelgrund eingeschobene Szene. Dort steht ein Tisch, auf dem Weintrauben liegen und ein Krug steht. Hann (S. 75) dachte an eine symbolische Darstellung der Einführung der Weinkultur durch Noah. Vielleicht ist aber auch der Altar gemeint, an dem Noah nach der Sintflut dem Herrn ein Dankopfer darbrachte. Dieses Opfer war zwar ein Brandopfer (Gen. 8, 20), möglicherweise hat man aber hier eine eucharistische Umformung vollzogen.
7. Die Opferung Isaaks
Gen. 22
Das siebte Bildfeld enthält nur eine einzige Szene, der typologische Gehalt als Vorbild des Kreuzestodes Jesu dürfte der Szene zugrunde liegen. Bemerkenswert ist hier erneut der szenische Reichtum, der zur Illustration des biblischen Berichtes nicht nötig wäre. Unterhalb des Opferberges Moriah schlängelt sich ein breiter Fluß; auf ihm fahren Boote. Ein Esel wird zur Tränke geführt.
8. Der Durchzug durch das Rote Meer und der Untergang des Pharao
Ex. 14
An der Spitze der Israeliten schreitet der übergroß dargestellte Mose voran. Rechts davon versinken die ägyptischen Verfolger im Meer, während sich über ihnen feurige Wolken türmen.
9. Die Aufrichtung der ehernen Schlange, das Mannawunder und das Wachtelwunder
Ex. 21 und 16
Im Vordergrund steht Mose und weist mit dem Stab auf die eherne Schlange. Rückwärts im Bild sieht man die Zelte der Israeliten. Manna, die himmlische Speise, fällt vom Himel, und Wachteln fliegen durch die Luft.
Ist die eherne Schlange erneut Typus für die Kreuzigung, so sind Manna- und Wachtelwunder Typoi des Herrenmahles.
10. Simson tötet den jungen Löwen und zerbricht die Tore von Gaza
Ri. 14, 6. 16, 3
Simson ist als Gestalt Typus Christi. Sein Kampf mit dem Löwen ist ein Vorbild des Kampfes Christi. Im Hintergrund türmt sich eine mächtige Stadtkulisse, rechts auf einem Bergvorsprung sieht man Simson, der die Tore von Gaza trägt: ein Vorbild der Auferstehung Christi.
11. David und Goliath
1. Sam. 17
12. Ausspeiung des Jona
Jona 2
Das im Neuen Testament selbst als Zeichen des Jona gegebene Vorbild für die Grabesruhe und Auferstehung Christi beschließt die alttestamentliche Reihe.

In der alttestamentlichen Bilderfolge des Millstätter Fastentuches sind noch einmal die wesentlichen Szenen vertreten. Mit den beiden Simsontypologien geht es sogar im Bildbestand über das Gurker Tuch hinaus. Um einen möglichst kompletten Abriß der alttestamentlichen Geschichte zu erreichen, drängte man teilweise bis zu drei Themen in einem Bildfeld zusammen. Andererseits verzichtete man auf viele alttestamentliche Themen, die dem Gurker Tuch seinen eigentümlichen Reiz verliehen haben. Wenn wir dies richtig interpretieren, so zerfällt die Ikonographie des Alten Testamentes auf den Fastentüchern in zwei Abschnitte. Der erste Teil umfaßt die Schöpfung, den Sündenfall und den Bund Gottes mit Noah. Der zweite, und damit umfangreichere Teil erzählt von den Verheißungen auf die Erlösung in Jesus Christus. Diese Begebenheiten können nun ohne Verlust in der Aussage auf immer weniger Szenen zurückgenommen werden. Schilderte so das Gurker Fastentuch die typologischen Verheißungen in breiter Auswahl, so sind sie auf dem Millstätter Fastentuch auf die Felder des zweiten Registers zurückgenommen. In der Aussage ändert sich dadurch jedoch nichts.

Die neutestamentliche Reihe bringt nichts Neues und endet wie das Gurker Tuch in einer doppelfeldrigen Darstellung des Weltgerichtes. Man möchte fast sagen, daß sich in den eineinhalb Jahrhunderten seit dem Gurker Fastentuch ikonographisch-theologisch nichts geändert hat. Das Millstätter Fastentuch zeigt lediglich eine gewisse Konzentration und Verringerung der Themen. Dies zeigt sich auch in den neutestamentlichen Bildreihen, die auf die Mariengeschichten verzichten und die öffentliche Wirksamkeit nur noch im Weinwunder und im Brotwunder enthalten.

Innerhalb des Neuen Testamentes darf eine Szene nicht übergangen werden, die ein eigentümliches Bilddetail besitzt. In der „Ecce homo"-Szene befindet sich unter dem Balkon, auf dem Christus neben Pilatus steht, ein Kerkerfenster (VI/2; Abb. 61). Hinter dem Gitter ist ein Mann vom Oberkörper an aufwärts zu sehen. Er greift an die unterste Reihe der Gitterstäbe und blickt gebannt auf einen Mann, der von rechts kommend sich zu ihm hinunterneigt. Hann (S. 78) vermutete, es handle sich dabei um eine Anspielung auf einen der Schächer, die später mit Christus gekreuzigt wurden. Naheliegender ist jedoch die Annahme, daß man hier den gefangenen Johannes im Kerker sieht.[226] So berichtet der Evangelist Matthäus (11, 2–6): „Als aber Johannes im Gefängnis von den Werken Christi hörte, ließ er ihm durch seine Jünger sagen: Bist du es, der da kommen soll, oder sollen wir auf einen anderen warten? Und Jesus antwortete und sprach zu ihnen: Gehet hin und berichtet dem Johannes, was ihr hört und seht: Blinde werden sehend und Lahme gehen, Aussätzige werden rein und Taube hören, Tote werden auferweckt und den Armen wird die frohe Botschaft gebracht, und selig ist, wer an mir keinen Anstoß nimmt."

61. Fastentuch MILLSTATT. Detail: Ecce homo. Foto: Hansjörg Abuja

Die ausführliche und teilweise etwas komplizierte Ikonographie hängt sicherlich mit der Verwendung des Tuches in einer großen Stiftskirche und seinen Auftraggebern zusammen. Zahlreiche Wappen auf dem seitlichen Saumstreifen und in den einzelnen Bildfeldern, die uns Aufschluß über die Stifter geben könnten, sind größtenteils noch ungedeutet.[227] In der vierten Reihe befindet sich rechts das Wappen des Georgs-Ritter-Ordens.

Das Millstätter Fastentuch wurde 1892 außer Gebrauch gesetzt. 1932 gelangte es als Leihgabe in die Christkönigskirche in Klagenfurt und kehrte nach 52jähriger Abwesenheit am 8. Dezember 1984 nach Millstatt zurück, wo es seitdem wieder in der Fastenzeit zur Verwendung kommt. Damit wurde eines der schönsten und wertvollsten Fastentücher seinem ursprünglichen liturgischen Zweck zurückgegeben.

15 Virgen in Osttirol

Lienz, Schloß Bruck
1598
Stephan Flaschberger
Wachsfarben auf Leinen
ca. 8,00 x 5,00 m
42 Bildfelder, davon 12 aus dem Alten Testament und 30 aus dem Neuen Testament in 7 Reihen zu 6 Feldern.
Felder-Typ

Inschrift auf der Rückseite des Tuches:

Zur Zeit und Regierung der Ehrwürdigen und Geistlichen herren . . . Valentin Fercher Pfarrer, Heinrich Lantaler Caplan, Caspar Teuttenhauser Pfleger und der beiden Khirchbröbste alhie Ist dieses Fastentuch durch M. Stephan Flaschberger, Bürger und Maler zu Lientz gemalt und zum ersten male hierinne aufgehengt worden am Sambstag vor Läetare im 1598 Jar.“ (nach Kollreider)

Literatur:

K. MAISTER, Fastentücher in Osttirol, in: Osttiroler Heimatblätter, 11. Jg., Lienz 1934, Lieferung 1, S. 3–4
(Der Titel ist irreführend, Maister beschreibt nur das Virgener Fastentuch, das einzig erhaltene Exemplar in Osttirol).

Nikolaus GRASS, Ostern in Tirol, S. 18f.

Franz KOLLREIDER, Das Virgener Fastentuch im Osttiroler Heimatmuseum Schloß Bruck, in: Tiroler Heimatblätter, 34, 1959, Heft 7/9, S. 98–101.

Lois EBNER, Virgener Fasten- und Hungertuch, in: Tiroler Tageszeitung 1984, Nr. 95, Beilage S. V.

Die Bilderfolge:

	1	2	3	4	5	6
I	Erschaffung der Welt	Erschaffung der Eva	Sündenfall	Vertreibung aus dem Paradies	Kain und Abel	Sintflut
II	Turmbau zu Babel	Opfer Melchisedeks	Untergang Sodoms	Jakobsleiter	Durchzug durchs Rote Meer	Mannaregen
III	Verkündigung an Maria	Heimsuchung	Christi Geburt	Anbetung der drei Könige	Taufe Jesu	Versuchung
IV	Auferweckung des Lazarus	Salbung Christi in Bethanien	Einzug in Jerusalem	Abendmahl	Fußwaschung	Gebet am Ölberg
V	Gefangennahme	Christus vor Annas	Christus vor Kaiphas	Christus vor Pilatus	Christus vor Herodes	Geißelung
VI	Dornenkrönung	Ecce homo	Verurteilung Jesu	Kreuztragung	Kreuzannagelung	Kreuzigung
VII	Kreuzabnahme	Grablegung	Auferstehung	Himmelfahrt	Pfingsten	Jüngstes Gericht

62. Fastentuch VIRGEN. Detail: Christi Geburt/Anbetung der Könige/Taufe Jesu/Einzug in Jerusalem/Abendmahl/Fußwaschung.
Foto: Verfasser

Mit dem vorhergehenden Fastentuch aus Millstatt hat jenes aus Virgen die Grundstruktur gemeinsam. Die ersten beiden Reihen sind auch hier dem Alten Testament gewidmet, während die fünf unteren Register Szenen aus dem Neuen Testament schildern. Durch synchronistische Darstellungen in einzelnen Bildfeldern verfügt das Millstätter Tuch jedoch über insgesamt mehr Themen. Beide Beispiele belegen in überzeugender Weise die langanhaltende Tradition felderreicher, großformatiger Fastentücher, die auch dem Alten Testament noch breiten Raum lassen. Am Ende des 16. Jahrhunderts besitzen wir somit zwei durchaus vergleichbare Tücher, von denen eines aus einer bedeutenden Stiftskirche, das andere aus einer dörflichen Pfarrkirche stammt. Soziologische oder kirchenhistorische Argumente für den Gebrauch der Fastentücher werden dadurch stark relativiert. Ohne erkennbare Unterschiede werden die Fastentücher in theologischen Zentren ebenso gepflegt wie in dörflichen Randgemeinden.

Das Virgener Fastentuch stammt aus einem hochgelegenen Osttiroler Gebirgstal. Zu seiner Entstehung hat Franz Kollreider (a. a. O. S. 99) die Ansicht geäußert, „. . . daß sich die Virgener in alter religiöser Gewohnheit und Anhänglichkeit an die Obermauerner Kirchenvision, als nach dem Aussterben der ‚Görzer' und der Aufhebung der Schloß-Rabenstein-Kaplanei die Bedeutung der Obermauerner Kirche mit ihrem musterhaften Passionszyklus schon stark zurückgegangen war, 110 Jahre nach dem Entstehen des letzteren in ihrer Pfarrkirche einen eigenen Zyklus in Form des behandelten Fastentuches bestellten."

Dieser Anschauung muß widersprochen werden, denn im Vergleich zum ikonographischen

63. Fastentuch VIRGEN. Detail: Einzug Christi in Jerusalem.
Foto: Verfasser

64. Fastentuch VIRGEN. Detail: Auferweckung des Lazarus.
Foto: Verfasser

Bestand der Fresken in Obermauern besitzt das Virgener Fastentuch die fastentuchtypische Dreiteilung von Altem Testament, Kindheit und Passion. Obermauern[228] dagegen ist ein reiner Passionszyklus von der Auferweckung des Lazarus bis zum Jüngsten Gericht. Die ikonographische Auswahl orientiert sich demnach nicht an der vorgegebenen Wandmalerei, sondern an der überregionalen Tradition der älteren Fastentücher. Umgekehrt sind auf dem Obermauerner Zyklus nachträglich durch Säulen die einzelnen Szenen voneinander getrennt worden, wodurch ein fastentuchtypisches Aussehen erreicht wurde. Die Beziehungen zwischen Wandmalerei und Fastentuch liegen offenkundig auf der Hand, doch bedarf es einer überlegten Klärung, in welcher Richtung die Beeinflussung erfolgte.

Ich halte demnach auch Kollreiders weitere Vermutung, das Fastentuch habe als Freskenersatz „. . . als Behang für eine Kirchenschiffwand zumindest das Jahr über . . ." (Kollreider a. a. O., S. 99) gedient, für nicht stichhaltig. Als äußeres Argument dafür betrachtete Kollreider den schlechten Erhaltungszustand des Fastentuches am Fußende, den er auf die Grundmauerfeuchtigkeit zurückführte. Viele Fastentücher weisen einen ähnlichen, einseitigen Abrieb auf, eine Beobachtung, die aber nicht unbedingt den Schluß zuläßt, alle Fastentücher hätten das ganze Jahr über im Kirchenraum gehangen, denn manchmal sind die Tücher auch an ihrem oberen Ende stärker verblaßt (z. B. Bendern). Eher rechnen wir damit, daß die einseitigen Beschädigungen auf die Lagerung zurückzuführen sind in der Zeit, in der die Fastentücher nicht gebraucht wurden. Gewöhnlich wurden die Leinwandbahnen von oben nach unten aufgerollt, wodurch die unteren Partien nach außen zu liegen kamen und deshalb während der Aufbewahrungszeit stärker der Feuchtigkeit und anderen negativen Witterungseinflüssen wie Kälte und Hitze ausgesetzt waren.

Keineswegs dürfen die Fastentücher, auch jenes aus Virgen nicht, als kostengünstiger Ersatz für fehlende Wandfresken angesehen werden. Sie sind liturgisch und kirchenjahreszeitlich gebundene Ausstattungsgegenstände, auf die kaum eine mittelalterliche Gemeinde verzichten wollte. In Virgen war seine Anschaffung ein Anliegen der ganzen Gemeinde. Nicht weniger als 42 Familiennamen des hinteren Iseltales sind auf den waagrechten Trennleisten zu lesen. In ihnen erkennen wir die freigebigen Stifter; unter ihnen sind nicht nur die Honoratioren der dörflichen Gemeinschaft, sondern auch einfache Bürger und Bauern zu finden.[229] Die selbstbewußte Stifterinschrift und

Künstlersignatur stehen auf der Rückseite des Tuches.

Der Künstler Stephan Flaschberger gehörte zu einer in Lienz tätigen Malerschule. Seine Malerei muß insgesamt als volkstümlich angesehen werden. Leere Räume werden gemieden, und so sind die Figurengruppen in den hochrechteckigen Bildfeldern dicht gedrängt. Die Darstellungsweise ist immer noch von einem spätgotischen Realismus geprägt, während die Errungenschaften der Renaissance nur spärlich in Landschaftshintergründen oder manchen Architekturformen aufscheinen. So war auch in Virgen eine konservative Haltung für die Gestaltung des großen Fastentuches verantwortlich.

Bildinhalte und Darstellungsweise sind traditionell. Bemerkenswert erscheint dagegen die dumpfe Farbigkeit der Leinwand. Graue und grüne Töne herrschen vor, die übrigen Farben besitzen keine Leuchtkraft und ordnen sich der zurückhaltenden Grundfarbe unter. Schuld daran ist eine „technisch . . . im einzelnen nicht völlig geklärte Wachsmalerei, bei der mit Hilfe eines Bindemittels von flüssigem Harz und Wachs erstens der Malgrund (Leinwand) geglättet und wasserdicht gemacht, zweitens aber den Farben eine weit höhere Dauerhaftigkeit als mit Öl verliehen wurde" (Kollreider, a. a. O., S. 100). Eine geringere Leuchtkraft der Farben mußte dafür in Kauf genommen werden.

Die Leinwand von Virgen hat uns veranlaßt, den Namen Fastentuch auf alle verwandten Beispiele des alpenländischen Raumes bevorzugt anzuwenden, weil es in seiner Stifterinschrift ausdrücklich als solches bezeichnet wurde.

16 St. Stephan am Krappfeld

dort noch im kirchlichen Gebrauch
1612
3,00 x 3,00 m
um eine zentrale Kreuzigungsgruppe sind acht Passionsszenen in Rundmedaillons angeordnet.
Zentral-Typ

Literatur:
SCHNEIDER, S. 3.

Die Bilderfolge:

65. Fastentuch ST. STEPHAN AM KRAPPFELD. Detail: Ecce homo.
Foto: Hansjörg Abuja

66. Fastentuch ST. STEPHAN AM KRAPPFELD. Detail: Christus vor dem Hohenpriester.
Foto: Hansjörg Abuja

Das Fastentuch von St. Stephan am Krappfeld wird dort noch alljährlich in der Passionszeit vor dem Hochaltar aufgezogen; es verhüllt mit seinem quadratischen Format das Altarblatt und läßt die Mensa sichtbar. Das inschriftlich 1612 datierte Tuch ist verhältnismäßig gut erhalten, wurde auf eine neue, tragende Leinwand aufgezogen und mindestens einmal im Lauf der Geschichte deutlich übermalt. Es zeigt einen offenkundigen Wandel im Verständnis und in der Funktion der fastenzeitlichen Altarbehänge. Zunächst springt die formal gänzlich neue Gestaltung ins Auge. Die Einteilung in gleichartige, hochrechteckige Felder wurde aufgegeben, eine großformatige Kreuzigungsgruppe bildet nun das Zentrum. Links und rechts davon befinden sich in kleinen Medaillons acht Passionsszenen. Die Szenenfolge beginnt mit dem Gebet Christi im Garten Gethsemane, schildert anschließend Gefangennahme, Verhör vor dem Hohenpriester und die Marter der Geißelung und der Dornenkrönung. Es folgen die Verurteilung durch Pilatus (Ecce homo) und die Kreuztragung. Das letzte Bild der Reihe zeigt die Auferstehung.

Der ikonographische Zusammenhang mit den älteren Fastentüchern blieb dadurch bewahrt, der Verknappung der Szenen und der Konzentration auf die Leidensgeschichte fielen jedoch alle Themen des Alten Testamentes und der Kindheit Jesu sowie seines öffentlichen Wirkens zum Opfer. Von den Fragmenten in Klagenfurt und dem Rietzer Tuch, deren ikonographischer Bestand nicht vollständig gesichert ist, einmal abgesehen, besaßen alle Fastentücher bis zu diesem Zeitpunkt einen heilsgeschichtlichen Zusammenhang, der auch die Zeit des Alten Bundes mit einschloß. Dennoch war schon vorher zu beobachten, daß der alttestamentliche Anteil stetig im Zurückgehen begriffen war.

Unter dem Blickwinkel, daß die Fastentücher ihren liturgischen Stellenwert eben in der Passionszeit besaßen, erscheint die Konzentration auf das Leiden des Herrn nur natürlich. Dies wirft aber ein bedeutsames Licht auf die vor ihm liegenden Fastentücher mit ihrer umfassenden Ikonographie. Ihr Aussagewert geht demnach zweifellos weit über das Passionsgeschehen hinaus. Somit muß ihr Verkündigungswert global-heilsgeschichtlich gesehen werden.

Neben der ikonographischen Neuformulierung beschreitet das Tuch von St. Stephan auch formal neue Wege. In seinen Ausmaßen erheblich kleiner geworden, bleibt es mit seinem quadratischen Format von drei mal drei Metern weit hinter den älteren Tüchern zurück. So wie das Fastentuch heute aufgehängt ist, hat es nicht mehr die Funktion, den gesamten Chorraum und damit den liturgischen Vollzug zu verhüllen, es hängt vielmehr direkt vor dem Altarretabel und endet bereits oberhalb der Mensa, so daß sogar das Tabernakel gerade noch sichtbar bleibt. Früher kann es kaum anders verwendet worden sein.

Neu im Vergleich zu den älteren Fastentüchern ist auch, daß nun aus dem ikonographischen Kontext eine Szene durch ihre monumentale Gestaltung besonders herausgehoben wird. Als wichtigste Szene aus dem Passionszyklus nimmt der Gekreuzigte zwischen Maria und Johannes nun die ganze Höhe des Tuchformats ein. Der tote Körper

67. Fastentuch ST. STEPHAN AM KRAPPFELD. Foto: Hansjörg Abuja

Christi ist nur wenig vom Leid gezeichnet, der Kopf zur Seite gesunken. Die vielfigurige Szenerie der mittelalterlichen Kreuzigungen wurde auf Maria und Johannes reduziert. Der hemmungslose Schmerz der beiden ist einer stillen, andachtsvollen Stimmung gewichen. Damit hat sich das Fastentuch von St. Stephan bereits deutlich von den didaktischen Bildzyklen früherer Tücher distanziert und den Weg zum Andachtsbild eingeschlagen.

Schwebten früher Cherubim und Engel um das Haupt des Gekreuzigten, so sind es hier kleine Putti, die so niedlich sind, daß sie kaum zum Ernst des Geschehens passen wollen. Im Gegensatz zum gleichzeitig entstandenen Freiburger Fastentuch, wo sie mit einem Kelch das der Seitenwunde Christi entfließende Blut auffangen, haben sie hier keine rechte Funktion.

Die links und rechts angeordneten Medaillons sind aus den sich windenden Ästen und Zweigen eines grünenden Baumes gebildet, der aus dem Fuß des Kreuzes herauswächst. Die dahinter stehende komplexe Symbolik gründet auf der legendären und gedanklichen Verbindung zum verdorrten Baum der Erkenntnis im Paradies. So soll aus dem Holz des paradiesischen Baumes das Kreuz gezimmert worden sein. Andere Traditionen wollen wissen, daß das Kreuz auf dem Hügel von Golgotha in den Stumpf des paradiesischen Lebensbaumes eingepflanzt worden sei. Dadurch wurde das Kreuz Christi zum neuen Lebensbaum. Daß Christus als der zweite Adam die Sünde des ersten Adam überwunden hat, wird durch den Totenschädel ausgedrückt, der am Fuß des Kreuzes liegt. Es ist der Schädel Adams, auf dessen Grab das Kreuz errichtet wurde. Der gedankliche Zusammenhang von Sündenfall und Erlösung der früheren Fastentücher schwingt hier noch mit. Dieser Bezug geht später ganz verloren; dadurch wird die zeitliche Zwischenstellung dieses Tuches auch ikonographisch greifbar.

Das Motiv des grünenden Lebensbaumes zeigt ein anderes Fastentuch aus Kerns, welches sich heute im Heimatmuseum von Sarnen befindet. Über den ganzen schwarzfarbenen Hintergrund wuchern dichtbelaubte Äste mit großen, roten Blüten. Als Motiv besitzt das zum einszenigen Typus gehörende Tuch ebenfalls eine Kreuzigung. Es ist mit dem Beispiel aus St. Stephan fast zeitgleich.

Einige der Passionsszenen sind nach Vorlagen aus Dürers kleiner Kupferstichpassion gestaltet, insgesamt besitzt die Malerei jedoch nur geringe Qualität. Die ‚Ecce homo'-Szene (Abb. 65) wurde von Dürer seitenverkehrt übernommen, ebenso die Vorführung Christi vor dem Hohenpriester (Abb. 66). Sicherlich war es für den unbekannten Maler eine Erschwernis, die ovalen Medaillons mit den hochrechteckigen Dürerschen Stichen zu füllen; viel von der gedrängten Dramatik bei Dürer ging dabei verloren.

Manche Plumpheit im Bild wird man jedoch einer späteren Übermalung zuschreiben müssen. Dies zeigt sich vor allem im zentralen Mittelbild der Kreuzigung. Besteht doch hier ein eklatanter Unterschied zwischen dem Gekreuzigten selbst mit seinem herabgesunkenen, ausdrucksstarken Haupt einerseits und den lieblichen, blassen Gesichtern von Maria und Johannes, die nur als spätbarock angesprochen werden können und nicht zur Jahreszahl 1612 passen, andererseits.

17 Sternberg bei Villach

dort noch im kirchlichen Gebrauch
1629
Jacob Katzner
4,30 x 3,80 m
24 Bildfelder, davon drei aus dem Alten Testament und 21 aus dem Neuen Testament, in vier Reihen zu sechs Feldern.
Felder-Typ

Inschrift:

Anno 1629 ist dieses Werk durch den hochwürdigen und geistlichen Herrn Blasi Poshnitsch, Pfarrer bei St. Georgen am Sternberg, auch dem hoch- und wohlgeborenen Herrn Hanns Khevenhiller, Freyherrn zu Aichelberg und Landskron etc. etc., des würdigen Gotteshauses Vogt und Lehensherr etc. etc. Bei den Zechleut, als Nickl Premischlnigg und Primus am Lichtbol, wohl auch der ganzen Nachbarschaft und Pfarrmeng, Hülf- und Freigebigkeit, Gott und dem hl. Ritter St. Jörgen zu einer ewigen Gedächtnuß aufgerichtet und gemacht worden.

(Inschrift heute unleserlich, aufgezeichnet im Liber memorabilium der Pfarre Sternberg von 1852)

Literatur:

SCHNEIDER, S. 4.

68. Fastentuch STERNBERG. Foto: Hansjörg Abuja

Die Bilderfolge:

	1	2	3	4	5	6
I	Schöpfung der Tiere	Erschaffung Evas / Erschaffung Adams	Sündenfall / Vertreibung	Verkündigung an Maria	Geburt Christi	Beschneidung Jesu
II	Anbetung der Könige	Flucht nach Ägypten	Taufe Jesu	Versuchung Jesu	Einzug in Jerusalem	Abendmahl
III	Ölberg	Gefangennahme Jesu	Jesus vor dem Hohenpriester	Geißelung	Dornenkrönung	Ecce homo
IV	Kreuztragung	Kreuzigung	Grablegung	Auferstehung	Himmelfahrt	Pfingsten

69. Fastentuch STERNBERG. Detail: Verkündigung an Maria.
Foto: Kogler

Das zuvor besprochene Tuch von St. Stephan am Krappfeld aus dem Jahre 1612 zeigte eine neue optische Gestaltung, die stärker das Einzelbild hervortreten läßt und die Passionsszenen in medaillonhaften Rahmen an den Rand drängt. Damit markiert es einen bedeutsamen Einschnitt in der Entwicklung der Kärntner Fastentücher, das Ende des Felder-Tpyes war damit aber noch nicht gekommen.

Auf dem 1629 entstandenen Fastentuch von Sternberg sind in alter Manier 24 einzelne Szenen in hochrechteckigen Bildfeldern durch illusionistisch gemalte Rahmenleisten voneinander getrennt. Das Tuch bildet heute noch in der Passionszeit einen undurchdringlichen Vorhang zwischen Kirchenschiff und Chorraum (Abb. 2). Ikonographisch hält es ebenfalls an der alten Tradition fest und entfaltet die ganze Heilsgeschichte von der Schöpfung bis zum Pfingstfest. Allerdings ist die Tendenz zur Verkürzung der alttestamentlichen Themen weiter fortgeschritten, und die neutestamentlichen Bildfelder beanspruchen 21 der insgesamt 24 Felder. Schöpfung und Sündenfall allein bilden den Auftakt zur Geschichte des Erlösers. Dadurch sind diese Szenen als die wichtigsten alttestamentlichen Bilder in der Fastentuchikonographie herausgestellt. Wo man aus räumlichen Gründen den Szenenbestand verringern mußte, verzichtete man also zunächst auf die alttestamentlichen Bilder, mit Ausnahme der Urgeschichte.

Der verhältnismäßig kleine Chordurchgang der Sternberger Kirche hat die äußeren Maße des Tuches vorgegeben, und man mußte in der Szenenwahl bescheidener sein. Auf die Kindheits- und Passionsgeschichten wollte man jedoch nicht verzichten und beschnitt deswegen das Alte Testament, versuchte lediglich den Raumverlust dadurch etwas auszugleichen, daß man in das zweite und dritte Bildfeld je zwei Szenen synchron einfügte. So zeigt das zweite Feld hintereinander die Erschaffung Adams und die der Eva. Im dritten Feld sind Sündenfall und Vertreibung nebeneinander dargestellt. Der Verzicht auf die stärker symbolischen Szenen des Alten Testamentes mutet aus theologischer Sicht wie eine Verarmung an. Die Bevorzugung neutestamentlicher Szenen gründet wohl auf dem Bedürfnis, gerade die Bilder des Erlösers anschaulich vor Augen zu haben. Die Laien konnten damit mehr anfangen als mit den komplizierten theologischen Bezügen aus dem Alten Testament. Wir befinden uns zu Beginn des 17. Jahrhunderts in einer Zeit, in der das Schaubedürfnis der Menschen in Weihnachts- und Fastenkrippen wie in Heiligen Gräbern seine höchste Befriedigung empfängt.

Das 17. Jahrhundert muß demnach auch in der Fastentuchikonographie als umwälzende Übergangszeit verstanden werden. Die Bildsprache wird vereinfacht, sie appelliert immer stärker an das Gefühl des Betrachters und immer weniger an sein Bewußtsein. Wie kein anderes Fastentuch markiert das von Sternberg diesen Übergang. Es steht gedanklich dem Fastentuch von St. Stephan näher, als es der rein formale Vergleich vermuten läßt.

Der kulturhistorische Wert des Sternberger Tuches übertrifft seinen künstlerischen um einiges. Am unteren Bildrand von Mariä Verkündigung (Abb. 69) hat sich der Maler mit IACOB KAZNER PICTOR VILA vorgestellt.[230] Ein weicher Stil kennzeichnet seine Malweise, die noch eher dem Manierismus als dem aufkommenden Barock verhaftet ist. Detailaufnahmen belegen einmal mehr, daß Fastentücher auf Fernsicht berechnet waren. Darin liegt immer wieder ihre faszinierende Wirkung und nicht in der Betrachtung von Einzelszenen (Abb. 70). Diese wirken häufig genug skizziert, hingeworfen und mit Farbe aufgefüllt.

Die Farben haben außerdem stark gelitten. Im Gegensatz zu den älteren Tüchern, deren dünner Farbauftrag bei Verwendung von Eiweiß und Leim als Bindemittel eine enge Verbindung von Farbkörper und Malgrund zur Folge hatte, besitzt das Sternberger Tuch die grobfädigste Leinwand und den dicksten Farbauftrag. Dieser war der Zerstörung schutzlos ausgeliefert, zumal als Bindemittel nur Leimwasser verwendet wurde. So ist das Kolorit verhältnismäßig schlecht, in den unteren Partien fast überhaupt nicht erhalten.

70. Fastentuch STERNBERG. Detail: Gefangennahme Jesu:
Foto: Hansjörg Abuja

Nahezu vollständig verblaßt ist auch die mehrzeilige Inschrift am untersten Rand des Tuches, die aber glücklicherweise durch die Niederschrift von Pfarrer Johann Lesjak im Liber memorabilium der Gemeinde Sternberg aus dem Jahre 1852 erhalten geblieben ist. Sie ist bemerkenswert, verrät sie doch das Stiftungsjahr. Und aus ihr geht auch hervor, daß unter Führung der Honoratioren die gesamte Pfarrgemeinde an der Beschaffung des Tuches beteiligt war. Namentlich genannt wird unter anderen der Freiherr zu Aichelberg und Landskron, Hanns Khevenhüller. Im selben Jahr, als das Tuch zum ersten Mal aufgehängt wurde, verließ er aus Glaubensgründen seine Heimat. Er war mit vielen anderen Adeligen dieser Zeit vom reformatorischen Geist erfaßt worden.

Daß er an der Stiftung dieses Fastentuches noch beteiligt war, kann doch nur so verstanden werden, daß er trotz protestantischer Gesinnung dem Fastentuch der altgläubigen Kirche keineswegs ablehnend gegenüberstand. Das ist auch nicht verwunderlich, denn der von den Protestanten am meisten kritisierte Heiligen- und Reliquienkult war ja nicht Gegenstand der Fastentuchbilder. Sie zeigten nur die Geschichten der Bibel und vertraten damit durchaus ein Anliegen, das den evangelisch Gesinnten sehr am Herzen lag. Trotz prinzipieller Bilderfeindschaft im Protestantismus konnte Hanns Khevenhüller guten Gewissens seiner Pfarre diese biblische Bilderbibel als Andenken zurücklassen.[231]

18 Fastentuch unbekannter Herkunft, steirisch?

verschollen, ehemals Innsbruck, Museum der Handels- und Gewerbekammer
spätgotisch
Wasserfarben auf Leinwand
34 Bildfelder.
Felder-Typ

Literatur:
HANDEL-MAZZETTI, S. 191f.

Zur Kenntnis dieses heute verschollenen Fastentuches sind wir einzig auf die Angaben Handel-Mazzettis angewiesen, der auch die Angabe überliefert, „. . . soll aus Steiermark stammen" (S. 192).

Auch die sonstigen Angaben sind knapp und nicht eindeutig zu interpretieren. So soll das Tuch 34 Bildfelder besessen haben. Daraus läßt sich ein regelmäßig gestaltetes Fastentuch nur rekonstruieren, wenn man bei einer Aufteilung von fünf Reihen zu sieben Feldern (oder umgekehrt) ein Doppelfeld annimmt, welches am Ende der Reihe das Weltgericht zeigte, wie die Beispiele aus Gurk und Baldramsdorf lehren. Ansonsten ist die Aufteilung als Felder-Typ gesichert, denn das Tuch schilderte fortlaufend die biblische Geschichte in untereinander fortlaufenden Reihen, wobei die einzelnen Felder durch einfache Linien getrennt waren.

Ikonographisch konzentrierte sich das Fastentuch auf die Passion Christi. Als weiteres neutestamentliches Thema nennt Handel-Mazzetti nur die Geburt Christi sowie seine Verherrlichung, womit wohl die österlichen Auferstehungsberichte und das Weltgericht gemeint sind. Bilder aus dem Alten Testament waren ausschließlich der Schöpfungsgeschichte und wohl dem Sündenfall gewidmet, da nach Handel-Mazzetti alle Darstellungen vom Brudermord bis zur Verkündigung fehlen.

Somit zeigt das Tuch, das von Handel-Mazzetti als spätgotisch bezeichnet wird, eine Verknappung der alttestamentlichen Ikonographie und Konzentration auf die Leidensgeschichte Christi.

Diese für die Fastentücher nahezu als typisch anzusehende Ikonographie entwickelte sich zu Beginn des 16. Jahrhunderts und erreicht in den Tüchern von Sternberg und St. Ulrich seinen Höhepunkt, indem das Alte Testamt immer weiter zurückgedrängt wurde. Da dieses Tuch mit 34 Feldern einen verhältnismäßig großen Bildbestand besaß, und nur wenig alttestamentliche Szenen dargestellt waren, dürfen wir eine breite Entfaltung der Passion annehmen. Ikonographisch steht es damit den späten Tüchern näher.

Zu seiner angeblichen Herkunft aus der Steiermark läßt sich natürlich aus heutiger Sicht nichts mehr sagen. Das ist um so bedauerlicher, als unsere Kenntnis der steirischen Tücher auf das Fastentuch aus Veitsch beschränkt ist. Lediglich das Fastentuch im Volkskundemuseum zu Wien soll ebenfalls aus der Steiermark stammen. Diese Indizien stimmen allerdings mit der Tatsache überein, daß im südöstlichen Teil Österreichs die Fastentücher allesamt außer Gebrauch gesetzt wurden und so teilweise in den Kunsthandel gelangten.

Über den Verbleib dieses Fastentuches, das Handel-Mazzetti 1919/20 als „. . . infolge der Kriegsereignisse noch in einer Kiste verwahrt . . ." (S. 191) weiß, lassen sich keine Angaben machen. Im Tiroler Volkskunstmuseum in Innsbruck, der Nachfolgeinstitution des Museums der Handels- und Gewerbekammer, ist das Tuch unbekannt.

19 St. Jakob in Gröden

Ortisei, Museum de Gherdeina
(St. Ulrich, Grödner Heimatmuseum)
Anfang 17. Jhdt.
Tempera auf Leinen
24 Bildfelder aus dem Neuen Testament in vier Reihen zu sechs Feldern.
Felder-Typ

Literatur:
Joseph WEINGARTNER, Die Kunstdenkmäler Südtirols, 1. Band, Innsbruck-Wien 1951, S. 302.
Museum de Gherdeina, Cesa de Ladins, Ortisei 1985, S. 12 u. 13 (nur Abbildung).

Die Bilderfolge:

	1	2	3	4	5	6
I	Einzug in Jerusalem	Abendmahl	Fußwaschung	Ölberg	Gefangennahme	Christus vor Hannas
II	Christus vor Kaiphas	Christus vor Pilatus	Christus vor Herodes	Geißelung	Dornenkrönung	Ecce homo
III	Verurteilung durch Pilatus	Kreuztragung	Christus seiner Kleider beraubt	Kreuzannagelung	Kreuzigung	Kreuzabnahme
IV	Grablegung	Christus in der Vorhölle	Auferstehung	Noli me tangere	Himmelfahrt	Pfingsten

Nur wenige, jedoch bedeutungsvolle Fastentücher hat uns Südtirol bewahrt. Dazu zählen das künstlerisch anspruchsvolle aus Obervintl und das als Beleg für die typologische Ordnung wichtige Fragment aus Bozen. Von unschätzbarem Wert für die Kenntnis der Spätphase fastenzeitlicher Behänge gemäß dem Felder-Typ ist jenes aus Ortisei im ladinisch sprechenden Grödner Tal, wo es Drap dla Pascion, wohl mit Passionsvorhang zu übersetzen, genannt wird. Es stammt aus der kleinen Filialkirche St. Jakob oberhalb der Grödner Talgemeinde St. Ulrich. Dort stand es schon seit Generationen außer Gebrauch und wird nun im neueröffneten Heimatmuseum ausgestellt.

Die Gesamtdisposition des Tuches entspricht in ihrer klaren, durch graue, breite Leisten erzeugten Feldergliederung den typischen gotischen Vorbildern. Die Architekturen in den Bildern zeigen noch deutliche Formen einer einfachen und schematischen Renaissance, der Gesamtcharakter verrät aber eine deutlich barocke Stimmungslage volkstümlicher Prägung; dies zeigt sich vor allem in der ausschnittweisen Vergrößerung (Abb. 72). Eine Datierung in die erste Hälfte des 17. Jahrhunderts scheint von daher geboten.[232] Damit zählt das Grödner Tuch zu den spätesten Exemplaren des Felder-Typs.

Seiner späten Entstehung entsprechend, spiegelt es eine konsequente Entwicklung wider: War auf manchen Fastentüchern eine stete Abnahme alttestamentlicher Themen zu beobachten, so verzichtet das Grödner Tuch auf alttestamentliche

Bilder völlig. Von dem unsicheren Beispiel in Rietz abgesehen, sind das Grödner Tuch und jenes aus Kraßnitz die einzigen, die den alttestamentlichen Zusammenhang aufgegeben haben. In ihnen besitzen wir das Bindeglied zu den rein neutestamentlichen Fastentüchern der zentralen und einszenigen Typen. Formal noch dem Alten verhaftet, entspricht das Grödner Tuch in seiner bildlichen Aussage dem neuen, ganz der Passion verhafteten Geist. Die grundsätzliche Kausalität von Sündenfall und Erlösung war hier aufgegeben worden.

Selbst die Kindheitsgeschichte Jesu, also die bildhafte Vergegenwärtigung der Inkarnation des Gottessohnes als Grundbedingung des heilschaffenden Kreuzestodes, wird nicht mehr dargestellt. Wie auf barocken Fastentüchern üblich, ist allein die Passion Christi Thema der Darstellung. Immerhin knüpfen die nachösterlichen Ereignisse wie Himmelfahrt und Pfingsten noch an die Tradition der gotischen Bilderfolgen an. Weil auf den insgesamt 24 Bildfeldern Szenen des Alten Testaments und der Kindheit Jesu fehlen, kann man eine Verknappung aus Platzgründen ausschließen, allein inhaltliche Überlegungen haben zu einer Konzentration auf die Passion geführt. Der Passionszyklus wurde in aller Ausführlichkeit geschildert. Unter anderem konnte den einzelnen Vorführungen Christi vor Hannas, Kaiphas, Pilatus und Herodes je eine eigene Szene gewidmet werden. Die Hohenpriester, Pilatus und Herodes sind an ihrer Tracht deutlich voneinander zu unterscheiden und liefern für andere, weniger ausführliche Zyklen Vergleichsbeispiele. Hannas trägt einen runden Hut mit einer breiten, vorne dreieckig eingeschnittenen Krempe, Kaiphas dagegen die typische priesterliche Mütze mit den zwei spitzen Enden. Nach orientalischer Manier trägt Pilatus den Turban und Herodes die königliche Krone.

Auch alle Marter Christi, wie Geißelung, Dornenkrönung und Ecce homo, sowie die Handwaschung des Pilatus und sein Urteil sind dargestellt. Pilatus wohnt sogar der Geißelung und der Dornenkrönung bei, Bilddetails, die sonst selten anzutreffen sind und hier den römischen Statthalter als verantwortlich für die grausame Tortur herausstellen. Ebenso konnte in dem ausführlichen Zyklus die seltene Szene, in der Christus sich seiner Kleider entledigt, berücksichtigt werden. Ansonsten fällt die Grödner Bildfolge nicht durch gänzlich neue Szenen, sondern durch ihre Vollständigkeit auf.

In den einzelnen Bildfeldern herrscht lebhaftes Gedränge. Verschiedene Darstellungen gewähren bedeutungsvolle Ausblicke auf Szenen, die sich im Hintergrund abspielen. Durch ein Fenster im hohenpriesterlichen Palast (II/1) blickt man auf den Hof vor dem Palast, in dem sich gerade die Verleugnung des Petrus ereignet. Im Hintergrund des Pilatusverhörs (II/2) wird darauf angespielt, daß die Frau des Pilatus ihren Mann durch einen Boten warnen läßt, keinen Unschuldigen zu verurteilen (Mt 27, 19).

Manche Auffälligkeiten sollen, wenn nicht geklärt, so doch genannt werden. Der Einzug Christi in Jerusalem ist hier abweichend von der üblichen Norm linksläufig dargestellt, und man möchte an die Übernahme einer seitenverkehrten Vorlage denken.[233] Dasselbe möchte man für die Kreuzigung Christi annehmen, denn hier stehen Johannes und Maria heraldisch links vom Gekreuzigten, während die würfelnden Soldaten zu seiner rechten dargestellt sind. Der angestammte Platz für Maria und Johannes ist aber die rechte, also die gute Seite, während den Bösen die linke zugewiesen wird. Korrekt wiederum wäre die Anordnung der beiden Schächer, zur Rechten der bußfertige, der den Blick auf Christus richtet, zur Linken der böse Schächer, der seinen Blick von Christus abwendet. Ist unter den Fastentüchern schon eine so figurenreiche Kreuzigung ungewöhnlich, so tritt auf dem Grödner Tuch von rechts noch eine weitere Gestalt heran. Sie trägt Soldatentracht und weist mit der Hand auf den Gekreuzigten. In ihr darf man den römischen Hauptmann sehen, der angesichts des Todes Jesu sprach: „Wahrlich, dies ist Gottes Sohn!" Weil der Schild, auf den sich der Hauptmann stützt, eine Wappenzeichnung trägt, darf man hier aber gleichzeitig den Stifter des Fastentuches erblicken, der sich sinnigerweise in dieser Gestalt verkörpert hat. Heraldische Bestimmungen zu diesem Wappen könnten bestimmt einen konkreten historischen Hinweis auf Stifter und (vielleicht) Datierung erbringen.

Das Fastentuch aus dem Grödner Tal, das mit dem Einzug Christi in Jerusalem beginnt und mit der Aussendung des Heiligen Geistes endet, ist vollständig und insgesamt recht gut erhalten. Beschädigungen zeigen sich in erheblichem Maße an den Rändern. Die beiden unteren Reihen sind stärker verblaßt, während die oberen Register noch in der ursprünglichen intensiven Farbigkeit leuchten und auch die äußerst detailreiche Wiedergabe gut erkennen lassen.

Seine Südtiroler Herkunft verrät das Fastentuch wohl im Ölbergbild, oder sollte hier im Hintergrund nicht die Silhouette von Brixen zu erkennen sein?

Es dürfte kein Zufall sein, daß sich gerade in einer entlegenen Berggemeinde dieses späte Beispiel eines felderreichen Fastentuches erhalten

71. Fastentuch ST. JAKOB IN GRÖDEN. Foto: L Museum de Gherdeina, Ortisei

hat. Sicherlich hat man weit entfernt von städtischen und kirchlichen Zentren länger als dort am alten Brauch festgehalten. Doch war der konservative Geist mehr dem Formalen verhaftet, inhaltlich war man auch hier der neuen Frömmigkeit zugetan.

72. Fastentuch ST. JAKOB IN GRÖDEN.
Detail: Christus am Ölberg.
Foto: L Museum de Gherdeina, Ortisei

20 Lienz · Osttirol

Wien, Österreichisches Museum für Volkskunde, Inv.-Nr. 33.790
1640
Tempera auf Leinen
6,60 x 5,40 m
36 Felder, davon 8 aus dem Alten Testament und 26 aus dem Neuen Testament sowie 2 aus der Marienverherrlichung.
Felder-Typ

Literatur:
HANDEL-MAZETTI, S. 192.
Nikolaus GRASS, Ostern in Tirol, S. 18.
Klaus BEITL, Volksglaube. Zeugnisse religiöser Volkskunst, Salzburg 1978, Nr. 39 u. S. 150.

Inschrift:
H.A.M. 1640

Die Bilderfolge:

	1	2	3	4	5	6
I	Erschaffung Adams	Erschaffung Evas	Zusammenführung Adams und Evas	Sündenfall	Vertreibung	Arbeit der Stammeltern
II	Arche Noahs	Opferung Isaaks	Verkündigung an Maria	Heimsuchung	Geburt Jesu	Beschneidung
III	Anbetung der Könige	Darstellung Jesu im Tempel	12jähriger Jesus im Tempel	Hochzeit zu Kana	Versuchung Jesu	Wunderbare Brotvermehrung
IV	Einzug in Jersualem	Abendmahl	Fußwaschung	Ölberg	Gefangennahme	Geißelung
V	Dornenkrönung	Kreuztragung	Kreuzannagelung	Kreuzigung	Kreuzabnahme	Grablegung
VI	Christus in der Vorhölle	Auferstehung	Himmelfahrt Christi	Pfingsten	Mariä Himmelfahrt	Marienkrönung

Zu den späten Exemplaren des mittelalterlichen Felder-Types zählt ein Fastentuch im Besitz des österreichischen Museums für Volkskunde in Wien. Unverkennbar orientiert es sich an älteren Vorbildern, auch wenn in die Gestaltung schon frühbarocke Elemente eingeflossen sind. Breite braune Rahmenleisten unterteilen die Fläche in 36 leicht hochformatige Bildfelder. Durch aufgemalte Ornamente an den Kreuzungspunkten der vertikalen und horizontalen Leisten wird der Rahmen eigens hervorgehoben.

Noch einmal beginnt im Sinne der traditionellen Fastentuchikonographie die Bildfolge mit Szenen der Schöpfungsgeschichte und des Sündenfalls

73. Fastentuch LIENZ. Ausschnitt. Foto: Verfasser

samt seiner Folgen. Insgesamt sind acht Felder dem Alten Testament gewidmet, und so beginnt auch das zweite Register mit zwei alttestamentlichen Szenen, Sintflut und Abrahamsopfer, ehe mit der Verkündigung an Maria die neutestamentliche Sequenz beginnt. Die Auswahl aus dem Neuen Testament scheint auf den ersten Blick ganz gewöhnlich, doch setzt sie eigene Akzente. Unter den Passionsszenen fehlen die sonst so beliebten Verhöre Christi vor Kaiphas, Hannas und auch vor Pilatus. Ebenso wird auf die Handwaschung Pilati und das Ecce-homo-Bild verzichtet. Der gewonnene Freiraum wurde genutzt, um drei Geschehnisse aus dem öffentlichen Leben Jesu einzufügen, das Weinwunder, die drei Versuchungen Jesu in einem Bild und die wunderbare Brotvermehrung (Abb. 74). Szenen dieser Art sind auf Fastentüchern selten. Waren sie auf den Tüchern des 15. Jahrhunderts noch vereinzelt zu beobachten, so stellen sie in dieser späten Zeit eine echte Rarität dar, und ihre plötzliche Wiederkehr läßt sich nicht leicht erklären. Vielleicht waren im örtlichen Umkreis dieses Fastentuches ältere Beispiele mit dieser Szenenfolge noch in Gebrauch, oder man hat bewußt Wein- und Brotwunder als eucharistische Hinweise eingefügt.

Im Gegensatz zu diesen altertümlichen ikonographischen Elementen stehen am Schluß der Bildfolge nicht die österlichen Ereignisse oder das Weltgericht, vielmehr wird der streng biblische Zusammenhang durch zwei mariologische Themen erweitert, die ausgesprochen der Marienverherrlichung dienen. So folgen auf das Pfingstbild die Himmelfahrt und Krönung Mariens (Abb. 75).

Die Vorstellung von einer Himmelfahrt der Gottesmutter vollendet das Marienleben. Daß die Mutter Jesu Christi am Ende ihres Erdenlebens wie alles menschliche Fleisch der Verwesung preisgegeben sei, war für die Christen ein unvorstellbarer Gedanke. So bemühten sich bereits patristische Auslegungen und ein apokrypher Bericht vom „Transitus Beatae Mariae Virginis" darum, dem Tod der Maria ihre Verherrlichung folgen zu lassen. Gedankliches Vorbild war zweifellos die Himmelfahrt Christi selbst, die dann selbstverständlich auch ikonographisch adaptiert wurde. So schwebt denn auch auf dem Lienzer Fastentuch die Gottesmutter in einer Wolkenmandorla von Engeln getragen empor, während unter ihr die versammelten Apostel am leeren Grab zurückbleiben.

Es blieb nicht aus, daß eine zunehmende Marienverehrung den Gedanken ihrer Aufnahme in den Himmel weiter entwickelte und schließlich ihrer Himmelfahrt die Krönung folgen ließ. Treibende Kraft waren hier vor allem Liturgie und Hymnologie, die den mariologischen Hoheitstitel einer Königin und Braut Christi allmählich festschrieben. Auf dem Lienzer Tuch erfolgt der Akt der Krönung durch die Heiligste Dreifaltigkeit. Maria kniet frontal mit betenden Händen zwischen Christus und Gottvater, die ihr gemeinsam die Krone aufsetzen; über ihr schwebt die Taube des Heiligen Geistes. Zu einer Zeit, als die Marienkrönung als selbständige Bildformulierung schon im Rückgang begriffen war, bedient man sich hier einer Bildsprache, wie sie in der Spätgotik geläufig war. Erneut zeigt sich hier die stark restaurative Tendenz der Fastentücher.

Überhaupt waren ja beide Themen der Marienverherrlichung in der abendländischen Kunst längst ausgeprägt und aufgrund einer übersteigerten Marienfrömmigkeit im Mittelalter zahlreich dargestellt, so daß ihr erstmaliges Auftreten auf den Fastentüchern im 17. Jahrhundert zunächst erstaunt. Angesichts des zähen Festhaltens der Fastentücher am rein biblischen Zeugnis kann dieser Befund jedoch nicht eigentlich überraschen, sondern charakterisiert das Lienzer Tuch eindeutig als Vertreter des Felder-Types in seiner Spätphase.

Im vorletzten Feld, der Himmelfahrt Mariens, hat der Maler mit seinen Initialen H.A.M. und der Jahreszahl 1640 signiert. Mit dem Fastentuch von Krassnitz von 1663 wird nur noch ein vergleichbares Beispiel folgen, welches später als das aus Lienz ist. So findet der Felder-Typ um die Mitte des 17. Jahrhunderts sein Ende. Das angesprochene Beispiel aus Krassnitz ist in einem abgelegenen Kärntner Bergdorf entstanden, und man möchte für das Fastentuch im Wiener Volkskundemuseum eine ähnliche Herkunft vermuten. Daß es tatsächlich einmal in Lienz beheimatet war, scheint angesichts des immer wieder zu beobachtenden Stadt-Land-Gefälles unwahrscheinlich. Dermaßen konservative Züge, wie sie dieses Tuch besitzt, waren auch für eine alpenländische Stadt ungewöhnlich. So ist die Herkunftsbezeichnung bei Beitl (S. 150) und im Wiener Museum „aus Lienz, Osttirol" zu präzisieren. Hilfreich ist hier der Hinweis von Handel-Mazzetti, daß das Fastentuch „von dem Antiquitätenhändler Rohracher in Lienz erstanden" wurde, und er fügt, allerdings ohne Begründung, hinzu: „Dasselbe stammt ... aus Steiermark" (S. 192). Kurz vor Kriegsausbruch wurde es von Prof. Haberlandt für das Wiener Museum gekauft.[234]

Da wir also seinen ursprünglichen Ort nicht kennen, läßt sich auch seine Funktion nicht eindeutig bestimmen; aufgrund des immer noch stattlichen Formats von annähernd sieben Metern Höhe und gut fünf Metern Breite möchte man aber doch die Raumverhüllung annehmen. Daß sie in der ersten Hälfte des 17. Jahrhunderts noch geübt wurde, beweist unzweifelhaft das Sternberger Tuch von 1629. In den fortschrittlichen kirchlichen Zentren war man wohl allgemein zur Altarverhüllung übergegangen, hielt aber in ländlichen Gegenden noch länger am alten Brauch fest. Und dort kam es bisweilen sogar zu Neuschöpfungen; ein weiteres Indiz für eine Entstehung dieses Tuches im ländlichen Raum.

Die malerische Ausführung erhärtet diese Vermutung, muß doch die Malerei und vor allem auch die bildliche Auffassung als ebenso volkstümlich wie konservativ bezeichnet werden. Vor allem der Schöpfungszyklus (Abb. 76) und die Sündenfallszenen (Abb. 77) erinnern deutlich an wesentlich ältere Beispiele. Besonders markant ist dabei die durchlaufende Hintergrundslandschaft, auf die wir in Haimburg hingewiesen haben. Mit viel Liebe zum Detail hat der Maler das alttestamentliche Szenarium noch einmal ins Bild gesetzt. Daß zumindest der Auftraggeber vom neuen Zeitgeist nicht unberührt geblieben ist, beweist das Hinzufügen der Marienszenen. Angesichts dieses kreativen Aktes muß die Gestaltung des übrigen Inhaltes als besonders beweiskräftig für das bewußte Festhalten an tief verwurzelten Traditionen und als Ablehnung gegen formale Neuerungen eingeschätzt werden.

74. Fastentuch LIENZ. Detail: Versuchung Christi und wunderbare Brotvermehrung.
Foto: Verfasser

75. Fastentuch LIENZ. Detail: Mariä Himmelfahrt und Mariä Krönung. Foto: Verfasser

76. Fastentuch LIENZ. Detail: Erschaffung Adams und Erschaffung Evas. Foto: Verfasser

77. *Fastentuch LIENZ. Detail: Vertreibung aus dem Paradies/Arbeit der Stammeltern.*
Foto: Verfasser

21 Kraßnitz · Kärnten

Straßburg, Schloßmuseum, Inv.-Nr. 310
1663
Tempera auf Leinen
3,27 x 2,95 m
16 Bildfelder aus dem Neuen Testament in 4 Reihen zu 4 Feldern.
Felder-Typ

Inschrift:
GOT ZU LOB UND EHR UND DER HIMELKINIGIN MARIA
DEN H PISCHOF S MARTIN HAT GRÖGOR WERZER UNGEDERA
UD SEIN HAUSE MACHEN LASSEN 1663

Literatur:
KÄRNTNER VOLKSZEITUNG Nr. 170 vom 29. 7. 1967

Die Bilderfolge:

	1	2	3	4
I	Abendmahl	Ölberg	Gefangen-nahme Jesu	Vorführung vor Kaiphas
II	Vorführung vor Hannas	Verurtei-lung durch Pilatus	Geißelung	Dornen-krönung
III	Ecce homo	Kreuz-tragung	Kreuz-annagelung	Kreuzigung
IV	Vesper-bild	Grab-legung	Auf-erstehung	Himmel-fahrt

Breite, schwarze Rahmenleisten unterteilen die Bildfläche in 16 leicht hochrechteckige Einzelfelder. Das Fastentuch stammt aus Kraßnitz, wurde für die dortige Martinskirche 1663 gestiftet und gelangte genau 300 Jahre später in den Besitz des Schloßmuseums von Straßburg, der ehemaligen Residenz der Bischöfe zu Gurk. Einmal mehr muß hier auf die Initiative eines einzelnen verwiesen werden, der das längst außer Gebrauch gesetzte Tuch vor dem Verfall bewahrte. Der damalige Schloßkastellan Hans Trocker erkannte den historischen Wert der Fastentücher und rettete neben dem Kraßnitzer Tuch auch die Fastentücher der beiden Straßburger Pfarrkirchen St. Nikolaus und St. Stephan (s. dort!).

Obwohl im Laufe des 17. Jahrhundert längst neue Formen des Fastentuches entwickelt worden

78. Fastentuch KRASSNITZ. Foto: Berndt Hammerschlag

waren und sich allgemein durchgesetzt hatten, hielt man in abgelegenen Berggemeinden zäh am Althergebrachten fest. Als Stiftung des Gregor Werzer entstand so noch in der zweiten Hälfte des 17. Jahrhunderts ein Fastentuch in der alten Felderteilung. Allerdings, darin zeigt sich doch der neue Geist, schreitet die Ikonographie dieses Tuches konsequent auf dem Weg fort, den bereits das Grödner Fastentuch aus St. Jakob eingeschlagen hatte. Die Zahl der Felder nimmt rapide ab, und die

79. *Fastentuch KRASSNITZ. Detail: Ecce homo:* Foto: Verfasser

Bilderfolge beschränkt sich ausschließlich auf die Passion und die österlichen Ereignisse. Somit besitzt das Kraßnitzer Tuch die kürzeste Bilderfolge in der Kategorie des Felder-Typs.

Die Inschrift auf der Rahmenleiste zwischen dem dritten und vierten Register nennt den Stifter und setzt uns davon in Kenntnis, daß Gregor Werzer das Tuch sowohl Gott als auch der Himmelskönigin Maria und dem Kirchenpatron St. Martin zugeeignet hat. Doch obwohl schon beim Lienzer Fastentuch typische Szenen der Marienikonographie zu erkennen sind, fehlt in Kraßnitz trotz ausdrücklicher Nennung ihres Namens ein entsprechendes Bild. Auch einen bildlichen Hinweis auf den heiligen Martin sucht man vergebens. Selbst in seiner spätesten Phase bleibt das Fastentuch seiner biblischen Konzentration treu.

Für einen Felder-Typ sind die Abmessungen des Tuches vergleichsweise gering. Deshalb sind wir uns nicht sicher, ob das Kraßnitzer Tuch noch zur Raumverhüllung gedient haben kann. Um 1660 wurde dort ein neuer Hochaltar aufgestellt, und es wäre durchaus denkbar, daß, wie so häufig im Zuge der kirchlichen Neuausstattung, auch ein neues Fastentuch angeschafft wurde. Möglich, daß dann das neue Tuch zwar noch im alten Gewand doch schon in der neuen Funktion der Altarverhüllung stand.

Wie dem auch sei, das Kraßnitzer Fastentuch beschließt als jüngstes erhaltenes Beispiel die jahrhundertelange Tradition des felderreichen Fastenbehanges. In seiner bildlichen Auffassung steht es den älteren Beispielen äußerst nahe. Es erinnert an die Szenenfolge aus einem Passionsspiel; das Ecce-homo-Bild zeigt das Geschehen in einem bühnenartigen Aufbau (Abb. 79), den realen Spielraum eines theatermäßigen Leiden-Christi-Spieles, dessen Beliebtheit im Barock noch ungebrochen war und erst im Zuge der Aufklärung als unvernünftig verboten wurde. Sogar die gerafften Vorhänge der Bühne sind dargestellt.

Die Ausführung ist schlicht, aber farbenfroh. In seiner Farbigkeit unterscheidet es sich erheblich von der dunklen und düsteren Atmosphäre, die die ‚modernen' einszenigen Fastentücher prägt. Der Stil verrät einen eher handwerklich begabten, ländlichen Meister.

22 Kleinstockach · Tirol

Kleinstockach, Mariä Heimsuchung, dort ganzjährig im Chorraum
2. Hälfte 17. Jhdt.
ca. 2,80 x 1,80 m
einszeniger Typ: Kreuzigung

Literatur:
Unpubliziert.

Die Entwicklung vom vielfeldrigen Fastentuch zum einszenigen, die sich bereits in St. Stephan am Krappfeld abzeichnete, ist in Kleinstockach zum Abschluß gekommen. Über die gesamte Tuchfläche erstreckt sich nur noch eine große Szene mit etwas unterlebensgroßen Figuren. Das Tuch besitzt ein ausgeprägtes Hochformat und diente einst nur zur Verhüllung des Altarblattes.

Man muß jedoch darauf hinweisen, daß die Funktion der Leinwand in Kleinstockach als Fastentuch nicht einwandfrei feststeht. Das Tuch ist heute auf einen Rahmen aufgezogen und hängt ganzjährig an der südlichen Chorwand. Es könnte sich also auch um ein ‚normales' Bild der Kreuzigung handeln. Für ein Fastentuch spricht der Umstand, daß der jetzige Anbringungsort sicher nicht der ursprüngliche sein kann, denn hier paßt es weder räumlich gut, noch nimmt es auf die Wanddekoration Rücksicht, die darunter angebracht war. Auf der Abbildung (Abb. 80) sieht man sehr gut, daß Teile der (ornamentalen?) Bemalung unter und über dem Bild hervortreten. Dazu tritt die Beobachtung, daß wir es hier mit einem „typischen" Motiv einszeniger Fastentücher zu tun haben und auch die ganze Gestaltung fastentuchspezifisch erscheint.

All diese Gründe sind aus der Gesamtschau barocker Fastentücher gewonnen; d. h., man gewinnt aus der vergleichenden Betrachtung ‚ein Auge dafür', wann es sich um ein Fastentuch handeln könnte. Letztlich sicheren Grund hat man bei den einszenigen Fastentüchern nur dort, wo sie noch traditionell als solche benutzt werden.

Diese Unsicherheit in der Gegenstandsbestimmung offenbart uns jedoch ein wichtiges Charakteristikum der einszenigen Fastentücher: Sie besitzen keine spezifische Form mehr, und auch die Passionsthematik reicht zur Definition als Fastentuch nicht aus, weil Passionsbilder jederzeit auch in anderen Zusammenhängen vorkommen können, ganzjährig ihre Bedeutung und auf allen Bildträgern ihre Berechtigung haben. Immer bleibt das Fastentuch aber beim Kreuzigungsbild dem figurenarmen Typ treu. Es dient der Andacht, lenkt den Blick des Betrachters konzentriert auf das eigentliche Geschehen und vermeidet alle historisierenden oder erzählenden Details. Auch das reicht zur Bestimmung als Fastentuch nicht aus, beleuchtet aber seinen Charakter als Andachtsbild.

Im Falle von Kleinstockach gehören zum Kreuzigungsbild Maria, Johannes und Maria Magdalena; Maria Magdalena gilt als die vorbildhafte Büßerin und paßt von daher noch gut auf ein Fastentuch, wenngleich sie ebenso auf anderen Kreuzigungsbildern ihren Platz hat. Ohnehin muß man für das

80. Fastentuch KLEINSTOCKACH. Foto: Verfasser

Bild von Kleinstockach eine Vorlage annehmen, die man wohl am ehesten im niederländischen Barock suchen könnte.

Das Fastentuch von Kleinstockach steht am Anfang (in unserem Katalog) einer Reihe von weiteren einszenigen Fastentüchern, wobei man sagen kann, daß auf diesen zunächst die Kreuzigung vorherrscht und etwas später dann weitere Szenen aus der Passion gewählt werden. Neben die Kreuzigung treten dann vor allem Geißelung und Dornenkrönung.

23

Anras · Tirol

dort noch in kirchlichem Gebrauch
2. Hälfte 17. Jhdt.
ca. 3,40 x 2,50 m
einszeniger Typ: Kreuzigung

Literatur: Unpubliziert.

81. Fastentuch ANRAS.

Foto: Verfasser

Kein Zweifel an seiner Funktion als Fastentuch besteht bei einem Kreuzigungsbild in der neuen Pfarrkirche St. Stephan in Anras. Christus am Kreuz sowie Maria und Johannes wurden auf eine schwarz gefärbte Leinwand gemalt, wie sie für die Fastentücher des 17. Jahrhunderts typisch ist. Das einszenige Fastentuch wird auch heute noch in der Passionszeit vor dem rokokobeschwingten Hochaltar mit dem Martyrium des hl. Stephan aufgezogen. Durch den gesicherten Gebrauch als Fastentuch entfallen die Fragen nach der Verwendung, wie wir sie beim Tuch in Kleinstockach stellen mußten.

Der erwähnte Hochaltar, geschaffen 1755 von Anton Zoller, und das Fastentuch harmonieren nicht sehr gut miteinander. Das Fastentuch fügt sich zwar der Breite nach gut zwischen die beiden begrenzenden Säulen ein, der Länge nach scheint es jedoch für einen etwas größeren Altar geschaffen gewesen zu sein. Da das Fastentuch stilistisch gesehen noch ins 17. Jahrhundert gehört, könnte es durchaus von einem Vorgängeraltar übernommen worden sein. Da die Kirche selbst erst zwischen 1753 und 1755 entstanden ist, wäre der ursprüngliche Ort des Fastentuches in der alten Pfarrkirche zu suchen.

Nicht undenkbar bleibt aber auch die Möglichkeit, daß der Maler des Fastentuches noch um die Mitte des 18. Jahrhunderts sich an einer wesentlich älteren Vorlage, wohl des römischen Barock, orientiert hat. Nach allgemeiner Kenntnis der Lage scheinen jedoch die schwarzgrundigen Leinwände im 17. Jahrhundert beliebter als im 18. gewesen zu sein.

In erster Linie die Vorlage, aber auch die Ausführung auf dem Fastentuch selbst entbehren nicht einer guten Qualität. Auf dem schwarzen Hintergrund spielen Licht und Schatten eine dominierende Rolle. Von einer unsichtbaren Lichtquelle her fällt helles Licht auf die Szene und läßt den bleichen Leib Christi auf seiner rechten Seite hell aufstrahlen. Seine lichtabgewandte Seite dagegen ist von dunklen Schatten überzogen, so daß die Konturen mit dem Hintergrund verschwimmen. Nun sieht man auch, daß das Kreuz nicht frontal steht, sondern ganz leicht aus der Achse gedreht ist.

Den gleichen Lichtverhältnissen sind die Gestalten von Maria und Johannes unterworfen. Obwohl auf dem Bild kaum Bewegung herrscht, drücken doch Blickrichtung und Gesten deutlich den unterschiedlichen Gemütszustand der beiden aus. Dadurch erlangt das Bild eine gewisse Lebendigkeit und Differenzierung im Ausdruck. Der Betrachter erhält die Möglichkeit, entweder mit Maria im Schmerz den Blick zu senken oder mit Johannes aufzuschauen auf den Gekreuzigten, um sich den Ernst des Todes Jesu zu vergegenwärtigen.

Christus selbst ist noch nicht gestorben, sein Haupt blickt zum Himmel empor, er spricht die letzten Worte am Kreuz. Auf weitere Details kann die eindringliche Darstellung vollständig verzichten.

24 Leiblfing · Tirol

Leiblfing, St. Georg, derzeit dort verwahrt
17. Jh.
Öl auf Leinen
leichtes Querformat, ca. 1,50 m breit
einszeniger Typ: Kreuzigung

Literatur:

Friedrich HAIDER, Tiroler Volksbrauch im Jahreslauf, Innsbruck 1968, S. 186, Abb. neben S. 160.

Das bei Haider kurz erwähnte und in einem Bildausschnitt wiedergegebene Fastentuch aus Leiblfing ist gegenwärtig nicht zu sehen, aber wohl noch in Leiblfing vorhanden. Nach Auskunft von Herrn Pfarrer Franz Bonatti wurde es etwa 1962/63 beim Aufräumen des Dachbodens im alten Pfarrhaus gefunden. Aufgrund seines schlechten Zustandes kann es zur Zeit nicht in Gebrauch genommen werden, jedoch ist an eine liturgische Wiederverwendung nach entsprechender Restaurierung gedacht.

Entsprechend den beiden vorgenannten Fastentüchern aus Kleinstockach und Anras, zeigt jenes in Leiblfing eine figurenarme Kreuzigung auf schwarzem Grund. Der Gekreuzigte wird von Maria und Johannes flankiert. Bemerkenswerterweise trägt Johannes eine nicht näher definierbare Mönchskutte mit rotem Überwurf. Am Kreuzfuß kniet Maria Magdalena, umfaßt mit beiden Armen den Holzstamm und schmiegt ihr Gesicht an die übereinandergenagelten Füße Christi. Ihr Gesicht zeigt eindeutig individuelle Züge; es handelt sich um eine Frau mittleren Alters mit kräftigen Wangen und ausgeprägtem Doppelkinn. (Auf die parallele Erscheinung auf dem Fastentuch von Sarnen sei hier verwiesen!)

An eine Entstehung des Fastentuches im 17. Jahrhundert muß gedacht werden. Ob es vielleicht noch der barocken Umgestaltung der Georgskirche von Leiblfing zuzuschreiben ist, die in den Jahren 1610 bis 1620 durchgeführt wurde, muß gegenwärtig offenbleiben.

25 Straßburg (St. Nikolaus) · Kärnten

Straßburg, Schloßmuseum
Inv.-Nr. 153
2. Hälfte 17. Jh.
2,25 x 1,73 m
Öl auf Leinwand,
einszeniger Typ: Kreuzaufrichtung

Inschrift:
FACTUS OPPROBRIUM . . . CTIO PLEBIS
(Trotz Unsicherheit in der Lesung des dritten Wortes dürfte sinngemäß zu übersetzen sein: „Gemacht zur Schande durch die Verstrickung des Volkes".)

Literatur:
Richard MILESI, Fastentücher in Kärnten, in: Die Kunst und das schöne Heim, März 1978, Heft 3, S. 150.

Aus der Stadtpfarrkirche von St. Nikolaus in Straßburg stammt das einszenige Fastentuch, das nun auch im Kärntner Raum zum ersten Mal abweichend von der älteren Feldergliederung auf der gesamten Fläche des schwarzgrundigen Tuches nur ein einziges Bild zeigt. Die Entwicklung zum relativ kleinformatigen und einszenigen Fastentuch, das nur das Altarblatt verhüllte, erfaßte den gesamten Alpenraum etwa zur selben Zeit. Während die bisher besprochenen einszenigen Fastentücher jeweils eine figurenarme Kreuzigung darstellten, kennen wir auch solche, die eine dem Kreuzigungsgeschehen unmittelbar vorausgehende Episode zeigen. Dabei hat der Künstler des Straßburger Fastentuches eine Komposition aus bewegten Formen und gedrängten Figurengruppen gewählt, die ganz im Gegensatz zu den einsamen Kreuzigungsbildern steht.

Der Unterschied zwischen den Kreuzigungsbildern und den dramatischen Passionsbildern ist evident. Es scheint dem Geschmack der jeweiligen Auftraggeber überlassen gewesen zu sein, aus den entsprechenden Vorlagen der Künstler auszuwählen. So hat man sich in Straßburg, dem Sitz der Gurker Bischöfe, in aufgeschlossener und weltmännischer Manier für ein Bild nach Tintoretto entschieden. Denn zweifellos hat sich der Maler an dem monumentalen Werk der Kreuzigung Christi von Tintoretto in der Scuola San Rocco zu Venedig orientiert. Aufgrund der zu Tintorettos Original seitenverkehrten Wiedergabe und vertauschten Lichtverhältnisse muß das vermittelnde Medium einer graphischen Vorlage angenommen werden. Es ist sogar die Frage, ob der unbekannte Künstler[235] das Werk in der Scuola San Rocco überhaupt je im Original gesehen hat.

Das Fastentuch in Straßburg stellt nämlich, gemessen am Original, die Aufrichtung des Kreuzes des linken Schächers dar. Erst durch die Isolation aus dem Gesamtzusammenhang kann die Szene zur Aufrichtung des Kreuzes Christi werden.

Die getreue Nachbildung der Vorlage wich an manchen Stellen einer freieren Ausführung. So sind manche Personen, wie etwa die Henkersknechte, die an der Kreuzaufrichtung direkt beteiligt sind, fast sklavisch aus der Vorlage übernommen; zumindest drei von ihnen sind seitenverkehrt wie auf der Vorlage, einer dagegen, jener, der am

82. Fastentuch STRASSBURG; St. Nikolaus. Foto: Hansjörg Abuja

Fußende des Kreuzes zupackt, erscheint wie auf Tintorettos Original.

Manche Bilddetails sind weniger gut geglückt, etwa die Leiter. Sie läuft in Tintorettos Original direkt auf den Betrachter zu, um ihn ins Bild hineinzuführen, während sie auf dem Fastentuch lediglich als Requisit dient und durch eine überzogene Perspektive auffällt. Der Bewegungsablauf einiger Personen wirkt unnatürlich; der Maler war zweifellos den komplizierten anatomischen Kunstgriffen des Vorbildes nicht gewachsen. Durch die ausschnittsweise Wiedergabe geriet er auch mit den bei Tintoretto großzügigen Platzverhältnissen ins Gedränge, zumal er sich genötigt sah, auf der kleineren Fläche noch weitere Figurengruppen zu plazieren, wie z. B. die römischen Offiziere hoch zu Roß, die im Original am Bildrand eine verhaltene Position einnehmen.

Ebenso mußte ja auch die Gruppe um die in Ohnmacht fallende Maria noch in den Bildausschnitt transportiert werden. Möglicherweise waren diese Veränderungen schon auf der graphischen Vorlage vollzogen.

Völlig neu gegenüber Tintorettos Bild in Venedig erscheint anstelle der weitläufigen, von dunklem Himmel überzogenen Landschaft die monumental am Horizont aufscheinende Silhouette der Stadt Jerusalem. In mystisches Licht getaucht, erscheint die Stadt weniger als historisierende Ortsbeschreibung, sondern vielmehr als Andeutung des himmlischen Jerusalem. Damit verläßt die Darstellung auf dem Fastentuch die rein historische Dimension und verknüpft die Passionsszene mit dem endzeitlichen Aspekt der Apokalypse. Die Verknüpfung von Kreuzigung und Jerusalem erscheint auf den Fastentüchern erst relativ spät. Eine Datierung des Straßburger Fastentuches stößt auf große Schwierigkeiten. Als terminus post quem ist das Original Tintorettos in Venedig praktisch unbrauchbar, da wir ja zahlreiche Zwischenstufen annehmen müssen. Als Zeitpunkt der Entstehung kommt somit das ganze 17. Jahrhundert in Frage, lediglich aufgrund mancher ikonographischer Details neigen wir zu einer Datierung nach der Jahrhundertmitte.

26 Fügen · Tirol

Fügen, Pfarrhaus
2. Hälfte 17. Jh.
ca. 2,00 x 1,50 m
Öl auf Leinwand,
einszeniger Typ: Kreuzannagelung

Literatur:
unpubliziert

Im Eingangskorridor des Pfarrhauses in Fügen (Zillertal) befindet sich linker Hand an der Wand eine großformatige, bemalte Leinwand. Sie ist heute auf einen Rahmen genagelt und war wohl ursprünglich ein Fastentuch. Die Herkunft des Tuches ist völlig unbekannt.

Die Malerei entspricht nach Form und Stil der venezianischen Tradition des 16. Jahrhunderts, eine Vorlage nach Tintoretto wie in Straßburg wäre durchaus denkbar. In seiner vorliegenden Gestalt dürfte das Tuch jedoch nicht vor der zweiten Hälfte des 17. Jahrhunderts entstanden sein.

Diagonal verlaufend, nimmt das am Boden liegende Kreuz das Zentrum des Bildes ein. Der Körper Christi ist blutüberströmt und liegt bereits auf dem Holz; ein dunkelhäutiger Kriegsknecht mit einem orientalisch anmutenden Turban ist mit einer weit ausholenden Bewegung dabei, den letzten Nagel in die linke Hand Christi zu treiben. Einige weitere Schergen sind ihm dabei behilflich oder rufen Christus spöttische Bemerkungen zu. Links im Hintergrund warten ein römischer Offizier zu Pferd und ein weiterer Soldat. Maria und Johannes bilden den Vordergrund des Bildes, beide sind zu Boden gesunken. Maria hat die Hände im Schmerz vor der Brust gefaltet, während sie Johannes tröstend an der Schulter umfaßt. Daneben, im Vordergrund rechts, liegen der Kreuztitulus sowie einige der Marterwerkzeuge, teilweise in einem geflochtenen Korb.

Die Komposition dieser Kreuzannagelung kann als gelungen bezeichnet werden, dürfte jedoch nicht dem hier tätigen Maler, sondern der Vorlage zuzuschreiben sein. Aber selbst die Ausführung ist nicht schlecht; lediglich die etwas stark pathetisch aufgefaßte Maria-Johannes-Gruppe fällt aus dem Rahmen. Die Leinwand befindet sich in einem katastrophalen Zustand, was den Gesamteindruck sehr beeinträchtigt. Überall ist die Ölfarbe abgeplatzt, die Ränder sind eingerissen und die Struktur des Leinens ist brüchig.

Zusammen mit dem Straßburger Tuch vertritt das Fastentuch aus Fügen einen unter den einszenigen Tüchern seltenen Typ; nicht die Kreuzigung wird als figurenarme Komposition dargestellt, sondern ein Geschehen kurz davor wird dramatisch ins Bild gesetzt. Beide Fastentücher lassen eine gute Vorlage erkennen. Aufgrund ihres seltenen Vorkommens lassen sich keine konkreten Aussagen über ihr tatsächliches Vorhandensein machen. Insgesamt scheinen sie aber seltener gewesen zu sein.

27 Straßburg (St. Stephan) · Kärnten

Straßburg, Schloßmuseum
Inv.-Nr. 190 „Kreuzigung" (Abb. 83)
17. Jhdt.
2,50 x 2,15 m
Öl auf Leinwand

Inv.-Nr. 191 „Dornenkrönung" (Abb. 84)
18. Jhdt.
1,70 x 1,08 m
Öl auf Leinwand

Inv.-Nr. 192 „Geißelung" (Abb. 85)
18. Jhdt.
1,50 x 0,93 m
Öl auf Leinwand

Einszeniger Typ – Fastentuchfolge

Literatur:
unpubliziert

Aus der Straßburger Filialkirche St. Stephan gelangten 1961 drei Fastentücher in den Besitz des Schloßmuseums. Sie zeigen mit Geißelung, Dornenkrönung und Kreuzigung drei Passionsszenen, und man muß wohl davon ausgehen, daß alle drei Tücher nicht wechselweise, sondern gemeinsam verwendet wurden. Ihre unterschiedlichen Formate machen deutlich, daß sie einst vor verschiedenen Altären gehangen haben. Das größte der drei Tücher mit der Kreuzigung war zum Verhüllen des Hochaltares gedacht, die beiden etwa gleich großen, kleineren Tücher hingen vor den Seitenaltären.

Im Zuge der barocken Erneuerung war die Dreizahl der Altäre zur Standardausstattung der alpenländischen Dorfkirche geworden. Der Hochaltar befand sich im Chor, die beiden Nebenaltäre rahmten links und rechts den Chorbogen. Unter solchen Bedingungen darf auch die Dreizahl der Fastentücher als allgemein üblich angesehen werden.

Die drei Fastentücher von Straßburg machen allerdings den Eindruck, als seien sie nicht gleichzeitig entstanden. Während die beiden kleineren Behänge als typische Erzeugnisse des 18. Jahrhunderts angesehen werden müssen, könnte das größere Fastentuch auch schon im 17. Jahrhundert entstanden sein.

Es zeigt ikonographisch denselben Typ wie jenes aus Leiblfing. Maria und Johannes stehen links und rechts des Kreuzes, während Maria Magdalena zu Füßen des Gekreuzigten kniet, den Kreuzstamm mit den Armen umfängt und ihr Gesicht an die Füße Christi schmiegt. Das Motiv der kelchtragenden Engel, die das den Wunden Christi entströmende Blut auffangen, begegnet nur auf den Fastentüchern des 17. und 16. Jahrhunderts. Jegliche Andeutung eines Hintergrundes fehlt, und die Figuren sind einfach vor die dunkle Fläche der Leinwand gesetzt.

Die beiden kleineren Fastentücher, an denen sich noch die originalen Holzstangen zum Aufhängen und Straffen der Leinwand befinden, müssen

83. Fastentuch STRASSBURG; St. Stephan: Kreuzigung. Foto: Verfasser

stilistisch dem bäuerlichen Realismus des 18. Jahrhunderts zugewiesen werden. Gemeint ist damit eine Malerei, die treu am mittelalterlichen Sujet festhält und dabei den Versuch unternimmt, das Geschehen weiter zu dramatisieren. Man versucht, kraftvolle Bewegungen und spöttische Gesten bildlich darzustellen. Man hat nicht von ungefähr den Eindruck, als agierten hier linkische Laiendarsteller eines bäuerlichen Leiden-Christi-Spieles. Die Bewegungen sind überzogen, das Gehabe wirkt unnatürlich und gewollt. Der Bildraum realisiert keinen historischen Ort, sondern erscheint

84. Fastentuch STRASSBURG; St. Stephan: Dornenkrönung. Foto: Verfasser

85. Fastentuch STRASSBURG; St. Stephan: Geißelung. Foto: Verfasser

wie eine Bühne. Daß Christus in der Szene der Dornenkrönung dem Ort des Geschehens nicht angemessen auf einem Felsblock sitzt, kann doch nur so erklärt werden, daß es sich hierbei um ein Theaterrequisit handelt, das für die unterschiedlichsten Auftritte gebraucht wurde. Als Hintergrund der Bühne diente ein einfacher schwarzer Vorhang. Selbst der Hintergrund in der Geißelszene wirkt eher wie ein Kulissenvorhang als eine echte Architektur. Im Passionsspiel werden die einfachen Maler tatsächlich ihr Vorbild gesehen haben; verbunden mit künstlerischen Unzulänglichkeiten haben sie Werke geschaffen, deren Ernsthaftigkeit zwar nicht in Abrede gestellt werden kann, deren Wirkung aber den gewandelten gesellschaftlichen Bedingungen nicht mehr standhält.

Die unterschiedlichen räumlichen Auffassungen der beiden kleinen Fastentücher und natürlich ihre unterschiedlichen Formate deuten darauf hin, daß sie nicht miteinander und wohl auch nicht vom selben Künstler geschaffen worden sind. Im Zeitpunkt ihrer Entstehung trennen sie aber wohl nur wenige Jahre. Um die Mitte des 18. Jahrhunderts sind die beiden stuckierten Seitenaltäre zu datieren, vor denen sie einst hingen. Möglicherweise wurden die Fastentücher zu etwa der gleichen Zeit angeschafft, sicherlich aber nicht früher.

Die Leinwand der beiden kleinen Tücher ist viel gröber als die des größeren Fastentuches. Durch die dick aufgetragene Ölfarbe wurde die Leinwand hart und die Malerei brüchig. Ihr Zustand muß deshalb als äußerst beklagenswert bezeichnet werden. Das ältere Fastentuch ist zudem an vielen Stellen löchrig und eingerissen.

Trotz mancher künstlerischer Mängel stellen die drei Fastentücher von Straßburg das bemerkenswerte Beispiel einer gewachsenen Fastentuchfolge dar und repräsentieren den gängigen Brauch im 18. Jahrhundert.

28 St. Peter/Taggenbrunn · Kärnten

dort noch in kirchlichem Gebrauch
„Kreuzigung"
vielleicht noch 17. Jhdt.
2,20 x 1,40 m
Öl auf Leinwand

„Geißelung"
18. Jhdt.
1,80 x 1,15 m
Öl auf Leinwand

„Dornenkrönung"
18. Jhdt.
1,80 x 1,15 m
Öl auf Leinwand

Einszeniger-Typ – Fastentuchfolge

Literatur:
unpubliziert

Die Pfarrkirche St. Peter bei Taggenbrunn, Zentrum eines kleinen Weilers südwestlich des Längsees, zeigt alljährlich zur Passionszeit noch das standardisierte Programm einer drei Tücher umfassenden Fastentuchfolge mit den Szenen Geißelung, Kreuzigung und Dornenkrönung.

Wie in Straßburg gehört das größte der drei Tücher mit der Kreuzigung an den Hochaltar im Chor. Auf die Gestalt der Maria Magdalena wurde hier verzichtet, dafür erscheint im Hintergrund die Silhouette der Stadt Jerusalem. Der dunkle, undifferenzierte Hintergrund wurde aufgehoben. Den Himmel verdunkeln düstere Wolken, in denen schemenhaft die beiden Himmelsgestirne, Sonne und Mond, zu erkennen sind. Gegenüber Straßburg stellt das Fastentuch von St. Peter eine Weiterentwicklung dar; vielleicht kann man es noch dem 17. Jahrhundert zurechnen. Zumindest scheint es

86. Fastentuch ST. PETER/TAGGENBRUNN. Foto: Verfasser

87. Fastentuch ST. PETER/TAGGENBRUNN: Kreuzigung. Foto: Verfasser

88. Fastentuch ST. PETER/TAGGENBRUNN: Geißelung Christi. Foto: Verfasser

älter als die beiden kleinen Fastentücher an den Nebenaltären zu sein.

Die Fastentücher mit Geißelung und Dornenkrönung besitzen eine einheitliche Gestaltung. Charakteristisch ist die braune, oben halbrund geschlossene Rahmung. Die beiden Tücher passen sich den Nebenaltären aus der Mitte des 18. Jahrhunderts gut an und dürften zeitgleich mit ihnen entstanden sein. Die stilistische Auffassung der beiden Tücher ist dieselbe wie in Straßburg. Auch hier scheint das volkstümliche Passionsspiel Pate gestanden zu haben. Dies ergibt sich schon aus den historisierenden Phantasieuniformen, wie man sie bei solchen Auftritten getragen hat. Ein Blick auf die oben merkwürdig gekappte Geißelsäule zeigt, daß auch sie ein Theaterrequisit ist. Sie besitzt an ihrem unteren Ende sogar noch den hölzernen Standfuß, der sie vor dem Umfallen schützte. Der Bühnenraum mit dem gefließten Boden ist in beiden Szenen derselbe.

Auch in St. Peter scheinen wir eine gewachsene Fastentuchfolge vor uns zu haben, wenngleich hier der Befund nicht so deutlich ist und zumindest das größere und die kleineren Fastentücher zeitlich näher beieinander liegen.

29 Garsten I · Oberösterreich

dort noch in kirchlichem Gebrauch
1697
Johann Carl von Reslfeld
ca. 7,50 x 3,50 m
einszeniger Typ: Christus am Kreuz

Literatur:
unpubliziert
Datierung und Zuschreibung nach Erhard Koppensteiner, Malerei im Stift Garsten, in: Kirche in Oberösterreich, 200 Jahre Bistum Linz, Katalog der Oberösterreichischen Landesausstellung 1985, Linz 1985, S. 210

Ganz im Schatten der berühmten Wechselbehänge und Fastentücher des Kremser Schmidt (s. GARSTEN II) steht das ältere Fastentuch des Hochaltares, das Johann Carl von Reslfeld bereits achtzig Jahre früher geschaffen hat. In der Passionszeit wird es vor das von Frans de Neve gemalte Altarblatt gehängt. In seiner schlichten Gestaltung kontrastiert es in auffälliger Weise mit der bewegten und figurenreichen Darstellung der Vollendung Mariens und ihrer Krönung im Himmel. Für den, der als Betrachter das Marienbild gewohnt ist, wirkt das Fastentuch als unübersehbares Zeichen der Passionszeit. Andererseits wurde es in seinen Maßen so geschickt in die Säulenarchitektur des Hochaltares eingefügt, daß es auf den ersten Blick nicht auffällt. Damit besitzt es eher den Charakter eines Wechselbildes.

Das Fastentuch besticht durch die ebenso knappe wie eindrucksvolle Darstellung des hochaufragenden Kruzifixes, an dessen Fuß nur Maria und Johannes stehen. Wie alle anderen Fastentücher auch, verzichtet das Garstener Tuch auf die mittelalterliche Tradition der figurenreichen Kreuzigung. Dadurch gewinnt der einfarbig dunkelblaue Grund des Fastentuches einen eigenen Stellenwert als Zeichen der optischen Trauer, die eine sinnenreiche Darstellung bewußt meidet, um den fastenzeitlichen Charakter von Buße und Trauer zu unterstreichen. Diese Zurückhaltung wird vor allem auf dem Hintergrund einer sonst überaus prächtigen Innenraumgestaltung der Garstener Stiftskirche deutlich.

Das Garstener Fastentuch ist das älteste in Österreich erhaltene Beispiel vom einszenigen Typ, das sicher datierbar ist. Frühere Beispiele sind ihm aber vorausgegangen, so auch das 1632 datierte, aber heute verschollene Fastentuch aus St. Jakob ob Fügen. Ebenso sind ältere Exemplare aus dem alemannischen Raum bekannt. Einszenige Fastentücher mit einer figurenarmen Kreuzigung auf schwarzem oder dunklem Hintergrund waren im 17. Jahrhundert besonders beliebt. Ebenso scheint es typisch zu sein, daß zunächst für den Hochaltar ein solches Tuch geschaffen wurde, während Behänge für die übrigen Altäre erst in der Folgezeit hinzukamen.

89. Fastentuch GARSTEN I.

Foto: Verfasser

30 Pleßnitz

Filialkirche St. Johannes, Pleßnitz
1. Hälfte 18. Jhdt.
3,50 x 2,50 m
um eine zentrale Kreuzigungsgruppe sind 8 neutestamentl. Szenen angeordnet.
Zentral-Typ

Literatur:
unpubliziert

Die Bilderfolge:

<table>
<tr><td>Dornenkrönung</td><td>Kreuztragung</td><td>Annagelung</td></tr>
<tr><td>Geißelung</td><td rowspan="2">Kreuzigung Christi
zwischen
Maria und Johannes</td><td>Lanzenstich</td></tr>
<tr><td>Ölberg</td><td>Beweinung</td></tr>
<tr><td>Abendmahl</td><td>Taufe Jesu</td><td>Grablegung</td></tr>
</table>

In einem beklagenswerten Zustand befindet sich das Fastentuch von Pleßnitz, einer kleinen Gemeinde am westlichen Hang des Liesertales. Die aus drei senkrechten Bahnen zusammengenähte Leinwand weist viele Beschädigungen und Löcher auf. Die Farben sind über die gesamte Fläche stark abgerieben und vor allem auf der rechten Seite bis zur Unkenntlichkeit verblaßt.

Das volkstümliche Tuch gehört zu den wenigen erhaltenen Exemplaren des Zentral-Typs und besitzt darin seinen Eigenwert, obwohl es keinen Anspruch auf künstlerische Qualität erheben kann. Augenfällig erscheint das hochrechteckige Mittelfeld mit einer Darstellung des Gekreuzigten zwischen Maria und Johannes. Wie eine ornamentale Rahmung zu diesem Bild erscheinen die teils quer-, teils hochovalen Medaillons, in denen die Taufe Christi und neun Passionsszenen dargestellt sind. In einem zarten, pastellfarbenen Rosa windet sich ein phantasievolles Rankenwerk um diese Medaillons. Verrät diese Umrahmung den Einfluß des süddeutschen Rokoko, so folgt die Art der Darstellung noch dem derben, bäuerlichen Barock (Abb. 90).

Die Darstellung der Kreuzigung meidet jede historisierende Tendenz und verleiht ihr so den Charakter eines Andachtsbildes. Die Aussage gründet in dem deutlichen Wechselspiel von Licht und Farbe. Links und rechts des Kreuzes türmen sich dunkle Wolken gemäß dem Bericht des Evangeliums: „Von der sechsten Stunde an lag eine Finsternis über dem ganzen Land bis zur neunten

90. Fastentuch PLESSNITZ.

Foto: Hansjörg Abuja

Stunde" (Mt. 27, 45). Hinter dem Kreuz aber öffnet sich der Himmel in einem strahlenden Gelb und verkündigt den Gnadenhorizont der Auferstehung. Wie eine dunkle Erinnerung an das grausame Geschehen auf Golgatha wirken die grobschlächtigen Keile, mit denen das Kreuz in den Erdboden eingepflockt ist.

Vom ohnmächtigen Schmerz der beiden Assistenzfiguren Maria und Johannes spürt der Betrachter nichts. Maria hat die Hände still im Gebet gefaltet, während Johannes mit vor der Brust gekreuzten Armen andächtig zum Gekreuzigten emporblickt. Maria und Johannes sind nicht am eigentlichen Geschehen beteiligt, sie stehen vielmehr auf der Seite des Beschauers und leiten ihn gleichsam zu einer andächtigen Verehrung des Kreuzes an.

Die umgebenden Medaillons sind dagegen noch echte Passionsszenen. Die Feinde Christi sind derbe Gestalten mit rohen Gesichtszügen, die sich mit Genuß der Marterung Christi hingeben (Abb. 91). Die trauernden Frauen bei der Kreuztragung und die Maria in der Beweinung zeigen dagegen hemmungslosen Schmerz. Unter den Fastentüchern des Zentral-Typs gehört das Pleßnitzer Tuch noch zu den bilderreichen und schildert als einziges über den Passionsrahmen hinausgehend die Taufe Christi.

91. Fastentuch PLESSNITZ. Detail: Dornenkrönung.
Foto: Hansjörg Abuja

31 Berwang – Bichlbächle · Tirol

Bichlbächle, Antoniuskirche
1746
ca. 1,90 x 1,40 m
Öl auf Leinwand
Christian Khlos
einszeniger Typ: Geißelung Christi

Inschrift:
Christian Khloß 1746

Literatur:
unpubliziert

Anstelle einer kleinen Kapelle aus dem 17. Jahrhundert wurde das jetzige Antoniuskirchlein, eine Filiale der Berwanger Mutterpfarre, 1735/6 erbaut. Die Kirche ist so winzig, daß sie entgegen dem normalen Standard nur einen Altar besitzt. Das Fastentuch, das sich heute noch dort befindet, wird auch ursprünglich hier beheimatet gewesen sein.

Das Fastentuch enthält die Szene der Geißelung Christi in typischer Manier. Der leidende Christus ist an eine niedere Geißelsäule gefesselt, sein Körper, auf dem die Geißel blutige Striemen zeichnet, schimmert extrem bleich, vor allem im Gegensatz

zur kräftigen Hautfarbe der Schergen. Das Fastentuch entspricht so den bisher bekannten Beispielen.

Während die Geißelszenen sonst in der dreiteiligen Fastentuchfolge auf einem der beiden kleineren Tüchern erscheint, wird sie in Bichlbächle die einzige Szene gewesen sein. Raum für weitere Fastentücher wäre nicht gegeben. Außerdem ist das Tuch signiert und datiert, was auch dafür spricht, daß es keine Nebenszene, sondern die Hauptszene darstellt.

92. Fastentuch
BERWANG-BICHLBÄCHLE.
Foto: Verfasser

32 Metnitz · Kärnten

dort noch in kirchlichem Gebrauch
um 1760
Öl auf Leinwand
zwei einszenige Tücher:

„Geißelung"
3,00 x 2,26 m
„Dornenkrönung"
3,00 x 2,20 m

Literatur:
unpubliziert

Von einer ursprünglich dreiteiligen Fastentuchfolge sind nur noch die beiden Nebenszenen, Geißelung und Dornenkrönung, erhalten. Das gegenwärtige Hochaltarfastentuch (Abb. 117) ist ein Ersatz des 19. Jahrhunderts.

Das Tuch mit der Dornenkrönung kann mit jenem aus Straßburg, St. Stephan, verglichen werden. Wiederum sitzt Christus auf einem großen Felsblock. Der Hintergrund ist schlicht schwarz. Auch hier scheint die Vermutung zuzutreffen, es handle sich um das Abbild einer theaterhaften Kulisse. Der Fels ist Handlungsort für unterschiedliche Szenen, den Hintergrund bildet ein einfacher, schwarzer Vorhang. Die bäuerlich schlichten Rocaillen wirken wie die geschnitzte Verkleidung des vorderen Bühnenabschlusses.

Wie eng die einzelnen Fastentücher miteinander verwandt sind, offenbart ein Vergleich der Tücher aus Metnitz, St. Peter/Taggenbrunn, Straßburg und Lieding. Die Haltung Christi ist jeweils zum Verwechseln ähnlich, ebenso sind die Kostüme der Kriegsknechte vielfach vergleichbar. In den Szenen von Metnitz und St. Peter/Taggenbrunn meint man sogar, denselben Schauspieler mit demselben Kostüm agieren zu sehen.

Die Fastentücher erreichen hier eine ausgesprochene Uniformität, wobei der Zeitgeschmack in der Tat durch die überall beliebten Leiden-Christi-Spiele geprägt wird. Und daran orientieren sich die Fastentücher. Hier scheinen sich nun vermehrt Indizien dafür finden zu lassen, daß die darstellende Kunst, hier also das religiöse Volksschauspiel, auf die bildende Kunst eingewirkt hat[236]. Während allerdings für die mittelalterliche Kunst immer stärker mit der Vermittlung graphischer Vorlagen zu rechnen ist, hat im 18. Jahrhundert augenscheinlich die Passionsbühne direkt das Passionsbild gestaltet.

Daran, daß es sich auch bei den Metnitzer Fastentüchern um ausgesprochen volkstümliche Arbeiten des 18. Jahrhunderts handelt, kann kein Zweifel sein. Sie werden der zweiten Jahrhunderthälfte zuzuweisen sein. Dadurch ergibt sich die Möglichkeit, sie mit der Aufrichtung der beiden Nebenaltäre, die um 1760 anzusetzen ist, in Verbindung zu bringen.

93. Fastentuch METNITZ: Geißelung Christi. Foto: Verfasser

94. Fastentuch METNITZ: Dornenkrönung Christi. Foto: Verfasser

33 Lieding · Kärnten

dort noch in kirchlichem Gebrauch
2. Hälfte 18. Jhdt.
„Kreuzigung"

„Geißelung"

„Dornenkrönung"

Öl auf Leinwand
einszeniger Typ – Fastentuchfolge

Inschrift:
Vater, verzeih ihnen, denn sie wissen nicht, was sie tun

Literatur:
unpubliziert

Die drei Fastentücher der Pfarrkirche zur Heiligen Margaretha in Lieding oberhalb von Straßburg am nördlichen Rand des Gurktales bilden das wohl schönste Ensemble einer dreiteiligen Fastentuchfolge. Im Unterschied zu den thematisch vergleichbaren Folgen von Straßburg, St. Stephan, und St. Peter/Taggenbrunn sind die drei Tücher in Lieding wohl gleichzeitig entstanden. Da man sie mit Fug und Recht wohl in die zweite Hälfte des 18. Jahrhunderts zu datieren hat, liegt es nahe, sie mit der barocken Neuausstattung in den siebziger Jahren dieses Jahrhunderts in Verbindung zu bringen. 1771 hat Johann Georg Hittinger (?) den Hochaltar mit Opfergangsportalen und wenig später die beiden schräggestellten Seitenaltäre (1777?) geschaffen.

Hier wird noch einmal die Notwendigkeit solcher Fastentücher deutlich, denn der Hochaltar zeigt als ikonographisches Normalprogramm die Madonna als Himmelskönigin. In der Fastenzeit mußte sie durch eine adäquate Passionsdarstellung ersetzt werden. Man wählte dazu eine figurenarme Kreuzigung mit Maria, Johannes und Maria Magdalena (Abb. 97) und stellte dieser Szene, wie es

95. Fastentuch LIEDING: Dornenkrönung. Foto: Hansjörg Abuja

96. Fastentuch LIEDING: Geißelung. Foto: Hansjörg Abuja

üblich war, die Geißelung und die Dornenkrönung auf den kleineren Behängen der Nebenaltäre zur Seite.

Für das stark hochformatige Mittelfastentuch wählte man eine dunkelgefärbte Leinwand, die deutlich die Tradition des 17. Jahrhunderts verrät, das hochaufragende Kruzifix dagegen scheint typischer für das 18. Jahrhundert zu sein. In der untersten Bildzone erscheint Jerusalem im Hintergrund, ebenfalls ein Detail, welches auf eine spätere Entstehungszeit hinweist. Maria erscheint im Typus der Schmerzensmutter (mater dolorosa); in ihrem Herz steckt ein Schwert als Symbol ihres Schmerzes entsprechend der Prophezeiung des greisen Simeon bei der Darbringung Jesu im Tempel: „Es wird ein Schwert durch deine Seele dringen, auf das vieler Herzen Gedanken offenbar werden“ (Lk. 2,35; vgl. Luzern).

Den tröstlichen Charakter des Fastentuches unterstreichen die Worte: „Vater, verzeih ihnen, denn sie wissen nicht, was sie tun“, eines der letzten Worte Jesu am Kreuz (Lk. 23, 34).

Vergleichbar im Kolorit sind die beiden kleineren, annähernd quadratischen Fastentücher der Nebenaltäre. Unterschiedlich ist ihre Bildauffassung, denn sie sind über die ganze Fläche bemalt und zeigen Geißelung und Dornenkrönung wie eine Momentaufnahme. Auch sie sind zwar letztlich Andachtsbilder, aber im Gegensatz zur unhistorischen Darstellungsweise der Kreuzigung bevorzugen sie eine narrative Darstellungsweise mit naturalistischer Tendenz.

Dabei besitzt die Szene der Geißelung noch ein interessantes Bilddetail. Der Scherge zur Rechten Christi, der gerade mit seiner Geißel zum Schlag ausholt, greift mit seiner linken Hand nach einer Haarsträhne Christi, um sie ihm auszureißen. Dies darf nicht als Eigenwilligkeit des Malers verstanden werden, sondern läßt sich auf die barockzeitliche Andachtsform zu den ‚geheimen Wunden und verborgenen Leiden Christi‘ zurückführen. Der barocke Drang, die Wunden und Leiden des Erlösers noch mehr zu steigern, führte zu einer ganzen Reihe von Mißhandlungen Christi, von denen die Evangelien nichts wissen, die aber mancherorts visionär geschaut wurden. Diese spezielle Andachtsform fand vor allem im süddeutschen und

97. Fastentuch LIEDING: Kreuzigung. Foto: Hansjörg Abuja

österreichischen Raum Verbreitung, gefördert durch das Offenbarungsbuch der spanischen Franziskanerin Maria von Agreda (1602–1665) „Die geheimnisreiche Stadt Gottes“[237] und ihrer bayrischen Ordensschwester Kreszentia Höß, die eine besondere Andacht zum Kerkerheiland verbreitete.[238]

Eine dieser besonderen Wundmale fügten ihm die Schergen zu, als sie ihm eine Locke aus seinem Haupthaar rissen.

34 Garsten II · Oberösterreich

Exstiftskirche, dort noch in kirchlichem Gebrauch
1777
Martin Johann Schmidt, genannt „Kremser Schmidt" (und Werkstatt)
Wäßrige Tusche auf blauem Leinen (Grisaillemalerei)
18 einszenige Tücher, davon 12 beidseitig verwendbar mit Szenen zur Advents- und zur Passionszeit (Wechselbehänge). Fastentuchfolge

Behänge: I–VI: 3,80 x 2,50 m; VII–XII: 3,80 x 5,80 m; 13–18: 3,10 x 2,12 m

Literatur:

HARTER-HART, Die Wandbehänge der ehemaligen Stiftskirche in Garsten, in: Die Christliche Kunst 12, Heft 11, 1915/16, S. 296 ff.

Ernst KOSCH, Die Exstiftskirche Garsten, Linz 1923, S. 20 f und Abb. S. 29.

Karl GARZAROLLI-THURNLAKH, Das graphische Werk M.J.S., Zürich–Wien–Leipzig 1925.

Josef PERNDL, Die Stiftskirche von Garsten, ihre Geschichte und Ausstattung, Diss. ungedr., Wien 1939.

Josef ZYKAN, Fritz Dworschak, Rupert Feichtmüller, Karl Garzarolli-Thurnlakh, Der Maler Martin Johann Schmidt, genannt „Der Kremser Schmidt" 1718–1801, Wien 1955, S. 167, 265 f.

Josef PERNDL, Die Stiftskirche von Garsten, ihre Geschichte und Ausstattung, in: Jahresbericht des Kollegiums Petrinum, Linz 1963, S. 1–66.

Manfred KOLLER, Die barocken Wandbehänge der ehemaligen Stiftskirche Garsten in Oberösterreich, in: Oberösterreich Heft 3, 1985, S. 77–88.

Ausstellungskatalog Kirche in Oberösterreich. 200 Jahre Bistum Linz. (Oberösterreichische Landesausstellung 26. April bis 27. Oktober 1985), Linz 1985, S. 215, 308.

Die Bilderfolge:

	Adventsseite	Passionsseite
I	Verheißung über die Stammeltern (Abb. 99)	Fußwaschung
II	Die Sehnsucht des Alten Testamentes nach der Verheißung (Vorhölle) (Abb. 102)	Christus am Ölberg
III	Verkündigung an Joachim (Abb. 100)	Gefangennahme Christi
IV	Verkündigung an Anna	Christus vor dem Hohenpriester
V	Geburt Mariens	Christus vor Annas (Abb. 98)
VI	Anna lehrt Maria lesen	Abschied Christi von seinen Jüngern
VII	Tempelgang Mariens	Geißelung Christi
VIII	Vermählung Mariens mit Joseph	Dornenkrönung Christi
IX	Opfer des Zacharias	Ecce homo
X	Verkündigung an Maria	Christus vor Pilatus
XI	Heimsuchung	Kreuztragung
XII	Traum Josephs	Kreuzannagelung

13	vor dem Kunigundenaltar:	Abschied Christi von seiner Mutter
14	vor dem Skapulieraltar:	Verleugnung Christi durch Petrus
15	vor dem Benediktaltar:	Kreuztragung über den Bach Kidron
16	vor dem Bertholdaltar:	Kreuzabnahme
17	vor dem Josefialtar:	Grablegung (Wien, Niederösterreichisches Landesmuseum)
18	vor dem Gertrudisaltar:	Letztes Abendmahl (verschollen)
	(vor dem Hochaltar:	Kreuzigung, vgl. GARSTEN I)

Die ehemalige Stiftskirche von Garsten birgt einen großen Schatz barocker Wandbehänge, der im Rahmen dieser Arbeit nicht ausreichend gewürdigt werden kann. Ohnehin ist hier der Übergang vom Fastentuch zur barocken Festdekoration fließend. Schon zur kirchenjahreszeitlichen Normalausstattung gehören textile Behänge, hier in Form gestickter Gobelins mit Szenen aus der Geschichte Alexander d. Gr., und bemalte Leinwände zu den biblischen Makkabäerbüchern[239]. Die letzteren werden traditionell jenem Johann Carl von Reslfeld zugeschrieben, der auch das Fastentuch für den Hochaltar 1697 gemalt hat (s. Garsten I). Zwei Generationen später ließ der letzte Abt von Garsten, Maurus Gordon, 1777 durch den Maler Martin Johann Schmidt nicht nur die schadhaften Wandbehänge restaurieren, sondern auch für die Advents- und Passionszeit ganz neue malen. Sie sind

98. Wechselbehang GARSTEN II: Christus vor Annas (Passionsseite).
Foto: Gerhard Sörries

99. Wechselbehang GARSTEN II: Verheißung über die Stammeltern (Adventseite).
Foto: Gerhard Sörries

100. Wechselbehang GARSTEN II: Verkündigung an Joachim (Adventseite).
Foto: Gerhard Sörries

in bemerkenswerter einfarbiger Blaumalerei ausgeführt.

Diese Wandbehänge, insgesamt 18 an der Zahl, erwecken unsere Aufmerksamkeit, weil sie mit den Fastentüchern die besondere kirchenjahreszeitliche Verwendung gemeinsam haben. Streng genommen dürfen aber nur die Tücher vor den sechs Nebenaltären als Fastentücher bezeichnet werden (in unserer Zählung 13–18), die restlichen zwölf Behänge (also I–XII) hängen nicht vor Altären, sondern überdecken die Gobelins und gemalten Leintücher und sind zudem beidseitig bemalt; sie verdienen deshalb die Bezeichnung „Wechselbehänge". Andererseits bilden Wechselbehänge und Fastentücher in der Passionszeit einen einheitlichen Zyklus, auch besitzen sie ein gemeinsames Erscheinungsbild.

Man darf hier wohl annehmen, daß sich zwei mittelalterliche Traditionen kreuzen. Zum einen liegt die Idee des Fastentuches zugrunde, das seit dem 17. Jahrhundert in Kirchen mit mehreren Altären zu umfangreichen Fastentuchfolgen ausgebaut werden konnte (vgl. z. B. Luzern!), zum anderen war der seit alters geübte Brauch beispielgebend, Kircheninnenräume mit Vorhängen aller Art zu schmücken[240].

Die barocke Kirchenkunst hat die funktionalen Möglichkeiten textiler Bilder zur Veränderung des Kirchenraumes aufgegriffen; ein direkter Einfluß der Fastentücher muß hier nicht einmal angenommen werden, denn die Fastentücher sind Bestandteil dieser textilen Kirchenkunst, nicht unbedingt ihr Hauptanliegen. Die Kunst im Sakralraum muß deutlich aus der Vorstellung statischer Unveränderlichkeit befreit werden: „Sakrale Kunstwerke waren jedoch zu allen Perioden, besonders aber im späten Mittelalter (Gotik) und in der von der katholischen Gegenreformation getragenen Barockkunst, im Laufe des Kirchenjahres in vielfachem Wandel begriffen. Die künstlerische Überhöhung der Kirchenräume diente als äußerer Rahmen und funktionelles Instrument der Gemeindeliturgie, für Hochfeste, Wallfahrten, theatralische Manifestationen (von Passionsspielen bis zu den pompes funebres) und sicherlich auch oft genug für Zwecke kirchenpolitischer Demonstration oder lokalpatriotischer Repräsentation." (Koller, S. 77)

In Garsten berühren sich die Fastentücher als spezieller Ausdruck dieser Kunstform mit dem übergeordneten Prinzip. (Vgl. dazu den Abschnitt „Fastentuch und Wechselbild"!)

Die Ikonographie des Passionszyklus bietet im Grunde genommen nichts Neues, sie umfaßt unter Einschluß des alten Hochaltarfastentuches 19 Szenen von der Fußwaschung bis hin zur Grablegung; unter dem Gesichtspunkt der Fastentücher ist die Bilderreihe von Garsten allerdings die bei weitem umfassendste Fastentuchfolge und erreicht den

101. Wechselbehang GARSTEN II: Behänge zur Adventzeit. Foto: Verfasser

102. Wechselbehang GARSTEN II: Sehnsucht des Alten Testaments nach der Verheißung. Detail: Christi Geburt.
Foto: Gerhard Sörries

Szenenumfang der mittelalterlichen Feldertücher. Die nächst ausführliche Fastenfolge, die sich in Luzern erhalten hat, besitzt (nur noch?) fünf Szenen.

Passions- und Adventszyklus lassen sich schließlich unter einem gemeinsamen Blickwinkel erfassen, der gleichfalls an die mittelalterliche Fastentuchikonographie erinnert. Beide Bildseiten schildern ja in einem zeitlichen Nacheinander dasselbe, was früher auf den Fastentüchern gemeinsam dargestellt wurde, nämlich Inkarnation (hier allerdings konzentriert auf die Mariengeschichte) und Passion. Und der Adventszyklus besitzt sogar noch den typischen alttestamentlichen Vorspann. Zwei Bilder begründen die Voraussetzung für die Erlösung durch Jesus Christus, wenn auch in neuer, eigenwilliger Form.

Der Inhalt des ersten Behanges[241] kann „Verheißung über die Stammeltern" benannt werden. Unter dem Baum der Erkenntnis, um dessen Stamm sich die Schlange windet, kauern die im Sündenfall verstrickten Stammeltern. Daneben steht die beherrschende Gestalt Gottvaters, der mit deutlicher Geste Adam und Eva auf die Erscheinung der Maria Immaculata hinweist. Maria steht triumphierend auf der von der Schlange umwundenen Weltkugel, sie wird von einem Lichtglanz umstrahlt und hat die Hände vor der Brust gefaltet. Dieser auf die unbefleckte Empfängnis Mariens hinweisende Bildtyp wird zum wichtigsten Marienbild der Barock- und Rokokozeit (Abb. 99). Dieses Bild weist unübersehbar auf den Gnadenhorizont angesichts des Sündenfalls hin. Ebenso ist der zweite Behang „Die Sehnsucht des Alten Testaments nach der Verheißung" zu deuten. Die Väter des Alten Bundes sind in der Vorhölle versammelt, man sieht Könige und Patriarchen teils mit flehend erhobenen Händen, teils die Hände in stiller Ergebenheit gefaltet sowie die Schlange mit dem Apfel. Darüber schwebt ein Engel und zeigt auf die miniaturhaft kleine Erscheinung der Gottesmutter mit dem Kind in der Krippe auf einer Wolke. Mit bloßem Auge kann man dies fast nicht erkennen, so fern und weit erscheint die Erlösung, und dennoch ist sie real schon gegenwärtig (Abb. 102).

Nach diesen beiden einleitenden, aber grundlegenden Szenen folgt in weiteren zehn Bildern die Geschichte der Jungfrau von der Verkündigung an Joachim (Abb. 100) bis zur Heimsuchung und zum Traum Josephs. Doch nicht nur thematisch orientieren sich die Behänge an der Advents- bzw. Passionszeit, auch ihre farbliche Zurückhaltung wird der stillen Zeit im Kirchenjahr gerecht (Abb. 101) und verleiht dem Raum eine besondere Stimmung. Dabei darf nicht vergessen werden, daß ja auch die Vorweihnachtszeit Fastenzeit ist. Somit dürfen ruhig die Adventsbehänge Fastentücher genannt werden.

35 Deutsch-Griffen · Kärnten

dort noch in kirchlichem Gebrauch
letztes Drittel 18. Jhdt.
einszeniger Typ: Vesperbild

Literatur:
Unpubliziert.

103. Fastentuch DEUTSCH-GRIFFEN. Foto: Verfasser

In der Reihe der einszenigen Fastentücher kann jenes aus Deutsch-Griffen eine Sonderstellung beanspruchen, denn es zeigt eine völlig eigenständige Ikonographie. Im Zentrum des Bildes sitzt die trauernde Mutter Jesu, ein Nimbus umstrahlt ihr Haupt, ihr Blick richtet sich andächtig nach oben. Breit hingelagert ruht der tote Sohn auf ihrem Schoß, den Oberkörper zum Betrachter gedreht. Hinter der Christus-Maria-Gruppe wird Johannes sichtbar, der augenscheinlich betroffen auf die Szene blickt. Maria Magdalena kniet zu Füßen Christi, umgreift mit der rechten Hand seine Beine und hält mit der Linken den rechten Arm Christi, an den sie auch ihren Kopf schmiegt. Dahinter wird der Kopf einer weiteren Frau sichtbar.

Die Darstellung läßt sich ikonographisch nicht eindeutig festlegen, sie muß als Kombination von Vesperbild (Pietà, Marienklage) und Beweinung

Christi angesprochen werden. Beide Themen beruhen nicht auf biblischen Motiven, sondern sind wohl im Gefolge des mystischen Nacherlebens der Passion Christi entstanden. Zuerst in dichterischen Marienklagen nachweisbar, findet sich die Darstellung in der Kunst seit dem 14. Jahrhundert. Vesperbild und Beweinung zählen zu den wichtigsten Andachtsbildern und sind so zahlreich gewesen, daß ihr seltenes Vorkommen in der Fastentuchikonographie auffallen muß. Einzige erhaltene Parallele ist das Fastentuch von Rheinfelden. Dieser Umstand muß betont werden, weil ja gerade die nachmittelalterliche Frömmigkeit Marienthemen in besonderer Weise bevorzugt hat.

Das Bild der Beweinung Christi ist zudem umgeben von einem Engelreigen, links und rechts Frauenengel, darüber schwebt eine Vielzahl von kleinen Putti und geflügelten Engelsköpfchen. Sie bilden eine kreisförmige Sphäre um die Klagenden. Die Engel tragen alle irgendwelche Leidensgeräte, die sog. Arma Christi. Links im Vordergrund zeigt ein knieender Engel das Schweißtuch der Veronika. Dahinter steht ein weiterer Engel mit Lanze und Schwamm in der einen, Hammer, Zange und Strick in der anderen Hand. Darüber hält ein Putto die Geißel, an deren Enden sich stachelige Kugeln befinden. Zwei weitere Putti zerren und ziehen an dem für sie viel zu großen Kreuz. Daneben schart sich eine Gruppe weiterer Putti um den Kreuztitulus INRI. Darunter steht schließlich wieder ein Frauenengel, der im Trauergestus ein Tuch vors Gesicht hält und mit der linken Hand auf die Geißelsäule weist. Daneben kniet ein letzter Engel, der kein Leidenswerkzeug trägt, sondern versucht, den Leichnam Christi zu stützen, ein Element aus der sogenannten Engelpietà.

Mit diesen Elementen besitzt das Fastentuch von Deutsch-Griffen in der Tat eine gewisse Nähe zu den Arma-Christi-Tüchern des alemannischen Raumes. Wenn wir dieses Fastentuch dennoch nicht diesem Typ zuschreiben, dann deshalb, weil es ihn nicht rein verkörpert. Ikonographisch handelt es sich ja um ein eklektizistisches Auswahlverfahren, das verschiedene Bildelemente hier frei variiert. Obwohl also innerhalb der einzelnen Bildelemente durchaus eine mittelalterliche Betrachtungsweise vorherrscht, kann das Bild in dieser Form nicht vor dem 18. Jahrhundert entstanden sein, ja, man möchte es aus stilistischen Erwägungen erst ans Ende des 18. Jahrhunderts datieren.

Aufgrund der besonderen Situation volkstümlicher Traditionen scheint es nicht einmal ausgeschlossen, daß das Tuch erst im 19. Jahrhundert entstanden ist. Denn alle anderen Beispiele zeigen bis ins 18. Jahrhundert ein strenges Festhalten an der gewohnten Ikonographie des Kreuzigungsbildes für die Fastentücher.

36 St. Oswald ob Bad Kleinkirchheim

dort noch im kirchlichen Gebrauch
letztes Drittel 18. Jhdt.
3 einszenige Altarbehänge

- Weihnachtsbild
- Passionsbild „Christus am Ölberg"
- Osterbild „Auferstehung Christi"

Literatur:
Unpubliziert.

Die Pfarrkirche St. Oswald unweit von Bad Kleinkirchheim besitzt heute noch drei einszenige Altarbehänge. Mit ihrem spätbarocken Pathos gehören sie stilistisch in die Zeit kurz vor 1800. Mögen sie auch künstlerisch als wenig bedeutsam eingestuft werden, so stellen sie als Wechselbehänge eine echte Rarität dar. Die Tücher wurden nämlich nicht gemeinsam gezeigt, und nur das Ölbergbild hing in der Passionszeit vor dem Altar; dieses Bild allein kann noch als Fastentuch bezeichnet werden.

Die beiden anderen Behänge kamen in der Advents- und Weihnachtszeit bzw. in der österlichen Freudenzeit zwischen Ostern und Pfingsten zur Verwendung. Der Kirchenjahreszeit entsprechend aktualisierten also diese drei Vorhänge den Altarschmuck. Demnach sind die drei Altarbehänge von St. Oswald echte Wechselbilder, wie sie sich aus der Barockzeit nur selten erhalten haben. Von ihrer Funktion her stehen sie damit den beidseitig verwendbaren Advents- bzw. Fastentüchern von Garsten nahe, die ja auch zur bildlichen Veranschaulichung des Weihnachtsfestkreises und der Passionszeit dienten.

Die Altarbehänge von St. Oswald dokumentieren eindrucksvoll den völligen Bedeutungswandel, den die Fastentücher durchlaufen haben. Die textilen Behänge des Altares dienten nicht mehr der kultischen Verhüllung des Altares, und auch ihre hinweisende Funktion auf den bußzeitlichen Ernst der Passionszeit haben sie verloren. Die Vorhänge erinnern in ihrer Verwendung eher an die mittelalterlichen Flügelaltäre, die ja durch ihre zeitliche Wandlung halfen, den Charakter der jeweiligen Kirchenjahreszeit zu unterstreichen. Der 1678 entstandene Hochaltar besitzt als Altarblatt ein Bild des heiligen Oswald. Die Gestalt des Heiligen war nicht dazu angetan, den christologischen Ernst der kirchlichen Hauptfeste zu verbildlichen, und so wechselte man das Aussehen des Altares, indem man entsprechende Leintücher davorhängte.

Obwohl das Tuch mit dem Bild des Auferstandenen rechteckiges Format hat, ahmte man ein Altarblatt nach und gab dem Bildfeld oben einen halbrunden Abschluß. Die Perfektion des Matreier Fastenbildes, das sich in Größe und Format dem eigentlichen Altarbild deckungsgleich und damit von ihm kaum unterscheidbar anpaßt, wurde hier nicht erreicht. Die Ausführung ist eben insgesamt bescheidener.

Die bildliche Aktualisierung des Kirchenraumes durch textile Wechselbilder war also nicht nur großen und reichen Kirchen wie Garsten vorbehalten, gerade kleine Dorfkirchen haben wohl danach verlangt, weil ihre Altäre häufig den Kirchenpatronen gewidmet waren und die entsprechenden biblischen Bilder im Kirchenraum nicht präsent waren.

Auf die vergleichbare Funktion der Altarbehänge von St. Oswald und Garsten haben wir hingewiesen. Möglicherweise geht ihre Verwandtschaft noch weiter und findet in der Person des Kremser Schmidt einen gemeinsamen Initiator. Ihm nämlich wird das große Verdienst zugeschrieben, die kultische Bedeutung des Bildes im sakralen Raum von neuem erkannt und vertieft zu haben[242]. Nicht nur die Garstener Wechselbehänge stammen von ihm, sondern auch die Wechselbilder in Kilb und Mauthausen. Für Mauthausen schuf Schmidt 1796 drei solcher Bilder mit den Szenen „Verkündigung an Maria", „Anbetung der Engel" und „Auferstehung Christi"[243]. Für die Pfarrkirche in Kilb fertigte er sogar 12 Bilder an, die monatsweise gewechselt wurden.[244]

So urteilt die große Monographie über den Kremser Schmidt und seine liturgischen Bemühungen: „Eine weitere Einflußnahme des Bildes auf die Ereignisse des Kirchenjahres war kaum mehr möglich. Wir sehen darin eine immer größere Differenzierung, die bemüht ist, der Andacht des Gläubigen entgegenzukommen. Sie hat in der persönlichen Auffassung des Kremser Schmidt ihre Voraussetzung. Seinem Können ist es zu danken, daß diese Absicht nicht zu sehr ins Äußerlich-Illustrative absank"[245].

104. Fastentuch ST. OSWALD: Christi Gebet am Ölberg.
Foto: Verfasser

Die Altarbehänge von St. Oswald stehen aber nun nicht nur in geistiger Nähe zu Martin Johann Schmidt, vielmehr war sogar geplant, einen ähnlichen Monatszyklus wie in Kilb durch ihn ausführen zu lassen[246]. Dazu ist es aber nicht gekommen. Der Kremser Schmidt war ein vielbeschäftigter Mann, der von Auftrag zu Auftrag hetzte und gehetzt wurde. Vielfach konnte er Bestellungen nicht annehmen, beschränkte sich manchmal auf die Entwürfe und überließ die Ausfertigung seiner umfangreichen Werkstatt.

Wer die Bilder in St. Oswald betrachtet, wird sie nicht dem Kremser Schmidt zuschreiben wollen. Sie entsprechen in keiner Weise seiner dramatischen und dennoch leichten Malauffassung, wie sie etwa für die Fastenbehänge von Garsten typisch ist. Die Bilder in St. Oswald sind dagegen brav und wenig gekonnt. Gerade die Ölbergszene (Abb. 104) verbindet tiefe Inbrunst mit eher ko-

105. *Fastentuch ST. OSWALD: Christi Gebet am Ölberg, Detail.*
Foto: Verfasser

106. *Wechselbehang ST. OSWALD: Auferstehung Christi.*
Foto: Verfasser

mischen Elementen. Die schlafenden Jünger wachsen mit dem Oberkörper unmotiviert aus dem Vordergrund, und die kleinen maskenhaften Putti entsprechen nicht dem Ernst, der durch den verklärten Blick Christi zum Ausdruck kommen soll.

Andererseits läßt die komplizierte Rückenansicht des kelchtragenden Engels doch eine gute Vorlage vermuten. Man könnte demnach vielleicht daran denken, daß der Kremser Schmidt, nachdem es zu einer eigenhändigen Ausführung der Wechselbilder von St. Oswald nicht kommen konnte, der Gemeinde wenigstens eine graphische Vorlage[247] geschickt hatte, nach der ein einheimischer Maler dann die Ausführung vornahm.

Die kulturhistorisch so wichtigen Altarbehänge von St. Oswald werden noch gepflegt und benutzt. Ihr Ort ist aber nicht mehr am Hochaltar. In der entsprechenden Kirchenjahreszeit hängen sie heute an der bilderlosen Nordwand der Kirche. Als Grund für den neuen Aufhängungsort nannte der Mesner, daß man den mit viel Aufwand neu restaurierten Hochaltar nun nicht mehr verhängen wollte.

37 St. Pankraz ob Fügen · Tirol

Fügen, Pfarrkirche; dort nicht mehr in kirchlichem Gebrauch

„Kreuzigung"
5,00 x 4,00 m
1632, verschollen
„Dornenkrönung"
„Geißelung"
1,85 x 1,20 m
18. Jhdt.
Öl auf Leinen
einszeniger Typ – Fastentuchfolge

Literatur:
Nikolaus GRASS, Ostern in Tirol, S. 21

Die Geschichte dreier Fastentücher, von denen zwei heute noch vorhanden sind, läßt sich anscheinend nicht mehr aufhellen. Nikolaus Grass berichtete 1957 von einem großen, vier mal fünf Meter messenden Fastentuch mit der Jahreszahl 1632, welches 1937 bei Aufräumungsarbeiten in der Filialkirche St. Pankraz ob Fügen im Zillertal aufgefunden wurde. Auf dem Tuch waren der Gekreuzigte zwischen Maria und Johannes sowie Maria Magdalena in Lebensgröße zu sehen. Gewissermaßen herrenlos, wanderte das Fastentuch nach Fügen und fand in der dortigen Pfarrkirche Maria Himmelfahrt eine neuerliche Verwendung zusammen mit zwei weiteren, wesentlich kleineren Tüchern. Das große Tuch ist heute in Fügen nicht mehr in Gebrauch, und auch sein Verbleib ist unbekannt[248].

Die beiden kleineren, wesentlich jüngeren Fastentücher werden nicht mehr in der Passionszeit aufgezogen. Vieles spricht dafür, daß auch sie einst in St. Pankraz beheimatet waren. Dort nämlich gibt es links und rechts des Chorbogens zwei kleinere Barockaltäre[249], und die Abmessungen der Figurennischen stimmen mit denen der kleinformatigen Tücher überein. Folgende Entwicklung ließe sich rekonstruieren. Die gotische Kirche in St. Pankraz besaß traditionsgemäß ein großes Fastentuch, welches den Chor vom Kirchenschiff trennte. Das Fastentuch mit der Jahreszahl 1632 mag bereits ein Ersatz für ein verschlissenes, älteres Tuch gewesen sein. Im Zuge der barocken Neugestaltung des Raumes wurden zwei seitliche Nebenaltäre geschaffen, für die dann im 18. Jahrhundert ebenfalls Fastentücher angeschafft wurden. Dem Zeitgeschmack entsprechend, waren sie im Ausmaß nun viel kleiner, weil sie ja nicht mehr eine ausgesprochene Verhüllungsfunktion hatten, sondern lediglich der Kirchenjahreszeit entsprechend das Altarbild aktualisieren sollten.

Die drei Fastentücher ergaben dann zusammen eine (gewachsene) Fastentuchfolge. Denn in Ergänzung zum Bild des Gekreuzigten zeigen die beiden kleinen Tücher mit der Dornenkrönung und der Geißelung Szenen aus der Passion. Die Bilder wenden sich in volkstümlicher Manier an das Gemüt des Betrachters. Sie zeigen Christus in kaum überbietbarer Passionsgeduld. An der Geißelsäule ist er in ohnmächtigem Schmerz unter den Hieben der Folterknechte zusammengesunken (Abb. 8). Ein dramatisches Detail ist die im Hintergrund umstürzende Pechpfanne. Geduldig und leidensfromm läßt Christus auch die Dornenkrönung über sich ergehen. Er blickt den Betrachter direkt an und fordert so zum Mitleiden auf, zum andächtigen Nachdenken über das Leiden des Erlösers. Das unnatürlich rosarote Inkarnat Christi steht in krassem Gegensatz zur markigen Bräune der Schergen. Wie sehr damit das volkstümliche Gemüt angesprochen wurde und wird, zeigt sich in der ungebrochenen Beliebtheit dieser Leidenstücher[250].

Die metallisch glänzende Wirkung der Farben ist nicht vergangen, dennoch befinden sich die beiden Tücher in einem schlechten, ja kritischen Zustand. Die dick aufgetragenen Ölfarben haften wenig auf dem Untergrund und blättern überall ab. Die Oberfläche ist von unzähligen Rissen überzogen. Eine lange Lebensdauer scheint ihnen somit nicht mehr gegeben zu sein, wenn nicht konservatorische Eingriffe den Verfall stoppen. Weder aus theologischer noch aus kunsthistorischer Sicht mutet ein Verlust dieser süßlich-dramatischen Bilder schmerzlich an, und dennoch: gerade in ihrem übertriebenen Pathos sind sie echte Zeugnisse volkstümlicher Frömmigkeit und ebenso ein Stück kirchlicher Tradition. Zweifellos sind solche Werke ein echtes Problem der Denkmalpflege, und Entscheidungen bedürfen einer sorgfältigen Abwägung aller Argumente. Immerhin sollte man bedenken, daß nachfolgende Generationen uns Heutigen ähnliche Barbarei vorwerfen könnten, wie wir sie heute der Aufklärung anlasten.

Das wertvollste der drei Fügener Fastentücher muß leider als verschollen betrachtet werden. Noch drei Jahrzehnte älter als das Fastentuch aus Kraßnitz würde es im frühen 17. Jahrhundert einen großformatigen, einszenigen Typus belegen. Mit Vorbehalt dürfen wir also annehmen, daß die einszenige Darstellung nicht erst für kleinformatige Fastentücher entwickelt worden ist, sondern bereits auf großen, raumverhüllenden Tüchern zur Anwendung kam. Der ikonographische Wandel der Fastentücher geht also ihrer veränderten Funktion voraus. Das Freiburger Fastentuch von 1612 gehört zwar nicht zum einszenigen, sondern zum zentralen Felder-Typ, besticht aber weniger durch seine Einzelszenen, als vielmehr durch die weit überlebensgroße Kreuzigungsgruppe.

38 Pisweg · Kärnten

dort noch in kirchlichem Gebrauch
1793
ca. 4,50 x 3,00 m
um ein zentrales Kruzifix
sind vier Passionsszenen in hochovalen Medaillons angeordnet.
Zentral-Typ

Literatur:
unpubliziert

Bilderfolge:

Jesus am Ölberg (Inschrift: „Vater wan du willst, so nim diesen Kelch von mir; doch nicht mein, sondern dein Will geschehe.“ Lucä 22c)	Christus am Kreuz (im Spruchband darüber: „Vater! in deine Händ befehle ich meinen Geist.“)	Geißelung Christi (Inschrift: „Alsdan nahm Pilatus Jesum, und ließ ihn geißeln.“ Johan 19, 1)
Dornenkrönung Christi (Inschrift: „Sie legten ihm ein Purpur Kleid an, setzten ihm eine aus Dörnern geflochtene Krone auf.“ Marc. 15, 17)		Kreuztragung Christi (Inschrift: „Ihr Töchter von Jerusalem, weinet nicht über mich, sondern weinet über euch selbsten und über eure Kinder.“ Luc. 23, 28)

Hoch im gotischen Chor der Pfarrkirche St. Lambert in Pisweg wird noch heute alljährlich ein großformatiges Fastentuch in der Passionszeit aufgezogen. Angesichts seiner beträchtlichen Höhe wirkt es verhältnismäßig schmal. Es befindet sich wohl an seinem ursprünglichen Ort und verhüllt nur das Retabel des barocken Hochaltares, läßt jedoch die Mensa sichtbar.

107. Fastentuch PISWEG. Foto: Verfasser

108. Fastentuch PISWEG. Detail: Christi Gebet am Ölberg. Foto: Verfasser

109. Fastentuch PISWEG. Detail: Geißelung Christi. Foto: Verfasser

Wenn das Tuch aufgespannt ist, beherrscht es mit seiner tief dunkelblauen Grundfarbe den Kirchenraum. Vor diesem Hintergrund erscheint das hoch aufragende Kreuzesholz, um das sich vier Szenen aus der Leidensgeschichte Christi gruppieren. Die Passionsbilder erscheinen in hochovalen Medaillons, die an Bilderrahmen erinnern. Den Szenen sind trotz ihrer klaren und traditionellen Ikonographie erklärende Inschriften beigegeben. Die bibelnahen Zitate in mundartlicher Klangfarbe sind nebst genauer Stellenangabe in je zwei Kartuschen und Spruchbänder eingeschrieben. Das über dem Kreuz schwebende Schriftband ist zwischen zwei Leidenswerkzeuge, nämlich Lanze und Schwamm, eingespannt. Damit besitzt das Pisweger Fastentuch eine entfernte Verwandtschaft mit den Tüchern vom Arma-Christi-Typ (s. dort), wie sie an manchen Orten in der Schweiz gebräuchlich waren.

Ansonsten gehört das Pisweger Tuch seinem Aufbau entsprechend zum Zentraltyp und folgt dem Vorbild der Beispiele von St. Stephan am Krappfeld und Pleßnitz. Durch eine inschriftliche Bezeichnung am Fuß des Kreuzes ist es auf 1793 datiert. Darin offenbart sich ein großes Dilemma in der Datierung der Fastentücher überhaupt; auf stilkritischem Weg wäre man kaum zu einem Ansatz am Ende des 18. Jahrhunderts gelangt, denn das Tuch ist ein echter Vertreter der barocken Fastenbehänge, die sich durch eine immer stärker werdende Konzentration auf die Leidensgeschichte auszeichnen. Dabei wird eine Darstellungsweise bevorzugt, die sich gefühlsbetont an die Mitleidensfähigkeit des Betrachters wendet.

Dies wird am ehesten deutlich im Bild der Kreuztragung Christi; in einen blauen Mantel mit rotem Überwurf gekleidet, trägt er, wie auf spätmittelalterlichen Darstellungen üblich, sein Kreuz selbst, während Simon von Kyrene (der Christus das Kreuz tragen hilft; Lk 23, 26) nicht dargestellt ist.

110. Fastentuch PISWEG. Detail: Dornenkrönung Christi. Foto: Verfasser

111. Fastentuch PISWEG. Detail: Kreuztragung. Foto: Verfasser

Die in Pisweg gewählte Darstellung nimmt vielmehr Bezug auf den nächsten Vers: „Es folgte ihm aber eine große Menge des Volkes und viele Frauen, die ihn betrauerten und beklagten. Jesus wandte sich zu ihnen um und sprach: Ihr Töchter Jerusalems, weint nicht über mich, weint vielmehr über euch und über eure Kinder" (Lk 23, 27f.). Genau dieser Moment des Umwendens Christi zu den Frauen wurde dargestellt, und die Aufforderung zur Trauer gilt sicherlich auch dem Betrachter der Szene. Die übrigen Themen – Ölberg, Geißelung und Dornenkrönung – folgen der Ikonographie, wie sie auch auf den älteren Tüchern erscheint. Pisweg bedeutet nur eine weitere Verknappung der Bildfolge und nähert sich dem einszenigen Typ.

Ikonographisch unterscheidet sich das zentrale Bild von den umgebenden Passionsmedaillons dadurch, daß es nicht die Szene der Kreuzigung darstellt, sondern ein Kruzifix, also die isolierte Darstellung Christi am Kreuz, ohne alles szenische Beiwerk und ohne Assistenzfiguren. Gegenüber dem volkreichen Kalvarienberg[251], der vielfigurigen Kreuzigungsdarstellung des späten Mittelalters, besitzt dieses, dem Dreinageltyp folgende Kruzifix ein viel stärker meditatives Element. Dies verbindet das Pisweger Tuch auch auf anderem Wege mit den einszenigen Typen, die sich von der Funktion her dem Andachtsbild nähern.

Für die Kruzifixdarstellung sind vom 17. bis zum 19. Jahrhundert zwei Grundtypen verbindlich, der lebende, sich am Kreuz aufbäumende und mit dem Himmel hadernde Christus (Mein Gott, mein Gott, warum hast du mich verlassen? Mt 27, 46), und der tote, in ruhiger Haltung am Kreuz hängende. (Vater, in deine Hände befehle ich meinen Geist. Lk 23, 46)[252] Die Pisweger Darstellung zeigt die zweite Variante. Der Kopf Christi mit geschlossenen Augen hat sich zur Seite geneigt, während der Körper ohne Anzeichen von

Leid regelrecht vor dem Kreuz steht. Abgesetzt vom blauen Hintergrund, erscheint etwa auf Höhe des Kreuzfußes in einer orangefarbenen Dämmerung die Silhouette einer Stadt. Die kuppelgewölbten und turmartigen Bauten stellen das himmlische Jerusalem dar, gleichsam als heilsgeschichtliche Perspektive des Kreuztodes Jesu.

Die Oberfläche des Tuches ist stark von Rissen durchzogen und weist viele Flickstellen auf, doch kann der Erhaltungszustand insgesamt als gut bezeichnet werden, vor allem besticht die Leuchtkraft der Farben.

39 Dreifaltigkeit am Gray · Kärnten

dort noch in kirchlichem Gebrauch
um 1800
Öl auf Leinwand
2,50 x 2,77 m
Zentral-Typ

Literatur:
unpubliziert

Die Bilderfolge:

Die Anschaffung dieses Fastentuches dürfte unmittelbar mit der Erhebung der einsamen Bergkapelle zur Pfarrkirche zusammenhängen. Nachdem das Kirchlein vermutungsweise ursprünglich Versammlungsort der protestantischen Knappen des Sonntagsbergs gewesen war, entwickelte es sich im 18. Jahrhundert zu einem bescheidenen Wallfahrtsziel und wurde 1785 zur Pfarre erhoben. In den Jahren danach erhielt der Hochaltar für die Passionszeit ein Fastentuch, wobei man sich vielleicht von dem unweit gelegenen Pisweg beeinflussen ließ.

So folgt das Fastentuch von Dreifaltigkeit dem Zentral-Typ und ordnet um eine Kreuzigungsgruppe in hochovalen Medaillons vier Passionsszenen. Die Auswahl fußt wie in Pisweg auf den fünf Geheimnissen des schmerzhaften Rosenkranzes. Orientalisierende Elemente, wie etwa die Palmen bestandene Landschaft im Ölbergbild, verraten schon das beginnende 19. Jahrhundert. Im Vergleich dazu mutet das nur wenige Jahre früher entstandene Tuch in Pisweg geradezu altertümlich an, ist aber qualitätvoller.

Mit dick aufgetragener Ölfarbe wurden die Kreuzigungsgruppe und die Medaillons auf die dünne, blau eingefärbte Leinwand gemalt. Die blauen und roten Farbflächen wirken dadurch wie aufgesetzt und unnatürlich. Besonders deutlich wird dies im Bild der Kreuztragung. Wie entrückt steht Christus, der still duldende Heros einsam in der weitläufigen, blassen Landschaft. Als kraftvollen Helden schildert auch das linke Medaillon Chri-

112. Fastentuch DREIFALTIGKEIT AM GRAY. Foto: Verfasser

stus an der Geißelsäule. Keine Spur von Leiden ist an dem muskulösen Körper zu entdecken. Damit dokumentiert das Fastentuch von Dreifaltigkeit das Ende der die Leiden Christi dramatisierenden Barockfrömmigkeit und weist den Weg zu dem heldenhaften Christus des Klassizismus.

40 Förolach · Kärnten

dort noch in kirchlichem Gebrauch
nachbarock
ca. 2,20 x 1,70 m
einszeniger Typ: Kreuzabnahme

Literatur:
DEHIO, Kärnten, S. 120

Das bei Dehio als „Nachbarockes Fastentuch mit Darstellung einer Kreuzabnahme“ verzeichnete Fastentuch in Förolach soll hier nur kurz erwähnt werden. Zwar könnte es auf eine rubenssche Vorlage zurückzuführen sein, ist jedoch sicher nicht vor dem 19. Jahrhundert entstanden. Hier verlassen wir also den zeitlich gesetzten Rahmen, dokumentieren aber mit diesem Fastentuch und dem noch folgenden aus Matrei, daß der Traditionsstrang nahezu ungebrochen sich fortsetzt.

Die Szene der Kreuzabnahme wird durch einen Rahmen begrenzt, der wie aus Blättern mit eingelegten Perlen geflochten wirkt. Der Rahmen ist oben nur wenig eingezogen und dann halbrund geschlossen. Die entstehenden oberen Zwickel enthalten ein blattartiges Ornament.

41 Matrei in Osttirol

dort noch im kirchlichen Gebrauch
Anf. 19. Jh.
einszeniger Typ (Wechselbild)

„Dornenkrönung Christi“

Literatur:
unpubliziert

Das Passionsbild von Matrei in Osttirol geht bereits über den von uns gesteckten zeitlichen Rahmen hinaus, und man könnte zudem die Frage stellen, ob es noch als Fastentuch zu bezeichnen ist. Wir haben es dennoch an den Schluß der Reihe Kärntner und Tiroler Fastentücher gesetzt, weil in ihm der Funktionswandel vom Fastentuch zum echten Wechselbild eine formal bemerkenswerte Lösung findet. Das Fastentuch als Wechselbehang war ja bereits Thema unserer Beschäftigung mit den Altarbehängen von Garsten und St. Oswald. Während dort jedoch rein äußerlich der Zusammenhang mit den Fastentüchern gewahrt blieb, weil die Tücher frei vor dem Altar zur Aufhängung kamen, hat das Bild in Matrei auch die formale Ähnlichkeit verloren. Hier wurde das ‚Fastentuch‘ im selben, am oberen Rand halbrund schließenden Format gehalten wie das Altarblatt selbst. Dem flüchtigen Beschauer entgeht die Beobachtung, daß es sich um ein Wechselbild handelt. Die Leinwand ist derart vor das eigentliche Altarblatt gespannt, daß es deckungsgleich mit dem darunter liegenden Bild erscheint. Hier wird nichts verborgen oder verhüllt, ja durch die mit dem eigentlichen Altarbild identische Gestaltung soll sogar der Eindruck eines Wechselbildes vermieden werden. Das ‚normale‘ Bild, das eine Anbetung der Hirten zeigt, wird durch eine der Kirchenjahreszeit entsprechende Darstellung aus der Passionsgeschichte ersetzt und somit aktualisiert.

Thema der Darstellung ist eine Kombination aus Dornenkrönung und Ecce-Homo. Einer der Soldaten drückt Christus die Dornenkrone aufs Haupt, während ihm ein anderer den Rohrkolben reicht und ihm gleichzeitig als Zeichen der Verhöhnung eine Nase dreht (Mt 27, 27-30par). In orientalischer Tracht steht im Vordergrund des Bildes ein Mann, der dem Betrachter zugewandt auf Christus deutet. In ihm darf man den Pilatus sehen, der bei dieser Szene nicht anwesend war. Seine Gestik entspricht der als „Ecce-Homo“ bezeichneten Szene, in der Pilatus den Gegeißelten und Geschundenen dem Volk zeigt: „Siehe, ich führe ihn euch heraus, damit ihr erkennt, daß ich keine Schuld an ihm finde. Jesus kam nun heraus, die Dornenkrone und den Purpurmantel tragend. Und er sagte zu ihnen: Da, seht den Menschen“ (Joh 19, 4–5). Das Publikum dieses Geschehnisses ist hier aber nicht das Volk der Juden, das antwortet: „Kreuzige ihn!“ (Joh 19, 15), sondern es ist der Beschauer des Bildes selbst, der nach christlichem Verständnis in eigener Verantwortung die Schuld am Tode Jesu trägt. Der Gläubige wird so in das Bildgeschehen mit hineingenommen.

Das noch ganz im barocken Pathos geschaffene Bild[253] dürfte unmittelbar zusammen mit dem Hochaltar in Auftrag gegeben worden sein. Der Altar selbst wurde 1787 bei Petrus Schmid in Mittersill in Auftrag gegeben und nach dessen plötzlichem Tod von dem Bozner Maler und Lackierer Anton Simeth fertiggestellt. Das Altarblatt malte Andreas Nesselthaler, ein Salzburger Hofmaler, ebenso das Bild des heiligen Alban im Aufsatz. Beide Bilder wurden erst 1807 fertiggestellt, der Altar zwei Jahre früher 1805. Sicherlich ist das Passionsbild nicht früher entstanden, weil es sich ja am Altar und am eigentlichen Altarbild orientiert.[254]

Inhaltlich ein Fastentuch, ist die Dornenkrönung von Matrei in formaler Hinsicht ein echtes Wechselbild. Charakteristisch für solche Wechselbehänge ist ja gerade, daß sie als solche nicht erkannt werden. Sie verbergen nicht den Altar oder die Liturgie, sondern ihre eigene Identität. Mit den echten Wechselbildern betreten wir das weite Feld theatralischer Raumgestaltung und -veränderung im Barock. Und zu einem kulissenhaften Aufbau, der die Altarbaukunst dieser Zeit prägt, gehören auch variable Dekorationen. Sie sind bislang nur wenig erforscht: „Die Vorstellung von der an sich gegebenen Standortstabilität der barocken Kirchengemälde ist nur mit Einschränkungen gültig. Von dem Unfang der Wandelbarkeit von Bildern (eine durchaus legitime, wenngleich wenig beach-

Fastentuch MATREI: Dornenkrönung Christi. Foto: Verfasser

tete Fortsetzung der Funktionen des gotischen Wandelaltares) bestehen derzeit nur unzureichende Kenntnisse, da dazu kunst- wie kirchen- und frömmigkeitsgeschichtliche interdisziplinäre Forschungen bis auf wenige Ausnahmen fehlen."[255]

Wenn auch das Beispiel von Matrei ein spätes Denkmal barocker Wechselbilder darstellt, so muß es doch als höchst interessant eingestuft werden. Solche Stücke sind an sich schon selten, und dieses erlaubt den Schluß, daß die Wechselbilder nicht nur legitime Nachfolger mittelalterlicher Flügelaltäre, sondern auch fest in der Tradition der Fastentücher verankert sind. Die Entwicklung der einszenigen Typen über die Beispiele von Garsten und St. Oswald belegt dies deutlich. Sind nicht auch die Fastentücher letztlich eine theatermäßige Veränderung des Raumes? Das Bemühen, den Kirchenraum durch bewegliche Gegenstände, vor allem durch Textilien, den unterschiedlichsten Funktionen anzupassen, hat eine alte Tradition. Eine Vielzahl von Teppichen gehörte zur Grundausstattung frühchristlicher und frühmittelalterlicher Kirchen.[256] Die Barockzeit hat dies letztlich zu einer kaum bemerkten Perfektion gebracht.

Über die Verwendung mittelalterlicher Fastentücher als theaterhafte Kulisse für Leiden-Christi-Spiele und ähnliche Aufführungen sind wir schlecht unterrichtet. Daß sie so verwendet werden konnten, erfahren wir aus einer kurzen Notiz für das schweizerische Somvix: Dort wurde noch 1813 das gotische Hungertuch als Vorhang für das Passionsspiel gebraucht.[257] Selten sind die Belege vor allem deshalb, weil die Fastentücher als Kulisse fast überall durch Heilig-Grab-Prospekte abgelöst worden sind, die in ihrer dreidimensionalen Gestaltung der theatralischen Inszenierung noch mehr entgegenkamen (Abb. 204).

Die Entwicklung der österreichischen Fastentücher nach dem Josephinismus

Unser Katalog der österreichischen Fastentücher endet an der Schwelle zum 19. Jahrhundert. Zwei Gründe haben uns zu dieser Zäsur veranlaßt. Zum einen bedeutete die Säkularisierungswelle der josephinischen Aufklärung zunächst das Ende allen volkstümlichen kirchlichen Brauchtums, und dazu zählten eben auch die Fastentücher. Zum anderen steht die große Zahl der danach wieder entstandenen Fastentücher in keinem Verhältnis zu ihrem geringen Wert. Angesichts des kleinen Bestandes älterer Fastentücher aus der Zeit vor 1800 würde bei einer vollständigen Aufzählung aller neueren Beispiele ein quantitatives Mißverhältnis entstehen.[258]

Der österreichische Kaiser Joseph II. stand völlig im Bann der Aufklärung. Mit den Grundsätzen der Vernunft trachtete er, das Wohl des Volkes zu verwirklichen, das – seiner Überzeugung nach – noch in mittelalterlichen, abergläubischen Vorstellungen gefangen war. Diese Politik, die einerseits den bis dahin verfolgten Protestanten 1781 das Toleranzpatent bescherte, fügte andererseits der religiösen Volkskultur schweren Schaden zu.[259] Einer Hofentschließung vom 14. Mai 1782 zufolge sollte aller übermäßige, dem Geiste der Kirche nicht entsprechende Aufputz und Prunk in Kirchen und Kapellen abgeschafft werden.[260] Alle Zeremonien, die nicht unmittelbar mit dem Predigt- und Altardienst zusammenhingen, fielen den kaiserlichen Verboten zum Opfer und ebenso natürlich die dazu notwendigen Ausstattungsgegenstände. Unter diesen Voraussetzungen war das Ende der Weihnachts- und Fastenkrippen, der Heilig-Gräber und Fastentücher, der Passionsspiele und Auferstehungsfeiern gekommen.

Doch war dies ein vorläufiges Ende bzw. nur eine Unterbrechung der alten Tradition. Nach dem Tod Josephs II. 1790 feierten die alten Bräuche eine fröhliche Auferstehung. So kam es in den österreichischen Landen nach dem Einbruch des Josephinismus auch zu einer Wiederbelebung der alten Fastentücher. Dort, wo sie das Jahrzehnt der Ächtung nicht überdauert hatten, wurden neue Tücher gemalt, und dies geschah in großer Zahl. Dabei knüpfte man nicht unbedingt an die barocken Fastentücher an, sondern gestaltete die neuen Behänge durchaus dem Zeitgeist entsprechend, angepaßt an die aufkommende romantisierende Strömung des 19. Jahrhunderts.

Die brutal-derbe Machart der barocken Fastentücher, die vorzugsweise Dornenkrönung und Geißelung abbildeten, wurde von sentimental-psychologisierenden Werken abgelöst. Dem neuen Verständnis kam am meisten die Ölbergszene entgegen, allerdings nicht in der Art der mittelalterlichen Todesangst Christi, in der Christus deutlich sicht-

114. Fastentuch PICHL-GROSSDORF. Foto: Verfasser

115. Fastentuch TRAGÖSS-OBERORT. Foto: Sr. Sigrid Eder

bar Blut und Wasser schwitzte, sondern als Prüfstein und Bewährungsprobe für einen vorbildhaften Christus. Analog sah man in dieser Szene aus der Sicht der Gläubigen den Prüfstein für die eigene Seele. Diese nach innen gekehrte und nach dem eigenen Bekehrungserlebnis fragende Richtung, dem protestantischen Pietismus verwandt, hat eine sentimentale Bilddarstellung bevorzugt. „Sie verfügt über ein lyrisches, ja musikalisches Element, zeigt Vorliebe für den Reiz der Farbe, die Magie des Helldunkels, ein Heranziehen des landschaftlichen Elementes im weitesten Sinne, ein oft sehr glückliches Streben nach Tiefe, Poesie und Originalität der Stimmung."[261]

Dieser Einschätzung kommen die Fastentücher des 19. Jahrhunderts sehr nahe. Ein Fastentuch aus Pichl-Großdorf (Steiermark) mit der Darstellung des Ölberggebetes zeigt alle diese Elemente (Abb. 114). Christus kniet in gefaßter Haltung vor einem Felsblock, auf den er seine Hände, ergeben in das Gebet, gelegt hat. Sein Blick ist nach oben gewandt, von woher ein Lichtstrahl kommt und sein Haupt mit einem mystischen Glanz umgibt. Der Hintergrund ist nahezu dunkel, ein wenig der Helligkeit erreicht jedoch auch die schlafenden Jünger im Garten. Christus zeigt keinerlei Anzeichen von Leiden oder Schmerzen. Er ergibt sich bedingungslos in sein Schicksal. Das leuchtende Antlitz spiegelt den inneren Entscheidungsprozeß wider. Für die Wandlung in der Gestaltung der Fastentücher ist (was auch für andere Gattungen gilt) wohl in erster Linie eine Verbürgerlichung der Kunst verantwortlich zu machen. Nicht mehr der bäuerliche Realismus kennzeichnet diese Epoche, sondern die sentimentale Verinnerlichung des Kleinbürgertums. Wenn auch diese Werke allgemein der Volkskunst noch zuzurechnen sind, so kann man sagen, daß die Basis volkskünstlerischen Schaffens vom Land in die Stadt gewandert ist und von dort auf das Land zurückwirkt.

Die pietistisch zu nennende Geisteshaltung hat dabei, wie wir sehen, auch weite katholische Kreise erfaßt und ihre Bildwerke geprägt: „Dagegen liegt die Schwäche der modernen, zum Teil

116. Fastentuch ST. STEFAN/GAIL. Foto: Verfasser

117. Fastentuch METNITZ. Foto: Verfasser

auch der katholischen Christusdarstellung darin, im Schlepptau protestantischer Künstler Christus als einen sentimental aufgefaßten Sünderfreund mit einem Stich ins Pietistische darzustellen", urteilt Smitmans.[262]

Ein weiteres Element dieser Epoche sind orientalisierende Motive, die dem Geschehen Authentizität verleihen sollen. Wenige Palmen genügen, um den Ort des Heiligen Landes zu charakterisieren. Auf dem Fastentuch von Tragöß-Oberort genügen ein paar orientalische Gewächse inmitten des Gartens, der von dem gewohnten mittelalterlichen Palisadenzaun umschlossen ist, um die Szene des Verrats nach Palästina zu lokalisieren. Der Judaskuß kann inhaltlich als Gegenpol zum Ölberg verstanden werden und kennzeichnet das Versagen des Menschen in der Begegnung mit Christus (Abb. 115).

Die Tendenzen des Orientalismus leiten über zum Realismus in der christlichen Kunst, und einige weniger zahlreiche Fastentücher sind dieser Richtung zuzurechnen. Ihre Aufnahme in der Bevölkerung blieb jedoch gering, weil ihnen eine akademische[263] Kälte anhaftete und die Bevorzugung des Häßlichen sich mit dem christlichen Glaubensgefühl nicht vertrug (Abb. 116).

Auf dem Weg des Realismus fortgeschritten ist das Christusbild Ludwig Fahrenkrogs, dessen Erscheinung „. . . alle Eigenschaften Christi, seine Liebe, seine Geduld, seine Tatkraft, seine Kampfesfreudigkeit, seine Siegesgewißheit . . ."[264] ausdrücken soll. Dieser Tendenz entspricht die Darstellung auf einem Fastentuch in Metnitz (Abb. 117). Es zeigt zwar ebenfalls wie in Pichl-Großdorf ein Ölbergbild, doch trennen beide Bilder Welten. „Wenn Fahrenkrogs Christus nun etwas Imperatorenhaftes und Gladiatorenhaftes hat, wenn er an Rodins Denker erinnert, wenn er wie ein hohläugiger Asket und Fanatiker aussieht, so ist doch die Frage, ob nicht auf die Dauer dieses kraftvolle Christusbild mehr bietet als die weichlichen, süßlichen Gebilde der Tradition, die in ihrem zeremoniellen und konventionellen Wesen unerträg-

118. Passionsvelum TANNHEIM. Foto: Verfasser

lich sind."[265] Allein diese Einschätzung war nicht die des Volkes: „Der gläubige Sinn des Volkes will einen solchen Christus nicht und wird ihn stets zurückweisen."[266] Sicherlich steht das Metnitzer Fastentuch in dieser Tradition, aber es blieb ein Einzelfall.

An wenigen Beispielen läßt sich zeigen, daß sich die ganze Auseinandersetzung um das „richtige" Christusbild im 19. Jahrhundert auch auf den Fastentüchern wiederfindet. Sie sind in besonderer Weise dem herrschenden Zeitgeist verpflichtet, bleiben aber ikonographisch der Fastentuchtradition treu.

Die Entwicklung des 20. Jahrhunderts ist gekennzeichnet durch eine weite Welle aufklärerischer Gedanken, die sowohl die drastischen Bilder des Barock als auch die süßliche Darstellung des 19. Jahrhunderts ablehnte. Auch die Schadhaftigkeit der einzelnen Fastentücher trug das Ihre zu dieser Entwicklung bei. Wann im konkreten Fall das betreffende Fastentuch abgeschafft wurde, läßt sich fast nirgendwo feststellen. Die Informationen sind selten konkreter als „. . . vor Jahrzehnten außer Gebrauch gesetzt . . .". Heutigem Brauch entsprechend, müssen in der Passionszeit die Kreuze und die Altarbilder zum Zeichen der Trauer mit einem Velum verhängt werden. Dieses muß von violetter Farbe sein und heißt Passionsvelum.[267] Diesem kirchlichen Gebot folgen fast alle Kirchen in Kärnten und Tirol. Von violetter Farbe ist auch das Passionsvelum von Tannheim (Tirol), das insofern einen Ausnahmefall darstellt, weil es in monumentaler Größe den gesamten Chorraum verhüllt (Abb. 118) und damit zur hochmittelalterlichen Tradition des raumverhüllenden, aber unverzierten Tuches zurückgekehrt ist.

Dort allerdings, wo historische Fastentücher noch vorhanden sind, werden sie in Kärnten und Tirol an vielen Orten noch oder wieder verwendet. Die Bemühungen der Brauchtumspflege sind vielerorts auf fruchtbaren Boden gestoßen und werden in den letzten Jahren nicht zuletzt aus touristischen Erwägungen heraus gefördert.

Die alemannischen Fastentücher

Vorarlberg, Schweiz, Schwaben

Die Zahl erhaltener Fastentücher im alemannischen Sprachraum ist etwas kleiner als die österreichische Gruppe. Sie verteilt sich geographisch auf ein Gebiet, welches das österreichische Bundesland Vorarlberg, die deutschsprachigen Kantone der Schweiz sowie das Bodenseegebiet und Schwaben einschließt. Ungeachtet heutiger politischer Grenzen wird damit ein Raum umrissen, der eine einheitliche, nämlich alemannische Sprachstruktur besitzt.

Trotz unübersehbarer Verwandtschaft zwischen den österreichischen und den alemannischen Fastentüchern scheint der erhaltene Denkmälerbestand eine getrennte Behandlung der beiden alpinen Großlandschaften nahezulegen. Die Abgrenzung der Fastentuchlandschaft beruht dabei weniger auf geographischen Gesichtspunkten als vielmehr auf der Geschlossenheit einer kulturellen Einheit. Denn die Verbreitung der alemannischen Fastentücher erstreckte sich über den Alpenrand hinaus bis zur Schwäbischen Alb und ins Elsaß.[268] Nach den gegenwärtigen Erkenntnissen – immer den erhaltenen Bestand vorausgesetzt – war die Erscheinungsform der Fastentücher im alemannischen Raum vielgestaltiger. Immerhin können wir den drei Typen österreichischer Fastentücher drei weitere hinzufügen. Zum Felder-Typ, dem Zentral-Typ und einszenigen Typ kommen hier ein Zentraler-Felder-Typ, ein Arma-Christi-Typ und ein Kalvarien-Typ hinzu.

Aus der Zeit zwischen 1421 und dem Ende des 18. Jahrhunderts haben sich 31 Fastentücher erhalten, die wir katalogmäßig erfassen können. Davon sind drei Tücher zerstört oder verschollen, durch Beschreibungen jedoch in ihrem Bestand ausreichend gesichert. Auch hier muß davon ausgegangen werden, daß uns nur ein minimaler Prozentsatz bekannt ist, allen statistischen Aussagen somit nur eingeschränkte Bedeutung zukommt.

Eine kurze Übersicht der zahlenmäßigen Verteilung und zeitlichen Einordnung der erhaltenen Fastentuch-Typen ist trotzdem aufschlußreich:

Felder-Typ	12 (+2)[269]	1421–1612 (18. Jh.)[269]
Zentraler Felder-Typ	2	1500–1612
Arma-Christi-Typ	5	1565–Ende 17. Jh.
einszeniger Typ	7	1615–18. Jh.
Zentral-Typ	1	1693
Kalvarien-Typ	1	um 1750
nicht bestimmbar	1	um 1500
	31	

Trotz vermehrter Typen muß auch den alemannischen Fastentüchern ein ziemlich festgeprägtes Erscheinungsbild bescheinigt werden. Für die Gestaltung der fastenzeitlichen Behänge griff man aus dem Schatz der christlichen Ikonographie nur einen ganz beschränkten Teil heraus. Dennoch ist bei den alemannischen Fastentüchern eher als bei den österreichischen eine Annäherung an die allgemein gebräuchliche Passionsikonographie festzustellen. Diese Tendenz nimmt seit dem 17. Jahrhundert zu.

Im allgemeinen überwiegt im alemannischen Bereich für die fastenzeitlichen Behänge der Ausdruck Hungertuch, gleichfalls bekannt und gebräuchlich ist aber der Name Fastentuch. In alten Inventaren und Schatzverzeichnissen werden beide Begriffe benutzt, doch scheint Hungertuch der ältere und geprägtere zu sein. Im Einsiedler Inventar von 1550[270] wird eine ganze Reihe von Vorhängen genannt, jedoch nur der erste der Aufzählung wird als „gross wyss Hungertuoch" geführt. Damit war ohne Zweifel das chorverhüllende Tuch gemeint. Alle anderen Behänge, Fastentuch, Füeraltar oder nur Tüecher genannt, sind bestimmten Altären zugeordnet. Ebenso wird unter den zahlreichen „Fürheng unnd deppich"[271] des Konstanzer Münsters nur ein „schön groß hunger tuch" aufgezählt. Während für die anderen Behänge die aufgemalten Motive eigens genannt sind, scheint die Benennung als Hungertuch zur Identifizierung des Gegenstandes voll zu genügen. Man darf daher vermuten, daß die großen, nur in einer Ausführung vorhandenen, chorverhüllenden Vorhänge Hungertücher genannt wurden, während man die kleineren, einzelnen Altären zugeordneten Tücher als Fastentücher bezeichnete. Doch selbst wenn diese sprachliche Differenzierung in der Vergangenheit gegolten hat, so ging diese im lebendigen Sprachgebrauch unter und eignet sich nicht mehr für eine Abgrenzung, etwa im Sinne unserer Klassifizierung.

Wie in Österreich stammen die ältesten erhaltenen Tücher aus dem 15. Jahrhundert, wobei ein Fragment aus Altdorf von 1421 noch fast vier Jahrzehnte älter als das Gurker Tuch von 1458 ist. Ein Fragment aus Straßburg mag um die Mitte des 15. Jahrhunderts oder noch kurz davor entstanden sein. Können die österreichischen und die alemannischen Fastentücher in etwa auf dasselbe Alter zurückblicken, so war auch ihre Beliebtheit hier wie dort bis in die Neuzeit ungebrochen. Die Reformation hat wohl in ihrem Wirkungskreis die Fastentücher vernichtet, wo sich jedoch der katholische Glauben behaupten konnte, erreichten sie eine Blüte, die dem Mittelalter nicht nachstand. Der in der zweiten Hälfte des 16. Jahrhunderts einsetzende Wandel der Funktion und Bedeutung der Fastentücher ist ein Ergebnis der kirchlichen Erneuerung im Sinne der Gegenreformation. Im monumentalen Fastentuch der Galluskirche von Bregenz erreichte die Gestalt der Fastentücher einen einzigartigen letzten Höhepunkt.

Wenn heute viele Fastentücher aus den Kirchen verschwunden sind, so muß das dem Vernunftwillen der Aufklärung und dem Desinteresse der jüngsten Vergangenheit angelastet werden. Etliche Fastentücher sind noch in den letzten fünfzig Jahren verlorengegangen. So kannte Styger noch Fastentücher in Silenen „mit einer aufgemalten drastischen Szene des Ecce homo“[272] und in Wassen, das „ebenfalls einen mehr als lebensgroßen Ecce homo“[273] zeigte. Auch wenn Buholzer[274] und Marxer[275] das Fastentuch von Silenen noch als existent aufführen, so berufen sie sich wohl unbesehen auf die Styger'sche Notiz. Heute zumindest ist das Tuch in Silenen nicht mehr bekannt.[276] Wann das 1610 gestiftete Hungertuch von Galgenen[277] verlorenging, läßt sich nicht mehr ermitteln. Zu unserem Leidwesen sind auch die Hungertücher der großen kirchlichen Zentren Bern, Basel und Konstanz nicht erhalten geblieben. Interessant für den Sprachgebrauch liest sich eine 1586 erstellte Notiz über den Berner Münsterschatz: „item ein mechtig schön fastentuoch oder hungertuoch uff 200 linwatt“[278]. Daß im Konstanzer Münsterschatz von 1555 ein Hungertuch aufgeführt war[279], haben wir schon erwähnt. Es ist wahrscheinlich aber nicht mit jenem Fastentuch identisch, welches Schober 1901 noch kennt, damals aber schon als „außer Gebrauch gesetzt“[280] bezeichnet. Es war auf Leinwand gemalt und zeigte Jesus auf dem Schoß Mariens.[281]

Dennoch ist die Bilanz keineswegs unerfreulich. Immerhin konnten zwischen Graubünden und der Schwäbischen Alb, zwischen dem Bregenzer Wald und dem Oberrhein noch 31 Fastentücher zusammengetragen werden. Zahlreiche Tücher konnten auch in den letzten Jahren wieder gefunden werden, teils zog man sie aus dem Abfall wie in Sursee oder Menzingen, teils hingen sie vergessen an ihrem angestammten Ort wie in Rheinfelden. Solche Funde sind auch für die Zukunft zu erwarten. Sicher bergen Dachböden und Paramentenschränke noch zahlreiche Überraschungen.

Im Gegensatz zum lebendigen Brauchtum in Kärnten sind die alemannischen Fastentücher nicht mehr in Verwendung. Sie befinden sich vielfach in den regionalen und überregionalen Museen, wovon das Schweizer Landesmuseum in Zürich und das Vorarlberger Landesmuseum in Bregenz diesbezüglich am besten ausgestattet sind. Aufgrund ihrer beträchtlichen Größe oder infolge ihres schlechten Zustandes fristen sie meist ein unbeachtetes Dasein in Magazinen und Depots. Aus dem Historischen Museum von St. Gallen kehrte ein Fastentuch nach Flums zurück, wo es nun ganzjährig die südliche Kirchenschiffswand ziert. Als einzige Gemeinde konnte sich bisher Unterägeri dazu entschließen, ein historisches Hungertuch (aus Menzingen) wieder in der Fastenzeit liturgisch zu verwenden. Möglicherweise wird das nach erfolgter Restaurierung des Hungertuches auch in Rheinfelden der Fall sein.

Übersicht

1421	Altdorf	Felder-Typ
Mitte 15. Jh.	Straßburger Fragmente	Felder-Typ
15. Jh.	Güglingen	Felder-Typ
um 1470	Zug	Felder-Typ
um 1500	Altheim	Felder-Typ
um 1500	Sigmaringen	Felder-Typ
um 1500	Sursee	nicht bestimmbar
um 1500	Brigels I	Zentraler Felder-Typ
um 1500	Ems	Felder-Typ
1530	Präsanz	Felder-Typ
1. Hälfte 16. Jh.	Unterwachinger Fragmente	Felder-Typ (?)
1565	Münsterlingen	Arma-Christi-Typ
spätgotisch	Gingen	Felder-Typ
1604	Steinen	Felder-Typ
1. Hälfte 17. Jh.	Rheinfelden	Arma-Christi-Typ
1612	Bendern	Felder-Typ
1612	Freiburg	Zentraler Felder-Typ
1615	Kerns	einszeniger Typ
um 1615	Sarnen	einszeniger Typ
Mitte 17. Jh.	Luzern	einszeniger Typ (Folge)
2. Hälfte 17. Jh.	Flums	Arma-Christi-Typ
1681	unbekannte Herkunft	einszeniger Typ (Folge)
1686	Lustenau	Arma-Christi-Typ
1693	Unterehrendingen	Zentral-Typ
1695	Brigels II	Felder-Typ
Ende 17. Jh.	Menzingen	Arma-Christi-Typ
18. Jh.	Mumpf	einszeniger Typ (Folge)
18. Jh.	Lochau	Felder-Typ
um 1750	Bregenz	Kalvarien-Typ
um 1770	Schnepfau	einszeniger Typ
2. Hälfte 18. Jh.	Unterschächen	einszeniger Typ

42 Altdorf · Uri

Altdorf, Historisches Museum
1421
Tempera auf Leinen
1,56 x 0,97 m (Fragment)
Anordnung in mehreren Reihen zu mehreren Bildfeldern, (unregelmäßiger) Felder-Typ

Literatur:

Paul STYGER, Das Fastentuch im Historischen Museum zu Altdorf, in: Urner Historisches Neujahrsblatt 1919, S. 85–96.

P. Fintan AMSTAD OSB, Führer durch das Historische Museum von Uri, hrsg. vom Verein für Geschichte und Altertümer von Uri, Altdorf 1975 (2. Aufl.), S. 5.

Gustav KALT, Geschichte des Hungertuches, o. P.

Die Bilderfolge:

Sündenfall	Vertreibung aus dem Paradies?
Begräbnis Adams	?
Mose vor dem brennenden Dornbusch	Durchzug durchs Rote Meer?

Von unschätzbarem Wert ist das Fragment einer bemalten Leinwand, das sich heute im Historischen Museum zu Altdorf befindet. Es trägt die Jahreszahl 1421 und wurde bereits von dem Christlichen Archäologen Paul Styger[282] als Fastentuch angesprochen. An dieser Zweckbestimmung kann auch nicht ernsthaft gezweifelt werden, zeigt es doch trotz seiner nur bruchstückhaften Erhaltung die typischen Elemente des vielfeldrigen Fastentuches. Durch die gesicherte Datierung führt uns das Altdorfer Exemplar in die Frühzeit der bemalten Fastentücher, ja es ist das älteste, historisch gesicherte Fastentuch überhaupt.

Damit besitzt das Altdorfer Tuch eine weit über das lokalgeschichtliche Interesse hinausgehende Bedeutung, weshalb für uns auch die Frage unerheblich ist, ob das Tuch aus Erstfeld stammt, wo es aufgefunden wurde, oder ob es doch ursprünglich in Altdorf beheimatet war[283]. Erhalten hat sich das Tuch nur deshalb, weil es in der Zeit, als Fastentücher aus der Mode gekommen waren, zu einem Antependium umgearbeitet worden war. Dieser an sich glückliche Umstand hat andererseits aber auch die Zerstückelung des einst sehr umfangreichen Fastentuches verschuldet. Die Annahme eines ursprünglich umfangreichen Zyklus stützt sich auf die Beobachtung, daß sich aus dem erhaltenen Fragment mindestens drei Bildregister ergeben; diese beginnen jeweils mit einem alttestamentlichen Thema, und die Annahme weiterer Register mit neutestamentlicher Thematik hat doch vieles für sich. Im erhaltenen Fragment hat sich auch eine ikonographisch völlig singuläre Szene erhalten, das Begräbnis Adams, woraus man schließen darf, daß das Altdorfer Tuch sich nicht auf die traditionell gängigen Bildinhalte beschränkte, sondern eine breite Szenenentfaltung besaß.

Vor einer eingehenden ikonographischen Analyse betrachten wir jedoch zunächst die formale Gestalt. Relativ breite, helle Streifen gliedern das Fastentuch horizontal in mehrere Register. Die ebenfalls hellgrundigen vertikalen Trennleisten sind noch breiter und besitzen schablonenhafte Muster, teils in Rautenform, teils in Kreuzblumenform. Am linken Rand des Fragmentes besitzt der senkrechte Streifen keine Verzierung, weshalb man sich fragen muß, ob hier auch der ursprüngliche äußere Rand des Fastentuches zu sehen war. Daraus die Konsequenz zu ziehen, bedeutet, daß die Bilderfolge einst mit dem Sündenfall begonnen hätte oder sich darüber noch eine Bilderreihe befand mit Szenen aus der Schöpfungsgeschichte.

Das Fragment läßt also die Einteilung in Felder klar erkennen. Ein besonderes Gewicht wird den einzelnen Bildern dadurch verliehen, daß sie zusätzlich mit einer dünnen, schwarzen Linie umrahmt sind. Der optische Eindruck dieses Tuches muß wohl von der Aneinanderreihung einzelner Bilder geprägt gewesen sein. Die strenge Ordnung gleich großer Bildfelder, die von einem Rahmensystem mit sich rechtwinklig kreuzenden Leisten umspannt sind, ist noch nicht erreicht. Die Breite der querrechteckigen Felder schwankt erheblich.

Damit lenkt das Altdorfer Tuch den Blick auf die zeitgleiche Wandmalerei, die ebenfalls einen langen Weg benötigte, um von der ungegliederten Wandfläche über ungleich geordnete, querrechteckige Felder zu gleichformatigen Bildfeldern zu gelangen. In der Wandmalerei war dieser Prozeß um 1400 weitgehend abgeschlossen, so daß sich unter diesem formalen Aspekt das Altdorfer Tuch als keineswegs fortschrittlich zeigt. Mit der Wandmalerei des 14. und des beginnenden 15. Jahrhunderts hat das Tuch auch gemein, daß die trennenden Leisten verziert sind[284]. Wir schließen daraus, daß das Altdorfer Fastentuch eher konservativ als fortschrittlich gestaltet ist. Es besitzt enge Beziehungen zur Wandmalerei, hinkt ihr aber zeitlich nach.

Die stilistische Ausführung der Malerei stimmt mit der Entstehung in der ersten Hälfte des 15. Jahrhunderts überein. In der malerischen Gestaltung herrscht das zeichnerische Element vor. Die schlanken, in den Aktfiguren unnatürlich wirkenden Figuren sind im Dreiviertelprofil gesehen. Eine Tiefenwirkung besitzen die Bilder nicht. In den Ziermotiven der Randleisten sieht Styger „. . . armselige Überbleibsel von Motiven aus den römischen Kosmatenschulen des 13. Jahrhunderts, die wiederum nach klassischen Vorlagen der Mosaiktechnik farbige Steinchen zu geometrischen Zeichnungen in den Marmorfußböden ihrer Kirchen zusammensetzten.“ (S. 96)

Auf dem Altdorfer Fragment haben sich nur zwei Bildfelder vollständig, eines zur Hälfte und drei weitere in einem schmalen Streifen, erhalten. Für eine ikonographische Benennung bieten natürlich nur die vollständigen Szenen eine ausreichende Grundlage. Das zur Hälfte erhaltene Bild besitzt eine klärende Inschrift. Für die restlichen drei Szenen lassen sich nur Vermutungen aussprechen. Auch über die einstige Größe und den ikonographischen Gesamtplan kann man nur Vermutungen anstellen.

Das erste Bild zeigt in traditioneller Form den Sündenfall. Links und rechts vom Baum der Erkenntnis stehen Adam und Eva. Sie sind beide nackt, Eva hält in ihrer linken Hand einen Apfel, während Adam mit der Rechten die verbotene Frucht zum Mund führt. Mit Recht weist Styger

119. Fastentuch ALTDORF. Foto: Verfasser

darauf hin, daß das Kompositionsschema noch mit dem der altchristlichen Kunst übereinstimmt, mittelalterliches Gedankengut jedoch darin zum Ausdruck kommt, daß die Schlange einen Frauenkopf mit einer Krone besitzt. Dieses Bildfeld trägt in seiner rechten oberen Ecke die Jahreszahl 1421 und leistet somit der Datierung einen unschätzbaren Wert.

Das anschließende Bildfeld ist nur noch in einem schmalen Streifen erhalten. Erkennbar ist die Hälfte einer Figur in einer weißen Tunika mit darübergelegtem roten Pallium. Die Figur ist auf unserer Abbildung durch einen angenähten Fetzen, der aufgrund seiner Musterung aber auch zu dem Tuch gehörte, im oberen Teil verdeckt. Darunter sieht man aber die gehobene Achsel und eine nach vorn ziehende schwarze Linie. Daraus rekonstruierte Styger (S. 92) einen zum Redegestus erhobenen Arm. Da diese Szene unmittelbar auf den Sündenfall folgt, kann es sich bei der Annahme einer chronologischen Bilderfolge nur um die Vertreibung der Stammeltern aus dem Paradies handeln. Denkbar wäre auch die seltenere Szene des Verhörs der Schuldigen.

Das dritte Bild ist wieder vollständig erhalten, ein Umstand, der als besonderer Glücksfall gewertet werden muß, weil die Darstellung vom Begräbnis Adams auf Fastentüchern nur hier, und auch sonst in der Kunstgeschichte nur äußerst selten vorkommt[285]. Die Szene ist nicht nur aufgrund vergleichender ikonographischer Betrachtung einwandfrei zu identifizieren, auch sind die handelnden Personen inschriftlich als ad(am), seth und eva bezeichnet. Engel heben die Leiche des Stammvaters ins Grab. Dahinter steht die trauernde Eva mit gesenktem Haupt. Neben dem Leichnam kniet Seth und pflanzt einen Zweig in den Mund des Verstorbenen. Die Darstellung kann nicht auf einen biblischen Bericht zurückgreifen, das Buch Genesis weiß nichts von einem solchen Begräbnis.

Es handelt sich demnach um eine Legende, derzufolge der sterbende Adam seinen Sohn Seth zum Baum der Erkenntnis schickt, um von dort das heilige Öl oder einen Zweig zu holen, von dem sich Adam die Heilung von seiner schweren Krankheit erwartete. Nach der Überlieferung wird die Bitte Adams vom Erzengel Michael teils erfüllt, teils verweigert. Seth bekommt nicht das heilschaffende Öl, er bekommt aber einen Zweig. Das Holz pflanzte Seth entweder auf dem Libanon oder über dem Grab seines Vaters; nirgendwo wird berichtet, daß Seth einen Zweig in den Mund Adams pflanzt.

Alle Legenden gehen wohl letztlich auf das apokryphe Nikodemusevangelium zurück, das in zwei Teilen von der Passion Christi (dieser Teil auch Pilatusakten genannt) und der Höllenfahrt berichtet[286]. Beide Teile gehören ursprünglich aber nicht zusammen und sind wohl erst im 5. Jahrhundert vereinigt worden. Von der Höllenfahrt Christi und den Vorgängen in der Unterwelt (Hades) berichten die auferstandenen Zwillingssöhne des seligen Simeon. Sie erzählen von Propheten und Patriarchen, die sie dort getroffen haben, und überliefern auch die Unterhaltung zwischen Adam und Seth, die die Umstände des Begräbnisses Adams erhellt: „. . . der Urvater Adam, und er sprach zu seinem Sohne Seth: Mein Sohn, ich wünsche, daß du den Vorvätern des Menschengeschlechts und den Propheten erzählst, wohin ich dich entsandte, als ich in eine tödliche Krankheit verfiel. Darauf sprach Seth: Propheten und Patriarchen, höret! Mein Vater Adam, der Erstgeschaffene, entsandte mich, als er auf den Tod krank wurde, ganz in die Nähe des Tores zum Paradies. Ich sollte an Gott die Bitte richten, er möchte mich doch durch einen Engel zum Baum des Erbarmens führen lassen, damit ich Öl nähme und meinem Vater damit salbte und er so von der Krankheit aufstünde. Das tat ich denn auch. Und im Anschluß an mein Gebet kam ein Engel des Herrn und fragte mich: Was wünschest du, Seth? Wünschest du wegen der Krankheit deines Vaters das Öl, das die Kranken gesund macht, oder den Baum, dem solches Öl entfließt? Beides kannst du jetzt nicht bekommen. Geh also und sage deinem Vater, daß nach Verlauf von 5500 Jahren seit Erschaffung der Welt der menschgewordene eingeborene Sohn Gottes unter die Erde steigen wird. Der wird ihn mit solchem Öl salben. Und er wird auferstehen und ihn und seine Nachkommen mit Wasser und heiligem Geiste taufen. Und dann wird er von jeglicher Krankheit geheilt werden. Jetzt aber ist das unmöglich. Als die Patriarchen und Propheten das hörten, freuten sie sich sehr"[287].

Diesen Bericht zitiert auch die Legenda aurea, doch fügt Jacobo de Voragine[288] weitere Varianten hinzu, u. a. eine Version, die er der (apokryphen) Historia Graecorum entnommen haben will. Derzufolge habe der Engel dem Seth ein Stück Holz vom Baum der Erkenntnis gegeben und gesagt, daß sein Vater gesund werde, sobald das Holz Früchte tragen werde. Sicherlich kannte man im Mittelalter die Legende vom Begräbnis Adams nicht aus den apokryphen Quellen, sondern schöpfte aus dem Schatz der „Goldenen Legende" des Jacobus de Voragine: „Als Adam krank war, ging sein Sohn Seth an das Tor des irdischen Paradieses und begehrte Öl vom Baume des Mitleides, daß er den Leib seines Vaters damit salbe und ihn gesund mache. Da erschien der Engel Michael und sprach: Trachte nicht das Öl vom Baume des Mitleides zu erhalten und weine nicht darum, denn das mag dir nicht werden, ehe denn vergangen sind fünftausend und fünfhundert Jahr. Doch glaubt man, daß von Adam bis zu Christi Leiden nicht mehr denn fünftausend einhundertneunundneunzig Jahre sein verflossen. Man liest auch, daß der Engel dem Seth ein Zweiglein gab, und ihm gebot, daß er es pflanze auf dem Berg Libanon. In einer griechischen Geschichte, die aber apokryph ist, findet man, daß der Engel dem Seth von dem Holze gab, daran Adam gesündigt hatte und sprach ‚Wann dieser Zweig Frucht bringt, so soll dein Vater gesund werden'. Da nun Seth heimkam, war sein Vater schon gestorben; da pflanzte er den Zweig auf sein Grab, und der Zweig wuchs, und ward ein großer Baum, und dauerte bis zu Salomonis Zeiten"[289]. Eingebettet ist nun dieser Bericht in die Legende des Heiligen Kreuzes, und ebenso sind die bildlichen Darstellungen in Arezzo und Florenz

120. Fastentuch ALTDORF. Detail: Begräbnis Adams. Foto: Verfasser

keine alttestamentlichen Zyklen, sondern Illustrationen der Kreuzlegende[290]. Auf dem Altdorfer Fastentuch dagegen dient das Bild zur Bereicherung der alttestamentlichen Szenen.

Das Bild auf dem Altdorfer Fastentuch zeigt eine Kombination verschiedener Überlieferungen; möglicherweise geht es auch auf eine heute nicht mehr erhaltene Quelle zurück. Offenkundig scheint jedoch ein Bezug zwischen dem Tod, dem Holz vom Baum der Erkenntnis und der neuen Frucht an diesem Baum: Jesus Christus. Denn das Kreuzesholz ist ja nichts anderes als die Erlösung von der Sünde, die mit dem Baum der Erkenntnis in die Welt gekommen ist. Das Bild vom Tode Adams zeigt also einen deutlich christologischen Akzent; ob man auch von einer typologischen Beziehung reden kann, muß aufgrund fehlender Parallelen dahingestellt bleiben. Mit Styger zu reden, stehen wir zwar „. . . vor dem verworrenen Rankenwerk einer Legende . . .“ (S. 95), die auf die Erlösung des Menschengeschlechts hinzielende Aussage dieses Bildes steht dagegen außer Frage. Von der Intention her ist die Szene durchaus mit den anderen Kreuztypologien wie den Kundschaftern mit der Traube, der Ehernen Schlange oder der Opferung Isaaks zu vergleichen.

Der erhaltene schmale, nur zentimeterbreite Rest des folgenden Bildfeldes erlaubt keine ikonographische Benennung. In der linken unteren Ecke kann man nur ein kleines Eckstück eines Blockes oder Podiums sehen.

Der in gotischen Minuskeln geschriebene Name ‚moyses‘ weist den Weg zur sicheren ikonographischen Benennung des fünften Bildes, obwohl es nur zur Hälfte erhalten ist. Von Mose hat sich nur der bärtige Kopf erhalten. Ihm gegenüber sieht man in einer dunklen Zone eine nimbierte Gestalt. Vom Rand der dunklen Fläche gehen rote Strahlen aus: Es kann sich nur um die Erscheinung Gottes im brennenden Dornbusch vor Mose handeln.

Vom letzten Bildfeld sieht man nur noch die linke obere Ecke. Styger sah hierin den „. . . Oberkörper eines Soldaten . . ., der hilflos mit erhobenen Armen eine Lanze quer über dem Haupte schwingend, mit den getürmten Wellen kämpft" (S. 95). Dieser Beobachtung liegt die Benennung der Szene als Durchzug durch das Rote Meer zugrunde.

Von den wenigen erhaltenen Resten des Altdorfer Fastentuches auf seine ursprüngliche Größe und sein ikonographisches Gesamtprogramm zu schließen, ist schwierig. Wenn man jedoch davon ausgeht, daß das Tuch nicht wesentlich vom ‚Normaltyp' abweicht, so wird man seinen Bildbestand als nicht gering einstufen müssen. Mindestens drei Reihen sind dem Alten Testament gewidmet. Möglicherweise hat es eine weitere, oberste Reihe mit der Schöpfungsgeschichte und eine weitere alttestamentliche darunter gegeben. In der Regel besitzen die frühen Fastentücher ein ausgeglichenes Verhältnis zwischen alt- und neutestamentlichen Bildern, sodaß weitere drei bis fünf Reihen aus dem Leben Jesu zu vermuten sind. Der Gesamtbestand beläuft sich damit auf sechs bis zehn Register. Die einzelnen Bildfelder sind etwa fünfzig Zentimeter hoch, woraus sich eine Höhe von insgesamt drei bis fünf Metern erschließen läßt. Über die Breite läßt sich noch weniger sagen. Selbst die Annahme, daß das Tuch ursprünglich aus Altdorf stammt, bringt uns nicht weiter, weil die Pfarrkirche, an deren Chorbogen es vielleicht einst hing, mit dem Stadtbrand von 1799 zugrunde ging.

Die Analyse des Bildes von Adams Begräbnis berechtigt zu der Vermutung, daß auch hier die alttestamentliche Bildauswahl von typologischen Gesichtspunkten geprägt war. Der typologische Bezug des brennenden Dornbusches (Ex. 3, 1 ff.) auf die Verkündigung an Maria, auf die Heimsuchung und nach dem Zeugnis der Biblia pauperum und des Heilsspiegels vor allem auf die Geburt Christi ist unbestritten[291].

Verschiedene Gründe berechtigen also zu der Annahme, daß das Altdorfer Fastentuch von beachtlicher Größe gewesen ist und ein ikonographisches Programm besaß, das den neutestamentlichen Szenen eine umfangreiche alttestamentliche Bilderfolge von der Schöpfung über den Sündenfall zu zahlreichen typologischen Vorbildern vorausschickte.

Die Betrachtung der formalen Gestalt hat gezeigt, daß hier noch nicht die typisch-strenge Form des Fastentuches erreicht ist. Ob wir im Altdorfer Tuch deshalb eine absolute Frühform der vielfeldrigen Fastentücher besitzen oder ob wir hier das zufällig einzig erhaltene Exemplar eines früheren ‚unregelmäßigen' Felder-Types, wie er vielleicht schon im 14. Jahrhundert üblich war, vor uns haben, ist nicht zu entscheiden. Nahezu ausgeschlossen werden kann die Annahme, in diesem ältesten erhaltenen Fastentuch auch den historischen Ursprung der bemalten, mit biblischen Szenen geschmückten Fastentücher zu sehen. Wo Tausende von Exemplaren einem aufgeklärten Geist zum Opfer gefallen sind, können wir nicht an den historischen Zufall glauben, daß sich ausgerechnet das älteste der bemalten Fastentücher hier erhalten hätte.

43 Straßburger Fragmente · Elsaß

Zürich, Schweizer Landesmuseum LM 6643
Mitte 15. Jh.
2 Fragmente je 3,00 x 0,80 m
alt- und neutestamentliche Szenen.
Felder-Typ

Literatur:
STYGER, S. 88
KALT, o. P.

Von zwei textilen Fragmenten mit farbiger Bemalung, die sich heute im Schweizer Landesmuseum befinden, weiß man nur, daß sie einst in Straßburg erworben wurden. Es handelt sich um

Die Bilderfolge:

Fragment 1

Erschaffung Adams	
Brudermord	Arche Noah
Urteil Salomos	Tobias
Geburt Christi	Anbetung der Könige
	Geißelung

Fragment 2

121. Fastentuch STRASSBURG; Fragment 1.
Foto: Schweizerisches Landesmuseum Zürich.
Neg.-Nr. 102189/102190

122. Fastentuch STRASSBURG; Fragment 2.
Foto: Schweizerisches Landesmuseum Zürich.
Neg.-Nr. 102191/102194

zwei hohe Leinwandbahnen mit jeweils vier übereinander angeordneten, leicht querrechteckigen Feldern. Dargestellt sind Szenen aus dem Alten und Neuen Testament. Daß es sich um die Überreste eines sehr alten Fastentuches handelt, kann nicht bezweifelt werden. Ob Straßburg als Ort ihrer Herkunft wirklich auf einen Ursprung im oberrheinisch-elsässischen Gebiet schließen läßt, muß dagegen fraglich bleiben. Fastentücher waren dort immerhin weitverbreitet, wie die Quellenlage gezeigt hat.

Das erste Fragment zeigt von oben nach unten die Erschaffung Adams, den Brudermord, das Urteil des Salomo und die Geburt Christi. Die Bildformulierungen muten noch sehr altertümlich an. So kniet der nackte Adam vor seinem Schöpfer, aber nicht um den Lebensodem zu empfangen, sondern das Verbot, vom Baum des Lebens zu essen: „Und Gott der Herr gebot dem Menschen und sprach: Von allen Bäumen im Garten darfst du essen; nur von dem Baume der Erkenntnis des Guten und des Bösen, von dem darfst du nicht essen; denn sobald du davon issest, mußt du sterben." (Gen. 2, 16–17) In der ernsten Haltung des Schöpfers, der mahnend seine Rechte gegen Adam erhoben hat, kündigt sich schon der bevorstehende Sündenfall an. Ob dieses Bild an die Stelle der Erschaffung Adams gerückt ist oder eine eigene zusätzliche Szene darstellt, läßt sich leider nicht mehr entscheiden. Ungewöhnlich bleibt die Szene so und so. Rechts in der ansonsten kargen Landschaft wachsen strauchartige Pflanzen. Man kann in dieser Hecke wohl schon den Horizont des verlorenen Paradieses erblicken. Die Szene des Brudermords darunter schildert eigentlich schon den nächsten Moment, in dem Gott Vater Kain zur Rede stellt angesichts des tot auf der Erde liegenden Abel. Wie im ersten Bild liegt hier also der Schwerpunkt auf der Anrede des Menschen durch Gott. Dem unbekannten Künstler ist es nicht gelungen, Abel in seinem Blut zu zeigen, dieser ruht vielmehr in einer eigentümlichen Schlafhaltung auf dem Boden zwischen den gebündelten Ährengarben seines Bruders.

Das nächste Bild zeigt einen König im Gespräch mit zwei Frauen, von denen eine ein Kind im Arm hält. Trotz der wenig dramatischen Szenerie kann darin nur das Urteil des Salomo gesehen werden. Dieselbe Geschichte ist auf dem Fastentuch von Zug wesentlich bewegter dargestellt. Hier fehlt vor allem das drohende Schwert in der Hand des Schergen, um das Kind in der Mitte zu spalten. Das Schwert hält Salomo selbst, doch mehr als Szepter denn als bedrohliche Waffe. Beim vierten Bild handelt es sich um die ebenfalls in statischer Ruhe dargestellte Geburt des Heilandes, die auf alles überflüssige Beiwerk verzichtet.

Auf dem zweiten Fragment sind die Arche Noahs, der Abschied des jungen Tobias von seinem blinden Vater, die Anbetung der Könige sowie die Geißelung Jesu zu sehen.

Beide Fragmente gehören zusammen und fügen sich auch mit einer gewissen Wahrscheinlichkeit nahtlos ineinander. Die Arche Noahs schließt an den Brudermord an, und die Anbetung der Könige folgt auf die Geburt Christi. Die beiden Leinwandbahnen sind dann nur um ein Register versetzt zugehörig zu denken. Somit besaß das Fastentuch ursprünglich mindestens fünf, eher aber sechs Reihen, die die Heilsgeschichte von der Schöpfung bis zur Passion (und vielleicht darüber hinaus) erzählten. Die Szenen mit Salomo und Tobias sprechen für eine breitere alttestamentliche Entfaltung, wie sie für die älteren Fastentücher charakteristisch erscheint. Ebenso sind querrechteckige Bildfelder sonst nur im 15. Jahrhundert nachweisbar. Ich denke, daß auch die stilistische Einordnung der Malerei einen frühen Ansatz rechtfertigt. Kaum haltbar scheinen mir jedenfalls die Vorschläge Stygers und (daran knüpfend) Kalts, die Fragmente erst an den Beginn des 16. Jahrhunderts zu setzen. Die Bildgestaltung beschränkt sich auf die allernotwendigsten Angaben. Landschaft und Architektur werden ohne jede Detailbeobachtung rein schematisch wiedergegeben. Die Figuren besitzen hinter langen, bauschigen Gewändern nicht die Spur von Plastizität. Die Aktfigur Adams verrät noch Einflüsse des weichen Stils, während der Christus an der Geißelsäule anatomisch völlig mißglückt ist.

Eine Entstehung dieses Fastentuches um die Mitte des 15. Jahrhunderts scheint mir wahrscheinlich, ja selbst eine noch frühere Datierung ist nicht ausgeschlossen. Damit gehört es zu den ältesten Beispielen überhaupt.

Von ihrem fragmentarischen Zustand abgesehen, befinden sich die Straßburger Fragmente in einem guten Zustand. Leuchtend frische Farben, unter denen ein saftiges Grün besonders auffällt, beleben die wenig gegliederten Bildfelder.

44 Güglingen im Zabergau

(1849 verbrannt)
15. Jhdt.
ca. 7,00 x 4,60 m
60 Bildfelder, davon 22 aus dem Alten Testament und 38 aus dem Neuen Testament in 10 Reihen zu 6 Feldern.
Felder-Typ

Literatur:
Karl KLUNZINGER, Zweiter Bericht über den Alterthums-Verein im Zabergau, Stuttgart 1847, S. 9–11
Kunstblatt zum Morgenblatt, 1847, S. 200 (mir nicht zugänglich)
Paul Wilhelm von KEPPLER, Württembergs kirchliche Kunstalterthümer, Rottenburg a. N. 1888, S. 46
OTTE, S. 387
BRAUN, Altar Band II, S. 157
HOFMANN, S. 43

Das Palmtuch von Güglingen gehörte zu den größten und bilderreichsten Fastentüchern Deutschlands und muß auch innerhalb der gesamten Gruppe bemalter Tücher zu den wichtigsten gerechnet werden. Auf einer Fläche von etwa 30 Quadratmetern zeigte es in quadratischen Bildfeldern 60 biblische Szenen aus dem Alten und Neuen Testament. Einige davon besitzen echten Seltenheitswert oder sind ganz einmalig. So schließt die Güglinger Bilderfolge nicht mit dem Weltgericht, sondern mit der Bekehrung des Paulus.

Auch in der Art seiner Verwendung, wie sie durch den Bericht von Karl Klunzinger überliefert ist, zeigt das Güglinger Tuch eine Besonderheit. Bis ins vergangene Jahrhundert wurde es alljährlich nicht schon am Aschermittwoch, sondern erst am Palmsonntag aufgezogen. Von dieser vom allgemeinen Brauch abweichenden Sitte rührt auch der ungewöhnliche Name Palmtuch her. Später aufgezogen, blieb es aber die ganze Karwoche hängen und wurde erst am Ostermontag wieder abgenommen. (Ob dies auch tatsächlich seiner mittelalterlichen Verwendung entspricht, muß allerdings dahingestellt bleiben.)

Das Palmtuch von Güglingen wurde zwischen dem Kirchenschiff und dem Chor aufgezogen und entsprach so der älteren Tradition der echten Raumverhüllung. Aus den überlieferten Maßangaben[292] läßt sich eine Einteilung in zehn Register zu je sechs Feldern rekonstruieren.

Da das Tuch 1849 einem Brand zum Opfer gefallen ist, können wir über die stilistische Beschaffenheit keine Angaben machen und sind in der Datierung auf die Angaben Klunzingers angewiesen. Er glaubte, dem Tuch eine Entstehung in vorreformatorischer Zeit zuerkennen zu können und datiert es ins 15. Jahrhundert. Die ungefähre Vorstellung, die wir uns von ihm machen können, die reiche alttestamentliche Bildauswahl und manche ungewöhnliche Szenen deuten tatsächlich auf eine frühe Entstehung hin und scheinen die Angaben Klunzingers zu bestätigen.

Denn zahlreiche ausgefallene, insbesondere alttestamentliche Szenen begegnen sonst auch nur auf Fastentüchern des 15. Jahrhunderts. Weil manche Darstellungen infolge der spärlichen Angaben Klunzingers nicht einwandfrei zu identifizieren und manchmal nur die handelnden Personen erwähnt sind, verzichten wir auf eine genaue Analyse. Man wird aber nicht fehlgehen, ihre Herkunft teilweise in typologischen Zusammenhängen zu suchen. So wird hier etwa der Engelsturz (I/2) in biblischen Zusammenhängen an den Anfang des Heilsspiegels gestellt. Vollkommen singulär ist die Einleitung der Szenenfolge durch eine Darstellung der Trinität (I/1). Zu den echten Raritäten zählt auch die ‚Eheschließung von Adam und Eva', die von Gottvater vollzogen wird (I/6). Die singuläre Szene auf dem Haimburger Fastentuch von der Tötung Kains durch Lamech erfährt in Güglingen eine inhaltliche Parallele in ‚Lamechs Rede zu seinen Weibern'. Ein Mann ist tot, ein Jüngling verwundet' (II/6). Zwei seltene Szenen (IV/1 u. 2) sind dem Buch Ruth entnommen, eine weitere handelt von Samuel (IV/3).

Eine von Klunzinger nur als ‚Priesterliche Handlung im Tempel' angegebene Szene (IV/4) könnte das ‚Opfer Joachims im Tempel' gewesen sein, das dieser vollziehen wollte und von den Priestern aufgrund seiner Kinderlosigkeit zurückgewiesen wurde. Somit ist auch diese Szene schon dem neutestamentlichen Zusammenhang zuzurechnen.

Mit Ausnahme des ‚Gesprächs Jesu mit der Samariterin am Brunnen' verzichtet das Güglinger Tuch auf Begebenheiten aus der öffentlichen Wirk-

Die Bilderfolge:

	1	2	3	4	5	6
I	Die Dreieinigkeit	Engelsturz	Erschaffung der Tiere	Erschaffung Adams	Erschaffung Evas	Ehe von Adam und Eva
II	Sündenfall	Vertreibung	Arbeit Adams und Evas	Opfer Kains und Abels	Brudermord	Lamechs Rede zu den Frauen
III	Sintflut	Opfer Abrahams	Gesetzgebung am Sinai	Goldenes Kalb	Strafe für das Volk	Eherne Schlange
IV	Abschied der Naemi von Arpa	Naemi und Ruth	Samuel im Tempel	Priesterliche Handlung	Trauung Josephs und Marias	Verkündigung an Maria
V	Heimsuchung	Geburt Jesu	Beschneidung	Anbetung der 3 Könige	Darstellung im Tempel	Kindermord
VI	Flucht nach Ägypten	12jähriger Jesus im Tempel	Taufe Jesu	Versuchung Jesu	Jesus und die Samariterin	Einzug in Jerusalem
VII	Abendmahl	Fußwaschung	Jesus in Gethsemane	Niederfall der Häscher	Gefangennahme Jesu	Verleugnung des Petrus
VIII	Verhör vor Pilatus	Geißelung	Dornenkrönung	Ecce homo	Handwaschung des Pilatus	Kreuztragung
IX	Kreuzigung	Jesus am Kreuz	Grablegung	Christi Höllenfahrt	Auferstehung	Engel bei den Frauen
X	Maria Magdalena vor Jesus	Jünger von Emmaus	Ungläubiger Thomas	Himmelfahrt	Pfingsten	Bekehrung des Saulus

samkeit Jesu, der Kindheits- und Passionszyklus wurde dafür umso ausführlicher gestaltet. Darunter fällt die seltene Darstellung des ‚Niederfallens der Häscher' (VII/4) bei der Verhaftung Christi, wie sie nur von Johannes berichtet wird (Joh. 18, 6). Sie mag wiederum einer Anregung der dramatisch gestalteten mittelalterlichen Passionsspiele zu verdanken sein. Auf den ungewöhnlichen Schluß des Programms mit der Bekehrung des Saulus haben wir schon eingangs hingewiesen.

Trotz etlicher Besonderheiten sollte man dennoch den insgesamt traditionellen ikonographischen Zusammenhang nicht vergessen. Schöpfung und Sündenfall sowie Kindheit Jesu und seine Passion bilden das Hauptgewicht der Aussage. Sie sind ausführlich und um manche seltene Szenen vermehrt. Die ausgefallenen Themen aber dürfen nicht als Verlegenheitslösungen betrachtet werden, sie wurden wohl mit Bedacht gewählt. Das trifft ebenso auf den ungewöhnlichen Anfang und den Schluß zu. Denn am Anfang aller Geschichte steht Gott in seiner dreifaltigen Gestalt wie es schon die altkirchlichen Konzile dogmatisiert haben. Die Bekehrung des Paulus schließlich dürfte sich in besonderer Weise an die Bußfertigkeit und an die Umkehrbereitschaft des reuigen Sünders richten. Paulus muß als das Paradebeispiel des durch Gottes Anruf bekehrten Sünders gesehen werden. Das aber scheint uns ein deutliches Indiz für die Verkündigungsabsicht des Fastentuches zu sein, es zeigt dem Betrachter den Zusammenhang von Sünde und Erlösung und predigt ihm die Möglichkeit, sich durch Buße in das Heilshandeln Gottes mit hineinnehmen zu lassen.

45 Zug · Zug

Zürich, Schweizer Landesmuseum LM 3961
um 1470
7,20 x 6,40 m
72 Bildfelder, davon 32 aus dem Alten Testament und 40 aus dem Neuen Testament im Wechsel mit atl. Typologien in 9 Reihen zu (wahrscheinlich) 8 Feldern.
Felder-Typ

rekonstruiert aus sechs Fragmenten
Fragment 1: 4,40 x 1,00 m
Fragment 2: 1,20 x 1,00 m
Fragment 3: 4,60 x 1,00 m
Fragment 4: 1,20 x 1,00 m
Fragment 5: 2,40 x 0,95 m
Fragment 6: 1,50 x 1,00 m

Literatur:
Die Kunstdenkmäler des Kantons Zug, 2. Halbband, 2. Aufl. 1959, S. 114, Kalt, o. P.

Ohne zu übertreiben, kann man das Fastentuch aus der Michaelskirche in Zug zu den interessantesten Stücken seiner Gattung zählen. Da es nur in Fragmenten erhalten ist[293], gehört seine Rekonstruktion und inhaltliche Benennung allerdings auch zu den schwierigsten Problemen der Fastentuchforschung.[294] Aus den erhaltenen Resten wird deutlich, daß die Bilderfolge in zwei Abschnitte zerfällt und zwischen dem alt- und dem neutestamentlichen Teil eine Zäsur zu verzeichnen ist. Prinzipiell wird auch hier thematisch der Bogen von der Erschaffung der Welt bis zum Weltgericht geschlagen; während die ersten vier Register eine historische Abfolge der alttestamentlichen Geschichte erkennen lassen, erfolgt in der Ordnung der neutestamentlichen Bilder ein steter Wechsel zwischen Typus und Antitypus. Das heißt, die neutestamentliche Bildersequenz wird jeweils durch ein alttestamentliches Vorbild unterbrochen. Diese Bildanordnung erinnert an die Fastentücher aus Bozen und von Schloß Tratzberg, der Schatz alttestamentlicher Typologie des Zuger Tuches übertrifft die genannten Beispiele aber bei weitem. Die Typologien lassen erkennen, daß sie nicht nur der Biblia pauperum, sondern auch dem umfangreicheren Speculum humanae salvationis, dem Heilsspiegel, entnommen sind.[295] Daß die Bilderfolge in Zug einer einzigen Quelle folgt, ist nicht zu erkennen, wir nehmen vielmehr an, daß der typologische Schatz in freier und ungebundener Weise benutzt worden ist.

Das Zuger Fastentuch ist alt, sicher älter als die ebenfalls typologisch geordneten Beispiele von Bozen und Tratzberg. Das entspricht der Beobachtung, daß das Bildprogramm der Tücher, je älter sie sind, umso umfangreicher und in der Ikonographie komplizierter erscheint. Einflüsse der Renaissance sind überhaupt noch nicht zu spüren, die holzschnittartige Knappheit der Bilder erinnert zu Recht an das Gurker Fastentuch, dem es an Alter wohl ungefähr gleichkommt. Eine Datierung kurz nach der Mitte des 15. Jahrhunderts scheint ange-

123. Fastentuch ZUG; Fragment 1. Detail: 1.–3. Bildreihe des Fragments. Foto: Schweizerisches Landesmuseum Zürich. Neg. Nr. 36595/36560

messen.[296] Dem dürften auch das Schriftbild und die Klangfarbe der Inschriften entsprechen, die allerdings so schlecht erhalten sind, daß sie zur Identifizierung der Bilder kaum etwas beitragen können.[297] Die Legenden sind jeweils auf den Trennleisten unterhalb des entsprechenden Bildfeldes zu lesen.

Im folgenden untersuchen wir separat die sechs erhaltenen Fragmente und versuchen im Anschluß daran eine Rekonstruktion des gesamten Tuches.

Fragment 1: ca. 4,40 x 1,00 m (Abb. 123–125)

Fragment 1 erstreckt sich vertikal über sechs Register, wobei die sechste Reihe zur Hälfte angeschnitten ist. In jeder Reihe befinden sich nur ein vollständig erhaltenes Bildfeld und rechts daran anschließend der schmale Streifen eines weiteren Feldes. Die einzelnen Bildfelder besitzen ein quadratisches Format von 0,80 m Seitenlänge.

Die Bilderfolge von Fragment 1:

Gott erschafft Himmel und Erde	Weiterer Schöpfungsakt
Gott gibt Noah den Befehl	Bau der Arche
Isaak und Esau	Joseph wird in die Zisterne geworfen
Mose und Aaron vor dem Pharao	Mose und Aaron?
Salomonisches Urteil	Mariä Tempelgang
Siebenarmiger Leuchter	Darstellung Christi im Tempel

Im ersten Bildfeld wird die Erschaffung der Erde durch Gott gezeigt. Der Schöpfer steht am linken Bildrand und erhebt segnend die rechte Hand gegen die runde Erdscheibe, die durch eine horizontale Trennleiste in Himmel und Erde geschieden ist. In den Zwickeln symbolisieren drei blasende Büsten die Himmelsrichtungen, eine vierte links oben dürfte wohl verblaßt sein. Das anschließende Bildfeld dürfte einen weiteren Schöpfungsakt zum Inhalt gehabt haben. Auf dem erhaltenen Rest ist analog zum ersten Bild die Gestalt des Schöpfers zu sehen.

Das zweite Register beginnt mit einem nur

schwer deutbaren Bild. Einer knienden Gestalt wird von Gott, der als Halbbüste in einer Wolke erscheint, scheinbar ein Reichsapfel gereicht. Die Szene kann nur aus dem Kontext erschlossen werden. Da das erste Register mit zwei Bildern zum Brudermord endet (vgl. Fragment 3), muß es sich um eine danach handelnde Geschichte drehen, und ein Bild der Arche Noah wäre durchaus zu erwarten. Das Zuger Fastentuch besitzt nun eine sehr ausführliche Bilderfolge, und die Sintflut wird in mehreren Bildern erzählt. Im betreffenden Bild sehen wir also den Auftrag Gottes an Noah, die Arche zu bauen (Gen. 6, 13ff.). Die auf dem Fragment des nächsten Bildes erhaltene Figur mit einer Axt ist sicherlich mit dem Bau der Arche beschäftigt (Gen. 6, 22). Damit erhält auch dieses Bild seine Deutung. Der Reichsapfel in der Hand Gottes auf dem ersten Bild bleibt ungeklärt; entweder unterstreicht er die Allmacht Gottes oder symbolisiert den Auftrag an Noah.

Das erste Bild des dritten Registers wird durch die hier gut leserliche Inschrift *Isaak un Esau* unzweideutig identifiziert. Wir sehen allerdings bereits die zweite Episode, wo der greise Isaak in der Begegnung mit Esau sich des Betruges durch den jüngeren Sohn Jakob bewußt wird (Gen. 27, 31ff.). Der Segen Isaaks über Jakob wird im letzten Bild des zweiten Registers (vgl. Fragment 3) gezeigt. Daraus läßt sich ablesen, daß Fragment 3 tatsächlich den äußeren rechten Rand des Fastentuches darstellt. Auf der Trennleiste des zweiten Bildes ist noch *Josep* zu lesen. Das Bildfragment selbst zeigt eine Menschenansammlung hinter einer rechteckigen Vertiefung, die wohl als Zisterne gedeutet werden darf, in die Joseph von seinen Brüdern geworfen wurde (Gen. 37, 20ff.).

Im vierten Register wird eine Folge von Mosegeschichten fortgesetzt. Mose, kenntlich an seinem prachtvollen ‚Gehörn', steht vor dem Pharao und hält in der linken Hand eine Schlange. Dem biblischen Text zufolge (Ex. 7, 8–10) müßte eigentlich Aaron den Stab werfen, der zur Schlange wird. Aaron sieht man hier hinter Mose stehen. Auf dem folgenden Bildfragment stehen in unveränderter Haltung Aaron und Mose; eine der ägyptischen Plagen dürfte wohl Thema dieses Bildfeldes gewesen sein (Ex. 7–12).

Koenig Salomon steht unter dem ersten Bild des fünften Registers, doch läßt auch die Ikonographie keinen Zweifel daran, daß das Urteil Salomons (1. Kö 3, 16–28) dargestellt ist.[298] Dieses Bild gehört nun nicht mehr in die chronologische Bilderfolge alttestamentlicher Geschichten, sondern bildet den Auftakt zur neutestamentlichen Bilderreihe im Wechsel von Typus und Antitypus.

124. Fastentuch ZUG; Fragment 1. Detail: 4. und 5. Bildreihe des Fragments. Foto: Schweizerisches Landesmuseum Zürich. Neg. Nr. 36561

Dementsprechend zeigt das folgende Bild den Tempelgang Mariens. Maria als Mädchen steigt die Stufen zum Tempel empor, während ihre Eltern, Anna und Joachim, hinter der Treppe stehen. Wie auf dem Fastentuch von Veitsch, das etwa zur gleichen Zeit in der Steiermark entstanden ist, beginnt der neutestamentliche Zyklus mit der Kindheit der Maria.

Das sechste Register zeigt im ersten Bild eine Darstellung des siebenarmigen Leuchters. Er wächst aus einem floralen Gebilde heraus, wodurch eine Verbindung zur Wurzel Jesse nahegelegt wird. Nach dem typologischen System des Heilsspiegels wird der siebenarmige Leuchter als Typus der Darstellung Christi verstanden.[299] Das erhaltene Fragment des zweiten Bildes kann diesen Zusammenhang ikonographisch nicht stützen. Daß dort tatsächlich die Darstellung abgebildet war, gründet allein auf der (allerdings kaum zweifelhaften) Hypothese der typologischen Ordnung auf dem Zuger Fastentuch.

Das Fragment 1 endet etwa in der Mitte des sechsten Registers. Nahtlos fügt sich Fragment 2 an.

Fragment 2: ca. 1,20 x 1,00 m (Abb. 125)

Das Fragment 2 enthält die untere Hälfte des sechsten Registers sowie das vollständig erhaltende Bildfeld der siebten Reihe. Unzweifelhaft stellt es das letzte Abendmahl Christi mit seinen Jüngern dar. Frontal zum Betrachter erscheint Christus mit der Mehrzahl der Jünger, Judas, mit dem umgehängten Geldbeutel, wendet dem Betrachter den Rücken zu. Außer Christus sind insgesamt 13 Personen zu sehen, zählt man nur diejenigen, die einen Heiligenschein besitzen, kommt man nur auf die Zahl zehn. Das anschließende Bildfragment zeigt eine Frau, die im Bücken nach kleinen, runden Gegenständen greift. Wenn man darin das Mannawunder während der Wüstenwanderung des Volkes Israel sieht (Ex. 16), ergänzen sich einmal mehr Typus und Antitypus.

125. Fastentuch ZUG; Fragment 1, 6. Bildreihe, und Fragment 2.
Foto: Schweizerisches Landesmuseum Zürich. Neg. Nr. 36562

Die Bilderfolge von Fragment 2:

Siebenarmiger Leuchter	Darstellung Christi im Tempel
Abendmahl	Mannawunder

Fragment 3: 4,60 x 1,00 m (Abb. 126–128)

Wie Fragment 1 erstreckt sich Fragment 3 als hoher, schmaler Streifen über mehrere Register; statt sieben sind jedoch nur sechs Reihen erhalten. Vollständig sehen wir wiederum nur je ein Bildfeld sowie zu knapp einem Drittel das links anschließende Feld. Aus ikonographischen Gründen dürfen wir annehmen, daß Fragment 1 den linken, Fragment 3 den rechten Rand des Fastentuches bilden (vgl. die Bemerkungen zu Fragment 1). Dennoch stellt uns das siebte Register vor ein nicht lösbares Problem. Während in den beiden vorhergehenden Fragmenten jeweils der alttestamentliche Typus dem neutestamentlichen Antitypus vorausging, ist nun die Reihenfolge umgedreht, und es ist nicht erkennbar, wodurch diese Verschiebung ausgelöst wurde. Eine ungerade Felderzahl in der Breite ist auszuschließen, sonst hätte die Umkehrung der Typoi schon zwischen dem fünften und dem sechsten Register erfolgen müssen. Da auch das Tratzberger Fastentuch keine regelmäßige Abfolge von Typus und Antitypus besaß, müssen wir auch hier mit Unregelmäßigkeiten rechnen, ein Umstand, der umso bedauerlicher ist, weil damit die Rekonstruktion der übrigen Fragmente unmöglich gemacht wird.

Mit zwei Episoden aus der Geschichte von Kain und Abel endet das erste Register (Gen. 4). Das vorletzte Bildfeld läßt noch den Brudermörder Kain erkennen, der kräftig mit der Hacke ausholt, um Abel zu erschlagen. Anschließend sieht man Kain, das Mordinstrument noch in der Hand; zweifellos steht er vor Gott, der ihn zur Rede stellt. Mit der rechten oberen Ecke ist leider auch die Gestalt Gottes verlorengegangen.

Die Bilderfolge von Fragment 3:

Brudermord	Gott stellt Kain zur Rede
Opfer Isaaks	Isaak segnet Jakob
Mose am Hof des Pharao als Kind	Mose greift in das Kohlebecken
?	Josua läßt die Sonne stillstehen
Augustus und Sibylle	Geburt Jesu und die ungläubige Hebamme
Versuchung Jesu	David und Goliath

126. Fastentuch ZUG; Fragment 3. Detail: 1. und 2. Bildreihe des Fragments. Foto: Schweizerisches Landesmuseum Zürich. Neg. Nr. 36564

Dem ersten Bild des dritten Registers (Fragment 1) von der Begegnung Isaaks mit dem betrogenen Esau geht im letzten Bild der zweiten Reihe der Betrug um den Erstgeburtssegen durch Jakob voraus (Gen 27, 1–29). Jakob reicht dem greisen Isaak das zubereitete Wildbret, während seine Mutter Rebekka, die Anstifterin zur Lüge, als lauschende Zuhörerin im schmalen Ausschnitt des Torbogens sichtbar wird. Weil er mit seinen blinden Augen nicht mehr sieht, greift Isaak nach der Hand seines Sohnes, um an der behaarten Haut den Erstgeborenen zu erkennen. Daß sich Jakob dabei zur Täuschung ein Stück Fell über die Hand gezogen hatte, ist allerdings nicht erkennbar. Vom vorhergehenden Bild sieht man nur noch die eingreifende Hand Gottes und einen großen, profilierten Steinblock. Man geht wohl nicht fehl, darin den von Abraham aufgerichteten Altar zur Opferung seines Sohnes Isaak zu erblicken (Gen 22). In den Gesamtzusammenhang würde sich diese Szene gut einfügen.

Zur Identifizierung der Bildfelder des dritten Registers hilft die leidlich erhaltene Unterschrift *Moyses den gluot aß*. Man erkennt darin das legendäre und in der Kunst selten dargestellte Thema[300] der sog. Feuerprobe des kleinen Mose.[301] Beide Bilder gehören zusammen. Zweimal sitzt der Pharao auf seinem Thron und hält den dreijährigen Moseknaben auf seinem Schoß. Deutlich erkennbar trägt der Pharao auf dem ersten Bild keine Krone; im kindlichen Übermut hat Mose sie dem König vom Kopf genommen und ist eben im Begriff, sie sich selbst aufzusetzen. Der Pharao und seine Ratgeber entsetzten sich darüber sehr und beschlossen, den Knaben zu töten. Der Pharao hielt jedoch ein Gottesurteil für angemessener und ließ Mose zur Probe Edelsteine und glühende Kohlen reichen, um festzustellen, ob er tatsächlich aus Unverstand oder Berechnung nach dem Zeichen der Macht gegriffen hätte. Der Engel des Herrn führte die Hand des Knaben jedoch zu den Kohlen, und Mose verbrannte sich die Finger. Überdies

127. *Fastentuch ZUG; Fragment 3. Detail: 3. und 4. Bildreihe des Fragments.* Foto: Schweizerisches Landesmuseum Zürich. Neg. Nr. 36565

128. *Fastentuch ZUG; Fragment 3. Detail: 5. und 6. Bildreihe des Fragments.* Foto: Schweizerisches Landesmuseum Zürich. Neg. Nr. 36566

steckte er sich die glühenden Kohlen auch noch in den Mund, die ihm Lippen und Zunge versengten. Diese Szene ist auf dem zweiten Bild zu sehen. Der König und seine Fürsten erkannten daraufhin, daß das Kind nicht aus List, sondern wirklich aus Unverstand heraus gehandelt hatte, und ließen den Knaben am Leben.

Die alttestamentliche Bilderreihe endet im vierten Register mit einer Episode aus dem Buch Josua. Der alttestamentliche Held, der als Nachfolger des Mose das Volk Israel bei seiner Landnahme in Palästina anführte, steht in voller Rüstung vor seinem Heer, ihm gegenüber die Streitmacht der gegnerischen Könige, die sich ihm bei der Stadt Gibeon entgegenstellte. Damals sprach Josua in Gegenwart Israels: „Sonne, stehe still zu Gibeon und Mond im Tal von Ajalon" (Jos 10, 12). Und die Gestirne rührten sich nicht, „bis das Volk Rache geübt hatte an seinen Feinden" (Jos 10, 13). Dem Auszug aus Ägypten oder der Landnahme dürfte auch die vorhergehende Szene angehören. Dafür spricht neben dem Kontext in dieser Reihe auch das Zelt als Motiv der Wanderung. Die darin sitzenden Personen lassen sich nicht identifizieren, bei dem hausartigen Kasten im Vordergrund könnte es sich um die Bundeslade handeln. So zogen die Israeliten bei der Belagerung der Stadt Jericho mit der Bundeslade mehrere Male um die Mauern herum und kehrten am Abend jeweils ins Lager zurück (Jos 6). Diese Deutung ist allerding hypothetisch.

Mit den Bildern des fünften Registers befinden wir uns bereits in der neutestamentlichen Bilderreihe. Obwohl das letzte Bild der Reihe nicht gut erhalten ist, erinnert es an eine Darstellung der Geburt Christi. In der liegenden Gestalt muß man die Mutter Maria sehen, jedoch trägt nur das neugeborene Kind einen Heiligenschein. Eine männliche Gestalt dahinter dürfte Joseph sein. Rechts daneben erscheinen unverkennbar zwei Frauen, wie sie sonst in der Ikonographie des mittelalterlichen Weihnachtsbildes unbekannt sind. Wollte man in ihnen die beiden aus den apokryphen Kindheitsevangelien bekannten Hebammen Salome und Zelomi sehen[302], so besäßen wir auf dem Zuger Fastentuch eine außergewöhnliche späte Darstellung dieser Geschichte, die schwerpunktmäßig in der frühbyzantinischen Kunst verbreitet war.[303] Immerhin aber erzählte auch die Legenda aurea noch von dieser Begebenheit: „Als die Stunde kam, da Maria gebären sollte, rief Joseph zwei Wehmütter herbei, die eine hieß Zebel, die andere Salome . . . Da nun Zebel empfand, daß Maria Jungfrau war, da rief sie: ‚Wahrlich, diese ist Jungfrau und hat geboren.' Das wollte Salome nicht glauben und wollte es aber prüfen; da erstarb ihr die Hand und dorrete. Unter dem erschien ein Engel und gebot ihr, daß sie das Kind anrührte; davon ward sie alsbald wieder gesund."[304] Unter Bezugnahme auf die Legenda aurea läßt sich auch das vorhergehende Bild erklären, das entsprechend dem Wechsel von Typus und Antitypus die Präfiguration der Geburt Christi darstellt. Zu erkennen ist nur eine königliche Gestalt mit Krone und langem Mantel, sie meint zweifellos den römischen Kaiser Augustus, dem die Prophezeiung der Seherin Sibylle galt: „Dies Kind, Kaiser, ist größer denn du, darum sollst du es anbeten."[305] Gemäß dem Heilsspiegel ist die Vision der Sibylle Typus der Geburt Christi.[306] Im Gegensatz zur Biblia Pauperum entnahm der Heilsspiegel seine Typologien auch der Profangeschichte.

Auch die beiden letzten Bilder von Fragment 3 im sechsten Register erklären sich gegenseitig unter der Voraussetzung, daß es sich um Typ und Antityp handelt. Seinem Attribut der Harfe zufolge steht im Torbogen des letzten Feldes König David. An Größe und Mächtigkeit überragt ihn sein Gegenüber, der Riese Goliath. Wenngleich die Attribute der beiden nicht unbedingt zur biblischen Erzählung passen, darf man doch in diesem Bild die Begegnung zwischen dem jugendlichen David und dem mächtigen Philisterkämpfer Goliath sehen (1. Sam 17). David und Goliath aber sind nach dem Heilsspiegel die alttestamentliche Typologie für die Versuchung Christi. Das erhaltene Fragment eines Turmes auf dem vorhergehenden Bild läßt sich nun ohne Schwierigkeiten als die Tempelzinne erklären, der Ort der zweiten Versuchung Jesu durch den Satan (Mt 4, 5–7). Die Zinne des Tempels wurde schon seit frühchristlicher Zeit bildlich als Turm dargestellt.[307] Beide Bilder zusammen, deren Erklärung für sich allein Schwierigkeiten bereiten würde, stützen sich unter typologischen Gesichtspunkten zu einem sinnvollen Bildpaar.

Die Ordnung der drei ersten Fragmente und ihre Anordnung auf dem zu rekonstruierenden Fastentuch liegen auf der Hand. Fragment 1 und 2 bilden den linken Rand des Tuches, Fragment 3 den rechten. Die Fragmente 1 und 2 umfassen zusammen sieben, Fragment 3 nur sechs Register. Der linke und der rechte Bildrand umfassen jeweils nur zwei erkennbare Bildfelder, zusammen also vier Szenen. Die ursprüngliche Breite der Register dürfte mindestens das Doppelte betragen haben. In der Höhe muß das Tuch auch mehr als sieben Reihen besessen haben, da die folgenden Fragmente aus der Passion sich nicht zwischen die bisher angeführten Fragmente einfügen. Zu vermuten sind mindestens neun oder gar zehn Register. Für die folgenden Fragmente 4 bis 6 läßt sich keine exakte Position angeben.

Fragment 4: ca. 1,20 x 1 m (Abb. 129)

Das dreieckige Fragment besitzt ein fast vollständig und zwei nur spärlich erhaltene Bildfelder. Die Kundschafter mit der Traube sind das Motiv des ersteren und beruhen auf der alttestamentlichen Erzählung aus Num 13, 24. Josua und Kaleb waren als Kundschafter nach Kanaan ausgesandt worden und brachten als Zeichen der Fruchtbarkeit des Landes eine unvorstellbar große Weintraube mit. Die Beliebtheit der Darstellung im Mittelalter beruht auf ihrer typologischen Gegenüberstellung zur Kreuztragung.[308] Fragment 4 dürfte deshalb der neutestamentlichen Bilderfolge zuzurechnen sein.

Im erhaltenen Ausschnitt des darunterliegenden Bildes ist noch eine Gruppe geharnischter Männer zu erkennen, deren vorderster ein Banner trägt. Diagonal, fast mit der Schnittkante zusammenfallend, verläuft eine Art Holzbalken durch die Bildmitte. Ein Querbalken rechts oben scheint dazuzugehören, und die Assoziation eines Kreuzes drängt sich auf. Wenn wir trotzdem zögern, hierin die Kreuztragung, das typologische Pendant zu den Kundschaftern mit der Traube, zu sehen, dann deshalb, weil in den oberen Registern die Bilderfolge jeweils in Leserichtung horizontal abgewickelt wurde. Eine vertikale Abfolge war weder auf dem Zuger noch auf irgendeinem anderen Felder-Typ zu beobachten.

Das dritte Bildfeld von Fragment 4 hat nur den behelmten Kopf eines Soldaten erhalten. Daß er als einer der römischen Schergen in den Passionszusammenhang gehört, scheint in hohem Maße wahrscheinlich. Der Helm verdeckt die Augen des Soldaten, er wendet also seinen Blick nach unten. Vielleicht schnürt er gerade das Rutenbündel zur Geißelung Christi, oder er schlägt den Nagel durch die Füße Christi in das Kreuzesholz. So würde er sich gut in die Komposition des Bildes der Kreuzannagelung von Fragment 5 einfügen. Auch die Größenverhältnisse wären entsprechend.

129. Fastentuch ZUG; Fragment 4.
Foto: Schweizerisches Landesmuseum Zürich. Neg. Nr. 36563

Die Bilderfolge von Fragment 4:

Kundschafter mit der Traube	Kreuzannagelung
Kreuztragung? oder: Osterbild	

Fragment 5: ca. 2,40 x 0,95 m (Abb. 130–131)

Fragment 5 zeigt einen schmalen Ausschnitt aus drei übereinanderliegenden Registern. In der oberen Reihe sieht man zwei Gestalten, sie halten Körbe oder runde Gefäße in der Hand, in die sie kleine runde Gegenstände gesammelt haben, von denen einige noch vor ihnen am Boden liegen. Im Mannawunder von Fragment 2 sind hostienähnliche Fladen zu sehen.

Die formale Beobachtung der Zusammengehörigkeit der beiden Bildfelder von Fragment 2 und Fragment 5 wird gestützt durch die undeutliche, aber noch leserliche Inschrift, die das Wort *himelbrot* erkennen läßt. Die aufrecht stehende Gestalt im Hintergrund ähnelt zudem der Aarons in den Mosegeschichten des ersten Fragmentes. Das rechts anschließende Bildfeld ist bis auf einen geringfügigen Rest zerstört. Wir erkennen Gewandreste, die sich zu einem Faltenknäuel stauen, wie sie bei einer knieenden Person entstehen können. Das Bild muß entsprechend dem typologischen Wechsel einen neutestamentlichen Inhalt besitzen. Da in der Regel auf das Abendmahl das Gebet Christi am Ölberg folgt, mag man in der Tat an diese Szene denken.

Das erste Bild des mittleren Registers zeigt die Kreuzannagelung, was auch von der Inschrift mit den Worten . . . *nagelung xpi* bestätigt wird. Mit schwungvollen Gesten treiben die Schergen die Nägel durch die Hände Christi ins Holz. Hier liegt möglicherweise eine Verknüpfung mit Fragment 4 vor. Daran anschließend folgt wieder die zugehörige Typologie.[309] Dargestellt waren hier ursprünglich Jubal und Tubalkain, jedoch hat sich nur der zitherspielende Jubal erhalten. Gemäß Gen 4, 21f. wurde Jubal der „Vater aller derer, die Zither und Schalmei handhaben", Tubalkain dagegen der Ahnherr „aller derer, die Erz und Eisen schmieden". Gemäß dem Heilsspiegel sind Jubal und Tubalkain die Typologie zur Kreuzannagelung[310], eine assoziative Beziehung, die sich aus den Materialien Holz der Instrumente und Eisen ergibt, die das Kreuzesholz und die Nägel symbolisieren.

Im unteren Register wurde das Psalmwort „Der Stein, den die Bauleute verworfen haben, der ist zum Eckstein geworden" (Ps 118, 22) ins Bild gesetzt. Dementsprechend wurde hier ein Baumeister dargestellt. Er blickt auf seine Pläne, während im Hintergrund große Steinblöcke und ein Kran zu sehen sind. Der Psalmvers wurde von Christus (Mt 21, 42) als Hinweis auf seine Person verwendet

Die Bilderfolge von Fragment 5:

Mannawunder	Jesus am Ölberg
Kreuzannagelung	Jubal und Tubalkain
Eckstein	Himmelfahrt

130. Fastentuch ZUG; Fragment 5. Detail: 1. und 2. Bildreihe des Fragments. Foto: Schweizerisches Landesmuseum Zürich. Neg. Nr. 36568

131. Fastentuch ZUG; Fragment 5. Detail: 2. und 3. Bildreihe des Fragments. Foto: Schweizerisches Landesmuseum Zürich. Neg. Nr. 36569

und von Paulus als Christussymbol festgeschrieben (1. Kor 3, 11). Im typologischen System des Heilsspiegels bedeutet der Eckstein die Auferstehung Christi.[311] Die Himmelfahrt Christi war der Inhalt des folgenden Bildes, wenn davon auch nur noch die dichtgedrängte Menge nimbierter Personen erhalten ist. Deutlich den Blick nach oben gerichtet, steht die Mutter des Herrn vor der Menge der Jünger Jesu.

Fragment 6: ca. 1,50 × 1 m (Abb. 132)

Das letzte Fragment läßt noch vier Bildfelder erkennen, die wohl zu den beiden untersten Regi-

132. Fastentuch ZUG; Fragment 6.
Foto: Schweizerisches Landesmuseum Zürich. Neg. Nr. 36567

stern des Zuger Fastentuches gehört haben. Der zottige Löwe mit den kräftigen Tatzen deutet auf Simsons Kampf mit dem Löwen (Ri 14, 6), nach dem Heilsspiegel die alttestamentliche Typologie zur Höllenfahrt Christi.[312] Das Bild daneben zeigt das offene Grab Christi am Tag der Auferstehung; davor flattert ein Gewandzipfel, der möglicherweise zum Auferstandenen gehörte. Da die alttestamentliche Typologie zur Auferstehung mit dem Bild vom Eckstein (Fragment 5) erst im übernächsten Bildfeld erscheint, muß man sehr wahrscheinlich mit zwei Osterbildern rechnen. Der Inhalt des Bildrestes von Fragment 4, das zunächst an die Kreuztragung erinnert, den Bildablauf jedoch erheblich stört, muß demnach wohl eher im Bereich der Ostererzählungen gesucht werden. Die diagonal verlaufende kantige Linie wäre als Kreuzstamm perspektivisch völlig verzeichnet. Unter dem neuen Blickwinkel könnte sie auch die Grabkante des Osterbildes darstellen. Demnach müßte die Gruppe der Soldaten als die erschrockenen Grabwächter gedeutet werden. Eine hundertprozentige Gewißheit kann hier zwar nicht erreicht werden, doch scheint sich die Lösung mit zwei Osterbildern besser ins Gesamtkonzept des Tuches einzufügen. Das letzte Bild von Fragment 6 hat wie viele Fastentücher das Letzte Gericht zum Inhalt, zeigt jedoch nicht Christus als Weltenrichter, sondern Michael, den Seelenwäger. In der einen Hand hält Michael die Waage, um Gut und Böse abzuwägen; ein Teufel bemüht sich verzweifelt, das Schuldenkonto der Menschenseele zu belasten, und wirft sein eigenes Gewicht in die Waagschale. Trotz allem neigt sich die Waage zur positiven Seite. In der anderen Hand schwingt Michael das Richtschwert.

Wenn das vorangehende Bild als Typologie zum Weltgericht aufgefaßt wird, so kann sein Inhalt gemäß dem Heilsspiegel in der Deutung des geheimnisvollen Orakels Mene, Tekel, Ufarsin (Dan 5), im Gleichnis von den anvertrauten Pfunden (Mt 25, 14–30) oder im Gleichnis von den klugen und törichten Jungfrauen (Mt 15, 1–13) gesehen werden.[313] Das im Bildfragment deutlich erkennbare Motiv des Schlafes erscheint auch im Gleichnis von den zehn Jungfrauen: „Doch als der Bräutigam ausblieb, wurden sie alle schläfrig und schliefen ein" (Mt 25, 5).

Fragment 6 kann demnach so gedeutet werden.

Die Bilderfolge von Fragment 6:

(Höllenfahrt Christi)	Simsons Löwenkampf	Auferstehung Christi
	Kluge und törichte Jungfrauen	Michael als Seelenwäger

Rekonstruktion

Mit Hilfe der sechs Fragmente läßt sich das Zuger Fastentuch nun insgesamt rekonstruieren. Mit hoher Wahrscheinlichkeit besaß es ursprünglich neun Register und in der Breite eine gerade Zahl von Bildfeldern, aus formalen Erwägungen heraus eher acht als sechs.

Die oberen vier Register folgen in chronologischer Ordnung dem Alten Testament, während die unteren Reihen die neutestamentliche Heilsgeschichte im typologischen Wechsel von Typ und Antityp erzählen. Eine Gesetzmäßigkeit im Wechsel der Typologien besteht nicht, manchmal können auch zwei neutestamentliche Bilder aufeinanderfolgen; dadurch kommt der Effekt zustande, daß die alttestamentliche Typologie dem neutestamentlichen Bild vorausgehen oder folgen kann.

In einer abschließenden Würdigung des Zuger Fastentuches muß in erster Linie auf seine nahezu einmalige Ikonographie hingewiesen werden. Mit dem Gurker Fastentuch hat es eine ausführliche alttestamentliche Bilderfolge gemeinsam. Dabei überrascht, daß über den reichen Bestand von Gurk hinaus noch weitere, teilweise singuläre Szenen dargestellt werden. Mit den Fragmenten von Tratzberg und Bozen verbindet das Zuger Fastentuch der typologische Wechsel in der neutestamentlichen Bilderfolge. Sein Bilderschatz geht über die allgemein gängigen Typologien jedoch weit hinaus, und dies trifft nicht nur für den Vergleich mit Fastentüchern zu, sondern auch auf anderen mittelalterlichen Bildfolgen ist ein solcher typologischer Reichtum kaum noch einmal anzutreffen. Die Typologien sind dabei überwiegend dem Heilsspiegel entnommen. Abgesehen davon gehört das Zuger Fastentuch mit seinem Format von 7,20 x 6,40 m und einer mindestens 72szenigen Bilderfolge zu den größten und umfangreichsten Beispielen seiner Art.

Die Bilderfolge:

<table>
<tr><th></th><th>1</th><th>2</th><th>3</th><th>4</th><th>5</th><th>6</th><th>7</th><th>8</th></tr>
<tr><td>I</td><td>Gott erschafft Himmel und Erde</td><td>Gott erschafft . . .</td><td colspan="4">Erschaffung der Eva – Sündenfall – Vertreibung aus dem Paradies – Adam gräbt und Eva spinnt</td><td>Brudermord</td><td>Gott stellt Kain zur Rede</td></tr>
<tr><td>II</td><td>Gott gibt Noah Befehl zum Bau der Arche</td><td>Bau der Arche</td><td colspan="4">Sintflut – Noahs Dankopfer – der trunkene Noah – Abraham und Melchisedek</td><td>Isaaks Opfer</td><td>Isaak und Jakob</td></tr>
<tr><td>III</td><td>Isaak und Esau</td><td>Joseph in Zisterne geworfen</td><td colspan="4">Josephsgeschichten – Mosegeschichten</td><td>Mose als Kind am Hof des Pharao</td><td>Mose greift in das Kohlebecken</td></tr>
<tr><td>IV</td><td>Mose und Aaron vor dem Pharao</td><td>Mose und Aaron</td><td colspan="4">Ägyptische Plagen – Auszug aus Ägypten – Gesetzesübergabe am Sinai – Tanz um das goldene Kalb</td><td>Jericho ?</td><td>Josua läßt Sonne stehen</td></tr>
<tr><td>V</td><td>Salomon. Urteil</td><td>Mariä Tempelgang</td><td colspan="4">Marienleben – Verkündigung – Heimsuchung</td><td>Augustus und Sibylle</td><td>Geburt Christi</td></tr>
<tr><td>VI</td><td>Siebenarmiger Leuchter</td><td>Darstellung Christi im Tempel</td><td colspan="4">Kindheitsgeschichte Jesu – Taufe Jesu</td><td>Versuchung Jesu</td><td>David und Goliath</td></tr>
<tr><td>VII</td><td>Abendmahl</td><td>Mannawunder</td><td>Jesus am Ölberg</td><td colspan="3">Passionsgeschichte</td><td></td><td>Kreuztragung</td></tr>
<tr><td>VIII</td><td>Kundschafter mit der Traube</td><td>Kreuzannagelung</td><td>Jubal und Tubalkain</td><td>Kreuzigung Jesu</td><td>atl. Typolo.</td><td>Höllenfahrt Christi</td><td>Simsons Löwenkampf</td><td>Osterbild Auferstehung</td></tr>
<tr><td>IX</td><td>Osterbild Wächter am Grab</td><td>Eckstein</td><td>Himmelfahrt</td><td>atl. Typolo.</td><td>Pfingstbild</td><td>atl. Typolo.</td><td>Kluge und törichte Jungfrauen</td><td>Weltgericht Erzengel Michael</td></tr>
</table>

46 Altheim · Saulgau

Altheim, St. Martin
um 1500
Maler aus dem Ulmer Kreis
Tempera auf vorgeleimter Leinwand
2,77 x 6,20 m (Fragment)
10 Bildfelder erhalten mit Themen aus dem Alten und Neuen Testament.
Felder-Typ

Literatur:
Herbert HOFMANN, Ein Fasten-Velum aus der Zeit um 1500, wahrscheinlich aus dem Zisterzienserinnenkloster Heiligkreuztal, in: Nachrichtenblatt der Denkmalpflege für Baden-Württemberg 4, Stuttgart 1961, S. 41–45.
Hans-Dieter INGENHOFF, Zur Frage der kunsthistorischen Einordnung des Altheim-Heiligkreuztaler Hungertuches, ebd., S. 46.

Die Bilderfolge:

	1	2	3	4	5
I			Schöpfung?		
II	Verbot, vom Baum der Erkenntnis zu essen	Sündenfall	Vertreibung aus dem Paradies	Folgen des Sündenfalls	Verkündigung an Maria
III	Geburt Jesu	Beschneidung	Anbetung der Heiligen Drei Könige	Kindermord	Flucht nach Ägypten
IV	Einzug in Jerusalem	Abendmahl	Ölberg	?	?
V			Passion?		
VI?			Ostern?		

Die 1960 durchgeführte Restaurierung der Martinskirche im schwäbischen Altheim brachte drei Leinwandstücke mit gotischer Malerei ans Licht. Offenbar als Schutz gegen die eindringende Feuchtigkeit der dahinterliegenden Wand waren die Leinwände einst an den Rückseiten der barocken Altäre befestigt worden. Gereinigt und zusammengesetzt ergaben sie unzweifelhaft das immer noch stattliche Fragment eines ursprünglich sehr großen Hungertuches. Mitte des 18. Jahrhunderts waren im Zuge einer dem Zeitgeist entsprechenden Erneuerung des Kirchenraumes von F. J. Spiegler neue Altarblätter gemalt worden. Mit ihrer Aufstellung wurde auch das altertümliche Hungertuch außer Gebrauch gesetzt. Vielleicht wurde damals der alte Brauch völlig aufgegeben, oder es wurden entsprechend moderne Fastentücher angeschafft. Das alte Tuch jedenfalls diente zerschnitten nur noch als Isoliermaterial. Kurz nach der Auffindung wurde es im Nachrichtenblatt der Denkmalpflege für Baden-Württemberg durch Herbert Hofmann der Öffentlichkeit vorgestellt.

Die im Rahmen der Konservierungsmaßnahmen durchgeführten Untersuchungen ergaben, daß das Tuch vorgeleimt war, ehe in Temperatechnik die Malerei aufgetragen wurde. Die Farben sind stark eingezogen und verblaßt. Nur einige wenige Partien lassen die ursprüngliche Sattheit und Leuchtkraft der Farben erkennen; dies insbesondere dort, wo von Fett durchdrängte Stellen (Leinöl?) die Malerei dunkler erscheinen lassen als sonst. Da die Fastentücher von Güglingen und Gingen verloren sind, stellen die Fragmente von Altheim und Sigmaringen den letzten sichtbaren Beweis dieser Tradition im schwäbischen Raum dar. Eine besondere Beachtung indes haben beide Fastentücher nicht erfahren.

Aufgrund formaler Übereinstimmungen in Höhe und Breite mit dem Chorbogen der benachbarten Zisterzienserinnenabtei Heiligkreuztal[314] wollte Hofmann es dort beheimatet sehen. Diese Ansicht konnte sich jedoch nicht durchsetzen, und so kehrte das Fastentuch nach sorgfältiger Konservierung und vorübergehender Ausstellung im Historischen Museum der Stadt Ulm nach Altheim zurück. Dort harrt es noch immer einer gründlichen wissenschaftlichen Bearbeitung und eines geeigneten Ausstellungsortes.[315]

Die Fragmente des Fastentuches wurden auf eine neue gemeinsame Leinwand übertragen. Fehlstellen wurden nicht ergänzt, lediglich die breiten Rahmenleisten wurden zum besseren Gesamtverständnis dieser fastentuchtypischen Feldereinteilung auf der neuen Leinwand ausgezogen. Die Leisten sind vergleichsweise sehr aufwendig. In perspektivischer Zeichnung ahmen sie profilierte Leisten nach.

Auf dem über sechs Meter breiten und fast drei Meter hohen Leintuch haben sich in zwei Registern zehn Bildfelder mit Szenen aus der Sündenfallsequenz und der Kindheit Jesu erhalten. Ein weiterer Bildstreifen läßt sich mit Sicherheit ergänzen, denn auf dem Rahmen haben sich in gotischen Minuskeln die Überschriften weiterer neutestamentlicher Themen erhalten: der Einzug Christi in Jerusalem, das letzte Abendmahl und das Gebet Christi am Ölberg. Die Benennungen befinden sich jeweils oberhalb des betreffenden Feldes. Die Inschriften sind infolge des schlechten Erhaltungszustandes noch längst nicht alle gelesen. Das ist umso bedauerlicher, weil nicht nur die waagrechten Leisten Inschriften tragen, die das darunter liegende Feld betreffen, sondern auch die senkrechten Stege solche Inschriften besitzen.
Durch erhaltene oder benannte Themen ist also der typische ikonographische Zusammenhang der Fastentücher von Sündenfall, Kindheit Jesu und Passion gesichert. Der Vermutung Hofmanns, das Fastentuch habe ursprünglich aus fünf oder sogar sechs horizontalen Registern bestanden, ist zuzustimmen. Vorsicht scheint allerdings bei der Benennung der verlorengegangenen Szenen geboten. Daß die Bilderfolge einst mit der Schöpfungsgeschichte begonnen hat, ist denkbar; dafür gibt es viele Parallelen. Zweifelhaft dagegen, ja unwahrscheinlich ist Hofmanns Annahme einer untersten Reihe, die neben Himmelfahrt Christi und Pfingsten auch Marientod und Marienkrönung gezeigt hätte. Marienszenen, soweit sie nicht Bestandteil der Kindheitsgeschichte Jesu sind, gehören auf den Fastentüchern zu den absoluten Ausnahmen und dürfen vermutungsweise nicht angenommen werden.

Die Inhalte der erhaltenen Szenen sind folgende. Obwohl das erste Bild sehr schlecht erhalten ist, kann die Benennung Hofmanns („Adam unter dem Baum des Lebens") korrigiert werden. In der Tat steht zwar mitten im Bildfeld ein Baum, rechts davon sind jedoch sicher zwei nackte Gestalten, also Adam und Eva zu sehen (Abb. 134). Links vom Baum erkennt man am unteren Bildrand einen roten Gewandzipfel, der nur zur majestätischen Gestalt Gottvaters gehören kann. Demnach erzählt das Bild vom Verbot Gottes, von den Früchten des Baumes der Erkenntnis zu essen. Danach folgt der Sündenfall (Abb. 135). Die langbeinigen, schlaksigen Gestalten und die bis zu den Kniekehlen reichenden, langen Haare Evas erinnern an die Darstellung auf dem Fastentuch von Obervintl. Von der Vertreibungsszene (Abb. 136) hat sich nur der linke untere Quadrant erhalten; darauf flattert in bewegter Schrittstellung das goldene Gewand des Erzengels. Nur eine Ferse des davoneilenden Menschenpaares ragt noch ins Bild. Vor einer sanften, grünen Kulisse (fast denkt man an Haimburg) schildert das vierte Bildfeld Adam und Eva bei der Arbeit. Als Folge des Sündenfalls schwingt Adam die Hacke über dem Kopf, um den steinigen Boden zu beackern. Eva sitzt an der Spindel, eines ihrer Kinder im Hintergrund am Boden. Weitere alttestamentliche Themen fehlen, und das letzte Bild der Reihe leitet bereits zur neutestamentlichen Heilsgeschichte über. Der Engel bringt Maria die Botschaft von der Geburt ihres Sohnes (Abb. 138).

Die folgenden neutestamentlichen Szenen sind im Bildaufbau nun viel gedrängter. Figurenreiche, mit szenischen Details angereicherte Darstellungen stehen in einem auffälligen Kontrast zu den

133. Fastentuch ALTHEIM. Detail: Beschneidung Christi. Foto: Verfasser

134. Fastentuch ALTHEIM. Detail: Verbot, vom Baum der Erkenntnis zu essen. Foto: Verfasser

135. Fastentuch ALTHEIM. Detail: Sündenfall. Foto: Verfasser

136. Fastentuch ALTHEIM. Detail: Vertreibung aus dem Paradies/ Anbetung der Könige. Foto: Verfasser

137. Fastentuch ALTHEIM. Detail: Adam gräbt und Eva spinnt/ Kindermord. Foto: Verfasser

138. Fastentuch ALTHEIM. Detail: Verkündigung an Maria/Flucht nach Ägypten. Foto: Verfasser

ruhigen alttestamentlichen Bildern. Diese Beobachtung konnte man schon in Haimburg machen.

Das nächste Bild entbehrt fast aller Farbe und besitzt umso mehr dunkle Flecken (Abb. 139). Maria und Joseph beten das neugeborene Kind an. Das Thema kann zunächst nur aus dem Zusammenhang erschlossen werden, dann erst entdeckt man ikonographische Einzelheiten wie das Weidenkörbchen rechts unten, in dem das Jesuskind liegt. Maria und Joseph davor sind in andächtiger Haltung versammelt. Das vielleicht schönste und am besten erhaltene Bild zeigt die Beschneidung Jesu (Abb. 133). Hier scheint noch ein Schimmer der einstigen Genialität der Malerei auf. Feinnervige, ausdrucksstarke Gesichter betrachten das Geschehen am Altar. Nicht zuletzt dieses Bild dürfte dafür verantwortlich sein, wenn Ingenhoff das Fastentuch in die Nähe der Tafelmalerei rückt: „Bei oberflächlicher Betrachtung könnte man meinen, die Flügelbilder eines Altares vor sich zu haben.“ (Ingenhoff, a. a. O., S. 46) Die folgenden drei Bilder schildern die Anbetung der Könige, den bethlehemitischen Kindermord und die Flucht nach Ägypten. Sie sind wieder schlechter erhalten, und auf-

139. Fastentuch ALTHEIM. Detail: Christi Geburt. Foto: Verfasser

grund der verblaßten Zeichnung möchte man daran zweifeln, daß sie vom selben Maler stammen.

Die Fastentücher in gültige Kategorien der Kunstgeschichte einzuordnen, fällt schwer. Eben schon wurde Ingenhoff zitiert, der in ihnen Vergleichbares zur Tafelmalerei sieht, doch schreibt er ihnen im selben Atemzug „wandbildartigen Charakter" zu. Letztlich beansprucht er für die Fastentücher eine „Zwischenstellung" zwischen beidem. Als Werke der Volkskunst kann man die Altheimer Fragmente keineswegs ansehen, sie übertreffen auch die holzschnittartige Schlichtheit vieler Fastentücher. Wenn schon kein Meister allerersten Ranges am Werk war, so doch zumindest ein geschickter und sorgfältiger Künstler aus dem zweiten Glied.

Als Künstler vermutet Ingenhoff einen Maler im Gefolge von Bartholomäus Zeitblom und aus den Werkstätten von Martin Schaffner und Bernhard Strigel: „Der Maler des Hungertuches hat wohl nicht den Rang der genannten Meister – das ist trotz des fragmentarischen Zustandes und verlorengegangener Einzelheiten erkennbar –, doch steht er durchaus in der einigermaßen eng umgrenzten schwäbischen Tradition jener Zeit. Vielleicht kurz nach 1500 entstanden, ist das Altheim-Heiligkreuztaler Velum für uns ein wichtiges Zeugnis schwäbischer Malerei . . ." (Ingenhoff, a. a. O., S. 46) Dem Urteil, daß hier ein Maler aus dem Ulmer Kreis am Werk war, möchten wir nicht widersprechen, doch scheint eine solche Zuweisung nicht zuletzt auf der von Hofmann vermuteten Herkunft des Tuches aus Heiligkreuztal zu beruhen. Immerhin sind Ähnlichkeiten zu Kärntner und Tiroler Beispielen unverkennbar und sprechen für einen landschaftsübergreifenden Charakter der Fastentücher.

47 Sigmaringen

Sigmaringen, Fürstl. Hohenzoll. Museum, Inv.-Nr. 7514, und Privatbesitz
Um 1500
Tempera auf Leinen
Zwei Fragmente mit 7 Bildfeldern, davon 5 aus dem Alten Testament und 2 aus dem Neuen Testament, zehn einzelne Bildfelder aus dem Neuen Testament (Privatbesitz).
Felder-Typ

Literatur:
HOFFMANN, S. 43.

Fragment 1 (Abb. 140–142)

Erschaffung der Tiere	Erschaffung Evas	Sündenfall	Vertreibung aus Paradies	Adam sät Eva spinnt

Fragment 2 (Abb. 143)

Vorführung vor Herodes?	Geißelung

Einzelne Felder

1. Abendmahl
2. Christus am Ölberg
3. Dornenkrönung (Abb. 144)
4. Kreuztragung
5. Kreuzigung
6. Kreuzabnahme
7. Abstieg in die Vorhölle
8. Auferstehung
9. Himmelfahrt
10. Weltgericht

140. Fastentuch SIGMARINGEN; Fragment 1. Detail: Erschaffung der Tiere/Erschaffung Evas.
Foto: Fürstlich Hohenzollerische Sammlung Sigmaringen

1952 hat das Fürstlich-Hohenzollersche Museum in München zwei Teile eines Hungertuches erworben. Die Herkunft der beiden zusammengehörigen Fragmente ist unbekannt, ihre Herkunft aus Hohenzollern bzw. Schwaben wird jedoch angenommen[316]. Die einzelnen Bildfelder besitzen leicht hochrechteckiges Format und sind durch rote, profilierte Leisten voneinander getrennt.

Das erste Fragment mit den alttestamentlichen Szenen dürfte aus dem ersten Register stammen. Die Bilderfolge beginnt heute mit der Erschaffung der Tiere, möglicherweise waren jedoch zuvor noch weitere Schöpfungsszenen dargestellt. Darauf folgt die Erschaffung der Eva. In beiden Fällen dominiert die mächtige Gestalt Gottes in einem nahezu leeren Bildraum. Daran anschließend werden der Sündenfall und seine Folgen dargestellt. Im letzten Bild dieser Reihe tragen die Stammeltern die Last der Sünde, sie sind bekleidet und arbeiten. Eva sitzt am Spinnrocken, während Adam hier einmal nicht mit der Hacke, sondern als Sämann dargestellt ist.

Das zweite Fragment enthält noch zwei Bildfelder mit Szenen aus der Passion. Während im zweiten Feld unzweifelhaft die Geißelung Christi dargestellt ist, kann beim ersten nicht genau entschieden werden, ob Christus hier dem Pilatus oder dem Herodes vorgeführt wird. Wo die Kopfbedeckung des Verhörenden nicht einen eindeutigen Hinweis liefert, können solche Szenen nur aus dem Zusammenhang erschlossen werden, der hier aber leider fehlt.

Die beiden erhaltenen Fragmente belegen den Fastentuch-typischen Zusammenhang von Schöpfung, Sündenfall und Passion. Ob weitere Szenen aus dem Alten Testament oder aus der Kindheitsgeschichte Jesu dargestellt waren, wissen wir nicht. Das Sigmaringer Fastentuch besitzt einige charakteristische Details, die es erlauben, seinen zeitlichen und geographischen Ursprung in der Nähe des Altheimer Tuches zu suchen. Auffallend sind die langen, schlaksigen Gestalten mit ihren unnatürlich überlängten Gliedmaßen, am charakteristischsten zu sehen im Bild der Vertreibung aus dem Paradies. Die Folterknechte tragen beide Male einen zweifarbig gestreiften Wams und ebensolche Beinkleider. Ansonsten herrschen lange, bis zum Boden reichende Gewänder vor, die die Körper nur wenig modellieren. Hinsichtlich der Qualität bleibt das Tuch aus Sigmaringen deutlich hinter dem Altheimer Fastentuch zurück. Die Farben der Sigmaringer Bilder sind flau, und die ausgedehnten Farbflächen kaum strukturiert, wobei man natürlich bedenken muß, daß die Binnenzeichnung einst deutlicher war, heute aber weitgehend verblaßt ist. Die meisten Bildfelder beherrscht ein rosafarbener Grundton. Rosa sind das Gewand des Schöpfers, das Kleid Christi und der Acker, auf dem

141. Fastentuch SIGMARINGEN; Fragment 1. Detail: Sündenfall/Vertreibung aus dem Paradies.
Foto: Fürstlich Hohenzollerische Sammlung Sigmaringen

Adam sät. Rosa sind gleichfalls die Mauern des Paradieses, das Quadermauerwerk im Herodespalast und der Bodenbelag im Raum der Geißelung.

Ähnliche Beobachtungen können auf einer Reihe von einzeln gerahmten Leinwandbildern gemacht werden, die sich heute in Privatbesitz befinden, mit hoher Wahrscheinlichkeit aber dem Sigmaringer Fastentuch zugehören. Sie stammen von einem Fragment aus München, das einst auch dem Bayerischen Nationalmuseum angeboten worden sein soll. Nachdem man sich dort aber nicht zum Kauf entschließen konnte, wurde es in Einzelbilder zerschnitten und im Lauf der Jahre an Freunde des einstigen Besitzers verschenkt. Nachweisbar sind immerhin noch zehn Bildfelder mit Szenen aus der Passion, dem Ostergeschehen und dem Weltgericht. Ein Bild von der Dornenkrönung Christi (Abb. 144) schließt wohl unmittelbar an das zweite Sigmaringer Fragment an[317].

142. Fastentuch SIGMARINGEN; Fragment 1. Detail: Adam sät und Eva spinnt. Foto: Fürstlich-Hohenzollerische Sammlung Sigmaringen

Unsere Kenntnis vom Sigmaringer Fastentuch wurde durch die Zuweisung von zehn weitern Bildfeldern zwar quantitativ erheblich vermehrt, weil jedoch alle neuen Bildfelder ebenfalls dem Passionszyklus angehören, bleibt das Wissen um den ikonographischen Gesamtzusammenhang unverändert. Weder Szenen aus der Kindheit Jesu, seinem öffentlichen Wirken oder noch etwaige alttestamentliche Themen sind dazugekommen. Immerhin kennen wir jetzt statt sieben 17 Bildfelder. Die Mindestbreite des Tuches beträgt, nach dem alttestamentlichen Fragment zu schließen, fünf Felder. Da man mit einer Registerzahl von mindestens vier, eher aber fünf oder sechs rechnen muß, erscheint eine Gesamtfelderzahl von 25 oder 30

143. Fastentuch SIGMARINGEN; Fragment 2: Vorführung vor Herodes (?)/Geißelung. Foto: Fürstlich Hohenzollerische Sammlung Sigmaringen

nicht unwahrscheinlich. Platz für Szenen aus der Kindheit Jesu bliebe dabei reichlich.

Es scheint demnach so zu sein, daß das Sigmaringer Fastentuch dem normalen Tuch, wie es um 1500 in Gebrauch war, voll entspricht. Hinweise auf Besonderheiten sind nicht vorhanden.

144. Fastentuch SIGMARINGEN; Fragment: Dornenkrönung. Privatbesitz. Foto: Verfasser

48 Sursee · Luzern

Stadt Sursee, aus der Sammlung Georg Staffelbach
Spätgotisch, um 1500
2,35 x 1,05 m (Fragment)
Tempera auf Leinen, winzige Spuren von Ölmalerei, erhalten ist das Fragment einer Kreuzigung und der schmale Streifen eines darüberliegenden Bildfeldes.
Typ nicht bestimmbar.

Literatur:
unpubliziert.
Hinweis bei KALT, o. P.

145. Fastentuch SURSEE. Heutiger Zustand. Foto: Verfasser

Nicht mehr zu klären ist die Herkunft eines bemalten Leinwandfragmentes, das Georg Staffelbach, ein unermüdlicher Sammler aller möglichen Altertümer, etwa 1957 aus dem Abfall gezogen hat[318]. Leider hat er nirgendwo den Fundort angegeben[319], ebensowenig die augenscheinlichen Restaurierungen vermerkt. Denn unter seiner Regie muß das hochrechteckige Tuchfragment auf eine neue Trägerleinwand aufgezogen und über einen Rahmen gespannt worden sein. Ein unbekannter Restaurator hat es damals einer gründlichen Erneuerung unterzogen. Im Stadtpfarramt von Sursee, wo sich das Tuch gegenwärtig befindet, kennt man es seit etwa zwanzig Jahren und nur in diesem Zustand[320]. Die Restaurierung dürfte demnach in den Jahren zwischen 1957 und 1965 erfolgt sein.

Im Schweizerischen Landesmuseum existiert eine Aufnahme des Surseer Fastentuches[321], welches das Leinwandfragment noch in doppelter Größe zeigt (Abb. 146). Wann die rechte Hälfte verloren gegangen ist, läßt sich heute nicht mehr sagen; allerdings macht bereits das Züricher Foto deutlich, daß schon zum Zeitpunkt der Aufnahme die Leinwand in der Mitte geteilt war. Etwa in Höhe des linken Oberarms Christi verläuft von oben nach unten eine Schnittlinie, in deren Verlauf links und rechts im Abstand von wenigen Zentimetern regelmäßig kleine Löcher zu bemerken sind, Spuren einer sekundären Wiederverwendung zu einem unbekannten Zweck. Den Löchern nach zu schließen, waren beide Tuchhälften einstmals auf eine Holzplatte oder einen Rahmen aufgenagelt, wobei der ikonographische Bezug, den man rigoros zerstörte, offensichtlich keine Rolle mehr spielte. Zudem wurde die linke Hälfte einmal mit tapetenähnlichen Streifen beklebt.

Im gegenwärtigen Zustand zeigt sich das erhaltene Fragment von solchen Beschädigungen weitgehend frei. Inwieweit der optisch gute Eindruck

146. Fastentuch SURSEE. Ehemaliger Zustand. Foto: Schweizerisches Landesmuseum Zürich. Neg.-Nr. 38572

auf intensive Restaurierungsmaßnahmen zurückzuführen ist, müßten exakte farbtechnische Untersuchungen erweisen. Winzige Spuren von Ölmalerei entlang den ursprünglichen Konturen deuten darauf hin, daß das Tuch einst ganz in dieser Technik übermalt worden war. Von dieser Übermalung muß das Tuch ziemlich rigoros befreit worden sein, so daß an vielen Stellen auch die ursprüngliche Bemalung bis auf die Vorzeichnung abgerieben wurde. Besonders deutlich offenbaren dies die

147. Fastentuch SURSEE. Detail: Maria Magdalena. Foto: Verfasser

148. Fastentuch SURSEE. Detail: Johannes, Maria und Frauen unter dem Kreuz. Foto: Verfasser

versetzten Konturen der Maria Magdalena am Fuß des Kreuzes (Abb. 147). Dadurch entstand wohl auch das zarte Kolorit, welches zwar dem heutigen Betrachter gefällt, aber nicht dem Zeitgeschmack seiner Entstehung entspricht. Mit Sicherheit hat der unbekannte Restaurator auch farblich nachgeholfen. Ein Vergleich mit dem Züricher Foto beweist, daß der blaue Himmelsstreifen über dem Kreuz nach links außen verlängert wurde. Identische Farbpartikel finden sich in derselben Höhe sogar auf der neuen Trägerleinwand; demnach hat der Restaurator an dem Tuch gearbeitet, als es schon neu aufgezogen war.

Auch auf dem Züricher Foto ist die Kreuzigungsszene nicht ganz erhalten. Das Kruzifix teilt das Bild in zwei Hälften. Auf dem erhaltenen Fragment sind Maria Magdalena zu sehen, hart am Bildrand einer der Schächer sowie von der Tuchkante überschnitten eine Gruppe von mehreren Personen (Abb. 148). Von rechts nach links stehen Johannes und Maria unter dem Kreuz, die sich mit den Armen umfassen. Eine zweite, durch einen Nimbus ausgezeichnete Frau wendet sich zu einer gleichfalls nimbierten Gestalt unbestimmbaren Geschlechts zurück, die der Armhaltung zufolge ein Buch getragen haben könnte.

Rechts vom Kreuz steht eine größere Anzahl von Personen, deren Dichte zum Bildrand hin zunimmt. Unter ihnen sind ein Hellebardenträger und besondere (kirchliche?) Würdenträger zu erkennen. Unmittelbar neben dem Kreuz weist der römische Hauptmann mit einer Handbewegung auf den Gekreuzigten hin. In dem älteren Mann daneben darf man wohl Joseph von Arimathäa sehen, der aufgrund der Erlaubnis des Pilatus den Leichnam Jesu erbittet.

Das Bildgeschehen wird offensichtlich in zwei Hälften unterteilt, es will keine authentische Schilderung des Geschehens auf Golgatha abbilden, sondern versammelt summarisch wichtige Personen unter dem Kreuz.

Das Bildfeld der Kreuzigung wird oben und unten von einer verhältnismäßig schmalen roten Linie begrenzt. Während die untere davon auch eine Art Standfläche markieren könnte, markiert der obere rote Rahmen einen echten Einschnitt zum darüberliegenden Bildfeld, welches mit der Kreuzigung nichts zu tun hat. Dies wäre der einzige Hinweis darauf, daß auch dieses Fastentuch, wenn nicht felderartig, so doch in verschiedene Register gegliedert war. Die Registerhöhe mit 1,66 Meter wäre allerdings beträchtlich und unerreicht von allen anderen Fastentüchern, deren Felder eine Höhe lediglich bis gut über einen Meter erreichen[322]. Auch eine vertikale Teilung ist nicht zu erkennen, sodaß das Surseer Fastentuch in keiner Weise dem gewohnten Felder-Typ entspricht. Ebensowenig läßt sich das Fragment einem anderen Typ zuweisen. An einen Zentralen Felder-Typ kann man auch nicht denken, weil der obere Bildstreifen in etwa dieselben Proportionen besitzt, somit also keine Felder um ein zentrales Mittelbild angeordnet gewesen sein können. Wir müssen demnach die Frage nach dem Typ an dieser Stelle offen lassen, haben aber zu der Vermutung berechtigten Anlaß, daß hier ein seltenes Exemplar eines sonst nicht mehr bekannten Typs vorliegt.

Aufgrund des Erhaltungszustandes kann nicht einmal die Bestimmung als Fastentuch garantiert werden, wenngleich auch für eine andere Funktion keinerlei Hinweise vorliegen.

Der schmale erhaltene Bildstreifen über der Kreuzigung bringt uns dem Problem und seiner Lösung nicht näher, er vermehrt eher die Schwierigkeiten in ikonographischer Hinsicht. Angesichts der fensterlosen, kubischen Architektur an das Grab Christi und Szenen aus den Osterberichten (Besuch der drei Frauen am Grab, Mt. 28, 1–10? Wettlauf der Jünger zum Grab, Joh. 20, 4 ff?) zu denken, liegt nahe, doch sind die Bildinhalte keineswegs zwingend. Sollte es sich links wirklich um die Frauen am Grab handeln, bliebe doch die unschickliche Entblößung der Unterschenkel bedenklich. Und hinter dem Mann mit den weitausholenden Schritten scheint ein Fabelwesen mit Krallenfüßen zu stehen.

Stets hatten die Fastentücher die Szenenfolge gemäß der Lesegewohnheit von oben nach unten angeordnet, doch erinnert der obere Bildstreifen auch nicht an eine der Kreuzigung vorausgehende Passionsszene. Das von Georg Staffelbach geborgene Tuch in Sursee stellt uns zugegebenermaßen vor gegenwärtig unlösbare Probleme. Formale Analogien fehlen, und lediglich die thematische Verwandtschaft läßt uns dieses Tuch in die Reihe der mittelalterlichen Fastentücher eingliedern. Vielleicht war tatsächlich das formale Spektrum zur Gestaltung der Hungertücher umfangreicher, als es der vergleichsweise geringe Schatz erhaltener Beispiele heute vermuten läßt.

49 Brigels I • Graubünden

Chur, Rätisches Museum (sog. großes Hungertuch)[323]
Spätgotisch, um 1500
4,72 m x 6,08 m
Tempera auf Leinen,
um ein großformatiges, zentrales Mittelbild sind 14 Bildfelder angeordnet, alle aus dem Neuen Testament.
Zentraler Felder-Typ

Literatur:

Fritz JECKLIN, Erwerbungen im Jahre 1906 (für das Rätische Museum) in: XXXVI. Jahresbericht der historisch-antiquarischen Gesellschaft von Graubünden, Jg. 1906, Chur 1907, S. 33.

Erwin POESCHEL, Die Kunstdenkmäler des Kantons Graubünden, Bd. IV, Basel 1942, S. 352.

KALT, o. P.

Hans ERB, Das Rätische Museum, ein Spiegel von Bündens Kultur und Geschichte, Chur 1979, S. 162 (Datierung 1550).

Das spätgotische Fastentuch aus Brigels ist das älteste erhaltene Beispiel, das formal und inhaltlich von der damals üblichen Norm des Felder-Typs abweicht. Die Tuchfläche wird hier nicht mehr von einem kleinfeldrigen Raster überzogen, sondern von einer großformatigen Kreuzigungsgruppe im Zentrum beherrscht. Um das Mittelfeld gruppieren sich 14 Bildfelder als fortlaufender Rahmen. Deshalb beginnt die Bildfolge abweichend vom Felder-Typ unten links und endet unten rechts. Die einzelnen Bildfelder sind untereinander, zum Mittelfeld und zum äußeren Tuchrand mit einem breiten Rahmensystem aus grauen und roten Leisten abgesetzt. Die roten Linien umgrenzen dabei jeweils den Bildraum, während die grauen Leisten das Rastersystem bilden (Abb. 150).

Zwischen Abendmahl und Weltgericht wird die Leidensgeschichte des Herrn dargestellt. Da alttestamentliche Themen ebenso wie Szenen aus der Kindheit Jesu völlig fehlen, besitzt das Tuch aus

149. Fastentuch BRIGELS I. Foto: Kantonale Denkmalpflege Graubünden

Die Bilderfolge:

<table>
<tr><th></th><th>1</th><th>2</th><th>3</th><th>4</th><th>5</th><th>6</th></tr>
<tr><td>I</td><td>Geißelung</td><td>Dornen-krönung</td><td>Ecce homo</td><td>Verurteilung durch Pilatus</td><td>Kreuz-tragung</td><td>Kreuz-annagelung</td></tr>
<tr><td>II</td><td>Vorführung vor Pilatus</td><td colspan="2">Johannes Ev.</td><td colspan="2">Matthäus</td><td>Kreuz-abnahme</td></tr>
<tr><td>III</td><td>Gefangennahme</td><td colspan="4">Christus am Kreuz zwischen Engeln</td><td>Grablegung</td></tr>
<tr><td>IV</td><td>Christus am Ölberg</td><td colspan="2">Maria</td><td colspan="2">Johannes Jünger</td><td>Auferstehung</td></tr>
<tr><td>V</td><td>Abendmahl</td><td colspan="2">Lukas</td><td colspan="2">Markus</td><td>Weltgericht</td></tr>
</table>

150. Fastentuch BRIGELS I. Detail: Geißelung/Dornenkrönung/Ecce homo/Vorführung vor Pilatus/Linke obere Ecke des Mittelfeldes mit Johannes-Symbol.
Foto: Kantonale Denkmalpflege Graubünden

Brigels nicht nur eine neue äußere Gestalt, sondern auch ein gewandeltes, verkürztes ikonographisches Programm. In diesem Zusammenhang muß der Vermutung von Poeschel und Erb nachgegangen werden, das Tuch sei unten beschnitten; denkbar wäre ja, daß die fehlenden Szenen hier dargestellt waren. Eine Betrachtung der Rahmenleisten widerlegt jedoch den Verdacht, es seien hier die unteren Bildfelder einem späteren Eingriff zum Opfer gefallen. Denn die zuunterst verlaufende rote Leiste ist an den notwendigen Kreuzungspunkten nicht geöffnet, sondern in einem Stück durchgezogen (Abb. 152). Eine analog zum oberen Tuchrand vorhandene Randzone mit kleinen Bildfeldern kann hier nicht gewesen sein. Eine andere Form des unteren Tuchabschlusses kann dadurch zwar nicht ausgeschlossen werden, eine Fortsetzung der kleinfeldrigen Rahmenzone scheint aber ausgeschlossen.

Damit verzichtet das Brigelser Tuch erstmals auf den heilsgeschichtlichen Zusammenhang von Sündenfall und Erlösung und verweist schon frühzeitig durch die Konzentration auf die Passion auf die spätere Entwicklung der Fastentücher. In formaler Hinsicht allerdings scheint es wenig Nachfolger gefunden zu haben, denn außer dem Freiburger Hungertuch hat sich kein vergleichbares Beispiel erhalten. Aufgrund seiner Größenverhältnisse scheint seine raumverhüllende Funktion als sehr wahrscheinlich.

Aus dem kleinfeldrigen Passionszyklus, der ikonographisch keine Besonderheiten aufweist, wurde die Kreuzigung herausgenommen und als zentrales Motiv in den Mittelpunkt gestellt. Die figurenarme Kreuzigungsgruppe mit Christus, Maria und Johannes sowie Maria Magdalena am Fuß des Kreuzes ist in eine weitläufige Landschaft mit sanften Hügeln hineingestellt. Alle historisierenden Details fehlen hier. Damit entspricht es ikonographisch den einszenigen Tüchern, die bevorzugt im 17. Jahrhundert eine solche Kreuzigungsgruppe zum Inhalt haben. Den heilbringenden, eucharistischen Charakter des Opfertodes Jesu betonen hier drei Engel, die in Kelchen das Blut aus

151. Fastentuch BRIGELS I. Detail: Mittelfeld, Kreuzigung. Foto: Kantonale Denkmalpflege Graubünden

152. Fastentuch BRIGELS I. Detail: Rechte untere Ecke des Mittelfeldes mit Markus-Symbol. Foto: Kantonale Denkmalpflege Graubünden

den Wunden Christi auffangen. In kreisrunden Medaillons füllen die Evangelistensymbole die Ecken des Mittelbildes.

Die Malerei des Tuches wird sehr stark von graphischen Elementen beherrscht. Insbesondere die Darstellung der kleinen Felder wird geprägt von klaren Konturen, die mit Farbe ausgemalt sind. Stärker malerische Akzente setzt das Mittelbild, so heben sich zum Beispiel die Gewänder der Engel unter den Kreuzarmen deutlich von der sonst üblichen schematischen Gewandbehandlung ab. Dieser Eindruck mag aber auch auf den weitgehenden Verlust der Binnenzeichnung zurückzuführen sein, wie überhaupt der Zustand der Leinwand ein denkbar schlechter ist. Sie ist an vielen Stellen löchrig und eingerissen, von Wasserflecken überzogen. Eine Restaurierung des Tuches wäre dringend notwendig.

Über die zeitliche Einordnung herrscht Uneinigkeit; in der Datierung schwankt man zwischen 1500 (Poeschel) und 1550 (Erb), Jecklin gibt an 15. Jahrhundert.[324]

50 Ems · Graubünden

Zürich, Schweizer Landesmuseum, LM 13868.1 und 13868.2
Um 1500
Malerei auf Leinen
2 zusammengehörige Fragmente
LM 13868.1: 1.85 x 3,93 m
13868.2: 1,85 x 2,35 m
Gesamtbreite: 6,28 m (erschlossene Gesamthöhe: ca. 4,00 m). 16 Bildfelder, aus dem Neuen Testament in 2 Reihen zu 8 Feldern.
Felder-Typ.

Literatur:
STYGER, S. 88
KALT, o. P.

LM 13868.1, Bilderfolge

	1	2	3	4	5
I	Verkündigung an Maria	Geburt Christi	Anbetung der Könige	Einzug in Jerusalem	Abendmahl
II	Geißelung Christi	Dornenkrönung	Ecce homo	Handwaschung Pilati	Kreuztragung

LM 13868.2, Bilderfolge

	6	7	8
I	Ölberg	Gefangennahme	Christus vor dem Priester
II	Kreuzigung	Auferstehung	Weltgericht

153. Fastentuch EMS; Fragment 13868. 1, linke Hälfte: Verkündigung an Maria/Geburt Christi/Anbetung der Könige/Geißelung Christi/ Dornenkrönung/Ecce homo.
Foto: Schweizerisches Landesmuseum Zürich. Neg.-Nr. 97245

Im Schweizerischen Landesmuseum in Zürich werden die beiden zusammengehörigen Fragmente eines Fastentuches verwahrt. In zwei horizontalen Streifen schildern sie Szenen aus der Kindheits- und Leidensgeschichte Christi. Das eine Fragment besitzt zwei Reihen mit je fünf Feldern, das andere zwei Reihen mit je drei Feldern. Die beiden Stücke fügen sich ikonographisch ohne Bruch aneinander. An das Abendmahlsbild des ersten Fragmentes schließt sich die Ölbergszene des zweiten Fragmentes an. Auf das Verhör vor dem Hohenpriester folgt die Geißelung Christi. Der Kreuzigung geht die Kreuztragung voraus. Da die Bildfolge mit der Verkündigung an Maria beginnt und mit dem Jüngsten Gericht endet, darf angenommen werden, daß der neutestamentliche Bildbestand des Emser Fastentuches auf den beiden erhaltenen Fragmenten vollständig ist. Unsicher ist allenfalls, ob der Verkündigung apokryphe Mariengeschichten vorgeschaltet waren.

Alle Darstellungen beziehen sich somit auf das Neue Testament; sie bereiten in ikonographischer Hinsicht keine Schwierigkeiten[325]. Alle Themen sind traditionell und bibelbezogen, sie entsprechen gewissermaßen dem kanonischen Bestand einer Fastentuchfolge.

Bemerkenswert ist jedoch die Vorführung Christi vor den Hohenpriester (I/8). Wird diese Szene normalerweise im Innenraum des hohenpriesterlichen Palastes gezeigt, so zeigt die Szene auf dem Emser Fastentuch, wie der Hohenpriester den an

154. Fastentuch EMS; Fragment 13868. 1, rechte Hälfte: Anbetung der Könige/Einzug in Jerusalem/Abendmahl/Ecce homo/Handwaschung Pilatus'/Kreuztragung. Foto: Schweizerisches Landesmuseum Zürich. Neg.-Nr. 97145

den Händen gefesselten Christus an der Pforte seines Palastes empfängt. Einer der Schergen weist dabei anklagend mit spitzem Finger auf Christus.

In der Verkündigungsszene (I/1) fällt die Beziehungslosigkeit zwischen dem Engel und Maria auf. Die Botschaft des Engels, durch ein lang flatterndes Band dargestellt, wird von Maria scheinbar gar nicht wahrgenommen. Mit geschlossenen Augen ist sie völlig in das Gebet vertieft. Ihre Gelehrsamkeit wird durch ein kleines, spitzgiebeliges Schränkchen betont, durch dessen offenes Türchen der Betrachter verschiedene Schriften erblickt. Eine solche Bildgestaltung weist unübersehbar auf zwei Tugenden der Maria hin, ihre Frömmigkeit und ihre Gelehrsamkeit.

Aneinandergefügt erreichen die beiden Fragmente ein extremes Querformat von über sechs Metern Breite und nur knapp zwei Metern Höhe. Dieses unausgewogene Format verlangt danach, ein bis zwei darüberliegende Bildstreifen zu ergänzen, die heute verloren sind. Ihre Themen waren sicherlich dem Alten Testament entnommen, wie wir sie von vergleichbaren Fastentüchern dieser Zeit her gewohnt sind.

Die derbe, bäuerliche Darstellungsweise erschwert zwar die Datierung, und auch die schematischen Architekturen sind zeitgeschichtlich wenig signifikant, eine Entstehungszeit um 1500 kann jedoch ohne Schwierigkeiten angenommen werden. Den Landschaftsformen hat der unbekannte Künstler wenig Aufmerksamkeit geschenkt. Noch

155. Fastentuch EMS; Fragment 13868. 2: Ölberg/Gefangennahme Jesu/Christus vor dem Priester/Kreuzigung/Auferstehung/Weltgericht.
Foto: Schweizerisches Landesmuseum Zürich. Neg.-Nr. 97146

dem gotischen Stil verhaftet sind die Gewänder, die, alle viel zu lang, auf dem Boden auftreffen, dort teilweise faltig umknicken, teilweise in fließenden Formen auslaufen. Weiteren Detailbeobachtungen darf für die Datierungsfrage nur wenig Glauben geschenkt werden, weil das insgesamt nicht gut erhaltene Tuch vielfach übermalt worden ist. So ist es wohl auch zu erklären, daß sich die Physiognomie Christi von Bild zu Bild ändert. Teilweise besitzt er nur spärlichen Kinnbart, ja erscheint in der Einzugsszene (I/4) geradezu bartlos, teilweise besitzt er einen kräftigen Vollbart, wie bei der Handwaschung Pilati (II/4). Am ehesten dürfte der Gesichtsausdruck Christi auf den Bildern Gefangennahme, Verhör vor dem Hohenpriester und Geißelung noch authentisch sein. Das Leiden des Gottessohnes kommt in den fast geschlossenen, zusammengekniffenen Augenlidern deutlich zum Ausdruck.

Für eine frühe Entstehungszeit spricht auch das verhältnismäßig noch unordentliche Rahmensystem. Die Bildfelder sind zwar ungefähr gleich groß, doch sind die schmalen Trennleisten meist etwas versetzt angeordnet. Insgesamt muß das Emser Fastentuch mit seiner Größe von ursprünglich wohl vier mal sechs Metern zu den großen, repräsentativen Tüchern gezählt werden. Seine Ikonographie kann als traditionell bezeichnet werden. Wie auf den älteren Fastentüchern üblich, war sein Verhältnis vom Alten zum Neuen Testament ausgewogen.

51 Präsanz · Graubünden

Schloß Kyburg, Depositum Schweizer Landesmuseum IN 6923
1530
Malerei auf Leinen
3,65 x 4,80 m (2,37+2,43 m)
24 Bildfelder, davon 12 aus dem Alten Testament und 12 aus dem Neuen Testament in 4 Reihen zu 6 Feldern.
Felder-Typ

Literatur:
STYGER, S. 88.
POESCHEL, Kunstdenkmäler Graubündens Bd. 3, S. 256.
KALT, o. P.

Die Bilderfolge:

	1	2	3	4	5	6
I	Erschaffung von Land und Wasser	Erschaffung der Gestirne	Erschaffung der Elemente	Erschaffung Adams	Erschaffung Evas	Sündenfall
II	Vertreibung	Arbeit der Stammeltern	Opfer Kains und Abels	Brudermord	Isaaks Opferung	Arche Noahs
III	Einzug in Jerusalem	Abendmahl	Ölberg	Gefangennahme	Christus vor dem Hohenpriester	Geißelung
IV	Dornenkrönung	Kreuztragung	Kreuzaufrichtung	Kreuzigung	Beweinung Christi	Weltgericht

Als Depositum des Schweizer Landesmuseums befindet sich auf Schloß Kyburg ein Fastentuch, das ehemals aus Präsanz in Graubünden stammt. Das Tuch gehört zum Felder-Typ und zeigt auf insgesamt 24 Bildfeldern zwölf Szenen aus dem Alten Testament und ebenso viele aus dem Neuen Testament. Es besitzt damit die Ausgewogenheit der beiden Testamente, die für die Frühzeit typisch ist. Im Bildprogramm zeigt sich eine geistige Verwandtschaft zu dem nur wenig früher entstandenen Fastentuch von Haimburg, etwa in der breit dargestellten Schöpfungsgeschichte und den ausführlich geschilderten Folgen des Sündenfalls, aber auch im Weglassen der Kindheitsgeschichte und den dafür umfangreichen Passionsszenen. Obwohl beide Fastentücher sicherlich nichts miteinander zu tun haben, dokumentieren sie doch in anschaulicher Weise eine uniforme theologische Grundhaltung, welche für die thematische Gestaltung der Fastentücher an völlig unterschiedlichen Orten verantwortlich zeichnete.

Die erste Bildreihe erzählt die Schöpfungsgeschichte in fünf Szenen und den Sündenfall. Das erste Bild stellt dar, wie der Schöpfer – durch den Kreuznimbus wieder als Christus ausgewiesen – das Trockene vom Feuchten scheidet. Im nächsten Bild werden die Himmelsgestirne erschaffen. Das dritte Bild jedoch beruht nicht auf dem biblischen Schöpfungsbericht, sondern auf der schon in der Antike geläufigen und von den Kirchenvätern übernommenen Vorstellung, daß der Kosmos auf den vier Elementen, Wasser, Erde, Feuer und Luft gründet. Als Personifikationen dieser Elemente erscheinen in den vier Ecken des Bildes kleine Putti

156. Fastentuch PRÄSANZ.

Foto: Verfasser

mit den entsprechenden Attributen, einem Spaten, einem Wasserkrug, einer Fackel und einem Blasebalg.

Adam wird im vierten Bild aus einem Erdenkloß geschaffen, während Eva im nächsten Bild aus seiner Seite entsteht. Die oberste Bildreihe beschließt der Sündenfall, wobei Gott rechts erscheint und die Stammeltern zur Rede stellt. Die vier nächsten Bilder schildern die Folgen des Sündenfalls mit der Vertreibung, der Arbeit der Stammeltern und dem Brudermord, der in zwei Szenen dargestellt ist. Die letzten beiden Felder dieser Reihe, das Opfer Abrahams und die Arche Noahs, sollen sicherlich wie in Haimburg den Gnadenhorizont andeuten, der schon im Alten Bund von Gott offenbart worden war. Die chronologische Vertauschung von Abraham und Arche Noahs könnte durchaus bewußt geschehen sein, denn die Opferung Isaaks galt ja als Typus der Kreuzigung, während die Arche als Symbol der Kirche angesehen wurde. Und diese Reihenfolge entspricht der mittelalterlichen Vorstellung vom Heilsplan Gottes, der auf das einmalige blutige Opfer seines Sohnes die dauernde Heilsinstitution der Kirche folgen ließ. Dies könnte in der Tat darauf hinweisen, daß die Bilderfolgen der Fastentücher eine biblisch begründete Darstellung der Weltgeschichte vermitteln. So dachte die mittelalterliche Kosmologie in den Kategorien von Schöpfung, Sündenfall und Erlösung. Der Kirche fiel dabei der Teil zu, die durch Jesus Christus gewirkte Gnade an die Menschen weiterzugeben, und das so lange, bis die Welt beim Jüngsten Gericht am Ende der Zeiten vergeht. Wie so viele Fastentücher wird auch das Präsanzer Tuch mit dem Weltgericht beschlossen[326].

Nichts anderes als das Erlösungswerk des leidenden und sterbenden Gottessohnes erzählen die beiden unteren Register vom Einzug in Jerusalem bis zur Kreuzabnahme. Diese Bildfelder bieten ikonographisch nichts Neues. Man kann an dieser Stelle jedoch darüber nachdenken, warum die österlichen Ereignisse auf den Fastentüchern keineswegs zum unverzichtbaren Bildbestand gehören. Auch in der Präsanzer Bilderfolge fehlen die Darstellungen des Auferstandenen. Die Antwort kann natürlich darin gesehen werden, daß die Fastentücher schon vor Ostern wieder entfernt wurden. Man kann darin aber auch eine bewußte Betonung der Passions- und Kreuzestheologie sehen, die im Tod Jesu das heilsgeschichtliche Proprium sah, der gegenüber die Auferstehung an Bedeutung zurückstand. Ostern war dann zwar der Fest-

und Freudentag der Gemeinde, heilsgeschichtlich aber nur die in der Allmacht Gottes begründete Konsequenz von Karfreitag. Auch Luther vermochte die Erlösung des Menschen eher im Kreuz Christi zu sehen. Der Standpunkt seiner Theologie war zweifellos von Ostern her begründet, die Auferstehung Christi gab ihm die Gewißheit, seine Rechtfertigungslehre jedoch entwickelte er im Hinblick auf den Gekreuzigten von Golgatha.

In dieser theologischen Straffung der Heilsgeschichte, die es mit dem oben erwähnten Tuch von Haimburg verbindet, liegt die Bedeutung des Präsanzer Fastentuches, das in künstlerischer Hinsicht eher Mittelmaß bietet. Beginnende Naturbeobachtung und Renaissanceformen in der Architektur kennzeichnen das 1530 entstandene Tuch. Der Erhaltungszustand kann insgesamt als gut bezeichnet werden, nur die unterste Reihe ist wieder stärker abgerieben und verblaßt. An seinem gegenwärtigen Aufbewahrungsort, der Schloßkapelle der Kyburg, hängt es auf Spanplatten aufgezogen, die Ränder sind dabei zur Straffung des Gewebes kräftig zur Rückseite umgebogen. Die vertikale Teilung des Tuches in zwei gleichgroße Hälften dürfte nicht ursprünglich sein, sondern auf die gegenwärtige Aufhängung zurückzuführen sein, wobei die Teilung das Aufziehen und Spannen erleichtern sollte.

Unglücklicherweise ist dadurch ein Teil der mit weißer Schrift auf die mittlere, horizontale Trennleiste geschriebenen Zeichen nicht mehr sichtbar. So hat Poeschel die Inschrift als G+MW oder G+WM gelesen und als Künstlermonogramm verstanden. Was Poeschel als MW bzw. WM liest, sind jedoch drei sehr eng aneinandergeschriebene X, also die Endziffern einer Zahl, deren vorderer Teil heute mit zur Rückseite umgebogen ist. Die Zahl muß wohl als Jahreszahl der Entstehung angesehen werden und kann nur MDXXX, also 1530, geheißen haben[327].

52 Unterwachinger Fragmente
Kreis Ehingen/Donau

Pfarrkirche St. Cosmas und Damian
1. Hälfte 16. Jhdt.
Tempera auf Leinen, stark übermalt
2 Fragmente, je 0,90 x 0,85 m
Fastentuch?

Literatur:
HOFMANN, S. 43.

1. Fragment: Darstellung des dritten Gebotes
„Gedenke, daß du den Sabbat heiligst!"
Ex. 20, 9 (–11)

2. Fragment: Darstellung des vierten Gebotes
„Ehre deinen Vater und deine Mutter,
auf daß du lange lebest in dem Lande,
das ich dir zeigen werde!"
Ex. 20, 12

Im Chor der Pfarrkirche St. Cosmas und Damian in Unterwachingen hängen zwei auf Leinwand gemalte Bilder; sie sind heute jeweils einzeln auf einen Rahmen gespannt, gehörten aber früher zweifellos gemeinsam zu einem größeren Tuch. Sie sind sicher nicht als Einzelbilder gefertigt worden, denn ihr quadratisches Format von unter einem Meter entspricht durchaus einer Webstuhlbreite. So wäre es nicht notwendig gewesen, die Felder aus Leinenstücken zusammenzusetzen. Nahtstellen durchziehen aber beide Bilder und deuten darauf hin, daß sie aus einem größeren Zusammenhang stammen. So waren etwa die großformatigen Fastentücher aus mehreren Leinwandbahnen zusammengenäht. Dem äußeren Anschein nach sind also die Unterwachinger Fragmente Reste eines großen Fastentuches.

Die beiden erhaltenen Bildfelder müssen als Illustrationen zu den Zehn Geboten angesehen werden. Beide Male trägt der gehörnte Mose die aufgeklappten Gesetzestafeln und zeigt sie dem Betrachter. Ursprünglich konnte man den Wortlaut des Gebotes auf den Tafeln lesen, doch ist die Schrift auf dem ersten Bild völlig verblaßt, auf dem zweiten noch erkennbar, aber unleserlich. Das dritte Gebot der Feiertagsheiligung zeigt einen Priester bei der Elevation der Hostie. Er steht vor einem Altar mit dem Rücken zur Gemeinde. Die Illustration des dritten Gebotes hat den wichtigsten Aspekt herausgegriffen, die Feier der heiligen Messe am Sonntag (Abb. 157).

Im zweiten Bild wird die vorbildhafte Sorge der Kinder für ihre Eltern dargestellt. Sohn und Tochter führen und stützen ihre Eltern. Indem sich der Vater auf einen Stock stützt, vermittelt er den Eindruck körperlicher Gebrechlichkeit. Sein Gesicht jedoch wirkt aufmerksam und wach (Abb. 159). Nichts anderes als die Verbildlichung des vierten Gebotes kann gemeint sein: „Du sollst deinen Vater und deine Mutter ehren!" (Abb. 158). Die Darstellungsweise der beiden Gebote folgt der Bildtradition, wie sie noch vor Anbruch der Reformation üblich war, und zeigt die Befolgung der Gebote.

Eine solche Ikonographie wäre auf Fastentüchern vollkommen singulär. Daß die beiden Fragmente demnach „. . . ohne Zweifel als Bestandteile eines Hungertuches anzusehen" (Hofmann, S. 43) sind, kann doch mit dieser Entschiedenheit nicht behauptet werden. Weil wir ein sicheres Vergleichsbeispiel nicht besitzen, können wir auch die Unterwachinger Fragmente nicht eindeutig klassifizieren.

158. Fastentuch (?) UNTERWACHINGEN; Fragment 2: Das vierte Gebot.
Foto: Verfasser

157. Fastentuch (?) UNTERWACHINGEN; Fragment 1: Das dritte Gebot.
Foto: Verfasser

159. Fastentuch (?) UNTERWACHINGEN; Fragment 2: Das vierte Gebot, Detail.
Foto: Verfasser

Andererseits bleibt die Gegenfrage ebenso unbeantwortet, welchen Zweck sie sonst erfüllt haben könnten. Zur Mehrung der glaubensmäßigen Bildung waren Darstellungen der Zehn Gebote weit verbreitet und in der Tafel-, Wand- und Glasmalerei genauso anzutreffen wie in der Graphik. Die Zehn Gebote auf großflächigen Leinwänden sind meines Wissens nicht bekannt. Die Fastentuchikonographie kennt die Zehn Gebote nicht. Man kann aber zumindest die Frage stellen, wie dieses Fastentuch ausgesehen hätte. Als ikonographisches Programm hätten die Zehn Gebote wohl kaum ausgereicht. Ein verhältnismäßig kleines Tuch wäre die Folge gewesen. Denkbar wäre allenfalls, daß den Darstellungen der Befolgung der Gebote die Übertretungen gegenübergestellt waren. Solche antithetischen Reihen finden sich in der Zehn-Gebote-Ikonographie häufig. Der fragmentarische Zustand verweist aber diese Überlegungen in den Bereich der Spekulation.

Über den tatsächlichen Verwendungszweck und den ikonographischen Gesamtbestand lassen sich also keine definitiven Aussagen machen. Und so wird man die Unterwachinger Fragmente – zumindest zum gegenwärtigen Zeitpunkt – aus der Fastentuchdiskussion ausklammern müssen. Wenn wir sie dennoch in diesen Überblick alpenländischer Fastentücher aufgenommen haben, dann deshalb, weil sie von Hofmann in diesen Zusammenhang gestellt worden sind[328].

53 Münsterlingen · Bodensee

Ehem. Klosterkirche St. Remigius, Walburga und Scholastika
1565
Tempera auf dunkler Leinwand
2,50 x 2,20 m
Arma-Christi-Typ

Schmerzensmann zwischen Leidenswerkzeugen (sog. Arma Christi)

Zange
Lanze
Schwamm
30 Silberlinge
Lamm Gottes (Agnus Dei)
Judas-Kopf
Hammer
Kelch mit Hostien aus der Seitenwunde Christi
Kreuz
Wasserschale mit Kanne
Würfel
3 Nägel
Hahn mit Schlüssel
Geißelsäule

Literatur:

Jürg GANZ, Münsterlingen, Basel 1977 (= Schweizerische Kunstführer).
KALT, o. P.

Das laut Inschrift 1565 entstandene Fastentuch von Münsterlingen ist das älteste mit Darstellungen der sog. Waffen Christi oder auch „Arma Christi". Damit sind die Gegenstände gemeint, die zeichenhaft und stellvertretend die Stationen des Leidensweges Christi verkörpern. Sinngemäß sind es demnach in erster Linie die Instrumente, unter denen Christus gelitten hat. In einem übertragenen Verständnis werden sie dann aber als die Waffen Christi bezeichnet, mit welchen er die Sünde und den Tod besiegt hat. Passion und Triumph werden dadurch in gleicher Weise zum Ausdruck gebracht. Die Arma Christi versinnbildlichen also nicht nur die einzelnen Leidensstationen, sondern sind gleichzeitig Zeichen seiner Verherrlichung. Dementsprechend erscheinen die Arma zuerst als Majestäts- und Triumphsymbole in Darstellungen des Weltgerichts und der Wiederkunft des Gottessohnes am Jüngsten Tag.[329]

Besondere Bedeutung für die christliche Bildersprache und die volksfromme Verehrung haben die Waffen Christi aber erst durch die mittelalter-

160. Fastentuch MÜNSTERLINGEN.
Foto: Verfasser

lichen Kreuzzüge erlangt, durch die eine nahezu unüberschaubare Menge von Passionsreliquien aus dem Heiligen Land nach Westeuropa gelangten.[330] Die Gegenstände erfuhren allüberall eine tiefe Verehrung und wurden über ihren symbolischen Wert hinaus selbst zum Objekt der Andacht. Es wäre deshalb falsch, die Darstellung der Waffen Christi als verkürzte Wiedergabe szenischer Passionszyklen zu verstehen. Das Arma-Christi-Bild muß vielmehr im Zusammenhang meditativer Verehrung belassen und als Andachtsbild[331] angesprochen werden.

Aus diesem Grund besteht auch keine Notwendigkeit, die Arma in einer chronologischen Reihenfolge zu ordnen. In der Bildkomposition versucht man eher, das schwierige Problem zu lösen, die unterschiedlichen Gegenstände in einer optisch anschaubaren Zusammenstellung darzustellen. Auf die realen Größenverhältnisse kann dabei nicht immer Rücksicht genommen werden. Das Münsterlinger Fastentuch hat aus der breiten Vielfalt der Passionswerkzeuge 14 ausgewählt.

1. Die Zange. Sie gehört in den Zusammenhang der Kreuzabnahme; mit ihr wurden die Nägel wieder aus dem Kreuz gezogen. Sie befand sich ursprünglich in Jerusalem und war bereits vor dem Ende des 11. Jahrhunderts bekannt.
2. Die Lanze. Das Johannesevangelium berichtet (19, 33–34): „Als sie aber zu Jesus kamen und sahen, daß er schon tot war, zerschlugen sie ihm die Schenkel nicht, sondern einer der Soldaten stieß mit dem Speer in seine Seite, und sogleich kamen Blut und Wasser heraus." Der Evangelist Johannes verwendete bewußt dieses Motiv, um an die alttestamentlichen Prophezeiungen Ex 12, 46 „Kein Knochen soll ihm zerbrochen werden" und Sacharja 12, 10 „Sie werden den sehen, den sie durchbohrt haben" anknüpfen zu können. „Denn das ist geschehen, damit die Schrift erfüllt würde" (19, 36). Die Lanze soll schon bei der Auffindung des Heiligen Kreuzes durch Helena zwischen 320 und 345 mitgefunden worden sein.
3. Der Schwamm. Neben der Lanze ist der Schwamm auf einem langen Ysopstengel wichtiger Bestandteil der Kreuzigung. Beide Gegenstände erscheinen schon auf dem angesprochenen Apsismosaik in Ravenna. „Danach, als Jesus wußte, daß schon alles vollbracht war, sagte er, damit die Schrift erfüllt

würde: Mich dürstet. Da stand ein Gefäß voll Essig. Sie aber tränkten einen Schwamm mit Essig, steckten ihn auf einen Ysopstengel und hielten es ihm an den Mund" (Joh 19, 28–29 par). Er ist seit dem 6. Jahrhundert bekannt.

4. 30 Silberlinge waren der Lohn für den Verrat des Judas (Mt 26, 14–16). Weil Judas aber selbst noch einmal dargestellt ist, kann hier auch die Rückgabe der dreißig Silberlinge und die Reue des Judas gemeint sein: „Als Judas sah, daß er zum Tod verurteilt worden war, reute es ihn, und er brachte die dreißig Silberstücke den Hohenpriestern und Ältesten zurück und sagte: Ich habe Unrecht getan, daß ich unschuldiges Blut verraten habe. Sie aber sagten, was geht das uns an. Das ist deine Sache. Und er warf die dreißig Silberstücke in den Tempel, lief fort und erhängte sich" (Mt 27, 3–5).
5. Das Lamm Gottes (Agnus Dei). Das Lamm Gottes gehört nicht zu den Arma Christi. Aufgrund zahlreicher Textstellen in der Offenbarung des Johannes (z. B. Kap. 14), besonders aber im Johannes-Evangelium 1, 29 wurde das Lamm zu einem der häufigsten Christussymbole. Dort heißt es: „Siehe, das ist das Lamm Gottes, das die Sünde der Welt trägt." Das nimbierte und inschriftlich als „AGNUS DEI" bezeichnete Lamm auf dem Münsterlinger Fastentuch muß deshalb eher als Interpretation der ganzen Szenerie angesehen werden. Der leidende und sterbende Christus ist das Lamm Gottes. Das Lamm ruht neben dem eucharistischen Kelch und bedeutet demnach einen Hinweis auf das Sakrament als vermittelndes Instrument zur Teilhabe an der sündentilgenden Kraft Christi.
6. Judas-Kopf. So wie bestimmte Gegenstände als Abbreviaturen der Leidensstationen dienten, so konnten auch Körperteile einzelner Personen eine bestimmte Szene kürzelhaft versinnbildlichen. Der Kopf des Judas mit dem umgehängten Geldbeutel erinnert an den schmählichen Verrat.
7. Der Hammer. Er gehört zur Kreuzannagelung und ist ein besonders drastisches Symbol der Schmerzen und Leiden Christi. In den mittelalterlichen Passionsspielen zählten die lauten Hammerschläge zu den eindruckvollsten Momenten einer dramatischen Inszenierung. Möglicherweise hat der Hammer auch dort seinen Ursprung, denn er wird ja in der verhältnismäßig knappen Schilderung der Evangelien nicht ausdrücklich erwähnt, mußte aber in einer spielerischen Darstellung der Kreuzigung als Requisit unbedingt hinzutreten.
8. Der Kelch mit Hostien aus der Seitenwunde Christi. Auch der Kelch gehört nicht zu den Arma, sondern muß im Zusammenhang mit dem Lamm Gottes gesehen werden als eucharistisches Symbol. Dies unterstreichen die Hostien, die geradezu aus der Seitenwunde Christi in den Kelch zu fallen scheinen. Dieses Motiv erinnert an die Allegorien der Transsubstantiation, die Hostienmühle und den Christus in der Kelter, wo Brot und Wein, die Elemente der Eucharistie, in realer Weise aus dem leidenden Christus herausgepreßt werden. In den Themenbereich der Waffen Christi wurden Kelch und Hostien des öfteren übernommen.
9. Das Kreuz.[332] Vornehmstes Werkzeug der Arma Christi ist das Kreuz selbst. Das wahre Kreuz Christi wurde von der Mutter Kaiser Konstantins, Helena, selbst aufgefunden. In Hunderten von Partikelchen wurde das Kreuz als kostbare Reliquie verteilt. Ihm zu Ehren errichtete man in Rom die Kirche Sta. Croce in Gerusalemme. Bis ins Mittelalter hinein wurde allein das Kreuz als Passionsreliquie verehrt.
10. Die Wasserschale mit der Kanne. Erst seit dem 14. Jahrhundert kennt man das Wasserbecken, in dem sich Pilatus die Hände wusch; das Mt-Ev. 27, 15–25 schildert ausführlich den Versuch des Pilatus, um eine Verurteilung Christi herumzukommen. Der jüdischen Sitte zufolge gab der Statthalter am Passafest einen Verurteilten frei, doch entschied sich das Volk für Barabbas und gegen Jesus. Pilatus wollte sich von diesem Geschehen bewußt distanzieren: „Als aber Pilatus sah, daß er nichts erreichte, sondern daß das Getümmel immer größer wurde, nahm er Wasser und wusch sich die Hände vor dem Volk und sagte: Ich bin unschuldig an seinem Blut, das ist eure Sache." Die Handwaschung des Pilatus gehört zu den ältesten bildlich dargestellten Passionsszenen. Seit Anbeginn gehören Wasserschale und Kanne zusammen.

161. Schmerzensmann. KLEINE KUPFERSTICHPASSION von Albrecht Dürer (1509). Foto: Albertina, Wien

11. Die Würfel. Zu den spätesten Passionsreliquien gehören die Würfel, mit denen die Soldaten um den Rock Christi würfelten (Mk 15, 24). Sie wurden erst im 15. Jahrhundert identifiziert und dokumentieren eine ins Unermeßliche gesteigerte Sehnsucht nach einer quantitativen Vermehrung der Passionsreliquien. Die Liste von Berliner liest sich dabei teilweise wie ein Kuriositätenkabinett.[333]
12. Die drei Nägel. Sie sollen bereits zusammen mit dem Heiligen Kreuz aufgefunden worden sein. Ihre Zahl steht nicht genau fest und schwankt zwischen zwei und fünf. Auch kunstgeschichtlich unterscheidet man ja in den Darstellungen des Gekreuzigten einen Dreinagel- und einen Viernageltypus. Schließlich konnten aber auch jene Nägel zu den Arma Christi gerechnet werden, die die anderen Werkzeuge zusammenhielten.
13. Der Hahn mit dem Schlüssel. Er bezieht sich auf die Verleugnung Petri (Mt 26, 31–35, Ansage der Verleugnung, Mt 26, 69–75) und markiert damit die schwärzeste Stunde des Petrus: „Da dachte Petrus an das Wort, das Jesus zu ihm gesagt hatte: Ehe der Hahn kräht, wirst du mich dreimal verleugnen. Und er ging hinaus und weinte bitterlich" (26, 75). Doch präsentiert der Hahn auch den Schlüssel, das Symbol der Einsetzung Petri als Fels und Fundament der Kirche: „Du bist Petrus, und auf diesen Felsen will ich meine Gemeinde bauen, und die Pforten der Hölle sollen sie nicht überwältigen. Ich will dir die Schlüs-

sel des Himmelreiches geben, und alles, was du auf Erden binden wirst, soll auch im Himmel gebunden sein, und alles, was du auf Erden lösen wirst, soll auch im Himmel gelöst sein" (Mt 16, 18–20).

14. Die Geißelsäule. Ein Fragment der Säule wurde 1223 während des Kreuzzuges Kaiser Friedrichs II. nach Rom gebracht und seitdem in S. Prassede gezeigt. Schon früh kannte man sogar die Säule einer zweiten Geißelung. Der um die Säule gewundene Strick, mit dem Christus angebunden war, ist seit dem 14. Jahrhundert selbst Gegenstand der Verehrung.

Alle Leidenswerkzeuge wurden auf dem Fastentuch um die Gestalt Christi gruppiert. Diese Christusgestalt verleiht dem Münsterlinger Tuch eine ikonographische Sonderstellung, nur hier erscheint Christus als Schmerzensmann oder Erbärmdechristus.

Der Schmerzensmann gehört zu den kompliziertesten Schöpfungen der christlichen Ikonographie.[334] Wir können hier die widerstrebenden Meinungen und die zuletzt von Rudolf Berliner leidenschaftlich geführte Diskussion[335] nicht wiedergeben und beschränken uns auf einige wenige Anmerkungen. In seiner 1933 erschienenen Dissertation über den Schmerzensmann gab Gert von der Osten folgende Definition: „Unter einem Schmerzensmann verstehen wir die künstlerische Darstellung eines Christus, der die Schmerzen der gesamten Passion an sich verdeutlicht und so Inbegriff des Heilsgeschehens ist. Eigentümlich mittelalterlichem, mythischem Denken entspringt, daß er dennoch auf eine überhistorische Weise menschliches Leben hat, die Schmerzen in ihrer Abfolge trotz des Gestorbenseins immer noch in gleichzeitigem Ansturm erlebt und sie so dem andächtigen Beschauer einzeln und insgesamt ermeßbar und nacherlebbar macht."[336]

Man kann also den Schmerzensmann nicht als Illustration einer biblischen Textstelle verstehen, vielmehr wird in ihm der in der Passion Christi gipfelnde göttliche Heilsplan zum Ausdruck gebracht.[337] Durch die Wundmale eindeutig als Gestorbener gekennzeichnet, steht Christus dennoch mit offenen Augen vor dem Betrachter. Der Schmerzensmann war der Versuch, Christus in seiner göttlichen Natur als lebendig, in seiner menschlichen Natur aber als tot darzustellen. Diese dogmatische Bildschöpfung, die eines der schwierigsten christlichen Glaubensgeheimnisse ‚Christus wahrer Mensch und wahrer Gott' anschaubar machte, konnte Hubert Schrade geradezu als das „Allwesenheitsbild Christi"[338] bezeichnen.

Der überzeitliche Aspekt des Schmerzensmannbildes steht so im Vordergrund, daß er keineswegs mit den Bildmotiven des „Christus in der Rast" oder des „Herrgottsruhbildes" verwechselt werden darf.[339] Ebenso, darauf weist Berliner hin[340], soll das Schmerzensmannbild nicht als „Ecce homo" bezeichnet werden, weil dafür ausschließlich die historische Szene vor dem Pilatuspalast steht (Joh 19, 1–5). Zu Verwechslungen der beiden Bildtypen konnte es kommen, weil neben dem (wohl älteren) halbfigurigen Schmerzensmann auch der ganzfigurige dargestellt wurde. Weil das Schmerzensmannbild keine bestimmte Textstelle illustriert, konnte es zahlreiche Variationen erfahren, die durch andere Bildentwürfe beeinflußt waren. Grablegung, Kreuzabnahme, Beweinung usw. haben alle bildliche Details zum Schmerzensmann geliefert.

Auf dem Münsterlinger Fastentuch ist nun aber über dem linken Querbalken des Kreuzes „Ecce homo" zu lesen. Sollte hier tatsächlich die von der Kunstgeschichte säuberlich getrennte Darstellung von Schmerzensmann und Ecce homo zusammengezogen sein? Zwei Antworten bieten sich an: Man kann daran denken, das Ecce homo nicht als Bildüberschrift zu sehen, sondern als eines der Arma Christi, die den Schmerzensmann umgeben. So wie einzelne Gegenstände oder Körperteile Stationen der Passion verkörpern, so können dies auch charakteristische Zitate aus der Leidensgeschichte. Eine Fülle solcher Aussprüche zeigt etwa das Fastentuch von Flums. Als zweite Lösung wäre möglich, daß man auf dem Münsterlinger Tuch, das in der Ahnenreihe des Schmerzensmannbildes ganz am Ende steht, den Unterschied zwischen Schmerzensmann und Ecce homo nicht mehr gewußt hat bzw. unsere kunsthistorische Definition doch dem lebendigen historischen Gebrauch nicht gerecht wird.

Selbstverständlich erachten wir es für sinnvoll, über klar definierte Abgrenzungen christlicher Bildinhalte zu exakten Aussagen zu gelangen. Es ist aber die Frage, ob wir mit diesen begrifflichen Unterscheidungen der Sehweise damaliger Betrachter gerecht werden. Daß der Schmerzensmann eine mit Bedacht gewählte theologische Bildschöpfung darstellt, kann nicht bezweifelt werden, ob dies die Volksfrömmigkeit allerdings so empfunden hat, ist unwahrscheinlich. Sie meditierten den Schmerzensmann nicht anders als den Ecce homo oder den Christus in der Rast.

Ich glaube, dies belegen in eindeutiger Weise die drei unterschiedlichen Titelbilder, die Dürer seinen Passionen vorausgestellt hat. Die 1511 erschienene Große Holzschnittpassion besitzt als Titelblatt den „Christus in der Rast", versehen mit den Wundmalen des Schmerzensmannes.[341] Die im selben Jahr erschienene Kleine Holzschnittpassion zeigt dasselbe Motiv.[342] Dagegen zeigt die kleine Kupferstichpassion als Titel den Schmerzensmann vor Maria und Johannes (Abb. 161).[343] Die drei Titelblätter zu den inhaltlich vergleichbaren Passionsfolgen zeigen also zwei Motive, die nach kunsthistorischen Kriterien klar zu trennen wären, sich inhaltlich aber so nahestehen, daß sie unterschiedslos gebraucht werden konnten. Sollten wir demnach wirklich an der Differenzierung von historischen und symbolischen Andachtsbildern festhalten?[344] Und was trägt dies für die Interpretation des Münsterlinger Fastentuches aus?[345]

Bei der Betrachtung der Kleinen Kupferstichpassion von Dürer drängt sich der Verdacht auf, daß der Schmerzensmann gar als Vorlage für Münsterlingen gedient hat. Zwar erreicht der unbekannte Künstler nicht den Ernst der Dürerschen Vorlage, doch folgt er ihr in allen Details der Körperhaltung; die beiden Christusfiguren wären übereinandergeblendet nahezu deckungsgleich. Er hat aber andererseits das Dürersche Schmerzensmannmotiv eigenständig abgewandelt, verzichtete auf Maria und Johannes sowie das architektonische Szenarium und umgab den lebend-toten Christus mit den Arma seines Leidens. Aus dem Schmerzensmann der Vorlage wurde – der Definition Berliners folgend[346] – ein „Arma Christus".

Damit wird der Charakter als Allwesenheitsbild Christi doch entscheidend in Richtung auf die Passion hin gelenkt. Deshalb glaube ich, daß dem Münsterlinger Fastentuch kein wesentlich anderer Bedeutungsgehalt zukommt als den übrigen Tüchern vom Arma-Christi-Typ. Der Schmerzensmann ist auch hier ein eindeutiges Passionssignal. Daß darüber hinaus eine Aussage über die unsterbliche göttliche Natur des Heilandes gemacht wird, steht hier gewiß nicht im Vordergrund.

Der Bedeutungsgehalt des Münsterlinger Fastentuches mußte etwas ausführlicher diskutiert werden, weil schließlich auch die Frage beantwortet werden muß, ob die vergleichsweise seltenen Arma-Christi-Typen eher dem szenenreichen Feldertyp oder den einszenigen Tüchern nahestehen. Immerhin könnte man die in den Waffen Christi verkörperten Leidensstationen noch mit der szenischen Entfaltung der Feldertypen in Beziehung setzen.

Doch ist die heilsgeschichtliche Gesamtschau, wie sie der Schmerzensmann einst versinnbildlicht hat und wie sie auf den Feldertypen zum Ausdruck kommt, hier stark reduziert. Auch wird man berücksichtigen müssen, daß die Arma-Christi-Typen eher zum Format der einszenigen Tücher tendieren. Eine gewisse Zwischenstellung zwischen den vielfeldrigen Fastentüchern und den einszenigen Passionstüchern kommt ihnen aber sicherlich zu.[347]

54 Gingen · Kreis Göppingen

nach 1781 verloren
spätgotisch
12 x 12 Ellen (ca. 4,00 x 4,00 m)
32 Bildfelder, aus dem Alten und Neuen Testament in 4 Reihen zu 8 Feldern.
Felder-Typ

Bis weit in den schwäbischen Raum waren die Fastentücher, wie sie für den Alpenraum typisch sind, verbreitet. Dafür sprechen neben den erhaltenen Fragmenten aus Altheim und Sigmaringen die verlorenen Beispiele aus Güglingen und aus Gingen. Das Tuch in Gingen war den Angaben Ottes[348] zufolge noch 1781 vorhanden, muß aber heute als verschollen betrachtet werden. Bis ins 19. Jahrhundert war immerhin noch die Rolle am Triumphbogen zu sehen, an der es aufgehängt war und mit der es aufgerollt werden konnte.

Die spärlichen Angaben von Otte und Keppler[349] erlauben uns noch eine ungefähre Vorstellung vom Aussehen dieses Fastentuches. Mit einer Seitenlänge von jeweils 12 Ellen besaß es ein quadratisches Format. Die Einteilung in vier Register zu je acht Feldern ergibt für die einzelnen Bildausschnitte ein ausgeprägtes Hochformat. Hochformatige Bildfelder sprechen eher für eine spätere Datierung, etwa Ende des 16. oder zu Beginn des 17. Jahrhunderts. Ebenso spricht die relativ geringe Bilderzahl von 32 Darstellungen nicht für eine allzu frühe Entstehung. Diese Angaben sind der vergleichenden Betrachtung entnommen und deshalb natürlich mit Vorsicht zu behandeln.

Der ikonographische Zusammenhang umfaßte Szenen aus dem Alten und aus dem Neuen Testament. Angaben über die Inhalte der einzelnen Bildfelder sind allerdings nicht überliefert. Den Vorhang bezeichnete Keppler wie jenen in Güglingen als Palmtuch. Möglicherweise hat er aber diesen vom allgemeinen Sprachgebrauch abweichenden Terminus lediglich von Güglingen übernommen, ohne daß es dafür in Gingen einen berechtigten Grund gibt[350].

55 Steinen · Schwyz

Zürich, Schweizer Landesmuseum Dep. 997
1604
4,80 x 6,85 m
36 Bildfelder, davon 13 aus dem Alten Testament und 23 aus dem Neuen Testament, in 4 Reihen zu 9 Feldern.
Felder-Typ

Inschrift:

Alexander Beler der Zytt Kilchfogt und Buher zu Steinen 1604

Literatur:

Franz BLASER, Die Pfarrkirche St. Jakob zu Steinen, Steinen 1925, S. 22.

Linus BIRCHLER, Die Kunstdenkmäler des Kanton Schwyz, Bd. II, Gnesau, Küssnacht und Schwyz, Basel 1930, S. 717.

Herbert GRÖGER, Das Hungertuch von Steinen, in: Zolliker Bote (Amtliches Publikationsorgan der Gemeinde Zollikon und offizielles Mitteilungsblatt des Vereins-Kartells), 58. Jg., Nr. 15, 11. April 1968.

KALT, o. P.

162. Fastentuch STEINEN.

Foto: Schweizerisches Landesmuseum Zürich. Neg. Nr. 34739

163. Fastentuch STEINEN. Historische Aufnahme aus Birchler, Kunstdenkmäler des Kantons Schwyz. Bd. 2. S. 717

	1	2	3	4	5	6	7	8	9
I	Erschaffung Evas	Sündenfall	Vertreibung	Brudermord	Arche Noah	Der Alte Bund mit Noah	Abraham und Melchisedek	Opferung Isaaks	Jakobsleiter
II	Mose vor dem brennenden Busch	Aaron und die Wolkensäule	Aufrichtung der ehernen Schlange	Wunder des Mose in der Wüste	Verkündigung an Maria	Heimsuchung	Geburt Jesu	Anbetung der Heilig. Drei Könige	Beschneidung
III	Taufe Jesu	Versuchung	Auferweckung des Lazarus	Einzug in Jerusalem	Abschied Jesu von seiner Mutter	Abendmahl	Ölberg	Christus vor Hannas	Christus vor Kaiphas
IV	Christus vor Pilatus	Christus vor Herodes	Geißelung	Dornenkrönung	Ecce homo	Handwaschung des Pilatus	Kreuztragung	Kreuzigung	Kreuzabnahme

Zu den wenigen vollständig erhaltenen Fastentüchern mit der typischen Feldereinteilung in der Schweiz gehört jenes aus Steinen. Wie vergleichbare Beispiele aus Präsanz und Bendern besitzt es ein ausgesprochenes Querformat. Breiter als hoch sind nur einige Schweizer Tücher, sonst herrscht allgemein das Hochformat vor. Die Breite von 6,85 Metern entspricht ziemlich genau der lichten Weite des Chores, den es einst zu verbergen hatte. Das Fastentuch befindet sich allerdings längst nicht mehr an Ort und Stelle und gelangte auf dem Umweg über Lowerz schon zu Beginn dieses Jahrhunderts ins Schweizer Landesmuseum[351]. Von seinem ursprünglichen Anbringungsort existieren noch alte Fotos (Abb. 163). Mit der barocken Erneuerung des Kirchenraumes zwischen 1660 und 1670 wurde der ursprüngliche Zusammenhang zwar verändert, doch hat der barocke Chor die ursprünglichen Maße beibehalten, so daß die mächtige, raumverhüllende Wand des großformatigen Fastentuches noch eindrucksvoll zur Geltung kommt. Beachtenswert an dieser Aufnahme sind die hell durchscheinenden Chorfenster, an denen die äußerst zarte Struktur des Gewebes sichtbar wird.

Auf der Trennleiste zwischen dem dritten und vierten Register ist über dem Bild der Kreuztragung Christi die Inschrift zu lesen, die uns genaue Auskunft über das Entstehungsjahr und den Stifter gibt: „Alexander Beler der Zytt Kilchfogt und Buher zu Steinen 1604." Einmal mehr wird hier ein Fastentuch als fromme Stiftung belegt. Den Stifter muß man gewiß zur gesellschaftlichen Oberschicht zählen, wie auch ein gewisser Reichtum zur Schenkung eines solch teuren und kostbaren Gegenstandes vorauszusetzen ist.

Das Fastentuch von Steinen muß schon zu den späten Beispielen gerechnet werden, und zeugt somit von der ungebrochenen Kraft einer tief verwurzelten Tradition. So ist der mittelalterlich anmutende Bilderbogen auch künstlerisch nicht bahnbrechend. Vom Beginn des barocken Zeitgeistes spürt man nur wenig, die malerische Darstellung wurzelt noch fest in der Renaissance. Manche Bildformulierungen sind ausgesprochen archaisch. Mose trägt wie eh und je seine hier besonders schwungvoll gebogenen Hörner, obwohl die humanistische Gelehrsamkeit längst erkannt hatte, daß sie auf einer mißverständlichen Übersetzung des hebräischen Urtextes durch die lateinische Bibel (sog. Vulgata) beruhen, die das strahlende Antlitz des Mose nach dem Gesetzempfang am Sinai mit gehörnt (lat. cornuta) umschrieb.

Stilistisch sollte man hervorheben, daß der unbekannte Künstler eine ausschnittweise Darstellung bevorzugt. Viele Bildfelder sind von den dunklen Rahmenleisten so eingespannt, daß sie wie Ausschnitte aus einem größeren Bildzusammenhang wirken. Viele Personen sind angeschnitten; am deutlichsten wird dies im Bild vom Abendmahl: Von manchen Aposteln sind nur die Köpfe zu sehen, die sich aufmerksam und spannungsgeladen ins Bildfeld hineinrecken. In einem einzigen Feld wird dieses Prinzip durchbrochen. Der Mantel des Mohrs in der Anbetung der Könige (II/8) überschneidet seinerseits die Trennleiste. Das wirkt so, als wollte er aus dem Bild heraustreten; zudem blickt er geradewegs den Betrachter an, und wir können uns die Vermutung nicht verkneifen, daß hier der Maler seine Person hineingeschmuggelt hat.

Mit dreizehn Szenen aus dem Alten und dreiundzwanzig aus dem Neuen Testament besitzt das Tuch noch eine ungefähre Ausgewogenheit der beiden biblischen Bücher. Die Konzentration auf die Passion hat die Bilder des Alten Bundes noch nicht verdrängen können. Der traditionelle Bilderzyklus beginnt mit der Erschaffung der Eva und endet schon vor den österlichen Ereignissen mit der Kreuzabnahme. Dazwischen findet sich wenig Außergewöhnliches. Hervorzuheben ist vielleicht das auf die Sintflut folgende Bild (I/6). Noah kniet inmitten seiner Familie, im Hintergrund kann man auf einem Berg die gelandete Arche sehen. Er dankt Gott, der weit entfernt als himmlische Erscheinung in den Wolken thront, für seine wunderbare Rettung. Als Zeichen des alten Bundes wölbt sich darüber der Regenbogen.

In zahlreichen Bildern wird das göttliche Eingreifen dargestellt. Wo möglich, erscheint in einem Wolkenkranz die Büste des greisen, bärtigen Gottvaters oder ein Engel. Dem aufmerksamen Betrachter wird auch nicht entgehen, daß in einigen Feldern zwei Szenen simultan dargestellt sind; im Hintergrund des Brudermords (I/4) opfern Kain und Abel, hoch auf dem Berg hinter der Versuchungsszene (III/2) sieht man Satan ein zweites Mal, Christus die Reiche der Welt zeigend. Sicher sind für solche Kompositionen Vorlagen verantwortlich zu machen, die der Künstler mehr schematisch als sinnvoll verwendet. So sieht man im Hintergrund der Vertreibung aus dem Paradies (I/3) das erste Menschenpaar am Baum der Erkenntnis, obwohl der Sündenfall bereits in der vorhergehenden Szene gezeigt wurde. In die Reihe der Exodusbilder wurde neben drei Mosegeschichten das Bild des Priesters Aarons eingefügt (II/2). Sein Sinnzusammenhang mit der Feuersäule, die den Israeliten den Weg durch die Wüste weist, ist nicht klar deutlich. Darstellungen Aarons sind selten, allenfalls findet Aarons Stabwunder als Präfiguration der unbefleckten Empfängnis Mariens in typologischen Zusammenhängen Verwendung.

Ob der Altar im Mittelgrund des Bildes Bezug auf dieses Stabwunder nimmt, ist nicht zu erkennen.

Der neutestamentliche Teil beschränkt sich auf die Jugend Jesu und die Leidensgeschichte. Die Jugendgeschichte endet nach der Taufe mit der Versuchung, die Passion beginnt – aus genannten Gründen – mit der Auferweckung des Lazarus. Somit besitzt das Fastentuch aus Steinen die stattliche Zahl von 16 Passionsbildern. In dieser ausführlichen Breite haben alle vier Vorführungen vor Hannas und Kaiphas sowie vor Pilatus und Herodes Platz. Die einzige apokryphe Szene ist der Abschied Jesu von seiner Mutter, in dem nun tatsächlich so etwas wie barocker Pathos aufscheint, ähnlich wie in der Szene der Kreuztragung, wo Maria in tiefem Schmerz zusammensinkt.

Die thematische Verknappung, die die Tücher des 17. Jahrhunderts kennzeichnet, hat in Steinen zum Wegfall der österlichen Botschaft und des Hinweises auf das Weltgericht geführt.

56 Rheinfelden · Aargau

Christkatholische Stadtkirche St. Martin
1. H. 17. Jh.
ca. 3,00 x 2,40 m
Vesperbild zwischen Engeln, auf einem breiten Rahmen umlaufend die Arma Christi (in Grisaille-Malerei).
Arma-Christi-Typ

Literatur:
Unpubliziert.
Hinweis bei Kalt, o. P.

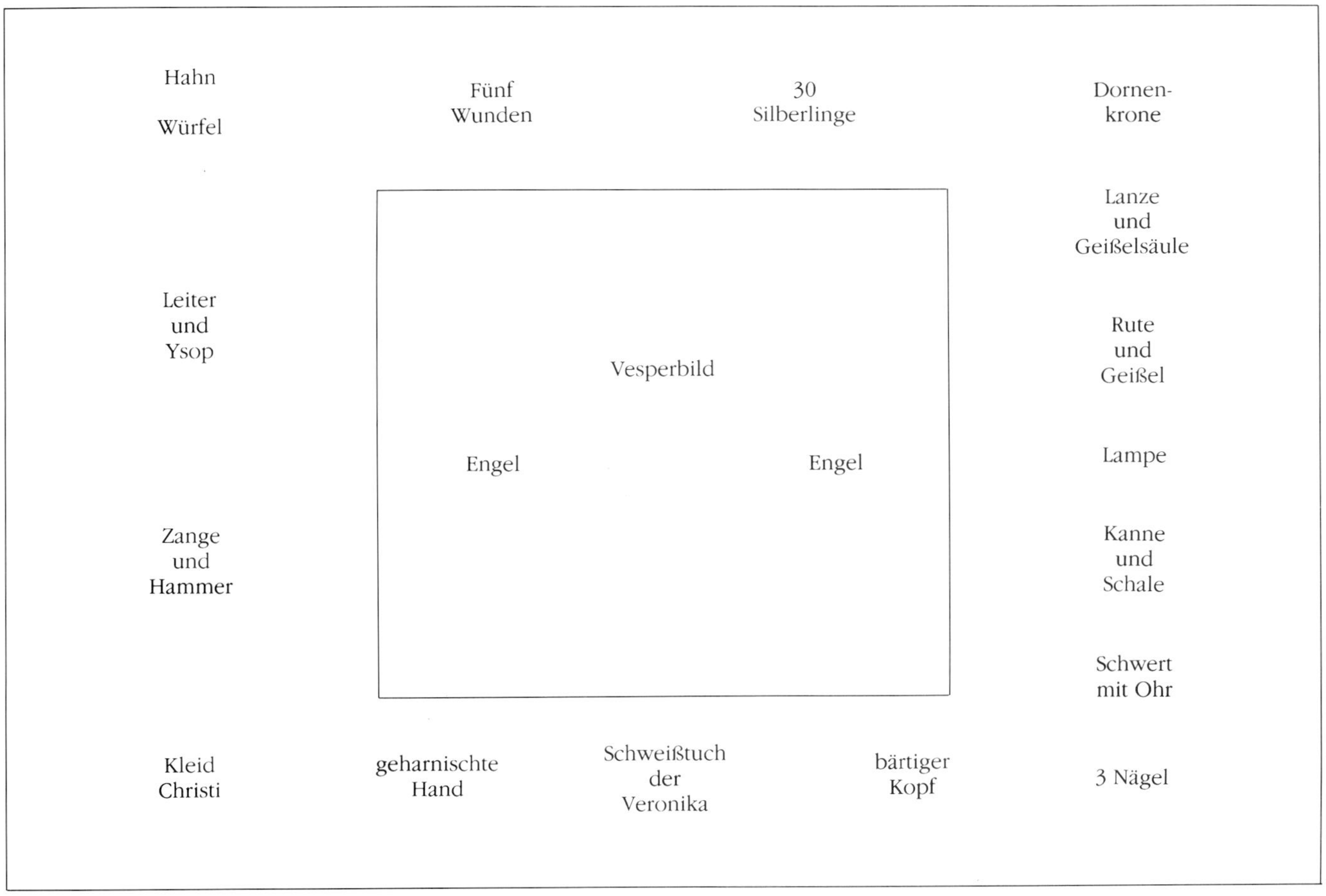

Erst 1977 wurde an der Rückseite des Hochaltares der St. Martinskirche in Rheinfelden das alte Hungertuch wieder entdeckt. Es war jedoch keineswegs, wie Kalt fälschlicherweise vermerkt, dort mit der Bildseite auf die rückwärtige Retabelwand aufgeklebt, sondern hing dort frei und wohl seit seiner letztmaligen Verwendung unverändert. Um es vor dem einfallenden Licht der Chorfenster zu schützen, hatte man es mit der Bildseite zum Altar gehängt. Weil es liturgisch nicht mehr genutzt wurde, geriet es in Vergessenheit, ein schwerer Schrank wurde davorgerückt und machte es vollends unzugänglich[352].

Allein die Fundumstände lassen keinen Zweifel daran, daß das Fastentuch in Rheinfelden dort seinen angestammten Platz hat. Es erstaunt dann nicht mehr, wenn seine Maße mit dem Altarblatt des Hochaltares übereinstimmen. Sowohl das Altarblatt wie das Fastentuch werden am oberen Bildrand von einem Rankenwerk aus Dreipässen und Rocailles eingefaßt, man war also bestrebt, den fastenzeitlichen Vorhang dem normalen Altarblatt anzugleichen. Damit erreicht das Rheinfeldener Fastentuch die nicht exakt definierte Grenze zum Wechselbehang und Wechselbild. Wechselbilder waren ja bestrebt, der kirchenjahreszeitlichen Veränderung durch variierte Szenenwahl zu entsprechen, ohne formal ins Auge zu fallen. Im besten Fall wurden die Altarblätter ausgetauscht, in Rheinfelden begnügte man sich, ein Leinwandbild, das formal dem gewohnten Altarbild entsprach, davorzuhängen. Eher seine Beschaffenheit einer frei hängenden bemalten Leinwand als seine Funktion kennzeichnen das Rheinfeldener Tuch als Fastentuch. Gewöhnlich waren die Wechselbilder auf einer technisch bedingten Bühne hinter dem Altarretabel aufbewahrt[353], so auch das Rheinfeldener Tuch. Hinter dem riesigen Retabel konnte es das Jahr über frei hängen. Eine Notwendigkeit zum Zusammenrollen bestand nicht mehr, ein Umstand, der auch andernorts dazu geführt haben könnte, Fastentücher zunehmend in Öltechnik zu bemalen. Ölmalerei war vorher nicht verwendet worden, weil beim Einrollen der Tücher die schlecht haftende Ölfarbe abgeplatzt wäre, zudem hätten die großformatigen Behänge ein enormes Gewicht erreicht.

Der Hochaltar, ein streng architektonisch gegliedertes, zweigeschossiges Bildretabel, wurde 1607 aufgestellt. Dieses Datum muß als terminus post quem für das Fastentuch angesehen werden, und einiges spricht dafür, daß es nicht sehr viel später entstanden ist. Die Fastentücher des 17. Jahrhunderts bevorzugen schwarzgrundige Leinwände, eine Tendenz, die schon bei den 1615 entstandenen Beispielen von Sarnen und Kerns zu beobachten war, hier aber noch nicht zum Tragen kommt. Zur Mitte des Jahrhunderts hin wird die schwarzgrundige Leinwand fast zur Regel. Vom formalen Aufbau her kann das dem Arma-Christi-Typ zuzurechnende Tuch am ehesten mit dem 1573 entstandenen kleinen Hungertuch von Zittau (Abb. 268) verglichen werden. Beiden Tüchern gemein ist ein großformatiges Mittelbild, das von einem breiten Rahmen mit den Arma Christi umgeben ist. Schließlich kann zum Vergleich ein 1580 (oder 1612 ?) entstandenes Steinrelief des Hans Morink aus St. Johann in Konstanz, das sich heute im Badischen Landesmuseum in Karlsruhe befindet, herangezogen werden (Abb. 165). Thematisch und im formalen Aufbau entspricht es dem Rheinfeldener Tuch, besonders charakteristisch aber sind die aufgehängten und zusammengeknoteten Waffen. Aufgrund dieser Überlegungen treten wir gegen Kalt für eine Datierung in den ersten Jahrzehnten des 17. Jahrhunderts ein[354].

Das hochrechteckige, monumentale Mittelbild zeigt eine Vespergruppe. Dominierend in der Mittelachse steht vor dem leeren Kreuz die Gottesmutter. Sie hält den erschlafften Körper ihres toten Sohnes unter den Achseln. Mit einknickenden Knien scheint er ihr gleichsam zu entgleiten. Das am Gewandsaum Mariens sichtbare Grab deutet schon auf die Grablegung hin. Die Vespergruppe wird von zwei kerzentragenden Engeln flankiert. Der linke steht mit leichter Körperdrehung nach außen, mit dem Kopf dagegen zur Bildmitte gewandt. In den vor der Brust verschränkten Händen hält er eine brennende Kerze. Er trägt ein rötlichgelbliches Untergewand und einen zartgrünen Überwurf.

Der in ein rotes Untergewand und einen blauen Überwurf gekleidete zweite Engel auf der gegenüberliegenden Bildseite trägt ebenfalls eine Kerze. Er hat das rechte Knie leicht auf den Rand der Grabeinfassung gestützt. Sein Flügelpaar ist blau, das des anderen Engels rot.

Das Bildfeld wird von einem malerisch ausgeführten profilierten Rand eingefaßt. Darauf folgt der etwa einen halben Meter breite Rahmen, auf dem die Arma Christi versammelt sind. Im Gegensatz zum farblich differenzierten Mittelbild wirkt er durch vornehme Zurückhaltung fein abgestufter Grisaillemalerei (Abb. 188).

Der Erhaltungszustand von Leinwand und Farben ist bemerkenswert gut; nach einer behutsamen Restaurierung dürfte das Rheinfeldener Hungertuch zu den besonderen Schmuckstücken seiner Kirche zählen.

164. Fastentuch RHEINFELDEN. Foto: Verfasser

165. Pietà. Steinrelief von H. Mornick, 1580.

Foto: Badisches Landesmuseum Karlsruhe. Neg. Bildarchiv 1331

57 Bendern · Fürstentum Liechtenstein

Vaduz, Liechtensteinisches Landesmuseum
1612
I.G.C. (Johann Georg Clessin?)
Wasserfarben auf Leinwand
4,70 x 6,30 m
24 Bildfelder, davon 6 aus dem Alten Testament und 18 aus dem Neuen Testament in 4 Reihen zu 6 Feldern.
Felder-Typ

Literatur:
Erwin POESCHEL, Die Kunstdenkmäler des Fürstentums Liechtenstein, Basel 1950, S. 252.
Felix MARXER, Das Fastentuch von Bendern, Sonderdruck o. Ort u. Jahr (aus Band 74 des Jahrbuches des Historischen Vereins für das Fürstentum Liechtenstein, S. 133–152).

Die Bilderfolge:

	1	2	3	4	5	6
I	Erschaffung Evas Sündenfall Vertreibung	Arche Noah Dankopfer?	Opferung Isaaks	Mannawunder	Gesetzgabe am Sinai	Eherne Schlange
II	Verkündigung an Maria	Geburt Jesu	Beschneidung Jesu	Anbetung der Könige	Einzug in Jerusalem	Abendmahl
III	Christus am Ölberg	Gefangen-nahme	Geißelung	Dornen-krönung	Ecce homo	Kreuz-tragung
IV	Kreuzigung	Grab-legung	Auf-erstehung	Himmel-fahrt	Pfingsten	Weltgericht

Während auf der gegenüberliegenden Seite des Rheintales das reformierte Bekenntnis Einzug gehalten hatte, blieb Bendern unter der Herrschaft der Grafen von Sulz beim katholischen Glauben. Die Seelsorge übten hier die durch die Reformation aus dem Kloster St. Luzi in Chur vertriebenen Patres aus. So ist es nicht verwunderlich, daß hier zu Beginn des 17. Jahrhunderts noch ein Fastentuch ganz im herkömmlichen Sinn geschaffen wurde. Von vier Registern erzählt das oberste Szenen aus dem Alten Testament, die drei unteren sind dem Neuen Testament vorbehalten. Auffallend ist vor allem die dekorative Gliederung durch farbige Säulen. Eine Unterteilung durch Säulen besitzt sonst nur noch das Fastentuch aus Maria Bichl.

Durch die Arbeit von Felix Marxer wurde das Benderner Fastentuch wie kaum ein anderes untersucht und hinlänglich publiziert. Ihm verdanken wir die Recherchen über den Maler des Tuches, den bislang nur wenig bekannten Meister Johann Georg Clessin aus Feldkirch, der sich auf dem Fastentuch hinter einer verschlungenen Initiale I.G.C. versteckt hatte. Marxer hat auch den Zustand der Leinwand und der aufgetragenen Farben dokumentiert und die einzelnen Szenen ausreichend beschrieben[355].

Marxer hat aber leider darauf verzichtet, die zu jedem Bildfeld gehörenden Inschriften mit anzugeben. Er notierte lediglich, daß unter jedem Bild „. . . auf einem beiderseits eingerollten weißen

166. Fastentuch BENDERN nach der Restaurierung. Foto: Bundesdenkmalamt Wien. Neg. Nr. EWA 3049

Schriftband in gotischer Schrift eine Legende mit Angabe der entsprechenden Bibelstelle angebracht" (S. 135) ist. Eine eingehende Betrachtung der Inschriften ergibt jedoch teilweise bemerkenswerte Differenzen zwischen Bild, Bildlegende und angegebener Textstelle. Die Legenden sind keine biblischen Zitate, sondern freie Umschreibungen der gezeigten Szene in einem zeitgenössischen Dialekt.

Um den Inschriften gerecht zu werden, erscheint es hier noch einmal geboten, die einzelnen Bildfelder zu besprechen.

I/1 *Wie Gott Himel und erden erschaffen. Adam und Eva von der schlang betrogen und des Paradeis gstossn wardt. GEN 1, 2, 3 CAP*

Die erste Textzeile ist arg verderbt, insgesamt hier aber wohl richtig wiedergegeben. Wie im Text auf mehrere Begebenheiten Bezug genommen wird, so schildert auch das Bildfeld mehrere Szenen synchron. Dabei ist vom Schöpfungsakt selbst kaum etwas zu sehen; die Tiere rechts im Vordergrund gehören wohl dazu, und allenfalls einige Gestirne, die dort zu sehen waren, wo heute der Farbauftrag ganz zerstört ist. Die zentrale bildliche Darstellung im Vordergrund, die Erschaffung der Eva, wird dagegen im Text nicht erwähnt. Rechts im Hintergrund sieht man den Sündenfall (den Betrug der Schlange). Gegenüber ist die Vertreibung aus dem Paradies stark verblaßt.

I/2 *Die erst straff der Welt durch den Sündtflus. GEN VII CAP*

Die Inschrift bezeichnet die Sintflut wörtlich als Strafe und gibt so dem Geschehen sein eigenes

Gepräge. Nicht als Bund mit dem Gerechten Noah wird das Bild verstanden, sondern als Vernichtung der sündigen Menschheit. Im Bild dargestellt ist dagegen die Rettung der Kreatur unter dem Gebet Noahs. Paarweise ziehen die Tiere vom Hasen bis zum Elefanten und zum Kranich in die burghafte Arche. Nicht der Zufall, sondern bewußte Symbolik will es, daß inmitten des Bildes ein Einhornpaar heftig bewegt zu sehen ist. Die Symbolik des Einhorns kann nicht auf einen einzigen Bezugspunkt festgelegt werden, sein theologischer Bedeutungsgehalt gipfelt jedoch in der Menschwerdung Christi in Mariens Schoß[356]. Das Einhorn kann sowohl unter die Christus- wie unter die Mariensymbole gezählt werden. Vielleicht kann das Einhornpaar sogar als gleichzeitige Darstellung Christi und Mariens verstanden werden, wobei die mystische Vorstellung von Christus und seiner Braut zugrunde liegen könnte.

Rechts im Hintergrund des Bildes scheint dunkler Rauch aufzusteigen; er gehört vielleicht zu einem nicht erhaltenen Opferaltar, an dem Noah das Dankopfer der Rettung aus der Sintflut darbrachte.

I/3 *Wie Abraham seinen son Isaac aufopfern wollt. GEN XXII*

Die Inschrift beschreibt wie die zunächst folgenden lediglich den im Bild dargestellten Vorgang. Konnte man beim Sintflutbild noch damit rechnen, daß die Texte in einer gewissen Gegensätzlichkeit etwas zur Interpretation des biblischen Geschehens beitragen würden, so enttäuschen die meisten Inschriften in dieser Hinsicht. Vor allem wird mit keinem Wort darauf Bezug genommen, ob die Szene – was wir ja eigentlich vermuten möchten – als typologisches Vorbild gemeint ist. Die Typologie war ja doch ein bestimmendes Element in der Ikonographie der älteren Fastentücher gewesen. Für das Tuch aus Bendern aus dem frühen 17. Jahrhundert müssen wir die Frage nach dem typologischen Bezug offen lassen. Denn es könnte sein, daß die herkömmlichen Motive unreflektiert und in Unkenntnis der alten Bedeutung übernommen worden sind.

I/4 *Wie das Isralitische volck in der wüste mit himelbrot gespeist ward. EXO XVI*

Allenfalls in diesem Bild kann man einen typologischen Bezug zum Abendmahl vermuten, weil vom Manna als vom Himmelbrot die Rede ist.

I/5 *Wie Gott Moisen das gesetz gegeben auf dem berg Sinai. EXO XIX*

I/6 *Wie Moises ein Eherne Schlang in der Wüste hat aufgericht. NUM XXI*

Auch hier fehlt im Text jeglicher Hinweis auf die typologische Bedeutung dieser Szene, die der Geschichte überhaupt erst ihren theologischen Wert verleiht.

II/1 *Wie der Engel Maria den gruoß bracht. LVC I*

Der Text nimmt nicht Bezug auf die Verkündigung des Gottessohnes an sich, sondern ruft den Gruß des Engels in Erinnerung (Gegrüßt seist du, Holdselige. Der Herr ist mit dir, du Gebenedeite unter den Weibern; Lk. 1,28) und stellt den Bezug zum liturgischen Gebet des Ave Maria her.

II/2 *Wie Christus in Bethlehem geboren ward. LVC II*

II/3 *Wie Jesus das Kindlein beschnitten ward. LVC II*

II/4 *Wie die h. drey Kunig dem kindlein Jesu das opfer brachten. MAT: 2*

Ab hier werden in den Textangaben statt der römischen nun arabische Ziffern verwendet. Im Schriftbild selbst sind keine Veränderungen festzustellen.

II/5 *Wie Christus am Palmtag Zuo Jerusalem ist eingeriten. MAT: 21*

II/6 *Wie Christus mit seinen Jüngeren das Osterlamm isset IO: 6*

Die bildliche Gestaltung zeigt ikonographisch das, was man normalerweise als Abendmahl bezeichnet. Der Text gibt im Unterschied dazu jedoch zu erkennen, daß die Szene keineswegs als Stiftung der Eucharistie verstanden werden soll (also nicht Mt. 26, 20–30), sondern er interpretiert das Bild (unter Bezugnahme auf die vorhergehenden Verse Mt. 26, 17–19) als traditionelle Passahmahlfeier, an der in Erinnerung an den Auszug aus Ägypten ein gebratenes oder gekochtes Schaf, eben das Osterlamm, verzehrt wurde. Historisch gesehen war das letzte Abendmahl Christi mit seinen Jüngern solch eine Passahmahlzeit.

Weder auf die Einsetzung der Eucharistie noch auf die Feier des Passahmahles verweist die angegebene Textstelle Joh. 6. Das lange sechste Kapitel des Johannesevangeliums hat die Speisung der Fünftausend (vv 1–15), Jesu Meerwandel (vv 16–21) und Jesu Rede vom Himmelbrot zum Inhalt. Und obwohl die Stellenangabe nur das Kapitel und keinen Vers nennt, kann doch kein Zweifel daran bestehen, daß hier insbesondere die Verse 28–35 gemeint sind:

„Sie sagten nun zu ihm: Was sollen wir tun, damit wir die Werke Gottes wirken? Jesus antwortete und sprach zu ihnen: Darin besteht das Werk Gottes, daß ihr an den glaubt, den jener gesandt hat. Da sagten sie zu ihm: Was tust du nun für ein Zeichen, damit wir es sehen und dir glauben? Was wirkst du? Unsere Väter haben in der Wüste das Manna gegessen, wie geschrieben steht: ‚Brot aus dem Himmel gab er ihnen zu essen.‘ Da sprach Jesus zu ihnen: Wahrlich, wahrlich, ich sage euch: Nicht Mose hat euch das Brot aus dem Himmel gegeben, sondern mein Vater gibt euch das wahre Brot aus dem Himmel. Denn das Brot Gottes ist das, welches aus dem Himmel herabkommt und der Welt Leben gibt. Sie sagten nun zu ihm: Herr, gib uns allezeit dieses Brot. Jesus sprach zu ihnen: ich bin das Brot des Lebens; wer zu mir kommt, wird nicht hungern, und wer an mich glaubt, wird nimmermehr dürsten."

Damit wird also doch noch der typologische Charakter von Verheißung und Erfüllung zwischen Altem und Neuem Testament spürbar. Die typologischen Bezüge waren längst noch nicht vergessen. Denn durch den Hinweis in Joh. 6 auf das Mannawunder in der Wüste wird ein eindeutiger Bezug zu dem vorhergehenden Bild (I/5) hergestellt.

Die angegebene Textstelle Joh. 6 zitiert also nicht das dargestellte Geschehen, sondern verweist auf einen erklärenden Text, eröffnet damit Bezüge und Interpretationsmöglichkeiten, wie sie sonst die von der Kanzel gehaltene Predigt herstellt. Hier ergänzen sich also Bild und Text und verleihen einem Geschehen neuen Inhalt.

III/1 *Wie Christus blutigen schwais schwitzet am Ölberg. MAT: 26*

III/2 *Wie Christus durch den Falschen Kuß Jude verathen und gefangen ward. MAT: 26*

III/3 *Wie Christus gantz Jemerlich Begeislet ward. MAR 14 (!) = Mk. 15, 15*

Ab diesem Bild haben sich in die Stellenangaben teilweise Verschreibungen um jeweils ein Kapitel eingeschlichen.

III/4 *Wie Christus von den schergen Pilati gekrönt und verspott ward. MAR 14 (!) = Mk. 15, 16 f.*

III/5 *Wie Christus von Pilato dem volck gezaigt und gesprochen ECCE HOMO, secht ain mensch. IOA: 18 (!) = Joh. 19, 5*

III/6 *Wie Christus das schwere Kreutz selbs truog Zu der schedelstatt. IOA: 18 (!) = Joh. 19, 17*

IV/1 *Wie Christus gecreutziget und seine Liebe Mutter Maria Joanen dem Jünger beuolchen hat. IOA: 18 (!) = Joh. 19, 25 ff.*

IV/2 *Wie Christus von Joseph und Nicodemo begraben ward. IOA: 18 (!) = Joh. 19, 38 ff.*

IV/3 *Wie Christus Sighafft Herrlich von Todten erstanden und seine Feind überwunden hat. MAR 16*

IV/4 *Wie Christus ist aufgefaren gen Himel sitzet Zu der grechten seines Himl. Vatters. IO: 17 (!) = Lk. 24, 51 bzw. Apg. 1, 9*

Die Himmelfahrt Christi wird Lk. 24 und Apg. 1 berichtet. Die Stellenangabe Joh. 17 kann aber nicht als Verschreibung angesehen werden. Vielmehr wird hier ähnlich wie im Abendmahlsbild (II/6) eine interpretierende Textstelle herangezogen. Der Inhalt von Joh. 17 ist das den sog. Abschiedsreden Jesu folgende Gebet Jesu, in dem er nochmals seine Sendung zusammenfaßt. Der angegebene Text dient also weniger zur Beschreibung des Himmelfahrtbildes als zur Verdeutlichung der dahinterstehenden Predigt. Wer auch immer für den Inhalt dieses Fastentuches verantwortlich war, wollte über das vordergründige Geschehen hinaus auf das Eigentliche der Sendung Jesu verweisen.

Die Inschrift selbst geht auf das bildhaft dargestellte Geschehen ein und weist noch darüber hinaus. Der Zusatz vom Sitzen Christi zur Rechten des Vaters ist nicht den biblischen Berichten entnommen, sondern beruht auf dem Glaubensbekenntnis („aufgefahren in den Himmel, er sitzt zur Rechten Gottes, des allmächtigen Vaters"). Dem biblisch begründeten Faktum von der Himmelfahrt Christi wird hier das Bekenntnis vom Thronen in der Allmacht hinzugefügt. Die Bildunterschrift als Ganzes beruht somit auf dem zweiten Artikel des apostolischen Glaubensbekenntnisses. Ob der bekenntnishafte Zusatz assoziativ erfolgte oder ob man bewußt das Glaubensbekenntnis illustrieren wollte, kann hier nicht entschieden werden.

IV/5 *Wie Christus seinen lieben Jüngern den H. Geist schicket am H. Pfingstag. IO: 14*

Erneut entspricht die Stellenangabe nicht dem biblischen Bericht von der Aussendung des Heiligen Geistes, die in Apg. 2 geschildert wird. Einmal mehr wird auf eine erklärende Stelle des Johannesevangeliums verwiesen. Joh. 14 verheißt Christus innerhalb der sog. Abschiedsreden den Beistand des Heiligen Geistes:

„Ich werde den Vater bitten, daß er euch einen Stellvertreter für mich gibt, den Geist der Wahrheit, der für immer bei euch bleibt." (Joh. 14,16)

Das Bildfeld enthält auch die Jahreszahl „1612" sowie das verschlungene Monogramm IGC, das Marxer als Johann Georg Clessin entschlüsselt hat[357] (Abb. 167).

IV/6 *Wie Christus haltet das Letste gericht ob er lebendige und Todte. MAT: 20*

Das Geschehen des Jüngsten Gerichtes setzt sich inhaltlich zusammen aus Mt. 24, 29–31, 25, 31–33,

167. Fastentuch BENDERN. Detail: Pfingsten/Weltgericht. Foto: Verfasser

den entsprechenden Abschnitten aus der Offenbarung des Johannes sowie einigen Stellen des Alten Testamentes wie Jes. 11, 4 und 49, 2; Hes. 37, 12; Dan. 12,2; Hiob 31,6 u. a. m. Als Textangabe wird aber keine dieser Stellen genannt, angegeben wird Mt. 20, das Gleichnis Jesu von den Arbeitern im Weinberg. Angesichts der mittelalterlichen Angst vor dem Gericht als einer exakten Abrechnung nach Schuld und Verdienst, wirkt die Interpretation des Gerichtes durch dieses Gleichnis wie eine Befreiung aus dieser Angst; gipfelt doch das Gleichnis in der unbedingten Zusage, „. . . daß Gott unendlich mehr schenkt als gerechten Lohn . . .“[358]. Die Interpretation des Jüngsten Gerichtes durch dieses Gleichnis stellt gegenüber der mittelalterlichen Predigt einen enormen Fortschritt dar[359].

Es muß hier abschließend festgestellt werden, daß die Textbeischriften bzw. die angegebenen Textstellen nicht allein am Bildgeschehen orientiert sind. Sie sind teilweise Interpretamente, die ahnen lassen, welchen Inhalt die damaligen Predigten zum Passionsgeschehen hatten. Aus all dem dürfte klar sein, daß der bedeutende Schatz des Benderner Fastentuches seine Inschriften sind. Leider ergeben sie nicht in der erhofften Breite eine Deutung der Darstellungen. Meist sind es freie Umschreibungen des bildlichen Geschehens. Einige aber lassen deutlich erkennen, daß hinter der historischen Szenenfolge eine umfassende Theologie steht. Daraus eine (vielleicht sogar reformatorisch beeinflußte) Tendenz abzuleiten, bleibt angesichts der nur geringen Spuren jedoch unmöglich.

Das Fastentuch von Bendern steht am Ende der Entwicklung des Felder-Types; deshalb können die hier beobachteten Hintergründe nicht verallgemeinert werden. Erklärende Inschriften auf anderen Tüchern sind selten und beschränken sich auf inhaltliche Angaben. Dennoch sollte der Hinweis beachtet werden, daß die Fastentücher nicht allein historische Bilderfolgen darstellen, sondern theologisch durchdacht sind. Einzelne Szenen weisen deutlich über sich hinaus. Ist dies hier konkret feststellbar, so muß doch die Frage gestellt werden, ob es nicht auch für andere Fastentücher zutrifft. Diese komplexen Zusammenhänge geben dem Benderner Fastentuch unter seinesgleichen einen besonderen Stellenwert.

58 Freiburg im Breisgau

dort noch in kirchlichem Gebrauch
1612
Tempera auf Leinen
12,25 x 10,00 m
Franz Arparel und Gehilfen, um ein großes zentrales Mittelbild (Kreuzigung) gruppieren sich 26 Bildfelder aus dem Neuen Testament.
Zentraler Felder-Typ

Literatur:
Ferdinand SCHOBER, Das Fasten- oder Hungertuch im Münster U.L.F. in Freiburg, in: Schau ins Land 28, 1901 (Freiburg), S. 129–137.

Die Bilderfolge:

	1	2	3	4	5	6
I	Weltgericht	Pfingsten	Himmelfahrt	Noli me tangere	Frauen am leeren Grab	Auferstehung
II	Abendmahl					Christus in der Vorhölle
III	Fußwaschung					Grablegung
IV	Christus am Ölberg		Kruzifix			Kreuzabnahme
V	Gefangennahme	Maria			Johannes	Kreuzigung
VI	Jesus vor dem Hohenpriester		Magdalena			Annagelung und Aufrichtung
VII	Verspottung					Kleiderberaubung

VIII	Christus vor Pilatus	Christus vor Herodes	Christus vor Kaiphas	Geißelung Christi	Dornenkrönung Christi	Ecce homo	Verurteilung	Kreuztragung

168. Fastentuch FREIBURG IM BREISGAU.
Foto: Bildverlag Freiburg i. Breisgau.
Neg.-Nr. 4242

Noch heute wird zur Passionszeit im Freiburger Münster das alte Fastentuch am Eingang zum Chor aufgezogen. Das laut Inschrift 1612 entstandene Fastenvelum ist das größte seiner Art überhaupt und besitzt in der Tat gewaltige Ausmaße. Es umfaßt bei einer Seitenlänge von 12,25 mal 10 Metern eine Fläche von 122,5 Quadratmetern. In der Breite füllt es den Chorbogen vollständig aus und verbarg einst das Presbyterium wie eine undurchdringliche Wand. Wenn seine raumverhüllende Funktion heute nicht mehr so deutlich zur Geltung kommt, so liegt das vor allem am Fehlen des Lettners, der sich zur Zeit der Verfertigung des Tuches mit sechs Metern Höhe erhob. Lettner und Fastentuch bildeten eine Einheit. Überdies hängt das Tuch gegenwärtig wohl zu hoch, so daß die obersten Randfelder von der Krümmung des Chorbogens überschnitten werden.

In der großen Münsterkirche wird der Betrachter der absoluten Maße aus seinem Blickwinkel kaum gewahr. Weit überlebensgroß sind die Figuren des zentralen Mittelfeldes. Der Körper Christi mißt 3,30 Meter, Maria und Johannes sind sogar 3,60 Meter groß. Der Querbalken des Kreuzes erreicht eine Breite von fast fünf Metern, und selbst die „kleinformatigen“ rahmenden Bildfelder sind noch annähernd zwei Meter hoch. Der Raum des Münsters und der Querschnitt des Chorbogens gaben die Maße vor, und, im Bestreben, einen adäquaten Passionsvorhang zu schaffen, scheute man weder Kosten noch Mühen, ein solch aufwendiges Werk in Angriff zu nehmen. Erst 13 Leinwandbahnen ergaben zusammengenäht die notwendige Breite. Von den technischen Problemen, eine solche Fläche zu bemalen, macht man sich kaum eine Vorstellung. Praktisch bot ja nur der Kirchenraum selbst die Fläche zum Auslegen und zur Bearbeitung des Tuches. So wurde die Kirche zum Atelier.

Über die Fläche des Tuches verstreut finden sich verschiedene Initialen, die Schober im Benehmen mit dem Archivar Dr. Albert als Franz Arparel (F. A.), Daniel Hochmann (H. D.) und Johann Deckh (I. D.) entschlüsselte. Als verantwortlicher Meister hatte Franz Arparel das Tuch gemeinsam mit den genannten Gehilfen bemalt. Die fällige Summe wurde im voraus in einem Betrag an ihn bezahlt. Aus diesem Lohn befriedigte er dann die Ansprüche der beteiligten Gehilfen.

Bezahlt wurden die Ausgaben für das Hungertuch aus dem normalen Haushalt des Münsters, so wenigstens läßt es die Bauhüttenrechnung von 1612 erkennen. Die Unterzeichner der Rechnung waren Anthonii Scherer, Obristenmeister und Pfleger, Burkard Frowenfelder und Gallus Wey, Procurator Fabricae. Ihre Wappen finden sich allesamt neben der Jahreszahl, dort, wo sich die untere Rahmenleiste des Mittelbildes etwas verbreitert. Das vierte Wappen gehörte dem Junker Hans Philipp, Vogt und Bürgermeister.

Die Legende freilich weiß es anders. Eine scheintot eingesargte Frau aus dem Schubert'schen Hause am Münsterplatz soll zum Dank ihrer wunderbaren Rettung in vieljähriger Arbeit das Tuch vollendet haben und daran fast erblindet sein. Zwar deckt sich die Erzählung mit der Beobachtung, daß Hungertücher ähnlich Votivgaben gestiftet wurden, doch müssen wir angesichts historischer Belege nicht auf diese Mär zurückgreifen. Und die Regel dürfte auch die Beschaffung solcher Hungertücher aus dem normalen Kirchenhaushalt gewesen sein, zählten sie doch zum gängigen Inventar.

Das Fastentuch vertritt den seltenen zentralen Felder-Typ, von dem wir insgesamt nur zwei Beispiele besitzen, eben jenes aus Freiburg und das etwa hundert Jahre ältere Tuch aus Brigels. Um ein großformatiges Mittelbild der Kreuzigung gruppieren sich kleinere Felder aus der Passionsgeschichte, hier 26 an der Zahl, in Brigels waren es nur 14. Die Szenenfolge beginnt mit dem Abendmahl und endet mit dem Weltgericht. Vom optischen Eindruck her, der von den Größenverhältnissen des Tuches geprägt ist, spielen die Passionsszenen nur eine untergeordnete Rolle. Beherrschend ist allein das zentrale Kreuzigungsbild.

Die künstlerische Ausfertigung ist sicherlich auf der Höhe ihrer Zeit und entspricht dem Stil der späten Renaissance. Insgesamt fiel den Malern allerdings die Ausführung der kleinen Randfelder leichter, die ungewohnte Riesendimension des Mittelbildes machte ihnen stärker zu schaffen und führte zu einer gewissen Plumpheit. Die Farben sind stark verblaßt, wie auch die gegenwärtige Anbringung dem Betrachter große Mühe bereitet.

59 Kerns · Obwalden

Sarnen, Heimatmuseum
1615
Sebastian Gysig (?)
2,35 x 1,93 m
Einszeniger Typ

Literatur:
STYGER, S. 89.
BUHOLZER, S. 380.
KALT, o. P.

Bildaufbau:

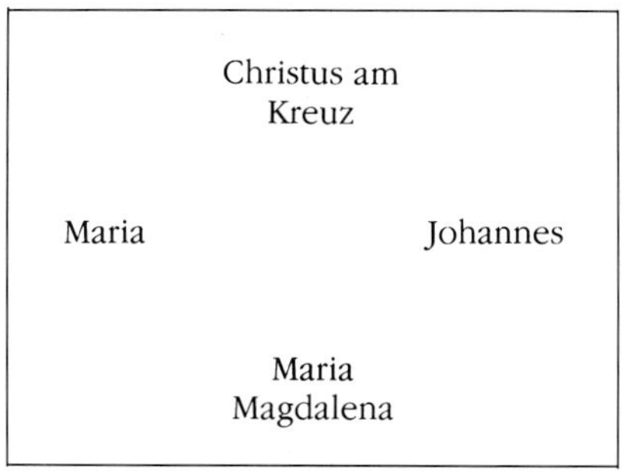

Vgl. Abb. 4 auf Seite 19!

Inschriftlich auf 1615 (nicht wie Kalt angibt 1619) datiert ist ein Fastentuch im Heimatmuseum von Sarnen. Durch den aufmerksamen Pfarrhelfer Küchler wurde es in Kerns während der Heuernte entdeckt und vor dem sicheren Verfall bewahrt.

Bauern hatten es als Heutuch verwendet ungeachtet seines ursprünglich religiösen Verwendungszweckes. Das Tuch besteht aus vier groben Leinwandbahnen und zeigt auf dunklem, nahezu

169. Fastentuch KERNS. Detail: Maria Magdalena unter dem Kreuz. Foto: Verfasser

schwarzem Grund den Gekreuzigten zwischen Maria und Johannes; den Kreuzesstamm umklammert die wuchtige Gestalt der Maria Magdalena. Ihr Antlitz wirkt ausgesprochen individuell und gibt höchstwahrscheinlich ein Portrait wieder. Die Gesichtszüge sind derb, ja regelrecht aufgedunsen. Nicht gerade vorteilhaft erscheint das schwammige Doppelkinn der Frau. Kunstvoll gesteckt ist ihr Haar mit einem geflochtenen Zopfkranz. Diese Beobachtungen deuten darauf hin, daß wir es mit einer höhergestellten Person zu tun haben. Einen ähnlich individuellen Eindruck macht auch die Maria Magdalena auf dem ikonographisch vergleichbaren Fastentuch von Leiblfing in Tirol. Typisiert sind dagegen (die stark verblaßte) Maria und der jünglingshafte, schöne Johannes. Sie tragen auch im Gegensatz zu Maria Magdalena antikisierende Gewänder.

Links und rechts der Kreuzesarme sieht man Sonne und Mond. Ikonographisch bemerkenswert ist das zarte Geflecht eines Granatapfelbaumes[360], das den gesamten Hintergrund überzieht. Die Symbolik dieser bemerkenswerten Pflanze hat schon die Antike beschäftigt. Aufgrund seines Samenreichtums galt der Ganatapfel als Symbol der Lebensfülle und der Fruchtbarkeit. Er diente antiken Vegetationsgottheiten als Attribut. Lebensfülle im christlichen Sinne schenkt die überfließende Gnade Gottes, und so konnte ein aufgesprungener Granatapfel mit der Fülle seiner Samenkörner als Zeichen der sich verschenkenden barmherzigen Liebe Christi gelten. Mit dem Granatapfel konnte auch die Auferstehung Christi angedeutet werden[361].

Das Granatapfelmotiv öffnet über das Kreuz hinaus den Horizont von Auferstehung und Erlösung. Damit bewahrt das Fastentuch von Kerns den Zusammenhang von Passion und Ostern, den die vielfeldrigen Tücher durch die Aneinanderreihung vieler Einzelszenen verdeutlicht haben. Ähnliches war auf dem frühbarocken Tuch aus St. Stephan am Krappfeld zu beobachten, welches Kreuz und Lebensbaummotiv miteinander verknüpfte. Beiden Fastentüchern gemeinsam ist der Verlust der alttestamentlichen Szenen. Die Konzentration auf das Leiden Christi hat zur Folge, daß seit dem Beginn des 17. Jahrhunderts in zunehmendem Maße großformatige Einzelbilder die Fastentücher schmücken.

Daß als Einzelszene der Moment der Kreuzigung herausgegriffen wird, scheint durch den Bedeutungshöhepunkt dieses Geschehens bedingt. Wenn man nur noch eine einzige Darstellung abbilden wollte, so wählte man den gewichtigsten Augenblick. Doch scheint diese Überlegung nur für die erste Hälfte des 17. Jahrhunderts zuzutreffen. Im Laufe der Zeit ging man immer mehr dazu über, besonders dramatische und mitleiderregende Szenen aus dem Passionsgeschehen herauszugreifen. Die Kreuzigungsgruppe von Kerns besitzt dagegen wie die anderen großformatigen Kreuzigungsdarstellungen auf Fastentüchern einen ausgesprochen undramatischen Charakter. Dadurch wird mehr an das Faktum der Erlösungstat Christi erinnert als zur *compassio* aufgefordert.

In der Regel sind die einszenigen Fastentücher kleiner als ihre vielfeldrigen Verwandten. Etwas über zwei Meter hoch und knapp zwei Meter breit konnte das Tuch aus Kerns nur das Altarretabel verdecken. Formaler und ikonographischer Wandel gehen Hand in Hand. Diese Beobachtung läßt sich vor allem aus dem Überblick über alle vergleichbaren Beispiele ziehen; exakt läßt sich die Größe des Kernser Tuches nämlich nicht bestimmen, weil die Seitenkanten keinen gesäumten Rand besitzen und wahrscheinlich beschnitten sind.

Auch sonst weist das Tuch zahlreiche Beschädigungen auf. Das Leinen ist teilweise löchrig und am unteren Rand an manchen Stellen eingerissen. Die Farben besitzen nur noch teilweise ihre ursprüngliche Leuchtkraft, während die Binnenzeichnung fast ganz verloren ist. Wasser- und Stockflecken haben der Malerei arg zugesetzt. Der künstlerische Wert kann nur noch erahnt werden. Der Maler soll Sebastian Gysig gewesen sein, so die Notiz des Entdeckers Küchler[362].

Eine interessante ikonographische Parallele besitzen wir in einem westfälischen Hungertuch aus Münster, das dem 16. Jahrhundert zugeschrieben wird[363]. Das Fragment einer Leinenstickerei von 0,97 x 2,23 Metern zeigte ein Kruzifix zwischen Maria und Johannes. Der Hintergrund wurde von einem mit Kerns durchaus vergleichbaren Rankenwerk gebildet. Leider ist das Tuch seit 1959 verloren und nur noch in Fotos aus dem Nachlaß von Rudolf Uebe greifbar. Wenn auch der optische Charakter dieses in Plattstichstickerei ausgeführten Hungertuches von dem in Kerns ganz verschieden war, so bleibt doch die ikonographische und formale Parallele in zeitlicher Nachbarschaft bemerkenswert. Die große räumliche Entfernung zwischen dem Schweizer Kanton Obwalden und dem westfälischen Münsterlande drückt sich zwar in einer verschiedenartigen Technik aus, gemeinsam erfaßte sie jedoch ein deutlicher Frömmigkeitswandel am Ausgang des Mittelalters.

60 Sarnen · Obwalden

Sarnen, Heimatmuseum, Inv. Nr. 50
um 1615
Sebastian Gysig (?)
Tempera auf Leinen, teilweise mit Öl übermalt
0,93 x 1,50 m
Einszeniger Typ

LITERATUR:
Unpubliziert.

170. Fastentuch SARNEN: Kreuzigungsgruppe. Foto: Verfasser

Aufbau des Bildes:

	Christus am Kreuz	
Maria		Johannes

Im Heimatmuseum von Sarnen befindet sich ein zweites, verhältnismäßig kleinformatiges Leintuch. Auf schwarzen Grund ist der Gekreuzigte zwischen Maria und Johannes gemalt. Auf leicht welliger Landschaft stehen die Figuren vor dem freien ungegliederten Hintergrund. Das Tuch ist an allen vier Seiten beschnitten und heute auf einen Holzrahmen gespannt. Nähere Angaben über die Herkunft des Tuches fehlen. Auf dem Rahmen aufgeklebt befindet sich ein Zettel, der die Leinwand als Hungertuch bezeichnet und den Maler sowie die Entstehungszeit mit Sebastian Gysig (?) und um 1615 angibt. Die Malerei besitzt keinen künstlerischen Wert und ist zudem durch spätere Übermalungen stark entstellt. In dicker, hellblauer Farbe wurde der Mantel Mariens derb nachgemalt. Weil das Tuch an allen Seiten beschnitten ist, läßt sich über seine einstige Größe keine genaue Angabe machen. Ich halte es jedoch für unwahrscheinlich, daß es Bestandteil eines ursprünglich sehr viel größeren Tuches gewesen ist. Damit stellt sich natürlich die Frage, ob seine Funktion als Fastentuch überhaupt nachgewiesen werden kann. Verwendung und Entwicklung bemalter Leinentücher sind bislang noch wenig erforscht, so daß man normalerweise dort, wo fastentuchtypische Elemente fehlen, nur mit der entsprechenden Größe argumentieren kann. Dieses Argument kann hier nicht angewandt werden. Kreuzigungsdarstellungen kommen in allen Kunstgattungen und in ungezählten Verwendungsvariationen vor. Vielleicht war das kleine Tuch aus Sarnen ein Antependium oder ein unspezifischer Wandbehang. Auch als Heiliggrabtuch hätte es Verwendung finden können.

Andererseits schließt das kleine Format nicht aus, daß es doch ein Altarbild verhüllt hat. Altäre kleiner Dorfkirchen waren teilweise durchaus nicht größer. So befindet sich im selben Museum ein spätgotischer Schnitzaltar, dessen Schrein mit den Ausmaßen des kleinen Hungertuches nahezu identisch ist. Daß es zur Ausstattung einer abgelegenen, unbedeutenden Dorfkirche gehört hat, legt auch die primitive Malweise nahe. Kleine Gemeinden konnten sich häufig nur Kunstwerke volkstümlicher Machart leisten. So wurde auch ikonographisch auf überflüssiges Beiwerk verzichtet. Der Hintergrund blieb ungestaltet; und doch sind die bildlichen Elemente durchaus geeignet, hierin ein Fastentuch vermuten zu lassen. Eine gewisse Verwandtschaft zu dem Tuch aus Kerns könnte man sogar sehen. So trägt Johannes unter einem roten Übermantel ein grünliches Unterkleid. Daher mag das Leintuch in Sarnen durchaus eine vereinfachte Wiedergabe des Kernser Tuches sein. Vielleicht besitzen wir mit diesem Beispiel ein letztes Exemplar der vielen Hungertücher, die einst in großer Zahl Verwendung gefunden haben, aber aufgrund ihrer minderen Qualität für nicht erhaltenswert gehalten wurden.

Obwohl das Leintuch in Sarnen nur Fragen aufwirft und keine Antworten parat hält, mochten wir doch nicht darauf verzichten. Immerhin liefert es genug Anregungen, über die Entwicklung bemalter Leintücher und die spezifische Eigenart der Fastentücher nachzudenken. Es gibt eben eine undefinierbare Grauzone, in der ein bestimmter Verwendungszweck nicht mehr nachgewiesen werden kann.

61 Luzern

Luzern, Hofkirche Obere Sakristei (später Luzern, Historisches Museum)
Mitte 17. Jhdt.
5 einszenige Tücher, Fastentuchfolge

1. Abschied Jesu von seiner Mutter
   3,15 x 2,20 m
   Wappen Heinrich Zimmermann, dat. 1644

2. Christus am Ölberg
   1,75 × 1,10 m (Fragment, nur die linke Hälfte erhalten)

3. Dornenkrönung und Schmerzensmutter (mater dolorosa)
   3,00 × 2,20 m

4. Vesperbild (Pieta)
   2,45 x 2,20 m
   Allianzwappen Fleckenstein-Bircher

5. Fragment, Leeres Grab?

Literatur:

Adolf REINLE, Die Kunstdenkmäler des Kantons Luzern, Band II, 1, Basel 1953, S. 178.

Georg STAFFELBACH, Hat Kaspar Meglinger die Hungertücher gemalt?, in: Vaterland Nr. 78, Samstag, 2. April 1977, S. 15.

KALT, o. P.

Franz BÜRKLI, Der Kirchenschatz des Stiftes zu St. Leodegar und Mauritius in Luzern, in: Das Münster 3, 1986, S. 227–237.

Noch vor der Mitte des 17. Jahrhunderts begegnet uns in der Luzerner Hofkirche das Phänomen einer regelrechten Häufung von großformatigen Fastentüchern mit Darstellungen aus der Passion.

Wir bezeichnen dies als Fastentuchfolge. Auf den vielfeldrigen Fastentüchern waren die Szenen der Leidensgeschichte Jesu in zahlreichen Feldern nebeneinander dargestellt, hier sind sie auf einzelne Tücher verteilt und die Bilder erreichen enorme Ausmaße. Mit hoher Wahrscheinlichkeit waren in Luzern ursprünglich mehr als die fünf (teilweise nur fragmentarisch erhaltenen) Fastentücher vorhanden und ergaben so einen ausführlichen Passionszyklus. Nachdem 1633 die alte Hofkirche einer Feuersbrunst zum Opfer gefallen war[364], wurde sie unmittelbar danach nach der einheitlichen Konzeption des Ingolstädter Architekten Jakob Kurrer neu errichtet. Ebenso einheitlich ist unter dem Schweinfurter Bildhauer Nikolaus Geissler die Innenausstattung zwischen 1633 und 1650 entstanden. Zu ihr gehörten neben dem Hochaltar zehn Seitenaltäre; für diese wurden in entsprechender Weise Fastenbehänge angeschafft. Man war demnach von der alten Sitte, Kirchenschiff und Chor durch ein großes Tuch zu trennen, abgerückt und hatte sich entschlossen, einszenige Fastentücher dem Brauch der Zeit gemäß zu verwenden. Die Vielzahl der Altäre machte eine gleichgroße Zahl von Fastentüchern erforderlich.

Im August 1644 wurde die wiederhergestellte Kirche eingeweiht. Diese Jahreszahl trägt auch das Fastentuch mit der Darstellung des Abschieds Jesu von seiner Mutter. Durch das beigegebene Wappen erweist es sich als wohltätige Stiftung des Heinrich Zimmermann, der in der Neuweihe der Kirche wohl einen geeigneten Anlaß sah, dieses Fastentuch anfertigen zu lassen. In ähnlicher Weise müssen auch die anderen Tücher als solche Stiftungen angesehen werden, die sich aber der ganzheitlichen Ausstattung unterordneten.

Die Fastentücher von Luzern sind demnach geplanter Bestandteil einer einheitlichen Kirchenausstattung und lassen sich in dieser Hinsicht mit der noch umfangreicheren Fastentuchfolge des Kremser Schmidt in der Stiftskirche von Garsten vergleichen. Die erhaltenen Tücher in Luzern machen es wahrscheinlich, daß man hier wie in Garsten nur noch neutestamentliche Szenen, näherhin solche aus der Passion Christi, darstellte. So verbindet die zyklische Anordnung der Szenen die Fastentuchfolge noch mit dem Feldertyp, die formale und ikonographische Gestaltung folgt jedoch dem einszenigen Typ.

Aus der ursprünglichen Folge haben sich drei

171. Fastentuch LUZERN: Abschied Jesu von seiner Mutter.

172. Fastentuch LUZERN: Christus am Ölberg. Fragment, linke Hälfte.
Fotos: Franz Bürkli, Luzern

173. Fastentuch LUZERN: Dornenkrönung und Schmerzensmutter.

174. Fastentuch LUZERN: Vesperbild (Pietà).

Fotos: Franz Bürkli, Luzern

vollständige, ein halbiertes und ein bis zur Unkenntlichkeit verstümmeltes Fragment erhalten. Die Maße der einzelnen Tücher variieren nicht wenig. Gemeinsam ist ihnen lediglich eine Breite von 2,20 Meter. Die Höhe schwankt zwischen 3,15 und 1,75 Meter. Die Differenzen dürften jedoch daher rühren, daß die Tücher alle beschnitten sind, ursprünglich haben sie wohl alle eine Höhe von etwas über drei Metern besessen. Ob auch für das von Giovanni Lanfranco gemalte Altarblatt des Hochaltares ein Fastenbehang vorgesehen war, wäre interessant zu wissen, denn es zeigt mit der Ölbergszene seinerseits schon ein Passionsthema.

Die Vermutung, daß die Tücher alle gemeinsam 1644 entstanden sind, hat natürlich viel für sich, weniger wahrscheinlich erscheint mir, daß sie alle von derselben Hand stammen. Diese Ansicht hat Georg Staffelbach vertreten und sogar den Namen des Malers Kaspar Meglinger zur Diskussion gestellt, der in Luzern unter anderem den berühmten Totentanz auf der Spreuerbrücke geschaffen hat. In den Kunstdenkmälern sprach Reinle nur von einem unbekannten, guten Maler. Die Bilder zeigen nun nicht nur stilistische Unterschiede, sondern besitzen einen verschiedenen Charakter. In barocker Übertreibung erwecken der Abschied Jesu von seiner Mutter und die Dornenkrönung den Anschein der Karikatur, das Vesperbild dagegen zeigt einen tiefen Ernst. Auch die Grundstruktur der beiden vorgenannten Bilder ist vom Vesperbild verschieden. Ihre Leinwand ist heller eingefärbt, die Darstellung erscheint wie in einem Rahmen.

Doch auch der Abschied Jesu von seiner Mutter und die Dornenkrönung besitzen unvereinbare Details. Einmal umstrahlt ein heller, strahlender Heiligenschein sein Haupt, das andere Mal bildet eine goldene Scheibe seinen Nimbus. Von der Ölbergszene hat sich nur ein blasses Fragment erhalten, doch eignet auch ihm ein breiter Rahmen und man blickt wie durch ein Fenster auf die drei schlafenden Jünger. Hier kann nur eine eingehende monographische Arbeit weitere Klarheit schaffen.

Die Fastentuchfolge, so wie sie erhalten ist, beginnt mit einem in der Barockzeit gerne gebrauchten Thema. Das gnostische Evangelium der Maria erzählt, daß Jesus nach der Auferweckung des Lazarus Abschied von seiner Mutter nimmt. Deshalb sind auch die Schwestern des Lazarus Maria und Martha mit dargestellt. Dem entsprechen die Jünger auf der Seite Jesu. Die Szene spielt in offener Landschaft, die Stadt am Horizont ist Jerusalem, der Ort der Passion Christi. Maria kniet mit gefalteten Händen vor Christus und wird von ihm gesegnet[365].

Von der Ölbergszene haben sich nur die beiden linken Leinwandbahnen erhalten. Auf ihnen sind die Jünger schlafend zu sehen. Von der knieenden Gestalt Jesu ist nur der untere Teil zu sehen. Wie üblich, erscheinen im Hintergrund im Tor des Zaunes, der den Garten Gethsemane umgibt, die Häscher, von Judas angeführt.

Das Bild der Dornenkrönung wurde mit dem Bild der Schmerzensmutter verbunden. So wurde die narrative Szene mit einem Ideenbild kombiniert. Die Schmerzensmutter, auch mater dolorosa genannt, konnte als isoliertes Andachtsbild oder wie hier in Verbindung mit einer Passionsszene dargestellt werden. Als Symbol ihres Schmerzes steckt ein Schwert in ihrem Herzen gemäß der Prophezeiung des greisen Simeon: „Es wird ein Schwert durch deine Seele dringen, auf daß vieler Herzen Gedanken offenbar werden.“ (Lk. 2, 35)[366]

Endlich gehört das Vesperbild eigentlich nicht in einen Passionszyklus, sondern zählt zu den typischen Andachtsbildern, die dem mystischen Nacherleben der Passion Christi entsprungen sind. Die trauernde Maria hält den Leichnam ihres Sohnes auf dem Schoß und wird so zum Inbegriff des tiefsten Mutterschmerzes. Inhaltlich wie formal ragt dieses Tuch aus der Reihe der Luzerner Fastentücher heraus. Ebenso ist hier der künstlerische Ausdruck entschieden gelungener.

Von der lokalgeschichtlichen Bedeutung der Luzerner Fastentücher abgesehen, repräsentieren sie die neue Art der passionszeitlichen Vorhänge. Die rein biblische Erzählung der Leidensgeschichte wird zunehmend überlagert von mystischen Elementen. Die Gläubigen versenken sich in die Passion und erleben bis ins einzelne die Leiden Jesu und die Schmerzen seiner Mutter. Die Bilder sind echte Vorbilder der *compassio*, des Mitleidens. Eine lange Lebensdauer war solcherart gefühlsbetonten Bildern nicht beschieden, aufklärerisch gesinnten Menschen wußten sie nichts zu sagen. Aufgerollt unter dem Estrich der Propstei, mußten sie erst in unserer Zeit wieder entdeckt werden.

62 Flums · St. Gallen

Flums, St. Justus, ganzjährig an der südl. Kirchenschiffswand
2. Hälfte 17. Jhdt.
5,95 x 2,71 m
Arma-Christi-Typ

Um das zentrale Kruzifix sind die Arma Christi und als Kopfbüsten Personen aus der Leidensgeschichte angeordnet. Sie sind durch lateinische Texte in Majuskelschrift erklärt.

Literatur:
Johannes EGLI, Historisches Museum von St. Gallen. Ein Führer durch die Sammlungen. St. Gallen 1928, S. 23.
Erwin ROTHENHÄUSLER, Kunstdenkmäler des Kantons St. Gallen, Band 1, Basel 1951, S. 46.
KALT, o. P.

Extremes Hochformat besitzt das Fastentuch in der St.-Justus-Kirche in Flums. Nachdem das Tuch lange Jahre im Historischen Museum von St. Gallen deponiert war, hängt es heute wieder an der Südwand des Kirchenschiffes.

Beherrscht wird das Fastentuch von einem hochaufragenden Kruzifix, an dessen oberem Drittel der Corpus Christi hängt. Parallel zum Kreuzstamm sind die bekannten Arma Christi[367] aufgereiht; links davon befinden sich Lanze und Leiter, die dreißig Silberlinge, Geißel, Kelch und Hostie sowie der Rohrkolben aus der Verspottung Christi. Rechts sieht man neben der Geißelsäule und dem Schwamm die geharnischte Faust, Schwert und Laterne, dazu Hammer und Zange sowie Kanne und Schale aus der Handwaschung Pilati. Am Fuß des Kreuzes hängt das Schweißtuch der Veronika, liegen die abgelegten Kleider Christi und die Würfel.

Auffallend sind an diesem Fastentuch die zahlreichen Inschriften.[368] Sie sind alle in lateinischer Sprache abgefaßt und enthalten zahlreiche Verschreibungen. Aufgeschrieben wurden die letzten Worte Christi am Kreuz, alttestamentliche Weissagungen auf den Opfertod Christi und dialogische Kurzformeln aus der Passionsgeschichte. Am unteren Rand des Fastentuches ist schließlich ein Vers aus dem Philipperbrief (2, 7) zitiert: HVMILIAVIT SEMETIPSV FACTVS OBOEDIENS VSQVE MORTE MORTE AVTE CRVCIS (Er erniedrigte sich selbst und wurde gehorsam bis zum Tod, sogar zum Tod am Kreuz).

Die alttestamentlichen Weissagungen sind den Psalmen und dem Propheten Jesaja entnommen. Wie bei den Dialogen sind hier in Büstenform die handelnden Personen abgebildet. Den Psalm XXI spricht König David: FODERVUNT MANVS MEAS

175. Fastentuch FLUMS. Foto: Verfasser

ET PEDES MEOS DINVMFRAVERUNT OMNIA OSSA MEA (Sie durchbohren meine Hände und meine Füße, man kann alle meine Gebeine zählen = Ps. 22, 17 f). Der Psalm XXI (nach neuer Zählung Psalm 22) enthält zahlreiche Motive, die in den Berichten von der Kreuzigung Christi wiederkehren und dort bewußt mit der Begründung „... damit das Schriftwort erfüllt würde ..." (z. B. Joh 19, 25) zitiert werden. Dem Psalmwort gegenüber steht ein Vers aus den sog. Gottesknechtsliedern des Propheten Jesaja geschrieben, ebenfalls eine alttestamentliche Textstelle, die schon seit frühester Zeit als Hinweis auf das Leiden des Gottessohnes gedeutet wurde: VERE LANGVORES NOSTOROS IPSE TVLIT ET DOLORES NOSTROS IPSE PORTAVIT (Wahrlich, er nahm auf sich unsere Krankheiten und er trug unsere Schmerzen = Jes 53, 4).

Vier Zweiergruppen erinnern an verschiedene Szenen aus der Leidensgeschichte, an den Verrat des Judas, die Verleugnung Petri, das Verhör vor dem Hohenpriester und vor Pilatus. Das Büstenpaar oben links zeigt Christus und Judas, die knappe Inschrift zitiert die kurze Grußformel: AVE RABBI (Gegrüßt seist du, Meister) und die Antwort Jesu: AD QVID VENISTI, AMICE (Wozu bist du gekommen, Freund? = Mt 26, 49 f). Rechts daneben sieht man Petrus und eine Magd im Hofe des hohenpriesterlichen Palastes im Zwiegespräch: ET TV CVA NAZARENVS AS (Und du, kennst du nicht diesen Nazarener?), worauf Petrus seinen Herrn verleugnet: NEQVE SCIO NEQVE NOVI QVI DICAS (Ich kenne ihn nicht, ich weiß nicht, was du sagst = Mk 14, 67). Das Verhör vor dem Hohenpriester, links darunter, gipfelt in der Frage des Kaiphas: TV ES CHRISTI FILIVS DEI BENEDICTI (Bist du Christus, der Sohn des hochgelobten Gottes = MK 14, 61), auf die Christus antwortete: EGO SVM ET VIDIBITIS FILIVM HOMINIS SEDENTEM A DEXTRIS VIRTVIIS ET VENIENTEM CVM NVBIBVS COELI (Ich bin es. Und ihr werdet den Menschensohn sitzen sehen zur Rechten der Macht und kommen mit den Wolken des Himmels = Mk 14, 62). Parallel dazu ist rechts die Frage des Pilatus gestellt: TV ES REX IVDEORUM (Bist du der König der Juden?), und Christus antwortet: TV DICIS QVIA REX EGO SV EGO IN HOC NATVS SVM ET AD HOC VENI IN MVNDV VT TESTIMONIVM PERHIBEA VERITATI (Du sagst, daß ich König bin. Ich bin dazu geboren und dazu in die Welt gekommen, daß ich für die Wahrheit ein Zeugnis ablege = Joh 18, 37). Die Auswahl der Texte folgt keinem einzelnen Passionsbericht, sondern ergibt sich aus einer Kompilation aller Evangelien, wobei jeweils das Passende ausgesucht wurde.

Das Flumser Tuch wird am oberen und unteren Rand von den letzten Worten Jesu am Kreuz gerahmt. Über dem linken Querarm des Kreuzes steht: DEVUS MEVS VT QVID DERELIQVISTI ME (Mein Gott, warum hast du mich verlassen? = Mt 27, 46 bzw. Mk 15, 34). Über dem rechten Querarm lesen wir: IN MANVS TVAS DOMINI COMMENDO SPIRITVM MEVM (In deine Hände, Herr, befehle ich meinen Geist = Lk 23, 46). Unter dem Querbalken liest man das johanneische: CONSVMMATVM EST (Es ist vollbracht = Joh 19, 30).

Zu den letzten Worten Jesu am Kreuz gehören auch jene an Maria: MVLIER ECCE FILIVS TVVS (Weib, das ist dein Sohn = Joh 19, 26) und an Johannes: ECCE MATER TVA (Siehe, deine Mutter, ebd). Maria und Johannes beschließen in größeren Halbbüsten den unteren Rand des Tuches. Maria erscheint hier als Schmerzensmutter; entsprechend der Prophezeiung des greisen Simeon bei der Beschneidung Jesu dringt ein Schwert in die Brust Mariens: „Es wird ein Schwert durch deine Seele dringen, auf daß vieler Herzen Gedanken offenbar werden" (Lk 2, 35).

Die zahlreichen Inschriften geben keinen näheren Hinweis auf die Interpretation der Leidensgeschichte auf diesem Hungertuch. Sie deuten das Geschehen nicht, sondern sind wie die figürlich dargestellten Arma Stationen des Leidens Jesu. Nur so ist es auch verständlich, daß die Inschriften in lateinischer Sprache abgefaßt sind, die von den Laien nicht gelesen werden konnten. Die alttestamentlichen Prophezeiungen aus Psalm 22 und Jesaja 53 sind wie der Episteltext aus dem Philipperbrief so geläufig und verbreitet, daß auch ihnen kein Hinweis auf eine besondere theologische Eigenart dieses Tuches entnommen werden kann.

Die Arma sind ohne besondere Ordnung nach rein formalen Gesichtspunkten auf der Fläche ausgebreitet. Sie sind in weichen Farben auf die Leinwand gezeichnet. Rötliche und gelbliche Töne herrschen vor. Das Tuch dürfte in der zweiten Hälfte des 17. Jahrhunderts entstanden sein, wenn auch bei den geringen Anhaltspunkten eine Gewißheit nicht erreicht werden kann.[369] Der angegebenen Datierung kommt die Feststellung entgegen, daß schwarzgrundige Fastentücher im 17. Jahrhundert vorherrschen. Die künstlerische Gestaltung ist insgesamt recht ordentlich. So sind die einzelnen Arma gut beobachtet und naturalistisch wiedergegeben. Der unbekannte Künstler hat sich dabei einer symmetrischen Ordnung bedient, um die einzelnen Waffen auf dem Tuch zu ordnen. Wenn auch hier die Kopfbüsten maskenhaft und seltsam unbelebt erscheinen, so ist dies ein prinzipielles Problem der Arma-Christi-Ikonographie, die sich des öfteren solcher Kopfbüsten bedient, und kann nicht dem Maler angelastet werden.

Im Chor der Justuskirche befindet sich ein älteres Wandfresko mit der Darstellung eines Arma-Christus; sollte es dem Maler als Anregung gedient haben, so hat er daran anknüpfend eine eigene und geschicktere Komposition entwickelt (Abb. 176).

176. FLUMS, St. Justus. Arma-Christus an der Südwand des Chores.
Foto: Verfasser

63 Zwei Fastentücher unbekannter Herkunft
Vorarlbergisch?

Bregenz, Vorarlberger Landesmuseum, Gem. 1520 u. 1521
1681
Öl auf Leinen
2 einszenige Fastentücher
Gem. 1520, 1,41 x 1,26 m: Christus am Ölberg
Gem. 1521, 1,49 x 1,28 m: Vesperbild
Fastentuchfolge

Inschrift:

Benedict Tholl und Maria Bügin sein Ehlich Hauß fraw in Jahr 1681

B—T—S

Literatur:

Reiner SÖRRIES, Die Fastentücher im Vorarlberger Landesmuseum in Bregenz, in: Jahrbuch des Vorarlberger Landesmuseumsvereins 1986, S. 123–144.

Daß die beiden verhältnismäßig kleinformatigen Fastentücher zusammengehören, legen die nahezu identischen Maße nahe, ebenso zeigen die aufeinanderfolgenden Inventarnummern ihre

177. Vorarlberger Landesmuseum BREGENZ. Fastentuch unbekannter Herkunft. Vorarlbergisch?

Foto: Vorarlberger Landesmuseum Bregenz. Neg. Nr. 1986/49–52

178. Vorarlberger Landesmuseum BREGENZ. Fastentuch unbekannter Herkunft. Vorarlbergisch?

Foto: Vorarlberger Landesmuseum Bregenz. Neg. Nr. 1986/53–56

gleichzeitige Erwerbung, auch wenn der konkrete Ort ihrer Herkunft nicht bekannt ist. Die beiden schwarzgrundigen Tücher weisen auf eine Entstehung im 17. Jahrhundert hin, was durch die Inschrift, welche die Jahreszahl 1681 nennt, bestätigt wird. Ihre nächste Parallele besitzen die Tücher in der Fastentuchfolge von Luzern, die knapp vier Jahrzehnte früher entstanden ist. So kennen wir nun aus Vorarlberg ein Beispiel einer Aneinanderreihung mehrerer einszeniger Fastentücher. Ob es auch ursprünglich nur zwei Tücher gewesen sind, läßt sich natürlich nicht sagen. Die Luzerner Fastentuchfolge umfaßte immerhin mindestens fünf Behänge. Zwei davon zeigen wie die Vorarlberger Tücher eine Ölbergszene und ein Vesperbild. Auch in Luzern erscheint Maria einmal als Schmerzensmutter gemäß der Prophezeiung des greisen Simeon (Lk. 2, 35), allerdings nicht auf dem Vesperbild, sondern in Verbindung mit der Dornenkrönung Christi.

Die Anzahl der Behänge in einer Fastentuchfolge richtet sich in erster Linie nach der Anzahl der Altäre. Die beiden kleinformatigen Tücher mögen zur Verhüllung der beiden Seitenaltäre am Choreingang gedient haben, jedenfalls besitzen sie eine enge ikonographische Verzahnung. Christus und seine Mutter werden in ihrer jeweils schwersten Stunde dargestellt. Am Ölberg schwitzt Christus Blut und Wasser – im Bild durch aufgemalte Blutstropfen drastisch dargestellt –, unter dem Kreuz hält Maria den toten Sohn auf dem Schoß. Die Gegenüberstellung von Christus und Maria beruht auf einer theologischen Strömung, die seit der Gegenreformation darauf bedacht ist, Maria nicht nur im Sinne einer *compassio*, sondern der Miterlösung zu sehen. Diese Glaubensvorstellung ist dogmatisch nicht festgeschrieben worden, doch gewinnt sie seit der Gegenreformation (auch ikonographisch) zusehends an Bedeutung.

Daß es im zweiten Bild tatsächlich um Maria und nicht in erster Linie um Christus geht, beweist der im Vergleich zu Christus größere Strahlennimbus der Gottesmutter. Damit unterstreichen die beiden Vorarlberger Fastentücher die Bedeutsamkeit des 17. Jahrhunderts für die Entwicklung der passionszeitlichen Behänge. Formale und inhaltliche Veränderung gehen dabei nebeneinander einher. Zu den Luzerner Tüchern stellen sie eine wichtige Parallele dar.

64 Lustenau · Vorarlberg

Bregenz, Vorarlberger Landesmuseum, Gem. 1025
1686
Johann Jakob Haas
3,38 x 3,03 m
Arma-Kruzifix, darunter Maria, Johannes und Heilige. Arma-Christi-Typ

Stifterinschrift unter dem Wappen:
Johannes Hagen Aman
Johannes Hagen sein Sohn
1686

links unten signiert:
Johann Jakob Haas pinx. 1686

Putti links und rechts halten Schrifttücher:
Komm her und hör mein Leyden an,
schaw wie schmerzlich ich leyde
für deine sünd habß ich gethan
die sünd, mein kind doch meyde.

Literatur:
Österreichische Kunsttopographie, Bd. XXXII, Die Kunstdenkmäler des politischen Bezirks Feldkirch, bearbeitet von Dagobert Frey, Wien 1958, S. 444.
SÖRRIES, S. 126–128.

Um ein Kruzifix herum schweben kleine Putti mit den Arma Christi. Sie haben an den teilweise überdimensionierten Leidenswerkzeugen schwer zu tragen. Die Enden des Querbalkens sind mit dem Kreuzfuß durch Lanze und Schwammstab verbunden, wie dies auch für die freiplastischen Arma-Kreuze typisch ist. Die beiden obersten Putti halten zudem zwei flatternde Schrifttücher mit einer eindringlichen Mahnung an den Betrachter. Zu Füßen des Kreuzes stehen Maria und Johannes sowie die beiden Heiligen Antonius von Padua und Franz von Assisi.

Ein mächtiges Wappen und eine deutlich zu lesende Inschrifttafel am Kreuzfuß nennen Johannes Hagen Aman und seinen Sohn als Stifter des Fastentuches. Hier wird ebenso wie in der Künstlersignatur in der linken unteren Bildecke das Datum 1686 genannt.

Durch die sonst äußerst seltene Darstellung von Heiligen auf Fastentüchern besitzt das Lustenauer Fastentuch einen echten Seltenheitswert. Im Gegensatz zu den meisten anderen Fastentüchern seiner Zeit sind die großformatigen Figuren nicht auf eine schwarzgrundige Leinwand, sondern auf einen blaßblauen Hintergrund gemalt.

179. Fastentuch LUSTENAU.
Foto: Vorarlberger Landesmuseum Bregenz. Neg. Nr. 1986/45–48

65 Unterehrendingen · Aargau

Zürich, Schweizer Landesmuseum LM 4371
1693
2,75 x 2,40 m
Um ein zentrales Kruzifix sind 4 Passionsszenen in kreisrunden Tondi angeordnet.
Zentral-Typ

Literatur:
unpubliziert.

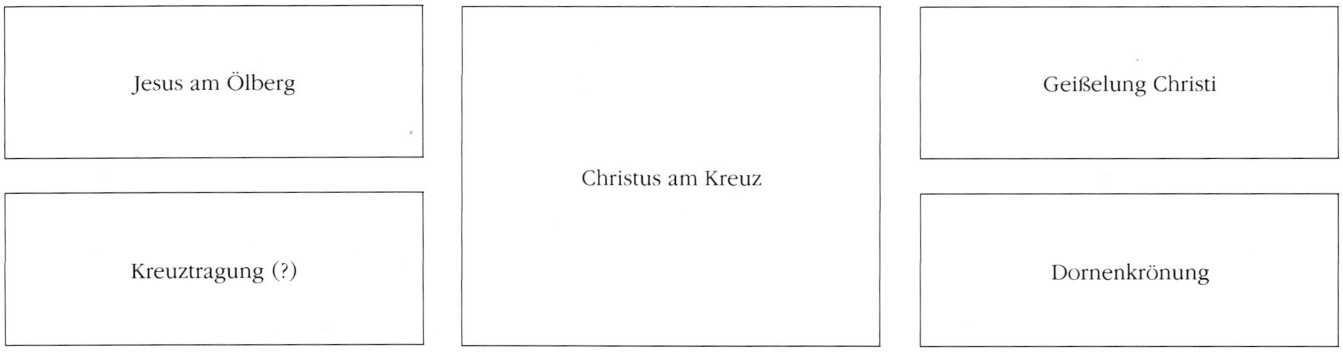

Das erst 1964 von Pfarrer Egloff in Unterehrendingen angekaufte Fastentuch ist inschriftlich 1693 datiert[370]. Sein nahezu quadratisches Format erlaubt nur die Annahme, daß es einst zur Verhüllung eines Altarbildes gedient hat, keineswegs zum Verhängen des gesamten Chorbereiches. Formal und ikonographisch besitzt es seine nächsten Verwandten nicht in der Schweiz, sondern in den Kärntner Tüchern von St. Stephan am Krappfeld, Pleßnitz und Pisweg. Wie in Pisweg gruppieren sich nur vier Szenen der Leidensgeschichte um das zentrale Kruzifix. Ähnlich St. Stephan liegt am Fuß des Kreuzes, das hier wieder mit kräftigen Keilen in die Erde gepflockt ist, ein Totenschädel. Dieser darf nicht als Hinweis auf die „Schädelstätte Golgatha" verstanden werden, und auch nicht als Symbol des überwundenen Todes. Der Schädel ist vielmehr jener Adams, weil der Legende zufolge das Kreuz Christi auf seinem Grab errichtet worden ist. So wollte man die spannungsvolle Kontinuität zwischen dem ersten und dem zweiten Adam zum Ausdruck bringen[371].

Die Passionsszenen füllen vier kreisrunde Medaillons. Neben der ruhigeren Ölbergszene fallen die Geißelung Christi und die Dornenkrönung durch ihre realistische Derbheit auf. Das vierte Medaillon links unten läßt sich ikonographisch nicht genau definieren, weil vor allem die Mitte des Bildes durch Beschädigungen unkenntlich ist. Rechts im Vordergrund kniet eine Frau mit dünnem Heiligenschein, die mehr erschrocken als andächtig die Hände gefaltet hat. Hinter ihr stehen eine weitere (weibliche?) Gestalt sowie ein am Helm deutlich erkennbarer Soldat. In der linken Bildhälfte kann man zwei Männer sehen, die offenbar am Geschehen bewegt Anteil nehmen. Frauen, Soldaten und Andeutungen einer Volksmenge deuten darauf hin, diese Szene als Kreuztragung zu interpretieren. Die Vermutung wird gestützt durch den ikonographischen Vergleich mit einem Rundmedaillon desselben Themas auf dem Fastentuch von St. Stephan am Krappfeld. Und auf jenem von Pisweg kann dieselbe Szenenauswahl beobachtet werden.

Die Darstellung des Gekreuzigten entspricht in ihrer Grundstruktur ebenfalls der von Pisweg, die genau hundert Jahre später entstanden ist. Der in einer leicht geschwungenen S-Kurve wiedergegebene Körper zeigt keine Spuren von Leid. Hatte man in Pisweg den Eindruck, Christus steht regelrecht vor dem Kreuz, so wird in Unterehrendingen der Druck des hängenden Körpers durch ein Fußholz entlastet. Im Tod neigt sich das Haupt Christi zur Seite, die Lider scheinen leicht geöffnet, doch sind die Augen gebrochen. Ein Lächeln spielt um den Mund des Heilandes, doch läßt sich nicht ge-

180. Fastentuch UNTEREHRENDINGEN. Kruzifix mit Medaillons der Leidesstationen.

Foto: Schweizerisches Landesmuseum Zürich. Neg. Nr. 54569

nau sagen, ob dies auf der Absicht oder der Ungeschicklichkeit des unbekannten Künstlers beruht.

Das Kruzifix ragt nicht himmelweit in die Höhe wie das in Pisweg der Fall war; die Passionsmedaillons rücken sehr nah an das Kreuz heran, die oberen Tondi scheinen fast die Arme Christi zu berühren. Insofern muß die Komposition als ungeschickt bezeichnet werden, weil das Zentrum des Andachtsbildes von den szenischen Darstellungen hart bedrängt wird.

66 Brigels II · Graubünden

Chur, Rätisches Museum (sog. kleines Hungertuch)[372]
1695
Johann Jakob Rieg
3,20 x 6,45 m
21 Bildfelder, davon 20 aus dem Alten Testament und 1 Marienbild mit Heiligen in 3 Reihen zu 7 Feldern.
Felder-Typ

Inschrift:

EGO. IOANES IACOBUS RIEG. PINGBAM 1695

Literatur:

STYGER, S. 89.

BUHOLZER, S. 379.

Fritz JECKLIN, Erwerbungen im Jahre 1906, in XXXVI. Jahresbericht der historisch-antiquarischen Gesellschaft von Graubünden, Jg. 1906, Chur 1907, S. 34.

Erwin POESCHEL, Die Kunstdenkmäler des Kantons Graubünden, Bd. IV, Basel 1942, S. 352 f.

KALT, o. P.

Hans ERB, Das Rätische Museum. Ein Spiegel von Bündens Kultur und Geschichte, Chur 1979, S. 162, 182.

Die Bilderfolge:

	1	2	3	4	5	6	7
I	Gott erschafft Himmel und Erde	Engelsturz	Gott erschafft Erde und Sterne	Gott erschafft die Tiere	Gott erschafft Eva aus Adam	Verbot, vom Baum zu essen	Sündenfall
II	Vertreibung aus dem Paradies	Arbeit der Stammeltern	Opfer von Kain und Abel	Brudermord	Arche Noah	Noahs Dankgebet	Noahs Trunkenheit
III	Noah und seine Söhne	Isaaks Opferung	Isaak segnet Jakob	Esau auf der Jagd	Jakobs Traum von Himmelleiter	David und Goliath	Maria zwischen den Heiligen Eusebius, Martinus, Nikolaus

Gleichzeitig mit dem spätgotischen Fastentuch aus Brigels gelangte 1906 ein zweites Hungertuch aus derselben Gemeinde ins Museum nach Chur. Im Vergleich mit diesem mutet das fast zweihundert Jahre jüngere Tuch geradezu altertümlich an. Solcher Eindruck beruht auf der für die gotischen Tücher typischen Feldereinteilung und der breit entfalteten Ikonographie alttestamentlicher Themen, wie sie sonst nur auf den Fastentüchern des 15. und mit Einschränkung des 16. Jahrhunderts vorkommt. Die letzten nachweisbaren Fastentücher vom Feldertyp im alemannischen Raum entstehen im frühen 17. Jahrhundert, aber selbst im Vergleich zu den benachbarten österreichischen Fastentüchern hinkt das Brigelser Tuch der allgemeinen Entwicklung ein halbes Jahrhundert hinterher[373]. An seiner späten Datierung kann aber kein Zweifel aufkommen, denn einerseits verraten die Bilder selbst einen ländlichen Barockstil, andererseits ist das Tuch im letzten Bildfeld (III/7; Abb. 182) eindeutig signiert und mit 1695 datiert. Die von Paul Styger angegebene und von Buholzer weitergegebene Datierung „1615"[374] muß ohne Zweifel als Irrtum oder Verschreibung angesehen werden, auch wenn die frühere Datierung besser mit Form und Inhalt zusammengehen würde[375].

Die Eigentümlichkeiten des Brigelser Tuches sind damit noch nicht aufgezählt. Das Tuch besitzt nur drei Register, seine Höhe ist gering, und bei sieben Bildzeilen entsteht dadurch ein ungewöhnliches Querformat. Drei Register mit alttestamentlichen Themen allein sind nichts Ungewöhnliches,

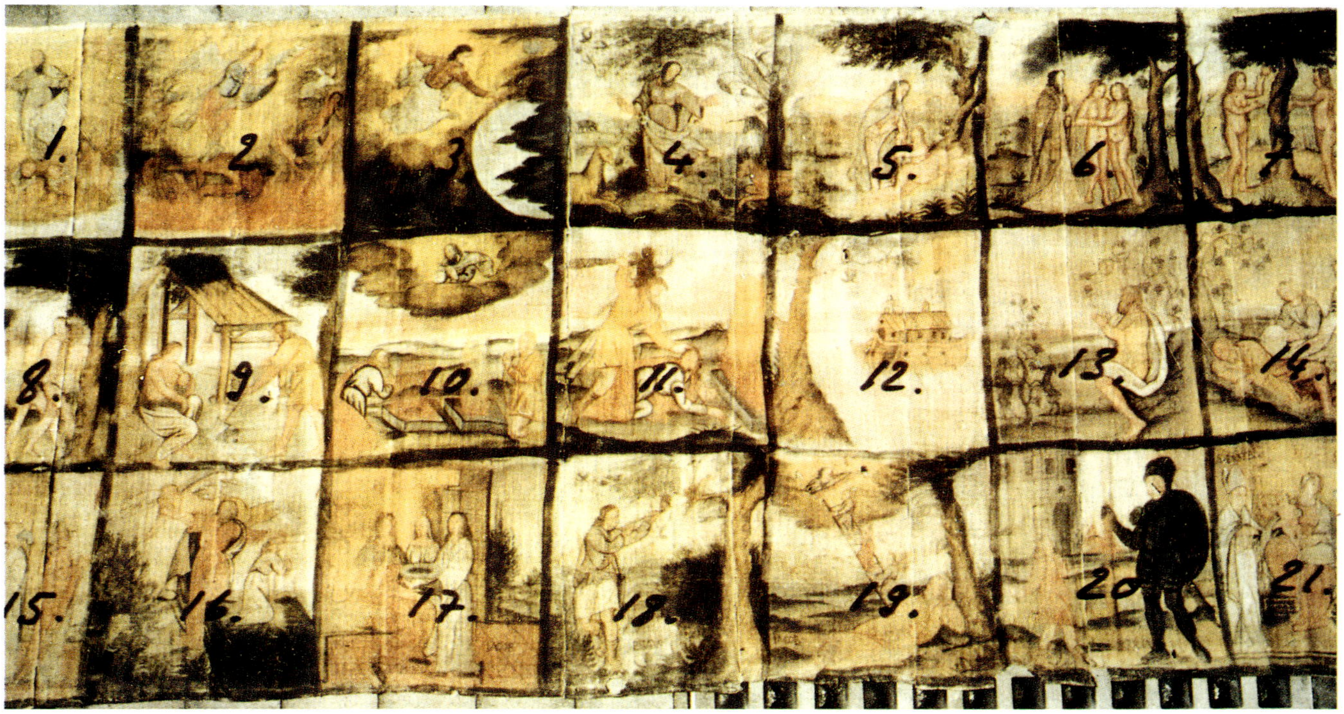

181. Fastentuch BRIGELS II. Foto: Kantonale Denkmalpflege Graubünden

völlig singulär jedoch ist die Beschränkung auf Szenen des Alten Bundes, während neutestamentliche Bilder völlig fehlen. In der Spätphase des Feldertyps kann allenfalls umgekehrt das Alte Testament zurücktreten oder ganz ausfallen. Maria zwischen Heiligen am Schluß der Bilderreihe vervollständigt die Ungereimtheiten. Alle Indizien deuten darauf hin, daß das Fastentuch nicht in seinem ursprünglichen Zustand erhalten ist.

Einmal von der Unzeitgemäßheit des Bildprogramms abgesehen, bereitet die ikonographische Benennung der Bilder mit einer Ausnahme keine Schwierigkeiten. In ihrer Ausführlichkeit erinnern sie an den Auftakt der Fastentücher in Güglingen und Zug. Schöpfungsgeschichte und Sündenfall sind Themen des ersten Registers. Die Folgen des Sündenfalls und die Rettung Noahs durch die Sintflut erzählt die zweite Bilderreihe. Das dritte Register schließlich läßt Themen aus der Zeit der Patriarchen und der frühen Königszeit folgen.

„Am Anfang schuf Gott Himmel und Erde" (Gen. 1,1) muß man das erste Bildfeld (I/1; Abb. 183) benennen. Es zeigt die Gestalt des Schöpfers[376] mit segnend ausgebreiteten Armen. Zu seinen Füßen sind kleine, halbfigurige Putti zu sehen, wohl ein Hinweis auf den Beistand der Engel bei der Schöpfung. In den Bilddiagonalen fliegen ebenfalls nackte Putti auf den Schöpfer zu; sie erinnern thematisch an die Personifikationen der vier Himmelsrichtungen auf dem Zuger Fastentuch. Im zweiten Bildfeld sehen wir den Engelsturz, ein Motiv, das inhaltlich auf die gefallenen Söhne Gottes zurückgeht, die auf die Erde niederstiegen und sich irdische Frauen nahmen (Gen. 6, 2). In größeren Schöpfungszyklen kann der Engelsturz auch an die Stelle der Scheidung von Licht und Finsternis treten[377]. Im dritten Bildfeld schwebt der Schöpfer über dunklen Wolken und schafft aus diesem

182. Fastentuch BRIGELS II. Detail: Maria zwischen den Hl. Eusebius, Martinus und Nikolaus.

Foto: Kantonale Denkmalpflege Graubünden

183. Fastentuch BRIGELS II. Detail: Gott erschafft Himmel und Erde. Foto: Kantonale Denkmalpflege Graubünden

Chaos die runde, helle Erdscheibe sowie die Gestirne des Tages und der Nacht am Himmel. Das Bild stellt eine Kombination des zweiten und vierten Schöpfungstages dar. Die beiden folgenden Felder schildern die Erschaffung der Tiere (I/4; Abb. 184) und der Eva aus der Rippe Adams. Der Sündenfall und seine Folgen wurden ausführlich dargestellt. Dem eigentlichen Fall geht das Verbot Gottes, vom Baum der Erkenntnis zu essen, voraus.

Im zweiten Register folgen die Vertreibung aus dem Paradies sowie die Arbeit der Stammeltern (II/2; Abb. 185). Die Spindel liegt am Boden, und Eva hat ein Kind an die Brust gelegt. Der Bretterverschlag als Behausung erinnert eher an viel ältere Vorbilder und will nicht so recht zum barocken Zeitgeschmack passen. Zwei weitere Bildfelder schildern das Opfer der beiden Brüder Kain und Abel sowie den Brudermord. Als Personifikation des Bösen sitzt ein schwarzer Dämon Kain im Nacken und gibt ihm den unheilvollen Gedanken

184. Fastentuch BRIGELS II. Detail: Gott erschafft die Tiere. Foto: Kantonale Denkmalpflege Graubünden

ein. Drei Bilder zur Noahgeschichte folgen, die Arche auf dem Wasser, der betende Noah unter einem Weinstock[378] und die Trunkenheit Noahs. Da auch das erste Bild der nächsten Reihe wahrscheinlich zur Noahgeschichte zählt, wären insgesamt vier Felder dieser Episode gewidmet, ein verschwenderischer Umgang mit dem Bildraum, der nur dann gerechtfertigt scheint, wenn ursprünglich sehr viel mehr Platz zur Verfügung gestanden hätte.

Wir zählen auch das erste Bild der dritten Reihe zur Noahgeschichte und sehen in ihm Noah und seine drei Söhne Sem, Ham und Japhet. Jecklin dagegen benennt die Szene „Abraham und die drei Männer"; da die sitzende Gestalt aber einen gelben Mantel trägt, scheint es sich nicht um den in der folgenden Szene rot gewandeten Abraham zu handeln, sondern um Noah, der auch sonst ein gelbes Gewand besitzt. Auf die Opferung Isaaks folgen die Erschleichung des Erstgeburtssegens durch Jakob und die sonst nur noch einmal auf dem Zuger Fastentuch vorkommende Szene der Jagd Esaus. Der Traum Jakobs von der Himmelsleiter sowie David und Goliath beschließen die alttestamentliche Bilderfolge.

Einen ungewöhnlichen Abschluß findet das dritte Register mit dem Bild der Himmelskönigin zwischen den Heiligen Eusebius, Martinus und Nikolaus. Vielleicht liefert aber gerade dieses Bild einen Schlüssel zur Lösung mancher Probleme. Mag man sich schon gewundert haben, daß aus derselben kleinen Gemeinde zwei Fastentücher erhalten sind, so weist der heilige Eusebius auf eine kleine Kapelle gleichen Namens hin, in der das Fastentuch einst hing[379]. Demnach besaß nicht nur die Pfarrkirche Mariä Himmelfahrt ein Fastentuch, sondern auch die erwähnte kleine Kapelle Sogn Sievi. Was hat das drei mal sechseinhalb Meter messende Tuch dort jedoch verhüllt? Einen architektonisch ausgeformten Chor besaß die Kapelle nicht, einzig eine Stufe trennt Kirchenschiff und Altarraum. In den Raum hineingedacht entspricht das Fastentuch genau dem Raumquerschnitt in Höhe und Breite. Seit 1738 steht dort der gotische Hochaltar der Pfarrkirche. Eine bescheidene Wallfahrt dorthin[380] lebt im 17. Jahrhundert auf und brachte wohl eine vermehrte gottesdienstliche Aktivität mit sich. Dieser Umstand könnte sich dahingehend ausgewirkt haben, daß man den aus der Pfarrkirche gewohnten Brauch der Passionsverhüllung auch in die kleine Kapelle übertrug, während wir sonst Fastentücher in Kapellen nicht angetroffen haben. Die bescheidenen Abmessungen der Kapelle führten zu einer vollständigen Raumverhüllung, das Fastentuch bildete gleichsam eine vorgesetzte Ostwand. Der Raum erlaubte nun von sich aus nur ein verhältnismäßig niedriges, querrechteckiges Fastentuch, wie sie sonst nicht anzutreffen sind. Im folgenden möchten wir nun eine mögliche Geschichte des Brigelser Tuches daraus ableiten.

185. Fastentuch BRIGELS II. Detail: Arbeit der Stammeltern.
Foto: Kantonale Denkmalpflege Graubünden

Da trotz der kleinen Wallfahrt nach Sogn Sievi nicht mit einem besonderen Reichtum der Kapelle gerechnet werden kann, ist die Annahme nicht unwahrscheinlich, daß, wie im Falle des Altares, auch das Fastentuch andernorts erworben wurde, wo es als altmodisch ausrangiert worden war. Denn am Ende des 17. Jahrhunderts waren die vielfeldrigen Fastentücher längst von den neuzeitlichen, einszenigen Passionsvorhängen verdrängt worden. Da bei einem außer Gebrauch gesetzten Stück nicht mit einem guten Erhaltungszustand gerechnet werden kann, mag eine umfangreiche Restauration nötig gewesen sein, die einer Neubemalung gleichkam. Nur dann wäre auch die Signatur des Johann Jakob Rieg gerechtfertigt. Er muß das Tuch beinahe einer Neubemalung unterzogen haben, gab ihm auch stilistisch eine zeitgemäße Note und hielt sich doch ikonographisch an den vorgegebenen Bestand. Von dem übernommenen Fastentuch konnte infolge der geringen Raumhöhe nur ein Teil übernommen werden; warum man sich für den oberen alttestamentlichen Teil entschied, wissen wir nicht. Rieg sah sich zumindest veranlaßt, die letzten sechs Felder mit den Namen der handelnden Personen zu bezeichnen, woraus man schließen kann, daß diese Begebenheiten zu seiner Zeit nicht mehr zum biblischen Allgemeinwissen gehört haben.

Äußere Umstände haben uns zu einer solchen

Konstruktion veranlaßt, doch scheinen innere Kriterien die Hypothese zu stützen. Auf den zweiten Blick verrät das Fastentuch eine äußerst schlampige Ausführung. Die horizontalen und vertikalen Trennleisten sind krumm gezogen und durchschneiden vorgegebene Bildzusammenhänge; besonders deutlich wird dies im Bild der Erschaffung der Tiere (Abb. 184). Hier haben in jedem Fall Übermalungen stattgefunden, wenngleich erst eine genaue Analyse die Abfolge der Malschichten klären könnte. In seinem ursprünglichen Zustand jedenfalls befindet sich das Tuch nicht mehr. Wir betrachten diese Unstimmigkeiten als Werk von Johann Jakob Rieg, der sich als Autor des Fastentuches in seiner jetzigen Form bezeichnet.

Wahrscheinlich hat Rieg im Zuge seiner Arbeit das letzte Bildfeld völlig neu gestaltet und so das Fastentuch seiner neuen Umgebung angepaßt.[381] Nur unter diesen Vorzeichen ließe sich für die Existenz des Brigelser Fastentuches in dieser Form und mit dieser Ikonographie eine ausreichende Erklärung finden. Andernfalls würde es alle erkennbaren Tendenzen in der Entwicklung der Fastentücher „ad absurdum" führen. Auch einen solchen Tatbestand wollen wir nicht völlig ausschließen, doch bevor hier Konsequenzen gezogen werden, muß gerade das Brigelser Fastentuch einer gründlichen Untersuchung unterzogen werden.

Sollte uns aufgrund der Übermalungshypothese tatsächlich ein älteres Fastentuch erhalten geblieben sein, müßten wir es aufgrund seiner Ikonographie noch dem 15. Jahrhundert zurechnen.

67 Menzingen · Zug

Unterägeri, Marienkirche, dort wieder in kirchlichem Gebrauch
Ende 17. Jhdt.
3.40 x 2.45 m
Öl auf Leinen
Arma-Christi-Typ

Kreuz	(ohne Corpus) mit Schwamm und Lanze darüber Sonne und Mond über den Querbalken ein Leintuch (Kreuzabnahme) gehängt INRI-Tafel
links	vom Kreuz: dreißig Silberlinge Würfel Schwert Laterne
rechts	vom Kreuz: geharnischte Faust Salbgefäß
Putti	halten von links nach rechts Geißel und Rute Geißelsäule, darauf der Hahn Kanne, Schale und Tuch Schweißtuch der Veronika
gegen	den linken Bildrand lehnt eine Leiter

Die Komposition wurde in der unteren Hälfte durch Übermalungen stark verändert; Spuren der ursprünglichen Bemalung durch hell-dunkel Kontraste auf der schwarzen Leinwand und dem nach unten verlängerten Kreuzstamm (Finger einer Hand) noch erkennbar.

Literatur:
Unpubliziert.

Erst seit wenigen Jahren ist ein Fastentuch bekannt, das aus Menzingen stammen soll, sich heute aber in der Marienkirche von Unterägeri befindet. Die alten Menzinger können sich an ein Fastentuch nicht erinnern, ebensowenig Pfarrer Josef Hausheer, der 37 Jahre lang dort pastorierte.[382] Man weiß aber zu berichten, daß beim Abbruch des Menzinger Pfarrhauses 1966 etliche Gegenstände unbesehen vom Dachboden auf die Schutthalde gelangten, möglicherweise auch das alte Fastentuch. Jahre später wurde es der Gemeinde in Menzingen von einem Zuger Antiquitätenhändler zum (Rück-)Kauf angeboten. Erst nachdem man sich dort uninteressiert zeigte, erwarb es Pfarrer Robert Andermatt für die Marienkirche in Unterägeri und ließ den alten Brauch der Passionsverhüllung wieder aufleben.[383]

Das schwarzgrundige Fastentuch mit den Waffen Christi muß als typischer Vertreter seiner Gattung in der zweiten Hälfte des 17. Jahrhunderts angesehen werden, wenngleich überraschend großflächige Übermalungen wohl schon dem 18. Jahrhundert zuzurechnen sind. Dem ursprünglichen Bestand gehören das Kreuz bis unterhalb des Fußnagels, die frei vor dem schwarzen Grund liegenden Arma Christi sowie die beiden oberen Putti an. Deutliche Zäsuren zwischen Alt- und Neubemalung sind an der Geißelsäule und der Pilatuskanne zu erkennen. Die Säulenbasis etwa entspricht in keiner Weise der qualitätsvoll gezeichneten marmorierten Säule mit dem schwungvollen Blattkapitell. Bei der Übermalung wurde das Zusammenspiel von Kanne und Schale nicht mehr verstanden, so daß das Innere der Schale zu einem unorganischen, überdimensionalen Fuß umgearbeitet wurde (Abb. 187). In ihrem ursprünglichen Zustand entsprach die Kanne der Darstellung auf dem Fastentuch von Rheinfelden (Abb. 188). Die perspektivisch verzeichnete Leiter gehört ebenfalls zur Zweitfassung.

Warum man das Tuch einer solch grundlegenden Veränderung unterzog, läßt sich nicht mehr ermitteln. Ebensowenig kann die ursprüngliche Komposition rekonstruiert werden. Unverkennbar wurde eine ehemals figürliche Szenerie durch dick aufgetragene Wolkenknäuel übermalt, der in der oberen Hälfte hübsch gemaserte Kreuzstamm erhielt eine in etwa gleichfarbige, aber unstrukturierte Verlängerung bis zum unteren Bildrand. Etwa zwei Handbreit unter dem Fußnagel schimmern noch die Finger einer ausgestreckten Hand durch (Abb. 189). Manche Flächen mußten auch schwarz zugesetzt werden; da die Leinwand sehr dünn ist, heben sich diese Flächen gegen das Licht etwas ab. Am besten läßt sich dies fotografisch mit Schwarzweißabbildungen darstellen (Abb. 190). Halb vom linken unteren Wolkenknäuel überdeckt und von der Leiter überschnitten, kann man die Gestalt eines knienden Engels erkennen. Ihm entspricht kein symmetrisches Pendant, sondern etwa in der Mitte häufen sich undifferenzierte Schatten. Am ehesten könnte man an eine Pieta zu Füßen des Kreuzes denken.

Der Künstler, der die Übermalungen vornahm, war dem Meister der ersten Fassung in keiner Weise gewachsen. Seine dick aufgetragene Malerei wirkt plump und patzig, zudem besitzt er keinerlei organisches Verständnis. Die Malerei der ersten Ausführung muß dagegen als gelungen und in der Ausführung geschickt bezeichnet werden. Lediglich auf die Fernsicht hin bewahrt das Tuch seine einstige Ausstrahlungskraft mit einer Komposition, die für das schwierige Problem einer organischen Anordnung der Arma sogar als gelungen bezeichnet werden muß.

So bereichert das Menzinger Tuch trotz aller Abstri-

186. Fastentuch MENZINGEN. Foto: Verfasser

187. Fastentuch MENZINGEN. Detail: Waschgeschirr aus der Handwaschung Pilati. Foto: Verfasser

che unsere Kenntnis über die vergleichsweise seltenen Arma-Christi-Tücher, deren Verbreitung im Alpenraum auf den alemannischen Raum beschränkt scheint.[384] Angesichts dieser Lage muß es auch begrüßt werden, daß das Menzinger Fastentuch heute wieder seiner liturgischen Verwendung zugeführt ist.

188. Fastentuch RHEINFELDEN. Detail: Kanne aus der Handwaschung Pilati. Foto: Verfasser

189. Fastentuch MENZINGEN. Detail: Kreuzstamm mit erkennbaren Übermalungen. Foto: Verfasser

Im jetzigen Zustand beherrscht das leere Kreuz die Bildmitte. Über dem Querbalken befindet sich die INRI-Tafel zwischen den Himmelsleuchten Sonne und Mond; sie unterstreichen nicht nur den kosmischen Charakter des Geschehens auf Golgatha, sondern symbolisieren in engerem Sinne Ekklesia und Synagoge, wie dies auch sonst bei Kreuzigungsbildern zu beobachten ist. Um den Querbalken ist ein schmaler Leinwandstreifen drapiert, welcher bei der Kreuzabnahme half, den Leichnam Christi vom Kreuz herabzulassen. Lanze und Schwamm, Grundbestand aller Arma-Christi-Kreuze, bilden hier in der Komposition das diagonale Grundgerüst.

Die meisten Arma des Menzinger Fastentuches sind von jenem aus Münsterlingen her bekannt. Neu ist dagegen die Anordnung der Passionswerkzeuge, die durch eine antithetische Gegenüberstellung von Verhaltensweisen bestimmt wird. Links vom Kreuzstamm sind die Elemente zu sehen, die Christus echtes Leiden zugefügt haben, so die Geißel und die Rute, die Geißelsäule mit dem Rohrkolben, der Judaslohn und die Würfel der Soldaten, mit denen sie um die Rock Christi losten. Hahn und Schwert versinnbildlichen das Fehlverhalten des Petrus, der seinen Meister dreimal verleugnete und dem Malchus in Verkennung der wahren Situation das Ohr abschlug. Unter dem Schwert sieht man die Lampe, die den Häschern auf dem Weg nach Gethsemane leuchtete.

Den echten Martern Christi sind rechts vom Kreuz solche Arma gegenübergestellt, die zur Ehre oder Verherrlichung Christi dienen. Es sind auch Stationen seiner Passion, doch kann man sie fast nicht als Leidenswerkzeuge bezeichnen.[385] So wird dem Judaslohn die geharnischte Faust gegenübergestellt, die zu dem römischen Hauptmann gehört, der angesichts des Erdbebens beim Tode Jesu bekannte: „Dieser war in Wahrheit Gottes Sohn" (Mt 27, 54). Das Pendant zu den Würfeln ist ein Salbgefäß: „Und als der Sabbat vorüber war, kauften Maria aus Magdala und die Maria des Jakobus und Salome Balsam, um hinzugehen und ihn (den Leichnam) zu salben" (Mk 16, 1). Dem Putto mit Rute und Geißel gegenüber hält ein anderer das Schweißtuch der Veronika, ebenfalls kein Marterinstrument, sondern Ausdruck tiefsten Mitleides. So hat der Legende zufolge jene Frau, die Christus vom Blutfluß geheilt hatte, ihm auf dem Kreuzweg ein Tuch gereicht, mit dem er den blutigen Schweiß auf seinem Gesicht trocknen konnte. Der Abdruck seines Antlitzes blieb auf dem Tuch erhalten; das als authentisch betrachtete Bild Christi wurde zu einer der wichtigsten Reliquien der Christenheit. Der Putto darunter hält Schale und Kanne aus der Handwaschung Pilati. Obwohl der römische Statthalter Christus letztlich verurteilt hat, war er doch von seiner Unschuld überzeugt. Dreimal bestätigt Pilatus die Schuldlosigkeit Christi: „Darauf sagte er zum dritten Mal zu ihnen: ‚Was hat denn dieser Böses getan? Ich habe keinen Grund zu einem Todesurteil bei ihm gefunden'" (Luk 23, 22). Und im Matthäusevangelium wird berichtet: „Als aber Pilatus sah, daß es nichts nütze, sondern daß vielmehr ein heftiger Tumult entstand, nahm er Wasser, wusch sich vor dem Volk die Hände und sagte: ‚Ich bin unschuldig am Blute dieses Gerechten; sehet ihr zu'" (Mt 27, 24).

Der römische Hauptmann, die drei Frauen auf dem Weg zum Grab, die Veronika und der römische Prokurator Pilatus sind demnach Personen, die Christus bemitleidet oder anerkannt haben, ihm zumindest keine Schuld zuerkannten. Den Spöttern, Verrätern und Mitläufern stehen auf dem Menzinger Fastentuch Menschen gegenüber, die Christus ‚erkannt' haben. Der Betrachter des Fastentuches wird somit in das Bild hineingenommen, ihm wird die Entscheidung abverlangt, auf welcher Seite er steht.[386]

Die Komposition dürfte auch ursprünglich diesem skizzierten theologischen Programm unterworfen gewesen sein. Daß das Fastentuch einmal so gründlich umgestaltet wurde, spricht zwar nicht für den Kunstverstand der Benutzer, jedoch für die Lebendigkeit des Passionsbrauchtums.

190. Fastentuch MENZINGEN. Foto: Alois Saladin

68 Mumpf · Aargau

Verschollen; ehemals Zürich, Schweizer Landesmuseum LM 5779
18. Jhdt.
Öl auf Leinwand
3 einszenige Fastentücher
3,30 x 2,12 m: Christus am Ölberg/Rückseite: Leidenswerkzeuge
2,33 x 2,02 m: Geißelung Christi
2,28 x 2,02 m: Dornenkrönung Christi
Fastentuchfolge

Literatur:
Führer durch das Schweizerische Landesmuseum in Zürich, hrsg. von der Direktion, Zürich 1925, S. 44.

Drei Fastentücher aus der Kirche von Mumpf im Aargau wurden 1901 über den Kunsthandel aus Rheinfelden erworben. Mit Ölfarbe waren die einzelnen Szenen auf blaue Leinwand gemalt. Die Verwendung der problematischen Öltechnik, die auf der beweglichen Leinwand stets zum Abblättern neigte, und die Tatsache einer dreiteiligen Fastentuchfolge an sich sprechen für eine Entstehung im 18. Jahrhundert, wenngleich die Tücher heute verschollen sind[387] und keine stilistischen Beobachtungen mehr erlauben. Im Führer durch das Schweizerische Landesmuseum von 1925 wird auch das 18. Jahrhundert als Datierung angegeben. Damals waren sie noch im Raum 13 der Zürcher Schausammlung zu sehen, und auch in einer brieflichen Mitteilung an Kaplan Schön in Oberwil bei Zug vom 24. Februar 1940 werden sie noch aufgeführt.[388] Warum sie dort als Bruchstücke bezeichnet werden, ist unklar, denn zweifellos handelt es sich um drei vollständige einszenige Fastentücher. Ihre Maße sind bekannt; da jenes Tuch mit der Ölbergszene um einen Meter länger ist als die anderen beiden, die nahezu das gleiche Format besitzen, schließen wir daraus, daß das größere Tuch den Hochaltar, die kleineren dagegen zwei Nebenaltäre zu verhüllen hatten. Damit bilden die Tücher aus Mumpf eine Fastentuchfolge. Dreiteilige Fastentuchfolgen sind im 18. Jahrhundert sowohl aus Kärnten (z. B. Lieding) wie auch aus Tirol (z. B. St. Pankraz ob Fügen) bekannt.

Auf einszenigen Fastentüchern wie auch auf Fastentuchfolgen konnte durchaus auf die Kreuzigung als Höhepunkt der Leidensgeschichte verzichtet werden. Dagegen zählen Geißelung und Dornenkrönung zu den immer wiederkehrenden Themen. Diese Konzentration hat sicher mit dem Aufruf zur *compassio* zu tun; die Kreuzigung selbst war das Heilsereignis, und in ihr war das Leiden Christi schon zum Abschluß gebracht. Den leidenden und geschundenen Christus zeigten dagegen eindrucksvoll die Szenen seiner Folter. Dazu gehören auch der Gebetskampf Christi am Ölberg oder die Kreuztragung.

Auf dem größeren Fastentuch von Mumpf soll auch die Rückseite bemalt gewesen sein, und zwar mit den Leidenswerkzeugen. Ob hier ein älteres Tuch wiederverwendet wurde oder ob das Tuch tatsächlich beidseitig verwendet werden konnte, ist nicht mehr festzustellen.

69 Lochau · Vorarlberg

Bregenz, Vorarlberger Landesmuseum, Gem. 1366
18. Jhdt.
1,94 x 1,17 m
Öl auf Leinen
Felder-Typ

Literatur:
SÖRRIES, S. 136–140.

Ein relativ kleinformatiges Fastentuch aus dem Bregenzer Landesmuseum verdient höchste Aufmerksamkeit. Es fällt formal und ikonographisch völlig aus dem zeitbedingten Rahmen.

Rein formal muß es zunächst dem Felder-Typ zugerechnet werden. Ockerfarbene Leisten, die horizontalen breiter, die vertikalen schmäler, gliedern die Fläche in fünf Register zu je vier Bildzeilen. Dadurch entstehen 20 Bildfelder, die im Wechsel zehn neutestamentliche Szenen und zehn zugehörige alttestamentliche Typologien zum Inhalt haben. Auf Fastentüchern war eine solche typologische Ordnung zum letzten Mal Anfang des 16. Jahrhunderts zu beobachten. Da das Lochauer Fastentuch, das erst 1981 beim Umbau von Schloß Hofen in das Museum übernommen wurde, nicht vor dem Ende des 17. Jahrhunderts, wahrscheinlich aber – wie die bäuerlichen Rocaillen am unteren Rand vermuten lassen – erst im 18. Jahrhundert entstanden sein kann, stellt es in der Entwicklungsgeschichte der Fastentücher einen außerordentlichen Anachronismus dar.

Mehrere Punkte sind es, die das Lochauer Tuch vom normalen Felder-Typ völlig unterschieden erscheinen lassen. Sein winziges Format schließt eine raumverhüllende Funktion vollkommen aus, es kann nur als Altarbehang gedient haben. Dementsprechend besitzen seine 30 mal 26 cm messenden Bildfelder nur ein Drittel der Feldergröße der normalen Felder-Typen. Vollkommen singulär wäre die Bildsequenz, die hier von dem Gespräch Christi mit der Samariterin am Brunnen (Joh 4, 4–26) bis zur Geißelung Christi (Mt 27, 26) reicht. Der Verdacht liegt nahe, daß das Tuch der zufällig erhaltene Rest einer einst umfangreicheren Fastentuchfolge ist. Oder sollte man sogar seine Funktion als Fastentuch in Frage stellen? Um hier eine eindeutige Zuweisung treffen zu können, müssen erst die Umstände seiner Herkunft geklärt werden.

Die alttestamentlichen Typologien folgen keiner einheitlichen Quelle, sie sind teilweise aus der Armenbibel, teilweise aus dem Heilsspiegel vertraut. Die graphische Vorlage jedenfalls liefert in den meisten Fällen die Illustration der Merian-Bibel. Da die Merian-Bibel chronologisch bebildert ist, muß man für die Zusammenstellung der Typologien den Besteller oder Entwerfer verantwortlich machen.

Das Tuch befindet sich in keinem guten Zustand, die aufgetragene Ölfarbe ist an vielen Stellen gesprungen oder gar abgeplatzt. Aufgrund seiner Einmaligkeit hätte es eine sorgfältige Restaurierung verdient.

191. Fastentuch LOCHAU.
Foto: Vorarlberger Landesmuseum Bregenz. Neg. Nr. 1986/39–41

70 Bregenz · Vorarlberg

Bregenz-Schendlingen, St. Gebhard
Um 1750
Ca. 11,0 x 8,30 m
Kalvarien-Typ

Literatur:
SÖRRIES, S. 133–136.

Einen einzigartigen Platz in der Reihe erhaltener Fastentücher darf jenes aus der Bregenzer Stadtpfarrkirche St. Gallus beanspruchen. Denn das Tuch, das gegenwärtig die Altarwand der Gebhardskirche in Bregenz-Schendlingen schmückt, folgt keinem der bekannten Fastentuch-Typen. In

192. *Fastentuch BREGENZ.* Foto: Verfasser

einer einzigartigen Bildkomposition integriert es auf einer Fläche von nahezu 92 Quadratmetern sieben Stationen aus dem Leidensweg Christi. Dabei bedient sich die Darstellung der Vorstellung vom Kalvarienberg, einer optischen Inszenierung des Leidensweges Christi.

Der hebräische Name Golgatha (für Schädelstätte) wurde hier ins Lateinische übersetzt und war die ursprüngliche Bezeichnung des Kreuzigungsortes Jesu. Später lieferte dann das Wort „calvaria" die Bezeichnung für alle möglichen Kreuzheiligtümer, Kreuzwege, Heilige Berge usw., die alle in frommer Erinnerung an den historischen Leidensweg Christi im Abendland errichtet wurden.[389] Anlaß für die Errichtung solcher Monumente konnten Ersatz und Dank für eine Wallfahrt ins Heilige Land sein; ebenso führten Gelöbnisse in Kriegs- und Pestzeiten zum Bau von Kalvarienbergen. Insbesondere förderte die Gegenreformation die Kalvarienberge als treues Bekenntnis zum katholischen Glauben.[390] Daraus erklärt sich auch der Aufschwung, den diese gestalterische Form altgläubiger Frömmigkeit im Barock genommen hat.

Solche Szenarien schildern den Kreuzweg Christi, dessen Leidensstationen sich an einem Berghang hinziehen und mit der Kreuzigung auf dem Gipfel enden. Im engeren Sprachgebrauch versteht man unter einem Kalvarienberg häufig die Errichtung kapellenartiger Andachtsstationen im Anstieg zu einem natürlichen oder künstlich aufgeführten Berg oder, wo die natürlichen Voraussetzungen fehlen, architektonisch gestaltete Bildstöcke.[391] Im Alpenraum hat die Idee des Kalvarienberges in den sogenannten Fastenkrippen einen volkstümlichen Ausdruck gefunden.[392] Dennoch wäre es eine unzulässige Einengung, die Idee des Kalvarienberges auf architektonische und plastische Formen zu beschränken. Immer wieder wurde auch in der Malerei dieses Motiv eines in einem Bild fortlaufenden Kreuzweges aufgegriffen.[393]

Aufgrund einer Bildidee also haben wir für das Bregenzer Fastentuch den Begriff des Kalvarien-Typs eingeführt. Daß plastisch-architektonische Vorbilder wohl dahinterstecken, kann man an der Häufung architektonischer Elemente wie Pavillons, Ballustraden, Triumphbogen usw. ersehen. Sie dienen dazu, den einzelnen Szenen ihren Ort zu geben und somit voneinander zu trennen. Trotz seines integralen Aufbaus bleiben die einzelnen Stationen des Leidensweges deutlich unterscheidbar.

Die Folge der Darstellungen beginnt mit der Todesangst Christi (= Ölberg), die auf den ersten Blick nur schwer auszumachen ist. Sie befindet sich rechts unterhalb des Golgathahügels, neben dem Balkon über dem rechten Pavillon. Die übrigen Szenen folgen entsprechend der Höhenentwicklung des Kalvarienberges und beginnen links unten mit der Geißelung Christi. In einem verliesartigen Gebäude (Abb. 193) schlagen brutale Schergen auf Christus ein. Ihr entblößter Oberkörper ist muskulös und braun gebrannt und kontrastiert so mit dem bleichen Leib Christi. Vor Anstrengung sind ihre Körper in Rückansicht stark gekrümmt, um die Wucht der Schläge zu verdeutlichen. Gegenüber wird der Heiland in einem offenen Pavillon bei der Dornenkrönung gequält. Darüber befindet sich die Büste des römischen Kaisers mit seinem Namen „TIBERIUS CAESAR" in einer Kartusche. Details, wie ein kleiner springender Hund, der von einem Soldaten geneckt wird, bringen zusätzlich Leben in die Szenerie (Abb. 194). Die beiden Architekturen bilden gekonnt die Plattform für die Ecce-homo-Szene (rechts) und die Verurteilung Christi durch Pilatus (links).

Im Mittelgrund zieht der schier endlose Zug der Kreuztragung dahin. Die Spitze des Zuges ist schon hinter einer schluchtartigen Biegung verschwunden, Soldaten führen Fahnen, Leitern und Lanzen mit sich. Unter der Last des Kreuzes ist Christus zusammengebrochen, und ein gewalttätiger Scherge tritt ihn ins Kreuz, während ihm von links die fromme Veronika das Schweißtuch reicht.

Den Höhepunkt bildet die figuren- und bewegungsreiche Aufrichtung des Kreuzes.

Insgesamt sind auf dem Bregenzer Fastentuch demnach sieben Stationen dargestellt, doch entspricht diese Siebenzahl weder dem ursprünglich siebenteiligen Kreuzweg (1. Christus trägt das Kreuz, 2. Er fällt das erste Mal, 3. Er begegnet seiner Mutter, 4. Er fällt zum zweiten Mal, 5. Veronika reicht ihm das Schweißtuch, 6. Er fällt zum dritten Mal, 7. Das Begräbnis Jesu)[394] noch dem Stationsweg der sieben Fußfälle.[395] Die Zusammenstellung des Bregenzer Fastentuches scheint eher von den fünf Rosenkranzgeheimnissen (Ölberg, Geißelung, Dornenkrönung, Kreuztragung, Kreuzigung; vgl. die Fastentücher des Zentral-Typs!) beeinflußt zu sein, vermehrt um die Ecce-homo- und Pilatusurteilszene. Damit stünde das Bregenzer Tuch nicht völlig außerhalb der Fastentuchikonographie, sondern könnte eher als formale Variante des Zentral-Typs verstanden werden.

Der zeitliche Ansatz des Bregenzer Fastentuches dürfte durch die Neugestaltung des Innenraumes im Stil des frühen Rokoko gegeben sein. Um 1740 wurde der neue Hochaltar geschaffen, dessen Altarblatt eine von Franz Benedikt Hermann gemalte Anbetung der Heiligen Drei Könige zeigte. Um diese Zeit ist auch das Fastentuch geschaffen worden, das in seinen Ausmaßen den größten Tüchern von Gurk und Freiburg Konkurrenz macht, aber sicher die Funktion hatte, nur den Altar zu verhüllen.

193. Fastentuch BREGENZ. Detail: Geißelung. Foto: Verfasser

194. Fastentuch BREGENZ. Detail: Dornenkrönung. Foto: Verfasser

71 Schnepfau · Vorarlberg

Bregenz, Vorarlberger Landesmuseum, Gem. 1160
um 1770
2.23 x 1.73 m
Öl auf Leinen, einszeniger Typ

Literatur:
SÖRRIES, S. 124–125.

Erst 1970 kam beim Abbruch des Pfarrhauses das alte Fastentuch von Schnepfau wieder zum Vorschein. Es zeigt über die ganze Fläche eine figurenarme Darstellung der Kreuzigung Christi, wie sie seit dem frühen 17. Jahrhundert auf Fastentüchern bekannt ist. Das Schnepfauer Tuch ist demnach ein später Nachfahre dieses Typs und deutet mit seinen orientalisierenden Zügen schon auf das beginnende 19. Jahrhundert hin.

In der Mitte der Bildfläche steht das Kreuz. Der Körper Christi ist von sichtbaren Marterwunden weitgehend frei, sein Kopf friedvoll zur Seite gesunken. Rechts vom Kreuz stehen Maria und Johannes, der die Gottesmutter sanft von hinten zu stützen scheint. Links vom Kreuz kniet mit gefalteten Händen Maria Magdalena; zu ihren Füßen steht ein Salbgefäß. Der gefühlsbetonte, schmerzensreiche Pathos älterer Darstellungen ist einer verhaltenen, gespannten Trauer gewichen. Im Hintergrund erscheinen die römischen Legionäre und die vieltürmige Silhouette der Stadt Jerusalem.

195. Fastentuch SCHNEPFAU.
Foto: Vorarlberger Landesmuseum Bregenz. Neg. Nr. 1986/42–44

Das vergleichsweise kleine Format des Schnepfauer Fastentuches legt die Funktion der Altarverhüllung nahe. Allerdings besteht der begründete Verdacht, daß das Tuch nicht mehr in seinem ursprünglichen Ausmaß erhalten ist. Denn es setzt sich aus insgesamt vier Stoffbahnen, von denen nur die beiden mittleren das Normalmaß, in etwa die Webstuhlbreite, von 69.5 cm aufweisen, zusammen. Die linke äußere Bahn dagegen ist nur 11 cm, die rechte 23 cm breit. Man hat zwar wohl Stoffbahnen angestückelt, das war zum Erreichen größerer Stoffbreiten einfach erforderlich, man hat aber normalerweise nur jeweils eine Bahn beschnitten, wenn das gewünschte Tuchformat kleiner als ein Vielfaches der Stoffbahn war. Vier Stoffbahnen aneinanderzunähen, um dann die jeweils äußeren wieder zu beschneiden, ergibt keinen Sinn. Das Schnepfauer Fastentuch war also, obwohl es heute einen geschlossenen Eindruck hinterläßt, ursprünglich größer. Sehr viel dürfte nicht verlorengegangen sein, am ehesten ist daran zu denken, daß man einmal einen umlaufenden Rahmen abgetrennt hat.

Fastentücher sind im Laufe ihrer Verwendung häufig irgendwie verändert worden; sie wurden beschnitten, übermalt, zerstückelt, auf Rahmen aufgenagelt usw. Sie gelangten immer wieder dort, wo sie außer Gebrauch gesetzt wurden, in eine Zweitverwendung. Oftmals sind Indizien, die in diese Richtung weisen, zu beobachten, aber wie im Falle des Schnepfauer Fastentuches nicht zu interpretieren. Wir haben deshalb nicht immer auf solche Details hingewiesen. Zweifelsfrei würden sich solche Veränderungen nur dann erklären lassen, wenn man einmal die Geschichte eines Fastentuches lückenlos verfolgen könnte, was aber wohl kaum jemals der Fall sein wird.

72 Unterschächen · Uri

Altdorf, Historisches Museum
2. Hälfte 18. Jh.
1.75 x 1.16 m
Einszeniges Fastentuch: Kreuztragung

Literatur:
Unpubliziert.
Erwähnt bei Styger, S. 89, und Buholzer, S. 380.

Aus dem kleinen Ort Unterschächen am Paßweg zur Klausenhöhe stammt dieses Fastentuch. Schon Styger (1919) wußte es im Besitz des historischen Vereins von Uri, und so wird es kaum länger als hundert Jahre in kirchlichem Gebrauch gestanden haben. Mit einer Höhe von nur 1.75 Meter und einer Breite von 1.16 Meter gehört es zu den kleinsten seiner Gattung und diente deshalb ursprünglich nur zur Altarverhüllung. Wie wir das von vergleichbaren Tüchern her gewohnt sind, zeigt es auf der ganzen Fläche nur eine einzige Darstellung, die Kreuztragung.

Waren im Mittelalter die Darstellungen der Kreuztragung immer dramatischer und figurenreicher geworden, konzentriert sich das Fastentuch von Unterschächen auf wenige Personen. Alles Überflüssige weglassend, wird die Szene zum Andachtsbild. Das Leiden Christi wird zwischen die brutale Gewalt des Bösen und das mitleidsvolle Erbarmen der Liebe eingespannt. Formal drückt sich diese Spannung in zwei Diagonalen aus, die das Bildfeld durchziehen. Von links nach rechts oben ragt der mächtige Kreuzbalken ins Bild. Unter seiner Last ist Christus zusammengebrochen. Eindringlich blickt er aus dem Bild heraus, dem Betrachter direkt in die Augen (Abb. 197). Bräunlich verfärbt sind die Blutstropfen aus den Wunden, die die Dornenkrone geschlagen hat. Ein derber Strick ist um den Leib Christi geschlungen. Das Ende des Stricks hält ein Folterknecht in der Hand. Mit kräftiger Bewegung, die seinen Mantel heftig flattern läßt, steigt er brutal auf das schwere Kreuz und zwingt so den Gottessohn in die Knie. Das Antlitz Christi bleibt dabei ruhig und ernst.

Dem Folterknecht links oben entspricht diagonal gegenüber rechts unten die barmherzige Gestalt der heiligen Veronika. Wie der quälende Folterknecht eine freie Zutat zur dramatischen Steigerung des Bildgehaltes ist, so entstammt auch die heilige Veronika nicht dem biblischen Bericht. Frühchristlichen Legenden zufolge soll es sich bei der heiligen Veronika um die Frau handeln, die durch Christus von ihrem Blutfluß geheilt worden ist (Mt. 9, 18–26par). Seit dem Mittelalter wurde die Geschichte dann mit der Kreuztragung in Verbindung gebracht. Sie soll sich unter den Frauen befunden haben, die Christus auf dem Weg nach Golgatha begleitet haben (Lk. 23, 27). Dem blut- und schweißüberströmten Christus reichte sie ein Tuch zum Trocknen seines Gesichtes, und der Abdruck seines Antlitzes blieb für ewige Zeiten erhalten. Dadurch entstand das berühmte Schweißtuch der Veronika; es zählt zu den wunderbaren, nicht

196. Fastentuch UNTERSCHÄCHEN. Foto: Verfasser

197. Fastentuch UNTERSCHÄCHEN. Detail. Foto: Verfasser

von Menschenhand gemalten Christusbildern. Dieses Tuch breitet Veronika hier vor Christus aus.

Im Gegensatz zu den meisten barocken Fastentüchern, die in greller Farbigkeit fast aufdringlich wirken, hat hier der unbekannte Künstler vornehme Zurückhaltung gezeigt. Mit hellblauer Farbe hat er die Szenerie Ton in Ton entworfen. Sanft schattierte Brauntöne wurden unterlegt. Mit dieser Gestaltung erinnert das Tuch an die in echter Grisaillemalerei ausgeführten Fastentücher des Kremser Schmidt in Garsten. Sicherlich liegt hier keine Verwandtschaft vor, wohl aber eine geistige Nähe, die die Fastentücher im Alpenraum verbindet. Eine Entstehung in der zweiten Hälfte des 18. Jahrhunderts muß angenommen werden.

Auf den Fastentüchern von Laiblfing und Kerns meinten wir, den Gesichtszügen der Maria Magdalena individuelles Aussehen bescheinigen zu können. Hier in Unterschächen scheint dies auf die Veronika zuzutreffen. Gerade im Gegensatz zu dem edlen Christuskopf wurde an ihrem Gesicht nichts geschönt. Auffallend sind das ausgeprägte Doppelkinn und die spitz vorspringende Nase. Mit wem die heilige Veronika zu identifizieren ist, kann man allerdings nicht sagen.

Anmerkungen:

175 Hier liegt ein offensichtliches Manko gegenwärtiger volkskundlicher Bemühungen klar zu Tage. Dort, wo die Fastentücher noch in lebendiger Tradition stehen, wie etwa in Kärnten, werden sie nun als selbstverständlicher Bestandteil religiösen Brauchtums zwar zur Kenntnis genommen, aber kaum hinterfragt. Wo das Brauchtum erloschen ist, ist man sich kaum mehr ihrer Existenz bewußt.

176 Hilfreich ist hier zwar die Aufzählung von J. Emminghaus, Art. „Fastentuch" IV, B a und b Österreichische Alpenländer bzw. Schweiz und Baden-Württemberg, doch inhaltlich wenig ergiebig. Auch umfaßt Emminghaus' Katalog nur 29 Beispiele entgegen unserem Katalog von 72 Objekten.

177 Die meisten Museen besitzen nicht die notwendigen Voraussetzungen zur Präsentation der großformatigen Fastentücher.

178 Nicht aufgelistet werden im Katalog die archivalisch bekannten Fastentücher. Es läßt sich mit Sicherheit sagen, daß ihre Zahl dadurch erheblich steigen würde. Diese könnte zwar etwas zur Verbreitung der Fastentücher beitragen, nicht jedoch zur Frage ihres Aussehens, ihrer Gestalt und Ikonographie, da fast alle Inventare diesbezüglich nur aufzählen. Insofern steht eine solche Auflistung nicht in einem sinnvollen Verhältnis zum Ergebnis.

179 So wurde erst 1884 durch die Eröffnung der Arlbergbahn mit einem 10 km langen Tunnel eine winterfeste Verbindung zwischen Tirol und Vorarlberg geschaffen; 90 Jahre später folgte der Arlbergstraßentunnel.

180 Auskunft Pfarramt Pack.

181 Otto Swoboda, Fastenkrippen und Fastentücher, in: Österreichische Ärztezeitung, Kultur im Zeitgeschehen, 30, 1975, S. 41 (Der Titel läßt eine Inbeziehungsetzung der beiden Gegenstände erwarten, setzt sich inhaltlich jedoch nur mit den Fastenkrippen auseinander).

182 Briefliche Mitteilung von Pfarrer Michael Laura, Preitenegg, vom 28. 3. 86.

183 Franz Kollreider, Das Virgener Fastentuch im Osttiroler Heimatmuseum, Schloß Bruck, in: Tiroler Heimatblätter 34, 1959, Heft 7/9, S. 99.

184 Handel-Mazzetti, S. 215.

185 Dehio, Handbuch Die Kunstdenkmäler Österreichs, Kärnten, Wien, 1976, S. 784.

186 Das Gurker Tuch bildete ursprünglich eine Einheit; die heutige Trennung in der Mitte wurde bei der letzten Restaurierung vorgenommen, um die Handhabung und das Gewicht zu erleichtern.

187 Otto Demus, Neue Forschungen zur Geschichte der ältesten Kärntner Tafelmalerei (1420–1475), in: Carinthia I, 126. Jg., 1936, S. 14–29, hier: 24ff.

188 August Jaksch, Der Maler Konrad von Friesach, in: Carinthia I, 1925, S. 53.

189 Stange, Deutsche Malerei der Gotik, Bd. XI, S. 88, und Demus, Anm. 187.

190 Stange, Deutsche Malerei der Gotik, Bd. XI, S. 87.

191 Ginhart/Grimschitz, Der Dom zu Gurk, Wien 1930, S. 113.

192 Otto Rainer, Dom zu Gurk – Fastentuch, Gurk 1984[2], S. 5.

193 Siegfried Hartwagner, Der Dom zu Gurk, Klagenfurt–Wien 1963, Nr. 142.

194 Die Restaurierung von Textilien, in: Österreichische Zeitschrift für Kunst und Denkmalpflege, XII. Jg., 1958, S. 189–191.

195 Vgl. dazu: Georg Graber, Kärntner Volksschauspiele, III. Das Kärntner Spiel vom Leiden und Sterben Christi, Wien 1925, S. 66 ff.

196 Ernst Kramer, Kreuzweg und Kalvarienberg, Straßburg 1957, S. 15 ff.

197 Georg Graber, a. a. O., S. 9, Szene Nr. 29.

198 J. D. Breckenridge, Et prima vidit. The Iconography of the Appearance of Christ to his Mother, in: Art Bulletin 39, 1957.

199 Schnerich, Die beiden biblischen Gemälde-Cyclen, gibt einzelne Hinweise.

200 M. Meng-Köchler, Die Bilder des Konrad Witz und ihre Quellen, Basel 1947.

201 R. L. Wyss, Die neun Helden, in: Zeitschrift für schweizerische Archäologie und Kunstgeschichte 17, 1957.

202 Vlg. dazu den ausführlichen Leben-Jesu-Zyklus in Müstair, um 800. Marese Sennhauser-Girard, Die karolingische Ausmalung der Klosterkirche von Müstair, Diss. Basel 1966.

203 S. u. den Exkurs zu den Gurker Vorhallenfresken, S. 53 f.
204 Vgl. Sachs, Badstübner, Ikonographie, S. 276 f.
205 Ernst Kramer, Kreuzweg und Kalvarienberg, Kehl/Straßburg 1957, S. 17.
206 Schnerich, Die beiden biblischen Gemälde-Cyclen, 1893/94; Frodl, S. 65–66.
207 Vgl. dazu: 4. Kapitel, S. 282 ff., 290 ff.
208 Nikolaus Grass, Ostern in Tirol, S. 18.
209 Zum Szenenbestand des Heilsspiegels vgl. E. Breitenbach, Speculum humanae salvationis. Eine typengeschichtliche Untersuchung, Straßburg 1930, der Armenbibel, vgl. Schmidt/Weckwerth, Art. Biblia pauperum, LCI, Bd. 1, Sp. 293–298, der Concordantia caritatis, vgl. H. Tietze, Die typologischen Bilderkreise des Mittelalters in Österreich, in: Jahrbuch der k. k. Zentralkommission für Erforschung und Erhaltung der Kunst- und Historischen Denkmale, Wien 1904, N. F. 2. Bd. 2. Teil, Sp. 79–888.
210 Z. B. Arenakapelle in Padua (1305).
211 Zur Ikonographie und weiteren Darstellungen vgl. Tikkanen, Die Genesismosaiken von San Marco in Venedig, Helsingfors 1891, S. 333 ff; z. B.: Modena, Dom; Perugia, Sala dei Nobili; Florenz, Baptisterium.
212 Schnerich, Die beiden biblischen Gemälde-Cyclen, S. 125, Anm. 2.
213 Die Datierung von Handel-Mazzetti Anf. 16. J. stimmt zwar mit unserem Ansatz überein, doch ist eine seiner Prämissen, das Weihedatum der Schloßkapelle, 1508, in diesem Fall wahrscheinlich nicht gültig, denn das Fastentuch hängt hier sicher in Zweitverwendung und hatte ursprünglich mit der Kapelle wohl nichts zu tun. Schon eher mag sein Vergleich mit den Fresken im Kloster des nahen Schwaz eine solche Datierung stützen.
Woher das Fastentuch stammt, wissen wir nicht.
214 Vor über vierzig Jahren waren die Fragmente im Magazin des Museums ohne jeglichen Hinweis wiederaufgefunden worden. Wie lange sie schon dort gelagert hatten und woher sie gekommen waren, ist nicht bekannt. Freundliche Auskunft von Dr. Nicolò Rasmo, ehem. Direktor des Bozner Stadtmuseums.
215 Das Bezeichnungsschild im Bozner Stadtmuseum trägt die Aufschrift: Fastentuch. Südtiroler Meister. Ende 15. Jh.
216 Leitner, Inschriften, S. 116, Nr. 261.
217 Franz G. Hann, Drei Darstellungen der Weltschöpfung auf Malereien in Kärnten, in: Carinthia I, 1892, S. 141 f.
218 Identisch mit dem bei Dehio, Kärnten, S. 103, unter Feicht geführten Fastentuch.
219 Nach Auskunft von Dr. Alois Maier, Kustos am Diözesanmuseum in Klagenfurt, befindet sich das Tuch gegenwärtig (im Frühjahr 1985) in Restaurierung. Man trägt sich auch mit dem Gedanken, das Tuch nach Abschluß der Arbeiten in die Klagenfurter Christkönigskirche zu bringen, wo das Millstätter Fastentuch bis 1984 hing.
220 Die Säulengliederung in Obermauern wurde erst nachträglich in die ursprünglich fortlaufenden Register eingezogen.
221 Neckheim, S. 5; Leitner, Inschriften, S. 112: 1. H. 16. Jh.
222 Handel-Mazzetti, S. 215.
223 P. O. Riedmatter, Die Ikonographie des Abschiedes Jesu von Bethanien, Diss., München 1931
224 Leitner, Inschriften S. 139, Nr. 311.
225 Erika Weinzierl-Fischer, Geschichte des Benediktinerklosters Millstatt in Kärnten, Klagenfurt 1951.
226 Szene ist dargestellt auf dem Silberaltar des Johannes (vollendet 1480), Florenz, Museum Opera del Duomo.
227 Leitner, Inschriften S. 139, Nr. 311.
228 Vgl. dazu die Bemerkungen im Rahmen der Beschreibung des Haimburger Fastentuches und in Kap. 4.1 Die Entwicklung der Wandmalerei in Kärnten und Tirol.
229 Z. B. Geistliche, der Landrichter, der Hauspfleger auf Schloß Bruck, der Stadtschreiber, der Kassier der Messinghütte, ein Pfleger, ein Amtmann, der Richter und der Gerichtsschreiber, ebenso der Wirt, der Schmied und andere Personen ohne Berufsbezeichnung (vgl. Maister, a. a. O., S. 3).
230 Von Jakob Katzner wissen wir nicht viel; er gehörte wohl zu einer in Villach (VILA) ansässigen Malerfamilie. 1615 besorgte er die Gewölbemalerei in der N-Kapelle der ehemaligen Stiftskirche in Ossiach, 1623 signierte er einen Altar in der Filialkirche St. Andrä in Selpritsch.
231 Die Reformation fand um 1520 ihre ersten Anhänger in Kärnten. Am Ende des 16. Jhdts. war fast das ganze Land lutherisch. Die Gegenreformation konnte mit dem 100tägigen Feldzug des Bischofs Brenner im Jahr 1600 das Land, zumindest nominell, wieder katholisieren. Träger der Reformation waren aber auch und vor allem die Adeligen. Dem Kaiser loyal gesinnt, verließen fast alle freiwillig das Land. Welche kulturellen und geistigen Folgen die Reformation (auch nach ihrer Niederschlagung) bewirkte, ist noch wenig geklärt.
Alois Maier, Kärntner Kirchengeschichte, Klagenfurt 1979, S. 47–58. Besonders: Paul Dedic, Der Kärntner Protestantismus von der Adelsemigration bis zum Ende des 17. Jhdts., in: Jahrbuch für Geschichte des Protestantismus in Österreich, 1938/G. Mecenseffy, Geschichte des Protestantismus in Österreich, Graz-Köln 1956.
232 Im Grödner Katalog des Museums mit Ende 16. Jahrhundert angegeben.
233 Bei der schnellen graphischen Umsetzung eines Vorbildes wurde nur das Positiv in den Vervielfältigungsträger eingegeben; beim Druck mußte dann ein seitenverkehrtes Abbild des Originals entstehen.
234 Die Frage nach etwaigen Hinweisen in den Erwerbsbüchern oder Objektlisten konnte im Museum für Volkskunde in Wien nicht beantwortet werden. Gespräch mit Herrn Direktor Dr. Beitl am 21. 2. 1986.
235 Als Maler vermutet Milesi (S. 150) den Kärntner Maler Anton Blumenthal, der 1598 vom Gurker Bischof Spaur mit der Ausmalung des Chores im Gurker Dom beauftragt war. Auch dort meint Milesi, den Einfluß Tintorettos zu spüren. Aufgrund dieser Prämisse kommt Milesi auch zu einer früheren Datierung, die er „nach 1598" ansetzt.
236 In der Tat wurde immer wieder der Versuch gemacht, Wechselbeziehungen zwischen Dichtung und Malerei aufzuzeigen. Vgl. z. B. Alfred Rohde, Passionsbild und Passionsbühne, Berlin 1926.
237 Bearbeitet von Ludwig Clarus, Regensburg 1853.
238 G. Schnürer, Katholische Kirche und Kultur im 18. Jhdt., Paderborn 1841, S. 245 f.
239 Unter den Gobelins kamen noch versilberte, bemalte und punzierte Ledertapeten mit zwei verschiedenen Blumen-Wellenrankenmustern zum Vorschein. Vgl. Koller, S. 80–81.
240 Vorhänge, vela, cortinae etc., hingen schon in den frühchristlichen Kirchen; aufgrund des schlechten Erhaltungszustandes textiler Behänge sind Aussehen und Funktion noch weitgehend unerforscht.
241 Die Reihenfolge der Behänge ist durch aufgemalte römische Ziffern eindeutig gekennzeichnet. Die Fastentücher vor den Altären tragen auf der Rückseite die Benennung des jeweiligen Altares.
242 Fritz Dworschak, Rupert Feichtmüller u. a. Der Maler Martin Johann Schmidt, genannt Kremser Schmidt, 1718–1801, Wien 1955, S. 204.
243 Mauthausen, politischer Bezirk Ried im Innkreis, Oberösterreich. Alle drei Bilder 3,05×1,81 m und bez. M. J. Schmidt 1796, Öl auf Leinen; von Schülern vorgemalt.
244 Kilb, politischer Bezirk Melk, Niederösterreich, alle zwölf Bilder 1,26×0,92 m, teilweise bezeichnet M. J. S., 1800. 1. Mariä Empfängnis, 2. Geburt Christi, 3. Die Heiligen Drei Könige, 4. Darbringung Christi im Tempel, 5. Mariä Verkündigung, 6. Letztes Abendmahl, 7. Kreuzigung Christi (nicht eigenhändig), 8. Auferstehung Christi, 9. Himmelfahrt, 10. Herabkunft des Heiligen Geistes, 11. Mariä Himmelfahrt, 12. Allerheiligen.
245 Fritz Dworschak, Rupert Feichtmüller u. a., a.a.O., S. 205.
246 Fritz Dworschak, Rupert Feichtmüller u. a., a.a.O., S. 204 f.
247 Bei einer Durchsicht von Karl Garzarolli-Thurnlakh, Das graphische Werk von M.J.S. gen. Kremser Schmidt, Zürich – Wien – Leipzig 1925, ließ sich eine entsprechende Vorlage nicht erheben.
248 Laut Auskunft von Herrn Dekan Franz Pedevilla, Dekanalpfarramt Fügen.
249 Der rechte Barbaraaltar wurde verstellt; er steht heute an der Nordwand des Kirchenschiffes gegenüber dem Eingang.
250 Gespräche in der Bevölkerung konnten ihre Beliebtheit in der Gegenwart voll bestätigen, wenngleich eine Wertschätzung dieser Tücher sicher eine Bindung an die kirchliche Tradition voraussetzt. Als Gründe für die Beliebtheit wurde vor allem genannt, ‚man kann sich etwas darunter vorstellen'; das ist die laienhafte Beschreibung dessen, was man wissenschaftlich als ‚Heben auf eine höhere Realitätsebene' bezeichnet. In einer traditionsgebundenen Frömmigkeit hat sich die Wirkkraft der Bilder kaum geändert. Der Verzicht auf die Fastentücher wird von manchen als Verlust empfunden.
251 Elisabeth Roth, Der volkreiche Kalvarienberg in Literatur und Bildkunst des späten Mittelalters, Berlin 1967.
252 Sachs, Badstübner, Ikonographie, S. 230–231.
253 Das Bild wird Josef Renzler 1770–1842 zugeschrieben.

254 Angaben zur Entstehung des Altares: Meinrad Pizzinini Matrei/Osttirol, München–Zürich 1980, 2. Aufl. (= Schnell, Kunstführer 971).

255 Manfred Koller, Barocke Altarbilder in Mitteleuropa: Technik, Schäden, Konservierung, in: Albert Knoepfli, Richard Zürcher u. a., Der Altar des 18. Jahrhunderts. Das Kunstwerk in seiner Bedeutung und als denkmalpflegerische Aufgabe. (= Forschungen und Berichte der Bau- und Kunstdenkmalpflege in Baden-Württemberg Bd. 5) o. Ort u. Jahr, S. 177.

256 A. de Waal, Figürliche Darstellungen auf Teppichen und Vorhängen in römischen Kirchen, in: Römische Quartalschrift 2. Jg. 1888, S. 313–321.

257 P.N.C., Wenn St. Benedict wieder käme . . ., in: Disentis. Blätter für Schüler und Freunde, 8. Jg. März 1941, 2. Heft., S. 36.

258 Wünschenswert wäre an anderer Stelle allerdings eine Aufarbeitung des passionszeitlichen Brauchtums in der Zeit nach 1800, das fast allüberall noch lebendig ist und deshalb zur Erforschung eine günstige Grundlage liefert. Unter der Überschrift „Fastentuch und Wechselbild" (s. u.) zeigen wir die Tendenz dieser Entwicklung.

259 Vgl. dazu u. a. Leopold Schmidt, Geschichte der Volkskunde in Österreich, Wien 1951, S. 36 ff. Weniger auf die Sachkunde und mehr auf das Brauchtum bezogen ist der Beitrag von Nikolaus Grass, Die Bauernfeiertage Tirols im Zeitalter des Spätjosephinismus, in: Tiroler Heimat, Bd. 20. Innsbruck 1957, S. 28–54.

260 Nikolaus Grass, Barock-Heiliggräber. Ein Beitrag zur Kultur- und Kunstgeschichte Tirols. In: Nikolaus Grass, Hrsg., Ostern in Tirol, Innsbruck 1957 (= Schlern-Schriften 169), S. 253.

261 Adolf Smitmans, Die christliche Malerei im Ausgang des 19. Jh. – Theorie und Kritik, Sankt Augustin 1980, S. 102.

262 Smitmans, a. a. O., S. 111.

263 Als akademisch kann man diese Richtung bezeichnen, weil sie tatsächlich versuchte, die wissenschaftlichen Erkenntnisse der Leben-Jesu-Forschung des 19. Jh.s direkt ins Bild umzusetzen. Dabei wurde u. a. versucht, die jüdische Herkunft Jesu herauszustellen.

264 K. Röhrig, Der Christustyp von Ludwig Fahrenkrog, in: Monatsschrift für Gottesdienst und kirchliche Kunst (MGKK), 11, S. 296.

265 Ders., a. a. O., S. 296f.

266 Ehrhart, Ein neuer Christustyp, in: Archiv für christliche Kunst, 28, S. 99f.

267 Joseph Braun, Die liturgischen Paramente, Freiburg 1924, S. 233

268 Über die zahlreichen, aber nur urkundlich bekannten Fastentücher im Elsaß haben wir im 1. Kapitel gehandelt, S. 9 ff.

269 Die zum Felder-Typ gehörigen Tücher von Brigels (1695) und aus Vorarlberg (18. Jh.) besitzen eine besondere Problematik, die es nicht erlaubt, sie in den allgemeinen Entwicklungsgang der Felder-Tücher einzuordnen.

270 Einsiedler Stiftsarchiv, S. 199.

271 Inventarium ornamentorum ecclesiae Constantiniensis, S. 218.

272 Styger, S. 89.

273 Styger, S. 89.

274 Buholzer, S. 380.

275 Marxer, S. 145.

276 Laut Auskunft von Pfarrer Stadler in Silenen und Dr. Stadler im Staatsarchiv Altdorf ist das Fastentuch nicht mehr vorhanden.

277 Paul Letter, Kam St. Jost zum Vorschein? in: Der Geschichtsfreund, 122. Bd., 1969, S. 59.

278 Kalt, o. P., bezieht sich auf Mone, Anzeiger für Kunde der teutschen Vorzeit V, 1836, Sp. 374–376.

279 Vgl. Heribert Reiners, Kunstdenkmäler Südbadens, Bd. 1, Konstanz, 1955, 217f.

280 Schober, S. 132.

281 Nicht mehr vorhanden, Auskunft Rosgarten Museum, Konstanz und Münsterpfarramt, Dekan Frei.

282 Da das Altdorfer Fastentuch auch das älteste datierte Kunstdenkmal der Schweiz ist, verwundert es sehr, daß es bisher nicht mehr Aufmerksamkeit erregt hat. Styger blieb der einzige, der sich näher mit ihm auseinandersetzte.

283 Da die Pfarrkirche in Erstfeld nicht vor dem 16. Jh. entstanden ist und auch ein Leutpriester in Erstfeld nicht vor 1477 wohnte, kann nicht angenommen werden, daß das Fastentuch von dort stammt. Erst in seinem umgearbeiteten Zustand als Antependium dürfte es dorthin gelangt sein. Manche Indizien weisen auf seine Entstehung in Altdorf hin (Styger, S. 90 f.).

284 Vgl. unter Kap. 4.1 den Abschnitt „Die Entwicklung der Wandmalerei in Graubünden von 1300 bis 1500".

285 Das Begräbnis Adams kommt vor: Arezzo, San Francesco, Chorfresken des Piero della Francesca 1452–66; Florenz, Sta. Croce, Chorfresken des Agnolo Gaddi, um 1395; weitere Beispiele sind mir unbekannt und dürften sehr selten sein, Styger hielt die Szene auf dem Fastentuch überhaupt für ein Unikat.

286 Henri Daniel-Rops, Die apokryphen Evangelien des Neuen Testamentes, Zürich 1956, S. 125–136.

287 E. Hennecke, W. Schneemelcher, Neutestamentliche Apokryphen, 1. Band Evangelien, Tübingen 1959 (3. Aufl.), S. 349 f.

288 Die Legenda aurea des Jacobus de Voragine, aus dem Lateinischen übersetzt von Richard Benz, Berlin 1963. Vgl. Styger, S. 94.

289 Jacobus de Voragine, Legenda Aurea, aaO., S. 349–350.

290 Der Freskenzyklus in Florenz, Sta. Croce, enthält folgende Szenen:
a) Begräbnis Adams.
b) Die Königin von Saba verehrt die aus dem Holz des Paradiesbaumes errichtete Brücke; daraufhin läßt König Salomo diese abreißen und an geheimer Stelle vergraben.
c) Das heilige Holz wird aus einem Teich geborgen; aus ihm wird das Kreuz Christi gezimmert.
d) Entdeckung und Erweis des wahren Kreuzes durch Helena.
e) Flucht Chosroes mit dem heiligen Kreuz.
f) Traum des Heraklius.
g) Enthauptung Chosroes und Rückführung des heiligen Kreuzes durch Heraklius nach Jerusalem.

Vgl. dazu: Roberto Salvini, Agnolo Gaddi, in: Santa Croce, Kirchen, Kapellen, Kloster und Museum. Hrsg. von Umberto Baldini und Bruno Nardini, Stuttgart 1985, S. 185–209 (mit Abbildungen).

291 E. Harris, Mary in the Burning Bush, in: Journal Warburg 1, 1938; E. Vetter, Maria im brennenden Dornbusch, in: Das Münster 10, 1957.

292 Klunzinger, S. 9, macht folgende Angaben: Höhe 25 Fuß, Breite 15 Fuß. Die Seitenlänge der quadratischen Bildfelder wird mit 2½ Fuß angegeben. Daraus lassen sich Register- und Felderzahl bequem errechnen.

293 Vgl. die Bemerkungen im 1. Kapitel, S. 19.

294 Die Sonderstellung des Zuger Fastentuches ist bisher wohl kaum erkannt worden, weil übergreifende Untersuchungen ja überhaupt fehlen. Ebensowenig wurde bisher eine Rekonstruktion oder inhaltliche Benennung publiziert; handschriftliche Notizen sind allerdings im Schweizer Landesmuseum in Zürich vorhanden, jedoch nicht befriedigend.

295 E. Breitenbach, Speculum humanae salvationis, Straßburg 1930; vgl. dazu im 3. Kapitel Typen und Ikonographie der Fastentücher.

296 Die Angabe von Birchler, Kunstdenkmäler, 2. H. 16. Jh., ist wohl eine Verschreibung oder ein grober Irrtum. Kalt gibt an: spätgotisch – vorreformatorisch. Mdl. Mitteilung von L. H. Wüthrich, Zürich, Landesmuseum: um 1460. In einer briefl. Antwort an Kaplan Schön in Oberwil vom 24. 2. 40 2. H. 16. Jh. (Archiv LM Zürich)

297 Auf eine Wiedergabe der Inschriften wird deshalb verzichtet.

298 Formal erinnert das Bild an den Kupferstich „Das Urteil des Salomo" des Meisters E. S., London, British Museum. Sollte die Vermutung einer diesbezüglichen Vorlage zutreffen, ergäbe sich ein terminus post quem, demzufolge das Fastentuch erst nach 1467 entstanden sein könnte.

299 Breitenbach, Speculum . . . Nr. X.

300 Bekannt sind ein Bild dieses Themas von Benozzo Gozzoli im Camposanto zu Pisa, entstanden zwischen 1468 und 1484, sowie ein Holzschnitt in der Kölner Bibel von 1479.

301 Die Sagen der Juden, gesammelt von Micha Josef bin Gorion, neu herausgegeben und mit einem Nachwort von Emanuel bin Gorion, Leipzig 1978, S. 419–421.

302 Hennecke-Schneemelcher, Neutestamentliche Apokryphen, Bd. 1: Evangelien, Tübingen 1959, S. 288.

303 Sachs, Badstübner, Neumann, S. 142, bezeichnen bereits die Bronzetür von Hildesheim, um 1020, als spätes Beispiel dieser Szene.

304 LA Von der Geburt des Herrn, Benz, S. 49.

305 LA Von der Geburt des Herrn, Benz, S. 52. Die Szene ist auch auf dem Fastentuch von Gurk dargestellt.

306 Breitenbach, Speculum, VIII.

307 So eines der Pfostenbilder auf der Lipsanothek von Brescia.

308 Breitenbach, Speculum . . . Nr. XXII. Typologisch zugeordnet auch auf dem Verduner Altar.

309 Wie schon vom 6. zum 7. Register, so muß auch vom 7. zum 8. Register eine Umkehr in der Reihenfolge von Typus und Antitypus erfolgt sein.

310 Breitenbach, Speculum . . . Nr. XXIII.

311 Breitenbach, Speculum . . . Nr. XXXII.

312 Breitenbach, Speculum . . . Nr. XXIX.

313 Breitenbach, Speculum . . . Nr. XL.

314 Hofmann rekonstruierte das Altheimer Fragment mit einer Höhe von 8,50 m. Da der Chorbogen von St. Martin in Altheim nur 5 m in der Breite und 8 m in der Höhe mißt, meinte er, daß es nicht für dort geschaffen sein konnte. Der Chorbogen in Heiligkreuztal dagegen ist 7 m breit, und die Höhe bis zum Apostelbalken, an

dem das Fastentuch befestigt war, mißt 8,50 m. Kirchen mit vergleichbaren Maßen fehlen in der weiteren Umgebung.

315 Gegenwärtig wird das Fastentuch im Nebenzimmer des Pfarrhauses aufbewahrt, wo es infolge seiner Größe nur unzulänglich betrachtet werden kann. Zur Frage, ob das Fastentuch aus Altheim stammt, fehlen die archivalischen Quellen, die für den betreffenden Zeitraum um 1500 alle verbrannt sind.

316 Hoffmann, S. 43 „wahrscheinlich aus Hohenzollern", auch im Museum werden sie als schwäbische Arbeit geführt.

317 Bereits Hoffmann (S. 43) berichtete nach Angaben des Sigmaringer Museums von der Existenz weiterer Fragmente dieses Fastentuches; ihr Verbleib war damals jedoch unbekannt. Dr. med. Blersch aus Altheim hat die Bilder zusammengetragen und fotographiert, wollte sie aber mit dem Altheimer Fastentuch in Verbindung bringen, was u. E. völlig unmöglich ist. Die Zugehörigkeit der einzelnen Bilder zum Sigmaringer Tuch ist weit eher wahrscheinlich.

318 Eine dementsprechende Notiz gibt Staffelbach, Hat Kaspar Meglinger die Hungertücher gemalt, in: Vaterland Nr. 78, 2. April 1977, S. 15: „Unter solchem Abfall fand ich vor zwanzig Jahren ein zusammengenähtes Tuch, das sich als großes Hungertuch mit der Kreuzigung Christi erwies."

319 In einem Inventar der Sammlung Georg Staffelbach in Sursee ist das Leinwandfragment nur als „Hungertuch, um 1500" ohne Herkunftsangabe vermerkt.

320 Auskunft von Herrn Züger, Stadtpfarramt Sursee, der das Tuch seit etwa 20 Jahren so kennt. Bis zur gegenwärtig durchgeführten Kirchenrenovierung befand sich das Tuch im Kirchenschatz.

321 Neg. Nr. 38572, mit dem Vermerk: Standort unbekannt.

322 In der Regel erreichen die Feldertypen eine Registerhöhe von 70–90 cm. Abweichungen nach unten sind selten, höhere Felder kommen vor, so Rietz 96 cm, die Südtiroler Fragmente 100 cm, Sternberg, Reichenfels und Virgen mit je 107, 110 bzw. 114 cm. Die größte Höhe erreichen Altheim mit 122 cm und Millstatt mit 125 cm. Nur auf dem überdimensionalen Freiburger Hungertuch erreichen die Bildfelder annähernd eineinhalb Meter Höhe.

323 Das Fastentuch ist gegenwärtig magaziniert und nicht zugänglich. Für zahlreiche Hinweise und die Bereitstellung der 1982 angefertigten Fotodokumentation ist Herrn Dr. H. Rutishauer, Kantonale Denkmalpflege von Graubünden, ganz herzlich zu danken.

324 Rutishauser nach telefonischer Auskunft: Kleidung und Tracht typisch für die Zeit Maximilians, nicht später als 1520/30.

325 Daß Kalt im dritten Bild nicht die Anbetung der Könige, sondern die Darstellung Christi im Tempel sieht, ist nicht auf ikonographische Schwierigkeiten, sondern auf die Oberflächlichkeit des Betrachters zurückzuführen. Es ist eindeutig: Maria hält das Kind auf dem Schoß, das sich vorbeugt, um die dargebotenen Gaben zu ergreifen.

326 Das letzte Bild stellt nicht die Auferstehung dar, wie Poeschel und Kalt meinen.

327 Deshalb wird das Fastentuch von Präsanz in einem Brief des Schweizer Landesmuseums an Kaplan Schön in Oberwil/b. Zug vom 24. 2. 1940 auch als „Hungertuch aus Präsanz (Graubünden), dat. 1530" angegeben.

328 Ich bin mir der Problematik einer solchen Entscheidung bewußt, denn beim geringen Überlieferungsbestand alpenländischer Fastentücher muß durchaus mit dem Verlust der vergleichbaren Beispiele gerechnet werden. Angesichts der erhaltenen Tücher scheint mir aber die Aussage zulässig, daß – selbst wenn es noch mehr Zehn-Gebote-Tücher geben sollte – diese Art von Fastentuch nicht repräsentativ gewesen ist, sondern in jedem Fall die Ausnahme dargestellt hat.

329 Lanze und Schwammstab finden sich bereits auf der Darstellung von der Zweiten Wiederkunft Christi in der Apsis von San Michele in Affricisco in Ravenna aus dem 6. Jh. (heute: Staatl. Museen Berlin), s. Arne Effenberger, Das Mosaik aus der Kirche San Michele in Affricisco zu Ravenna, Berlin 1975.

330 Einen Überblick über Herkunft und Verbringungsort der Passionsreliquien gibt Rudolf Berliner, Arma Christi, in: Münchner Jahrbuch der bildenden Kunst, 3. Folge, Bd. VI, 1955, S. 35–152, besonders SS. 37–38. In seiner Aufzählung, von der Berliner sagt, ihm sei sicher manches Stück entgangen, sind über sechzig Gegenstände zu zählen.

331 Die Diskussion um das Andachtsbild kann hier nicht geführt werden; vgl. das Kapitel „Typen und Ikonographie der Fastentücher". Grundlegend ist Erwin Panofsky, Imago Pietatis, in: Festschrift für M. J. Friedländer, 1927.

332 Kalt, o. P., geht in die Irre, wenn er dieses Kreuz zum Anlaß nimmt, um in Christus „den Gekreuzigten mit verschränkten Armen vor dem Kreuz stehend" zu sehen. Eine solche Darstellung gibt es nicht. Christus ist der Schmerzensmann, s. u., das Kreuz steht ‚zufällig' hinter ihm.

333 Rudolf Berliner, Arma Christi, a. a. O. S. 37 f.

334 Das Motiv, dessen Urbild aus der byzantinischen Karsamstags- und Osterliturgie stammt, ist nicht vor dem 12. Jhdt. belegt, wahrscheinlich aber älter. Die westliche Tradition gründet auf einer Mosaikikone in Sta. Croce in Gerusalemme in Rom; ihren Höhepunkt erlebte sie nördlich der Alpen.

335 Rudolf Berliner, Bemerkungen zu einigen Darstellungen des Erlösers als Schmerzensmann, in: Das Münster, 9. Jg., 1956, Heft 3/4, S. 97–116.

336 Gert von der Osten, Der Schmerzensmann, Typengeschichte eines deutschen Andachtsbildwerkes von 1300–1600. Diss. Halle 1933, S. 5.

337 Vgl. Berliner a. a. O., S. 101. Er führt folgende biblische Grundlagen an: Hiob 16, 7–18; Ps 22, Jes 53; Klag. Jer 1, 12; Joh 6; Röm 8, 17; 2. Kor 5, 15; Phil 3, 10 f; 2. Tim 2, 12; 1. Petr 2, 24; Hebr 9, 28; Hebr 13, 12.

338 Hubert Schrade, Beiträge zur Erklärung des Schmerzensmannbildes, in: Deutschkundliches, Friedrich Panzer zum 60. Geburtstag, Heidelberg 1930, S. 164.

339 „Es handelt sich also, im Gegensatz zu dem ‚ewigen' Bild des Schmerzensmannes, der die Gesamtheit der Passion unhistorisch dadurch umfaßt, daß er lebend und leidend die Todeswunden trägt, um eine ‚zeitliche' Darstellung des Heilands vor der Kreuzigung." Gert von der Osten, Art. Christus im Elend (Christus in der Rast) und Herrgottsruhbild, in: RDK III., Sp. 644.

340 „Aber nie sollte man einen Christus mit Stigmata oder den ‚lebenden Toten' ... als den Ecce homo bezeichnen, für den nun einmal die Beziehung auf die historische Szene eng ist." Rudolf Berliner, a. a. O., S. 104.

341 Karl-Adolf Knappe, Dürer – das graphische Werk, Wien 1964, Abb. 182; hier trägt das historische Andachtsbild die Wundmale des symbolischen Andachtsbildes; beide Typen können also in der Praxis nicht klar getrennt werden.

342 K.-A. Knappe, a. a. O., Abb. 254.

343 Der Schmerzensmann wurde 1509 gestochen; K. A. Knappe, a. a. O., Abb. 51.

344 Die historischen Andachtsbilder greifen einzelne Momente aus der ntl. Heilsgeschichte heraus und bleiben doch insgesamt mit ihr verbunden. Die symbolischen Andachtsbilder jedoch haben die Absicht, „... die Gedanken in spekulative, theologische Gebiete abirren zu lassen", so Walter Fries, Die Schreinmadonna, in: Anzeiger des Germanischen Nationalmuseums, Jg. 1928/9, Nürnberg, S. 5.

345 Das Münsterlinger Fastentuch ist das einzige (erhaltene) Beispiel mit einem Schmerzensmann. Sollte es sich deshalb von den übrigen Beispielen des Arma-Christi-Types unterscheiden?

346 Rudolf Berliner, a. a. O., S. 104.

347 Vgl. das Kapitel Typen und Ikonographie der Fastentücher: der Arma-Christi-Typ.

348 Otte, S. 387; leider gibt Otte nicht an, woher er seine Angaben nimmt.

349 Paul Wilhelm von Keppler, Württembergs kirchliche Kunstalterthümer, Rottenburg a. N., 1888, S. 116.

350 Zur Bezeichnung als Palmtuch vgl. Güglingen!

351 „Mit Recht vermutet Herr Bezirksamtmann Franz Blaser, daß dieses Fastentuch ursprünglich für die Kirche von Steinen gestiftet war und erst nach dem Bergsturz von Goldau, der Kirche und Pfarrhof verschüttete, nach Lowerz verbracht wurde." Styger, S. 88, Anm. 2. Aus Lowerz wurde es dann vom Historischen Verein des Kantons Schwyz erworben und als Depositum nach Zürich gegeben.

352 In dieser ungünstigen Lage befindet sich das Tuch gegenwärtig immer noch. Der Schrank läßt sich nur unwesentlich wegrücken, so daß das Tuch nur aus kürzester Distanz betrachtet und fotografiert werden kann. Im Zuge der anstehenden Kirchenrenovierung soll auch das Fastentuch hervorgeholt werden.

353 Vgl. z. B. Mauthausen (Abb. 200).

354 Kalt, o. P., „... vermutlich aus der zweiten Hälfte des 17. Jahrhunderts ..."

355 Das Tuch wurde erst 1947 durch Pfarrer Albert Schlatter wieder aufgefunden. Er fand es auf der Heubühne des zu einem Wirtschaftsgebäude umgebauten alten Pfarrhauses. Es befand sich in völlig verwahrlostem Zustand. Heute ist es gut restauriert, das Schmuckstück des Museums in Vaduz.

356 Nach der Beschreibung des Physiologus ließ sich das Einhorn nur im Schoß einer Jungfrau fangen. Darin sah man das Sinnbild für die Menschwerdung Christi im jungfräulichen Schoß der Maria. Darstellungen der mystischen Einhornjagd sind die Folge.

357 Poeschel, Kunstdenkmäler, S. 252, liest ICG.
358 Eduard Schweizer, Das Evangelium nach Matthäus, Göttingen 1973, S. 257 (= Das Neue Testament Deutsch 2).
359 Vgl. die Charakterisierung der vorreformatischen Angst vor Gottes Zorn als „Des Schwertes und des Zornes Zeit" in: Kunst der Reformationszeit, Ausstellungskatalog Staatliche Museen zu Berlin, 26. 8.–13. 11. 1983, Berlin 1983, S. 25 f. und die Katalognummern A 1–A 27.
360 Die Pflanze ist keine Passionsblume, wie Kalt meint, sondern ein Granatapfel, lat. Punica granatum. Strauch oder kleiner Baum bis 3,00 Meter Höhe, Blätter oval bis länglich, Blüten etwa 4–5 cm lang, trompeten- oder kugelförmig.
361 Gerd Heinz-Mohr, Lexikon der Symbole, Düsseldorf 1971, S. 120 und LCI, Art. Granatapfel, 2. Bd. Sp. 198.
362 So berichtet Styger, S. 89, ohne weitere Angaben.
363 Engelmeier, S. 16, mit Abb. 14. Die Herkunft des Tuches ist unbekannt. Zuletzt befand es sich im Besitz des Altertumsvereins Münster im Landesmuseum für Kunst und Kulturgeschichte Münster. Der Verwendungszweck als Hungertuch ist nicht gesichert. Es wäre das einzige westfälische Hungertuch aus dem 16. Jhdt.
364 B. Fleischlin, F. A. Herzog, Die Hofkirche zu Luzern, Luzern 1944. P. Felder, Die Hofkirche St. Leodegar und St. Mauritius in Luzern, Basel 1958 (= Basler Studien zur Kunstgeschichte, Bd. 17).
365 P. O. Riedmatter, Die Ikonographie des Abschieds Jesu von Bethanien, München 1931.
366 H. Peters, Die sieben Schmerzen Mariä, in: Neußer Jahrbuch für Kunst-, Kulturgeschichte und Heimatkunde, 1957.
367 Vgl. dazu die Beschreibung der Fastentücher von Münsterlingen und Menzingen.
368 Die Inschriften müssen hier ausführlich zitiert werden, weil sie bisher nicht publiziert sind.
369 Die Datierung wird auch in der zur Verfügung stehenden Literatur recht unterschiedlich gehandhabt. Kalt bezeichnet es als „Arbeit eines tüchtigen Malers des 16. Jahrhunderts" und bezieht sich dabei wohl auf eine mdl. Aussage von Herrn Dr. Labhardt, Konservator des Hist. Mus. St. Gallen. Egli gibt an: Anf. 17. Jh.; Rothenhäusler sagt Ende 17. Jh.
370 Die Jahreszahl befindet sich am Kreuzfuß knapp über dem Schädel.
371 LA, Benz S. 349–358, 698–705.
372 Das Fastentuch ist gegenwärtig magaziniert und nicht zugänglich. Für zahlreiche Hinweise und die Bereitstellung der 1982 angefertigten Fotodokumentation ist Herrn Dr. H. Rutishauser, Kantonale Denkmalpflege von Graubünden, ganz herzlich zu danken.
373 Das im Vorarlberger Landesmuseum in Bregenz, Gem. 1366, aufbewahrte Tuch aus Lochau besitzt zwar ebenfalls noch eine Felderteilung, darf aber aufgrund seines vollkommen andersartigen Charakters mit den Feldertypen nicht mehr in einem Atemzug genannt werden (s. dort).
374 Styger, S. 89, und von Buholzer S. 379, unbesehen übernommen.
375 Eine Verlesung muß schon deshalb vorliegen, weil zahlreiche andere Werke von Johann Jakob Rieg zwischen 1695 und 1721 nachweisbar sind; Poeschel, aaO., S. 144, 270, 290, 294, 295, 406, 409, 439 f., 441.
376 Nicht wie Poeschel („Muttergottes") oder Jecklin („Verherrlichung der Maria") meinen ein Bild Mariens; die Gestalt ist eindeutig bärtig und kann nur Gottvater sein.
377 An zweiter Stelle im Schöpfungszyklus steht der Engelsturz schon auf dem Güglinger Fastentuch; auf dem Grabower Altar des Meisters Bertram, Kunsthalle Hamburg, leitet der Engelsturz einen siebenszenigen Schöpfungszyklus ein. Der Engelsturz wurde thematisch auch von Augustin mit der Scheidung von Licht und Finsternis zusammengebracht. Lit.: A. Rosenberg, Engel und Dämonen, München 1967.
378 Ein Ziegenbock am Weinstock auch auf dem Haimburger Fastentuch.
379 Auch Erb spricht von einem Fastentuch, „. . . das ursprünglich wohl in der heutigen Kapelle S. Sievi (= S. Eusebius) aufgehängt wurde . . ." (S. 182).
380 Aufgrund eines Visitationsprotokolles von 1643 bezeichnet sie Poeschel, aaO., S. 353, als „ecclesia votiva", die „von Kranken viel besucht" . . . wurde.
381 So zeigte auch der alte Altar von Sogn Sievi, ein Flügelretabel des Hans Jakob Greuter von Brixen von 1633, die Mutter Gottes neben Sankt Eusebius (und dem Drachentöter Georg). Lit.: Eugen Steinmann, Brigels/Breil, Basel 1977 (= Schweizerische Kunstführer). S. 8 u. Abb. S. 13.
382 Doch Interesse am Fastentuch? Redaktioneller Beitrag in: Vaterland, Nr. 74, 29. März 1979, S. 23.
383 Die Herkunft aus Menzingen ist aber keineswegs gesichert. Selbst wenn es 1966 verlorengegangen ist, muß es sich beim jetzigen Tuch in Unterägeri nicht um dasselbe handeln. Aus verständlichen Gründen sind vom Antiquitätenhändler keine näheren Angaben zu erwarten. Während Pfarrer Alois Saladin für eine Herkunft aus Menzingen eintritt (Brief vom 11. Dezember 1985), ist der Sakristan Paul Iten-Dittli von der Provenienz aus Unterägeri überzeugt; er verweist auf die identischen Maße mit dem Hochaltarblatt.
384 Ein gemaltes Arma-Christi-Tuch auch in Zittau, Sachsen; verbreitet waren Arma-Christi-Tücher vor allem in Westfalen, wo sie eine eigene Gruppe bilden; dort aber in anderer Technik (Nadelarbeit).
385 Sicher muß die Definition der Arma-Christi einmal neu überdacht werden. Auf ihre Klassifizierung in ‚böse' und ‚gute' Arma wurde bisher nicht geachtet, ebensowenig auf ihre mögliche antithetische Gegenüberstellung. In dieser Weise ist auch die Arbeit von R. Berliner, Arma Christi, in: Münchner Jahrbuch für bildende Kunst, 3. Folge, Bd. VI, 1955, S. 35 ff., noch nicht befriedigend.
386 Der theologische Entwurf einer antithetischen Gegenüberstellung muß nicht in Menzingen erfunden worden sein. Vielmehr wurde die geistige Leistung wohl schon beim Entwurf jenes Kunstwerkes, das dann als Vorlage diente, erbracht.
387 Briefliche Mitteilung des Schweizerischen Landesmuseums vom 28. März 1985 „Das Tuch von Mumpf ist derzeit nicht greifbar."
388 „Drei Bruchstücke aus Mumpf (Kt. Aargau), 18. Jh. Hier handelt es sich um 3 sozusagen vollständige Gemälde ohne Unterteilung. Ob sie vielleicht im Chor oberhalb des Altares einzeln aufgehängt wurden, ob noch andere ursprünglich vorhanden waren, kann ich nicht beurteilen." (Abschrift des Briefes im Landesmuseum Zürich.)
389 Vgl. E. Kramer, Kreuzweg und Kalvarienberg, Kehl-Straßburg 1957.
390 Wilhelm Schwemmer, Fritz Schnellbögel, Der Kalvarienberg in Schnaittach, ein Denkmal barocker Kunst, in: Altnürnberger Landschaft, Mitteilungen, 12. Jg., Sept. 1963 (Sonderheft), S. 5–32, insbes. 13ff.
391 Nachweisbar seit dem Ende des 15. Jhs. gleichzeitig in Norddeutschland, der Lombardei und der Bretagne, wo die „Calvaires" als monumentale Bildstöcke die Landschaft beherrschen.
392 In der Benutzung unterscheidet sich die Fastenkrippe von der Weihnachtskrippe dadurch, daß sie keinen Szenenwechsel kennt, sondern die Leidensstationen additiv aneinanderreiht, bis am Ende der Passionszeit der Kalvarienberg mit der kompletten Passionsgeschichte vollendet ist. (Anders wiederum die Jahreskrippen, die das Evangelium im Wechsel darstellen.) Vgl. Josef Ringler, Tiroler Fastenkrippen, in: Ostern in Tirol (= Schlern-Schriften, Bd. 169), hrsg. von Nikolaus Grass, Innsbruck 1957, S. 123–148.
393 Als Beispiel einer monumentalen Komposition sei das Fresko am Lettner von Sta. Maria degli Angioli in Lugano genannt, ein Werk Bernardino Luinis von 1529.
394 Zu den bekanntesten Beispielen zählt der Kreuzweg des Adam Kraft zum Johannisfriedhof in Nürnberg, heute Germanisches Nationalmuseum Nürnberg; diese Form war bis zum 18. Jhdt. üblich, bevor sie durch den 14teiligen Kreuzweg abgelöst wurde.
395 Vgl. Wagner, Barockzeitlicher Passionskult, S. 214f.

3. Kapitel

Typen und Ikonographie der Fastentücher

Eine vergleichende Betrachtung aller erhaltenen Fastentücher zeigt nach Form und Inhalt klar definierte Typen. Wir unterscheiden:

Typ I	den Felder-Typ
Typ II	den Zentralen-Felder-Typ
Typ III	den Arma-Christi-Typ
Typ IV	den Zentral-Typ
Typ V	den Einszenigen Typ
Typ VI	den Kalvarien-Typ

Obwohl sich die einzelnen Typen zeitlich teilweise stark überlappen, kann man in ihnen aber auch eine historische Entwicklung sehen. Der stärkste Gegensatz sowohl in formaler, funktionaler wie ikonographischer und deshalb theologischer Hinsicht besteht zwischen dem Felder-Typ und dem Einszenigen Typ. Die anderen Typen können als Entwicklungsstufen bzw. Varianten aufgefaßt werden.

Innerhalb der einzelnen Typen besitzen die Fastentücher nur eine sehr geringe Variationsbreite. Trotz ihres ansehnlichen Verbreitungsgebietes wirken sie häufig wie stereotype Wiederholungen. Erst bei genauem Hinsehen offenbaren sie ihre entwicklungsgeschichtlichen Veränderungen.

Verbindendes Element aller Typen ist ihre gemeinsame Verwendung, derzufolge ihnen die Aufgabe zukommt, während der stillen Zeit des Jahres im Passionsgedenken der Gemeinde Sinn und Bedeutung des Heilsgeschehens anschaulich werden zu lassen. Sie werden dieser Aufgabe in unterschiedlicher Weise gerecht, so wie auch die Prediger zu unterschiedlichen Zeiten unterschiedliche Worte gebraucht haben.

Typ I
Der Felder-Typ

Das charakteristische Aussehen der mittelalterlichen Fastentücher wird geprägt durch eine übersichtliche, klar gegliederte Abfolge meist quadratischer bis hochrechteckiger, selten querrechteckiger Bildfelder. Mit Ausnahme der Weltgerichtsszene, die am Schluß der Bildfolge über zwei Bildfelder gestreckt werden kann, wird kein Thema besonders herausgehoben. Überwiegend sind es schlichte, manchmal profilierte Rahmenleisten, die den Bildraum mit einem Raster überziehen. In seltenen Fällen (Maria Bichl, Bendern) erfolgt die vertikale Gliederung durch gemalte korinthisierende Säulen. Die Bildfelder sind alle gleich groß, lediglich das älteste erhaltene Beispiel eines Fastentuches in Altdorf besitzt unterschiedlich breite Felder und belegt, daß die strenge, gleichmäßige Ordnung das Ergebnis einer Entwicklung ist.

Die Zahl der Register richtet sich nach der Größe des Fastentuches, da die Registerhöhe nur in Grenzen variiert. Sie schwankt in der Regel zwischen 70 und 90 Zentimetern, erreicht aber in manchen Fällen auch Höhen über einen Meter, besonders seit dem Ausgang des 16. Jahrhunderts. Mit 1.22 m Höhe besitzt allerdings das um 1500 anzusetzende Tuch von Altheim die größten Bildfelder. Damit war die Lesbarkeit der Bilder auch über eine größere Entfernung noch gewährleistet.

Die Größe des Fastentuches wiederum war durch den Querschnitt des Chorbogens, den es ganz zu verhüllen hatte, vorgegeben. Die überwiegende Zahl der vollständig erhaltenen Felder-Typen ist demzufolge höher als breit. Da man allerdings nicht überall den Chorbogen bis zum Scheitelpunkt verhängte, kennen wir auch eine Reihe querformatiger Fastentücher. Von den Raumverhältnissen abhängig, schwankt die Tuchfläche zwischen zehn und 40 Quadratmetern und erreicht mit den Fastentüchern von Millstatt und Gurk Spitzenwerte von 51.48 bzw. 78.67 Quadratmetern. Mit zehn Registern und 99 Bildfeldern besitzt das Gurker Fastentuch demnach die ausführlichste Bilderfolge. An zweiter und dritter Stelle folgen Zug mit 72 (rekonstruiert) und Güglingen mit 60 Feldern. Ihre Zahl nimmt im Verlauf der Zeit stetig ab und kann schließlich in Kraßnitz bis auf 16 reduziert werden. In der Regel umfaßt die Bildfolge jedoch 24 bzw. 36 Felder.

In der Anordnung der Bildsequenzen folgen alle Fastentücher dem Schriftprinzip, d. h. sie beginnen oben links und sind rechtsläufig zu lesen. Folglich finden sich in den oberen Registern die alttestamentlichen und unten die neutestamentlichen Szenen. Allein das Gurker Fastentuch macht hier eine Ausnahme; zwar folgt auch hier die Bilderfolge dem Schriftprinzip, doch ist die gesamte Tuchfläche vertikal in zwei Hälften geschieden, wobei die linke Seite dem Alten Testament, die rechte entsprechend dem Neuen Testament vorbehalten ist. Hierin spiegelt sich die ältere Tradition in der Mitte geteilter Vorhänge, die bei bestimmten liturgischen Anlässen die Fastentücher auf- und zuzog. Auch das Fastentuch von Präsanz soll einst in der Mitte geteilt gewesen sein, dennoch thematisch durchlaufende Register besessen haben.

Bei insgesamt nur geringen Variationen bieten die mittelalterlichen Fastentücher des Felder-Typs ein äußerst einheitliches Erscheinungsbild über einen Zeitraum von nahezu zwei Jahrhunderten. Von Veränderungen betroffen ist am ehesten das ikonographische Programm. Die Unterschiede sind dabei entwicklungsgeschichtlicher Natur und nicht geographisch bedingt, weshalb wir in der Auswertung die österreichischen und alemannischen Tücher gemeinsam betrachten können. Dadurch ergibt sich eine auch statistisch gesehen tragfähige Grundlage von 31 Beispielen[396] zwischen 1421 (Altdorf) und 1663 (Kraßnitz). Die Tücher des 17. Jahrhunderts befinden sich allerdings in Konkurrenz zu den „modernen" Typen und sind, von diesen beeinflußt, deshalb auch nicht unbedingt repräsentativ.

Von den 31 Fastentüchern sind allerdings nur 17 (14 österreichische und drei alemannische) vollständig erhalten, eines in seinem Gesamtbestand überliefert (Güglingen) und eines von uns rekonstruiert (Zug). In mehr oder weniger fragmentarischem Zustand befinden sich zehn (vier österreichische und sechs alemannische) Tücher, von zweien haben wir Kenntnis, ohne im einzelnen ihr Aussehen zu kennen (ein Fastentuch unbekannter Herkunft ehemals in Innsbruck und in Gingen). Eine Übersicht zeigt folgendes Bild:

	Format	Größe	Bildfelder (Reg.)
15. Jahrhundert			
ALTDORF			
1421, fragm. (=f)			
STRASSBURG			
Mitte 15. Jh., f			
GÜGLINGEN			
15. Jh., überliefert	hoch	32,20 m²	60 (10)
GURK			
1458, komplett (=k)	quadr.	78,67 m²	99 (10)
OBERVINTL			
um 1460, k	quer	11,40 m²	24 (4)
ZUG			
um 1470, rekonstruiert	hoch	46,08 m²	72 (9)
VEITSCH			
um 1470, k	hoch	30,00 m²	56 (8)
RIETZ			
um 1490 (?), f			
16. Jahrhundert			
KLAGENFURT			
Ende 15./Anf. 16. Jh., f			
ALTHEIM			
um 1500, f			
SIGMARINGEN			
um 1500, f			
EMS			
um 1500, f			
HAIMBURG			
1504, k	hoch	15,96 m²	36 (6)
TRATZBERG			
frühes 16. Jh., f			
SÜDTIROL			
frühes 16. Jh., f			
REICHENFELS			
um 1520, k	hoch	20,07 m²	25 (5)
STEUERBERG			
um 1530, k	hoch	12,97 m²	25 (5)
PRÄSANZ			
um 1530, k	quer	17,52 m²	24 (4)
UNTERWACHINGEN			
1. H. 16. Jh., f			
BALDRAMSDORF			
1555, k	quer	35,40 m²	39 (5)
MARIA BICHL			
2. H. 16. Jh., k	hoch	23,58 m²	36 (6)
GINGEN			
spätgotisch, überliefert			
MILLSTATT			
1593, k	hoch	51,48 m²	51 (7)
VIRGEN			
1598, k	hoch	40,00 m²	42 (7)
Unbekannter Herkunft, spätgotisch			
17. Jahrhundert			
STEINEN			
1604, k	quer	32,88 m²	36 (4)
BENDERN			
1612, k	quer	29,61 m²	24 (4)
STERNBERG			
1629, k	hoch	16,34 m²	23 (4)
ST. JAKOB			
Anf. 17. Jh., k	quer		24 (4)
LIENZ			
1640, k	hoch	35,64 m²	36 (6)
KRASSNITZ			
1663, k	hoch	9,64 m²	16 (4)

Zeigt diese Übersicht in der Tat eine stete Abnahme der Tuchgröße und Verringerung der Bildfelder, so korrespondiert mit diesem Befund eine bemerkenswerte Veränderung des ikonographischen Programms, die man mit den Stichworten Konzentration und Reduktion umschreiben kann.

Drei Stadien lassen sich demnach im Bildprogramm der Felder-Typen unterscheiden, die in etwa mit den drei Jahrhunderten ihres Auftretens parallel gehen. Die erste Epoche könnte man mit der Überschrift „Komplizierte theologische Programme und der Wille zur Vereinfachung" versehen. So wie uns das Fastentuch des 15. Jahrhunderts in seinen erhaltenen Exemplaren begegnet, steht es bereits auf dem Höhepunkt seiner ikonographischen Entwicklung. Hier ist nicht die Frühform einer aufsteigenden Bildgattung belegt, sondern ein Gipfel, der sogar schon überschritten zu sein scheint. Von den kleineren Fastentuchfragmenten zunächst einmal abgesehen, besitzen die Tücher des 15. Jahrhunderts überwiegend umfangreiche Bildzyklen, die später an Zahl und Originalität nicht mehr erreicht werden. Bemerkenswert ist dabei der Anteil des Alten Testamentes, der zwischen einem Drittel und der Hälfte des Gesamtprogramms schwankt, im Falle des Zuger Tuches sogar an zwei Drittel heranreicht.

Die Ausgewogenheit in der Darstellung des Alten und Neuen Bundes, die im Falle des Gurker Tuches eine echte Gegenüberstellung erfährt, läßt im Bildprogramm eine antithetische Grundhaltung erkennen, wie sie den mittelalterlichen typologischen Bildprogrammen der Armenbibel oder des Heilsspiegels zugrunde lag. Genau diesem Prinzip folgt das Zuger Fastentuch in seinem neutestamentlichen Zyklus in einem Wechsel von alttestamentlichem Typus und neutestamentlichem Antitypus. Ein 32 Szenen umfassender alttestamentlicher Zyklus geht voraus. In einem solch typologisch geordneten Bildprogramm sehen wir den Normaltyp des Fastentuches im 15. Jahrhundert, auch wenn er nur durch das Zuger Beispiel und die beiden Fragmente aus dem frühen 16. Jahrhundert in Bozen und auf Schloß Tratzberg belegt ist. Denn auch die bedeutende Bilderfolge von Gurk enthält zahlreiche Szenen, deren Bedeutung erst aus einem typologischen Verständnis heraus erkannt werden kann (siehe dort!). Ein bemerkenswerter Wandel hat sich in Gurk jedoch insofern vollzogen, als die Typologien aus ihrer direkten Konfrontation mit der neutestamentlichen Heilsgeschichte herausgenommen worden sind und zu einer chronologischen Abfolge der Geschichte des Alten Bundes geformt wurden.

Mit dem Ausgang des Hochmittelalters nahm auch die Bedeutung typologischer Bildprogramme ab; genau zu diesem Zeitpunkt aber erlaubt uns der historische Zufall zum ersten Mal Einblicknahme in das Aussehen der Fastentücher, die noch deutlich von der alten Ordnung Kunde geben, andererseits aber die neue Tendenz zu einer chronologisch geordneten Bildabfolge klar erkennen lassen. Um die Mitte des 15. Jahrhunderts scheint sich dieser Prozeß vollzogen zu haben, und das Zuger Fastentuch muß als später, konservativer Nachfahre seiner älteren Vorläufer angesehen werden.

Die ältesten Fastentücher haben neben der Typologie eine ausführliche Darstellung des Alten Testamentes gemein. Dabei ist eine besondere Kenntnis auch außerbiblischer Überlieferung zu erkennen, die sich teilweise aus dem Bildungsgut der Legenda aurea, teils nur aus der Kenntnis jüdischer Legenden erklären läßt. Die Fragmente aus Altdorf und Straßburg verraten zwar nichts mehr über eine etwaige typologische Gliederung, aber lassen doch ein umfangreiches alttestamentliches Programm vermuten, das in Altdorf sogar auf die Legende vom Heiligen Kreuz zurückgreift.

Der Wille zur Vereinfachung und zur Straffung des ikonographischen Programms, der zur Aufgabe der Typologie führt, führt alsbald zu einer Verknappung des alttestamentlichen Szenenbestandes, verzichtet zunächst auf die legendären Motive, dann aber auch weitgehend auf die Geschichte des Alten Bundes überhaupt. Früh zeigt sich diese Tendenz auf dem Fastentuch von Obervintl, das sich auf Schöpfung, Sündenfall und dessen Folgen konzentriert, damit wegweisend für die Entwicklung des Fastentuches im 16. Jahrhundert wird. Daß hier tatsächlich ein Programm dahinter steht und nicht etwa die Verknappung des Bildraumes, zeigt sich in der ausführlichen, zehn Felder umfassenden Bildfolge von Schöpfung und Sünde. Eine Beschränkung an dieser Stelle hätte genug Raum für weitere Themen geschaffen.

Als typisch für die Tücher des 15. Jahrhunderts muß ihre Überleitung von Altem zu Neuem Testament angemerkt werden. Diese Funktion leistet häufig eine Bildfolge aus dem Marienleben einschließlich apokrypher Szenen; umfangreichstes Beispiel dafür ist das Fastentuch von Veitsch. Im 16. Jahrhundert treten dann auf den Fastentüchern biblisch nicht motivierte Marienszenen zurück.

Mit „Konzentration auf die Heilstatsachen" ließe sich die Entwicklung des Fastentuches im 16. Jahrhundert umschreiben. Die alttestamentlichen Bildfelder können stark reduziert werden, ohne den Zusammenhang von Schöpfung, Sündenfall und Folgen des Sündenfalls zu verlieren. Treten weitere alttestamentliche Szenen hinzu, so haben sie allenfalls die Sintflut, das Abrahamsopfer oder Moseszenen zum Inhalt. Ausführlich werden dagegen die Kindheit Jesu und seine Passion geschildert. Auf Bilder aus dem öffentlichen Leben Jesu, etwa seine Wunder oder Gleichnisreden, die schon im 15. Jahrhundert nicht häufig waren, wird jetzt ganz verzichtet. Haimburg und Präsanz besitzen auch keine Szenen zur Kindheit Jesu, verraten sogar durch ihr ausgewogenes Verhältnis von Altem und Neuem Testament noch die ältere Tradition.

Beide Tücher lassen in sonst nicht mehr erreichter Zuspitzung die gewandelte theologische Aussage erkennen. Die Unheilsgeschichte der Menschheit wird zur Folie, auf der die neutestamentliche Heilsgeschichte als notwendig erkannt wird. Verhängnis durch eigene Schuld und Erlösung durch das unverschuldete Leiden Christi sind die Kontrapunkte der Menschheitsgeschichte. Diese Polarität kann man auch mit Sünde und Gnade umschreiben, die das theologische Programm der Fastentücher des 16. Jahrhunderts prägen. Auch wo die alttestamentlichen Szenen immer weiter von der Passion zurückgedrängt werden, bleibt dieser Zusammenhang erhalten. Eindrucksvollstes Beispiel ist das schon dem 17. Jahrhundert zugehörige Fastentuch aus Sternberg, das 21 neutestamentlichen nur noch drei alttestamentliche Bildfelder voranstellt, die Schöpfung und Sündenfall zum Inhalt haben.

Die Wende zum 17. Jahrhundert ist sowohl im österreichischen Raum (Millstatt und Virgen) als auch im alemannischen Gebiet (Steinen) durch eine Wiederbelebung älterer Traditionen gekennzeichnet. An Tuchgröße, Felderzahl und Auswahl alttestamentlicher Themen stehen sie dem 15. Jahrhundert näher als dem 17. Jahrhundert.

Denn die Entwicklung des Felder-Typs im 17. Jahrhundert ist durch den „Verlust der heilsgeschichtlichen Dimension und die Reduktion auf die Leidensgeschichte" gekennzeichnet. Darunter verstehen wir die Aufgabe des kausalen Zusammenhanges zwischen Sündenfall und Erlösung. Die letzten Exemplare des Felder-Typs schildern nur noch das Faktum der Passion, nicht mehr das Warum ihrer Notwendigkeit. Belegt ist diese Spätphase des Felder-Typs zwar nur noch durch zwei Beispiele (St. Jakob in Gröden und Kraßnitz), doch fügt sich diese Entwicklung nahtlos in das Erscheinungsbild des Fastentuches dieser Zeit ein. Längst waren nämlich die einszenigen Typen dabei, die vielfeldrigen Tücher zu verdrängen, und die einszenigen Fastentücher zeigen nur noch Passionsthemen. Wo man überhaupt auf den Felder-Typ zurückgriff, ahmte man lediglich eine traditionelle Form nach und folgte ikonographisch der zeitgemäßen Reduzierung auf das Leiden Christi. Allein das Lienzer Fastentuch von 1640 gehört formal und inhaltlich noch dem Felder-Typ der zweiten Epoche an. Hier spiegelt sich der Zeitgeist in zwei Szenen der Marienverherrlichung am Schluß der Bildsequenz.

Die Entwicklung des Felder-Typs endet somit im 17. Jahrhundert und mündet ohne Bruch in den Strom der neuzeitlichen Fastentücher, die im Format meist kleiner, in der ikonographischen Auswahl beschränkter und in der theologischen Aussage ärmer sind.

Die reine Nacherzählung der Passionsgeschichte, die man zunächst von den Fastentüchern aufgrund ihrer kirchenjahreszeitlichen Verwendung erwarten würde, ist also erst am Ende ihrer Geschichte zu beobachten. Die mittelalterlichen Fastentücher dagegen besitzen ein umfassendes heilsgeschichtliches Programm, das in der Regel von der Schöpfung bis zum Jüngsten Gericht reicht. Eine solche Bilderfolge scheint nicht für Fastentücher erfunden, sondern von den monumentalen Zyklen mittelalterlicher Kirchenausmalung übernommen worden zu sein. Allerdings haben die Fastentücher eine formale Gestalt angenommen, die nicht ohne weiteres aus der Wandmalerei ableitbar ist.

Typ II
Der zentrale Felder-Typ

Der zentrale Felder-Typ ordnet kleinformatige Bildfelder um ein großformatiges Mittelfeld. Er ist insgsamt nur in zwei Exemplaren belegt, die sich beide im alemannischen Raum befinden. Seine Bedeutung darf aufgrund seines geringen Denkmälerbestandes allerdings nicht unterschätzt werden[397], immerhin folgt das Freiburger Fastentuch, das größte seiner Art, diesem Typ.

Die Klassifizierung als zentraler Felder-Typ soll seine Mittelposition zwischen dem mittelalterlichen Felder-Typ und dem neuzeitlichen Zentral-Typ charakterisieren. So erinnert die kleinfeldrige Rahmenzone deutlich an das ältere Rasterprinzip, nimmt diese aber zugunsten eines Hauptbildes zurück. Damit wird die akzentlose Aneinanderreihung gleichformatiger Darstellungen aufgegeben, und die erzählerische Absicht weicht der Darstellung eines Einzelbildes. Die kleinen Bildfelder, die früher in ihrer Abfolge einen kausalen Sinnzusammenhang hergestellt haben, sind nun untergeordnetes, rahmendes Beiwerk.

Der typische Zusammenhang von Altem und Neuem Testament wurde aufgegeben, Thema ist allein die Passion. Damit weist der zentrale Felder-Typ den Weg zur Reduktion und zur Beschränkung auf die Leidensgeschichte. Da praktisch das Mittelbild dominiert, wird der ursprünglich didaktische Charakter einer Bildfolge aufgegeben, und eine einzige Szene zum Gegenstand der Andacht. Damit nimmt das Fastentuch von Brigels, das sicher noch in die erste Hälfte des 16. Jahrhunderts gehört, eine Entwicklung vorweg, die erst in den Fastentüchern vom einszenigen Typ ihren Abschluß und Höhepunkt findet.

Von der Funktion her allerdings war der zentrale Felder-Typ noch zur Raumverhüllung bestimmt, eine Tatsache, die das Freiburger Fastentuch sehr eindrücklich belegt. Damit steht dieser Typ an einer bedeutsamen Schwelle in der Entwicklung der Fastentücher. Funktional noch dem Alten verhaftet, ihm ähnlich in der Form, wendet es sich ikonographisch ganz dem Neuen zu.

Typ III
Der Arma-Christi-Typ

Unter dem Arma-Christi-Typ der Fastentücher verstehen wir eine Reihe von Exemplaren, die um eine ikonographisch nicht festgelegte Mitte die Leidenswerkzeuge[398] anordnen. Dabei können die Arma sowohl den Hauptinhalt des Bildes als auch eher rahmendes Beiwerk darstellen. Als Mittelpunkt der Arma-Christi-Tücher können das Kruzifix (Flums, Lustenau), das leere Kreuz (Menzingen), der Schmerzensmann (Münsterlingen) und das Vesperbild (Rheinfelden) fungieren. Mit den fünf genannten Orten sind auch die verhältnismäßig wenigen Vorkommen dieses Typs aufgezählt, der (dem Erhaltungszustand nach) ausschließlich auf den alemannischen Raum beschränkt ist.[399] Die zeitliche Verbreitung dieses Typs konzentriert sich auf das 17. Jahrhundert.

Wenn man die Leidenswerkzeuge als auf symbolische Zeichen reduzierte Wiedergabe der Leidensstationen betrachtet, die beim zentralen Felder-Typ ein großformatiges Mittelbild umgeben, so kann man hierin eine verwandtschaftliche Beziehung der beiden Typen feststellen. Der Arma-Christi-Typ verzichtet allerdings auf eine chronologische Abfolge, die Arma sind eher nach kompositionellen Gesichtspunkten angeordnet oder folgen wie in Menzingen einer antithetischen Konfrontation. Andererseits weist der Arma-Christi-Typ auf die einszenigen Fastentücher voraus, wenn man bedenkt, daß die Leidenswerkzeuge zugunsten eines großformatigen Mittelbildes auf den Rahmen beschränkt werden wie in Rheinfelden. Von daher ergibt sich natürlich die Frage nach der Berechtigung eines eigenen Arma-Types, der eine eigentümliche Zwischenstellung zwischen den zentralen und den einszenigen Typen einnimmt. Das erste greifbare Vorkommen des Arma-Types liegt 1565 in Münsterlingen vor und steht damit genau zwischen dem zentralen Felder-Typ von Brigels, um 1500, und den einszenigen Tüchern von Kerns und Sarnen, um 1615.

Die eigenwillige bildliche Erscheinung der Arma-Tücher lassen aber eine eigenständige Klassifizierung durchaus als sinnvoll erscheinen. Während der zentrale Felder-Typ sich optisch noch an die älteren Feldertücher anlehnt, offenbaren die Arma-Tücher einen vollständigen Sinneswandel in der Auffassung der Fastentücher. Mit ihrem Auftreten ist auch der Funktionswandel von der Raum- zur Altarverhüllung vollzogen. Sie sind im Format durchwegs kleiner, ihre durchschnittliche Größe beträgt etwa drei Meter im Quadrat, und nur das Flumser Tuch ragt mit über fünf Metern Höhe heraus, war aber aufgrund seiner geringen Breite niemals zur Raumverhüllung gedacht. Das Rheinfeldener Tuch ist in den Maßen mit dem Hochaltarblatt sogar identisch und muß als Wechselbild bezeichnet werden.

In Anbetracht der Entwicklung der christlichen Ikonographie erscheinen die isolierten Leidenswerkzeuge auf den Fastentüchern erst relativ spät. Die Verehrung der Arma Christi läßt sich bis ins vierte Jahrhundert zurückverfolgen, als Kaiserin Helena von ihrer Palästinafahrt Andenken an die Leidensstationen Christi nach Rom mitbrachte. Um den Gläubigen die Andacht vor den Reliquien, Holz vom Kreuze Christi sowie von dem des guten Schächers, der INRI-Tafel, den Nägeln und anderem mehr, zu ermöglichen, ließ ihr Sohn, Kaiser Konstantin, einen Teil ihres Palastes zur Kirche Sta. Croce in Gerusalemme umbauen.

Bis ins Mittelalter hinein wurden die Leidenswerkzeuge in erster Linie als Hoheitszeichen und Majestätssymbole Christi verstanden. Sie waren deshalb ikonographisch den Weltgerichtsbildern zugeordnet und erscheinen zum ersten Mal auf dem Triumphbogen von San Michele in Affricisco im 6. Jahrhundert.[400] Die von Engeln gehaltenen Arma, Lanze und Schwamm, sind hier als Zeichen des wiederkommenden Christus aufzufassen; diese Bedeutung behalten sie bis ins 12. und 13. Jahrhundert.

Erst seit dem 13. Jahrhundert stellt eine tiefgehende Passionsmystik die Arma in einen neuen Zusammenhang. Die Leidenswerkzeuge werden als Zeichen des Leidens Christi verstanden und in der Christusnachfolge meditiert. Stellvertretend stehen die Waffen Christi für seine durchlittenen Qualen, die der Gläubige intensiv nachzuerleben versucht. Gleichzeitig behalten die Arma ihren Charakter als Hoheitszeichen, weil Christus mit ihnen Tod und Sünde bezwungen und damit die Menschen erlöst hat. Die Mystik war gewissermaßen der innere Antrieb zu einer kontemplativen Betrachtung der Waffen Christi. In der Betrachtung von Zange und Hammer, von Geißel und Rute, die dem unschuldigen Gottessohn so bitteres Leid zugefügt haben, schwingt ein deutlicher Protest gegen kirchliche Veräußerlichung und überzogene Vernunftstheologie mit.

Den äußeren Anlaß zum ungeheuren Aufschwung, den die Arma in der mittelalterlichen Frömmigkeit nahmen, gaben die Kreuzzüge, die zahlreiche Passionsreliquien aus dem Heiligen Land und aus Konstantinopel nach Westeuropa gebracht hatten. Die häufig gestörte oder gar unterbrochene Wallfahrt zu den heiligen Stätten in Palästina fanden nun in der Verehrung der Herrenreliquien ein neues Ziel. Vom Kreuzzug Kaiser Friedrichs II. brachte Kardinal Colonna 1223 ein Säulenfragment von der Geißelsäule mit nach Rom und ließ sie in S. Prassede aufstellen. Kreuzpartikel zählten zu den begehrtesten Reliquien im Abendland.[401]

Die mittelalterliche Armaverehrung erschöpfte sich jedoch keineswegs in der Betrachtung objektiv gerade noch faßbarer Reliquien, sie wandte sich vielmehr auch scheinbar nebensächlichen Gegenständen wie dem Strick, mit dem Christus zur Kreuzigung geführt wurde, der Laterne, die den Häschern den Weg zu Christus wies, den dreißig Silberlingen und etwa sechzig anderen Leidenswerkzeugen zu. Manche von ihnen entstammten auch den sogenannten geheimen Leiden Christi, die man aus den apokryphen Überlieferungen schöpfte und gleichrangig in das biblische Passionsbild einfügte.[402] Ohne Unterschied wurden die biblischen und apokryphen Arma in den Passionsandachten nachvollzogen[403] und als Gegenstand der Andacht in den verschiedensten künstlerischen Techniken und Gattungen verbildlicht. Auf kleinstem Raum konnte die Fülle der Leiden Christi in abgekürzter Weise unter gleichzeitiger Wahrung der Universalität der Passion dargestellt werden. Eine besondere Vorliebe entwickelte man dahingehend, Leidensstationen auch durch einzelne isolierte Körperteile gegenwärtig werden zu lassen. Stellvertretend für Christus konnten seine fünf Wunden, die der Volksmund auch „Herrgottsklein" nannte, dargestellt werden, ebenso konnten die Köpfe und Extremitäten an Christus handelnder Personen an deren Stelle treten. ‚Abgehackte Hände' und ‚abgeschnittene Köpfe' trieben die bildliche Gestaltung manchmal bis an den Rand des guten Geschmacks.

Je weiter das Mittelalter in seiner ausgeprägten Passionsfrömmigkeit fortschritt, desto mehr fanden die Arma Christi Aufnahme in die volksfromme Andacht und auf entsprechenden volkstümlichen Kunstwerken. Die technisch vergleichsweise anspruchslose Darstellung der Waffen im Gegensatz zu figürlichen Bildern und Plastiken lag auch im Vermögen nur handwerklich begabter Maler und Zimmerleute. Der Arma Christi bedienten sich die Wegkreuze im Alpenraum und anderswo ebenso wie die klösterlichen Eingerichte. Erst als sich die Arma im volksfrommen Brauchtum durchgesetzt hatten, kamen sie auch auf den Fastentüchern zur Darstellung. Ob das Münsterlinger Fastentuch von 1565 am Anfang dieser Entwicklung steht, kann nicht behauptet werden; in der freskanten Kirchenausstattung finden sich die Armadarstellungen schon früher (Abb. 176). Aber die Entwicklung dürfte auch nicht sehr viel früher eingesetzt haben, weil sie wohl mit dem beschriebenen Funktionswandel der Fastentücher seit dem ausgehenden 16. Jahrhundert zusammenhängen dürfte.

Angesichts der weiten Verbreitung der Arma Christi erscheint es ungewöhnlich, wenn ihre Darstellung auf den Fastentüchern auf den alemannischen Raum beschränkt wäre. Die Arma Christi waren auch in Österreich traditioneller Bestandteil der volkstümlichen Bilder- und Zeichenwelt gewesen. Möglicherweise zeichnet hier, unberechenbaren Zufällen unterworfen, der erhaltene Denkmälerbestand ein falsches Bild. Der Arma-Typ schlägt seinerseits sogar die wichtigste Brücke zu den westfälischen Hungertüchern, denn auch dort bilden die Arma-Christi-Tücher im 17. Jahrhundert eine eigene Gruppe.[404] Wenn auch in anderer Technik gefertigt, können sie doch formal und inhaltlich den alpenländischen Verwandten dieses Typs zur Seite gestellt werden. Daran läßt sich ein ‚internationaler' Zeitgeist ablesen, der trotz örtlicher Differenzen ohne große Unterschiede während des Barocks das ganze Abendland erfaßt hat.

Von seinem Charakter her ist das Arma-Christi-Motiv nicht belehrend, sondern möchte zur meditativen Versenkung anregen. In der Passionszeit aufgezogen, dient es nicht wie die vielfeldrigen Fastentücher der Unterweisung, sondern verweist den Betrachter auf den Kernpunkt der kirchenjahreszeitlichen Konzentration. Es ist signifikantes Zeichen der Passionszeit. Zweifellos entstand der Arma-Christi-Typ später als der Felder-Typ. Die besondere Beliebtheit des neuen Motivs erklärt Wagner[405] mit der allgemeinen Symbolfreudigkeit des Barocks, die mit einer Vorliebe für das Verschleierte, Andeutende, Dämmrige und Rätselartige einherging. Nicht unterstrichen werden kann seine weitergehende Überlegung, es seien die behutsame Andeutung und das schlichte Zeichen, welche die Arma beliebt gemacht haben. Aus ihnen strotzt eher eine drastische Derbheit, die die schlichten Bilderreihen der alten Fastentücher bei weitem übertrifft. Neigte die kirchliche Kunst der Barockzeit einerseits zur glorreichen Verherrlichung Christi und seiner Kirche, so erreichte sie andererseits in der Darstellung der Passion eine ebenso extreme Tiefe. Die szenischen Passionsbilderfolgen entbehrten ja auch nicht einer drastischen Darstellungsweise, doch erreichen sie nicht die gefühlsbetonte Eindringlichkeit wie die versammelten Waffen Christi oder die späteren Einzelbilder, die nur die Konzentration auf das Leiden erlauben. Man möchte fast behaupten, die Felder- und die Arma-Christi-Tücher haben nur noch den Namen Fastentuch gemein, ihre Intention ist eine völlig verschiedene.

Wir fassen zusammen. Die Arma-Christi-Tücher bilden eine verhältnißmäßig kleine, aber eigenständige Gruppe mit Schwerpunkt im 17. Jahrhundert. Bei der allgemeinen Beliebtheit der Arma Christi mag ihre Einschränkung auf den alemannischen Raum dem Erhaltungszustand zuzuschreiben sein. Vergleichbare Beispiele außerhalb des Alpenraumes finden sich als geschlossene Gruppe in Westfalen und als Einzeldenkmal im sächsischen Zittau (Abb. 268). Die Arma Christi sind kein fastentuchspezifisches Motiv, sondern sind der allgemeinen Passionsfrömmigkeit entnommen. Gegenüber dem Felder-Typ markieren sie einen bedeutsamen Einschnitt in der Funktion und Ikonographie der Fastentücher.

Typ IV
Der Zentral-Typ

In der Abfolge des historisch nachweisbaren Auftretens der verschiedenen Fastentuch-Typen ist an vierter Stelle der Zentral-Typ zu nennen. In der österreichischen Fastentuchlandschaft steht es hinter dem Felder-Typ sogar an zweiter Stelle. Unter dem Zentral-Typ verstehen wir eine Bildkomposition, die um ein zentrales Kruzifix oder eine Kreuzigungsgruppe in runden oder ovalen Medaillons Szenen aus der Passion Christi anordnet. Die Bildfolge greift nur in Ausnahmefällen andere Themen auf (St. Stephan: Auferstehung; Pleßnitz: Taufe). Damit ähnelt die Ikonographie des Zentral-Typs der Bildauswahl des zentralen Felder-Typs; die Zahl der Themen ist jedoch durchwegs geringer (durchschnittlich nur 5, maximal 11). Das Format schwankt zwischen 6,6 und 13,5 m^2; somit war der Zentral-Typ nicht zur Raumverhüllung, sondern zum Verhängen des Altares bestimmt. Das Erscheinungsbild des Zentral-Typs, dessen Exemplare zwischen 1612 und 1800 entstanden sind, wird wenig variiert und zeigt im Kernbestand der Bildauswahl eine auffällige Übereinstimmung:

ST. STEPHAN AM KRAPPFELD	UNTEREHRENDINGEN	PLESSNITZ	PISWEG	DREIFALTIGKEIT AM GRAY
1612	1693	1. H. 18. Jhdt.	1793	um 1800
–	–	Taufe	–	–
–				
–		–	–	
Ölberg	Ölberg	Ölberg	Ölberg	Ölberg
Gefangennahme	–	–	–	–
Verhör	–	–	–	–
Geißelung	Geißelung	Geißelung	Geißelung	Geißelung
Dornenkrönung	Dornenkrönung	Dornenkrönung	Dornenkrönung	Dornenkrönung
Ecce homo	–	–	–	–
Kreuztragung	Kreuztragung	Kreuztragung	Kreuztragung	Kreuztragung
–	–	Annagelung	–	–
Christus am Kreuz	Christus am Kreuz	Christus am Kreuz	Christus am Kreuz	Christus am Kreuz
–	–	Lanzenstich	–	–
–	–	Beweinung	–	–
–	–	Grablegung	–	–
Auferstehung	–	–	–	–

Damit sind alle erhaltenen Beispiele dieses Typs aufgezählt, vier davon stammen aus Kärnten, eines aus dem Schweizer Kanton Aargau. Allen gemeinsam sind die Szenen Ölberg, Geißelung, Dornenkrönung, Kreuztragung und Christus am Kreuz, drei Tücher beschränken sich auf diese Bildfolge, die den fünf Geheimnissen des schmerzhaften Rosenkranzes entspricht. Lediglich das älteste der fünf Tücher aus St. Stephan am Krappfeld erweitert den Passionszyklus um das Bild des Auferstandenen und verweist damit auf den Gnadenhorizont. Seit dem Ausgang des 17. Jahrhunderts beschränkt sich dieser Typ auf die Betrachtung der Leidensstationen und entspricht damit thematisch den einszenigen Tüchern. Denn die einszenigen Fastentücher greifen fast ausschließlich auf die Geheimnisse des schmerzhaften Rosenkranzes zurück.

Da der Rosenkranz eine meditative Gebetsform[406] ist, dienen auch die Fastentücher, die ihm ikonographisch folgen, nicht der Unterweisung, sondern der Andacht. Trotz seines spärlichen Auftretens besitzen wir mit dem Zentral-Typ ein wichtiges Bindeglied zwischen den szenenreichen Feldertüchern und den einszenigen Fastentüchern; er reduziert die ohnehin schon thematisch konzentrierte Bildfolge des zentralen Felder-Typs und nimmt durch seine Verengung auf die Rosenkranzgeheimnisse bestimmenden Einfluß auf die Ikonographie der einszenigen Fastentücher.

Typ V
Der einszenige Typ

Neben dem Felder-Typ ist unter den erhaltenen Fastentüchern der einszenige Typ am häufigsten anzutreffen. Unter dem einszenigen Typ verstehen wir jene Fastentücher, die auf der gesamten Tuchfläche nur eine einzige Darstellung besitzen. Er verkörpert formal gesehen das genaue Gegenstück zum kleinteiligen Felder-Typ, muß aber inhaltlich als konsequente Weiterentwicklung jener Exemplare gewertet werden, mit denen der Felder-Typ im 17. Jahrhundert sein Ende fand. Die zunehmende Konzentration auf die Leidensgeschichte und die Reduktion der alttestamentlichen Themen hatte hier ja zu reinen Passionszyklen geführt. Ausschließlich Themen der Passion Christi sind der Inhalt der einszenigen Fastentücher.

Die Entwicklung zum einszenigen Typ war im zentralen Felder-Typ schon angelegt. Die von kleinfeldrigen Passionsszenen gerahmte Mittelszene der Kreuzigung wird im einszenigen Typ isoliert.

Die Darstellungen auf den einszenigen Fastentüchern entsprechen dem, was die Kunstwissenschaft[407] als Andachtsbild diskutiert und definiert hat. Das Andachtsbild wird – wie man auch an der Fastentuchentwicklung ablesen kann – aus erzählenden Bildfolgen herausgelöst und verselbständigt sich. Die Bedeutung des Andachtsbildes wurde darin gesehen, daß es eine Abkehr vom didaktischen Bildcharakter und eine Hinwendung zur gefühlsbetonten Darstellung bedeutet. Es will auf einer psychologisierenden Ebene dem Menschen die religiösen Inhalte näherbringen und knüpft an menschliche Erfahrungen an. Darin ist der entscheidende Unterschied zwischen dem vielfeldrigen und dem einszenigen Fastentuch zu sehen.

Der Wandel von der didaktischen Bildfolge zum meditativen Einzelbild markiert die einschneidende Entwicklung der Fastentücher im 17. Jahrhundert. Nachdem die historische Entstehung des Andachtsbildes bereits auf die frühgotische Epoche und den Einfluß der deutschen Mystik zurückgeführt wird, ist es erstaunlich, wie spät die Fastentücher an dieser Bildgattung Anteil nehmen. Einmal mehr zeigt diese Beobachtung, mit welch enormer zeitlicher Verzögerung die Fastentücher künstlerische Neuerungen aufnehmen. Der Nährboden des Andachtsbildes ist eine individualistische und sehr private Frömmigkeit. Überwiegend ländlich strukturierte Dorfgemeinden sind aber eher kollektive Glaubensgemeinschaften, in denen sich Formen privater Andacht zunächst nicht durchsetzen konnten.

Erst im 18. Jahrhundert hatte sich als standardisiertes Fastentuch der einszenige Typ durchgesetzt, und auch im 19. Jahrhundert blieb dieser Typ absolut führend.

Mit dem Wandel von der didaktischen Erzählfolge zum andachtheischenden Einzelbild hatte das Fastentuch auch den ihm eigenen ursprünglichen Charakter der raumverhüllenden Bilderwand verloren. Das Fastentuch wird generell kleiner, weil es nur noch das Altarbild zu verbergen hatte. Das Fastentuch richtet sich also nach der Größe des Altarblattes oder des Altarretabels und erreicht bei entsprechender Größe des Altaraufbaues noch manchmal respektable Ausmaße.

Ob es auch einszenige Fastentücher in der ursprünglichen Funktion des raumverhüllenden Vorhanges gegeben hat, kann nicht geklärt werden. Dort, wo sie noch in Verwendung stehen, hängen sie jeweils unmittelbar vor dem Altar.

Prinzipiell ist auch den einszenigen Fastentüchern ein äußerst einheitliches Erscheinungsbild zu eigen, wenngleich sich bei genauer Betrachtung einige Differenzierungen vornehmen lassen. Am Anfang der Entwicklung stehen jene Fastentücher mit der Szene der Kreuzigung. Eine figurenarme Kreuzigung, das Kruzifix zwischen Maria und Johannes, allenfalls bereichert um die Gestalt der Maria Magdalena, ist typisch für das 17. Jahrhundert. Der Bildhintergrund erscheint einfarbig dunkel. Hierzu zählen die Fastentücher aus Kerns, das älteste dieser Gattung datiert 1615, Sarnen und – leider verloren – St. Pankraz. Schon der zweiten Jahrhunderthälfte dürften die Tücher aus Kleinstockach, Anras, Leiblfing und Schnepfau angehören. 1697 ist das großformatige Fastentuch mit dem Kreuzigungsbild in Garsten entstanden.

Seltener kommen andere Szenen aus dem Kreuzweg Christi vor. Zwei Fastentücher aus dem 17. Jahrhundert zeigen eine Kreuzaufrichtung (Straßburg) und eine Kreuzannagelung (Fügen); sie lassen sich beide auf venezianischen Einfluß zurückführen und sind qualitativ verhältnismäßig gut. Die Vermittlung graphischer Vorlagen läßt sich hier deutlich ablesen. Aus dem Ende des 18. Jahrhunderts stammt das Fastentuch mit der Kreuztragung Christi in Unterschächen. Die Schwelle zum 19. Jahrhundert vielleicht schon überschritten hat das Fastentuch in Förolach, dessen Manier eher nach Norden weist und seine Vorlage aus dem Kreis um Rubens genommen hat.

Seit dem 18. Jahrhundert herrscht der Brauch, auch die Nebenaltäre mit Fastentüchern zu verhüllen. Geradezu als Norm gelten Dornenkrönung und Geißelung für die kleineren Fastentücher. Sie ergeben zusammen mit der Kreuzigung auf dem Fastentuch des Hochaltares eine dreiteilige Fastentuchfolge. Als eine gewachsene Fastentuchfolge bezeichnen wir diejenige, deren Tücher nicht gleichzeitig entstanden sind. Manchmal läßt sich nämlich beobachten, daß zu einem älteren Tuch des 17. Jahrhunderts unter dem Eindruck des Zeitgeschmacks im 18. Jahrhundert die beiden typischen Nebenszenen hinzukommen. Dies scheint für die Beispiele in Straßburg und St. Peter/Taggenbrunn zuzutreffen. Harmonisches Beispiel einer gleichzeitigen Fastentuchfolge sind die drei Tücher in Lieding. Nur die beiden Nebenszenen sind in Metnitz und St. Pankraz erhalten geblieben. In der winzigen Antoniuskirche von Bichlbächle konnte es geschehen, daß mit der Geißelung eine typische Nebenszene zum Thema des einzig vorhandenen Fastentuches wurde.

Die Fastentücher des 18. Jahrhunderts sind sich grundsätzlich sehr ähnlich. Komposition der Darstellung, Haltung der einzelnen Figuren, Kostüme und Requisiten dürften den volkstümlichen Leiden-Christi-Spielen entlehnt sein. Während sich die Fastentücher des 17. Jahrhunderts an graphische Vorlagen halten, orientieren sie sich im 18. Jahrhundert an der natürlichen Beobachtung.

Neben der typischen dreiteiligen Fastentuchfolge des 18. Jahrhunderts hat es umfangreichere Szenenfolgen auch schon früher gegeben. Ursache dafür war erneut der Wechsel vom raumverhüllenden zum altarverhüllenden Fastentuch. Dort, wo mehrere Altäre vorhanden waren, benötigte man für jeden Altar ein eigenes Fastentuch. Manche Kircheninventare geben darüber Auskunft[408], ein erhaltenes Beispiel ist die mehrteilige Fastentuchfolge von Luzern aus der Mitte des 17. Jahrhunderts. Zwei Fastentücher unbekannter Herkunft, die sich heute in Bregenz befinden und die 1681 datiert sind, gehören wohl auch in diesen Kontext, weil ihre Szenenfolge eher mit Luzern als mit der standardisierten Dreierfolge des 18. Jahrhunderts vergleichbar ist. Die umfangreichste Fastentuchfolge besitzt noch heute die ehemalige Stiftskirche von Garsten. Sie besteht aus sechs eigentlichen Fastentüchern vor den Altären der Seitenkapellen, dem älteren Fastentuch des Hochaltares sowie 12 weiteren Wechselbehängen an den Presbyteriumswänden und Pfeilern des Mittelschiffs. Hier überkreuzen sich jedoch zwei verschiedene Traditionen, zum einen die der Fastentücher, zum anderen aber die der barocken Festdekoration.

Seit dem Ende des 18. Jahrhunderts löst die Ölbergszene die Kreuzigung als Hauptbild ab. So besitzt die dreiteilige Fastentuchfolge von Mumpf zwar noch die typischen Nebenszenen Dornenkrönung und Geißelung, das Hauptbild aber zeigt Christus am Ölberg. Heute verloren scheint die Fastentuchfolge von Thurn bei Lienz[409] mit den drei Szenen Abschied Jesu, Ölberg und Geißelung. Christus am Ölberg zeigt auch das Fastentuch von St. Oswald. Ebenso bleibt Christus am Ölberg, auch Todesangst Christi genannt, das beherrschende Thema der Fastentücher im 19. Jahrhundert.

Somit folgt der einszenige Typ einer ziemlich klar erkennbaren Entwicklungslinie, die für den gesamten untersuchten Raum zutrifft. Unverkennbar ist vor allem der Hang zu einer starken Popularisierung.

Die folgende Übersicht zeigt alle Fastentücher des einszenigen Typs, die in den Katalog aufgenommen wurden:

17. Jahrhundert	Format	Größe	Szene(n)
KERNS, 1615	hoch	4,35 m²	Kreuzigung
SARNEN, um 1615	quer	1,39 m²	Kreuzigung
ST. PANKRAZ, 1632	hoch	20,00 m²	Kreuzigung
LUZERN, Mitte 17. Jhdt.	hoch	6,93 m²	Abschied Jesu von s. Mutter
	hoch	6,60 m²	Dornenkrönung, mater dolorosa
	hoch	5,39 m²	Vesperbild
	quer	ca. 3,85 m²	Christus am Ölberg
KLEINSTOCKACH, 2. H. 17. Jhdt.	hoch	ca. 4,76 m²	Kreuzigung
ANRAS, 2. H. 17. Jhdt.	hoch	ca. 8,50 m²	Kreuzigung
LEIBLFING, 2. H. 17. Jhdt.	quer		Kreuzigung
STRASSBURG, 2. H. 17. Jhdt.	hoch	3,89 m²	Kreuzaufrichtung
FÜGEN, 2. H. 17. Jhdt.	hoch	ca. 3,00 m²	Kreuzannagelung
unbekannte Herkunft, 1681	hoch	1,77 m²	Christus am Ölberg
	hoch	1,90 m²	Vesperbild
STRASSBURG			
17. Jhdt.	hoch	5,37 m²	Kreuzigung
18. Jhdt.	hoch	1,83 m²	Dornenkrönung
18. Jhdt.	hoch	1,39 m²	Geißelung

17. Jahrhundert	Format	Größe	Szene(n)
ST. PETER/TAGGENBRUNN			
17. Jhdt.	hoch	3,08 m²	Kreuzigung
18. Jhdt.	hoch	2,07 m²	Dornenkrönung
18. Jhdt.	hoch	2,07 m²	Geißelung
GARSTEN I, 1697	hoch	ca. 18,75 m²	Kreuzigung

18. Jahrhundert			
BERWANG-BICHLBÄCHLE, 1746	hoch	ca. 2,66 m²	Geißelung
SCHNEPFAU, um 1770	hoch	3,85 m²	Kreuzigung
METNITZ, um 1760	hoch	6,78 m²	Geißelung
	hoch	6,60 m²	Dornenkrönung
LIEDING, 2. H. 18. Jhdt.	hoch		Kreuzigung
	hoch		Dornenkrönung
	hoch		Geißelung
UNTERSCHÄCHEN, 2. H. 18. Jhdt.	hoch	2,03 m²	Kreuztragung
GARSTEN II, 1777			
I–VI	hoch	9,50 m²	
VII–XII	quer	22,04 m²	Passionszyklus
13–18	hoch	6,57 m²	
DEUTSCH-GRIFFEN, 1. Dr. 18. Jhdt.	quer		Vesperbild
ST. OSWALD, 1. Dr. 18. Jhdt.	hoch		Ölberg
MUMPF, 18. Jhdt.	hoch	6,99 m²	Ölberg
	hoch	4,70 m²	Geißelung
	hoch	4,60 m²	Dornenkrönung
ST. PANKRAZ, 18. Jhdt.	hoch	2,22 m²	Dornenkrönung
	hoch	2,22 m²	Geißelung
FÖROLACH, nachbarock	hoch		Kreuzabnahme
MATREI, Anf. 19. Jhdt.	hoch		Dornenkrönung

Gegenüber dem mittelalterlichen Felder-Typ besitzt der neuzeitliche einszenige Typ ein stark verringertes Format, meist deutlich unter zehn Quadratmetern. Die ikonographische Auswahl beschränkt sich ausschließlich auf Passionsszenen, ohne diese einer bestimmten Andachtsform, wie etwa den Kreuzwegstationen oder den Rosenkranzgeheimnissen, zuweisen zu können. Man gewinnt eher den Eindruck, als sollten die Themen nur der kirchenjahreszeitlichen Konzentration entsprechen. Die Fastentücher des kleineren Formats sind im Kirchenraum nicht mehr so dominant, sie sind eher Dekoration. In manchen Fällen fallen sie auf den ersten Blick gar nicht auf, sie verändern nur das Aussehen des Altares; das kirchenjahreszeitliche Normalprogramm wird durch ein der Passionszeit entsprechendes ersetzt. Die Funktion des Fastentuches rückt deshalb in die Nähe der mittelalterlichen Wandelaltäre.

Die Themen der einszenigen Fastentücher sind nicht neu. Sie waren bereits Bestandteil der erzählenden Bilderfolgen des Felder-Typs. Herausgelöst aus dem heilsgeschichtlichen Zusammenhang und als Einzelbild vergrößert, gewinnen sie jedoch ein ganz anderes Gewicht. Dadurch muß die theologische Aussage der einszenigen Fastentücher als von der der Felder-Tücher völlig unterschieden eingestuft werden. Mit dem felderreichen Fastentuch hat der einszenige Typ eigentlich nur noch den Namen gemeinsam.

Fastentuch und Wechselbild

In unserer Charakterisierung des einszenigen Fastentuches haben wir darauf hingewiesen, daß ihm insbesondere die Aufgabe zukommt, zur aktuellen Bildgestaltung des Kirchenraumes beizutragen. Dem kirchenjahreszeitlichen Wandel konnten die feststehenden Bildretabel der Renaissance- und Barockaltäre nicht Rechnung tragen. Das Kind in der Krippe, eine Himmelfahrt Mariens oder das Martyrium eines Heiligen wurden in der Passionszeit als unpassend empfunden. Textile Behänge sollten helfen, diesen ikonographischen Mißstand zu beheben. Je vollendeter nun sich die Fastentücher formal dem zu verhüllenden Altarbild anpassen, desto weniger treten sie als eigenständige Bildwerke in Erscheinung. Sie verbergen demnach nicht, sondern ersetzen das gewohnte Bild durch eine gleichrangige, möglichst unauffällige Darstellung. Das kann so weit führen, daß sie vom Betrachter auf den ersten Blick gar nicht als Veränderung wahrgenommen werden. Hier ist insbesondere an die Fastentücher von Rheinfelden und Matrei zu erinnern.

Der Kirchenjahreszeit entsprechende, austauschbare Altarbilder waren keineswegs auf textile Behänge beschränkt. Ja, der aus Leinen gewebte und bemalte Vorhang blieb letztlich doch ein Fremdkörper und war eher ein Notbehelf. Vielmehr waren viele barocke Altäre so konstruiert,

198. Pfarrkirche St. Nikolaus, MAUTHAUSEN. Hochaltar mit Pfingstbild, über linkem Seitenaltar Wechselbild: Verkündigung.
Foto: Verfasser

daß man ihre Hochaltarblätter technisch problemlos auswechseln konnte. Entsprechende Tafeln gab es dabei nicht nur für die Passionszeit, sondern alle Hochfeste des Kirchenjahres konnten visualisiert werden. Es standen dann mehrere gleichformatige und gleichwertige Altarblätter zur Verfügung, und von einem Normalbild konnte dann im eigentlichen Sinn nicht gesprochen werden. Wir nennen eine solche Reihe von thematisch unterschiedlichen, formal aber gleichwertigen Altarblättern Wechselbilder. Bekanntes Beispiel für diese bisher wenig erforschte Erscheinung im Barock sind die Wechselbilder, die der Kremser Schmidt für die Pfarrkirche in Mauthausen gemalt hat.

Die Urheberschaft des oberösterreichischen Barockmalers Johann Martin Schmidt ist zumindest für drei verschiedene Altarbilder dieser Kirche in Mauthausen (Oberösterreich) gesichert. Alle drei Tafeln, Mariä Verkündigung (Abb. 198), Geburt Christi und Auferstehung besitzen dieselben Maße von 3,05 auf 1,81 m und denselben charakteristisch geschwungenen oberen Bildrand[410]. Sie stammen sämtlich aus dem Jahr 1796. Insgesamt besitzt die Kirche in Mauthausen aber acht Wechselbilder; die fünf weiteren Tafeln enthalten ein Abendmahl, eine Kreuzigung, ein Pfingstbild, eine

199. Pfarrkirche St. Nikolaus, MAUTHAUSEN. Wechselbild: St. Nikolaus. (Kremser Schmidt?) Foto: Verfasser

200. Pfarrkirche St. Nikolaus, MAUTHAUSEN. Bühne hinter dem Hochaltar mit Halterung für Wechselbilder. Foto: Verfasser

201. Pfarrkirche St. Nikolaus, MAUTHAUSEN. Rückseite des Hochaltars mit Lattenkonstruktion zum problemlosen Austausch der Wechselbilder. Foto: Verfasser

Darstellung von Mariä Himmelfahrt sowie ein Bild des Kirchenpatrons St. Nikolaus (Abb. 199)[411]. Für alle Festtage standen somit entsprechende Bilder zur Verfügung.

Über die inhaltliche Zusammenstellung einer solchen Wechselbildreihe hinaus vermittelt Mauthausen einen interessanten Einblick in die Bewerkstelligung des technischen Problems, so großformatige und gewichtige Tafelbilder in kurzen Zeitabständen auszutauschen. Hinter der Retabelwand befindet sich auf einer Bühne ein Gestell, in dem die Bilder platzsparend und griffbereit aufbewahrt wurden (Abb. 200). Die Retabelwand selbst ist mit einem Wechselrahmen zu vergleichen; schmale Holzleisten halten das Bild in seiner Verankerung, sind problemlos zu lösen und gestatten einen raschen Bildwechsel (Abb. 201)[412].

Auf das Phänomen barockzeitlicher Wechselbilder wurde bisher nur vereinzelt hingewiesen[413]. Daß dabei häufig der Name des Kremser Schmidt zu nennen ist, dürfte jedoch eher an der schmalen Forschungsbasis als an einer eigenständigen Initiative des Malers in diese Richtung liegen[414]. Der Wille zur Veränderung des Altarbildes scheint in der katholischen Kirche ungebrochen aus der mittelalterlichen Tradition weitergelebt zu haben. In der Kontinuität dieses Brauches sind die Fastentücher als Bindeglied anzusehen.

Für die Stiftskirche von Seitenstetten lieferte der Maler Tegenhart 1678 fünf gleichformatige Bilder, um den damaligen Hochaltar der Kirchenjahreszeit entsprechend zu wandeln.[415]. Die Bilderfolge ist insofern interessant, als sie neben der Verkündigung an Maria (Advent), der Geburt Christi (Weihnachten), der Auferstehung (Ostern) und der Herabkunft des Heiligen Geistes (Pfingsten) auch eine Darstellung des Sündenfalles besaß. Dies erinnert zweifellos an den ikonographischen Grundbestand der mittelalterlichen Fastentücher. Da unter den Wechselbildern von Seitenstetten ein Passionsbild fehlt, wäre eine Verwendung des Sündenfallbildes zwischen dem Weihnachts- und dem Osterbild durchaus denkbar.

Für die hohen Feiertage des Kirchenjahres besitzt die Pfarrkirche von Kilb (Niederösterreich) einen Satz von zwölf Wechselbildern[416]. In der Reihenfolge des Kirchenjahres stellen sie dar: Mariä Empfängnis, Geburt Christi, Anbetung durch die Heiligen Drei Könige, Darbringung Christi im Tempel, Mariä Verkündigung, Abendmahl, Kreuzigung, Auferstehung, Himmelfahrt Christi, Pfingsten, Mariä Himmelfahrt und Allerheiligen. Sie wurden 1800 von Johann Martin Schmidt, Öl auf Leinen, gemalt und besitzen alle die Maße 1,26 x 0,92 m[417]. Ihr liturgischer Ort ist allerdings nicht das Hochaltarbild selbst, sondern befindet sich über dem Tabernakel. Gelegentlich werden sie deshalb auch als Tabernakelbilder bezeichnet[418]. Mitunter werden auch in Kärntner Kirchen als Zeichen der Passionszeit Bilder mit dem dornengekrönten Haupt Christi auf den Tabernakel aufgesteckt. Häufig von zwei knieenden Engeln flankiert, wirken die Bilder nicht unorganisch, und ihre temporäre Verwendung fällt nur im Vergleich des kirchenjahreszeitlichen Wechsels auf. Die Beispiele, wie sie etwa in der Klagenfurter Hauptstadtpfarrkirche St. Egid oder der Straßburger Pfarrkirche zum heiligen Nikolaus zu sehen sind, besitzen allerdings keinen künstlerischen Wert; sie dokumentieren jedoch den vereinfachten Gebrauch des Wechselbildes meist dort, wo andere Möglichkeiten der fastenzeitlichen Bildveränderung nicht (mehr) gegeben sind.

Historisches Beispiel eines solchen nur zur Fastenzeit aufgestellten Bildes ist ein 1569 datiertes Triptychon im Münster zu Konstanz. Das von kannelierten Säulen gerahmte, 79×52 cm große Mittelbild zeigt das Brustbild des Ecce homo in karminrotem Mantel auf ultramarinblauem Grund; auf den beiden Flügeln sind Christus am Ölberg und die Kreuztragung dargestellt.[419] Das Triptychon war eine Schenkung des Bischofs Fugger, dessen Wappen auf der Rückseite aufgeklebt war. Konrad Gröber verdanken wir den sonst nicht erwähnten Hinweis, daß das Bild früher zur Fastenzeit im Münster aufgestellt wurde[420].

Daß solche zur Passionszeit verwendete Tafelbilder als Fastenbilder bezeichnet werden konnten, belegt die Existenz eines solchen in der Pfarrkirche Mariä Himmelfahrt in Pulst (Kärnten, polit. Bez. St. Veit a. d. Glan). Der spätbarocke Hochaltar, reich an Schnitzfiguren, zeigt im Zentrum eine freiplastische Schutzmantelmadonna. In der Fastenzeit konnte nun ein Tafelbild aufgezogen werden, welches die Figurengruppe des kirchenjahreszeitlichen Normalprogramms vollständig verdeckt (Abb. 202). Das Fastenbild wird außerhalb der Passionszeit im Unterbau des Hochaltares verwahrt, der, weil die Mensa frei vor dem Retabel steht,

202. Fastenbild PULST in der Pfarrkirche Mariä Himmelfahrt.
Foto: Verfasser

zugänglich ist und sich mit zwei Türen schrankartig öffnen läßt. Dort hängt das Bild in zwei Führungsschienen (Abb. 203) und kann darin bei Bedarf problemlos hochgezogen werden. Auf der Innen-

203. Pfarrkirche Mariä Himmelfahrt, PULST. Schrankartiger Unterbau des Hochaltars zur Aufnahme des Fastenbildes mit Inschrift.
Foto: Verfasser

204. Heiliggrab, STERNBERG. Foto: Verfasser

205. STUBEN; Pfarrkirche. Hochaltar zur Weihnachtszeit. Weihnachtskrippe aus Bretterfiguren. Foto: Verfasser

206. BRIXEN, Pfarrkirche. Hochaltar zur Weihnachtszeit. Weihnachtskrippe aus Bretterfiguren. Foto: Verfasser

seite der rechten Türe bezieht sich eine Inschrift auf die Stiftung dieses Gemäldes, das darin ausdrücklich als „Fastenbild" bezeichnet wird. Erstaunlicherweise orientiert sich das Bild ikonographisch nicht an den vorbildgebenden Fastentüchern, sondern variiert lediglich das Programm des Normalbildes. Es zeigt Maria in einer ikonographischen Mittelposition zwischen Schutzmantelmadonna und Himmelskönigin. Damit steht es inhaltlich völlig außerhalb der üblichen Passionsthematik[421].

Die genannten Beispiele von Wechselbildern müssen angesichts der gegenwärtigen Forschungslage auf diesem Gebiet als Zufallsfunde bezeichnet werden. Sie stellen gewissermaßen die Spitze eines Eisberges dar, und die Suche nach barockzeitlichen Wechselbildern scheint äußerst vielversprechend. Allerdings dürfte im Einzelfall der Nachweis solcher Zusammenhänge schwierig sein.

Es ist kaum vorstellbar, daß Liturgie und Verkün-

207. Pfarrkirche ST. FELIX. Hochaltar zur Weihnachtszeit: Jesuskind in der Krippe vor Wechselbild. Foto: Verfasser

208. Pfarrkirche zum heiligen Michael in ABSAM zur Osterzeit: Der Auferstandene. Foto: Verfasser

digung im Laufe der Zeit auf die im mittelalterlichen Flügelretabel gewonnenen Wandlungsmöglichkeiten verzichtet haben. Gerade eine volksnahe Kirche wußte um die Chancen einer jahreszeitlichen Veränderung des Kirchenraumes. Nicht zuletzt die in Mission und Didaktik führenden Jesuiten haben dies erkannt. So entstanden unter ihrem Einfluß seit dem 17. Jahrhundert teilweise riesige Kirchenkrippen[422] oder Heiliggräber[423] (Abb. 204), die die Aufmerksamkeit des Kirchgängers auf den aktuellen Kasus des Kirchenjahres hinlenken sollten. Der Altar als Zielpunkt des gottesdienstlichen Geschehens konnte von einer solchen Wandlung nicht ausgeschlossen werden. Höhepunkte solcher Wandlung waren natürlich die kirchlichen Hochfeste, allen voran Weihnachten, Passion und Ostern. Wie sehr die Altardekoration gerade auf die Unterweisung der Gemeinde abzielte, läßt sich heute noch eindrucksvoll am Beispiel der nebeneinanderliegenden Pfarr- und Domkirchen in Brixen ablesen. In der Weihnachtszeit legt die Pfarrkirche ein festliches Kleid an. Kirchenraum und Chorbereich sind über und über mit Tannengrün geschmückt; der Hochaltar wird mit einem dunkelblauen Tuch verhangen, und davor wird dann eine großformatige Weihnachtskrippe aufgebaut (Abb. 206). Aus Platzgründen besteht die Gruppe der Heiligen Familie mit den anbetenden Königen und Hirten aus schmalen, ausgesägten und bemalten Holzfiguren, sog. Bretterbildern. Durch die Bemalung entsteht aber wie bei den technisch vergleichbaren Papierkrippen der Eindruck echter, räumlicher Tiefe. Während sich nun in der Weihnachtszeit der Hochaltar der Pfarrkirche in eine überdimensionale Kirchenkrippe verwandelt, bleibt der daneben liegende Dom von einer ähnlichen Ausschmückung nahezu unberührt. Lediglich ein kleiner Krippentrog mit dem Kind steht vor dem Hochaltar. Dieser Befund ist nur so zu deuten, daß im Gegensatz zum theologisch gebildeten Domkapitel die Laien sehr wohl einer augenfälligen Bilderpredigt bedürfen.

Als das wohl volkstümlichste Fest im Jahreslauf fordert Weihnachten eine entsprechende Festde-

209. KARTITSCH; Pfarrkirche. Hochaltar zur Passionszeit: Kreuzigungsgruppe aus Bretterfiguren. Foto: Verfasser

210. KARTITSCH; Pfarrkirche. Hochaltar zur Passionszeit: Ständerbilder mit den Rosenkranzgeheimnissen. Foto: Verfasser

koration geradezu heraus. In Tirol und anderen alpenländischen Gegenden ist dieser Brauch heute noch lebendig. Bretterbilder schmücken den weihnachtlichen Altar auch in der Pfarrkirche von Tösens (Tirol) und Stuben (Tirol, Abb. 205). In der letztgenannten Kirche stehen dabei unterschiedliche Figurensätze zur Anbetung der Hirten und der Heiligen Drei Könige zur Verfügung. Überall können wir dabei die Verwendung einfarbiger blauer oder violetter Tücher beobachten, die das unzeitgemäße Altarbild neutralisieren, und vor denen sich dann das aktuelle Bildgeschehen ereignet. Auch einfarbige oder bemalte Holztafeln können diese Funktion übernehmen. Ein volkstümliches Beispiel besitzt die Kirche in St. Felix (Nonstal/Südtirol, Abb. 207); hier wurde unter dem Einfluß der Entwicklung hin zur Heimatkrippe[424] eine Tafel mit der heimatlichen Szenerie und der realistischen Wiedergabe des Felixer Hausberges, der Laugenspitze, geschaffen. Die so bemalte Holztafel verbirgt den Kirchenpatron und bildet den Hintergrund für das Kind in der Krippe. Der Stall, der sich darüber erhebt, wurde aus grob behauenen Stämmen gezimmert.

Für das Osterfest suchte man nach ähnlichen Möglichkeiten, das biblische Geschehen optisch anschaubar zu machen. Man bediente sich dabei vergleichbarer Kunstgriffe. Der Verhüllung des Altarbildes kam dabei immer wesentliche Bedeutung zu. So wird zur Osterzeit beispielsweise der Hochaltar der Pfarrkirche zum heiligen Michael in Absam (Tirol, Abb. 208) mit einem roten Tuch verhangen und die Figur des Auferstandenen davorgestellt. Dadurch erhält der Kirchenraum eine eindrucksvolle Konzentration auf das Ostergeschehen.

Auch die Passionszeit kannte neben den Fastentüchern anderweitige, den eben beschriebenen Beispielen vergleichbare Altarveränderungen. Lebendiges Brauchtum in Kärnten und Tirol zeugt noch von dieser die Fastentücher ergänzenden Sitte. Eine aus Bretterbildern bestehende Kreuzigungsgruppe besitzt die Pfarrkirche in Kartitsch

211. GRAFENDORF; Pfarrkirche. Altar des südlichen Kirchenschiffs zur Passionszeit mit Ständerbild vor Fastentuch. Foto: Verfasser

212. WEISSENBACH; Pfarrkirche. Hochaltar zur Passionszeit mit Fastenbild: Ölberg. Foto: Verfasser

(Osttirol, Abb. 209). Sie wird ergänzt durch vier zugehörige, in der gleichen Technik gefertigte Bildständer, die mit den Leidenswerkzeugen und umkränzten Medaillons verziert sind. In den kreisrunden Bildfeldern sind Ölberg, Geißelung sowie Dornenkrönung und Kreuztragung dargestellt (Abb. 210). Sie vervollständigen das Kreuzigungsbild zum schmerzhaften Rosenkranz und werden ebenfalls nur während der Fastenzeit auf der Altarmensa aufgestellt. Eine andere Form, aber dieselbe Funktion besitzt eine auf einem Postament montierte dreieckige Bildtafel (Abb. 211) in der Pfarrkirche von Grafendorf (Kärnten). Sie steht ebenfalls auf dem Altartisch und zeigt eine Kreuzannagelung; auf einer zweiten zugehörigen Tafel ist die Kreuztragung dargestellt. Der Altar selbst ist mit einem nachbarocken Fastentuch verhängt.

Vor dem verhangenen Altarblatt konnte auch ein freiplastisches Kruzifix aufgestellt werden. Als Beispiele dieser schlichten Form der Altarveränderung kann man die Laurentiuskirche in St. Lorenzen im Lesachtal und die Pfarr- und Wallfahrtskirche Maria Schnee in Maria Luggau (Kärnten) anführen. Eine Kombination der verschiedenen Möglichkeiten besitzt die Pfarrkirche zum heiligen Sebastian in Weißenbach (Tirol). Dort wird während der Fastenzeit das Altarblatt – obwohl es eine Kreuzabnahme enthält – entfernt und durch ein plastisches Kruzifix ersetzt; die beiden Assistenzfiguren Maria und Johannes sind jedoch Bretterbilder. Die Nebenaltäre werden mit einem dunklen Tuch verhangen, Tafelbilder mit Darstellungen des Ölberges und der Geißelung werden davorgestellt (Abb. 212). Solche Fastentafeln besitzt auch die Andreaskirche in Abfaltern (Tirol, Abb. 213).

Ohne divergierende Unterschiede wird so das fastenzeitliche Aussehen alpenländischer Kirchen von Kärnten bis Tirol durch die beschriebenen Formen der Altarveränderung geprägt. Mit Ausnahme der traditionsreichen Fastentücher und der wenigen erhaltenen barocken Wechselbilder ist fast überall das 19. Jahrhundert gegenwärtig. Doch muß es als sicher angenommen werden, daß hier nach den einschneidenden Maßnahmen des Jose-

213. ABFALTERN; Pfarrkirche. Linker Seitenaltar zur Passionszeit mit Fastenbild: Schmerzensmutter. Foto: Verfasser

214. GRAFENDORF; Pfarrkirche. Altar des nördlichen Kirchenschiffs mit Statue des Ecce-homo. Foto: Verfasser

phinismus die volkstümliche Frömmigkeit auf das Althergebrachte zurückgriff und nur in „moderner" Gestalt wiederholte. Wie viele kirchliche Kunstgegenstände lediglich eine temporäre Verwendung besaßen, kann heute nur noch erahnt werden. An die bekannten Palmesel, die einzig für die Prozession am Palmsonntag geschaffen waren, sei hier erinnert. Wie das oben erwähnte Beispiel von Absam beweist, müssen auch die ungezählten Statuen des Auferstandenen in diesem Kontext gesehen werden, ebenso der Corpus Christi, der einzig zur bildhaften Verdeutlichung des Karfreitgeschehens in das Heilig-Grab gelegt wurde.

Nicht anders sind die im Mittelalter beliebten Schmerzensmannbilder mit ihren Variationen zu deuten. Zur Passionszeit treten sie in den Mittelpunkt. Ein Herrgottsruhheiland wird noch heute in Pinzon (Südtirol) zur Fastenzeit mit einem roten Mantel bekleidet. Ebenfalls mit einem roten Mantel angetan rückt ein isolierter Ecce-homo-Christus in Grafendorf (Kärnten, Abb. 214) ins Zentrum des mit einem violetten Tuch verhangenen Hochaltares. Außerhalb der Fastenzeit steht die Plastik unbekleidet in einer nahe gelegenen Kapelle. Eine ähnliche Christusstatue wird in Absam Mittelpunkt der passionszeitlichen Andacht. Da all diese Erscheinungen nur in der kurzen Zeit vor Ostern zu beobachten sind, wurde ihnen bislang nur wenig Aufmerksamkeit geschenkt. Sie gehören alle bei einer weitgefaßten Definition zum Phänomen des Wechselbildes[425].

Unter diesem Aspekt könnten wir die Fastentücher, die lediglich das Altarbild verdecken, durchaus als Wechselbilder bezeichnen. Dazu zählen die meisten einszenigen Tücher, aber ebenso manche Exemplare der anderen Typen. So haben wir in den Katalog der Fastentücher einige Beispiele aufgenommen, die die Grenze zum echten Wechselbild überschritten haben. Auf Rheinfelden und Matrei haben wir schon hingewiesen. Am Übergang vom Fastentuch zum Wechselbild stehen die Tücher von St. Oswald. Ein Ölbergbild könnte ohne weiteres als Fastentuch bezeichnet werden. Zwei weitere Behänge, je einer zu Weihnachten und zu

Ostern, sind jedoch als Wechselbilder anzusprechen.

Wenn wir diese Beispiele unter die Fastentücher aufgenommen haben, dann deshalb, weil sie aus Leinen gefertigt, bemalt und beweglich sind, somit mit den Passionsbehängen formaltechnisch übereinstimmen. Feste Altartafeln und anderweitige Formen der Altarveränderung haben wir aus denselben materialtechnischen Überlegungen ausgeklammert, obwohl hier eindeutig eine funktionale Verwandtschaft besteht. Die Grenze zwischen Fastentuch und Wechselbild kann nicht klar gezogen werden. Das Wechselbild zeichnen – grob gesagt – seine formale Identität mit dem zu ersetzenden Bild aus und die Tendenz, nicht nur für die Passionszeit, sondern auch für die anderen kirchlichen Hochfeste eine optische Alternative zur Verfügung zů stellen. Eine Zwischenstellung nehmen die übrigen Formen der Altarveränderung ein.

Aus dem Blickwinkel der Fastentücher betrachtet, sind die Wechselbilder nur konsequente Weiterbildungen bzw. formale Alternativen der passionszeitlichen Altarbehänge. Der verhüllende Charakter ist einer optischen Alternative gewichen. Wir gewinnen dadurch rückwirkend eine Bestätigung dafür, daß die nachmittelalterlichen, kleinformatigen Fastentücher am ehesten als Aktualisierung des Kirchenraumes zu verstehen sind. Von der Funktion her liegt ein Bruch zwischen den raumverhüllenden Fastentüchern und den Altarbehängen vor, nicht jedoch zwischen diesen und den Wechselbildern. Das Kontinuum der Fastentücher durch die Jahrhunderte gründet somit weniger auf ihrer Funktion als auf ihrer textilen Beschaffenheit. Ein großer Teil der Fastentücher kann daher in die Kategorie der Wechselbilder eingereiht werden.

Späte Nachfahren des perfekten Wechselbildes sind die Fastentücher der Pfarrkirche von Aschau (Tirol, Abb. 215). Wie im 19. Jahrhundert üblich, zeigt der Behang des Hochaltares ein Ölbergbild. Das Tuch des rechten Altares ziert eine Darstellung der trauernden Maria unter dem leeren Kreuz. Der breite Rahmen der beiden Fastentücher nimmt die Ornamentik der Altäre bewußt auf und erweist sie als eindeutig für diese Kirche geschaffen. Im Format genau dem Altarblatt angepaßt, harmonieren die beiden Fastentücher auch nach Form und Stil hervorragend mit der klassizistischen Innenarchitektur. Die grobe Struktur der Leinentücher läßt einen gobelinartigen Eindruck aufkommen und verleiht einen kostbaren Charakter.

Bleiben schließlich noch die Wandbehänge von Garsten zu betrachten. Sie sind doppelseitig bemalt und werden in der Advents- und Weihnachtszeit bzw. in der Fastenzeit verwendet. Dadurch sind sie als Wechselbehänge charakterisiert. Hier

215. Fastentuch der Pfarrkirche von ASCHAU. Foto: Verfasser

wurde aber eine Bilderfolge geschaffen, die nicht nur die Altarbilder aktualisiert, sondern auch den übrigen bildlichen Schmuck, in diesem Fall die gestickten Gobelins, mit einbezieht. Damit offenbaren die Wechselbehänge von Garsten eine enge Verwandtschaft zu den barockzeitlichen Festdekorationen, die in der Mehrzahl gewebten Tapisserien vorbehalten waren und die in der Lage waren, nicht nur den Altären, sondern dem gesamten Kirchenraum ein eigenes Gepräge zu geben.

Wie in Garsten die Alexander- und Makkabäergobelins, zu deren Verhüllung die besprochenen Behänge des Kremser Schmidt dienten, gehörten ähnliche Tapisserien häufig zur normalzeitlichen Grundausstattung. Manchmal läßt sich aber nachweisen, daß die kostbaren Wirkteppiche nur zu bestimmten Zeiten Verwendung fanden. Zu Weihnachten, Ostern und im August wurde in der Stiftskirche von Kremsmünster eine Teppichfolge mit der Geschichte des ägyptischen Joseph und dem Leben und Wirken des Apostelfürsten ausgestellt[426]. Sie stammen bereits von 1551, wurden jedoch erst von Abt Alexander II. (1709–1731) für das Stift angekauft und dienen seit dieser Zeit als temporäre Festdekoration[427]. Ein aktueller Bildbezug zum Kirchenfest ist hier nicht mehr gegeben, allein der festliche Charakter der Zeit wird dadurch unterstrichen. In ähnlicher Verwendung dürfte eine Reihe von sechs Gobelins mit den Szenen Paradies, Verbot vom Baum der Erkenntnis zu essen, Adam gräbt und Eva spinnt als Folgen des Sündenfalls, das Opfer der beiden Brüder Kain und Abel, Brudermord sowie die Flucht Kains gestanden haben, die sich im Domschatz der Metropolitankirche zu Salzburg befindet[428]. Neben diesen Teppichen aus der Zeit um 1629 besitzt der Domschatz eine Tapisserie mit einer lebensgroßen Darstellung der Kreuzigung, die als schwäbische Arbeit auf etwa 1480 datiert wird und möglicherweise die Verwendung gewirkter Teppiche als Passionsvorhänge im Alpenraum belegt[429].

Ebenfalls auf eine temporäre Verwendung eines 4,10 x 3,30 m großen Gobelins mit einer Darstellung von Judith und Holofernes aus der zweiten Hälfte des 15. Jahrhunderts läßt schließen, daß der Teppich in einem Inventar des Stiftes Nonnberg von 1738 unter den zur Ausschmückung des Heilig-Grabes und für die Fronleichnamsprozession angeführten Requisiten erwähnt wird[430]. Die zahlreichen mittelalterlichen Bildwirkereien sind zwar kunsthistorisch erfaßt, nicht jedoch auf ihren Verwendungszweck hin befragt worden. Wo diese in einer ausgesprochen kirchenjahreszeitlichen Verwendung standen, besteht durchaus eine gewisse Verwandtschaft zu den Passionstüchern und Wechselbehängen.

Obwohl es im Alpenraum, vor allem auch im schweizerischen Land, bedeutende Zentren der Stickerei und Bildwirkerei gegeben hat[431], haben sich keine derartigen Teppiche finden lassen, deren passionszeitliche Verwendung erwiesen ist. Wir verfolgen diese Spur deshalb an dieser Stelle auch nicht weiter.

Das Phänomen der kirchenjahreszeitlichen Raumveränderung durch textile Behänge, Wirkereien und andere Ausstattungsstücke bedarf einer weiteren Erforschung. Die nachmittelalterlichen Fastentücher sind sicherlich ein wichtiger Beitrag zu dieser Erscheinung, die das kirchliche Leben und die Frömmigkeit entscheidend beeinflußt hat.

Typ VI
Der Kalvarien-Typ

Das Fastentuch von Bregenz fügt sich nicht in die allgemeine typengeschichtliche Entwicklung ein. Sowohl die formale Gestaltung als auch die Auswahl der Szenen unterscheidet sich von allen anderen Beispielen. Um diesem Umstand Rechnung zu tragen, haben wir eigens dafür den Kalvarien-Typ eingeführt.

Allein die Terminologie ist – zugegebenermaßen – nicht glücklich, da der „Kalvarienberg" in verschiedenster Hinsicht vorbelastet und besetzt ist. Die Monographie von Kramer[432] reduziert den Kalvarienberg auf die Kreuzigungsgruppe selbst. In unserer Hinsicht auf das Bregenzer Fastentuch bietet sich die Definition von Schiller[433] als brauchbarer an: „Kalvarienberg . . . nennt man ausgedehnte Kreuzwege, die an einem Berghang aufgestellt wurden und mit der Kreuzigung auf dem Gipfel abschlossen." Das Wörterbuch zur Christlichen Kunst von Sachs, Badstübner, Neumann betont den plastischen Charakter der Kalvarienberge, wie sie in den ‚calvaires' der Bretagne einen eigenen Ausdruck gefunden haben[434]. Die Begriffsbestimmung im Lexikon der Christlichen Ikonographie[435] spiegelt die ganze Vielfalt des Sprachgebrauchs: „Allgemeine Bezeichnung christlicher Kreuzheiligtümer, auch Kreuzweg, Heiliger Berg, Neues Jerusalem genannt, Monumente aus Berg, Architektur und Bäumen, bereichert mit Stationen der Kreuzwege am Fuß, Anstieg und Gipfel. Auch Bezeichnung für narrative Kreuzigungsdarstellungen der Malerei und Plastik des Spätmittelalters und Barocks." Im letztgenannten Sinne nahm Roth[436] den „Kalvarienberg" für jedwede figurenreiche Kreuzigung in Anspruch.

Wenn wir für das Bregenzer Fastentuch den Kalvarien-Typ in Anspruch nehmen, so liegen die Vergleichsmomente in der Anordnung des Bildgeschehens an einem Berghang vom Fuß des Hügels bis zu seinem Gipfel und der daraus resultierenden Betonung eines Weges, der zurückgelegt wird. Diese Bildgestaltung ist spätestens seit dem 15. Jahrhundert in zahlreichen Altartafeln belegt, jedoch nicht auf diese Gattung beschränkt.[437] Sie beginnen meist jedoch erst mit der Kreuztragung, währenddessen das Bregenzer Fastentuch mit Ölberg, Dornenkrönung und Geißelung anfängt.

Daß hinter dem Normaltyp des Kalvarienberges die mittelalterliche Kreuzwegandacht steht, ist unverkennbar. Erst durch das Kreuzwegbreve Clemens' XII. 1731 wurde allerdings die heute übliche Form der 14 Stationen kanonisch.[438] Weil die Stationenfolge erst mit der Verurteilung Christi beginnt, wird nicht nur der Unterschied zum Bregenzer Tuch, sondern auch zu den Passionszyklen der älteren Fastentücher deutlich, die dem eigentlichen Kreuzweg nur jeweils ein Bild widmen. Von mehreren Fußfällen ist in der Fastentuchikonographie nirgends die Rede. So scheidet neben dem kanonischen Kreuzweg als Vorbild auch die ältere Andacht der sog. sieben Fußfälle aus.[439] Die Auswahl der Szenen auf dem Bregenzer Tuch orientiert sich wohl tatsächlich stärker an den Rosenkranzgeheimnissen als an den Kreuzwegen.

Dennoch kann die Beeinflussung durch die Kreuzwegidee nicht ausgeschlossen werden. Denn vor dem 18. Jahrhundert schwankten Zahl und Umfang der Kreuzwegstationen erheblich. Insbesondere außerhalb Deutschlands war die Verehrung der sieben Fälle kaum oder gar nicht verbreitet. Die Zahl der Stationen schwankte zwischen sieben und 19 (in den Niederlanden), 14 und 15 (in Italien), und in Polen zählte man derer 19. Für französische Kreuzwege ist nicht nur der Umfang von häufig 18 Stationen interessant, sondern gerade der szenische Umfang, der vom letzten Abendmahl bis zu Christi Himmelfahrt reicht, also gegenüber der späteren kanonischen Form noch umfassender ist.

Ein kürzerer Kreuzweg von nur sieben Stationen wurde in Arlon (belgisch Luxemburg) von den Kapuzinern nach 1620 errichtet und von Weihbischof Otto von Trier 1655 mit einem Ablaß bedacht. Er bestand „in sieben Stationen und sieben Vorstellungen der sieben fürnehmsten Geheimnussen des leydenden Heylands"[440], beschränkte sich also keineswegs auf den Leidensweg im strengen Sinn vom Pilatushaus zur Richtstätte. Der 1735 erneuerte Kreuzweg erweiterte zwar die Zahl der Stationen um zwei, hielt aber an der umfänglichen Darstellung fest; seine Reihenfolge umfaßte Ölberg - Gefangennahme - Haus des Kaiphas - Geißelung - Dornenkrönung - Kreuztragung - Kreuzigung - Kreuzabnahme - Grablegung. Dieser auf den sieben Geheimnissen aufbauende Kreuzweg stellt somit eine nähere Parallele zum Bregenzer Fastentuch dar als die kanonische Form der 14 Stationen.

Je weiter wir in der Geschichte des bildlichen oder als Andacht geübten Kreuzweges zurückgehen, desto uneinheitlicher wird seine Gestalt und desto umfangreicher sein inhaltliches Spektrum. Ursprünglich umfaßte der Kreuzweg also die gesamte Passion Jesu Christi, erst später verstand man darunter im eigentlichen Sinn den Weg Jesu mit dem Kreuz. Der Kreuzweg in seiner Verengung auf die 14 Stationen, wie er für die Stationstafeln in den Kirchen üblich geworden ist, hat also das Bregenzer Fastentuch nicht beeinflußt. Es hält vielmehr an der älteren Tradition fest und belegt auch in diesem Fall den konservativen Charakter der Fastentücher.

Daß die Fastentücher insgesamt an der Entwicklung des Kreuzweges keinen Anteil haben, ist umso bemerkenswerter, als die Kreuzwegandacht zu den wichtigsten barockzeitlichen Frömmigkeitsübungen gezählt hat[441].

Aber - auch dieser Rückverweis sei in diesem Zusammenhang gestattet - selbst die mittelalterlichen Fastentücher bleiben von der Kreuzwegidee gänzlich unbeeinflußt. Sie halten zäh an ihrer heilsgeschichtlichen Gesamtschau fest, obwohl spätestens seit dem ausgehenden 15. Jahrhundert die Vorstellung vom Kreuzweg Jesu die passionszeitlichen Bilderreihen beeinflußt[442]. Und selbst die späten Feldertücher des 17. Jahrhunderts (St. Jakob in Gröden und Kraßnitz), die erst mit der Passion beginnen, sprengen den Rahmen des Kreuzweges, indem sie über Kreuzigung und Grablegung hinaus die nachösterlichen Begebenheiten darstellen.

Eine wichtige mittelalterliche Frömmigkeitsübung in Gestalt des Kreuzweges hat also die Entwicklung der Fastentücher nicht beeinflußt, sondern - wie das Bregenzer Tuch zeigt - nur ganz am Rande berührt. So lehnt sich das Bregenzer Fastentuch an die Form des Kalvarienberges an, der seinerseits wiederum nur eine Nebenlinie der Kreuzwege darstellt.

Das in der Art eines Kalvarienberges gestaltete Bregenzer Fastentuch scheint vielmehr direkt mit den Fastenkrippen verwandt zu sein.[443] Fastenkrippen[444] bestehen im Normalfall aus einem Krippenberg mit mehr oder weniger Gebäuden und einem deutlich erkennbaren Weg, der sich in Serpentinen den Berghang zur Schädelstätte emporwindet. Die Gebäude sind meist mehrstöckig und besitzen große Terrassen, auf denen Figuren aufgestellt werden können. Die Figuren sind in der Regel kleinformatige hölzerne oder aus Papier ausgeschnittene Gebilde, farbig gefaßt und beweglich. Die szenenreichen Fastenkrippen werden am Aschermittwoch installiert und im Verlauf der Passionszeit Szene um Szene aufgestellt. Im Gegensatz zur Weihnachtskrippe, deren Bilder jeweils verändert werden, pflegt die Fastenkrippe ein additives Verfahren, so daß am Ende der Passionszeit die gesamte Leidensgeschichte über den Krippenberg verteilt vor Augen steht.

Fastenkrippen sind in Nachrichten seit der Mitte des 17. Jahrhunderts im süddeutschen Raum[445] und in Österreich bekannt[446]. In romanischen Landen sollen sie seit dem Beginn des 17. Jahrhunderts unter dem Namen „calvarios" bekannt sein.[447] Das Bregenzer Fastentuch zeigt nun nichts anderes als die Fastenkrippen und hat mit ihnen naturgemäß die temporäre Verwendung gemein. Ob nun eine direkte Abhängigkeit besteht oder Fastentuch und Fastenkrippe nur aus der gemeinsamen Tradition schöpfen, läßt sich nicht mit Bestimmtheit sagen. Älter jedenfalls sind die Belege für Fastenkrippen[448]. Erhaltene Denkmäler allerdings sind erst aus der Mitte des 18. Jahrhunderts bekannt[449].

Im Brauchtum dürfte die Fastenkrippe sogar erst gegen Ende des 18. Jahrhunderts Fuß gefaßt haben. Träger dieses Brauches waren hauptsächlich kleinbürgerliche und bäuerliche Kreise: „Die Fastenkrippe bedeutete diesen Menschen mehr als eine bloße Liebhaberei, sie war ihnen ein sinnfälliges Mittel, um den Inhalt des Heilsgeschehens voll und ganz miterleben zu können"[450]. Diesem Bedürfnis kam sicherlich auch das Bregenzer Fastentuch sehr entgegen, so daß die Vermutung erlaubt scheint, es sei nicht das einzige seiner Art gewesen.

Die Entwicklung der Fastentücher

Die ältesten erhaltenen Fastentücher stammen aus dem 15. Jahrhundert. Wenn wir aber das Zeugnis der schriftlichen Quellen hinzuziehen, so läßt sich der Brauch der fastenzeitlichen Verhüllung noch um Jahrhunderte zurückverfolgen, ehe sich die Spuren im Dunkel der Geschichte etwa im 10. Jahrhundert verlieren. Über das Aussehen der Fastentücher in dieser frühen Zeit sind wir nur spärlich unterrichtet. Der bildlose Typ ist wohl die ursprüngliche Form der Fastentücher. Gehalten in der Naturfarbe des Leinens bzw. schwarz oder auch weiß eingefärbt, kommt er dem eigentlichen Zweck der Verhüllung am nächsten. Auch zur Zeit der bilderreichen Fastentücher war der einfarbige, bildlose Vorhang noch hier und da anzutreffen[451].

Wann und wo ein mit Bildern geschmücktes Fastentuch zum ersten Mal den Chorraum in der Quadragesima den Blicken entzog und selbst zum Blickfang wurde, wissen wir nicht. Sicher war das jedoch lang vor dem 15. Jahrhundert der Fall. Denn die ältesten erhaltenen Tücher stehen bereits auf dem Höhepunkt der Entwicklung. Wenn wir die Geschichte der Fastentücher mit einem Strang vergleichen, so halten wir gewissermaßen das gekappte und aufgezwirbelte Ende in der Hand und können ihn nur noch in einer Richtung verfolgen. Das andere Ende hingegen scheint für immer verloren. Die in Beschreibung erhaltenen Augsburger Fastentücher machen es jedoch wahrscheinlich, daß bilderreiche Vorhänge schon seit dem 12. Jahrhundert gebräuchlich waren[452]. Sie waren allerdings in Nadelarbeit gefertigt und nicht gemalt; die Malerei auf Leinen zählt ja zu den relativ ‚modernen' Errungenschaften der künstlerischen Techniken.

Die Zeit der bilderlosen Vorhänge war also im 15. Jahrhundert längst vorbei, wenngleich diese Sitte noch mancherorts anzutreffen gewesen sein mag. Bilderreiche, streng in gleichformatige Felder geordnete und zum besseren Verständnis in Leserichtung von oben nach unten gereihte Bildertücher waren zur Regel geworden. Wenn wir das 15. Jahrhundert in der Entwicklung der Fastentücher bereits als einen Höhepunkt bezeichnen, so stützt sich diese Aussage auf ihre monumentale Größe und ihr umfangreiches, theologisch konzipiertes Bildprogramm. Beides nimmt in den folgenden Jahrhunderten kontinuierlich ab. In einer Einheitlichkeit, die von keiner Gattung christlicher Kultraumausstattung, seien es Altäre, Kanzeln, Lettner, Wand- und Deckenprogramme oder sonstige Gegenstände, erreicht wird, sind alle älteren Fastentücher streng an dem theologischen Programm einer umfassenden Heilsgeschichte ausgerichtet. Sie beginnen stets mit der Schöpfungsgeschichte und enden mit den Ereignissen der Verherrlichung Christi, meist mit dem Weltgericht. Das muß deshalb so stark betont werden, weil ihr Verwendungszweck in der Passionszeit ja einen eingeschränkteren Themenkreis erwarten ließe. Dieser Vorstellung aber werden sie erst seit dem 17. Jahrhundert gerecht.

Beispielgebend dürften die Bilderfolgen typologischer Programme gewesen sein, wobei eher an den Heilsspiegel als an die Armenbibel zu denken ist, weil dieser von der Erschaffung der Welt bis zum Weltgericht reicht. Wie die Zuger, Tratzberger und Südtiroler Fragmente belegen, gehörte der charakteristische Wechsel von neutestamentlichen Heilsereignissen und alttestamentlichen Typologien zum Bildprogramm der Fastentücher. Die meisten erhaltenen Exemplare neigen allerdings dazu, die typologische Ordnung zugunsten einer chronologischen Abfolge aufzugeben. Auf welchen Einfluß diese Änderung zurückzuführen ist, läßt sich nicht mit Bestimmtheit sagen. Vielleicht waren hier enzyklopädische Programme oder die seit dem 12. Jahrhundert zunehmenden umfangreich illustrierten Gesamtbibeln richtungweisend. Die freskanten Kirchenausstattungen zeigen seit dem 14. Jahrhundert eine ähnliche Tendenz[453].

Das 16. Jahrhundert führt die Tradition der felderreichen Fastentücher ungebrochen fort. Allerdings ist eine zunehmende Vereinfachung festzustellen. Man konzentrierte sich nun auf die Passionsgeschichte und die Kindheit Jesu. Die Zahl der alttestamentlichen Themen geht allmählich zurück, doch bleibt die biblische Geschichte noch immer eingespannt zwischen Schöpfung und Weltgericht. Angesichts des kirchengeschichtlich umwerfenden Einbruchs der Reformation, die ja in besonderer Weise auch den Alpenraum erschütterte, verblüfft diese unerschütterliche Kontinuität durch das ganze Jahrhundert. Das Trienter Konzil, das ja auch versuchte, die christliche Ikonographie neu zu regeln und zu straffen, hat zunächst auf die Fastentücher keine Auswirkungen. Nur ganz zaghaft dringen neue Bildelemente in die Fastentuchikonographie ein. So das Arma-Christi-Motiv, das zum erstenmal 1565 auf dem Münsterlinger Tuch erscheint.

Mit den ikonographischen Neuerungen verbunden ist ein Wandel in der Funktion der Fastentücher. So begegnen die neuen Motive nur auf Vorhängen, die nicht mehr der Raumverhüllung , sondern ausschließlich dem Verhängen des Altarbildes dienen. Das Fastentuch wird vom Chorbogen weggenommen und hängt nun unmittelbar vor dem Altar, ohne den Blick auf das Allerheiligste (Tabernakel) oder den die Messe zelebrierenden Priester zu verstellen. Damit werden die Tücher generell kleiner.

In großem zeitlichen Abstand erst bringt das 17. Jahrhundert die seit dem Trienter Konzil zu erwartenden Veränderungen und damit auch die größte Vielfalt in der Geschichte der Fastentücher. In diesem Jahrhundert sind alle Formen und Funktionen möglich. So kennt das 17. Jahrhundert nach wie vor die felderreichen Fastentücher. Das nachweislich letzte Tuch dieses Typs entsteht 1663 für die Kirche in Kraßnitz. Doch verliert der Felder-Typ allmählich seine ikonographische Prägnanz, indem der alttestamentliche Szenenanteil stetig zurückgenommen wird. Als alttestamentliches Minimalprogramm stellt das Sternberger Tuch noch Schöpfung, Sündenfall und Vertreibung in drei Feldern der neutestamentlichen Bildsequenz voran. Die Tücher aus St. Jakob und Krassnitz verzichten ganz darauf und zeigen nur noch Passionsszenen. Aber auch ein Anachronismus in Gestalt des Lienzer Tuches war noch möglich, das neben zahlreichen alttestamentlichen Szenen die Kindheitsgeschichte und sogar Szenen aus der öffentlichen Wirksamkeit Jesu besitzt. Zwei Bilder der Marienverherrlichung am Schluß der Bilderfolge wären früher allerdings undenkbar gewesen.

Die Epoche des Felder-Typs aber, und damit auch die Funktion der Raumverhüllung war zu Ende gegangen. Die letzten felderreichen Fastentücher sind in konservativen und rückständigen Gebirgsdörfern geschaffen worden. Wo jedoch der barocke Zeitgeist um sich griff, suchte man nicht mehr die Raumverhüllung, sondern die Aktualisierung des Kirchenraumes durch bewegliche Bilder, die an die Stelle des normalen Altarbildes traten. Diese Bilder waren häufig auf Leinen gemalt und knüpften durch die gleichbleibende Technik an die mittelalterlichen Fastenbehänge an. Ihre Aufgabe war nun eine völlig andere, die ebenso von Tafelbildern, sog. Wechselbildern, übernommen werden konnte. Im Gegensatz zu dieser technisch aufwendigeren Form der Altarverwandlung, für die der Altaraufbau selbst die notwendigen technischen Voraussetzungen bereithalten mußte, waren die textilen Wechselbehänge eine vereinfachende Variante.

Doch wurden auch diese als Fastentücher angesprochen. Ihrer neuen Aufgabe entsprechend, sind die Fastentücher des 17. Jahrhunderts im Format durchweg erheblich kleiner und meist dem einszenigen Typ zuzurechnen. Das eine Bild des Hochaltares wird durch ein anderes, der Kirchenjahreszeit entsprechendes ersetzt. Manchmal versuchte man sogar, das Fastentuch in Bildgröße und formaler Gestaltung dem Altarblatt bis zur Verwechselbarkeit anzugleichen. Ausschließlich Themen der Passion sind Inhalt der neuen Fastentuchgeneration. Überwiegend kam eine Kreuzigungsgruppe mit Maria und Johannes sowie der heiligen Büßerin Maria Magdalena zur Darstellung, vereinzelt auch Kreuzannagelung (Fügen) oder Kreuzaufrichtung (Straßburg). Besonderer Beliebtheit erfreuten sich im 17. Jahrhundert die Arma-Christi-Tücher, die vor allem im alemannischen Raum zu Hause waren. Sie erinnern insofern noch an die gotischen Felder-Tücher, als sie in ihrer eigenwilligen Bildauffassung das ganze Spektrum der Passion beinhalten. In diesem Sinn verstehen wir auch die zentralen Typen. Hier hatte bereits sehr früh der Zentrale-Felder-Typ (Brigels I, um 1500) mit seiner starken Betonung der Mitte den einszenigen Typen den Weg bereitet. Neben dem Freiburger Tuch von 1612 sind allerdings keine weiteren Vertreter dieses Typs bekannt.

Das 17. Jahrhundert hat überdies noch den Zentral-Typ geschaffen. Auch hier werden um ein zentrales Mittelbild einzelne Stationen der Passion angeordnet, die sich im Laufe der Zeit zu den fünf Geheimnissen des schmerzhaften Rosenkranzes verdichten. Die barocke Passionsandacht war wohl überhaupt der geistige Wegbereiter der neuzeitlichen Fastentuchikonographie. Seit dem 17. Jahrhundert entstammen alle Fastentuchthemen dem Bereich des Andachtsbildes.

Weil das 17. Jahrhundert zunehmend die Verhüllung der Altäre mit sich brachte, blieb es bei der Vielzahl der Altäre nicht aus, daß dafür jeweils eigene Fastentücher geschaffen wurden und somit ganze Fastentuchfolgen entstanden. Vor allem die großen Kirchen besaßen eine Vielzahl von Fastentuchbehängen, z. B. Luzern.

In der Entwicklung des 17. Jahrhunderts schritt das 18. Jahrhundert konsequent fort. In der letzten

Blütezeit der Fastentücher kamen eigentlich nur noch einszenige Typen zur Ausführung. Szenen der Passion, fast ausschließlich den Rosenkranzgeheimnissen entnommen, werden in besonders eindringlicher und anschaulicher Form geschildert. Die Darstellungen erreichen dabei nicht selten einen Grad von derber Abgeschmacktheit, der schließlich der heraufdämmernden Aufklärung zuwider sein mußte. Die barocke Neueinrichtung vieler Kirchen in dieser Zeit war häufig der Anlaß, neue Fastentücher anzuschaffen. Da die Dreizahl der Altäre – Hochaltar und zwei Seitenaltäre links und rechts vom Chorbogen – die Regel wurde, entschloß man sich meist zur gleichen Zahl von Fastentüchern. Das größere Tuch für den Hochaltar zeigte in der Regel eine figurenarme Kreuzigung, zwei kleinere schilderten durchweg Dornenkrönung und Geißelung. Wie schon früher waren die Fastentücher im 18. Jahrhundert wieder einer strengen ikonographischen Reglementierung unterworfen, die aber nicht von oben verordnet war, sondern sich aus eigener Kraft durchgesetzt hatte.

Sondertypen wie das Bregenzer Kalvarientuch oder die Miniaturausgabe eines Felder-Typs in Lochau bereichern den Befund, können aber die Gesamttendenz nicht beeinflussen.

Wie oben angedeutet, brachten Aufklärung und Säkularisation das Ende der Fastentücher. Ähnlich den anderen volkstümlichen Gebräuchen, Krippen und Heiliggräbern, Passionsspielen und Palmeselumzügen gerieten die Fastentücher bei der aufgeklärten Obrigkeit in Mißkredit. Einem modernen Verständnis entsprechend, war die Kritik an den vielen derben und blutrünstigen Darstellungen berechtigt, andererseits raubte man dem Volk die Basis seines religiösen Empfindens. Wo derartige Fastentücher heute noch in Gebrauch sind, erreichen die Darstellungen unter weiten Teilen der Bevölkerung mit erstaunlicher Treffsicherheit die Gemüter.

So scheint es nicht verwunderlich, wenn in Kärnten wie in der Steiermark und in Tirol der alte Brauch noch einmal auflebte. Die nach der Säkularisation entstandenen Werke des 19. Jahrhunderts verdienen aber ausschließlich volkskundliches Interesse. Im typischen Nazarenenstil schlichtester Ausführung wurden noch einmal kleinformatige Fastentücher aufgelegt, die mit neuen psychologisierenden Elementen an die dramatischen Barockszenen anknüpften. Als typische Szene darf hier die Todesangst Christi, der Ölberg, gelten.

Im alemannischen Raum war die Geschichte des Fastentuches dagegen mit der Aufklärung zu Ende gegangen.

Eine Übersicht über die Fastentuch-Typen in den einzelnen Jahrhunderten zeigt folgendes Bild:

14. Jh. und früher:
- bilderlose Fastentücher
- und Übergang zum bilderreichen Felder-Typ

15. Jh.:
- Felder-Typ

16. Jh.:
- Felder-Typ
- Zentraler-Felder-Typ
- Arma-Christi-Typ

17. Jh.:
- Felder-Typ
- Zentraler-Felder-Typ
- Arma-Christi-Typ
- Zentral-Typ
- Einszeniger Typ

18. Jh.:
- Einszeniger Typ
- Kalvarien-Typ

Anmerkungen:

396 Die zum Felder-Typ gehörigen Tücher von Briegls II und Lochau sind aufgrund besonderer Gegebenheiten hier auszuklammern.

397 Die Charakterisierung des Hungertuches durch Johann Sigl, die den zentralen Felder-Typ geradezu als den Normalfall hinstellt, scheint aber maßlos übertrieben: „In der Mitte trug es gewöhnlich ein großes Fastenbild, Christus am Kreuze oder in der Todesangst darstellend, und an den Rändern kleinere Szenen aus der Leidensgeschichte, aber auch andere biblische Szenen, auch aus dem Alten Testament nach Art der früheren Biblia pauperum.", in: Christliche Kunstblätter, Jg. 83, 1942 (Linz).

398 Rudolf Berliner, Arma Christi, in: Münchner Jahrbuch der bildenden Kunst, 3. Folge, Bd. VI, 1955, S. 35–152; Georg Wagner, Barockzeitlicher Passionskult in Westfalen, Münster 1967, S. 197–201, und die einschlägigen Lexikaartikel.

399 Die näheste Parallele im österreichischen Raum das Fastentuch von Deutsch-Griffen.

400 Arne Effenberger, Das Mosaik aus der Kirche San Michele in Affricisco zu Ravenna, Berlin 1975, S. 65; hier weist Effenberger allerdings auf die Fragwürdigkeit der Überlieferung der Arma auf dem häufig restaurierten Mosaik hin. Anhaltspunkte zur Orginalität der Arma sind jedoch vorhanden.

401 Wagner, Barockzeitlicher Passionskult, S. 155–178; dort weitere Lit.

402 L. Schmidt, Das geheime Leiden Christi, in: Gerhard Schreiber, Volk und Volkstum, Bd. III, München 1938, S. 370 f; F. Zoepfl, Das unbekannte Leiden Christi in der Frömmigkeit und Kunst des Volkes, in: Schreiber, ebd., Bd. II, München 1937, S. 317–336.

403 Andacht meint hier nicht nur (wie allgemein gebräuchlich) besondere Gebetsübungen, sondern auch religiöse Bräuche wie Wallfahrten, Kreuzweggehen, Osterreiten, Tragen von geweihten Kreuzen, Skapulieren, Medaillen etc. Vgl. Wagner, Barockzeitlicher Passionskult, S. 245.

404 Engelmeier, S. 24 f.

405 Wagner, Barockzeitlicher Passionskult, S. 197; wobei er sich auf Adolf Spamer, Das kleine Andachtsbild, München 1930 (1980), S. 60, beruft.

406 Beim Rosenkranzgebet werden entsprechend der Zahl der Psalmen 150 Ave Maria in fünfzehn Gesetzen gebetet. Während des Betens von zehn Ave Maria betrachtet man jeweils ein Geheimnis. Die Rosenkranzgeheimnisse werden ihrem Charakter entsprechend in drei Abschnitte, den freudenreichen, den schmerzhaften und den glorreichen Rosenkranz eingeteilt. Die heute übliche Form des Marianischen Rosenkranzes gelangte seit der zweiten Hälfte des 16. Jahrhunderts zur allgemeinen Anerkennung. Vgl. Gislind Ritz, Die christliche Gebetszählschnur, ihre Geschichte, ihre Erscheinung, ihre Funktion, München 1955 (Diss.).

407 Der Begriff des Andachtsbildes wurde von der deutschen Kunstwissenschaft zunächst für verschiedene ikonographische Typen der gotischen Holzskulptur entwickelt (Vesperbild, Schmerzensmann, Christus-Johannes-Gruppe u. ä.), wird aber nun im weitergehenden Sinn als Bezeichnung der gefühlsbetonten, zur Andacht rufenden Darstellung verstanden. Zur Lit. vgl. die Angaben bei Sachs, Badstübner, Neumann, S. 32.

408 P. Rudolf Hengeler, Aus dem Einsiedler Stiftsarchiv: Das Inventar von 1550, in: Zeitschrift für Schweizerische Archäologie und Kunstgeschichte, Bd. 18, 1958, S. 199.

409 Franz Kollreider, Das Virgener Fastentuch im Osttiroler Heimatmuseum Schloß Bruck, in: Tiroler Heimatblätter 34, 1959, S. 99.

410 Zykan, Dworschak u. a., S. 287.

411 Im Werksverzeichnis des Kremser Schmidt von Zykan, Dworschak u. a. wird das Bild mit dem Kirchenpatron Nikolaus nicht geführt. Aufgrund von Stil und Ausführung scheint es aber seine Handschrift zu tragen. Für den Wechselbild-Kontext ist ohnehin nur entscheidend, daß einst acht Wechselbilder zur Verfügung gestanden haben. Alle acht befinden sich noch in Mauthausen, zwei davon gegenwärtig in Restaurierung.

412 Eine Arbeitsbühne hinter dem Hochaltar findet sich häufig; weitere technische Lösungen zur raschen Wandelbarkeit barocker Altäre sind bisher kaum bekannt und wenig erforscht, dazu zählen auch Winden und Aufzüge, die unsichtbar in das Altarwerk eingebaut sind.

413 Manfred Koller, Barocke Altarbilder in Mitteleuropa: Technik, Schäden, Konservierung, in: Albert Knoepfli u. a., Der Altar des 18. Jahrhunderts. Das Kunstwerk in seiner Bedeutung und als denkmalpflegerische Aufgabe. (= Forschungen und Berichte der Bau- und Kunstdenkmalpflege in Baden-Württemberg, Bd. 5), S. 177–182. Ders. nochmals, Die barocken Wandbehänge der ehemaligen Stiftskirche Garsten in Oberösterreich, in: Oberösterreich, Heft 3, 1985, S. 77 ff.

414 Die Meinung, daß das Wechselbild „in der persönlichen Auffassung des Kremser Schmidt" seine Voraussetzung hat (Zykan, Dworschak u. a. S. 205), ist bestimmt nicht zutreffend.

415 Manfred Koller, Barocke Altarbilder in Mitteleuropa, aaO. S. 177.

416 Österreichische Kunsttopographie, Bd. III, Die Denkmale des politischen Bezirks Melk, Wien 1909, S. 84–96.

417 Zykan, Dworschak u. a. S. 291; demnach das Bild Kreuzigung nicht eigenhändig.

418 Manfred Koller, Barocke Altarbilder in Mitteleuropa, aaO. S. 177.

419 Heribert Reiners, Das Münster Unserer Lieben Frau zu Konstanz, Konstanz 1955, S. 410–411.

420 Konrad Gröber, Das Konstanzer Münster. Seine Geschichte und Beschreibung Lindau o. J. (1955), S. 153.

421 Möglicherweise ist diese Sonderikonographie auf den Ehrgeiz des Stifters Pfarrer Ludwig Giovarelli zurückzuführen, der sich auf dem Fastenbild mit darstellen lassen wollte.

422 In der beinahe schon unüberschaubaren Krippenliteratur immer noch grundlegend. Rudolf Berliner, Die Weihnachtskrippe, München 1955; weiterführend zur danach erschienenen Literatur: Lenz-Kriss-Rettenbeck, Anmerkungen zur neueren Krippenliteratur, in: Bayerisches Jahrbuch für Volkskunde 1966/67 und mit teilweise neuester Literatur: Ursula Pfistermeister, Barockkrippen in Bayern, Stuttgart 1984. Nachweislich wurden die ersten Kirchenkrippen in Tirol 1608 (Jesuitenkirche, Innsbruck) aufgestellt, vgl. Josef Ringler, Alte Tiroler Weihnachtskrippen. Zur Kenntnis ihrer geschichtlichen, volkskundlichen und künstlerischen Entwicklung, Innsbruck 1969. Etwas vorher entstanden ebenfalls auf Veranlassung der Jesuiten Krippen in Altötting (1601) und München, St. Michael (1607).

423 Anton Dörrer, Heiliggräber, Grabandachten und Karwochenspiele, sowie Nikolaus Grass, Barock-Heiliggräber, beide in: Ostern in Tirol, Innsbruck 1957 (= Schlern-Schriften 169., Bd.), S. 181–220 und 221–269.

424 Auf die stark orientalisierenden Krippen des 19. Jhdts. folgte im 20. Jhdt. die Tendenz, das weihnachtliche Geschehen in die vertraute, heimatliche Umgebung zu verlegen. Unter dem Stichwort „Weihnachten ist überall" erhielt die ‚Heimatkrippe' starken Auftrieb.

425 Im RDK ist ein Artikel unter dem Stichwort „Wechselbild" vorgesehen.

426 Österreichische Kunsttopographie, Bd. 43, S. 564–572.

427 Martin Riesenhuber, Die kirchliche Barockkunst in Österreich, Linz 1924, S. 20.

428 Österreichische Kunsttopographie, Bd. 9, S. 73, Fig. 93–96.

429 aaO., S. S. 72 f., Fig. 91.

430 aaO., Bd. 7, S. 174, Fig. 242–244.

431 Vgl. dazu: Jenny Schneider, Bildteppiche, Bern 1978 (= Schriftenreihe aus dem schweizerischen Landesmuseum Bd. 41) und dies., Schweizerische Bildstickereien des 16. und 17. Jahrhunderts, Bern 1978 (= Schriftenreihe aus dem schweizerischen Landesmuseum Bd. 14), dort mit weiterer Literatur.

432 Ernst Kramer, Kreuzweg und Kalvarienberg, Kehl-Straßburg 1957, S. 12 (= Studien zur deutschen Kunstgeschichte, Bd. 313).

433 Gertrud Schiller, Ikonographie der christlichen Kunst, Band 2, Die Passion Jesu Christi, Gütersloh 1962, S. 92.

434 Sachs, Badstübner, Neumann, Erklärendes Wörterbuch zur christlichen Kunst, S. 205 f., Lizenzausgabe Hanau o. J.

435 Elisabeth Roth, Art. Kalvarienberg, in: LCI, Bd. 2, Sp. 489–491.

436 Elisabeth Roth, Der volkreiche Kalvarienberg in Literatur und Bildkunst des späten Mittelalters, Berlin 1967 (2. Aufl.).

437 Z. B. Meister von Schöppingen, Kalvarienberg, Altartafel um 1453/7, Schöppingen; Johann Koerbecke, Kalvarienberg, Mitte 15. Jh., Amelsbürener Altar; Meister von Liesborn (?), Kalvarienberg, Soest, Maria zur Höhe; oder Lettner von Sta. Maria degli Angioli, Kalvarienberg, von Bernardino Luini, 1529; oder Totentafel aus Feldkirch, Kalvarienberg, Bregenzer Landesmuseum.

438 Karl Alois Kneller, Geschichte der Kreuzwegandacht, Freiburg i. Br. 1908 (= Ergänzungshefte zu den Stimmen aus Maria Laach, Bd. 98), S. 182. Die Folge ist: Verurteilung – Annahme des Kreuzes – erster Fall – Begegnung mit der Mutter – Simon von Kyrene – Veronika – zweiter Fall – die weinenden Frauen – dritter Fall – Entkleidung – Annagelung – Kreuzigung – Kreuzabnahme – Grablegung.

439 E. Kramer, a. a. O., S. 17–19; G. Wagner, Barockzeitlicher Passionskult, S. 213; 272–274.

440 K. A. Kneller, a. a. O., S. 103, dort zitiert aus: Erklärung und hist. Bericht von dem Ursprung der andächtigen Verehrung der glorwürdigsten Jungfrau Maria in der Kirch deren PP. Capuzinern zu Arl und dessen königlichen, mit Stationen des bitteren Leydens Jesu Christi gezierten und zu gemelter Kirch aufgerichteten Creutz-Weegs, Luxemburg 1743, S. 13ff. (mir nicht zugänglich).

441 Wagner, Barockzeitlicher Passionskult, S. 274–278.

442 Als ältestes Beispiel der Kunstgeschichte gilt der sieben Stationen umfassende Kreuzweg des Adam Krafft in Nürnberg, um 1505; etwas früher, um 1500, dürfte der sechs Stationen umfassende Bamberger Kreuzweg entstanden sein. Beide sind Stiftungen des Heintz Marschalck. So K. A. Kneller, a. a. O., S. 64. Anders E. Kramer, a. a. O., S. 123, er datiert den Nürnberger vor den Bamberger in das letzte Jahrzehnt des 15. Jh.s.

443 Josef Ringler, Tiroler Fastenkrippen, in: Nikolaus Grass, Hrsg., Ostern in Tirol, Innsbruck 1957 (= Schlern-Schriften 169), S. 123–148.

444 Unter dem Stichwort „Fastentuch und Wechselbild" (s. o.) haben wir auch aus Brettern ausgeschnittene Leidensszenen („Bretterbilder") behandelt. Diese werden in Kircheninventaren gelegentlich auch als Fastenkrippen bezeichnet, was strenggenommen nicht korrekt ist. Sie sind aber mit den ebenfalls aus Bretterbildern zusammengestellten Weihnachtskrippen vergleichbar, die in gleicher Weise vor dem verhangenen Hochaltar zur Aufstellung kommen. Da beide Formen häufig aus mehreren Szenen bestehen, eignet ihnen ein krippenartiger Charakter. Immerhin neun solcher Passionsszenen wurden Ende des 17. Jahrhunderts für die Innsbrucker Mariahilfkirche angeschafft.

445 Mehrere Beispiele seit 1758 in München und Augsburg kennt Rudolf Berliner, Die Weihnachtskrippe, München 1955, S. 136–142.

446 Otfried Kastner, Osterkrippen in Oberösterreich, in: Der Krippenfreund, 1952, Nr. 134/135.

447 J. Ringler, a. a. O., S. 123.

448 „Eine der frühesten Fastenkrippen Tirols erschien um die Mitte des 17. Jahrhunderts bei Giov. Battista Foccesato und Compagnie in Innsbruck. Es handelte sich dabei um kleine Kupferdrucke mit Passionsszenen zum Ausschneiden und Aufstecken." Ringler, a. a. O., S. 127. Die viereinhalb bis fünf Zentimeter großen Figürchen ermöglichten die Darstellung von 28 Bildern, beginnend beim Abschied Jesu von seiner Mutter bis zur Grablegung. Vgl.

Josef Fr. Mair, Eine interessante alte Fastenkrippe, in: Der Krippenfreund, 1926, Nr. 60.

449 Ringler, aaO., S. 127 ff. Mit der Entwicklung der Fastenkrippe sind die Namen des Zillertaler Künstlers Franz Xaver Nißl (1731–1804) und der Sterzinger Schnitzerfamilie Probst eng verbunden. Die bedeutendste Sammlung von Fasten- und Jahreskrippen besitzt wohl das Diözesanmuseum in der Brixner Hofburg.

450 Ringler, aaO., S. 148.

451 Belegt ist ein „gross wyss Hungertuoch" noch im Inventar der Einsiedler Stiftskirche von 1550. Rudolf Henggeler, Aus dem Einsiedler Stiftsarchiv, in: Zeitschrift für Schweizerische Archäologie und Kunstgeschichte, Bd. 18, 1958 (Basel), S. 199.

452 Vgl. 1. Kapitel, S. 10 ff.

453 Zu diesem Problemkreis vgl. 4. Kapitel.

4. Kapitel

Die Fastentücher und ihre Stellung in der mittelalterlichen Kunst

Die Fastentücher sind liturgische, d. h. funktional zweckbestimmte Ausstattungsgegenstände vieler Kirchen gewesen. In der Stilentwicklung haben sie keine führende Rolle gespielt. Oftmals erst mit großer zeitlicher Verspätung lassen sie den Einfluß anderer Kunstgattungen erkennen und halten teilweise mit äußerster Zähigkeit an traditionellen Formen fest. Die Fastentücher haben viele Anregungen aus anderen Bereichen künstlerischen Schaffens entlehnt, und deshalb muß man fragen, in welchem Maße sie lediglich bestimmte vorhandene Formen und Inhalte reproduzieren. Und diese Frage muß nach zwei Richtungen hin gestellt werden. Sie betrifft einerseits die formale Gestaltung der Fastentücher, die beim Felder-Typ ein so spezifisches Aussehen angenommen hat, andererseits die ikonographische Auswahl ihrer Bildprogramme. Erst auf dem Hintergrund einer vergleichenden Betrachtung mit der übrigen mittelalterlichen Kunst offenbaren die Fastentücher ihre Abhängigkeit und ihre Besonderheit.

Auf der Suche nach formalen und ikonographischen Bezugspunkten gilt das Hauptaugenmerk hierbei dem Felder-Typ, der in seiner Bedeutung bisher nicht gewürdigt wurde. Als geschlossene Denkmälergruppe erlaubt er einen Einblick in die mittelalterliche Kirchendekoration, die sonst meist nur in fragmentarischen Resten erhalten ist. Zugleich erlaubt er einen Einblick in die Entwicklung der Kirchenraumausstattung. Die anderen Fastentuch-Typen behandeln wir dagegen nur summarisch und beschränken uns auf kurze Hinweise.

Formale und ikonographische Bezugspunkte für den Felder-Typ

Unter den mittelalterlichen Fastentüchern nimmt das vielfeldrige Fastentuch wohl den bedeutendsten Platz ein. Der Felder-Typ prägt das Aussehen der ältesten erhaltenen Fastentücher, er besitzt eine monumentale Größe und durch die Einteilung in eine Vielzahl gleichformatiger Felder eine prägnante äußere Gestaltung. Wenn es auch nicht in allen Fällen nachweisbar ist, so muß doch die ursprüngliche Funktion dieses Typs darin gesehen werden, den Chorraum vom Kirchenschiff abzutrennen. Das Fastentuch bildet demnach erscheinungsmäßig eine große Wandfläche. So ist es naheliegend, zuerst in der spätmittelalterlichen Wandmalerei nach Vorbildern bzw. parallelen Erscheinungen zu suchen.

Im Rahmen dieser Arbeit kann nicht die Wandmalerei des 14. und 15. Jahrhunderts im gesamten Alpenraum untersucht werden. Dazu fehlen vor allem die entsprechenden Vorarbeiten, denn hier ist ein großes Defizit der alpenländischen Kunstgeschichtsschreibung zu verzeichnen. Es fehlt zwar nicht an Untersuchungen zur Stilentwicklung in der Malerei des Alpenraumes[454], doch lassen sie eine Beobachtung der Gestalt der Wandflächengliederung vermissen. Es gibt keine Arbeiten über die Art und Weise, in der die Wand als Bildträger genutzt wird. Hier aber liegt unsere entscheidende Frage, ob sich die Gestaltungsprinzipien der vielfeldrigen Fastentücher bereits in der Wandmalerei finden und zu welchem Zeitpunkt. Ebenso läßt die Kunstgeschichtsschreibung der Frage nach der ikonographischen Entwicklung nur wenig Raum und beschränkt sich zumeist auf den Hinweis vermehrter Darstellungen aus der Leidensgeschichte aufgrund einer im Spätmittelalter sprunghaft gestiegenen Passionsfrömmigkeit[455].

Exemplarisch soll deshalb hier nur die Entwicklung der Wandmalerei in zwei relativ geschlossenen Gebieten des Alpenraumes untersucht werden, in denen sich schwerpunktmäßig auch Fastentücher erhalten haben, nämlich in Kärnten und in Graubünden.

Die Entwicklung der Wandmalerei in Graubünden von 1300 bis 1500

Untersucht wird also der Zeitraum, aus dem wir die ältesten erhaltenen Fastentücher besitzen, sowie das vorausgehende 14. Jahrhundert, in dem wir ebenfalls bereits mit der Existenz vielfeldriger Fastentücher rechnen dürfen.

In der gotischen Wandmalerei Graubündens[456] gehören die Szenen aus der Kindheitsgeschichte und vermehrt der Passion Christi zum ikonographischen Grundbestand. Wenn beide Langhauswände bemalt sind, so ist es die Regel, daß die Kindheit an der Südwand, die Passion aber an der Nordwand angebracht sind. Wird dagegen das Bildprogramm auf eine Wandfläche konzentriert, so erscheint oben die Kindheit und die Passion darunter. Gegenüber der romanischen Wandmalerei ist die Tendenz zu beobachten, daß die biblischen Zyklen szenenreicher werden und aus dem vermehrten Platzbedürfnis heraus auf die gesamte Wandfläche ausgreifen. Der Zyklus wird fortlaufend in mehreren Bildstreifen übereinander angeordnet.

Ein schönes Beispiel dafür bietet die Malerei in der verhältnismäßig kleinen Kirche Sta. Maria in Pontresina[457]. Aufgrund des Erhaltungszustandes liegen an der Westwand die romanische und die gotische Malschicht übereinander. Bereits die romanische Schicht enthielt einen Christuszyklus. Dieser zeigt in einem durchlaufenden Bildstreifen die Anbetung der Heiligen Drei Könige, die Taufe Christi und das letzte Abendmahl. Der Bildstreifen wird durch drei Bogenstellungen in gleich große Abschnitte geteilt. In den Arkaden sind die drei Christusszenen dargestellt. Am oberen Rand wird der Bildstreifen durch ein perspektivisch gestaltetes Mäanderband begrenzt, am unteren Rand durch ein gelbes Band mit grauen Zinnen. Im Zuge einer baulichen Erweiterung wurden die spätromanischen Malereien übertüncht, und alle Wände wurden neu bemalt, wobei ein völlig anderes Gliederungsprinzip verwendet wurde. West- und Nordwand erfuhren eine Einteilung in drei übereinanderliegende Register. Dabei sorgen schmale Stege für eine vertikale Unterteilung. Besonders im linken Teil der Westwand kommen die vertikalen Trennleisten genau übereinander zu liegen, so daß wie auf Fastentüchern gleich große hochrechteckige Bildfelder entstehen. Auf der rechten Seite schwankt die Breite der einzelnen Felder, und der streng geordnete Charakter geht etwas verloren.

Ikonographisch reicht das Programm von der Geburt Christi über Szenen aus der öffentlichen Wirksamkeit Jesu und der Passion bis zum Jüngsten Gericht, das großformatig den unteren Teil der Südwand einnimmt und so die Feldereinteilung sprengt. In der obersten Bildreihe verläuft die Vita Christi zunächst über alle drei Wände, verbleibt dann in den beiden unteren Registern auf der Nordwand und springt dann zurück auf die Südwand. Die unteren beiden Register der Westwand zeigen Szenen aus dem Leben der Maria Magdalena, sind also der Kirchenpatronin gewidmet.[458] Szenen aus dem Alten Testament fehlen.

Die Ausmalung von Sta. Maria in Pontresina kurz vor 1500 zeigt gewissermaßen den Endpunkt einer Entwicklung, die schon um 1400 einen Höhepunkt erreicht hatte. Höhepunkt verstehen wir hier im Sinne einer echten Vergleichbarkeit mit den Fastentüchern. An der Südwand der alten Pfarrkirche Sta. Maria in Lantsch auf der Höhe der Lenzerheide hat sich ein biblischer Zyklus erhalten. Dieser wurde zwar durch den spätgotischen Umbau von 1505 beim Einziehen neuer Gewölbe und durch den Ausbruch eines hohen Fensters gestört, blieb jedoch in seiner Grundsubstanz erhalten[459] (Abb. 216). Die ursprünglich nicht unterbrochene Wandfläche mißt etwa drei Meter in der Höhe und sechseinhalb Meter in der Länge. Vier waagrechte Ornamentborten mit unterschiedlichem Dekor gliedern die Malflächen in drei Bildstreifen. Schmale, teils gemusterte Stege schaffen eine vertikale Unterteilung. Die Höhe der Register beträgt etwas über einen Meter, die Breite der Bildfelder schwankt zwischen 65 und 90 Zentimetern. Die strenge Gliederung der Fastentücher ist zwar noch nicht erreicht[460], doch treffen wir hier eine durchaus vergleichbare Ikonographie. Jeder Bildstreifen enthält eine thematisch geschlossene Bildfolge; das erste Register reicht von der Erschaffung der Welt bis zum Brudermord. Die ersten Bilder des zweiten Registers sind zerstört, doch erlaubt der Fortgang der Reihe von der Anbetung der Könige bis zur Versuchung Christi nur, hier Szenen der Geburt zu ergänzen. Der dritte Bildstreifen erzählt die Passion bis zur Grablegung, wobei auch hier die ersten Felder zerstört sind. Auf die Westwand übergreifend, endet der Zyklus mit der Auferstehung. In den Fresken von Lantsch besitzen wir somit bereits das ikonographische Programm mit Schöpfung und Fluch der Sünde, Kindheit Jesu und Leidensgeschichte bis Auferstehung, das die normalen Fastentücher des 16. Jahrhunderts prägt.

Die Pfarrkirche von Tenna besitzt an ihrer Nord-

216. Alte Pfarrkirche Sta. Maria in LANTSCH. Biblischer Zyklus an der Südwand (um 1400). Foto: Verfasser

217. TENNA; alte Pfarrkirche (heute ref.). Passionszyklus an der Nordwand (um 1400). Foto: Verfasser

wand einen Passionszyklus aus der Zeit um 1400 (Abb. 217). Zehn gleichmäßig unterteilte, querrechteckige Bildfelder schildern die Passion vom Ölberg bis zur Auferstehung. Dem Zyklus gegenüber auf der Südwand befinden sich Szenen der Epiphanie Christi ohne die Feldereinteilung.

Aus nahezu gleich großen quadratischen Bildfeldern bestehen zwei Bildstreifen in der alten Pfarrkirche St. Cosmas und Damian in Mon[461]. Dabei zeigt die Südwand Szenen aus der Kindheitsgeschichte, die Nordwand Passionsbilder. Nach Poeschel[462] befand sich auf der Nordseite ein zweites Register. Während der Restaurierungsarbeiten waren noch Beweinung und Reste einer Grablegung zu erkennen.

Aus dem Ende des 14. Jahrhunderts stammt der einzonige Passionszyklus der heute evangelischen Kirche in Langwies[463]. Über einem Sockel aus gemalten Grisaillebossen, die etwa 2.60 Meter die Wand hinaufragen, befindet sich ein Bildstreifen zur Passion Christi mit annähernd gleich großen quadratischen Bildfeldern.

Eine zweizonige biblische Bilderfolge besaß die Luziuskirche in Schmitten[464]. Die erhaltenen Fragmente an der Nordwand zeigen im oberen Register Darstellungen aus der Genesis. Während die Bilderfolge hier aus hochrechteckigen Feldern besteht, zeigt der untere neutestamentliche Streifen Felder von unterschiedlicher Breite. Das erhaltene Bild vom Zug der Heiligen Drei Könige ist so breit wie vier darüber befindliche alttestamentliche Bilder. Die Bildauswahl läßt vermuten, daß der Zyklus einst sehr umfangreich gewesen ist und sich vielleicht auch über die West- und Südwand erstreckte.

Verschiedene Beispiele Graubündner Kirchenmalereien zeigen zwar in der Zeit um 1400 noch keine einheitliche Auffassung in der Gliederung der Wandfläche, doch sind Tendenzen zur Mehrzonigkeit ebenso klar erkennbar wie das Bestreben, die Bildstreifen auch vertikal zu gliedern. Nahezu einheitlich ist das ikonographische Programm. Die Kindheit Jesu und die Passion Christi stehen im Vordergrund. Bei größeren Programmen können Szenen aus dem öffentlichen Wirken Jesu hinzutreten. Wenn Szenen aus dem Alten Testament hinzugenommen werden, so beschränken sie sich auf Schöpfung und Folgen der Sünde.

Rückblickend kann diese Beobachtung auch für die Entwicklung der Wandmalerei im 14. Jahrhundert gemacht werden. Vorherrschend sind auch hier zweizonige Bildzyklen, die vertikale Gliederung geschieht jedoch noch sehr unsystematisch. Der Passionszyklus von Waltensburg[465] um 1330 läuft noch ohne Unterteilung durch, und nur das sehr breite Abendmahlsbild wird durch schmale Stege vertikal eingegrenzt. Die etwas später entstandenen Bildfolgen zur Kindheit und Passion Christi in Lüen[466] sind nur in unregelmäßigen Abständen durch Bildleisten vertikal gegliedert. Drei übereinanderliegende, vertikal nicht unterteilte Bildstreifen besitzt der Chorbogen der Georgskirche in Rhäzüns[467]. Dargestellt sind Szenen aus dem Leben des heiligen Georg.

Stammen die Malereien vom Chorbogen in Rhäzüns noch aus der ersten Hälfte des 14. Jahrhunderts, so wurden die Schiffswände erst an dessen Ende ausgemalt[468]. In selten anzutreffender Vollständigkeit ist die Dekoration der Georgskirche in Rhäzüns erhalten und läßt damit das ikonographische Gesamtprogramm einer spätgotischen, alpenländischen Kirche studieren. Der in drei übereinander angeordneten Bildstreifen alle Wände umlaufende Bibelzyklus umfaßt 58 Szenen von der Erschaffung der Welt bis zum Jüngsten Gericht. Hierbei sind allerdings auch Szenen wie der ‚Feiertagschristus‘, eine ‚Gregorsmesse‘ sowie eine Nikolaus- und eine Georgslegende eingestreut. Manche Szenen, wie die Kreuzigung, kommen doppelt vor.

Der Bibelzyklus beginnt an der Westwand (Abb. 218) mit Szenen aus dem Alten Testament; sie reichen von der Schöpfung bis zum Brudermord und werden an der Nordwand mit der Sintflut dem trunkenen Noah und dem brennenden Dornbusch abgeschlossen (Abb. 219). Daran anknüpfend wird die Jugendgeschichte Jesu geschildert, die mit dem Opfer Joachims beginnt und nach 14 weiteren Bildern mit der Taufe Jesu endet. Es folgen Versuchung, Auferweckung des Lazarus und das Gastmahl Simons. Diese Szenen befinden sich mit Ausnahme dreier Felder, die auf die Nordwand übergreifen, in den beiden unteren Bildstreifen der Westwand. Das letzte Bild dieser Wand schildert Christi Einzug in Jerusalem. Damit beginnt die Passion, die auf der Nordwand mit Fußwaschung, Abendmahl und Kreuzigung fortgesetzt wird und mit dem Tod Mariens und ihrem Begräbnis endet. Nach den oben erwähnten unbiblischen Themen greift die Bilderfolge nun erstmals auf die Südwand über und beginnt dort erneut mit der Passion. Vom Ölberg an schildern neun Bilder die Leidensgeschichte bis zur Kreuzigung. Es folgen Christi Abstieg in die Vorhölle, Auferstehung, Noli me tangere, Himmelfahrt, Pfingsten und Jüngstes Gericht. Alle Bildfelder sind vertikal voneinander geschieden. Die unterschiedliche Gestaltung dieser Trennleisten, teils verziert, teils ohne Muster, sowie die eigentümliche Doppelung des Programms innerhalb der Passion deuten darauf hin, daß die Ausmalung der Schiffswände nicht in einem Zug erfolgte, sondern sich über einen größeren Zeitraum erstreckte. Zuletzt wurde die Südwand bemalt. Sie

218. Georgskirche, RHÄZÜNS. Biblischer Zyklus an der Westwand. Foto: Verfasser

219. Georgskirche, RHÄZÜNS. Biblischer Zyklus an der Nordwand. Foto: Verfasser

220. STUGL; ref. Kirche. Blick auf die Westwand: Passionsszenen, im Scheitel Maiestas Domini. Foto: Verfasser

zeigt ausschließlich Passion und nachösterliche Ereignisse. Diesem Themenbereich werden die meisten Bilder zugeordnet. Das ausführliche ikonographische Programm der Rhäzünser Georgskirche beweist den Zusammenhang zwischen der malerischen Dekoration einfacher Landkirchen und der Bildauswahl der gängigen Fastentücher.

Da wir von den erhaltenen Fastentüchern, deren älteste ja nicht über den Anfang des 15. Jahrhunderts zurückreichen, nicht auf ihr prinzipielles Alter schließen dürfen, ist es sehr schwer zu beurteilen, ob die angezeigte Entwicklung in der Graubündner Wandmalerei bereits auf den Einfluß der vielfeldrigen Fastentücher zurückgeht oder ob umgekehrt die Wandmalerei die Gestaltung der Fastentücher angeregt hat. Überhaupt wird man trotz vieler Parallelen danach fragen müssen, inwieweit Fastentuch und Wandmalerei wirklich miteinander identisch sind. Denn es zeigen sich doch auch erhebliche Unterschiede.

So ordnet keine einzige Wanddekoration im besprochenen geographischen Raum mehr als drei Zonen übereinander, während die Fastentücher in der Regel vier, fünf und mehr Register besitzen. Die großen Fastentücher übertreffen zudem selbst den ausführlichen Zyklus von Rhäzüns bei weitem. Die gängige Fastentuchikonographie mit Schöpfung, Kindheit und Passion findet zwar in der Malerei eine häufige Entsprechung, die komplizierteren theologischen, mit apokryphen und typologischen Themen durchsetzten Programme großer Fastentücher finden nirgendwo in der Malerei eine Parallele.

Es bleibt beachtenswert, daß Wandfläche und Fastentuch grundsätzlich zu geordneten Bilderfolgen mit relativ kleinformatigen Einzelbildern tendieren. Die großzügige Bilderanordnung giottesker Art, die in raumbeherrschender Imagination großflächig die Wände ziert, scheint sich im Alpenraum nicht durchgesetzt zu haben. Nur eine einzige Kirche in Graubünden, nämlich jene von Stugl[469], besitzt ein solch großflächiges Dekorationsprinzip. Die Malereien bedecken dabei im Inneren des Schiffes die gesamte Längstonne sowie die Westwand (Abb. 220). Die Tonne wird in Längsrichtung in drei Bildstreifen geteilt. In der breiteren Scheitelzone erscheint die Maiestas Domini, von den Evangelistensymbolen und den Kirchenlehrern umgeben. Die beiden Seitenzonen und die Rückwand besitzen umlaufend Szenen aus dem Leben Jesu sowie eine Darstellung des Begräbnisses Mariens.

221. TOMILS; Pfarrkirche Mariä Krönung. Zweites Joch der Nordwand: Passionsszenen bis Krönung Mariens. Foto: Verfasser

Die völlig andersartige Auffassung der Wandfläche kann unter Umständen durch die Annahme einer ländlich emilianisch-paduanischen Werkstatt verständlich gemacht werden.[470] Die Tatsache aber, daß sich eine solche Raumausstattung nirgendwo sonst durchsetzen konnte, kann nicht einfach mit der künstlerischen Rückständigkeit dieser Alpenregion erklärt werden. Hier müssen soziale, strukturelle und theologisch-frömmigkeitsgeschichtliche Aspekte zu Rate gezogen werden, auf die wir jedoch erst später eingehen werden.

Aus dem Graubündner Raum betrachten wir abschließend die Tomilser Wandmalereien der Pfarrkirche Mariä Krönung[471]. Sie sind erst 1597 entstanden und sollen als stellvertretendes Beispiel für die konservative Haltung dieser Kunstlandschaft genannt werden. Die in Seccotechnik ausgeführten Gemälde wollen keinen künstlerischen Anspruch erheben, doch sind sie bemerkenswerte Zeugnisse einer naiven Volkskunst und dokumentieren das zähe Festhalten an formalen und ikonographischen Prinzipien, die sich über zweihundert Jahre hinweg nicht verändert haben. In die Wandflächen der nördlichen Joche sind drei Bildsequenzen eingefügt. Die quadratischen Bilder sind in drei Reihen übereinander angeordnet, die Gliederung ist fastentuchartig streng. Wie auf manchen Fastentüchern ist die Thematik des Alten Testaments stark zurückgedrängt. In Tomils folgen auf die Szene des Sündenfalls unmittelbar die Verkündigung an Maria, die Geburt Christi und die Anbetung der Könige. Der Zyklus fährt fort mit Passionsszenen vom Einzug Christi in Jerusalem bis zum Verhör vor Kaiphas. Im zweiten Joch folgen die Handwaschung Pilati, Geißelung, Kreuzannagelung, Kreuzigung und Grablegung. Die nachösterlichen Ereignisse werden in Auferstehung, Himmelfahrt und Pfingsten zusammengefaßt. Das letzte Bild des zweiten Joches zeigt die Krönung Mariens durch Christus und Gottvater, darüber schwebt die Taube des Heiligen Geistes. Dieses Bild der freudenreichen Trinität findet sich auf Fastentüchern nicht. Das letzte Joch schildert ohne Feldereinteilung über die gesamte Fläche das Jüngste Gericht.

Bemerkenswert an der Dekoration von Tomils ist nicht nur das Festhalten am mittelalterlichen Bildprogramm, sondern auch das Beibehalten der rechteckig-quadratischen Felderteilung, die sich den spitzbogig geschlossenen Wandflächen des ersten und zweiten Joches überhaupt nicht einfügt (Abb. 221). So mußten die äußeren Felder des oberen Registers verkürzt werden. Insgesamt wir-

222. Galluskapelle, OBERSTAMMHEIM. Biblischer Zyklus an der Südwand. Foto: Verfasser

ken die felderartig angelegten Malereien auf dieser Wand wie ein Fremdkörper. Diese unzeitgemäße und unorganische Wandbehandlung kann möglicherweise mit der bis ins 17. Jahrhundert hinein ungebrochenen Wertschätzung der Fastentücher zusammenhängen.

Der Bibelzyklus der Galluskapelle zu Oberstammheim

Obwohl wir mit den Wandmalereien in Tomils an der Wende zum 17. Jahrhundert fast den Endpunkt der Felderkomposition erreicht haben, müssen wir doch noch einmal an ihren Beginn zurückkehren. Wir verlassen dabei den Graubündner Raum und betrachten den Bibelzyklus der Galluskapelle zu Oberstammheim.[472] Dieser Blick über die Grenzen scheint deshalb aufschlußreich, weil hier im nördlichen Teil des Kantons Zürich eine biblische Bilderfolge aus der ersten Hälfte des 14. Jahrhunderts erhalten ist, wie sie in Graubünden erst an der Wende zum 15. Jahrhundert begegnet.

Die Bilderfolge reicht von der Erschaffung der Welt bis zur Erscheinung des Auferstandenen vor Maria Magdalena und ist in drei Reihen übereinander an der Südwand des Kirchenschiffes angeordnet. Die Szenen werden in der obersten Reihe der Schöpfungsgeschichte meist durch pflanzliche Motive, in der untersten Reihe stets durch breite rote Vertikalstäbe voneinander getrennt (Abb. 222). Im mittleren Register wechseln Szenen miteinander ab, die sich im Freien bzw. in Innenräumen abspielen. Die Architekturen der Innenräume bilden jeweils die trennende Linie einzelner Bilder. Die vertikale Gliederung der drei Register wird demnach unterschiedlich gehandhabt, ist aber stets vorhanden.

Ebenso bemerkenswert stellt sich die ikonographische Entwicklung dar. Die Schöpfungsgeschichte im obersten Register wird dem biblischen Bericht gemäß in sieben Abschnitten vorgeführt. Die Reihenfolge wurde dabei zwar nicht ganz eingehalten und die Erschaffung der Tiere und des Menschen auseinandergenommen, während das erste Tagwerk nicht ausgedrückt wird, doch muß man diesen Genesiszyklus als äußerst bibeltreu bezeichnen. Die Schwierigkeit der Darstellungen der ersten drei Tagwerke kommt hier deutlich zum Vorschein. Die einzelnen Schöpfungsakte sind nicht klar definiert. Zweimal steht der Schöpfer (in der Gestalt Christi) neben dem Erdenoval und hebt befehlend seine rechte Hand. Erst mit der Erschaffung der Gestirne, der Meeres- und Landtiere sowie von Adam und Eva wird das Geschehen real greifbar. Bemerkenswert ist die dargestellte Ruhe des Schöpfers am siebten Tag, wobei zwei Engel einen Baldachin über Gott halten. Drei folgende Szenen illustrieren den Sündenfall: Gott erteilt das Verbot, der Sündenfall und die Vertreibung.

Die mittlere Bildreihe umfaßt Szenen aus dem öffentlichen Wirken Jesu ebenso wie seine Kindheitsgeschichte. Sie beginnt mit der Verkündigung an Maria, daran schließen sich die Geburt Christi und die Frohbotschaft an die Hirten auf dem Felde an. Darauf folgen der Kindermord, die Taufe Christi und die Versuchung. Aus dem Passionszusammenhang genommen, erscheinen nun die Tempelreinigung und – zeitlich vertauscht – eine weitere Versuchung: Der Satan zeigt Christus die Reiche dieser Welt. Die letzten Felder des mittleren Streifens sind nicht mehr klar zu erkennen oder zerstört. Die Frage, ob hier Szenen aus der öffentlichen Wirksamkeit Jesu oder bereits Passionsthemen dargestellt waren, muß offenbleiben. Immerhin beginnt der Passionszyklus in der untersten Reihe etwas unvermittelt mit der Handwaschung des Pilatus, so daß vielleicht zumindest der Einzug in Jerusalem und die Gefangennahme schon darüber zu sehen waren. Es folgen Geißelung, Dornenkrönung, Kreuztragung und die Entkleidung des Herrn. Das nächste Bild verbindet Kreuzannagelung und Kreuzaufrichtung. Während Christus bereits auf dem Kreuzesholz ruht und drei Kriegsknechte damit bemüht sind, es in eine senkrechte Lage zu bringen, versuchen vier andere, den Leib Christi ans Holz zu nageln. Im eigentlichen Kreuzigungsbild greift Maria Magdalena der verzweifelten Gottesmutter unter die Arme, um sie vor dem Zusammenbrechen zu bewahren. Kreuzabnahme und Auferstehung sind nicht mehr gut erhalten, doch ikonographisch klar erkennbar. Den Schluß des unteren Registers bildet die Erscheinung Christi vor Maria Magdalena, welche den Auferstandenen für einen Gärtner hält, der sich hier in typischer Weise auf eine Schaufel stützt.

Der Oberstammheimer Freskenzyklus verbindet also eine kleinformatige, in Registern geordnete Bilderfolge mit dem ikonographischen Programm von Schöpfung, Kindheit und Passion. Da die Bilder in der Galluskapelle schon kurz nach 1300 entstanden sind, besitzen wir also typische Elemente der Fastentücher über einhundert Jahre vor deren erstem historisch greifbaren Auftreten.

Tragfähig war diese Komposition, wie die Fresken aus Tomils oder die späten Fastentücher des 17. Jahrhunderts zeigen, über einen Zeitraum von mehr als dreihundert Jahren.

Die fastentuchähnlichen Chorausmalungen von Eriskirch am Bodensee und Zell bei Oberstaufen (Allgäu)

Keines der vorgenannten Beispiele erreicht im Umfang den Bilderkreis der Pfarrkirche Unsere Liebe Frau in Eriskirch am Bodensee, der auch in der gleichzeitigen Wandmalerei des seeschwäbischen Kunstkreises seinesgleichen sucht.[473] Da sich dieses einzigartig erhaltene Kompendium eines biblischen Zyklus mitten im Verbreitungsgebiet der alemannischen Fastentücher befindet, sei hier kurz darauf verwiesen. Hier zeigt sich in aller Deutlichkeit, welch umfangreiche Bildfolge die Wandmalerei im ersten Viertel des 15. Jahrhunderts zur Verfügung stellen konnte; sie ist nach Form und Inhalt den Fastentüchern ihrer Zeit vergleichbar. Ein strenges Rastersystem organisiert den Bildraum für ein ikonographisches Programm, das von der Erschaffung der Welt über die neutestamentliche Heilsgeschichte bis zum Jüngsten Gericht reicht. Ganz dem Alten Testament vorbehalten ist die Ausmalung des Chores, während die Langhauswände dem Neuen Testament vorbehalten waren. Während die neutestamentlichen Szenen stark beschädigt sind, hat sich die Chorausmalung nahezu vollständig erhalten.

Das Rastersystem im Chor erreicht hier eine Höhe von fünf Registern und enthielt ursprünglich gut über 60 Bildfelder. Die Register begannen jeweils an der Innenseite des Triumphbogens und endeten dort, nachdem sie die Chorwände durchlaufen hatten. Dort ist allerdings der Erhaltungszustand am ungünstigsten.

1. Register:

Innenseite des Triumphbogens, weitgehend unkenntlich, drei Szenen des Sechstagewerks.

Evangelienseite, Engelsturz – Erschaffung der Tiere – Erschaffung der Pflanzen? – Erschaffung Adams – Erschaffung Evas – Sündenfall.

Epistelseite, Vertreibung aus dem Paradies – Arbeit der Stammeltern – 3 Felder zerstört.

Innenseite des Triumphbogens, Fluch über Kain – Tötung Kains durch Lamech.

2. Register:

Evangelienseite, Befehl zum Bau der Arche – Bau der Arche – Verlassen der Arche – Dankopfer Noahs – Schande Noahs – 1 Feld zerstört.

Epistelseite, Zerstörung von Sodom und Gomorrha – Segen Isaaks über Jakob – Segen Jakobs – 2 Felder zerstört.

3. Register:

Evangelienseite, Blutiger Rock Josephs – Joseph und Potiphars Weib – Joseph im Gefängnis – Pharaos Traum von den fetten und mageren Kühen – Gastmahl Josephs mit seinen Brüdern – 1 Feld leer.

Epistelseite, Pharao jagt die fliehenden Israeliten? – Wasserwunder des Mose – Anbetung des Goldenen Kalbes und Mose zerschmettert die Gesetzestafeln – Dalila schneidet dem Samson die Haare ab.

4. Register:

Evangelienseite, 2 Felder zerstört – Samson liegt im Sterben – David tötet Goliath – David schlägt Goliath den Kopf ab – Urteil des Salomo.

Epistelseite, Judith und Holofernes – Hostienmühle (!).

5. Register:

Apostel, die meisten Felder zerstört.

Mit dieser Ausführlichkeit in der Schilderung der alttestamentlichen Geschichte bietet Eriskirch ein vergleichbares Pendant zu den vielfeldrigen Fastentüchern des 15. Jahrhunderts. Die Antwort auf die Frage, ob Eriskirch ein Einzelfall oder Repräsentant mittelalterlicher Kirchendekoration ist, würde viel zur Klärung der Abhängigkeitsverhältnisse von Wand- und Fastentuchdekoration beitragen. Wir werden die Frage noch einmal stellen; die Beobachtung des Alpenraumes jedenfalls zeigt den Befund, daß umfangreiche biblische Zyklen einschließlich einer weitgehenden AT-Illustration für die älteren Fastentücher typisch, in der Wandmalerei nur selten nachweisbar sind.

Wie der ikonographische Ausschnitt aus einem Fastentuch mutet die Chorausmalung der alten Kirche von Zell bei Oberstaufen an (Abb. 223). In ähnlicher Weise wie in Eriskirch sind die Wände des Chores von einem gleichmäßigen Raster überzogen, dessen nahezu quadratische Bildfelder auf der Evangelienseite das Marienleben, auf der Epistelseite die Apostelmartyrien zum Inhalt haben. Das Fastentuch von Veitsch besitzt den ausführlichsten Marienzyklus, Zell bietet noch einige Szenen mehr.

1. Register:

Stammbaum Christi – Zurückweisung des Opfers Joachims – Verkündigung an Joachim – Verkündigung an Anna – Begegnung an der goldenen Pforte – Geburt Mariens.

2. Register:

Mariä Opferung – Stabwunder – Vermählung Mariens – Verkündigung an Maria – Heimsuchung.

3. Register:

Geburt Christi – Beschneidung – Anbetung der Heiligen Drei Könige – Flucht nach Ägypten – Bethlehemitischer Kindermord (leitet gedanklich zu den Apostelmartyrien über).

So scheint diese Bildfolge tatsächlich wie aus einer größeren Bildfolge herausgeschnitten; die Geschlossenheit des Zeller Bilderkreises ergibt sich aus der Annahme, daß die Kindheitsgeschichte Jesu dem Marienleben zugeordnet ist und deshalb auf weitere Szenen verzichten kann.

Die auf den Fastentüchern schon im Rückgang begriffenen alttestamentlichen Typologien haben auch in Zell ihren Niederschlag gefunden. Denn die Inschriften auf den trennenden Bildleisten beziehen sich teilweise noch auf die alttestamentlichen Präfigurationen. So lautet der Text zum Tempelgang Mariens „Templum salomoniai est virgo sacrata" (Abb. 224). Zum darunterliegenden Feld der Geburt Christi gehört ein Zitat aus Num. 24, 17, „Orietur stella ex jacob" (es geht auf ein Stern aus Jakob). Zum bethlehemitischen Kindermord gehört schließlich das Wort „Rachel plorans filios suos" (Rachel weint über ihre Söhne, Jer. 31, 15, aufgenommen in Mt. 2, 18).

So variationsreich sich die Programme auch geben, so scheinen sie doch eine gemeinsame Basis zu haben. Die Fastentücher allerdings bewahren stets den heilsgeschichtlichen Zusammenhang, freier und abwechslungsreicher stellen sich die Wandmalereien dar.

Die gotische Wandmalerei Kärntens im 15. und 16. Jahrhundert

Ganz im Gegensatz zur Wandmalerei Graubündens und den exemplarisch herausgegriffenen Beispielen von Oberstammheim und Eriskirch am Bodensee zeigt jene in Kärnten, dem Kernland erhaltener Fastentücher, ein stark verändertes Bild. Die Unterschiede liegen klar auf der Hand, wenn man

223./224. *Ehemalige Pfarrkirche von ZELL. Zyklus des Marienlebens. Oben: Gesamtansicht; unten: Detail – Opferung Mariens und Geburt Jesu.*
Foto: Verfasser

die Wandprogramme Kärntner Kirchen nun ebenfalls durch die Folie der Fastentücher betrachtet. Während die formalen Ähnlichkeiten einem Höhepunkt zustreben, erreichen die Bildprogramme nirgends die für Fastentücher typische heilsgeschichtliche Gesamtschau. Auch wenn man sich den zufallsbedingten Erhaltungszustand bzw. mögliche Verluste vor Augen hält, erreicht die Zahl der Denkmäler in Kärnten eine Größenordnung, derzufolge die angedeutete Tendenz unabweisbar ist.

Der um 1340 entstandene Freskenzyklus in der Vorhalle des Gurker Domes[474] hat zunächst weder formal noch inhaltlich in der Wandmalerei Kärntens Nachfolger gefunden. Walter Frodl erschien er „. . . geradezu als ein Nachzügler romanischer Systeme . . .“[475] mit seiner Gegenüberstellung von Altem und Neuem Testament in klar geordneten Bildfeldern. Als hätte es die Ausmalung der Gurker Vorhalle nie gegeben, werden in der ersten Hälfte des 15. Jahrhunderts fortlaufende, ungetrennte Szenenfolgen bevorzugt. Von Meister Friedrich von Villach signiert und 1428 datiert ist ein fünfszeniger Passionszyklus an der Ostwand der Ernestuskapelle in der Millstätter Stiftskirche. Ohne optische Trennung sind die fünf Szenen in zwei Streifen übereinander angeordnet.

Aufschlußreich für die weitere Entwicklung sind

225. Pfarr- und Wallfahrtskirche Unsere Liebe Frau, HOCHFEISTRITZ. Bemalung der südlichen Außenwand. Foto: Verfasser

die in den dreißiger Jahren des 15. Jahrhunderts entstandenen Fresken in Feistritz an der Drau. Dargestellt sind Szenen aus dem Marienleben und dem Leben Jesu. Die einzelnen Bildthemen sind optisch noch nicht voneinander getrennt, zeigen aber deutlich eine Tendenz zur gegliederten Bildfolge: „Es ist oben schon betont worden, daß die einzelnen Kompositionen, obwohl voneinander nicht durch Rahmenleisten oder größere Zwischenräume getrennt, doch jede für sich bildhaft geschlossen dargestellt sind. Die einzelnen Szenen lassen sich in scharf begrenzte hochrechteckige Felder hineindenken; besonders die Außenkonturen der Randfiguren verlaufen streng senkrecht und schließen die Kompositionen nach außen energisch ab.“[476] Den Grund für diese Anordnung sieht Otto Demus darin, daß „. . . der Zyklus auf Vorlagen eines Musterbuches zurückgeht, die ohne Versuch zur Abwandlung oder Adaptierung fast sklavisch wiederholt wurden“[477]. Welcher Art dieses „Musterbuch“ war, ob es allein für den Werkstattbetrieb bestimmt oder ob es eine liturgisch genutzte Bilderhandschrift war, wissen wir nicht. Demus glaubte allerdings, daß dieselbe Vorlage noch einmal in den viel späteren Fresken der Georgskirche zu Gerlamoos zum Tragen kam.[478] Dort ist dann der Schritt zur konsequenten Feldergliederung vollzogen.

Hier hat Thomas von Villach einen kombinierten Georgs-/Christuszyklus geschaffen, der sich in drei Registern über die Nordwand des Kirchenschiffs erstreckt. Die oberste Reihe enthält elf Szenen der Georgslegende; die mittlere Reihe zeigt je fünf Szenen aus der Kindheitsgeschichte Jesu und der Passion, dazwischen eine fast doppelt so große Darstellung der Schutzmantelmadonna. Die unterste Reihe beschließt den Zyklus mit Auferstehung, Himmelfahrt und Pfingsten.[479]

Das ikonographische Programm der um 1470/80 entstandenen Wandbilder von Gerlamoos kann für Kärnten als typisch bezeichnet werden. Vorzugsweise wurden dort nämlich Marien- und Christuszyklen, Heiligenlegenden und schließlich vereinzelt eucharistische Themen dargestellt.[480] Die Passionsreihen nehmen darunter eine absolute Spitzenstellung ein.[481]

Etwa zur selben Zeit (um 1480/90) wurde an der südlichen Außenwand der Sakristei der Pfarr- und Wallfahrtskirche Unsere Liebe Frau in Hochfeistritz ein monumentaler Freskenzyklus angebracht (Abb. 225). Die Bildfolge (heute ins Innere der Kirche übertragen) zeigt in vier Registern zu je acht Zeilen neutestamentliche Szenen von der Verkündigung an Maria bis zum Jüngsten Gericht (Abb. 226). Obwohl sich die Darstellungen in keinem guten Zustand befinden, ist der ikonographische Zusammenhang gut erkennbar. Mit Szenen aus der Kindheit Jesu beginnt die oberste Reihe, Passionsdarstellungen schließen sich an, und die Bildfolge endet mit Auferstehung, Himmelfahrt und dem zur Hälfte zerstörten Doppelfeld vom Weltgericht (Abb. 227). Auch Fastentücher schildern gerne das Bild von den letzten Dingen in einem Doppelfeld.

Die geradezu frappierende Ähnlichkeit der Bildanlage von Hochfeistritz mit den Kärntner Fastentüchern blieb nicht unbemerkt. So sah sich bereits Handel-Mazzetti zu folgender Bemerkung veranlaßt: „Auch in Kärnten hat die Darstellungsweise der Hungertücher auf die Freskenmalerei ihren Einfluß ausgeübt. So zeigt die Außenwand der Wallfahrtskirche Maria Feucht bei Hochfeistritz in 32 Darstellungen die Jugend-, Leidens- und Verherrlichungsgeschichte, wobei aufgemalte Nagelköpfe auf den Trennungsstreifen sogar die Illusion eines Tuches hervorrufen sollen. Die einzelnen Darstellungen sind jenen des Gurker Tuches auffallend ähnlich.“[482]

Ganz in der Art mittelalterlicher Fastentücher

wurden auch die Wände des nördlichen Kirchenschiffs der Pfarrkirche Unsere Liebe Frau im Schnee von Obermauern bemalt. Die Fresken sind ein 1488 ausgeführtes Werk des Simon von Taisten. Die Wandkompartimente der beiden Langhausjoche müssen dabei zusammen gesehen und gelesen werden. So entsteht ein Passionszyklus über fünf Register von der Auferweckung des Lazarus bis zu den Osterereignissen (Abb. 228 und 229). Bei der Besprechung des Haimburger Fastentuches und des Tuches von Maria Bichl haben wir bereits Vergleiche mit Obermauern angestellt und darauf hingewiesen, daß die einzelnen Register vom Bildaufbau her ohne Trennung durchlaufen. Die gedrehten Säulen, die der vertikalen Abgrenzung der einzelnen Szenen dienen, wurden erst nachträglich aufgemalt (Abb. 230).[483] Hier mag tatsächlich ein Beispiel freskanter Kirchenausstattung vorliegen, die unter dem nachhaltigen Einfluß der Fastentücher ein neues Gesicht erhielt.

Die genannten Beispiele, die nach Art und Weise der Wandflächengliederung dem Rasterprinzip der Fastentücher entsprechen, gehören sämtlich in die

226. Pfarr- und Wallfahrtskirche Unsere Liebe Frau, HOCHFEISTRITZ. Passionszyklus, rechte Hälfte. Foto: Verfasser

227. Pfarr- und Wallfahrtskirche Unsere Liebe Frau, HOCHFEISTRITZ. Ausschnitt aus dem Passionszyklus, rechte Hälfte. Foto: Verfasser

228. Pfarrkirche Unsere Liebe Frau in Schnee, OBERMAUERN. Passionszyklus, linke Hälfte. Foto: Verfasser

229. Pfarrkirche Unsere Liebe Frau in Schnee, OBERMAUERN. Passionszyklus, rechte Hälfte. Foto: Verfasser

zweite Hälfte des 15. Jahrhunderts. Wir schließen daraus, daß es zu einer Feldergliederung in der Kärntner Wandmalerei erst gekommen ist, als die Fastentücher dieses Schema ausgeprägt und zur Nachahmung weitergegeben haben. So besitzt das Gurker Tuch das Felderschema schon in Reinkultur, während die Wandmalerei dagegen in der ersten Hälfte des 15. Jahrhunderts noch die kontinuierliche Szenenreihung bevorzugt. Ein Umschwung zur gegliederten Wandfläche setzt um die Mitte des Jahrhunderts ein.

Um diese Zeit (1458/60) sind die neutestamentlichen Bilder der Pfarrkirche St. Jakob in Strassen gemalt worden. Der gesamte Chorraum wurde mit 24 Szenen von der Verkündigung an Maria bis zur Himmelfahrt Christi ausgeschmückt. Unter Einschluß der Gewölbefelder entsteht eine dreizonige Wandeinteilung, deren Rastersystem jedoch noch nicht sehr gleichmäßig ist. „Die einzelnen Szenen sind durch verschieden breite Bordüren von einfacher geometrischer Intarsiamusterung (grau-weiß) waagrecht und durch rot-weiße Streifen senkrecht voneinander getrennt . . . Die Aufteilung der Gemälde hält sich nicht streng an die architektonischen Gegebenheiten; ihre Größe richtet sich nach der Bedeutung, die den einzelnen Szenen innerhalb der Geschichte Christi zukommt (z. B. Kreuzigung). Oder es sind zwei Szenen in dasselbe Bildfeld zusammengezogen; ohne Trennung ineinander übergehend, werden sie zu großen Kompositionen verschmolzen und in der Bedeutung gehoben."[484] Auch die Höhe der einzelnen Register schwankt noch, doch setzt sich hier das Streben nach einer übersichtlichen Rastergliederung unübersehbar durch.[485]

Der Befund der Wandmalerei in Kärnten und im anschließenden Osttirol zeitigt ein klares Ergebnis: Seit der Mitte des 15. Jahrhunderts pflegt man große Wandflächen in klar geordnete Felder zu unterteilen. Der Inhalt der Zyklen beschränkt sich auf das Neue Testament, wobei die Passion Christi noch vor seiner Kindheitsgeschichte rangiert.[486] Heiligenlegenden und symbolisch-dogmatische Marienszenen können dazutreten.[487] Die für Fa-

230. Pfarrkirche Unsere Liebe Frau in Schnee, OBERMAUERN. Passionszyklus, Detail. Foto: Verfasser

stentücher charakteristischen Szenen wie Schöpfung, Sündenfall usw. fehlen fast völlig. Umfangreiche heilsgeschichtliche Bildfolgen unter Einschluß des Alten Bundes sind in Kärnten seit den Gurker Fresken nicht mehr nachweisbar. Hier klafft zwischen den Fastentüchern und den Wandmalereien trotz formaler Übereinstimmungen eine tiefe Kluft im ikonographischen Programm. Es scheint so, als konnten die Fastentücher wohl ihr formales Gliederungsprinzip, nicht jedoch ihr thematisches Anliegen weitergeben.

Dennoch wurden auch alttestamentliche Begebenheiten dargestellt, wo sie als typologische Szenen einen Bezug zum Abendmahl herstellten. Vorzugsweise sind sie im Bereich der Sakramentsnischen wie in Tarvis[488], Deutsch-Griffen[489] oder Thörl-Maglern. In der dortigen Andreaskirche erhebt sich über der plastischen Nische die gemalte Scheinarchitektur des Sakramentshauses mit einem schlanken dreiteiligen Nischenbau, der nach einer reich gestalteten Geschoßgrenze von einem baldachinartigen, luftigen Bau mit krabbenbesetzten Fialen und einem Spitzhelm überdacht wird (Abb. 231). In der Scheinarchitektur steht der eucharistische Ährenchristus[490] zwischen der Gottesmutter und dem Lieblingsjünger. Rechts und links davon sind in mehreren Registern übereinander typologische Beziehungen zum Abendmahl dargestellt: Begegnung zwischen Abraham und Melchisedek, Opferung Isaaks, Manna- und Quellwunder, Speisung des Elias durch den Engel sowie Daniel in der Löwengrube, dem die Speise von Habakuk gebracht wird. Erklärende Texte befinden sich auf den horizontalen Trennleisten; zusammen mit schmalen vertikalen Stegen bilden sie für die einzelnen Szenen einen streng begrenzten Bildraum.

Eine enge Beziehung zwischen Wandmalerei und Fastentuch in ikonographischer Hinsicht, wie wir sie für Graubünden und das Bodenseegebiet ermittelt haben, fehlt in Kärnten. Das Gliederungsprinzip des rasterartigen Feldersystems nimmt seit der Mitte des 15. Jahrhunderts jedoch beständig zu und bleibt auch im 16. Jahrhundert vorherrschend.[491]

231. Pfarrkirche St. Andrä, THÖRL-MAGLERN. Sakramentshaus.
Foto: Verfasser

Bilderfolgen in der mittelalterlichen Glasmalerei

Im Anschluß an die Betrachtung der Wandmalerei soll hier ein kurzer Blick auf die Gestaltung der Kirchenfenster geworfen werden. Nachdem man die technischen Probleme der Glasmalerei gelöst und die glanzvolle Wirkung farbiger Scheiben im Gottesdienstraum erkannt hatte, betrachtete man die Fenster nicht mehr als bloße Öffnungen nach außen, sondern als transparente Bildträger. Um die hochaufragenden gotischen Spitzbogenfenster mit Glasmalerei zu schmücken, mußten enorme Flächen gefüllt werden. Weder war man in der Lage, dermaßen große Glasfenster aus einem Stück herzustellen, noch hätten solche Flächen dem starken Winddruck standgehalten. Ein Gerüst aus dünnen steinernen Streben und Bleistegen unterteilte das Fenster in meist hochrechteckige Felder, die dann die einzelnen Glasfenster in sich trugen. Dadurch entstanden in hochrechteckige Bildfelder gegliederte Flächen, die unter rein formalen Gesichtspunkten dem Ordnungsprinzip der vielfeldrigen Fastentücher ähnelten. Die bildliche Gestaltung hielt sich jedoch keineswegs immer an das formal vorgegebene Rasterfeld. Um dem Betrachter auf die große Entfernung hin noch erkennbare Bilder zu liefern, mußten häufig mehrere Felder zu einem Bild zusammengefaßt werden. Die hochrechteckigen Felder waren mehr ein statisch notwendiges Gerüst als ein festumrissener Bilderrahmen. Da hin und wieder aber auch Bildfeld und Bildinhalt eine Einheit bildeten, kann man zunächst eine formale Beeinflussung der Fastentücher durch die Bildfenster nicht ausschließen.

Die Vergleichbarkeit ikonographischer Inhalte ist äußerst gering. Angesichts der thematischen Vielfalt gotischer Glasmalerei mutet diese Aussage eigenartig an, stellte doch Walter Frodl lapidar fest: „Es scheint nicht allzu viele Themen in der christlichen Ikonographie zu geben, die nicht in die Glasmalerei Eingang gefunden hätten.“[492] Die gebräuchlichsten Bilder waren Szenen aus dem Neuen Testament, aus dem Marienleben und dem reichen Schatz der Heiligenlegenden. Die Unvergleichbarkeit der Fensterzyklen und der Fastentücher liegt demnach in der ikonographischen Vielfalt einerseits und dem fest umrissenen Bildprogramm andererseits. Selbst dort, wo ein vergleichbares, heilsgeschichtlich orientiertes Bildprogramm erscheint, verzichtete man keineswegs auf die beliebten Heiligenbilder, die die Fastentücher regelrecht meiden. So schilderte das spätgotische Bildprogramm des Domchores zu Erfurt zwar die Erschaffung der Erde, die Geschichte der Patriarchen sowie die Passion Christi, gleichzeitig aber auch die Legenden der Hll. Eustachius und Katharina.[493]

Weil hier auch nicht der Versuch einer ikonographischen Bestandsaufnahme mittelalterlicher Glasmalerei unternommen werden kann, soll hier nur probeweise ein geographisch umgrenztes Gebiet auf wechselseitige Beziehungen untersucht werden, in dem Fastentücher weit verbreitet waren. Kärnten, dessen Bestand an Glasmalerei durch die Publikation von Walter Frodl gut zugänglich ist, bietet sich hierfür an. Wir beschränken uns dabei auf die Frühzeit der Fastentücher.[494]

Die ikonographische Übersicht bestätigt zunächst den Befund, der sich bereits aus der Analyse der Kärntner Wandmalerei ergeben hatte. Zählten dort alttestamentliche Themen zu den seltenen Besonderheiten, besitzen die erhaltenen Glasfenster in Kärnten überhaupt keine solchen.[495] Vorzugsweise wurde das Leben Jesu dargestellt[496], manchmal konzentrierte man sich auf die Passion Christi[497]. Aber auch Heilige, Propheten und symbolisch-dogmatische Bilder konnten mit Christus- und Marienszenen kombiniert werden.[498]

Sind die ikonographischen Programme aufgrund inhaltlicher Überschneidungen im neutestamentlichen Bereich noch bedingt miteinander vergleichbar, so offenbaren die formalen Unterschiede unüberbrückbare Gegensätze. Der Raster der Feldereinteilung tendiert entsprechend den Fensteröffnungen zu einem extremen Hochformat. Bei maximal sieben übereinanderliegenden Registern enthalten die Bildzeilen nur zwei bis vier Bildfelder. Die auffälligste Diskrepanz liegt jedoch in einer gegenüber den Fastentüchern umgekehrten Leserichtung. Während die Fastentücher entsprechend dem Schriftbild links oben beginnen und in Leserichtung die Bildfelder Zeile für Zeile anordnen, beginnen die Fensterzyklen links unten und fahren in aufsteigender Reihe fort. Das Leben-Jesu-Fenster in Friesach, St. Bartlmä, beginnt sogar am unteren Ende der linken Bildzeile, steigt geradlinig auf und kehrt im obersten Register um, um in der rechten Bildzeile rechts unten zu enden.

Weder in ikonographischer noch in formaler Hinsicht gibt es Anhaltspunkte für eine mögliche Beeinflussung der Fastentücher durch die Glasmalerei. Aufgrund solch eklatanter Unterschiede, die sich aus allgemeinen Überlegungen ergeben und die durch den konkreten Vergleich der Kärntner Verhältnisse bestätigt werden, verzichten wir darauf, diese Spur weiterzuverfolgen.

Schließlich wäre noch auf die unterschiedliche Bedeutungsebene der beiden Kunstgattungen hinzuweisen. So leben die Glasfenster aus den Elementen Licht und Farbe; sie wirken insgesamt auf den Raum und geben ihm einen transzendenten Charakter. Daß die Glasmalereien in dieser Weise einen mehr kultischen als didaktischen Wert besitzen, hat Paul Girkon wohl richtig erkannt.[499] Da ist es nur konsequent, wenn die Glasfenster auch optisch die höherwertigen Bildinhalte, also Maiestas Domini oder Marienkrönung, ganz oben zeigen.

Biblische Bilderfolgen auf mittelalterlichen Altarretabeln

Auf der Suche nach künstlerischen Vorbildern, die beispielgebend auf die Fastentücher eingewirkt haben könnten, wird man das mittelalterliche Altarretabel nicht außer acht lassen. Die Altaraufsätze haben teilweise recht beachtliche Ausmaße erreicht und stellen so den Raum für eine vielszenige Bilderfolge zur Verfügung. Es empfiehlt sich, die Retabel nach ikonographischen und formalen Gesichtspunkten getrennt zu betrachten.

Die Retabel mit nur einer Szene bilden die Ausnahme; sie lassen vielmehr eine ausgesprochene Tendenz zur Bilderfolge erkennen und bilden dabei nahezu alles ab, was die christliche Ikonographie an bekannten Themen zur Verfügung stellte.[500] Szenen aus der Leidensgeschichte Christi nehmen darunter sicher eine Spitzenstellung ein. Sie werden begleitet von Darstellungen der Kindheit Jesu und seiner öffentlichen Wirksamkeit. Häufig war die Verherrlichung Christi Zielpunkt der Aussage. Breiten Raum nimmt auf den mittelalterlichen Altären die Gottesmutter Maria ein. Ausführliche Leben-Jesu-Zyklen werden durch Szenen aus dem Marienleben bereichert. Eine solche, höchst eindrucksvolle Verbindung des Lebens Jesu mit der Geschichte seiner Mutter bietet der 1308 von Duccio di Buoninsegna vollendete Hochaltar im Dom zu Siena. Die zentrale Gestalt der thronenden Gottesmutter wird auf der Vorder- und Rückseite des Retabels von einer Vielzahl kleinformatiger Bildfelder umgeben. Als Thema des Altares konnte sich Maria aber auch nahezu verselbständigen. Neben einer ausgeprägten Marienfrömmigkeit schuf sich auch die um sich greifende Heiligenverehrung eine Vielzahl von Altären, die die Heiligen und ihre Legenden zum Inhalt hatten. Die Reihe der Bildthemen ist durch symbolische und moralische Darstellungen zu vervollständigen.

Im Vergleich zur kurz umrissenen Themenvielfalt mittelalterlicher Altäre wirkt das Bildprogramm der Fastentücher geradezu beschränkt. Szenen aus dem Marienleben sind hier selten, und Verherrlichungen der Gottesmutter fehlen fast völlig. Die gesamte Breite der Heiligenikonographie spielt auf den Fastentüchern überhaupt keine Rolle. Symbolische und moralische Bilder haben erst auf den späten Arma-Christi-Typen Eingang in die Fastentuchikonographie gefunden.

Somit kann man schon aufgrund dieses Vergleichs sagen, daß die Ikonographie der Altäre keineswegs beispielgebend für die Fastentücher gewesen ist. Eindeutig wird der Befund dadurch, daß der für das Bildprogramm der Fastentücher konstitutive Zusammenhang mit dem Alten Testament auf den Altären eine untergeordnete, ja verschwindend geringe Rolle spielt. Alttestamentliche Bilder auf Altären sind nicht häufig. Am ehesten sind noch typologische Szenen zu beobachten[501], im architektonischen Aufbau des Retabels können Patriarchen und Propheten Platz finden. Altäre mit alttestamentlichen Bildzyklen müssen als absolute Ausnahme betrachtet werden. Neben dem Retabel zu Vich[502] muß hier der Grabower Altar des Meisters Bertram genannt werden.[503]

Von den 24 Bildfeldern des Altares erzählen jeweils sechs die Schöpfungsgeschichte, die Geschichte des ersten Menschenpaares, das Leben der Patriarchen und die Kindheit Jesu. Diese Bilderfolge erinnert nun in der Tat an die Zyklen der

Fastentücher, sie ist jedoch für Altäre so untypisch, daß sie nicht als Vorbild gewertet werden darf. Umgekehrt ist daran zu denken, daß das Bildprogramm des Grabower Altares aus denselben Quellen gespeist wird, aus denen auch die Fastentücher schöpfen. Schließlich stand der Altar einst in der Hamburger St.-Petri-Kirche, und so schließt allein die räumliche Entfernung zu den alpenländischen Fastentüchern eine direkte Beeinflussung aus.

Im Alpenraum lassen sich überhaupt keine Altäre finden, die auch nur annähernd dem ikonographischen System der Fastentücher entsprechen.[504]

Selbst in formaler Hinsicht gibt es allenfalls ansatzweise äußerliche Ähnlichkeiten. So ist das Retabel meist einer strengen Ordnung unterworfen. Die einzelnen Szenen werden durch vertikale und horizontale Stege in gleich große quadratische oder rechteckige Felder geteilt. Dies gilt in gleicher Weise für Tafel- und für Schnitzaltäre. Dabei kennen wir Retabel, die sich nicht architektonisch aufbauen und in denen die Rahmung selbst keinerlei Eigengewicht besitzt. Rückt eine genügende Anzahl von Bildfeldern aneinander, entsteht manchmal ein fastentuchähnlicher Eindruck. Neben dem Grabower Altar, auf den wir schon hingewiesen haben, müßte in diesem Zusammenhang die goldene Tafel von Lüneburg genannt werden.[505] Der Altar besitzt 36 Bildfelder mit Szenen aus dem Leben Jesu; sie verteilen sich auf drei Register zu je zwölf Feldern.

Ebenfalls in drei Registern zu je sechs Feldern schildert eine Tafel im Rijksmuseum in Amsterdam das Leben Christi von der Verkündigung an Maria bis zur Ausgießung des Heiligen Geistes (Abb. 232).[506] Die Tafel mißt 1.03 mal 1.675 m und erreicht die Größe der Fastentücher bei weitem nicht. Die einzelnen Felder messen nur 0.33 mal 0.275 m. Dem optischen Eindruck nach besitzt eine kölnische Tafel in Berlin eine frappierende Ähnlichkeit mit einem Fastentuch. Sie schildert in fünf Registern zu je sieben Feldern Szenen aus dem Leben Christi (Abb. 233).[507] Von profilierten Leisten getrennt, werden unterschiedslos 35 Bildfelder aneinandergereiht. Der Zyklus beginnt mit der Verkündigung an Maria und endet im 34. Feld mit dem Weltgericht. Das letzte und 35. Feld zeigt die vier Stifter der Tafel. Da manche Bildfelder zwei Szenen gleichzeitig besitzen, erhöht sich die Themenzahl auf insgesamt 37. Aber auch diese Tafel besitzt nur die bescheidenen Maße von 0.82 mal 1.11 m. Die einzelnen Bildfelder messen etwa 0.15 m im Quadrat. Der fastentuchartige Charakter beruht ganz auf der regelmäßigen Schachbretteinteilung. Durch die konsequente Feldereinteilung werden die einzelnen Felder von einer knappen und überschaubaren Ikonographie geprägt, wobei allerdings die Szenen des Alten Testamentes völlig fehlen.

Trotz mancher formaler Ähnlichkeiten ist nicht damit zu rechnen, daß solche und ähnliche Tafeln das Aussehen der Fastentücher geprägt haben. Es zeigt sich jedoch deutlich eine Tendenz zu Beginn des 15. Jahrhunderts, ausführliche ikonographische Programme durch eine konsequente Rasterteilung anschaulich und lesbar zu machen. Auf die Herausstellung von Höhepunkten wird dabei verzichtet. Im Vordergrund stand ein sachlich-erzählerisches Bemühen; ein solch formales Prinzip hat sich auf den Altären nicht durchsetzen können, weil sie als Kultgegenstände eher zur Zurschaustellung und Heraushebung eines Glaubensgeheimnisses neigen als zu erzählerischer Betrachtung.

Wenn wir diese Beobachtung richtig werten, so sind die Fastentücher im eigentlichen Sinne keine Kultgegenstände, und diese Einschätzung deckt sich mit unserer Vorstellung von der Wandmalerei, die auch eher darstellerische als kultische Funktion besitzt. Wir messen deshalb den mittelalterlichen Altarretabeln für die Entwicklung der Fastentücher eine nur geringe Bedeutung zu.

Das Vorbild der mittelalterlichen Holzdecken

Eine stichprobenartige Umschau in den verschiedenen Kunstgattungen der alpenländischen Kunstlandschaft zeigt bisher folgendes Ergebnis: Mit den Bilderfolgen der mittelalterlichen Altarretabel und der Glasfenster haben die Fastentücher wenig gemein. In der Wandmalerei besitzen sowohl die felderartige Rastergliederung[508] als auch das umfassende heilsgeschichtliche Bildprogramm interessante Parallelen, ohne daß die Fastentücher unmittelbar daraus abgeleitet werden könnten. Parallele Erscheinungen beruhen eher auf gemeinsamen Traditionen. Es muß außerdem festgestellt werden, daß die Fastentücher durch das Felderschema und das heilsgeschichtliche Bildprogramm klar definiert sind und keine andere Form kennen, während die Wandmalereien der Kirchen viel differenzierter erscheinen und sich dieses Schemas nur wahlweise bedienen.

Bei der Beschreibung einzelner Fastentücher haben wir darauf hingewiesen, daß die die einzelnen Szenen rasterartig trennenden Horizontal- und Vertikalstege als profilierte Rahmenleisten gestaltet sind. Besonders deutlich beobachten wir dies am Beispiel von Steuerberg (Abb. 45), ebenso aber

232. Altartafel (sog. Roermond-Passion). Rijksmuseum AMSTERDAM, Inv. Nr. a 1491. Foto: Rijksmuseum

auch an den Fastentüchern von Haimburg, Reichenfels, Baldramsdorf, Sternberg, Lienz und nicht zuletzt Altheim. Häufig wird durch den Einsatz von Licht und Schatten betont, daß die Stege als erhaben gedacht sind. Dadurch entsteht der Eindruck, als seien die Trennleisten hölzerne, schreinermäßig bearbeitete Holzstege. Überdies zeigt das Fastentuch von Sternberg (Abb. 68) an den Kreuzungspunkten der Leisten aufgemalte Kreise, die nichts anderes als Holznägel imitieren sollen, die die Holzstege zusammenhalten.

Zweifellos ahmen die Fastentücher die konstruktiven Bedingungen hölzerner bemalter Decken nach. Diese wurden in der Regel so gestaltet, daß an die Unterseite der Deckenbalken rechtwinklig sich kreuzende Rahmenleisten genagelt wurden. Die Rahmenleisten besaßen eine Nut, in die die Füllungen eingeschoben und dadurch gehalten wurden. Die Füllungen konnten nun bemalt sein und ergaben an ihrem endgültigen Verwendungsort ein schachbrettartig unterteiltes Deckengemälde. Diese repräsentative Gestaltung der Decke, bei der das tragende Gebälk hinter einem verhüllenden Felderdekor verborgen blieb, blieb wohl bis in die Gotik die für den feierlichen Raum als gemäß empfundene Form.

Wenig davon blieb erhalten. Das älteste und einzige Vergleichsbeispiel ist die romanische Decke der Martinskirche zu Zillis (Graubünden). Durch das Koordinatensystem der Leisten ist diese Decke in 17 Register zu je neun annähernd quadratischen Feldern unterteilt. Damit entstehen insgesamt 153 Bildfelder[509]. Damit ist zunächst in formaler Hinsicht das einzige, mit den Fastentüchern vergleichbare Denkmal der Kunstgeschichte genannt, das ein Rastersystem in dieser Größenordnung besitzt[510]. Poeschel weist darauf hin, daß „. . . in Zillis die Einteilung ihr Gesetz von der konstruktiven Gestaltung einer Felderdecke, also von einer außerkünstlerischen Instanz, annimmt“[511]. Demnach beherrscht die Decke von Zillis kein künstlerisch durchdachter Plan, sondern hier „. . . waltet eine bloße Addition von Teilen gleicher Größe und Form“[512] (Abb. 234).

Auch die Fastentücher erzählen ihr ikonographisches Programm in einer Aneinanderreihung von Bildfeldern gleicher Größe; allenfalls die letzte Szene des Weltgerichts kann auf zwei Bildfelder ausgedehnt werden. Was liegt näher, als diese unterschiedslose Bilderfolge wichtiger und weniger wichtiger Themen auf konstruktive Notwendigkeiten zurückzuführen? Die Wandmalerei bevorzugt

233. Altartafel (kölnisch, um 1400). Zurzeit Galerie Dahlem, WESTBERLIN. Foto: Staatliche Museen zu Berlin (DDR) Nr. 1224

lange eine nach inhaltlichen Gesichtspunkten differenzierte Bildgröße.

Bei der Beschreibung des Haimburger Fastentuches, und ähnliches gilt für das Zittauer Tuch, haben wir darauf hingewiesen, daß die Gestaltung des Hintergrundes ohne Zäsur durchläuft und von den vertikalen Stegen willkürlich unterteilt wird. Ganz dasselbe Prinzip trifft auf die Decke von Zillis zu: „Die Quadrierung durch das Netzwerk der Längs- und Querleisten . . . trennt . . . die Bilder nur äußerlich. In Wahrheit fließt die Erzählung hinter ihr durch, und es ist, als ob wir durch ein vergittertes Fenster dem Vorbeizug der Begebnisse zusähen."[513] Das hat in Zillis sogar zur Folge, daß eine einzige Bildszene aus mehreren Bildfeldern zusammengesetzt sein kann; etwa die Anbetung der drei Könige erstreckt sich über vier Bildfelder. In der Tat sind also die Felder der Zilliser Decke konstruktive Elemente.

Obwohl die Decke von Zillis ein singuläres Beispiel darstellt, wird man sich viele andere, heute verlorene Decken in dieser Weise vorstellen müssen, die mit hoher Wahrscheinlichkeit auf die formale Gestaltung der Fastentücher Einfluß genommen haben.

Bedauerlicher muß der Verlust weiterer Beispiele in ikonographischer Hinsicht gewertet werden, denn das Bildprogramm der Decke von Zillis erweist sich trotz hoher Felderzahl im Vergleich zu den Fastentüchern als erheblich eingeschränkt. Grob gesagt, erstreckt sich die Bilderfolge nur von der Verkündigung an Maria bis zur Dornenkrönung Christi, wo der Zyklus unvermittelt abbricht und mit einigen Begebenheiten aus dem Leben des Kirchenpatrons ausklingt. Die heilsgeschichtliche Dimension klingt nur behutsam in der Darstellung der Vorfahren Christi, der Könige David, Salomon und Rehabeam an sowie in den Personifikationen von Ecclesia und Synagoge.[514]

Ob andere Deckenprogramme biblisch umfänglichere Programme besessen haben, wissen wir nicht. So bietet also das System der mittelalterli-

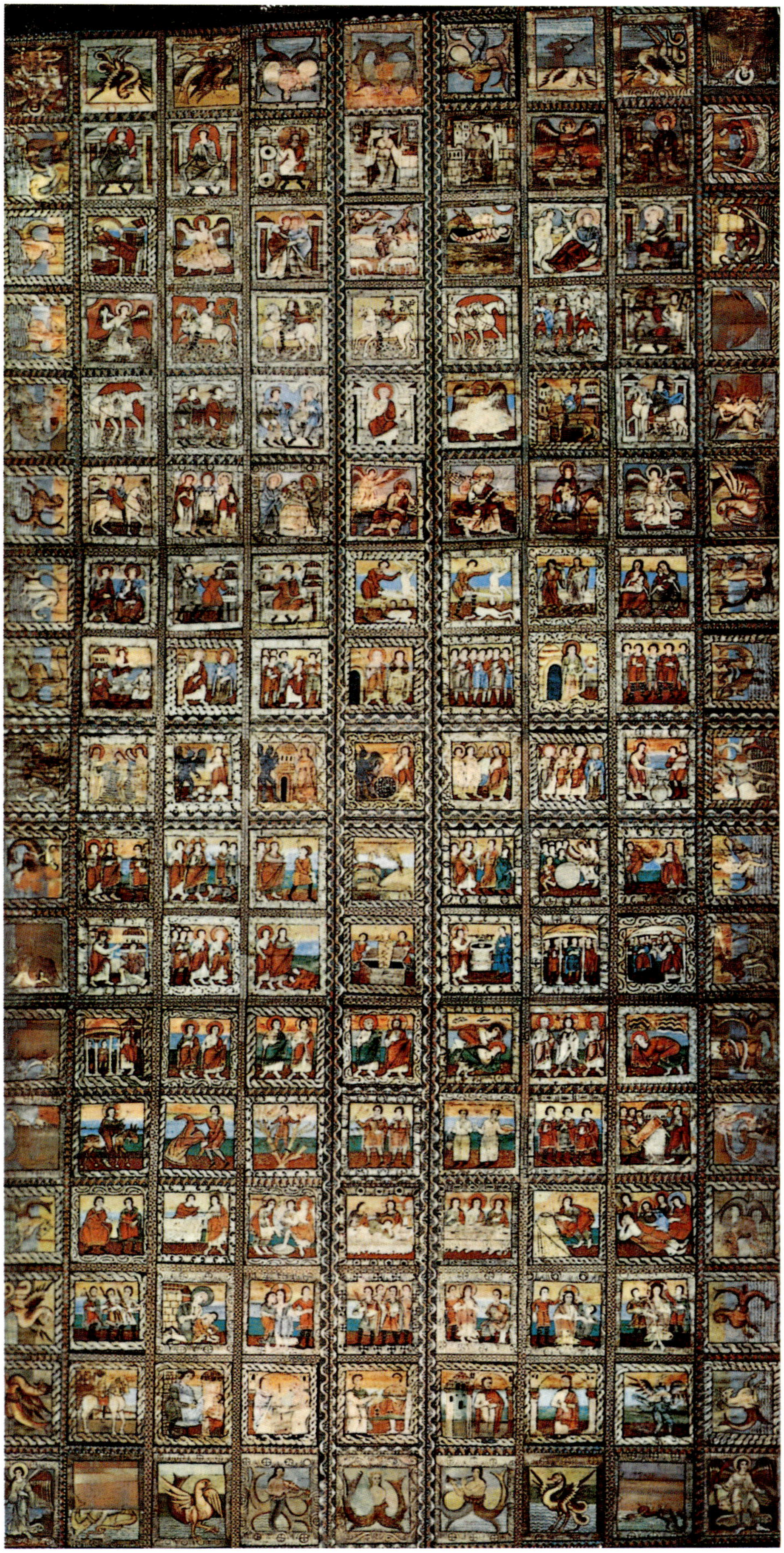

234. ZILLIS; romanische Holzdecke (um 1130). Foto: Geiger

chen Felderdecke eine Erklärung für die formale Gestalt der Fastentücher, zur inhaltlichen Herleitung wenden wir uns einer weiteren Denkmälergruppe zu, den mittelalterlichen Kirchenportalen. Daß hier ein möglicher Vergleichspunkt für die Holzdecken liegt, hat Poeschel vermutet: „Diese Art der Aneinanderreihung hat ihre Analogien nicht bei den teppichartigen Kompositionen der monumentalen Glasmalerei, sondern in den romanischen Feldertüren aus Holz und Bronze . . ."[515] So gelangen wir annäherungsweise über die Bildprogramme mittelalterlicher Kirchenportale und die Holzdecken als Vermittlungsträger zur ikonographischen und formalen Herleitung der Fastentücher.

Die Bildprogramme der mittelalterlichen Kirchenportale

Seit Kirchen gebaut werden, spielt der Eingang zum Kirchengebäude eine besondere Rolle. Ganz gleich, welche Authentizität man der häufig erst durch theologische oder kunstwissenschaftliche Betrachtungen nachträglich an die Kirchenbauten herantragenden Symbolgestalt beimißt, ob man sie als Reich Gottes, als himmlisches Jerusalem, als Gottesstadt oder als himmlisches Paradies versteht[516], immer bildete die Tür eine markante Trennung zwischen Außen- und Innenwelt. Der Gläubige, der diese prachtvoll ausgestatteten Räume betrat, konnte meinen, im Betreten des Kirchenraumes die Erlangung des Paradieses vorweggenommen zu haben. „Die Mauern, Türme und Türen schlossen die Gottesstadt nach außen hin ab, dabei waren die Türen die Grenze, die Einlaß boten oder verwehrten"[517], interpretiert Ursula Mende die Türsymbolik. Daß dabei die Türen mit Christus selbst oder seinem Erlösungswerk gleichgesetzt wurden, erstaunt nicht und liefert den Schlüssel zum Verständnis des ikonographischen Programmes dieser häufig reliefgeschmückten Türen.

Wenig wissen wir von den altchristlichen Türen. Wohl aus technischen Gründen waren sie, wie uns die ältesten Beispiele belegen[518], aus einzelnen Reliefplatten zusammengesetzt, so daß ein felderartiges Dekor entstand. Besitzen die Kirchentüren des ersten Jahrtausends noch häufig ein Feldersystem von alternierender Größe, so stabilisiert sich die Form in der romanischen Zeit zu einer Aneinanderreihung gleich großer, meist quadratischer bis hochrechteckiger, seltener querrechteckiger Felder. Dadurch entsteht ein Bilderraster, der den Holzdecken und den Fastentüchern durchaus vergleichbar ist.

Etwa aus der Zeit um 1138 stammt das Westportal von San Zeno in Verona (Abb. 235).[519] Das zweiflügelige Bronzeportal schildert in acht Registern zu sechs Bildzeilen Themen aus dem Alten und Neuen Testament. Die Reihe beginnt auf dem rechten Flügel mit der Erschaffung der Eva und dem Sündenfall und endet nach einer chronologisch nicht konsequenten Folge mit der Arche Noah. Der linke Türflügel schildert zunächst das Christusleben von der Verkündigung an Maria bis zur Höllenfahrt Christi, danach Christus als Weltenrichter und schließlich drei Szenen aus dem Leben Johannes' des Täufers. Daß Unstimmigkeiten im Programm vorliegen, beweisen die letzten beiden Szenen, Vertreibung aus dem Paradies und Brudermord, also Wiederholungen vom rechten Flügel. Dennoch wird man sagen können, daß die Grundstruktur des Bildprogramms eine Darstellung der gesamten Heilsgeschichte enthält und damit mit dem, was wir als charakteristisch für die Fastentücher erarbeitet haben, identisch ist.

Was wir auf den Fastentüchern bei rückläufiger Entwicklung des alttestamentlichen Szenenbestandes als minimalen Restbestand konstatiert haben, nämlich Erschaffung Evas und Sündenfall, kennzeichnet das Bildprogramm des in Magdeburg hergestellten Westportals der Sophienkathedrale von Nowgorod um 1152/56.[520] Die zweiflügelige Tür (Abb. 236) schildert auf der linken Seite Szenen aus der Jugendgeschichte Christi, auf der rechten Seite seine Passion, vermehrt um die erwähnten alttestamentlichen Szenen, allegorische Darstellungen, Heilige und historische Personen.

Dem Programm der Fastentücher kommt auch in seiner Aufteilung das Westportal im Dom von Monreale, um 1185, sehr nahe (Abb. 237).[521] In zehn Registern zu je vier Bildzeilen schildern 40 Bildfelder je 20 Begebenheiten aus dem Alten und dem Neuen Testament. Die Bilderfolge beginnt mit der Erschaffung Adams und endet mit der Himmelfahrt Christi. Dabei fällt auf, daß auch hier der Urgeschichte und den Folgen des Sündenfalls viel Raum gegeben wird. Schließlich folgen noch Patriarchen- und Moseszenen sowie einige Propheten. Im neutestamentlichen Teil werden nur Jugendgeschichte und Passion erzählt, verknüpft durch die Verklärung Christi.

Eine Reihe mittelalterlicher Kirchentüren vertritt somit ein ikonographisch fest umrissenes Programm. Aufgrund ihrer Symbolik ist man tatsächlich geneigt, in ihnen die komprimierte Erlösungslehre zu sehen, durch die hindurch allein der Zutritt ins Reich Gottes möglich wird. Nicht auf die Türflügel allein war dieses Programm beschränkt, selbstverständlich fand es sich auch sonst in der Kirchenausstattung wieder[522], aber hier wurde es

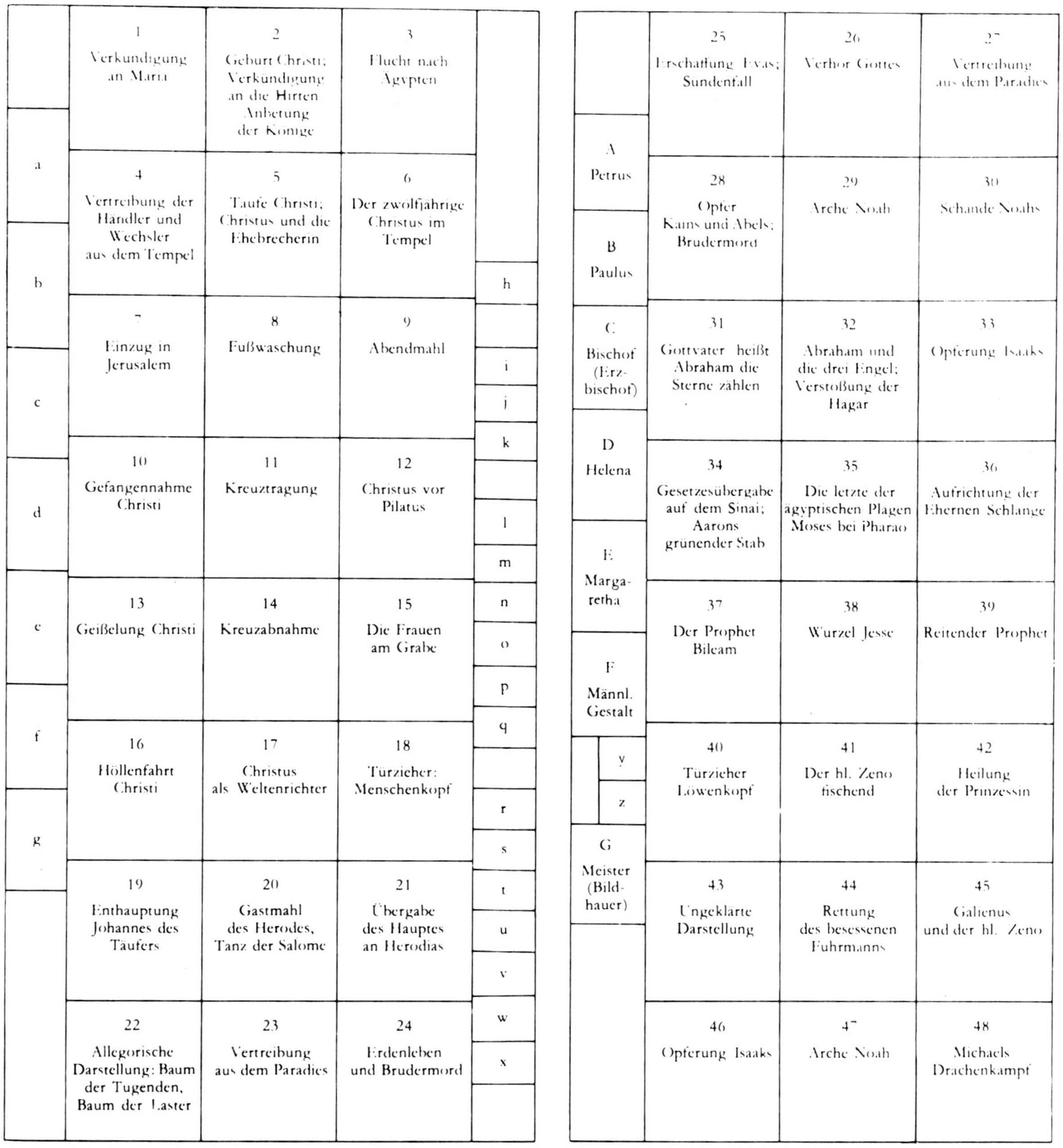

Die Ornamentplatten a–g
a–g Jeweils eine Säule und Randornamentik

Die quadratischen Platten h–z
h–n Thronende, teils gekrönt
o Temperantia

p Justitia
q Fortitudo
r–z Thronende Könige

235. VERONA; San Zeno. Westportal (um 1138). Schema nach U. Mende

besonders häufig verwendet. Und an den Türen tritt es auch zeitlich früher auf, vielleicht zum ersten Mal am Westportal des Domes in Hildesheim, das 1015 vollendet wurde.[523]

Das Portal besteht aus insgesamt nur 16 Relieffeldern, die sich gleichmäßig auf die beiden Türflügel verteilen. Die Reihenfolge stellt sich folgendermaßen dar:

1. Erschaffung Adams
2. Zuführung Evas
3. Sündenfall
4. Verhör und Verurteilung der Stammeltern
5. Vertreibung aus dem Paradies
6. Die Folgen des Sündenfalls (Adam gräbt, und Eva stillt)
7. Opfer Kains und Abels
8. Brudermord
9. Verkündigung an Maria
10. Geburt Christi
11. Anbetung der Könige
12. Darbringung im Tempel
13. Christus vor Pilatus oder Herodes
14. Kreuzigung Christi
15. Die Frauen am Grabe
16. Noli me tangere und Himmelfahrt

Es kann kein Zweifel bestehen, daß diese Szenenfolge nicht als Illustration des Alten und Neuen Testamentes aufzufassen ist, sondern vielmehr in

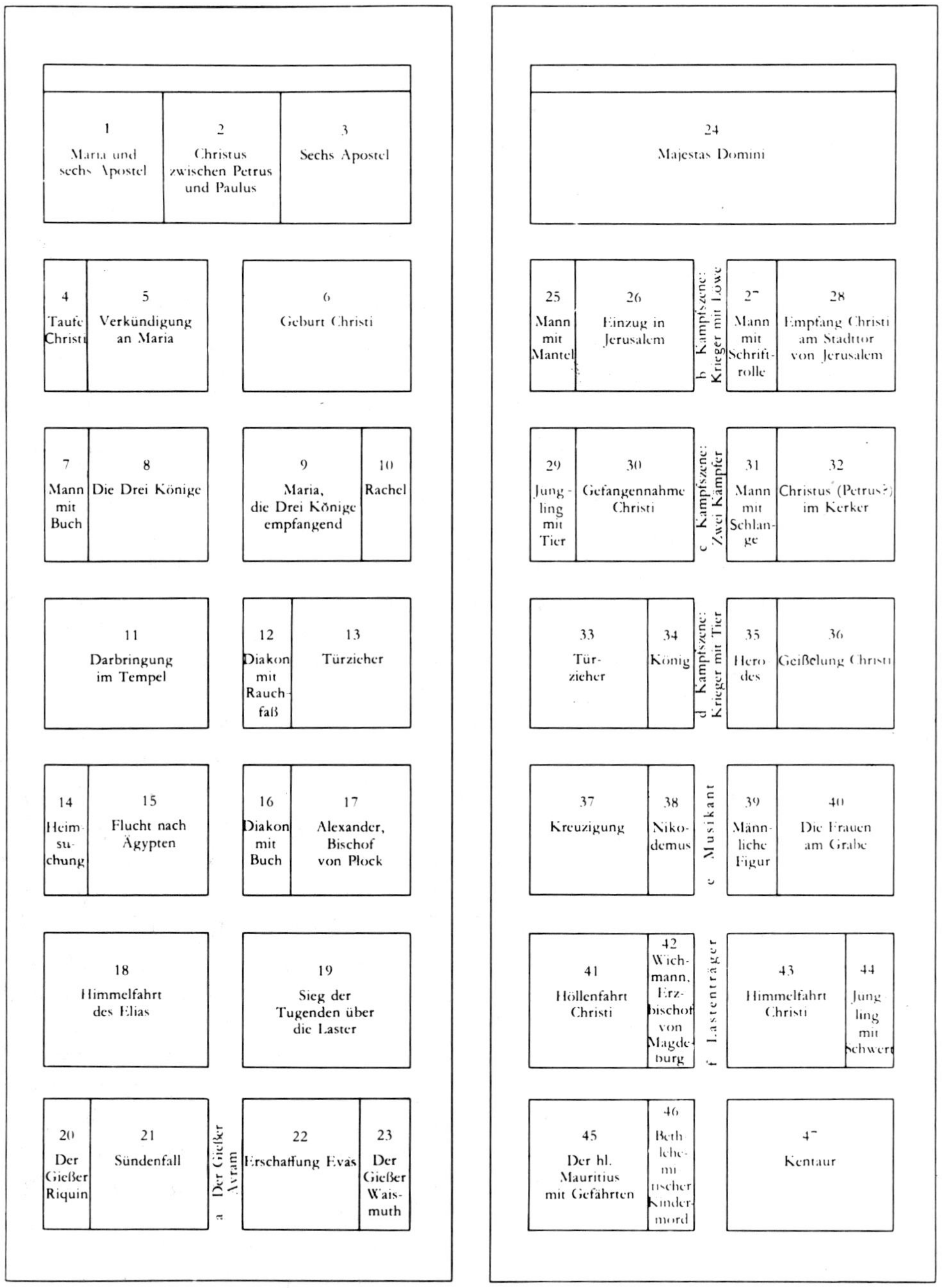

236. NOWGOROD; Sophienkathedrale (Mitte 12. Jh.).
Schema nach U. Mende

einer bewußten Schwerpunktsetzung die Erschaffung des Menschengeschlechts, den Sündenfall und seine Folgen sowie die auf Inkarnation und Passion sich gründende Erlösungslehre darstellt. Nur so ist die angesichts geringer Felderzahl ausführliche Schilderung der genannten Bereiche erklärbar. Das gesamte übrige Alte Testament wird ebenso ausgeklammert wie das öffentliche Leben Jesu mitsamt seinen Wundern und lehrreichen Sentenzen. Deshalb ist es unserer Meinung nach völlig mißverstanden, wenn Ute Götz in ihrer Bestimmung der Bildprogramme der Kirchentüren das Portal von Hildesheim ebenso wie die von uns zitierten Türen von Verona, Nowgorod und Monreale als „Durch andere Darstellungen ergänzte Christusviten"[524] definiert.

Auch handelt es sich nicht, wie Götz zu präzisieren versucht[525], bei den alttestamentlichen Abbildungen um typologische Ergänzungen oder allgemeinere Gegenüberstellungen der beiden Testamente, sondern um eine logisch konsequente Abfolge der Heilsgeschichte, die in schlichter Weise die im Sündenfall begründete Notwendigkeit der Erlösung durch Christus erklärt. Die Fehleinschätzung von Götz beruht letztlich darauf, daß das fragliche Bildprogramm trotz seiner Bedeutung für die mittelalterliche Kunst bisher eigentlich nicht zur Kenntnis genommen wurde.

Auch Ursula Mende führt die Fehleinschätzung von Götz einfach weiter: „Auf die Person Christi sind alle Darstellungen der Kirchentür bezogen, die neutestamentlichen Bildzyklen, deren Ergänzungen aus dem Alten Testament mit Gegenüberstellung von Sündenfall und Erlösung und mit Ereignissen und Personen, die auf das Wirken Christi vorausweisen ...‘‘[526] Eine solche Interpretation des Bildprogramms ist zweifellos beeinflußt von der Kenntnis um die typologischen Zyklen, die im Mittelalter zusehends an Bedeutung gewinnen. Das heilsgeschichtliche und das typologische Bildprogramm werden auch miteinander kombiniert, müssen aber zunächst einmal methodisch sauber auseinandergehalten werden.

So darf nicht übersehen werden, daß die betreffenden Genesisszenen in den ältesten typologischen Zuordnungen nicht verwendet werden. Im Heilsspiegel bilden die Erschaffung Evas, der Sündenfall und seine Folgen lediglich den Auftakt zur typologischen Bilderfolge. Die Türflügel dürfen also nicht als typologisch im engeren Sinne verstanden werden, auch wenn sich die beiden Flügel naturgemäß gegenüberstehen. Ein echt typologisches Bildprogramm im Sinne der Armenbibel (s. u.) bietet allein die Holztür im Westportal des Doms zu Gurk.[527] Diese Tür ist allerdings nur fragmentarisch erhalten (Abb. 238).

Beide Türflügel besitzen ein dekoratives Kreisrankensystem mit zwei verschiedenen Bildprogrammen. Der rechte Flügel besteht aus drei Bildzeilen in mehreren Registern übereinander. Die mittlere Bildzeile erzählt das Leben Christi, die beiden rahmenden Bildzeilen enthalten die zugehörigen alttestamentlichen Typologien. Dadurch ergibt sich folgendes Schema:

?	Pfingsten	Gesetzesübergabe am Sinai
?	Himmelfahrt	?
Samson trägt Tore v. Gaza	Auferstehung	Ausspeiung des Jona
Opferung Isaaks	Kreuzigung	Aufrichtung der ehernen Schlange
Osterlamm	Einzug in Jerusalem	?
Durchzug durch Rotes Meer?	?	?

Obwohl die übrigen Teile der Tür zerstört sind, läßt sich doch sagen, daß hier ein typologisches Programm realisiert wurde, wie es aus der Armenbibel bekannt ist und auf dem Verduner Altar in Klosterneuburg seine frühe Vollendung fand. Dieses Programm ist aber zunächst nicht das Pro-

43 Thronende Maria		44 Christus als Pantokrator	
39 Die Frauen am Grabe	40 Noli me tangere	41 Gang nach Emmaus	42 Himmelfahrt
35 Abendmahl	36 Gefangen- nahme	37 Kreuzigung	38 Höllenfahrt
31 Versuchung Christi	32 Auferweckung des Lazarus	33 Einzug in Jerusalem	34 Verklärung Christi
27 Kindermord	28 Flucht nach Ägypten	29 Darbringung im Tempel	30 Taufe Christi
23 Verkündigung	24 Heimsuchung	25 Geburt Christi Verkündigung an die Hirten	26 Heilige Drei Könige
19 Hosea und Jesaias	20 Micha und Joel	21 Daniel und Amos	22 Ezechiel und Zacharias
15 Opferung Isaaks	16 Drei Patriarchen	17 Moses und Aaron	18 Malachias und Bileam
11 Brudermord	12 Arche Noah	13 Noah-Szenen	14 Abraham und die drei Männer
7 Adam u. Eva nach der Vertreibung	8 Arbeit Adams und Evas	9 Geburt von Kain und Abel	10 Kain und Abel
3 Erschaffung Adams	4 Erschaffung Evas	5 Adam u. Eva im Paradies	6 Sündenfall
1 Löwe und Greif		2 Greif und Löwe	

237. MONREALE; Dom. Westportal (12. Jh.). Schema nach U. Mende

238. GURK; Dom. Westportal (1. Hälfte 13. Jh.). Foto: Kurt Hofstetter

gramm der Bronzetüren und auch nicht der Fastentücher. Die Fastentücher besitzen vielmehr die Grundstruktur des heilsgeschichtlichen Bildprogramms und sind angereichert um den typologischen Bilderschatz.

Die vermittelnde Position zwischen heilsgeschichtlichem und typologischem Bildprogramm leistet der Heilsspiegel, der beide Formen miteinander kombiniert und der typologischen Bildsequenz die alttestamentlichen Prämissen von Schöpfung und Sündenfall vorausschickt. Genau dieses Programm hat das Fastentuch von Zug verwirklicht, wie wir dort gezeigt haben. In den mittelalterlichen Bronzetüren dürfen wir also die in formaler und ikonographischer Hinsicht engsten Parallelen zu den Fastentüchern sehen. Nachdem die Türen in ihrem erhaltenen Bestand wesentlich älter sind, muß man wohl sogar von einem Vorbild sprechen, ob man nun die Vermittlung der mittelalterlichen Holzdecken in Anspruch nimmt oder nicht.

Denn auch unter Berücksichtigung des Anbringungsortes der Fastentücher läßt sich eine funktionale Verwandtschaft mit den Bronzetüren herstellen. Ist die Kirchentür die Stelle, die den profanen Bereich vom sakralen Innenraum trennt, so trennt das Fastentuch das sanctum vom sanctissimum. Nur durch die Heilsgeschichte hindurch erlangt der Gläubige Anteil am erlösenden Altarsakrament. Schließlich hat die einleitende Erörterung zum liturgischen Gebrauch der Fastentücher gezeigt, daß sie auf jeden Fall damals, als sie auch in der Regel bemalt waren, zu bestimmten Zeiten und Anlässen beiseite geschoben oder hochgezogen wurden. Wie eine Tür waren manche Fastentücher früher in der Mitte geteilt, um wie eine Türe geöffnet und geschlossen werden zu können.

Die geistigen Grundlagen des heilsgeschichtlich-typologischen Bildprogramms

In der vergleichenden Analyse zwischen Kirchentüren und Fastentüchern haben wir nun verschiedene mittelalterliche theologische Programme herangezogen, die zusammengenommen den Schlüssel zur Interpretation der Fastentuchzyklen liefern. So besitzen die Fastentücher zwei grundlegende Tendenzen, die sich gegenseitig nicht ausschließen, sondern ergänzen.

Die eine Ordnung, wir nennen sie die heilsgeschichtliche, ist eine chronologische Abfolge wichtiger Heilstatsachen, die sich aus der kontinuierlichen Sequenz des Alten und des Neuen Testamentes ergibt. Sie kann man als synthetisch bezeichnen.

Die andere Ordnung, wir nennen sie die typologische, ist eine Gegenüberstellung von alttestamentlichem Vorbild und neutestamentlicher Erfüllung. Hierbei bestimmt jeweils die neutestamentliche Chronologie die Abfolge der Ereignisse. Eine solche Zuordnung von Altem und Neuem Testament kann man als antithetisch bezeichnen. Ein solches Programm bezeichnet man in der Kunstgeschichte als Armenbibel oder Biblia pauperum.

Die heilsgeschichtliche und die typologische Ordnung verbindet eine dritte Ordnung, die wir folgerichtig als heilsgeschichtlich-typologisch bezeichnen. Hier sind die chronologische Abfolge und die typologische Gegenüberstellung zu einer Einheit verschmolzen. Als Repräsentant dieser Ordnung gilt der Heilsspiegel oder Speculum humanae salvationis.

Aus diesen drei theologisch geprägten Ordnungen hat die volkstümliche Predigt ein harmonisierendes Programm entwickelt, das an der heilsgeschichtlichen Chronologie festhält, sich gleichzeitig aber den Bilderschatz der typologischen Programme aneignet, diese aber meist nicht in antithetischer Abfolge darbietet, sondern einer chronologischen Erzählung der alt- und neutestamentlichen Ereignisse unterordnet. Dieses Programm der volkstümlichen Predigt vertreten die Fastentücher.

Die heilsgeschichtliche Ordnung

Die heilsgeschichtliche Ordnung als ikonographisches Programm wurde bisher in der Erklärung christlicher Bildzyklen nicht in genügender Weise beachtet. Die Betrachtungweise von Schöpfung, Sündenfall, Inkarnation, Passion und Vollendung blieb meist auf ihre Einzelbestandteile beschränkt, ein gemeinsames Auftreten aller dieser Elemente bezeichnet man als Kombination von Einzelzyklen.

Die Problematik eines solchen Vorgehens kann man sich an der Einschätzung der Wand- und Deckenmalereien im Kloster Wienhausen verdeutlichen. In ihnen besitzen wir die „in ihrer Vollständigkeit zu den bedeutendsten deutschen Werken der Gotik zählenden und in ihrer Art einmaligen Wandmalereien . . .“[528], die nach letzter Erkenntnis in die Zeit um 1355 zu datieren sind.[529]

Eine schematische Übersicht der Wand- und Gewölbedekoration (Abb. 239) zeigt an der Unterseite des Öffnungsbogens zur Gemeindekirche zwölf Monatsdarstellungen mit ihren jahreszeitlich spezifischen Tätigkeiten; der Szenenfries der unteren Wandbereiche schildert die Martyrien weiblicher und männlicher Heiliger. In der Zone darüber befinden sich an der Südwand Darstellungen der Schöpfungsgeschichte, an der Nordwand gegenüber weitere Szenen aus dem Alten Testament von der Vertreibung aus dem Paradies bis zum Untergang der Ägypter im Roten Meer. Verbunden sind die beiden alttestamentlichen Reihen an der Westwand durch den Sündenfall. Die drei westlichen Gewölbejoche schildern Inkarnation, Passion und Ostern, das östliche Joch aber entfaltet das Bild des himmlischen Jerusalems.

Von den Monatsdarstellungen und den Heiligen einmal abgesehen, entspricht die Szenenfolge in Wienhausen durchaus dem Bildprogramm der Fastentücher. Man würde das Programm des Nonnenchores von Wienhausen mißdeuten, wenn man es lediglich als eine Kombination von Einzelzyklen verstünde. In dieser Gefahr steht zumindest Wiebke Michler, die feststellt: „Nach Inhalt und Anordnung gliedern sich die figürlichen Teile der Malerei in fünf einzelne Zyklen . . .“[530]. Sie hat wohl selber das Gefühl, an der Intention der Gesamtdekoration vorbeizugehen, und präzisiert: „Diese fünf inhaltlich jeweils selbständigen und abgeschlossenen Szenenfolgen schließen sich in einer rangmäßigen Abfolge zu einem Gesamtzyklus zusammen, der eine Darstellung der christlichen Welt- und Heilsgeschichte ergibt von der Erschaffung der Welt bis zum Jüngsten Tage und weiter zur Gemeinschaft der Auferstandenen in der Herrlichkeit des himmlischen Jerusalems.“[531]

Man könnte den Eindruck gewinnen, als wäre dieser Gesamtzyklus dem Zufall oder dem genialen Einfall eines Auftraggebers in Wienhausen zu verdanken, zumal er in dieser Vollständigkeit in unserem Land wohl ein Unikat darstellt. Doch weder Zufall noch Genialität müssen bemüht werden, es genügt die Tradition der scholastischen Gelehrsamkeit zur Erklärung der Welt.

Die Welt in allen ihren Erscheinungsformen erklärbar zu machen, war ja schließlich ein Hauptbemühen der Theologie des Mittelalters. Für führende Theologen des 12. Jahrhunderts war Theologie gleichbedeutend mit dem ehrfürchtigen Bedenken und Nachdenken der Heilsordnung.[532] Das erwachende Geschichtsbewußtsein entwickelt in Analogie zum menschlich-innerweltlichen Ablauf

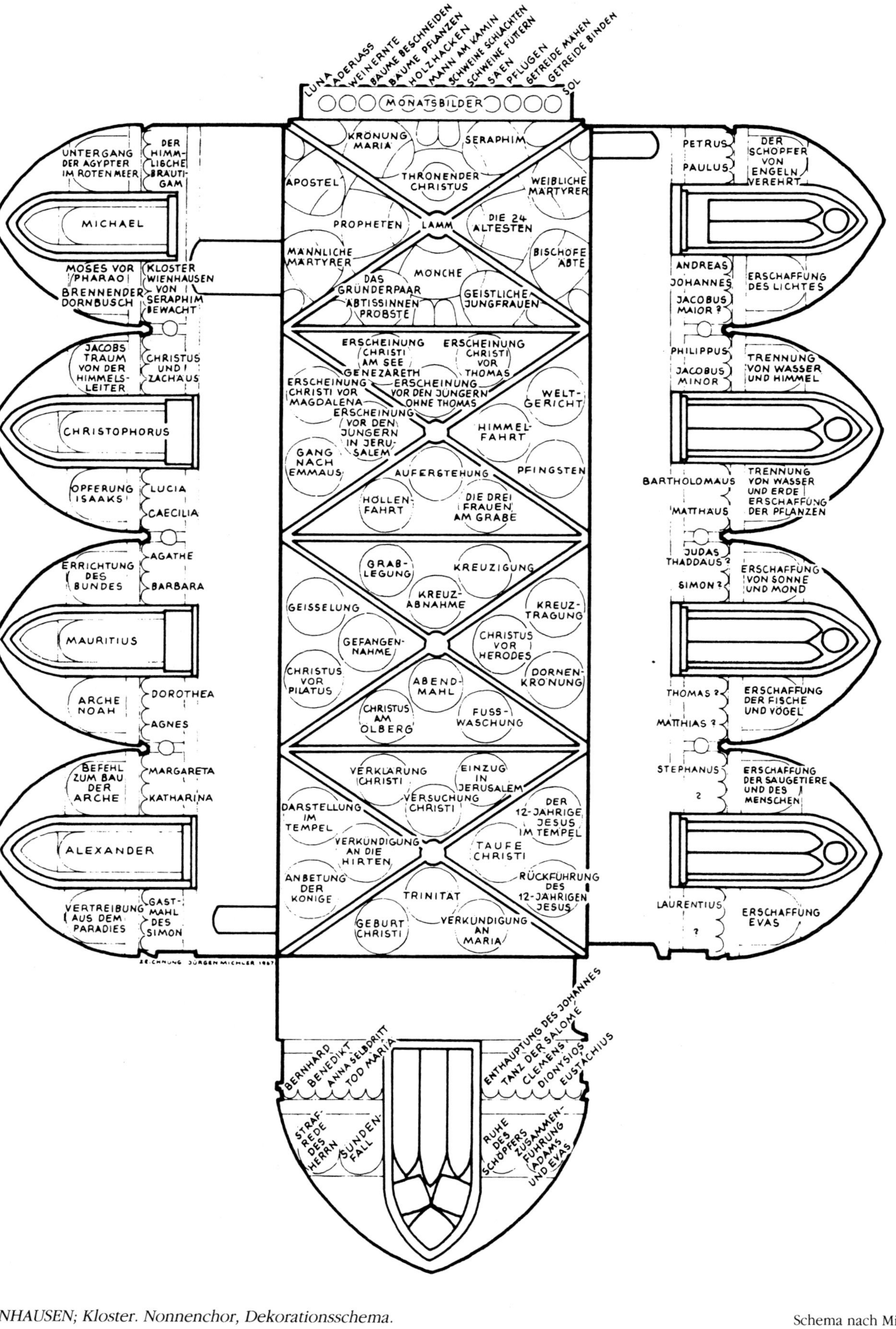

239. WIENHAUSEN; Kloster. Nonnenchor, Dekorationsschema.

Schema nach Michler

der Ereignisse eine Chronologie der göttlichen Heilstatsachen: die Heilsgeschichte. Sie anschaulich zu machen, ist der Sinn des heilsgeschichtlichen Bildprogramms.

Das wird gerade in den Monatsdarstellungen von Wienhausen deutlich. Ohne den gegebenen Zusammenhang sind sie im Kirchenraum sinnlos. Erst in ihrer Verbindung mit den übrigen heilsgeschichtlichen Programmteilen werden sie Bestandteil einer enzyklopädischen[533] Gesamtschau, die auf den Lehren scholastischer Systeme aufbauend eine christliche Welterklärung gibt.

Nun fußt aber die Enzyklopädie auf der mittelalterlichen Geschichtsauffassung, derzufolge die Weltgeschichte „. . . ein großes von Gott verfaßtes Drama mit dem Menschen als Spieler . . .“[534] ist. Weltgeschichte aber kann im mittelalterlichen Verständnis nichts anderes sein als Heilsgeschichte mit den drei großen Ereignissen Schöpfung, Erlösung und Weltgericht. Diesen drei Ereignissen entsprechen drei Perioden:

- von der Schöpfung der Welt bis zum Gesetz am Sinai
- vom Sinai bis zu Jesus Christus (Inkarnation)
- von Jesus Christus bis zum Weltgericht.

Damit ist aber genau das Programm definiert, das in Wienhausen ebenso zugrunde liegt wie auf den Fastentüchern. Ihre Szenenfolgen sind nicht das Ergebnis beliebiger Kombinationen von Einzelzyklen, sondern es ist e i n Zyklus, dessen Eckpfeiler Schöpfung mit Sündenfall, Inkarnation und Passion sind. Die Bedeutung des Sündenfalls liegt darin begründet, daß er den „. . . Anfang der gegenwärtigen Heilsgeschichte . . .“ markiert.[535]

Von dort erstreckt sich die Heilsgeschichte über die Folgen des Sündenfalls, die Geschichten der Erzväter, den Bundesschluß am Sinai, die Geschichte des Gottesvolkes, die Inkarnation, Passion und Auferstehung bis zur Zeit der Kirche und der Wiederkunft Christi am Ende der Welt. Und diese Heilsgeschichte wird gekennzeichnet – das ist wichtig im Gegensatz zur typologischen Anordnung der Armenbibel – durch ein zeitliches Nacheinander der einzelnen Ereignisse. Die biblischen Bücher Alten und Neuen Testamentes werden als echte Geschichtsbücher gelesen. Ein Ereignis folgt auf das andere. Diesem Verständnis der Heilsgeschichte entspricht auch eine zeitlich korrekte Abfolge der einzelnen Szenen im heilsgeschichtlichen Bildprogramm.

Letztlich umfaßt die Heilsgeschichte nahezu die ganze Bibel, dennoch ist sie mit ihr nicht deckungsgleich. Sie verzichtet als Programm auf die Lehrbücher, auf Psalmen und Propheten. Ebensowenig ist das öffentliche Wirken Jesu Gegenstand der heilsgeschichtlichen Szenenfolgen. Die Heilsgeschichte fußt demnach allein auf den ‚historischen Fakten‘ der Geschichte Gottes mit den Menschen. Durch Schöpfung und Weltgericht sind die beiden Eckpfeiler dieser Geschichte markiert.

Ausgedrückt werden kann dieses System durch einige wenige Fakten wie Schöpfung, Sündenfall und Erlösung. Je volkstümlicher die Darstellungsweise ist, desto einfacher kann dieses System ausfallen. Die Epochen der Heilszeit können sogar auf ein schlichtes ‚Vorher‘ und ‚Nachher‘, also auf die Zeit vor und nach der Erlösung, reduziert werden. Dies scheint der Hintergrund im Bildprogramm des Haimburger Fastentuches zu sein. Je 18 Szenen schildern die Zeit des Alten Testamentes und des Neuen Testamentes, wobei es genügt, die Passion darzustellen. In manchen scholastischen Systemen wird nicht einmal so recht die eigenständige Bedeutung von Ostern und Himmelfahrt klar.[536] Wen wundert es dann noch, daß manche heilsgeschichtliche Bilderfolge auf den Fastentüchern bereits mit der Kreuzigung oder der Grablegung endet.[537]

Wenn wir demnach das heilsgeschichtliche Bildprogramm zunächst aus dem theologischen Klima der scholastischen Epoche zu erklären versuchen, so werden mit einem Mal die entsprechenden Denkmäler und eben auch die Fastentücher selbst zu einer historischen Quelle, die uns das Gedankengut der volkstümlichen Frömmigkeit erschließt, die ja keinen Niederschlag in literarischen Zeugnissen gefunden hat. Naturgemäß waren literarische Erzeugnisse ja Privileg einer hauchdünnen gebildeten Oberschicht. Was das Volk glaubte, spricht aus den Bildern, die es sich schuf.

Wir gehen sicher nicht fehl in der Annahme, wenn wir das normale heilsgeschichtliche Bildprogramm als vereinfachte Darstellung der von den Scholastikern scharfsinnig entworfenen Heilsökonomie betrachten. Dem einfachen Volk genügte eine auf wenige Punkte konzentrierte Schematisierung komplizierter Zusammenhänge.

Durch den Grad ihrer Komplexität unterscheiden sich enzyklopädisches und heilsgeschichtliches Bildprogramm, ihre Wurzeln sind dieselben. Der Nonnenchor von Wienhausen, von dem wir zur Klärung des Sachverhaltes ausgegangen sind, kann demnach als heilsgeschichtliches Bildprogramm vermehrt um enzyklopädische Details (eben die Monatsdarstellungen) gedeutet werden. Wo uns echte enzyklopädische Bildfolgen begegnen, sind es herausragende Punkte städtischer oder kirchlicher Zentren.[538] In unserer Umschau der alpenländischen Kirchen konnten wir nirgendwo ein solches Programm feststellen. Hier herrschen (zumindest im alemannischen Raum) eindeutig die heilsgeschichtlichen Programme vor, also die reduzierte Volksausgabe der Enzyklopädie.

Die schlichte Form der Welterklärung, in der Gottes gute Schöpfung durch den Sündenfall ins Chaos der menschlichen Unzulänglichkeiten gestürzt und durch die Menschwerdung und das Sterben des Gottessohnes wieder erlöst wird, ist zu einem der wichtigsten Bildprogramme des Mittelalters geworden.

Die typologische Ordnung: Armenbibel oder Biblia pauperum

Auf den Fastentuchfragmenten von Schloß Tratzberg und aus Südtirol im städtischen Museum zu Bozen ist die chronologische Abfolge der Szenen durch den Einschub alttestamentlicher Vorbilder unterbrochen. Diese Bildanordnung beruht auf den Grundsätzen der Typologie.

Die Wurzeln einer typologischen Beziehung von Altem und Neuem Testament lassen sich bis in die frühchristliche Kunst und literarisch sogar bis in die neutestamentliche Zeit zurückverfolgen. Grundvoraussetzung solcher Überlegungen[539] ist die Annahme, daß der Alte und der Neue Bund nicht beziehungslos nebeneinander stehen, sondern die alttestamentlichen Ereignisse aufgrund der göttlichen Vorhersehung konkret auf die Geschehnisse des Neuen Testamentes vorausweisen. Alt- und neutestamentliches Ereignis entsprechen sich als Typ und Antityp. Der alttestamentliche Typ kann auch als Präfiguration, als Vorausabbildung des neutestamentlichen Ereignisses, bezeichnet werden.

Seit dem 11. Jahrhundert verdichten sich einzelne Typologien zu umfangreichen Programmen. Derartige typologische Zyklen lassen sich zuerst in materiellen Zeugnissen[540], dann erst in literarischen Quellen nachweisen. Zu den ältesten gehört die sogenannte Armenbibel oder Biblia pauperum.[541] Sie gilt als das Werk eines unbekannten Verfassers aus der ersten Hälfte des 13. Jahrhunderts und liegt in zahlreichen Handschriften aus dem 14. Jahrhundert vor.[542] Die Armenbibel besitzt (ursprünglich) 34 typologische Bildgruppen, die aus je einer neutestamentlichen Heilstatsache, zwei alttestamentlichen Typen und vier Prophetenbildern bestehen. Obwohl nun das Bildprogramm der Armenbibel in dieser Ausführlichkeit nie vollständig in monumentale Zyklen umgesetzt wurde, kann dennoch die typologische Grundstruktur den Wechsel von alt- und neutestamentlichen Szenen auf den erwähnten Fastentuchfragmenten erklären. Da alle Armenbibeln jedoch stets mit der Menschwerdung Christi einsetzen und die alttestamentlichen Szenen nicht vor-, sondern zuordnen, können sie nicht als Vorbilder der Fastentücher angesehen werden, die ja stets mit der Erschaffung der Welt beginnen. Wir wenden uns deshalb einem typologischen Programm zu, das auch diese Lücke schließt.

Die heilsgeschichtlich-typologische Ordnung: Heilsspiegel oder Speculum humanae salvationis

Mit der Armenbibel hat der Heilsspiegel die typologische Ordnung gemein, er vermehrt allerdings die Zahl der Typologien und führt zu jedem neutestamentlichen Heilsereignis drei Präfigurationen auf. Dabei werden neben alttestamentlichen Vorbildern auch Ereignisse der Weltgeschichte (z. B. Augustus und die tiburtinische Sibylle, vgl. Fastentuch von Gurk!) mit einbezogen. Viele der auf den Fastentüchern chronologisch geordneten Themen haben wohl im Heilsspiegel ihren Ursprung.[543]

Wichtiger für das Programm der Fastentücher jedoch ist, daß der Heilsspiegel nicht wie die Armenbibel allein dem Neuen Testament folgt, sondern eine dogmatische Dreiteilung besitzt:

Schöpfung und Sündenfall
Erlösungswerk durch Jesus Christus
Weltgericht

Die Urfassung des Heilsspiegels[544] besaß eine klar gegliederte Dreiteilung. Die Einleitung begann mit dem Sündenfall, der Hauptteil entfaltete die breit ausgeführte Opfertat Christi zur Wiedergutmachung der Schuld, während der Schluß das Weiterwirken der Gnade bis in die Gegenwart und zum Jüngsten Gericht enthielt. Der Entwurf dieses theologischen Programms wird dem Dominikaner Ludolph von Sachsen zugeschrieben und soll um 1324 entstanden sein.

Unter Absehung zahlreicher Varianten – immerhin sind an die 350 Handschriften nachweisbar – umfaßt der Heilsspiegel in seiner Standardausgabe 45 Kapitel mit insgesamt 192 Bildern. Er lieferte damit für die mittelalterliche Ikonographie ein nahezu unerschöpfliches Bildreservoir. Wenn auch der Heilsspiegel niemals vollständig in die monumentale Kunst übernommen werden konnte[545], so lieferte er doch in ungeheurem Umfang die Bildideen.

Der Heilsspiegel verbindet also zwei verschiedene Ordnungen, die chronologische Abfolge der Heilsgeschichte und die typologische Ordnung der Armenbibel. Damit besitzt der Heilsspiegel eine vermittelnde Position zwischen heilsgeschichtlichem und typologischem Bildprogramm, indem er beide Formen miteinander kombiniert und der typologischen Bildsequenz die alttestamentlichen Prämissen von Schöpfung und Sündenfall[546] vorausschickt. Genau dieses Programm hat das Fastentuch von Zug verwirklicht, wenn auch in vereinfachter Form, weil es jeweils nur eine typologische Szene und nicht drei zuordnet. In der historischen Abfolge ist der Heilsspiegel auch das jüngste der genannten Programme und erweist sich tatsächlich als Ergebnis einer Verschmelzung von Heilsgeschichte und Typologie. Das Zuger Fastentuch ist in seiner Art jedoch einmalig und vielleicht nicht typisch, aber es markiert die geistige Herkunft der Fastentücher, die sich in der Folgezeit meist weniger kompliziert zeigen und das vorgefundene Schema in sehr vereinfachter Form weiterentwickeln.

Denn für Armenbibel und Heilsspiegel gilt in gleicher Weise, ohne auf die Fragen ihrer Entstehung im einzelnen eingehen zu wollen[547], daß sie eben nicht für die armen, leseunkundigen Laien gedacht waren, sondern wohl doch eher zum Rüstzeug der Kleriker gehörten, die zumindest über ein Mindestmaß an theologischem Wissen verfügten. Allein für die Laien muß das Programm der Typologie in ihren Feinheiten unverständlich gewesen sein. Die Kleriker wiederum entnahmen diesen Büchern das Wissen, das sie zur Unterweisung der Gläubigen benötigten.

Wenn wir dem Zeugnis der Fastentücher glauben dürfen, so hat man den Laien die Bibel als Heilsgeschichte erzählt.

Das harmonisierende Programm der volkstümlichen Predigt

Das einfache Schema der Welterklärung als Heilsgeschichte war eine äußerst tragfähige Grundlage zur Unterweisung des einfachen Volkes. Sie war imstande, die Welt in der gegenwärtigen Situation zu erklären. Sie unterstrich Gottes gute Schöpfung und führte alle Mißstände und Unzulänglichkeiten des Lebens auf den Sündenfall zurück. Die Folgen des Sündenfalls waren paradigmatische Hinweise auf die Schlechtigkeit der Welt. Gottes Gesetz am Sinai stand stellvertretend für die äußere Ordnung des Lebens. Mit dem erlösenden Handeln Jesu, seiner Passion und seinem Tod am Kreuz bot man gleichzeitig die Gnadenmittel an, die notwendig waren, um durch das Jüngste Gericht hindurch wieder den ursprünglichen paradiesischen Zustand zu erlangen.

Die kompliziertere Darlegung typologischer Zusammenhänge war dagegen auf die den Klerikern vorbehaltenen Bücher oder monumentale Zyklen kirchlicher Zentren (z. B. der Kreuzgang in Brixen) beschränkt. Sie eignete sich weniger zur Unterweisung der einfachen Laien.

Nur wenige der erhaltenen Fastentücher besitzen deshalb eine typologische Ordnung, was allerdings nicht ausschließt, daß die älteren, nicht mehr vorhandenen Tücher häufiger typologische Bilderreihen besessen haben. Auffällig ist schließlich der Umstand, daß die Fastentücher des 15. Jahrhunderts noch einen Themenreichtum ohne Beispiel kennen, vor allem aber mit scheinbar nebensächlichen Szenen überraschen, deren Bedeutung für die Heilsgeschichte nicht recht einzuleuchten vermag. Die Bilder werden aber dann verständlich, wenn man ihre Herkunft aus dem Heilsspiegel oder anderen typologischen Ordnungen[548] ableitet.

Das Motiv der Zersägung Jesajas (z. B. Gurk) bedeutet nach dem Heilsspiegel die Kreuzannagelung Christi, die Tötung Holofernes durch Judith (ebenfalls Gurk) ist Vorbild der Teufelsüberwindung durch Maria, und die Concordantia caritatis sieht in der Steinigung des Jeremias (Gurk) den Typos, daß der Prophet im eigenen Land nichts gilt. So lassen sich alle alttestamentlichen Szenen der Fastentücher aus dem Bilderschatz typologischer Programme erklären. Die unterschiedlichen typologischen Systeme verwenden die alttestamentlichen Präfigurationen jedoch keineswegs einheitlich; so kann die Tötung Goliaths durch David nach dem Heilsspiegel die Versuchung Christi, nach der Concordantia caritatis aber Christi Abstieg in die Vorhölle bedeuten.

Die typologischen Bezüge spielen aber auf den meisten Fastentüchern keine Rolle mehr, der vorhandene Bilderschatz wurde lediglich zur Auffüllung der alttestamentlichen Heilsgeschichte benutzt. Dadurch entstanden teilweise ausgesprochen umfangreiche Bilderzyklen, die unterschiedslos aus dem typologischen Reichtum auswählten, die Szenen aber nach dem heilsgeschichtlichen Muster ordneten.

Man muß das heilsgeschichtliche Bildprogramm im Gegensatz zum typologischen wohl als das volkstümlichere bezeichnen. Eine zeitliche Abfolge der biblischen Ereignisse war sicher einfacher erklärbar als die teilweise willkürlichen und lediglich auf äußerlichen Vergleichspunkten beruhenden typologischen Beziehungen.

Konsequente Weiterentwicklung in dieser volkstümlichen Richtung bedeutete im Verlauf des 16. Jahrhunderts ein ständiges Zurücknehmen der aus den typologischen Bilderkreisen entlehnten alttestamentlichen Szenen. Man beschränkte sich sehr bald auf die notwendigsten Geschichten aus den biblischen Büchern Genesis und Exodus und endete bevorzugt mit der Sintflut oder der Gesetzesübergabe am Sinai. Als unbedingt notwendig erwies sich die Darstellung des Sündenfalls, die Grundbedingung für die Erlösungslehre schlechthin. Unter dem Einfluß einer volksnahen heilsgeschichtlichen Predigt verdichtete sich das Bildprogramm zu einer fast standardisierten Abfolge von Schöpfung, Sündenfall, Inkarnation, Passion und Vollendung. Wenn man so will, kehrten die Bilderfolgen zu ihrer ursprünglichen Knappheit zurück, wie sie einst auf den bronzenen Feldertüren des Mittelalters entwickelt worden waren. Allerdings nahmen nun unter der gestiegenen Passionsfrömmigkeit die Szenen der Leidensgeschichte an Umfang zu. In der Endphase der Entwicklung hatten dann die Passionsszenen den heilsgeschichtlichen Zusammenhang endgültig verdrängt.

Sicherlich kann diese Entwicklung der mittelalterlichen Bildprogramme nicht auf die Fastentücher beschränkt werden, sie ließe sich bestimmt auch an den mittelalterlichen Kirchenausmalungen verifizieren. Allerdings müßten hier bestimmte soziologische Gesichtspunkte berücksichtigt werden, denn das hier geschilderte Programm galt weniger für Dome und ähnlich bedeutende Kirchen, sondern eher für die Pfarr- und Filialkirchen ländlich strukturierter Gegenden, wie etwa für den Bündner Raum, wo sich ganz ähnliche Programme finden. Soziologisch gesehen gehören deshalb die Fastentücher unbesehen aller qualitativen Unterschiede, die sie untereinander aufweisen, ganz in den volkstümlichen Bereich.

Soziologische Aspekte mittelalterlicher Bildprogramme

Die traditionell von ästhetischen Gesichtspunkten geleitete Kunstwissenschaft hat der soziologischen Komponente der Kunstentwicklung bisher zu wenig Raum gegeben. Die neueren Bemühungen der Volkskunde in diese Richtung und der dialektische Ansatz der marxistischen Geschichtsschreibung haben deutlich werden lassen, daß die genaue Analyse der gesellschaftlichen Bedingungen, in denen sich Kunst ereignet, eine Schlüsselfunktion in der Erklärung der Bildwerke einnimmt. Welch geringe Fortschritte hier bislang erzielt worden sind, zeigt sich beispielsweise im Unvermögen einer exakten Trennung zwischen Hoch- und Volkskunst.

Daß eine solche Differenzierung nicht allein auf qualitativen Kriterien aufbauen kann, zeigen die Fastentücher sehr deutlich. Obwohl sie als künstlerische Erzeugnisse rein qualitativ sehr unterschiedlich eingestuft werden müssen, gehören sie doch unter soziologischen Aspekten zu einer sehr geschlossenen Denkmälergruppe. In ihrer bildlichen Aussage entsprechen sie einer äußerst volkstümlichen Predigt, die wenig differenziert und eine simple Erklärung der Weltgeschichte darbietet. Theologische Spekulationen werden vermieden, und die Entfaltung der Heilsgeschichte ist nichts anderes als die Aneinanderreihung biblischer Ereignisse. Zweifellos beruht die überzeugende Wirkung einer solchen Verkündigung auf der Objektivierung der Glaubensinhalte. Das göttliche Heilshandeln wird anschaulich, überprüfbar und kalkulierbar[549]. Komplizierte Sachverhalte der Erlösungslehre können vermieden werden, und die Theologie wird einer – im besten Sinne – naiven Volksfrömmigkeit auf diese Weise zugänglich.

So liegt die Vermutung nahe, daß theologische Gelehrsamkeit und Hochkunst sich ebenso verbinden wie schlichte Frömmigkeit und Volkskunst. Das schließt nicht aus, daß komplizierte theologische Überlegungen einen künstlerisch mäßigen Ausdruck gefunden haben, andererseits naiver Volksglaube qualitativ erstklassig umgesetzt wurde. Volkskunst ist dann keine ästhetische Qualifizierung, sondern soziologische Zuordnung. Weil nun einmal die Forschungen der DDR auf dieser Ebene weiter gediehen sind, darf an dieser Stelle auf die Ergebnisse zurückgegriffen werden, die in dem von Ernst Ullmann herausgegebenen Standardwerk „Geschichte der deutschen Kunst, 1350–1470" vorgelegt wurden[550]. Der Band ist das Ergebnis eines Forschungskollektivs der Karl-Marx-Universität in Leipzig, dem auch Karl Max Kober angehörte, dessen Betrachtungen zur Wandmalerei des ausgehenden 14. und beginnenden 15. Jahrhunderts in unserem Zusammenhang interessant erscheinen. Auch wenn hier an keiner Stelle auf die besondere Fragestellung der Fastentücher eingegangen wird, so glauben wir dennoch, daß analoge Vorgänge zugrunde liegen. Schließlich konnten wir deutliche Bezüge im ikonographischen Programm zwischen den Fastentüchern und den Kirchenausmalungen im Bündner Raum nachweisen.

Zunächst mag es verwundern, daß überhaupt die Wandmalerei in der gotischen Zeit angesichts der Zunahme der Fensterflächen noch eine Rolle spielt. Natürlich spielte die Wandmalerei angesichts der gotischen Wandverneinung keine führende Rolle mehr, andererseits kam es dort, wo sich der gotische Baustil nicht oder nur in abgeschwächter Form[551] durchsetzte, nach wie vor zu einer vollständigen Dekoration der Mauerflächen. Das war jedoch nur in rückständigen und konservativen Gebieten, also in bäuerlich-ländlicher Umgebung, der Fall. Umfangreiche gotische Wandmalereien müssen somit von vornherein in soziologisch unteren Schichten angenommen werden. Regelrechte Zyklen kamen also dort zur Ausführung, wo eine konservative Baugesinnung die notwendigen Wandflächen sich erhalten hatte. Die moderne Baugesinnung gab dem Einzelbild (und dem Einzelkunstwerk) den Vorzug. Dadurch ergibt sich eine deutliche Differenzierung zwischen ländlich-konservativer und städtisch-fortschrittlicher Kirchenausstattung. So zieht Kober folgendes Resümee: „Der Inhalt der Darstellungen wurde auch durch Besonderheiten der Auftragssituation bestimmt . . . Eine Differenzierung ergibt sich beim Vergleich der städtischen und ländlichen Objekte. Als allgemeine Regel kann gelten, je schlichter und unkomplizierter die Architektur, um so geschlossener und totaler ist das Ausmalungsprogramm. Die Ursache dafür liegt nicht nur darin, daß die bescheideneren Bauten, oft aus Bruchsteinen errichtet, verputzt waren und nach einer Bemalung geradezu verlangten, sondern hat auch geistige und soziale Wurzeln. Während sich das Bürgertum durch zunehmende Einzelstiftungen von Kunstwerken, auch von Wandbildern, Teile der Kirche ‚aneignete', sind solche Bestrebungen in den ländlichen Kirchen kaum zu beobachten. In diesen zeigt sich vielmehr der Wille zur Geschlossenheit und Ganzheitlichkeit im ikonographischen wie im ästhetischen Sinn. Die erhaltenen Beispiele totaler Ausmalung legen den Schluß nahe, daß es in den kleineren Kirchen fast immer um die Darstellung der Welt als Totalität, als Modell des religiösen Kosmos ging. Alles, was zwischen Genesis und Jüngstem Gericht an Heilsgeschehen und Legende liegt, wurde erfaßt und zu einem geschlossenen Gesamtkunstwerk vereinigt."[552]

Wir haben diese Passage so ausführlich zitiert, weil sie ein deutliches Licht auf die Ausgestaltung der kleinen alpenländischen Kirchen (etwa im Bündner Raum, s. o.) wirft. Vorherrschend waren ja dort die epischen Bildzyklen, deren Szenen unter ‚historischen' Gesichtspunkten geordnet wurden. Kober sagt: „Es ging dabei um ablesbare ‚Mitteilungen', worauf auch mehrfach erhaltene, erläuternde Inschriften hinweisen."[553] Genau dies trifft im Kern, was wir eine Verobjektivierung der Heilstatsachen genannt haben. Formal hatte dieses Bildprogramm mit seiner Vielzahl von Szenen eine Verringerung der Einzelbildgröße zur Folge. Die Bilder tendieren allgemein zu kleinerem Maßstab und zu größerer Intimität. Unter diesen Vorzeichen werden die Kirchenwände zu regelrechten Bilderbüchern.

Kleine Gemeinden verfügten nicht über potente Stifter, die den Kirchenraum mit Kunstwerken ausstatteten. Die Dekoration ihrer Kirche war Aufgabe der gesamten Gemeinde. Sie nahm die Aufgabe gemeinsam in Angriff, und das Ergebnis war nun in der Tat in den meisten Fällen ein Programm unter einheitlichen Gesichtspunkten. Häufig genug war dieses Programm ein heilsgeschichtliches. Allenfalls gesellte sich hier der Kirchenpatron dazu, für eine größere Zahl persönlicher und individueller Heiliger war hier kein Raum. Vergleichsweise selten trifft man in ländlichen Kirchen die neu geschaffene Spezies der Andachtsbilder, denn auch sie sind ihrer Natur nach Einzelbilder, demnach überwiegend Stiftungen und deshalb vor allem in städtischen Kirchen anzutreffen.[554]

Unter diesen Bedingungen nimmt es nicht wunder, daß um die Mitte des 15. Jahrhunderts die Wandmalerei erlahmt, noch nicht sosehr an Zahl, aber als führende Kraft der Kunstentwicklung ihre Stellung an die Tafelmalerei abgetreten hat. Weil sie vielfach später dem Zeitgeschmack weichen mußte, ist die gotische Wandmalerei nur in wenigen Fällen als vollständige Kirchenausmalung erhalten. Ihr volkstümlich-heilsgeschichtliches Programm wurde deshalb kaum zur Kenntnis genommen, vor allem, weil sich die Kunstgeschichte eben auf die führenden Kunstzentren, die Kathedralen und städtischen Kirchenbauten, konzentriert hat. Das landläufige Bild vom gotischen Kirchenraum wird deshalb von den Domen und großen Bürgerkirchen geprägt, die nun tatsächlich eher den Eindruck einer ‚musealen' Häufung von Einzelkunstwerken hinterlassen als ein einheitliches Programm verkörpern.

Das Normalprogramm einer ländlichen Dorfkirche findet sich deshalb besser erhalten auf den Fastentüchern. Obwohl sie als textile Gewebe noch weitaus anfälliger dem Zahn der Zeit ausgeliefert waren, waren sie doch vor dem Schicksal der Übermalung und Modernisierung gefeit. Entweder sie waren so schadhaft, daß sie auf der Müllhalde landeten, oder sie haben sich in ihrem ursprünglichen Zustand erhalten. Sie sind demnach authentische Zeugnisse eines soziologisch gebundenen religiösen Bildprogramms, wie es für den ländlich-volkstümlichen Raum typisch war. Allein diese Beobachtung weist die Fastentücher unabhängig aller künstlerischer Kriterien der Volkskunst zu. Das vielfeldrige Fastentuch mit seinem heilsgeschichtlichen Bildprogramm dürfte demnach wohl nicht in einem der großen kirchlichen Zentren entstanden sein, vielmehr sind seine Wurzeln dort zu suchen, wo es auch heute noch anzutreffen ist, im Alpenraum.

Die beinahe unüberschaubare Bilderwelt des Mittelalters, die kaum ein christliches Thema unberücksichtigt läßt[555], ließe sich unter soziologischen Aspekten wohl besser systematisieren. Nicht alle Themen, nicht jedes Bildprogramm eigneten sich überall in der gleichen Weise. Daß ein klar formuliertes heilsgeschichtliches Bildprogramm, welches die Fakten der christlichen Weltgeschichte objektiv darstellte, der unteren sozialen Schicht angehörte, belegen auch die Forschungen zum Bildprogramm der zwar räumlich entlegenen, strukturell aber verwandten schwedischen Dorfkirchen.

Die Mitte des 15. Jahrhunderts ausgemalte Dorfkirche von Ärentuna zeigt ein vergleichbares heilsgeschichtliches Bildprogramm: „Die Szenen an den Gewölben und an der Nordwand sowie unter dem Triumphbogen bilden einen großen Zyklus von der Erschaffung der Welt bis zum Ende des Erdendaseins Christi. Unmittelbar über der Auferstehung . . . erscheint aber auf der Triumphbogenwand das Gericht – und über diesem im Gewölbe die Schöpfung. Ein Kreislauf durch die ganze christliche Weltgeschichte."[556] Rudolf Zeitler betont den didaktischen Charakter dieser Malereien: „Das ganze Programm dient also dem Unterricht der Gemeinde. Es besteht zum großen Teil aus erzählenden Elementen, nämlich der Geschichte der Schöpfung, des Sündenfalls und seiner Folgen, der Passion – aber ihr Zusammenhang ist als Belehrung zu verstehen: weil Sünde, darum Passion."[557] Er sieht nun das Programm ganz im Gegensatz zu den gelehrten, vor allem typologischen Programmen, in deren spitzfindigen Gegenüberstellungen die einfachen Bauern nur ‚Märchen' sehen können. „Neben dieser zu nichts verpflichtenden Art der Verkündigung gab es aber eine andere, die zum rechten Christenleben aufforderte." Eine überzeugende, lebensnahe Verkündigung sieht Zeitler im Programm von Ärentuna. Sozialgeschichtlich weist er die Errichtung des Baues den Bauern selber zu; für die theologische Formulierung des Programms macht er die Franziskaner verantwortlich: „Gerade die Franziskaner, die . . . auf dem Land herumzogen und in den Dörfern, und zwar auf den Kirchhöfen, predigten, verstanden etwas von der christlichen Verkündigung an das Volk. Obwohl es hervorragende Theologen in ihren Reihen gab, blieb die Tradition des heiligen Franziskus lebendig: er wollte nichts von Gelehrsamkeit wissen. Das Programm von Ärentuna beleuchtet also eine der großen Fragen der Kirche des Spätmittelalters: Hochkirche und Theologie einerseits – Niederkirche und Seelsorge unter dem Volk andererseits."[558]

In diesem Kontrast von Hoch- und Niederkirche müssen auch die Fastentücher gesehen werden, allein so läßt sich die außergewöhnliche Stabilität ihres Bildprogramms erklären, das – einmal gefunden – bis ins 17. Jahrhundert hinein tragfähig blieb. Die Fastentücher vertreten keine gelehrte oder gar spekulative Theologie, vielmehr vermitteln sie mit einer seelsorgerlichen Sensibilität, die dem schlichten Gemüt des einfachen Menschen Rechnung trug, die Botschaft des Heils. Trotz aller Kritik, die wir Heutigen einer heilsgeschichtlichen Theologie entgegenbringen, war es eine biblische Theologie.

Zusammenfassung

Ein Vorbild, aus dem sich alle formalen und ikonographischen Wesensmerkmale der Fastentücher erklären lassen, gibt es nicht. Andererseits hat die Umschau in der kirchlichen Kunst des Mittelalters etliche parallele Erscheinungen aufgedeckt, die nur den Schluß zulassen, daß die Fastentücher zwar eine eigenständige Gattung für sich darstellen, aber letztlich aus den traditionellen Kunstformen, theologischen Programmen und soziologischen Bedingungen ableitbar sind.

1. In der Wandmalerei konnten Parallelen festgestellt werden. Im Bündner und seeschwäbischen Raum erstrecken sich die Gemeinsamkeiten auf die formale Feldergliederung und den ikonographischen Gesamtzusammenhang. In Kärnten und Osttirol gibt es formale Übereinstimmungen. Insgesamt hat sich die Wandmalerei als vielgestaltiger und differenzierter erwiesen. Eine Abhängigkeit der einen von der anderen Kunstgattung läßt sich nicht nachweisen, eher ist daran zu denken, daß sie aus gemeinsamen Traditionen schöpfen und ähnliche Ziele verfolgen.

2. Weder die Glasmalerei noch die Altarretabel können etwas zur Entstehungsgeschichte der Fastentücher beitragen. Sie besitzen aufgrund ihres stärker kultischen Charakters auch funktional keine gemeinsame Tendenz. Wie die Wandmalerei gehören die Fastentücher zu den erzählerisch-didaktischen Bildwerken.

3. In formaler Hinsicht haben die Fastentücher ihre nächsten Verwandten in den mittelalterlichen Holzdecken. Offenkundig ahmen sie deren Struktur und Gliederung nach.

4. Die in formaler Hinsicht durch die Vermittlung mittelalterlicher Holzdecken für die Fastentücher vorbildhaften romanischen Bronzeportale zeigen inhaltlich ein heilsgeschichtliches Bildprogramm, das in der Grundstruktur von den Fastentüchern rezipiert wird.

5. Gegenüber den Bronzetüren zeigen die älteren Fastentücher ein ikonographisch stark angereichertes Programm, aber dieselbe heilsgeschichtliche Grundstruktur (z. B. Gurk, Güglingen).

6. Der Szenenreichtum der älteren Fastentücher schöpft aus den umfangreichen Schätzen typologischer Programme. Nur wenige Fastentücher folgen auch strukturell dem steten Wechsel

von alttestamentlichem Typus und neutestamentlichem Antitypus (Tratzberg, Südtiroler Fragmente, Zug). Die absolute Mehrheit der Fastentücher ordnet alle Themen chronologisch.

7. Unter den mittelalterlichen Bildprogrammen leistet der Heilsspiegel (Speculum humanae salvationis) die Verknüpfung von heilsgeschichtlicher und typologischer Ordnung. Allein das Fastentuch von Zug folgt dieser Ordnung; es stellt die wichtigste Verbindung zu den spätmittelalterlichen Tüchern her und erklärt gleichzeitig ihr Programm.

8. Daß die Fastentücher zwar den typologischen Bilderschatz benutzen, ihn aber chronologisch ordnen, verstehen wir als das harmonisierende Programm einer volkstümlichen Predigt. Hierin verbinden sich Fastentuch und Wandmalerei, die beide eine christliche Welterklärung geben, welche auf der objektivierbaren Abfolge biblischer Heilstatsachen beruht.

9. Bestimmend dafür sind soziologische Grundbedingungen, denen zufolge die religiös schlicht denkende Landbevölkerung einer biblisch orientierten Heilsgeschichte eher zugänglich war als einer dogmatisch konstruierten Theologie.

10. Ergebnis dieser seelsorgerlichen, volkstümlichen Predigt war eine immer stärkere Konzentration auf die wesentlichsten Heilstatsachen: Schöpfung, Sündenfall und Erlösung. Im Zuge der spätmittelalterlichen Christusfrömmigkeit wurden Kindheit und Passion Christi immer stärker ausgebaut, ohne jedoch jemals auf die alttestamentlichen Grundbedingungen zu verzichten (z. B. Sternberg).

11. Das zähe Festhalten dieses Bildprogramms bis ins 17. Jahrhundert beweist seine Volkstümlichkeit und läßt uns mit Recht die Fastentücher als authentische Zeugnisse der Volkskunst verstehen (z. B. Lienz).

Formale und ikonographische Bezugspunkte für die einszenigen und die Zentral-Typen

Auf die Herleitung der vielfeldrigen Fastentücher haben wir viel Mühe verwandt. Die Notwendigkeit hierzu lag in ihrer besonderen formalen und inhaltlichen Eigenart. Dabei zeigte es sich, daß die Fastentücher zwar im Passionsbrauchtum verankert, ikonographisch aber keineswegs auf das Leiden Christi beschränkt waren. Vielmehr konnte man an ihnen eine heilsgeschichtliche Gesamtschau biblischer Verkündigung ablesen. Sie wurde verstärkt in der Fastenzeit dem bußfertigen Volk gepredigt, war aber gleichermaßen das ganze Jahr über gültig.

Völlig im Unterschied dazu sind alle anderen Fastentuch-Typen ausschließlich auf die Passion ausgerichtet. Weil sie damit den Erwartungen an einen passionszeitlichen Vorhang auch inhaltlich voll entsprechen, muß über ihren Inhalt nicht so ausführlich diskutiert werden, er versteht sich gewissermaßen von selbst. Inhaltlich müssen lediglich die vielszenigen und die einszenigen Typen unterschieden werden, wobei sehr schnell deutlich wird, daß der Zentrale-Felder-Typ und der Zentral-Typ wie auch der Arma-Christi-Typ prinzipiell zur Einszenigkeit tendieren. Ziel des Beschauers ist das Mittelbild. Beim Zentral-Typ, beim Arma-Christi-Typ und beim einszenigen Typ liegen bestimmte Andachtsformen zugrunde, die die Bildauswahl bestimmen und dem Betrachter einen Leitfaden zu persönlicher Vertiefung in die Inhalte an die Hand geben (s. a. nächstes Kapitel!).

Szenisch am umfangreichsten sind in dieser Gruppe die wenigen Beispiele des Zentralen-Felder-Typs, der rein formal dem Felder-Typ noch am nächsten steht. Die beiden Beispiele aus dem 16. und 17. Jahrhundert (Brigels I, Freiburg) sind die einzigen Belege innerhalb der Fastentücher für einen umfangreichen, ausschließlich der Passion und Erhöhung gewidmeten Zyklus, wenn man von den späten Belegen des Felder-Typs im 17. Jahrhundert (St. Jakob in Gröden, Kraßnitz) einmal absieht. Diese Tatsache muß besonders hervorgehoben werden, weil die Passionszyklen in der mittelalterlichen Kunst doch zum Standardrepertoir gehört haben und sich aufgrund ihrer Thematik für Fastentücher geradezu aufzudrängen scheinen. Dies ist jedoch nicht der Fall.

Da man das 17. Jahrhundert als Wendepunkt in der Entwicklung vom heilsgeschichtlichen Feldertuch zum passionszentrierten Fastentuch bezeichnen kann, steht das Freiburger Tuch von 1612 korrekt in dieser Entwicklung. Ob das Brigelser Tuch, das hoch ins 16. Jahrhundert hinaufreicht, einen Einzelfall oder das zufällig erhaltene Beispiel einer ursprünglich doch umfangreicheren Gruppe dar-

240. THÖRL-MAGLERN; St. Andrä. Nördliche Chorwand: Freskenzyklus des Thomas von Villach. Ausschnitt. Foto: Verfasser

241. THÖRL-MAGLERN; St. Andrä. Nördliche Chorwand: Freskenzyklus des Thomas von Villach. Foto: Verfasser

stellt, läßt sich gegenwärtig noch nicht beantworten. Der Zentrale-Felder-Typ bereitet zumindest keine Schwierigkeiten, was seine Einordnung in die Kunstentwicklung anlangt.

Nach seiner formalen Charakteristik ordnet der Zentrale-Felder-Typ kleinformatige Felder um ein zentrales, weitaus größeres Mittelbild. Dieses enthält als wichtigste Szene innerhalb des Passionszyklus die Kreuzigung. Hierbei liegt der Grundsatz zugrunde, Wichtiges an zentraler Stelle und in größerem Maßstab darzustellen. Diesem Prinzip folgen die meisten Flügelaltäre, deren Mittelschrein größere Maßverhältnisse besitzt als die unterteilten Seitenflügel. Auch in die Wandmalerei ist die Idee des zentrierten Mittelbildes eingeflossen.

Das linke Joch der nördlichen Chorwand in der Andreaskirche in Thörl-Maglern (Kärnten) besitzt einen Passionszyklus mit hervorgehobener Mitte (Abb. 241). Das Kreuzigungsbild, hier symbolisch ausgelegt als sog. lebendes Kreuz[559], erstreckt sich über drei Register und vier Bildzeilen. Die übrigen 18 Passionsszenen und Ostergeschichten vom Einzug Christi in Jerusalem bis zur Ausgießung des Heiligen Geistes sind in hochrechteckige Bildfelder eingefügt, die mit zunehmender Raumhöhe lediglich durch den sich verjüngenden Spitzbogen der Jochwand beschnitten werden. Wir beobachten in Thörl-Maglern somit eine strenge Wandgliederung, die, ausschnittweise betrachtet, den Fastentüchern zum Verwechseln ähnlich erscheint (Abb. 240), wobei aber die Leserichtung hier um-

242. AROSIO; San Michele. Chorwand: Freskenzyklus des Antonio da Tradate.
Foto: Verfasser

gekehrt vom untersten zum obersten Register verläuft. Die Signatur des Meisters Thomas von Villach erlaubt eine Datierung in die Jahre um 1485.[560]

Demselben Gliederungsprinzip folgt die Chorausmalung der Pfarrkirche San Michele in Arosio (Tessin) und bezeugt sein Vorhandensein an geographisch ganz entgegengesetzter Stelle. Eine Änderung tritt nur insofern ein, als auch die seitlichen Chorwände in den Zyklus mit einbezogen sind. Das zentrale große Kreuzigungsbild nimmt die Mitte der Ostwand ein (Abb. 242), und die einzelnen Register der Erzählfolge springen von dort auf die im 90-Grad-Winkel anschließenden Wände über (Abb. 243). Der leider nicht vollständig erhaltene Leben-Jesu-Zyklus mit Szenen der Kindheit und der Leidensgeschichte datiert zu Beginn des 16. Jahrhunderts.

Vermissen wir ausgerechnet bei den Fastentüchern im 15. und 16. Jahrhundert die reinen Passionszyklen, so sind sie doch in der übrigen Kirchenausstattung sehr häufig gewesen. Außer auf den Altären wurden sie bevorzugt in der Wandmalerei dargestellt. Schließlich war in gotischen Kirchen häufig der Lettner Ort von Passionszyklen, wobei das Kreuzigungsbild meist einen hervorgehobenen Platz erhielt.[561] Wie Beispiele aus der Südschweiz belegen, konnten die Lettner auch bemalt sein. Dem Lettner von Santa Maria degli Angioli in Lugano sind wir schon auf der Suche nach Vergleichsbeispielen für das Fastentuch vom Kalvarien-Typ begegnet[562], und der Lettner der Kirche

243. AROSIO; San Michele. Nördliche Chorwand: Freskenzyklus des Antonio da Tradate: Passionszyklus. Foto: Verfasser

244. BELLINZONA; Madonna delle Grazie: Lettner. Foto: Bustelli-Rossi

Madonna delle Grazie in Bellinzona könnte vorbildhaft für die Gestaltung des Zentralen-Felder-Typs gewesen sein (Abb. 244).[563] Ein tatsächliches Abhängigkeitsverhältnis des Fastentuches aus Brigels vom Lettner in Bellinzona wäre unter Zurückstellung der völlig unterschiedlichen stilistischen Auffassung in rein formaler Hinsicht denkbar. Denn der Lettner ist zeitlich etwas früher anzusetzen und liegt zudem in Bellinzona am uralten Verkehrsweg des Lukmanierpasses, der das Tessin mit dem Hinterrheintal, der Heimat des Brigelser Fastentuches, verbindet.[564] Auf dieser Durchzugsstraße hätte das formale Prinzip des Zentralen-Felder-Typs nach Brigels gelangen können. Deutlich zeigt sich jedoch die stilistische Verzögerung im Alpenraum. Stehen die Malereien am Lettner von Bellinzona schon unter dem Einfluß von Mantegna, so wirken die später entstandenen Malereien auf dem Brigelser Tuch noch wie kolorierte gotische Holzschnitte. Wenn man von der raumabschließenden bzw. raumtrennenden Funktion des Lettners ausgeht, liegt ein direkter Vergleich zu den Fastentüchern nahe. Funktional liegt der Unterschied in der temporären Verwendung der Fastentücher im Gegensatz zur stationären Aufstellung des Lettners. Daß man sich zur Gestaltung der Fastentücher von den Lettnern inspirieren ließ, erscheint nicht unwahrscheinlich.

Formal mit Brigels vergleichbar ist auch, daß die rahmenden Bildfelder nur drei Seiten des Kreuzigungsbildes umschließen, weshalb die Fläche am unteren Rand wie abgeschnitten wirkt. Das zentrale Kreuzigungsbild von Bellinzona ist sechsmal größer als die kleinen Bildfelder. Die Leserichtung verläuft von links nach rechts und vom obersten zum untersten Register, ist damit von der Anordnung von Brigels verschieden. Eine weitere Differenz ergibt sich daraus, daß der Zyklus in Bellinzona mit der Verkündigung an Maria beginnt, während Brigels einen reinen Passionszyklus zeigt. Im Vergleich der beiden Denkmäler halten sich demnach Parallelen und Differenzen die Waage. Eine Synthese ermöglicht die Vermutung, daß der traditionelle Fastentuchgedanke durch das Lettnerprogramm neue Anregungen erhielt, die jedoch in sehr freier und stark vereinfachter Weise für das Fastentuch fruchtbar gemacht wurden.

Sicherlich waren für das Brigelser Fastentuch schon die Überlegungen maßgebend, die dann die weitere Entwicklung der passionszeitlichen Behänge bestimmt haben und deren Grundgedanke allein von der Verbildlichung der Passion geprägt ist. In diesem Sinne sind auch die Fastentücher vom Arma-Christi-Typ zu verstehen, über deren Sinn und Bedeutung schon im vorhergehenden Kapitel geschrieben wurde. Formal kann man in ihnen eine auf das Symbolhafte reduzierte Wiedergabe des Zentralen-Felder-Typs sehen, d. h. die rahmenden Leidensstationen bleiben bestehen, werden jedoch nur noch chiffreartig zum Ausdruck gebracht. Dem mystifizierenden, geheimnisvollen Charakter der Arma-Christi-Bilder würde man so allerdings nicht gerecht. Die auf erzählerische Elemente verzichtende Darstellung des Leidens Christi durch einzelne Gegenstände setzt die Kenntnis des Geschehens voraus und versetzt den Betrachter in einen Kreis von Eingeweihten. Das Wissen um das Geheimnis der Erlösung ist bereits Teilhabe an ihr. In einer solchen bildlichen Inszenierung der Passion wird die logisch objektive Ebene, auf der sich die heilsgeschichtlichen Fastentücher bewegen, verlassen und durch eine paradoxe ersetzt. Der Nagel, der durch Christi Fleisch dringt, und der Hammer, der diesen Nagel treibt, werden zum Unterpfand der Erlösung. Die auf bildlichen Darstellungen zu beobachtende Häufung der Leidenswerkzeuge kann nur im Sinne einer Quantifizierung des Heils verstanden werden. Je schmählicher und schmerzlicher die Wunden Christi sind, desto größer ist ihre heilschaffende Wirkung.[565]

Nach direkten formalen Vorbildern für die Arma-Christi-Tücher zu suchen erscheint müßig. Die Arma Christi waren so sehr Allgemeingut, daß sie in nahezu jede Kunstgattung Eingang gefunden haben. Formal am einheitlichsten sind die plastischen Arma-Christi-Kreuze, die im Kirchenraum (Abb. 245) ebenso anzutreffen sind wie an Wegkreuzungen, auf Kalvarienbergen usw. Hier werden die gekreuzten Holzarme selbst zum Träger der Waffen Christi; Lanze und Schwamm oder Leiter werden dabei gerne zwischen den Kreuzfuß und die beiden Kreuzarme gespannt, wodurch eine Dreieckskomposition entsteht. Diese Vorgabe entfällt bei allen malerischen Darstellungen; hier konnten die Arma frei auf der Fläche in beliebiger Anordnung plaziert werden. Fast immer wurden sie jedoch um eine zentrale Mitte gruppiert, so auch auf den Fastentüchern. Vorlagen im eigentlichen Sinne waren nicht nötig, da die bildliche Wiedergabe der einzelnen Gegenstände an die Maler

245. METNITZ; St. Leonhard. Arma-Christi-Kreuz. Foto: Verfasser

keine allzu großen Anforderungen stellte und selbst noch von den weniger begabten unter ihnen ausgeführt werden konnte.

Auf der Suche nach der formalen Idee der Fastentücher vom Zentral-Typ, die um ein zentrales Kruzifix oder eine Kreuzigungsgruppe Passionsszenen in runden oder ovalen Medaillons darstellen, stößt man unweigerlich auf die barocken Rosenkranzaltäre. Ein Beispiel aus dem Volkskundemuseum in Wien (Abb. 246) verdeutlicht deren Prinzip: Die Madonna, hier mit den beiden Stifterfiguren, steht im Zentrum des Retabels; entlang dem oben halbrund geschlossenen Bildausschnitt reihen sich 15 kleine Medaillons mit den Szenen der 15 Rosenkranzgeheimnisse. Von ihrem Inhalt her werden sie in drei Abschnitte, den freudenreichen, den schmerzhaften und den glorreichen Rosenkranz, unterteilt. Auf den Fastentüchern beschränkte man sich auf den schmerzhaften Rosenkranz, zu dem die Ölbergnot, die Geißelung, die Dornenkrönung sowie die Kreuztragung und die

246. WIEN; Volkskundemuseum: Rosenkranzaltar. Foto: Verfasser

247. WIEN; Volkskundemuseum. Rosenkranzaltar. Detail: Medaillons mit Szenen des schmerzhaften Rosenkranzes. Foto: Verfasser

Kreuzigung zählen. Auf dem Ausschnitt des Rosenkranzaltares in Wien sieht man die letzten drei Stationen des schmerzhaften und mit der Auferstehung die erste Station des glorreichen Rosenkranzes (Abb. 247).

Die Rosenkranzgeheimnisse in ebensolchen Medaillons zeigt auch eine barocke Monstranz aus der ehemaligen Stiftskirche in Ranshofen.[566] Das herzförmige Fenster ist von 15 Medaillons umgeben, wobei diese den drei Abschnitten entsprechend entweder in weißer, roter und gelber Grisaillemalerei gehalten sind. Das Anordnungsprinzip der Rosenkranzgeheimnisse war weit verbreitet und ist in unzähligen Beispielen greifbar. Für die Fastentücher mit dem schmerzhaften Rosenkranz bot es sich an, das System der Medaillons zu übernehmen.

Von einer eigenen Gestalt oder Erscheinungsform kann man beim einszenigen Fastentuch nicht mehr sprechen. Als selbständiger Typ hat es nur im Vergleich zu den übrigen Fastentuch-Typen seine Berechtigung. Man könnte jedoch sagen, daß die einszenigen Fastentücher Anteil an der Entwicklung des Altarretabels haben, das im Gegensatz zu den gotischen Flügelaltären seit dem Beginn der Renaissance zur Darstellung einer einzigen, großen Szene tendiert. Häufig herrschte das Bemühen vor, Altarbild und Fastentuch optisch so zu vereinheitlichen, daß der Passionsbehang in seiner Eigenschaft als temporäres Retabel gar nicht zu erkennen war. Damit liegt eine eigene Beziehung zum Altarretabel auf der Hand.

Ohne die Thematik barocker Altarretabel allzusehr zu schematisieren, kann man sagen, daß Szenen der Passion nicht mehr häufig anzutreffen waren. Diesen ikonographischen Mangel, der in der Passionszeit als besonders schmerzlich empfunden werden mußte, beheben die Fastenbehänge, deren Szenenbestand ausnahmslos dem Leiden Christi entnommen war. Von daher erklärt sich auch die Ikonographie der einszenigen Fastentücher ohne Schwierigkeiten.

Vor dem 17. Jahrhundert sind solche Fastentücher nicht anzutreffen, ihr Entstehen läuft also dem einszenigen Retabel in etwa parallel. Inwieweit

248. STUBEN; Unsere Liebe Frau. Fresko links vom Chorbogen: Ölbergnot. Foto: Verfasser

249. STUBEN; Unsere Liebe Frau. Fresko rechts vom Chorbogen: Beweinung Christi. Foto: Verfasser

bemalte, einszenige Tücher schon früher existiert haben, müßte erst noch geklärt werden. Als Diskussionsbeitrag erwähnen wir zwei Fresken aus der Kirche zu Unserer Lieben Frau in Stuben (Tirol), die noch ins Ende des 15. Jahrhunderts zu datieren sind. Ihre Besonderheit besteht darin, daß sie wie auf Tuch gemalt wirken. Links und rechts vom Chorbogen befinden sich eine Ölberg- und eine Beweinungsszene (Abb. 248 und 249). Ihr stofflicher Charakter beruht auf einer gemalten Bordüre und der Tatsache, daß sie auf die Gewölbezone übergreifen, als seien sie frei davor gehängt. Es könnte sein, daß die beiden Gemälde einst als gemalte Altarbilder gedient haben.

Zusammenfassung

Ein vergleichender Blick auf die Bildwerke, die die Fastentücher beeinflußt haben, zeigt den überdeutlichen Unterschied zwischen dem felderreichen Fastentuch und den übrigen Typen. Der Felder-Typ besitzt keine ausgesprochene Passionsthematik. Sein heilsgeschichtliches Bildprogramm ist verwandt mit einer Weise der Gesamtkirchenausstattung, wie sie vor allem in sozial unterprivilegierten Strukturen gebräuchlich war. Es ist eine einheitliche, ikonographisch nur wenig variierte Abfolge objektiver Heilstatsachen wie sie vor allem auch in der Wandmalerei als Ganzjahresschmuck anzutreffen war.

Obwohl die Passionsszenen auf den felderreichen Tüchern einen breiten Platz einnehmen, sind sie nicht der Schwerpunkt in der Darstellung, sondern ein Teil der christlichen Weltgeschichte, die mit den Stichworten Schöpfung, Sündenfall und

Erlösung umschrieben werden kann. Nicht nur im übertragenen Sinn ist das heilsgeschichtliche Programm Bekenntnis der versammelten Gemeinde, sondern die Bildfolge entspricht nahezu „wörtlich" dem christlichen Glaubensbekenntnis zu Gott, dem Schöpfer, und Jesus Christus, der empfangen ist vom Heiligen Geist, geboren von der Jungfrau Maria, und der gelitten hat unter Pontius Pilatus. Er ist gestorben und begraben und niedergefahren zur Hölle, auferstanden und aufgefahren in den Himmel. Und es ist Bekenntnis zum Heiligen Geist mit der Darstellung des Pfingstwunders. Der Verdacht einer Einflußnahme des Glaubensbekenntnisses legte sich schon beim Fastentuch von Bendern nahe. Das Bildprogramm der Fastentücher muß deshalb zu den verständlichsten und allgemein gebräuchlichsten Bildfolgen gerechnet werden. Von daher erklärt sich auch seine allgemein verbindliche Form, die allen Fastentüchern des geographisch weit gesteckten Raumes zugrunde lag.

Da die Fastentücher bzw. das heilsgeschichtliche Bildprogramm auf dogmatische, symbolische oder kirchlich gebundene Aussagen verzichten, ist ihr Inhalt auf einer theologisch anspruchslosen Stufe angesiedelt und einer schlichten Frömmigkeit zugänglich. Die darin begründete Volkstümlichkeit hat den Fastentüchern ein langes Leben beschert. Bis ins 17. Jahrhundert hielt man zäh an ihnen fest, bevor sie von einer neuen, durch die Gegenreformation ausgelösten Frömmigkeit eingeholt wurden. Ihre schlichte, rein biblisch orientierte Aussage konnte sogar von der lutherischen Bildkunst in neuer Form fortgeführt werden. Das heilsgeschichtliche Bildprogramm wurde zur häufigsten Bildfolge in evangelischen Dorfkirchen. Die Brüstungsfelder der Emporen waren nun der Bildträger. Dem heilsgeschichtlichen Bildprogramm muß aus dieser Sicht ein überkonfessioneller Charakter zugesprochen werden; es bildete über Jahrhunderte hinweg eine tragfähige Basis christlicher Verkündigung.

Seit dem 17. Jahrhundert wandelt sich das Fastentuch. Es erhält neue Formen, neue Funktionen und neue Inhalte. Die neuen Fastentücher sind nicht nur formal, sondern auch inhaltlich ein Ausschnitt aus der heilsgeschichtlichen Bildfolge. Ihre zeitliche Stellung in der Passionszeit wird jetzt zum bestimmenden Element. Sie wurzeln jetzt nicht mehr in der Predigt und dem umfassenden Credo, sondern in der passionszeitlichen Andacht. Von dort übernehmen sie ihre bildliche Thematik. Das Fastentuch ist zum Andachtsbild geworden, und mit barockzeitlicher Dramatik erfüllt es seine neue Aufgabe, die subjektive, gefühlsbetonte Andacht des Gläubigen zu befruchten.

Anmerkungen:

454 Z. B. Walter Frodl, Die gotische Wandmalerei Kärntens, Klagenfurt 1944; Alfred Stange, Deutsche Malerei der Gotik, Bd. XI, Österreich und der ostdeutsche Siedlungsraum, München 1961.

455 Zwar knapp und nicht spezifisch an der alpenländischen Malerei entwickelt sind die Gedanken von Karl Max Kober, in: Geschichte der deutschen Kunst, hrsg. von Ernst Ullmann, 1350–1470, Leipzig 1981, S. 192–203.

456 Eine gute Arbeitsgrundlage bietet neuerdings Alfons Raimann, Gotische Wandmalerei in Graubünden, Disentis 1983, 1985 (2. Aufl.), für das 14. Jahrhundert.

457 Erwin Poeschel, Die Wandmalereien in der Marienkirche zu Pontresina, in: Das Werk XIII, 1936, S. 277–297; Markus Bamert, Oskar Emmenegger, Sta. Maria in Pontresina, Basel 1980 (2. Aufl.) = Schweiz. Kunstführer.

458 Als Maria-Magdalenen-Kapelle wird die Kirche 1522 erwähnt. Die Malereien lassen vermuten, daß sie dieses Patrozinium bereits am Ende des 15. Jh.s besaß.

459 Raimann, S. 256 ff.

460 Eine Bilderfolge aus querrechteckigen, unterschiedlich breiten Bildfeldern besitzt ja auch das älteste Fastentuch von Altdorf.

461 Raimann, S. 297 ff.

462 Poeschel, Kunstdenkmäler GR VII, S. 434; Raimann, S. 301, Anm. 4.

463 Raimann, S. 249 ff.; Poeschel, Kunstdenkmäler GR II, S. 191.

464 Raimann, S. 390 f.

465 Raimann, S. 411–417.

466 Raimann, S. 269 f.

467 Poeschel, Kunstdenkmäler GR I, S. 72 ff., III, S. 43 ff., Raimann, S. 323 ff.

468 Raimann, S. 328–344.

469 Um 1350, Raimann, S. 400 f.

470 Raimann, S. 407, nach Hinweis von E. Maurer.

471 Poeschel, Kunstdenkmäler GR, Bd. 3, S. 158.

472 Robert Durrer, Rudolf Wegeli, Zwei schweizerische Bildzyklen aus dem Anfang des 14. Jahrhunderts, in: Mitteilungen der Antiquarischen Gesellschaft in Zürich, Bd. XXIV, Heft 6, 1889, S. 255–269. Emil Brunner, Die Galluskapelle von Oberstammheim, Basel 1979 (Neuaufl.) (= Schweiz. Kunstführer).

473 Trotz ihres Seltenheitswertes haben die Fresken von Eriskirch noch wenig Beachtung gefunden; insbesondere ihr ikonographischer Stellenwert wurde nicht gewürdigt. Beste Beschreibung immer noch: Hermann Eggart, Die spätgotischen Wandmalereien in der Pfarrkirche zu Eriskirch, in: Schriften des Vereins für Geschichte des Bodensees und seiner Umgebung, 61. H., 1934, S. 65–79.

474 Vgl. den Exkurs „Die Vorhallen-Fresken im Dom zu Gurk" (Kat.-Nr. 1).

475 Walter Frodl, Die gotische Wandmalerei in Kärnten, Klagenfurt 1944, S. 15.

476 Otto Demus, Die neuentdeckten Wandgemälde in Feistritz an der Drau, in: Carinthia I, 127. Jg., 1937, S. 65.

477 Ders., ebd., S. 65.

478 Ders., ebd., S. 66.

479 F. G. Hann, Die Kirche zu Gerlamoos und ihre Wandmalereien, in: Carinthia I, 81. Jg., 1891, S. 111–121; Otto Demus, Der Meister von Gerlamoos, in: Jahrbuch der Kunsthistorischen Sammlungen in Wien, Bd. XI, 1937, S. 49–86.

480 Walter Frodl, Die gotische Wandmalerei in Kärnten, Klagenfurt 1944, S. 17.

481 Passionszyklen, in: Deutsch-Griffen, Feistritz an der Drau, St. Gandolf, Gerlamoos, Klein St. Veit, Lienz-Bruck (Osttirol), Maria im Graben, Maria Saal, Mauthen, Millstatt, Obermauern (Osttirol), St. Peter im Holz, Prägraten (Osttirol), St. Stephan, Niedertrixen, Strassen, Thörl, Hochfeistritz.

482 Der Beobachtung ist nicht widersprochen worden; daß es sich um eine „Fastentuchartige Komposition" handelt, kann man auch im Dehio-Handbuch „Die Kunstdenkmäler Österreichs", Kärnten, Wien 1976, S. 229, nachlesen. Dem Phänomen einer gegenseitigen Beeinflussung hat jedoch noch niemand nachgespürt.

483 Johannes Landlinger, Obermauern, Virgen (Osttirol), 1982[5], S. 12.

484 Walter Frodl, Gotische Wandmalerei in Kärnten, Klagenfurt 1944, S. 106, Schema der Bildanordnung, Fig. 20.

485 E. Haniel, Die Chorfresken von St. Jakob in Strassen, in: Carinthia I, 1943, Heft 2.

486 Einen ähnlichen Befund würde die Untersuchung der Wandmalerei im benachbarten Tirol und auch in Vorarlberg erbringen.

487 Z. B. Schutzmantelmadonna, Marienkrönung, Hortus conclusus u. ä.

488 Heute Tarvisio, Italien, damals aber Kärntner Kulturkreis.

489 Neben dem Sakramentshaus ein Bildstreifen von fünf übereinan-

derliegenden Bildfeldern: Gott-Vater, Verkündigung an Maria, Abraham und Melchisedek, Mannawunder, Daniel in der Löwengrube.

490 Christus trägt als Zeichen der Eucharistie Ähren und Weinlaub.

491 Z. B. Thal, St. Korbinian, 30 Szenen umfassender Leiden-Christi-Zyklus von Andre Peuerweg 1579; Abb. bei Hrsg. Reinhardt Hootz, Kunstdenkmäler in Österreich, ein Bildhandbuch: Salzburg, Tirol, Vorarlberg, München 1965, Abb. 287; fastentuchartige Manier.

492 Walter Frodl, Glasmalerei in Kärnten, 1150–1500, Klagenfurt–Wien 1950, S. 22.

493 H. Goern, F. Hege, Die gotischen Bildfenster des Erfurter Domes, Dresden 1961; M. Brückner, E. Haetge, Der Zyklus der farbigen Glasfenster im Chor des Erfurter Domes, Burg bei Magdeburg 1928, S. 145 (= Die Kunstdenkmale der Provinz Sachsen, Bd. 1).

494 Walter Frodl, Glasmalerei in Kärnten, 1150–1500, Klagenfurt–Wien 1950.

495 Frodl, ebd., S. 72 f.

496 Friesach, St. Bartlmä, um 1320, 14 Bildfelder: Anbetung der Könige bis Pfingsten, Frodl S. 60; Bad St. Leonhard, Mitte 14. Jh., 21 Bildfelder: Verkündigung an Maria bis Noli me tangere und Weltgericht, Frodl S. 61 f.

497 Viktring, spätes 14. Jh., 15 Bildfelder: Abendmahl bis Pfingsten, 3 Stifterscheiben, Frodl S. 64 f.

498 Bad St. Leonhard, südl. Seitenschiff-Fenster X, 20 Felder: Heilige, Propheten, Maria, Christusszenen, Gnadenstuhl, Stifterbilder, Frodl S. 67.

499 Paul Girkon, Die Glasmalerei als kultische Kunst, Berlin 1927, besonders S. 40–57.

500 Braun, Bd. II, S. 446–518.

501 Z. B. auf dem Heilsspiegelaltar des Konrad Witz und auf vergleichbaren Denkmälern. Siehe dazu: Joseph Gantner, Zur Ikonographie des Heilsspiegelaltares von Konrad Witz. Jahresbericht der Öffentlichen Kunstsammlungen für 1940. Basel 1942, Mathilde Meng-Koehler, Die Bilder des Konrad Witz und ihre Quellen, Basel 1947.

502 Atl. Szenen: Erschaffung der Eva, Sündenfall, Vertreibung, Brudermord, der brennende Dornbusch und Durchzug durchs Rote Meer.

503 Hans Platte, Meister Betram in der Hamburger Kunsthalle, Hamburg 1973 (hier auch weitere Literatur).

504 Anton Fritz, Kärntens Flügelaltäre, Klagenfurt 1975; Franz Paukert, Altäre der Gotik in Tirol und anderes kirchliches Schreinwerk, Leipzig 1895/97. In der kunstgeschichtlichen Forschung steht die formale Entwicklung der Retabel völlig im Schatten ihrer stilistischen Entwicklung.

505 Schiller, Bd. 2, Abb. 21–24, S. 26.

506 Inv.-Nr. A 1491, sog. Roermond-Passion.

507 Berlin, Galerie Dahlem, vormals Kaiser-Friedrich-Museum Berlin, um 1400.

508 Bildsequenzen in Streifen übereinander anzuordnen und durch vertikale Stege einzelne gleichformatige Bildfelder zu schaffen, ist keine Erfindung der Fastentücher, auch nicht der mittelalterlichen Kunst. Dieses Gliederungsprinzip findet sich schon an den Mittelschiffwänden der altchristlichen Basiliken und gelangt auf den Wandflächen karolingischer Saalkirchen zu einem ersten Höhepunkt (vgl. Sta. Maria in Müstair!). Auch in der abendländischen Buchmalerei ist dieses Prinzip seit dem Evangeliar des hl. Augustinus (Cambridge, Bibliothek des Corpus Christi College, Cod. 286, 265 + V Blatt) bekannt. Zu Beginn des 14. Jh.s führt Giotto in der Arenakapelle zu Padua das System der rasterartigen Wandgliederung zur Vollendung. Dennoch muß das geordnete Feldersystem mit seiner Vielzahl von Registern und Zeilen als ein spezifisches Merkmal der Fastentücher gelten.

509 Erwin Poeschel, Die romanischen Deckengemälde von Zillis, Elfenbach–Zürich 1941, S. 10.

510 Das einzige Vergleichsbeispiel, die romanische Decke von Hildesheim, zeigt ein gänzlich anderes Dekorationssystem.

511 E. Poeschel, a. a. O., S. 36.

512 E. Poeschel, a. a. O., S. 36.

513 E. Poeschel, a. a. O., S. 38.

514 Erklärungen für die „Verstümmelung" des Bildprogramms sind viele versucht worden; im Vordergrund stand dabei die Hypothese vom Tod des Hauptmeisters, dessen Werk dann von seinem Gesellen verändert fortgeführt wurde. Allein die Vermutungen sind alle nicht befriedigend.

515 Poeschel, a. a. O., S. 36 f.

516 Vgl. Friedrich Wilhelm Deichmann, Einführung in die christliche Archäologie, Darmstadt 1983, S. 89–108 (Die Architektur als Bedeutungsträger).

517 Ursula Mende, Die Bronzetüren des Mittelalters, Darmstadt, 1983, S. 16.

518 Z. B. S. Ambrogio in Mailand, Ende 4. Jh., oder Santa Sabina in Rom, um 430. Vgl. dazu: Ute Götz, Die Bildprogramme der Kirchentüren des 11. und 12. Jahrhunderts, Diss. Tübingen, 1971, S. 34–44.

519 U. Mende, a. a. O., S. 146–154; dort jeweils weitere Literatur.

520 U. Mende, a. a. O., S. 154–161.

521 U. Mende, a. a. O., S. 174–179.

522 Vergleichbar sind etwa das Programm der Baptisteriumskuppel in Florenz 13./14. Jh., der Freskenzyklus in der Collegiata S. Maria Assunta in San Gimignano 14./15. Jh., der Freskenzyklus in der Oberkirche von San Francesco in Assisi (Fensterzwischenräume) 13./14. Jh., die Langhausfresken in Pomposa u. m. a. Ein Beispiel auf deutschem Boden der Nonnenchor der Klosterkirche Wienhausen (s. u.).

523 U. Mende, a. a. O., S. 135.

524 U. Götz, S. 101–186, 374 f.

525 U. Götz, S. 374.

526 U. Mende, S. 17.

527 Hans Tietze, Die typologischen Bilderkreise des Mittelalters in Österreich, in: Jahrbuch der k. k. Zentralkommission für Erforschung und Erhaltung der Kunst- und historischen Denkmale, N. F. 2. Band, Wien 1904, Sp. 38 f. U. Goetz, a.a.O., S. 169–175, führt die Gurker Tür trotz dieses eklatanten Unterschiedes unter den „Durch andere Darstellungen ergänzte Christusviten" in einem Atemzug mit Hildesheim, Nowgorod und Monreale.

528 Die Kunstdenkmale des Landkreises Celle, Hannover 1970, S. 84 (= Die Kunstdenkmale des Landes Niedersachsen Bd. 34).

529 Wiebke Michler, Die Wand- und Gewölbemalereien im Nonnenchor des ehem. Zisterzienserinnenklosters Wienhausen, Diss. Göttingen 1967.

530 Wiebke Michler, Kloster Wienhausen – Die Wandmalereien im Nonnenchor, Wienhausen 1968, S. 8 (Monatstätigkeiten – Martyrien – Altes Testament – Leben Jesu – Himmlisches Jerusalem).

531 W. Michler, a.a.O., S. 8 f.

532 Wolfgang Beinert, Die Kirche – Gottes Heil in der Welt, Münster 1973, S. 407.

533 Unter Enzyklopädie versteht man die zusammenfassende Beschreibung des jeweiligen Wissens einer Zeit. Analog spricht man von Enzyklopädien auch in der Ikonographie. Ihr Wesensmerkmal ist die Verknüpfung weltlicher (Jahreszeiten und Monatsbilder, die 7 freien Künste, Tugenden und Laster) und geistlicher Motive zu einer Einheit. Vgl. LCI, Bd. 1, Sp. 645–653.

534 Philotheus Böhner, Etienne Gilson, Christliche Philosophie, Paderborn 1954, S. 321 f.

535 Venicio Marcolino, Das Alte Testament in der Heilsgeschichte, Münster 1970, S. 325.

536 „Wir haben bereits festgestellt, daß der Halenser (sc. Alexander von Hales) trotz aller Betonung des Neuen, das der Neue Bund bringt, nicht genug deutlichzumachen vermag, inwiefern die geschichtlichen Ereignisse dieses Neuen Bundes, besonders Ostern und Pfingsten, eine absolute Neuheit und von daher eine absolute Notwendigkeit in der Geschichte des Glaubens darstellen."
So die Einschätzung des Alexander von Hales, geb. um 1185, durch Venicio Marcolino, a.a.O., S. 431.

537 So z. B. die Fastentücher von Rietz und Steinen.

538 Umfassende enzyklopädische Programme finden sich am Campanile des Doms zu Florenz, an der Fontana Maggiore in Perugia, in der Capella Eremitani zu Padua (heute zerstört), aber auch an den Fassaden und Portalen französischer Kathedralen.

539 Die geistigen Voraussetzungen und die Entwicklung der Typologie seit der altchristlichen Zeit können hier nicht behandelt werden. Ausgehend von Joh 3,14 (Aufrichtung der ehernen Schlange – Kreuzigung) und Mt 12,40 (Das Zeichen des Jona), glaubte man die Typologie schon durch Jesus selbst begründet. Ihre Bedeutung für die altchristliche und frühmittelalterliche Kunst ist nicht unumstritten. Vgl. dazu P. Bloch, Art. „Typologie" in: LCI, Bd. 4, Sp. 395–404, dort mit weiterer Lit.

540 Höhepunkt der Entwicklung, aber nicht erhalten, ist das Kreuz des Abtes Suger von St. Denis (1144) mit vermutl. 17 ntl. und 51 atl. Szenen. Bekanntestes Beispiel ist wohl der Klosterneuburger Altar des Nikolaus von Verdun (1181) mit 45 Emailtafeln, davon 15 aus dem NT und je 15 aus dem AT vor dem Gesetz (ante legem) und nach dem Gesetz (sub lege); oder vgl. oben die Türreliefs am Westportal des Gurker Domes (Anf. 13. Jhdt.).

541 Häufig ist in der Literatur zu lesen, daß umfangreichere Bildzyklen, eben auch die Fastentücher, als „Armenbibel" bezeichnet werden. So verstanden, steht der Begriff im Widerspruch zu der von der Kunstgeschichte festgelegten Definition. Die Absicht einer solch mißverständlichen Bezeichnung ist klar, man versteht darunter eine Bilderpredigt für den leseunkundigen Laien. Man sollte um der Klarheit willen auf das Wort „Armenbibel" in diesem Zusam-

menhang verzichten. Der Begriff „Bilderpredigt“ scheint mir geeigneter.

542 Zur umfangreichen Lit. vgl. Schmidt/Weckwerth, Art. „Biblia pauperum“ in: LCI, Bd. 1, Sp. 293–298.

543 Zur vergleichsweise knappen Lit. vgl. v. Looveren, Art. „Speculum . . .“ in: LCI, Bd. 4, Sp. 182–185. Vor allem das Wissen um die Einflußnahme des SHS auf die mittelalterliche Kunst ist seit E. Breitenbach, Speculum humanae salvationis – eine typengeschichtliche Untersuchung, Straßburg 1930, nur wenig gewachsen.

544 Erhalten in vier Handschriften aus der 2. Hälfte des 14. Jahrhunderts, vgl. E. Breitenbach, Speculum . . . S. 52.

545 Wohl am vollständigsten in der Stephanskirche zu Mülhausen, Elsaß, mit 36 Kapiteln und je zwei Vorbildern, um 1350, Glasfenster. Eine Kurzfassung des SHS auf dem Teppich im Kloster Wienhausen, 15. Jh. Sonst wohl eher Beeinflussungen, aber keine direkte Übernahme des ganzen Programms.

546 Die ersten beiden Kapitel umfassen folgende Themen: Engelsturz – Erschaffung Evas (manchmal mit der Erschaffung Adams kombiniert) – Befehl an Adam und Eva – Eva mit der Schlange – Sündenfall – Vertreibung – Arbeit der Stammeltern – Sintflut.

547 Es spielt in unserem Zusammenhang keine Rolle, welche auslösenden Faktoren für die Entstehung der typologischen Programme verantwortlich sind. Denn selbst wenn die bisher nicht einhellig akzeptierte Meinung Alfred Weckwerths (Die Zweckbestimmung der Armenbibel und die Bedeutung ihres Namens, in: Zeitschrift für Kirchengeschichte 68. 1957. S. 225–258, und neuerdings noch einmal Art. „Armenbibel“ in TRE) zutreffen würde, hätte sie doch in späterer Zeit diese Stoßrichtung einer antihäretischen Maßnahme verloren.

548 Neben der Armenbibel und dem Heilsspiegel zählen zu den wichtigsten typologischen Programmen die Bible moralise und der sog. Pictor in Carmine, beide zu Beginn des 13. Jahrhunderts entstanden. Der Pictor in carmine besaß mit 440 Themen wohl den umfangreichsten typologischen Schatz dieser Zeit. Ein noch umfangreicheres Werk entstand mit der Concordantia caritatis wohl um die Mitte des 14. Jahrhunderts. Zu den ersteren vergleiche die einschlägigen Lexikonartikel, zur Concordantia caritatis s.: Hans Tietze, Die typologischen Bilderkreise des Mittelalters in Österreich, in: Jahrbuch der K. K. Zentral-Kommission zur Erforschung der Kunst- und Historischen Denkmale, N. F. 2. Band, Wien 1904, Sp. 21ff mit vollständigem Verzeichnis der typologischen Entsprechungen Sp. 79–88.

549 Gerade daran entzündete sich immer wieder die Kritik einer heilsgeschichtlichen Theologie; sie befürchtet, daß die urchristliche Naherwartung in eine heilsgeschichtliche Fernerwartung umgebogen wird. Vor allem die evangelische Theologie wollte die Unmittelbarkeit der göttlichen Begegnung nicht von einer heilsgeschichtlichen Fernwirkung überlagert sehen. Daran zeigt sich aber gerade die spezifisch volkstümliche Frömmigkeit, die aufgrund ihres Erfahrungshorizontes Gottes Handeln in der Geschichte eher zu bemerken glaubte als in der direkten persönlichen Begegnung. Die kritische Anfrage der Theologie an die heilsgeschichtl. Denkweise kann hier nicht weiter verfolgt werden, sie zeigt aber den tiefen Graben zwischen gelehrter Theologie und schlichter Volksfrömmigkeit.

550 Hrsg. von Ernst Ullmann, Leipzig 1981.

551 D. h., die alten Saalkirchen, meist einschiffig, bestanden fort, lediglich manche Architekturdetails wie Fensteröffnungen oder Portale etc. wurden im neuen Stil ausgeführt.

552 Karl Max Kober, Die Wandmalerei, in: E. Ullmann, a. a. O., S. 194f.

533 Ders., a. a. O., S. 194.

554 Kober, a. a. O., S. 194.

555 Vgl. dazu die Vielzahl von Themen in der Übersicht von Kurt Goldammer, Kirchliche Kunst im Mittelalter, Göttingen 1969, G. 213–219 (= Die Kirche in ihrer Geschichte, Handbuch, hrsg. von K. D. Schmidt und E. Wolf, Bd. 2).

556 Rudolf Zeitler, Das Programm der Malereien einer schwedischen Bauernkirche um 1450, in: Von der Macht der Bilder, Beiträge des C. I. H. A. Kolloquiums „Kunst und Reformation“, hrsg. von Ernst Ullmann, Leipzig 1983, S. 118.

557 Ebd., S. 119.

558 Zeitler, a. a. O., S. 121.

559 Das lebende Kreuz ist eine figuren- und symbolreiche Darstellung der Auswirkungen des Kreuzestodes Jesu. Zentrum des Bildes ist das Kruzifix, von dessen Enden der Kreuzarme aus Hände wirksam werden. Die Hand am Kreuzfuß öffnet mit einer Spitzhacke die Höllenpforte. Bildlich dargestellt ist dazu Christus, der mit der Siegesfahne in die Unterwelt eindringt. Am Ende des linken Kreuzarmes krönt die Hand eine Gestalt mit dem Kirchenmodell, die auf einem phantastischen Tier (dem Tetramorph) reitet. Es ist die Kirche selbst, und ihr gegenüber entspricht die auf einem Esel reitende Synagoge. Rechts neben ihr steht die nackte Eva vor dem Todesbaum, dessen gepflückte Früchte sich in Totenschädel verwandeln. Die Hand am oberen Kreuzende öffnet das Paradies. Das lebende Kreuz zählt zu den mittelalterlichen Kreuzallegorien, die aus dem Bestreben einer immer weiter gehenderen Deutung und Veranschaulichung der Erlösungslehre entstanden sind. Vgl. dazu R. L. Füglister, Das lebende Kreuz, Einsiedeln, 1946.

560 Walter Frodl, Die gotische Wandmalerei in Kärnten, Klagenfurt 1944, S. 91 f. Zur Datierung: Otto Demus, Zur künstlerischen Herkunft des Thomas von Villach, in: Carinthia I, 1961, S. 625 ff.

561 Sachs, Badstübner, Neumann, S. 277.

562 Vgl. dazu 3. Kapitel, Typ VI, Kalvarien-Typ.

563 P. Venanzio Belloni, Bellinzona: Affreschi in Santa Maria delle Grazie, Genova 1975, Dat. Ende 15. Jh.

564 Dieter Maier, Die schönsten Pässe und Höhenstraßen der Alpen, Herrsching 1984, S. 118.

565 So „erfand“ man über die Berichte in den Evangelien hinausgehend weitere Wunden und Leiden Christi; man nannte sie „geheim“ oder „unbekannt“, weil sie in den Evangelien fehlen. Bekannt wurden u. a. eine Schulterwunde, eine Zungenwunde oder eine Kopfwunde. Vgl. dazu: Leopold Schmidt, Das geheime Leiden Christi, in: G. Schreiber, Volk und Volkstum, Band III, München 1938, S. 370 f.

566 Ausstellungskatalog, Kirche in Oberösterreich, 200 Jahre Bistum Linz, Oberösterreichische Landesausstellung 1985, Garsten, Kat.-Nr. 5.06.

5. Kapitel

Anmerkungen zu einer Theologie der Fastentücher

In diesem Kapitel soll über den religiösen Gehalt der Fastentücher gehandelt werden. Wenn auch das vorhergehende Kapitel gezeigt hat, daß die Fastentücher nicht unabhängig von den anderen Zeugnissen mittelalterlicher Kunst betrachtet werden dürfen, so besitzen sie doch aufgrund ihrer typischen Gestalt und eigenständigen Ikonographie einen religiös deutlich akzentuierten Schwerpunkt. Dieser beruht auf einer schwerpunktmäßig biblisch orientierten Heilsgeschichte. Die Kirchenmalerei ländlich strukturierter Gebiete läßt ähnliche Tendenzen erkennen, doch werden die Fastentücher in ihrer programmatischen Geschlossenheit von keiner anderen Denkmälergruppe erreicht. Sie erschließen uns als historische Quelle eine spezifische Form spätmittelalterlicher Frömmigkeit, wie sie bis jetzt nur unzureichend zur Kenntnis genommen wurde.

Eine chronologisch dargestellte Abfolge von Ereignissen der biblischen Heilsgeschichte scheint nun ja in einem christlichen Kirchenraum als nicht gerade sensationell. Als unvoreingenommener Betrachter möchte man die erzählende Darstellung biblischer Geschichten geradezu als den Normalfall christlicher Kirchenausstattung ansehen. Daß solche Bilderfolgen aber in der christlichen Kunst des Mittelalters bislang wenig Beachtung gefunden haben, zeigt die Einschätzung der Kunst im 15. Jahrhundert durch die Kirchenhistoriker. Es liegt in der Natur der Sache, daß man aus kirchenhistorischer Perspektive das 15. Jahrhundert selten anders denn als Vorabend der Reformation gesehen hat. Das gilt in erster Linie für die evangelische Kirchengeschichtsschreibung, aber auch die katholischen Forscher haben das Bild nicht entzerrt. Die Theologie und vor allem die Frömmigkeit dieser Zeit dienten als Gradmesser für die Unabänderlichkeit des Hereinbrechens der Reformation. So war man evangelischerseits stets der Gefahr ausgesetzt, eine allzu schematische Hell-Dunkel-Grenze zwischen dem finsteren, abergläubischen Mittelalter und dem hell aufstrahlenden, religiös befreiten Zeitalter der Reformation zu ziehen. Die katholische Apologie betonte demgegenüber die Reformbemühungen der altgläubigen Kirche. Selbstverständlich wurden die Ursachen der Reformation in den historischen „Gipfeln" dieser Zeit, sozialen Unruhen, religiösen Reformbestrebungen, philosophischen Neuansätzen und wissenschaftlichen Entdeckungen, gesucht. Der schlichten, seit Jahrhunderten nur wenig veränderten Frömmigkeit des einfachen Volkes wurde dabei nur wenig Bedeutung beigemessen.

Daß sich diese allzu krasse Einschätzung der kirchen- und weltgeschichtlichen Zustände gewandelt hat, soll nicht bestritten werden. Differenzierte, vor allem sozialgeschichtlich orientierte Forschungen sollen helfen, das Bild aufzuhellen. Dort allerdings, wo die „Bilderwelt am Vorabend der Reformation" beleuchtet wird, werden immer noch krasse Fehleinschätzungen unreflektiert weiter verbreitet. Auf dem Hintergrund einer Theologie der Fastentücher müssen jetzt Vorurteile und eingleisige Betrachtungsweisen kritisiert werden, die einer von Marienkult und Heiligenverehrung überschatteten Bildergläubigkeit und -verehrung die protestantische Bilderkritik entgegensetzen. Man war zu sehr geneigt, in der mittelalterlichen Kunst nur Kult- und Götzenbilder zu sehen.

Um es vorwegzunehmen: die Fastentücher besitzen ein Bildprogramm, das nicht nur den frühen protestantischen Bildzyklen zum Verwechseln ähnlich ist, sondern das in der Literatur als typisch protestantisch bezeichnet wird. Daß hier eine traditionelle Frömmigkeit zugrunde liegt, wurde nicht zur Kenntnis genommen.

Die fatale Konfusion wissenschaftlicher Beurteilung der vorreformatorischen Kunst beruht in erster Linie auf einer (zunächst statistisch gesehen) falschen Einschätzung der mittelalterlichen Bilderwelt. Als Hans Carl von Haebler sein „Bild in der evangelischen Kirche"[567] zeichnete, tat er dies auf dem Hintergrund des „Kirchenbildes am Vorabend der Reformation". Dabei beobachtete er zunächst zu Recht „. . . eine mächtige Steigerung religiöser Betriebsamkeit . . ."[568] In der Inneneinrichtung der Kirchen konstatierte er eine Unzahl neuer Altäre, prächtige Epitaphien und gemalte Kirchenfenster. Er sah das alles als Folge frommer Stiftungen, mit denen sich die Menschen Ansehen vor ihresgleichen und vor Gott erwerben wollten. Bezeichnend für die Beurteilung des vorreformatorischen Bildes durch von Haebler ist nun, daß er als angeblich typische Sujets die Bilder der Marienkrönung und der Gregorsmesse hervorhebt. Dadurch werden Marienkult und Heiligenverehrung zum Dreh- und Angelpunkt mittelalterlicher Frömmigkeit gestempelt.[569] Sein Resümee einer im 15. Jahrhundert fortschreitenden „Entkirchlichung und Verselbständigung der Welt"[570] muß angesichts der weiten Verbreitung heilsgeschichtlicher Bildprogramme doch sehr in Frage gestellt werden.

Als Margarete Stirm 1977 „Die Bilderfrage in der Reformation"[571] zu klären versuchte, zeichnete sie von der vorreformatorischen Kunst ein Bild, dessen Fehleinschätzung sich von der von Haeblers kaum unterschied. Stirms Arbeitsweise orientierte sich dabei nicht am Denkmälerbestand, sondern an Luthers Kritik an Heiligen- und Marienbildern. Aus Luthers sporadischer Kritik entwickelte Stirm eine Vorstellung der mittelalterlichen Bilderwelt, die den Blick auf die tatsächliche Situation des 15. und 16. Jahrhunderts völlig verstellte. So kam sie zu folgendem Urteil: „Praktisch fielen unter die von Luther abgelehnten Bilder fast alle damals in Kirchen vorhandenen Bildwerke. Folgerichtig forderte Luther im Jahr 1525 in einer Predigt, es sollte in den Kirchen überhaupt keine Bilder geben."[572] Selbstverständlich kritisierte Luther das, was ihm mißfiel, andererseits wissen wir nicht, was er alles kannte. Und wir wissen nicht, ob Luther nicht das, was ihm gefiel, einfach billigte, ohne viel Aufhebens davon zu machen. So vertritt Rudolf Zeitler die Meinung, Luther hätte zweifellos das heilsgeschichtliche Bildprogramm gebilligt, weil ihm an der rechten Unterweisung des Christenvolkes gelegen war.[573]

Stirm verkennt nicht die Tatsache, daß Luther solchen Bildern wohlgesonnen war, die im Sinne Gregors didaktisch, als Bibel der Laien (libri laicorum) wertvoll waren.[574] Nur eine zu geringe Kenntnis mittelalterlicher Kunst mag sie dazu veranlaßt haben, in der Kirchenkunst des 15. Jahrhunderts solche Bilder nicht sehen zu können: „Die in den Kirchen üblichen Marien- und Heiligenbilder waren zu Lehr- und Erinnerungszwecken ungeeignet."[575] Und Stirm fährt fort: „Für die zur Zeit der beginnenden Reformation in Kirchen und Häusern vorhandenen Gemälde und Standbilder und vor allem für den Gebrauch, der von ihnen gemacht wurde, war das Argument der Laienbibel nicht zutreffend.."[576] Im heilsgeschichtlichen Bildprogramm der felderreichen Fastentücher und der gotischen Kirchenausmalungen können wir allerdings nichts anderes sehen als theologisch wohl fundierte Belehrungen der Laien. Ihnen kann doch der Charakter einer Laienbibel (nicht Armenbibel, siehe dort!)[577] nicht abgesprochen werden.

Das falsche Urteil über die vorreformatorische Kunst als Ganzes durch die Kirchenhistoriker hat seine Ursache in einem ähnlich begrenzten Blickwinkel, wie er auch den Kunsthistorikern auf ihrer beständigen Suche nach den großen Kunstwerken einer Epoche anhaftet. Stets werden die führenden Klosterkirchen, Bürgerdome und Kathedralen untersucht, hinter deren Fassade die normalen, aber für die allgemeine Frömmigkeit repräsentativen Dorfkirchen ein Schattendasein führen. Nur so ist eine Einschätzung erklärlich wie die von Kollwitz: „Der spätgotische Kirchenraum ist ein theologisches Gesamtgebilde. Die Bezüge zum biblischen Heilsgeschehen sind allerdings unter einer Vielzahl von Heiligenstatuen, ihren Legenden auf Schnitz- und Tafelaltären ebenso wie auf den freien Wandflächen zurückgetreten. Die Verehrung der heiligen Mutter Gottes nimmt in der kirchlichen Gesamtausstattung einen weiten Raum ein."[578] Ein Blick auf die Kirchenräume des ausgehenden Mittelalters bestätigt dieses Urteil jedoch nur bedingt. Selbstverständlich gibt es da zahlreiche Manifestationen der Marien-, Heiligen- und Reliquienverehrung, also jene Erscheinungen, die in besonderer Weise Luthers Kritik herausgefordert haben. Aber es muß doch gefragt werden, ob sie aus der reformatorischen Rückschau nicht zu stark bewertet werden.

Viele dieser Kunstwerke sind Stiftungen reicher Bürger und Grundherren, Schenkungen der vermögenden Gilden und Zünfte, also in den meisten Fällen Ausdruck privater Frömmigkeit und Selbstdarstellung. Angehäuft finden sich diese Bildwerke aber überwiegend in den kirchlichen und städtischen Zentren, und dort verstellen sie in der Tat den Blick auf die normale kirchliche Grundausstattung. In den ländlichen Kirchen fehlte zu solcher Ausstattung einfach das notwendige Vermögen. Hier langte es allenfalls zur Bemalung der Wände und der Errichtung eines Altares. Die Wände waren der Heilsgeschichte vorbehalten, der Altar zeigte Christusszenen oder den Kirchenpatron. Aber von einer Häufung von ‚Kult'-Bildern kann hier keine Rede sein. Hier muß wohl eher die Realität des Mittelalters gesucht werden als in den musealen Sakralräumen, die allzusehr unseren Eindruck des gotischen Kirchengebäudes geprägt haben.

Wenn evangelische Theologen wie Otto Clemen als die wesentlichen Äußerungen spätmittelalterlicher Frömmigkeit nur die Bruderschaften, die Marien-, Heiligen- und Reliquienverehrung sowie Wallfahrten und geistliche Schauspiele herausgreifen[579], so verkennen sie doch den normalen kirchlichen Alltag einer bodenständigen und seßhaften Bevölkerung, die selten mehr als nur den eigenen, bescheidenen Kirchenraum kennengelernt hat. Die Fastentücher als Ausdruck dieser schlichten Frömmigkeit haben für Maria und die Heiligen keinen Platz. Sie zeigen umgekehrt eine fast schon reformatorisch zu nennende Konzentration auf die biblischen Heilstatsachen. Oder sollte man nicht besser sagen, die Treue zur Bibel fußt hier auf einer guten, aber bisher wenig beachteten Tradition? In ihrer volksnahen Predigt zumindest, greifbar in der jahrhundertealten Bilderpredigt der Heilsgeschichte, bewahrt die kirchliche Verkündigung ein eindeutig evangelisches Programm.

Wir haben die Predigt der Heilsgeschichte als die volkstümlichste Art der Verkündigung herausgestellt. Kollwitz meinte dagegen, im Mittelalter sei das Bildprogramm der Kirchen ein vielgestaltiges, schwer durchschaubares Ganzes geworden[580], und vermißt im mittelalterlichen Kirchenraum „. . . einen festen Platz für größere biblische Zyklen . . .“[581]. Kollwitz hat die heilsgeschichtlichen Zyklen einfach nicht zur Kenntnis genommen, wenn er ferner behauptet: „Die Interpretation ist an die Stelle des dargestellten Textes getreten.“[582]

Die anläßlich des Lutherjubiläums 1983 veranstalteten Ausstellungen zur Kunst der Reformationszeit in Berlin und Nürnberg[583] haben wenig zu einer veränderten Einschätzung der vorreformatorischen Kunst beigetragen. Beide benutzen die Bildwerke am Vorabend der Reformation nach wie vor als Folie, auf der das Neue der Reformation sichtbar wird. So wird der entsprechende Abschnitt im Berliner Katalog „Heiligenkult und Bilderglaube“[584] überschrieben. Entsprechend heißt es weiter: „Die Phantasie der Volksfrömmigkeit suchte verstärkt in den Legenden der Heiligen die Gnadenvermittlung zu Gott . . . In der Zeit um 1500 nahm die Marienverehrung besonders intensive Formen an . . . Messen, Wallfahrten, Prozessionen, Stiftungen und Schenkungen sollten Garantien für die Erlangung des ewigen Seelenheils gewähren . . . der Reliquienkult nahm bisher noch nicht dagewesene Ausmaße an . . .“[585] usw. Der Nürnberger Katalog greift ebenfalls das vorreformatorische Bild auf, um an ihm die Frömmigkeit des 15. Jahrhunderts zu demonstrieren. Allein die Ausstellungskonzeption konnte nicht mehr leisten (und hier lag ja auch unbestritten ihre Aufgabe), basiert sie doch eben auf den Einzelexponaten, die diesen Gesamteindruck hervorrufen. In Museen und Ausstellungsräume passen Wandflächen füllende biblische Zyklen der Heilsgeschichte nicht hinein, von bilderreichen, großformatigen Fastentüchern ganz zu schweigen. So lag auch der Schwerpunkt der Nürnberger Ausstellung mehr auf dem Bruch von Reformation und Mittelalter als auf ihrer Kontinuität.

Bemerkenswert aber sind doch einige Gedanken von Hartmut Boockmann im entsprechenden Kapitel des Nürnberger Kataloges, Kirche und Frömmigkeit vor der Reformation: „Wir wissen noch längst nicht genug von der Frömmigkeit und Kirchlichkeit vor der Reformation, und die Überlieferung setzt unseren Fragen unüberschreitbare Grenzen.“[586] Und vorher sagt er: „Wer nach Frömmigkeit und Kirchlichkeit vor der Reformation fragt, der hat es mit einer der Grundfragen der Reformationsgeschichte zu tun. Was waren die Ursachen der Reformation? Oder vorsichtiger gefragt: Auf welche Zustände zielte Luthers Kirchenkritik?“[587] Diese bemerkenswerte Frage fordert doch eine Differenzierung geradezu heraus. Natürlich gab es Marienbilder, Heiligenstatuen und Reliquienschreine, unbestritten sind die reichen Stiftungen und Schenkungen, aber es gab eben daneben auch die schlichten, volkstümlichen Bilderreihen biblischer Tatsachen. Häufig genug unter materiellen Opfern der Dorfgemeinschaft entstanden, sind sie zu selten Gegenstand unseres kunsthistorischen Interesses. Als authentische Zeugnisse volkstümlicher Frömmigkeit müssen sie jedoch hoch geachtet werden. Sie sind eine wichtige Quelle für die Frage nach den kirchlichen Zuständen vor der Reformation, gerade außerhalb der städtischen und bürgerlichen Zentren, die wohl bisher zu einseitig im Interesse kirchenhistorischer Forschung gelegen haben.

Wir betrachten die Fastentücher und ihr Bildprogramm als Quelle für diese Fragestellung. Vor dem Hintergrund der normalerweise herangezogenen kirchlichen Ausstattungsgegenstände offenbaren die Fastentücher ihr eigentliches Wesen. D. h., Fastentücher enthüllen ihre Eigenart, wenn man danach fragt, was sie n i c h t darstellen. Auf ihnen fehlen (wenn man von den unsicheren Beispielen wie Klagenfurt und Brigels II einmal absieht) die Heiligen und ihre Legenden. Ebensowenig wird der Gottesmutter Maria eine besondere Verehrung zuteil. Selbstverständlich sehen wir sie auf den Bildern von Jesu Kindheit, manchmal auch auf seinem Leidensweg. Doch ist sie ja hier durch die Evangelien legitimiert. Unbiblische Bilder der Verherrlichung Mariens, etwa die Himmelfahrt oder die Krönung Mariens, fehlen.[588] Manche ältere Fastentücher besitzen apokryphe Darstellungen aus dem Marienleben, der Vorwurf einer Förderung der Marien- oder Heiligenverehrung kann ihnen jedoch nirgends gemacht werden. Kein Fastentuch hat je als Kultbild gedient oder eine Wallfahrt an sich gezogen, sie waren einzig

250. ÖTZ, Tirol; Gasthof Stern. Fassadenmalerei. Foto: Verfasser

das Medium der ortsgebundenen Predigt für die ansässige Gemeinde.

In vielen Fällen haben die fastenzeitlichen Behänge zur Passionszeit die aus reformatorischer Sicht anstößigen Bildwerke verhüllt und den Blick der Gläubigen auf das Wesentliche gelenkt. Die unterschiedlose Aneinanderreihung biblischer Begebenheiten besitzt einen rein erzählerischen und damit akultischen Charakter. Aus dieser Sicht entsprechen die Fastentücher in geradezu idealer Weise einer Forderung des Reformators Martin Luther: „Es ist ja besser, man male an die Wand, wie Gott die Erde schuf, wie Noah die Arche baute und was mehr guter Historien sind, denn daß man sonst irgend weltlich unverschämt Ding malet; ja, wollt Gott, ich könnte die Herren und Reichen dahin bereden, daß sie die ganze Bibel inwendig und auswendig an den Häusern vor jedermanns Augen malen ließen, das wäre ein christlich Werk!“[589]

Solche Anregungen fielen in den reformatorischen Gegenden auf wenig fruchtbaren Boden, biblische Fassadenmalerei fand dagegen im altgläubigen Alpenraum vor allem im 17. und 18. Jahrhundert[590] weite Verbreitung. Manche Heilige haben hier ihren angestammten Platz gefunden, an den Kirchen der heilige Christophorus, der Bewahrer vor dem jähen (unbußfertigen) Tod, an den Häusern der heilige Florian, Schirmer und Schützer vor Feuersgefahr. Aber nicht selten wurden auch biblische Geschichten an die Wände der Häuser gemalt, Szenen aus dem Alten und dem Neuen Testament, wie sie von den Fastentüchern bekannt sind. Der Sündenfall und seine Folgen (hier in Gestalt des Brudermords) schmücken die Fassade eines stattlichen Bauernhauses des Oberinntaler Typus in Ötz (Tirol, Abb. 250). Die figürlichen Malereien, die daneben noch den heiligen Christophorus, David und Goliath sowie die nur typologisch zu verstehende Szene ‚Samson trägt die Tore von Gazah‘ zeigen, sind 1573 und 1615 bezeichnet. Sie sind auffällig in hochrechteckige, gerahmte Bildfelder eingepaßt und wirken wie aus einem Fastentuch ausgeschnitten. Die Figur des Heiligen dagegen besitzt nur eine Standebene, steht aber ansonsten frei in der Fläche der Hauswand.

Als biblisches Bilderbuch präsentiert sich die Fassade des Stockerhauses in Ladis (Tirol, Abb. 251). Wieder sind die biblischen Malereien eingepaßt in gerahmte Bildfelder. Zwischen den Fensterachsen erzählen drei, ursprünglich vier Felder die Passion Christi, nämlich das Gebet am Ölberg, Kreuzigung und Kreuzabnahme. Über dem Mittelerker schildern zwei weitere Szenen die Opferung Isaaks und den Brudermord, darun-

251. LADIS, Tirol; Stockerhaus. Fassadenmalerei. Foto: Verfasser

ter sind das letzte Abendmahl und eine weitere Mahlszene dargestellt. Die dazwischengesetzten Heiligen stehen wieder frei vor der Fläche. Die Malereien des Stockerhauses stammen von 1626.

Mit biblischen Bildern vom Sündenfall bis zur Kreuzigung, vermehrt um die Darstellungen der Evangelistensymbole, schmückte Hanns Märeth 1590 die Fassaden seines Anwesens in Ladis. Und die Beispiele ließen sich noch weiter vermehren.

Um tatsächlich eine Abhängigkeit der Fassadenmalerei von den Fastentüchern bzw. den fastentuchähnlichen Kirchenmalereien zu untermauern, soll noch auf den Christuszyklus an der Giebelseite des Schellhornhofes in Kundl (Tirol, Abb. 252) eingegangen werden. Hier sind 35 nahezu quadratische Bildfelder in drei Reihen übereinander angeordnet und erzählen das Leben Jesu von der Verkündigung an Maria bis zur Himmelfahrt Christi. Etwas abgesetzt davon erscheint in einem eigenen Bild Christus als der Weltenrichter. Zwischen dem Leben-Jesu-Zyklus und dem Jüngsten Gericht befindet sich der heilige Christophorus. Der Bildraum wird von einfachen schwarzen Linien in ein schachbrettartiges Feldersystem gegliedert, und die einzelnen Darstellungen füllen die Felder voll aus. Auf die Andeutung eines Hintergrundes wird überhaupt verzichtet. Obwohl die Malereien, ja, man müßte eigentlich eher von Zeichnungen sprechen, jeglicher künstlerischer Qualität entbehren, ist doch die Anlehnung an einen mittelalterlichen Bilderzyklus unverkennbar. Sollte man hier nicht daran denken, daß ein Fastentuch die Vorlage geliefert hat? Typisch ist etwa die figurenarme Kreuzigung (Abb. 253), wie sie auch auf den Passionsvorhängen anzutreffen ist. Gewiß, es fehlt hier der alttestamentliche Zusammenhang, doch muß man auch berücksichtigen, daß der volkstümliche Bilderreigen vom Schellhornhof erst 1632 entstanden ist, zu einem Zeitpunkt also, zu dem manche Fastentücher ihren heilsgeschichtlichen Zusammenhang schon verloren haben. Es wäre demnach nicht ungewöhnlich, hier einen reinen Christuszyklus vorzufinden. Schließlich ging es bei diesem Beispiel eigentlich um die Tatsache, biblische Bilder an die Wände zu malen.

Für die Bauern auf ihren Höfen, für die Menschen auf dem Lande waren die biblischen Geschichten echte Realität und Teil ihres Lebens. Zahlreiche Zeugnisse belehren uns darüber, daß neben der sicher wichtigen Heiligenverehrung und Zuflucht zur Gottesmutter die biblisch begründete Botschaft einen großen und gewichtigen Teil ihrer Frömmigkeit ausmachte. Das Nacherzählen der Heilstatsachen beschränkte sich nicht auf die bildende Kunst, sondern war ebenso Inhalt der geistlichen Schauspiele des Mittelalters, deren Tra-

252. KUNDL, Tirol; Schellhornhof: Fassadenmalerei. Foto: Verfasser

253. KUNDL, Tirol; Schellhornhof: Fassadenmalerei, Detail. Foto: Verfasser

dition bis ins vergangene Jahrhundert hinein lebendig blieb.[591] Neben den Leiden-Christi-Spielen im engeren Sinn, die vorwiegend in der Karwoche zur Aufführung gelangten, entfalteten die ausgeweiteten Passionsspiele meist am Fronleichnamsfest die ganze Welterlösung mit all ihren Voraussetzungen von der Erschaffung der Welt bis zum Jüngsten Gericht. So begann etwa das Innsbrucker Passionsspiel, das schon 1391 nachweisbar ist[592], mit einem Dialog von Adam und Eva nach dem Sündenfall. Ebenso steht am Anfang des Künzelsauer Passionsspiels der Fall Luzifers, an den sich die Paradiesszenen anschließen.[593] Daß zwischen den Fastentüchern und den religiösen Schauspielen ein Zusammenhang besteht, läßt sich nicht von der Hand weisen, ist jedoch im Einzelfall wohl sehr schwer nachweisbar.[594] Wir betonen deshalb lediglich die gemeinsame Basis. Und beide, Fastentuch wie Schauspiel, haben Anschaulichkeit, Lebendigkeit und bestmögliche Vergegenwärtigung der christlichen Welterklärung gemeinsam, denn: „Für den einfachen, mittelalterlichen Menschen bestand die Weltgeschichte eigentlich nur aus dem Fall Luzifers, der Schöpfung, dem Sündenfall, der Geburt, dem Leiden und Sterben, der Auferstehung und der Himmelfahrt des Heilandes sowie dem

254. CHRISTKINDL bei Steyr. Mechanische Krippe (Anfang 20. Jh.). Foto: Verfasser

Jüngsten Gericht. Kriege und Friedensschlüsse, Grenzveränderungen, Wechsel der weltlichen und geistlichen Obrigkeit, soziale Verschiebungen, wirtschaftliche Umwälzungen, Erfindungen und Entdeckungen, Hungersnöte und schwarzer Tod waren von untergeordneter Bedeutung."[595]

Die Mysterienspiele waren wichtige gesellschaftliche Ereignisse, in denen sich die Dorfgemeinschaft zusammenfand und sich gemeinsam zu dieser Welterklärung bekannte. Es waren ja keine Aufführungen in unserem Sinne mit Darstellern und Zuschauern, sondern alle waren in irgendeiner Form daran beteiligt. Wie das Fastentuch oder die Ausmalung der Kirche war das religiöse Spiel eine kollektive Bemühung. Nicht ein einzelner, ein Stand oder eine Obrigkeit, sondern die Gemeinschaft aller trug dafür die Verantwortung und die Lasten materieller Opfer. Die Volkstümlichkeit ist das verknüpfende Band: „Wir sehen deutlich, wie das Volk in der Bibel lebte, wie es sich immer wieder auf die Heilstatsachen zurückgeworfen fühlte, wie es sich daran anklammerte."[596]

Selbst der durch den Geist der Neuzeit aufkeimende Individualismus und durch die Aufklärung geförderte Materialismus konnten die heilsgeschichtliche Dimension nicht vollkommen verdrängen. Als eindrücklichste Dokumente für die ungebrochene Tradition haben die großen Jahreskrippen des 19. Jahrhunderts zu gelten. Sie greifen thematisch weit über die herkömmlichen Weihnachts- und Fastenkrippen hinaus und beginnen bei Adam und Eva. Als Beispiel verweisen wir auf die große mechanische Krippe im oberösterreichischen Wallfahrtsort Christkindl. Sie besteht aus einem orientalisch geprägten Krippenberg mit dem Stall von Bethlehem, der Stadt Jerusalem und zahlreichen weiteren Details. Auf einer mechanischen Laufspur mit Kettenantrieb zieht nun am Stall die ganze christliche Heilsgeschichte in Gestalt biblischer und weltlicher Figuren vorüber. Unser Bildausschnitt (Abb. 254) zeigt Anfang und Ende des Zuges. Die Stammeltern bilden die Spitze der Prozession, gefolgt vom Vertreibungsengel; das Ende des Zuges ist unmittelbar vor ihnen in Gestalt König Karls des Großen zu sehen.

Über Jahrhunderte hinweg hat in der volkstümlichen Frömmigkeitsgeschichte die heilsgeschichtliche Welterklärung einen angestammten Platz, den sie sich – wie wir sehen werden – ungeachtet aller konfessionellen Streitigkeiten bewahren konnte. Das bedeutet, die reformatorische Kritik bezog sich keineswegs auf alle Bereiche mittelalterlicher Frömmigkeit, sondern nur auf ganz bestimmte Übertreibungen und Fehlentwicklungen. Mit der heilsgeschichtlichen Welterklärung hat sich der reformatorische Glaube nicht nur abgefunden, sondern mit ihr auch eine seiner tragendsten Bildformulierungen übernommen.

Heilsgeschichtliches Fastentuch und protestantisches Bildprogramm

Als grundlegendes Prinzip für die Ikonographie der Fastentücher haben wir ein heilsgeschichtliches Bildprogramm erarbeitet, und unterschwellig haben wir auf seine Nähe zur lutherischen Bildsprache hingewiesen; dies soll im folgenden präzisiert werden. Voraussetzung dafür sind allerdings die Annahme, daß es überhaupt ein solches protestantisches Bildprogramm gibt, und die Kenntnis seines Inhalts. Erst die Beobachtungen von Mereth Lindgren und Peter Poscharsky[597] haben die Existenz typisch lutherischer Bildzusammenhänge für die Zeit des 16. und 17. Jahrhunderts aufgedeckt.

Bis dahin galten im wesentlichen zwei Überzeugungen; zum einen, daß sich die protestantische Ikonographie im Wesentlichen auf die gottesdienstlichen Prinzipalstücke, also Altar, Taufstein, Kanzel und Orgel, konzentriert und inhaltlich darauf Bezug nimmt[598], zum anderen, daß die protestantische Bilddidaktik ein neues Lehrbild entwickelt hat, nämlich jenes, das man im allgemeinen mit „Sünde und Gnade" oder „Gesetz und Evangelium" betitelt.[599] Beides ist sicherlich für sich genommen nicht falsch, reicht aber keinesfalls aus, um die breite protestantische Themenpalette zu erfassen. Wiederum wurden nämlich nur die künstlerischen Hauptstücke herausgegriffen, während die landläufige bildliche Normalausstattung des lutherischen Kirchengebäudes unberücksichtigt blieb. Der Grund dafür liest sich bei v. Haebler so: „Aus der Fülle der zweit- und drittklassigen Malereien braucht hier nur hervorgehoben zu werden, was eine neue Gesinnung verrät."[600] Die Kontinuität zum Althergebrachten, die enge Verbindung protestantischer und vorreformatorischer Bildprogramme mußte dabei auf der Strecke bleiben.

Aufgrund der oben schon zitierten Meinung, daß die Reformation den totalen Bruch zur altgläubigen Bildersprache vollzog, beachtete man das Verbindende zu wenig. Und ebenso sträflich ist die neuerliche Mißachtung der volkstümlichen Kirchenkunst, die hier den richtigen Weg gewiesen hätte. So verblüfft es uns keineswegs, daß sowohl Lindgren als auch Poscharsky dort die typischen lutherischen Bildzyklen erarbeitet haben, einmal an bäuerlichen Malereien schwedischer Dorfkirchen, zum anderen an den „zweit- und drittklassigen" protestantischen Emporenzyklen. Sie haben damit an den Objekten das nachgewiesen, was Margarete Stirm rein theoretisch aus den Äußerungen Luthers als erlaubten protestantischen Bildgebrauch abgeleitet hatte. „Die Thematik des evangelischen Bildes ist durch die Heilige Schrift gegeben und begrenzt. Der Künstler hat die Aussagen der Heiligen Schrift möglichst klar und deutlich, d. h. bei Luther einfach und ohne unnötige Zutaten und dadurch eindringlich wiederzugeben."[601] Diese sehr offene Formulierung gewinnt durch die oben genannten Beispiele eine konkrete Gestalt.

Auch Poscharsky ging zunächst von den Prinzipalstücken aus; sie bieten allerdings im Normalfall nur Raum für eine beschränkte Zahl von Darstellungen, die in der Tat überwiegend vom liturgischen Gebrauch geprägt sind. Kernszenen des Altares sind neben der Darstellung des Abendmahles, meist in der Predella, die Stationen der Passion Christi und seiner Auferstehung, häufig genug begleitet (z. B. auf der Rückseite des Retabels) von den bekannten Typologien. Entsprechend folgt das Grundprogramm der Taufsteine der Taufe Jesu und den alttestamentlichen Vorbildern wie Sintflut und Durchzug durchs Rote Meer.

Nahezu unerschöpflichen Raum für bilderreiche Zyklen boten dagegen die Brüstungen der Emporen, die mit der Reformation in die Kirchen eingezogen waren und nun anstelle der zurückgetretenen Wandflächen als Bildträger fungierten. Ein, zwei oder sogar drei Emporen übereinander standen nun mit ihren Brüstungsflächen der Entfaltung eines umfangreichen Bildprogramms zur Verfügung. Die Emporenmalereien sind bisher kaum Gegenstand der Forschung gewesen. Ziemlich allein standen hier bisher die Arbeiten von Hermann Oertel zur Geschichte der protestantischen Bilderzyklen im niedersächsischen Raum.[602] Obwohl seine Bemühungen in erster Linie der Vorlagenfrage galten, so hat er dennoch gewisse Charakteristika des protestantischen Bildprogramms beschrieben: „Die Hauptgestalten dieser Ikonologie, deren Quelle allein die Bibel ist, und nicht mehr die Legenden um Maria und die Heiligen, sind Moses, der Mittler Johannes der Täufer und Christus als Triumphator über Sünde und Tod; ihre Hauptereignisse sind der Sündenfall, die Sintflut, Sodoms Untergang, Abrahams Glaubensbereitschaft zur Opferung seines Sohnes Isaak und die Erhöhung der ehernen Schlange am Kreuz als Vorausbedeutung auf den Kreuzestod Christi, aus dem Leben Christi die Menschwerdung, die Taufe, das

Abendmahl, die Kreuzigung, die Auferstehung und die Himmelfahrt und die Auferstehung der Toten mit der Scheidung der Seligen und der Verdammten."[603] Zwar enthält die Aufzählung der ikonographischen Themen bereits ikonologische Elemente, und die eingangs benutzte Wendung ‚nicht mehr' suggeriert, hier sei etwas völlig Neues zu vermerken, doch ist die Verwandtschaft zum heilsgeschichtlichen Bildprogramm unverkennbar.

Die Autorenschaft Luthers und Melanchthons, die Oertel annimmt[604], kann also so nicht stehen bleiben. Die Bildauswahl zur Illustration des ersten Luther-Vollbildes von 1534[605], meint Oertel, sei von Luther selbst „. . . nach exegetischen Gesichtspunkten getroffen . . ."[606] und lehne damit eine Illustration ab, „. . . die nur erzählfreudig chronologisch Bild an Bild reiht . . .". Doch Luthers Bildfolge, die sich schwerpunktmäßig auf das Alte Testament konzentriert[607], läßt gegenüber den geläufigen heilsgeschichtlichen Bildfolgen keine neue Tendenz erkennen. Abgesehen davon kann für die protestantischen Emporenzyklen diese Vollbibel Luthers nicht beispielgebend gewesen sein, weil sie niemals auf die Bebilderung des Neuen Testamentes verzichten.

Schließlich vermerkt auch Oertel, daß nach den ersten Glaubenskämpfen des reformatorischen Zeitalters der „erzählende Bilderzyklus die Regel"[608] wird. Und er sagt: „Er trägt dem Bedürfnis des schlichten Gläubigen Rechnung, der fern von theologischen Glaubenskämpfen geborgen in seiner Bibel lebt und ihr im Bild wiederbegegnen will: Zeugnis eines sicher in sich ruhenden protestantischen Glaubens."[609] Ebenso sieht Poscharsky in den erzählenden Bilderfolgen – „. . . Wirken und Leiden Jesu, parallel dazu die Heilsgeschichte im Alten Testament . . ."[610] – das typische protestantische Bildprogramm des 17. und 18. Jahrhunderts. An der Feststellung, daß in dieser heilsgeschichtlichen Entfaltung lutherischer Glaube lebendig wird, soll nicht gezweifelt werden, ein Blick auf die vorreformatorische Tradition zeigt aber, daß das Bildprogramm nicht „. . . mit einer Allgemeingültigkeit von rund zweihundert Jahren kurzlebig . . ."[611] war, sondern ungeachtet aller Kirchenspaltungen vom Mittelalter bis an den Rand der Neuzeit gültig blieb. Trotz aller dogmatischer Unterschiede blieb eine Basis christlicher Grundwahrheiten bestehen, die auf katholischer wie auf evangelischer Seite zur selben, laiengemäßen Bilderpredigt geführt hat.

Das heilsgeschichtliche Bildprogramm auf den Fastentüchern bleibt, wie wir gesehen haben, bis ins 17. Jahrhundert lebendig und berührt sich dort sogar zeitlich mit den protestantischen Emporen-

255. BUCH AM FORST, Oberfranken; Maria-Magdalena-Kirche. Emporenzyklus (vgl. Anm. 612). Foto: Archiv Lehrstuhl für CA

zyklen. Untersuchungen zu den Emporenmalereien in Franken bestätigen dies eindrucksvoll.[612] Zwar sind die Arbeiten hierzu längst nicht abgeschlossen, doch lassen sich bereits jetzt interessante Tendenzen ablesen.

Die älteren protestantischen Emporenzyklen zeigen eine breite Entfaltung der alt- und neutestamentlichen Heilsgeschichte. Zwei Beispiele aus Oberfranken seien hier stellvertretend angeführt, Buch am Forst und Schmölz. Beide Zyklen sind noch im 17. Jahrhundert entstanden und besitzen 26 bzw. 33 alttestamentliche und 21 bzw. 23 neutestamentliche Bilder. Ein Blick in das Innere der evang.-luth. Maria-Magdalenen-Kirche in Buch am Forst (Abb. 255) widerlegt zunächst einmal das weit verbreitete Vorurteil einer nüchternen, bildlosen Gestaltung lutherischer Kirchen.[613] Die Brüstungsfelder der raumumgreifenden Doppelempore sind Träger eines umfassenden Bildprogrammes, wobei unten die neutestamentlichen, oben die alttestamentlichen Bilder angebracht sind.[614] Die alttestamentliche Reihe beginnt bei der Erschaffung des Weibes, dem Sündenfall und dem

256. BUCH AM FORST, Oberfranken; Maria-Magdalena-Kirche. Emporenzyklus. Detail: Sintflut. Foto: Archiv Lehrstuhl für CA

257. BUCH AM FORST, Oberfranken; Maria-Magdalena-Kirche. Emporenzyklus. Detail: Judith mit dem Haupt des Holofernes. Foto: Archiv Lehrstuhl für CA

Brudermord, konzentriert sich im weiteren Verlauf keineswegs nur auf die alttestamentlichen Kardinalstellen wie Sintflut (Abb. 256) oder die Opferung Isaaks, sondern hat mit dem Tod des Fluchers (Lev. 24,23) oder Judith mit dem Haupt des Holofernes (Abb. 257) auch abgelegene Themen zum Inhalt. Sie stehen in der altgläubigen Bildtradition typologischer Beziehungen, sind aber hier wie in den heilsgeschichtlich-chronologischen Folgen im erzählerischen Nacheinander dargestellt. Judith beispielsweise galt immer als Prototyp der Maria, die den Teufel besiegt. In solchen Bildfolgen war sicher die Tradition stärker als das protestantische Anliegen. Bereits im Bericht einer studentischen Arbeitsgruppe zur Schmölzer Kirche wurde dies erkannt: „. . . wohl aber ist eine gewisse mittelalterliche Tradition zu erkennen, bei der Szenen in Erinnerung geblieben sind, die in typologischen Zusammenhängen befangen waren. Die Bildthematik des 14. Jahrhunderts wurde z. T. wieder aufgegriffen. Auch hier . . . wird noch altes typologisches Wissen weitergegeben, aber die Szenen des AT und NT werden einander nicht mehr gegenübergestellt.“[615]

Die neutestamentliche Bilderfolge in Buch am Forst besitzt mit 21 Szenen weniger als die alttestamentliche. Illustriert werden ausschließlich die Passion und die nachösterlichen Ereignisse bis zum Pfingstwunder. Wer auch immer hier für die Auswahl verantwortlich war, erachtete den Zusammenhang von Altem und Neuem Testament wichtiger als etwa die Hinzunahme der Kindheitsgeschichte Jesu.

Daneben lohnt es sich, einen Blick auf den Emporenzyklus der St.-Lorenz-Kirche in Schmölz zu werfen. Wiederum befinden sich an der oberen Empore alttestamentliche Bilder, 33 an der Zahl. Wiederum stehen die Sünde und ihre Folgen am Anfang, wenn auch der Brudermord chronologisch falsch dem Sündenfall (Abb. 258) noch vorgeordnet ist. Obwohl auch hier nicht näher auf den Zyklus eingegangen werden kann, soll doch einmal zur Verdeutlichung die Bilderfolge komplett aufgezählt werden:

Brudermord, Gen. 4, 8 – Sündenfall, Gen. 3, 1–7 – Vertreibung aus dem Paradies, Gen. 3, 24 – Sintflut, Gen. 7, 1–24 – Dankopfer des Noah, Gen. 9, 1–29 – Turmbau zu Babel, Gen. 11, 1–9 – Untergang von Sodom und Gommorah, Gen. 19, 23–38 – Opferung Isaaks, Gen. 22, 9–12 – Jakobs Traum von der Himmelsleiter, Gen. 28, 12–15 – Jakobs Kampf am Jabok, Gen. 32, 25–32 – Joseph und Potiphars Weib, Gen. 39, 12 – Mose vor dem brennenden Dornbusch, Ex. 3, 2 – Aufrichtung der ehernen Schlange, Num. 21, 1–9 – Durchzug durch das Rote Meer, Ex. 14, 26–28 – Mose auf dem Sinai,

Ex. 31, 18 – David und Goliath, 1. Sam. 17, 49 – Samson und die Philister, Ri. 15, 14–16 – Judith und Holofernes, Jud. 13, 10 – Die Kundschafter mit der Traube, Num. 13, 23 – Bileams Eselin, Num. 22, 21–35 – Samson trägt die Tore von Gaza, Ri. 16, 1–4 – Samson tötet den Löwen, Ri. 14, 5 – Tod Absaloms, 2. Sam. 18, 9 – Speisung des Elia, 1. Kö. 17, 6 – Himmelfahrt des Elia, 2. Kö. 2, 11–23 – Niederlage Sanheribs, 2. Kö. 19, 35 – Esther und Ahasver und Hamam am Galgen, Est. 5, 2/7, 7–10 – Hiobs Versuchung, Hiob 1 – Drei Männer im Feuerofen, Dan. 3, 22–26 – Daniel in der Löwengrube, Dan. 6, 17–23 – Ausspeiung des Jona, Jona 2, 11 – Susanna im Bade, Dan. 13, 15–23; darauf folgen drei Bilder zur Kindheit Jesu, 15 Bilder zum Leiden und Auferstehen Christi bis zum Weltgericht (Abb. 259). An das Fastentuch von Güglingen erinnert der Schluß der Bilderfolge mit Szenen aus der Apostelgeschichte, der unter anderem Pauli Bekehrung zeigt (Abb. 260).

Weniger sind es allerdings die neutestamentlichen Bilder an der unteren Empore, die unsere Aufmerksamkeit verlangen; sie schildern das Leben Jesu, verzichten jedoch, wie es für diese Zyklen der Spätzeit typisch ist, weitgehend auf die Wunder und Gleichnisse Jesu. Daß dieser Emporenzyklus wie viele andere seiner Art an die Programme der Fastentücher anknüpft, beweist eher die alttestamentliche Reihe, aus der zahlreiche Szenen nur auf dem Weg der Typologie in die heilsgeschichtlich-chronologische Bilderfolge geraten sind. Und sei es nur deshalb, weil man, um die Heilsgeschichte Alten und Neuen Testamentes gleichrangig darzustellen können, eine numerische Ausgewogenheit der beiden Testamente anstrebte.

Die Entwicklung der Bildprogramme auf den Fastentüchern wiederholt sich in den Emporenmalereien insofern, als man zu einem späteren Zeitpunkt die alttestamentlichen Themen reduzierte, ohne ganz auf sie zu verzichten. Adam und Eva, der Sündenfall und ein Minimum alttestamentlicher Themen bleiben erhalten. Zwei Beispiele aus der ersten Hälfte des 18. Jahrhunderts mögen dies verdeutlichen. Zwischen 1716 und 1730 entstand der Emporenzyklus von Oberkrumbach mit 17 neu- und vier alttestamentlichen Szenen. Aus dem Alten Testament wurden die Stammeltern im Paradies (Abb. 261), Sündenfall und Vertreibung in einem Bild, die Gesetzesübergabe am Sinai und die Aufrichtung der ehernen Schlange ausgewählt. Der

258./259./260. SCHMÖLZ, Oberfranken; St.-Lorenz-Kirche. Emporenzyklus. Details (von oben nach unten): Sündenfall/Jüngstes Gericht/Sauls Bekehrung. Foto: Archiv Lehrstuhl für CA

neutestamentliche Zyklus endet mit dem Weltgericht (Abb. 262).

Noch knapper zeigt sich die Bilderfolge von Ergersheim mit neun Szenen zum Leben Jesu von der Verkündigung bis zur Himmelfahrt und nur noch zwei Szenen aus dem Alten Testament, nämlich Sündenfall (Abb. 263) und Sintflut.

In einer letzten Phase der Emporenprogramme verschwinden wie auf den letzten Fastentüchern die alttestamentlichen Themen völlig, und das Neue Testament beschränkt sich auf Inkarnation, Passion und Erhöhung Christi. Mit einer Ausnahme – Küps um 1662 – stammen die rein neutestamentlichen Zyklen aus dem 18. Jahrhundert wie etwa Henfenfeld, Pommelsbrunn, Offenhausen, Auernheim, Happurg.[616]

Die drei Phasen in der Entwicklung der protestantischen Emporenzyklen entsprechen ziemlich exakt dem, was wir als typisch für die Fastentücher erkannt haben, nur daß sie sich fünfzig bis hundert Jahre später vollzogen haben. Wenn wir nun, wie oben schon angedeutet, den lutherischen Charakter dieser Bildfolgen nicht in Abrede stellen, so relativieren wir aber die bisherige Annahme, als seien sie eine genuin lutherische Schöpfung. Mag sein, daß das skizzierte Programm evangelischer Frömmigkeit sehr entgegenkommt, man darf darüber aber nicht vergessen, daß es das vorreformatorische, mittelalterliche heilsgeschichtliche Bildprogramm ist. D. h., man muß im protestantischen Bildprogramm eine echte Fortführung der vorreformatorischen Tradition einer heilsgeschichtlichen Predigt sehen.

Mit anderen Worten: in der laiengemäßen Bilderpredigt gab es zwischen der Zeit vor und nach der Reformation keinen Bruch. Die Auswüchse altgläubigen Bilderkultes hat die Reformation wohl ausgemerzt, das biblisch orientierte heilsgeschichtliche Programm konnte sie nur zu gut in eigenen Gebrauch nehmen. Wie erklärt sich diese erstaunliche Tatsache? Sie beruht letztlich auf einem gemeinsamen christlichen Glauben, der auf einer volkstümlichen Ebene weit unterhalb der theologischen Kontroversen sich allein an den objektiven Heilstatsachen orientierte, wie sie in der Bibel zu lesen sind. Hierin wird ein schlichter Glaube greifbar, der von den dogmatischen Unterschieden unberührt geblieben ist. Daß sich dies gerade an den Bildern offenbart, verwundert nicht, denn sie sind dem Volk näher als theologische Traktate.

Über die konfessionellen Grenzen hinweg belegen Fastentücher einerseits und Emporenmalereien andererseits eine gemeinsame christliche Basis im Bereich der Volksfrömmigkeit. Sie ist im eigentlichen Sinne ökumenisch zu nennen, doch ist sie keineswegs das Ergebnis einer bewußten Verbrüderung der beiden Konfessionen. Denn Fastentuch und Emporenzyklus haben sich nicht gegenseitig beeinflußt; sie sind voneinander unabhängige und im 17. Jahrhundert sogar zeitgleiche Erscheinungen. Gerade die Parallelität im 17. Jahrhundert zeigt, wie nahe sich die beiden Konfessionen im Bereich volkstümlicher Verkündigung waren.

Die protestantischen Emporenmalereien konnten in unserem Zusammenhang nur ganz flüchtig gestreift werden. Wirft man einen Blick auf die Decke des lutherischen Kirchenraumes, so wird vollends klar, daß Emporen und Decke einem Gesamtplan unterworfen sind. Was schon für die kleinen mittelalterlichen Dorfkirchen galt, trifft auch für das evangelische Gotteshaus zu: Nicht das Einzelkunstwerk dominiert, sondern das kirchliche Gesamtprogramm. Selten genug haben sich diese Zusammenhänge erhalten, umso wertvoller das Bildensemble der Dreifaltigkeitskirche in Presseck, Ofr. (Abb. 264).

Ohne auf die Geschichte der Kirche und ihrer Ausstattung im einzelnen eingehen zu können, kann man sagen, daß sich untere Empore und Deckengemälde in kurzem zeitlichem Nacheinander zu einem Gesamtprogramm verbinden. Die Brüstung der Empore enthält Bilder vom Einzug in Jerusalem bis zur Himmelfahrt Christi. Die Decke zeigt eine hochinteressante Abfolge und Anordnung alt- und neutestamentlicher Themen, die man sowohl chronologisch als auch typologisch lesen kann (Abb. 265):

	Auferstehung Christi	
Kreuzigung		Eherne Schlange
Jesus im Garten Gethsemane	Die Endzeit, Apk. 4 „Du bist würdig zu nemen Preis und Ehre" (Weltgericht)	Jakobs Kampf am Jabok
Taufe Jesu		Jakobs Traum von der Himmelsleiter
Geburt Jesu	Berufung des Jesaja	Opferung Isaaks
Verkündigung an Maria		Sintflut
	Sündenfall	

Chronologisch gesehen, ergibt sich eine Abfolge der Heilstatsachen vom Sündenfall bis zur Endzeit. Aber es ließen sich die gegenüberliegenden Themen auch typologisch deuten. Neben althergebrachten Entsprechungen wie Kreuzigung und eherne Schlange benutzte man auch freiere Typologien und zeigte sich nicht unbedingt an das vorhandene Schema gebunden. In den traditionellen

261. OBERKRUMBACH, Mittelfranken. Emporenzyklus, Detail: Sündenfall. Foto: Archiv Lehrstuhl für CA

262. OBERKRUMBACH, Mittelfranken. Emporenzyklus, Detail: Weltgericht. Foto: Archiv Lehrstuhl für CA

263. ERGERSHEIM, Mittelfranken. Emporenzyklus, Detail: Sündenfall. Foto: Archiv Lehrstuhl für CA

264. PRESSECK, Oberfranken; Dreifaltigkeitskirche. Gesamtansicht von Deckengemälde und Empore. Foto: Archiv Lehrstuhl für CA

typologischen Systemen sind Geburt Christi und Opferung Isaaks keine Entsprechungen, gedanklich wird man sie aber als Gegenüberstellungen verstehen dürfen. Ähnliches läßt sich für Verkündigung und Sintflut oder Taufe und Traum von der Himmelsleiter feststellen. Waren die mittelalterlichen Typologien oft rein assoziativ oder dank äußerer Vergleichsmomente entstanden, so scheint man sich hier um Begründungszusammenhänge bemüht zu haben. Besonders deutlich zeigt sich dies in der Gegenüberstellung von Sündenfall und Auferstehung, typologisch niemals so gebraucht, sind doch die beiden Themen eine aussagekräftige Verknüpfung der beiden Testamente, hier Sünde, dort Gnade. Während also zahlreiche protestantische Zyklen das heilsgeschichtlich-chronologische Programm unbeirrt fortsetzen, lassen manche Bildfolgen eine stärkere theologische Reflexion erkennen; sie benutzen bekannte Themen in freier Abwandlung.

Doch scheint dies eher die Ausnahme zu sein. In dieser Weise verfuhr man bereits bei der Ausschmückung der Schloßkapelle in Neuburg an der Donau, dem anerkanntermaßen ältesten protestantischen Bilderzyklus von 1543.[617] Schon hier findet sich ein freier Umgang mit der mittelalterlichen Bildertradition. Der rein alttestamentliche Zyklus beginnt wiederum mit der Erschaffung Evas, dem Sündenfall und der Vertreibung aus dem Paradies (Abb. 266). Die weitere Bilderfolge kann sowohl

265. PRESSECK, Oberfranken; Dreifaltigkeitskirche. Ausschnitt aus dem Deckenzyklus: Aufrichtung der ehernen Schlange. Foto: Archiv Lehrstuhl für CA

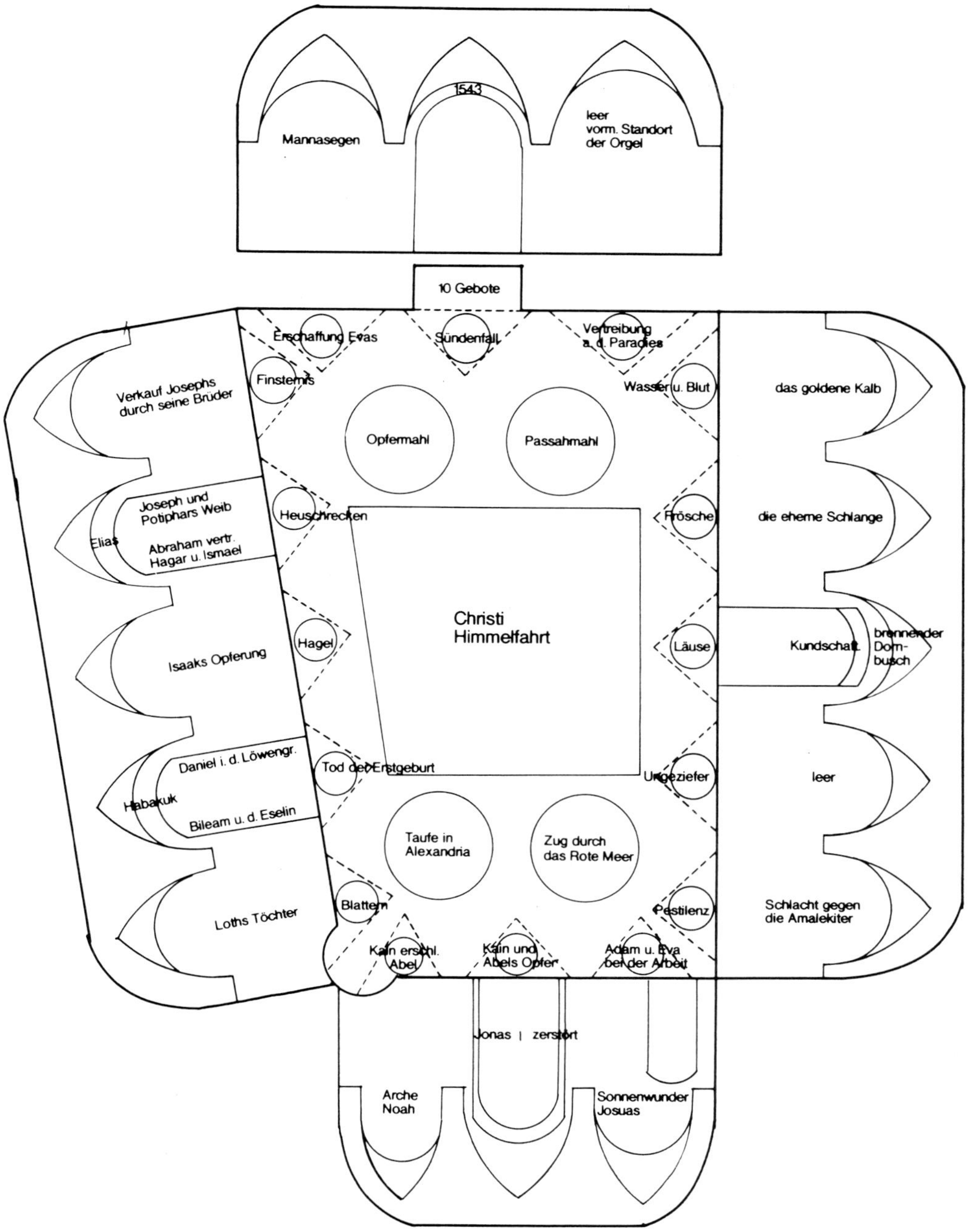

266. NEUBURG/DONAU; Schloßkapelle. Schema der Gewölbemalereien nach Kaeß/Stierhof.

heilsgeschichtlich wie typologisch gelesen werden; da die neutestamentlichen Heilsereignisse nicht dargestellt sind, wird man sie aber in den alttestamentlichen Bildern mit sehen müssen. Einzige neutestamentliche Szene ist die Himmelfahrt Christi, Zielpunkt und Gipfel des gesamten Programms. Mit dem Reformator Andreas Osiander hat das Neuburger Deckenprogramm einen theologisch hochkarätigen Autor. Und Osiander ging es selbstverständlich um eine aussagekräftige Verbildlichung des protestantischen Glaubens. Die Bildsprache hierzu mußte er jedoch nicht erfinden, sondern nur aus der mittelalterlichen Tradition auswählen. Das heilsgeschichtliche Bildprogramm stellte alle wesentlichen Elemente zur Verfügung. So findet sich in Neuburg die Spannweite vom Sündenfall zur Himmelfahrt genauso wie ein ausführlicher alttestamentlicher Themenkreis. Die typologische Bedeutung war den Theologen zweifellos auch im 16. Jahrhundert bekannt, und Osiander setzt sie hier geschickt ein. „Mangels einer eigenständigen protestantischen Bildtradition griff dabei Andreas Osiander so weit wie möglich auf die bekannten mittelalterlichen Vorbilder aus dem Speculum humanae salvationis und der Biblia pauperum zurück, darunter auf sechs mächtige Typologien für Christus am Kreuz: Die eherne Schlange, das Goldene Kalb, der mit erhobenen Händen betende Moses, Loth mit seinen Töchtern (als Typus für Christus, der am Kreuz den Kelch des Leidens trinken muß), Opferung Isaaks (als Vorbild für Christus, der vom Vater für unsere Sünden geopfert wird), Joseph, der aus der Grube gezogen wird (als Präfiguration der Auferstehung Christi, mit der das Erlösungswerk abgeschlossen ist).“[618] Wie in Presseck beobachtet, erfand Osiander in Neuburg eigene Typologien, die seinem Anliegen Ausdruck zu geben vermochten; so ist beispielsweise die Verwendung des Lothbildes als Typologie neu.

Presseck und Neuburg können Zeugnis davon ablegen, wie „. . . unter Rückgriff auf die mittelalterliche Typologie eine einzigartige bildliche Darstellung der lutherischen Rechtfertigungslehre . . .“[619] entstand. Kann man dies als das Programm der Theologen verstehen, so verkörpern die schlichten heilsgeschichtlichen Emporenzyklen die volkstümliche Variante. Die alttestamentlichen Heilstatsachen ließen sich eben sowohl typologisch als auch heilsgeschichtlich verstehen.

Und selbst das reformatorische Lehrbild schlechthin, das unter dem Namen „Sünde und Gnade“ oder „Gesetz und Evangelium“ bekannt ist, setzt sich ja genau aus diesen Elementen zusammen.

Die Bezeichnung dieses vielfach reproduzierten Bildschemas (Abb. 267) betont eine antithetische Gegenüberstellung. Getrennt von einem Baum – links verdorrt, rechts belaubt – gliedert sich das Bild in zwei Hälften. Im Mittelpunkt der linken Hälfte steht der Mensch, der getrieben von Tod und Teufel dem offenen Höllenrachen zueilt. Der Grund dieses Verhängnisses wird im Hintergrund dargestellt: Verführt durch die Schlange und in der Sünde verstrickt, erwartet der Mensch den Urteilsspruch des Weltenrichters. Mose mit den Gesetzestafeln und die Propheten machen die Hilflosigkeit des Menschen offenbar, denn des Gesetzes Forderung kann der Mensch nicht erfüllen. „Durchs Gesetz kommt Erkenntnis der Sünden“ (Rö. 3) heißt es in einer der Bildunterschriften. Rechts vom Baum, auf der Seite des Lebens, steht im Zentrum der Gekreuzigte und Auferstandene. Der Strahl des Blutes aus seiner Seitenwunde trifft den Menschen. Johannes der Täufer steht neben ihm und macht ihn auf das Heilsereignis aufmerksam, das – wie im Hintergrund angedeutet – schon mit der Verkündigung an Maria und der Frohbotschaft an die Hirten begonnen hat. Die Aufrichtung der ehernen Schlange als Typologie befindet sich ebenfalls auf der neutestamentlichen Seite.

Die Gegenüberstellung von Gesetz und Evangelium kann aber auch chronologisch gelesen werden: „Es ist nicht zutreffend, in dem Bild nur eine allegorische Darstellung der Rechtfertigungslehre zu sehen. Vielmehr umgreift das Bild mit Gesetz und Evangelium sowie dem dargestellten Geschehen den Gesamtinhalt der Heiligen Schrift . . . Die beiden Bildhälften . . . zeigen das heilsgeschichtliche Nacheinander von Gesetz und Evangelium, gleichzeitig aber auch die gesamte Geschichte Gottes mit den Menschen: Fall, Gesetz, Ankündigung, Geburt und Tod des Erlösers, Auferstehen und sein Kommen zum Gericht. Es handelt sich demnach um ein umfassend biblisch-katechetisches Lehrbild.“[620] Die Folge der Themen ist uns seit den ältesten Fastentüchern vertraut. Es tritt nichts Neues dazu, und selbst der antithetische Charakter, der hier mit der chronologischen Reihung verquickt wird, begegnet doch schon auf den Fastentüchern mit ausgewogener Felderzahl aus Altem und Neuem Testament. Neben dem Gurker kann hier besonders auf das Haimburger Fastentuch von 1504 verwiesen werden. Nicht einmal drei Jahrzehnte trennen das Haimburger Tuch von den frühen Exemplaren des lutherischen Rechtfertigungsbildes.[621]

Immer wieder wurde die Frage gestellt, inwieweit die vorreformatorische Kunst als Wegbereiter der Reformation gewirkt hat[622], doch wird man die Fastentücher trotz aller „protestantischen“ Merkmale nicht in diesem Sinn verstehen dürfen. Sie sind im eigentlichen Sinne keine Vorläufer lutherischer Bildprogramme, sondern Ausdruck einer volkstümlichen Frömmigkeit, die sich nach der Reformation nahezu ungebrochen fortsetzte. Ein lutherisches Bildprogramm besitzen auch die Kanzeln, die ja wie geschaffen dazu waren, die in der Predigt verkündigte Lehre auch im Bild darzustellen.

In seiner Monographie über die Kanzel erarbeitete Peter Poscharsky ein Normalprogramm der lutherischen Kanzel[623], das in der Regel die Erschaffung Evas, den Sündenfall, die Geburt des Herrn, Abendmahl, Kreuzigung und Auferstehung umfaßt, und häufig um das Jüngste Gericht bereichert wird, wobei „. . . den Kern dieses Programms nicht einfach das Leben Jesu, sondern der zweite Artikel des Credo bildet.“[624] Poscharsky erläutert dies an der „Ordnung der firmunge und der hendauflegen“[625] der Kasseler Kirchenordnung von 1539, wo es heißt: „Frag: Wie verstehestu den andern artikel von Christo unserem Herrn? Antwort: Daß wir durch Adam also verderbet sein, daß unsere sünd kein engel, noch mensch bezahlen mochte, sondern das ewig wort und der Sohn Gottes hat müssen und wollen fleisch und durch den heiligen Geist von Maria der jungfrauen ein warer mensch, doch an (ohne) alle sünd geboren werden, der hat

267. „Die Rechtfertigung des Sünders" oder „Sünde und Gnade". Holzschnitt nach Lucas Cranach (um 1530). Foto: Archiv Lehrstuhl für CA

dann durch sein tod unser sunde alle bezalet und uns durch sein uferstandnus und himelfart wider in das himlisch wesen gesetztet, dem hat auch der Vater alle gewalt gegeben in himel und erden, da er uns regiert zum ewigen leben, und zu unser zeit auch von toten auferwecke und in volkomene nießung des himlischen erbes insetzen und, die ihn beharlich verachtet haben, in das ewige feur verdamme, wenn er nu kommen und richten wird die lebendigen und die toten."[626] Poscharsky listet die angesprochenen Themen auf und kommt zu folgender Reihenfolge: „Sündenfall, Verkündigung Mariae, Geburt, Kreuzigung, Auferstehung, Himmelfahrt, Jüngstes Gericht."[627] Als Fazit des Bildprogramms der 1565 gechaffenen Kanzel von Strehla mit den Szenen Erschaffung der Eva, Sündenfall und Vertreibung, Opferung Isaaks, Hiob mit seinen Freunden, Geburt Christi, Kreuzigung, Himmelfahrt, Bekehrung des Paulus und Gericht formuliert Poscharsky: „Das Thema dieser Kanzel ist eindeutig der Tenor der lutherischen Predigt dieser Zeit: Gerechtigkeit allein aus Glauben."[628]

Vielleicht muß aus unserer Sicht die genuin lutherische Urheberschaft doch angezweifelt werden. Die tatsächlichen Verhältnisse werden zu wenig berücksichtigt, wenn auch im Wörterbuch zur Christlichen Kunst von Sachs, Badstübner, Neumann festgestellt wird: „Als neu erscheint in der protestantischen Typologie vor allem im Gegensatz zu der spekulativen Häufung von typologischen Bezügen im 15. Jahrhundert die Konzentration auf die für die lutherische Lehre wichtigsten Heilstatsachen, auf Schöpfung und Sündenfall sowie auf die Menschwerdung Christi und die Erlösung durch seinen Opfertod." Genau diese Konzentration hat sich aber auf den Fastentüchern des

16. Jahrhunderts schon vollzogen. Es verblüfft dann nicht mehr, daß der Patron von Sternberg noch 1629 als erklärter Lutheraner seiner Kirche ein Fastentuch gestiftet hat, oder daß das Fastentuch von Zittau nicht nur die Wirren der Reformation unbeschadet überstanden hat, sondern noch eineinhalb Jahrhunderte weiter benutzt wurde.

Das Fastentuch als Zeugnis vorreformatorischer Frömmigkeit

Der Exkurs zu den protestantischen Bildprogrammen scheint hilfreich, um die Eigenart der Fastentücher besser greifen zu können, denn die Übereinstimmungen sind unübersehbar. Nur zwei Schlußfolgerungen sind möglich: Entweder haben die Verantwortlichen der protestantischen Bildprogramme unreflektiert ältere Programme kopiert, oder aber – was wir für wahrscheinlicher halten – die lutherischen Bildzyklen und die Fastentücher haben nichts miteinander zu tun, sondern beruhen unabhängig voneinander auf denselben Ideen; anders ausgedrückt, sie schöpfen aus denselben theologischen Voraussetzungen.

Damit sind wir unversehens an einem wichtigen Punkt der Reformationsgeschichtsforschung gelangt: War die Reformation ein notwendiger Bruch mit einer durch und durch verdorbenen Religion, die Sündenangst durch Aberglauben bekämpfte, wo Menschen sich aus Angst vor einem zürnenden Richtergott unter die Fittiche der Heiligen und den Schutzmantel der Madonna flüchteten? Oder war die Reformation der historische Endpunkt einer langen und kontinuierlichen Entwicklung, gespeist aus den Reformbestrebungen der mittelalterlichen Kirche und genährt von einer tiefen biblischen Frömmigkeit der einfachen Menschen?

Die Bildwerke der vorreformatorischen Zeit wurden bisher immer herangezogen, um die erste Antwort zu stützen. Die Fastentücher und neben ihnen die malerische Ausstattung der Dorfkirchen legen wohl eher die zweite Antwort nahe.

Angesichts der schwierigen Diskussion um den Begriff „Frömmigkeit"[629] sind wir uns im klaren, daß mit den Fastentüchern allein nicht d i e Frömmigkeit der vorreformatorischen Zeit ausreichend erfaßt werden kann, nach der Definition von Frömmigkeit durch Berndt Hamm[630] sind die Fastentücher jedoch ein besonders geeignetes Indiz. Sie sind die „Verwirklichung bestimmter christlicher Verkündigungen, Lehren, Ideen"[631] und als passionszeitliches Brauchtum echte „Traditionen oder Gewohnheiten im konkreten Lebensvollzug durch eine bestimmte Lebensgestaltung"[632]. Neben den Formen individueller Frömmigkeit gibt es auch solche kollektiver Art, die sich in einer äußeren Praxis[633] äußern. Zu diesen Frömmigkeitsäußerungen zählen nach Hamm besonders die überindividuellen, stereotypen Aktivitäten[634], also die materiellen Zeugnisse religiöser Kunst und Volkskultur.

Auf den mittelalterlichen Bildwerken basierend hat man häufig (s. o.) ein düsteres Bild der mittelalterlichen Frömmigkeit zwischen Heiligen-, Reliquien- und Marienverehrung sowie Prozessionen, Wallfahrten und Ablaßwesen gezeichnet, um auf dieser Folie das ‚sola scriptura' deutlich werden zu lassen. Die kollektive Kunst der kirchlichen Gesamtausstattung und in besonderer Weise der Fastentücher läßt die mittelalterliche Frömmigkeit in einem gänzlich anderen Licht erscheinen. Ihr Quellenwert darf nicht unterschätzt werden.[635] Hier schlägt sich eine bibeltreue, heilsgeschichtlich orientierte Frömmigkeit nieder. So verweisen auch neuere kirchenhistorische Forschungen nicht nur auf die „geschlossene Kirchlichkeit"[636] dieser Zeit und darauf, „daß sich die Intensität der Frömmigkeit in diesen Jahrzehnten (sc. des ausgehenden 15. Jahrhunderts) vielmehr mächtig gesteigert hat"[637], sondern finden auch „. . . mancherlei Zeugnisse dafür, daß die biblische Geschichte, daß auch Christus, und zwar vor allem der leidende Christus, neben den Heiligen verstärkte Geltung gewann."[638] Die Betrachtung der Fastentücher erlaubt nun sogar noch eine Zuspitzung dieser Aussage. Wenn die Fastentücher im Bild das zeigen, was gepredigt wurde, so kann der Satz, daß „. . . das Niveau dieser Predigten . . . oft erstaunlich, manchmal unglaublich niedrig war"[639] nicht einfach so stehenbleiben.

Die Kirchenkunst des 14. und 15. Jahrhunderts muß weit mehr differenziert werden, als wir das gemeinhin tun. Künstlerische Genies haben bevorzugt dort gearbeitet, wo die geistigen und theologischen Kapazitäten gewirkt haben, denen auch die entsprechenden Mittel zur Verfügung standen. Die Verbindung von künstlerischer und theologischer Spitze ist ein natürliches Phänomen; die Früchte nennen wir kirchliche Hochkunst.

Daneben gibt es aber einen weiten Bereich kirchlicher Gebrauchskunst. Sie liegt beträchtlich unter dem Niveau und bleibt hinter der Qualität, wie sie in Kloster-, Dom- und reichen Pfarrkirchen anzutreffen ist, beträchtlich zurück. Ihr muß jedoch rein quantitativ die Vorrangstellung eingeräumt werden. Die vielen kleinen und bescheidenen Dorfkirchen haben das Bild in den ländlichen Strukturen geprägt. Viele Menschen haben dort ihre Gottesdienste gefeiert, wo eher handwerklich begabte Künstler gewirkt haben und wo die Seelsorger ein ihren Gläubigen angemessenes Programm entworfen haben. Die Fastentücher sind Dokumente dieser Situation.

Nach dem Gesagten verwundert es nicht mehr, wenn die Fastentücher einen lutherischen Eindruck hinterlassen.[640] Und schon Alfred Schnerich bemerkte anläßlich der Betrachtung des Gurker Fastentuches im Gegensatz zur zeitgenössischen Kunst und Literatur eine ausgesprochene Nähe zu und Konzentration auf die Bibel. Er stellte eigens heraus, daß die Gurker Bilderfolge keineswegs mit der Verherrlichung der Jungfrau endet und wenig Allegorisches und Apokryphes enthält. Er resümiert: „Das Interesse für biblische Stoffe wird immer reger; die Reformatoren haben diese Strömung für ihre Zwecke gut zu benützen verstanden und hier auch die letzten Konsequenzen gezogen."[641]

Wohl waren die Bettelmönche mit ihrer Predigt und später die Prädikanten[642] an dieser Entwicklung mitbeteiligt. Die im späten Mittelalter eingerichteten Prädikaturen, mit denen die Predigttätigkeit verbessert werden sollte, erwiesen sich rasch als die Stützpunkte der reformatorischen Bewegung, die Prädikanten selbst waren deren Vorkämpfer. Und ist es nicht auffällig, daß die Kerngebiete der Fastentuchverbreitung, also Kärnten, Tirol, deutschsprachige Schweiz und Südwestdeutschland binnen weniger Jahre dem Sturmlauf der Reformation unterlagen? Heute sehen wir diese Zusammenhänge nicht mehr so klar, weil vor allem Kärnten und Tirol im Zuge der Gegenreformation wieder rekatholisiert wurden. Wir halten fest, die heilsgeschichtlich orientierte Frömmigkeit im Alpenraum war ein guter Nährboden für die lutherische Lehre.

So gehören die Fastentücher zu jenen Gegenständen der bildenden Kunst, die mit ihren spezifischen Mitteln dazu beitrugen, die Reformation vorzubereiten, indem sie ohne dogmatisch-allegorisch-theologisches Beiwerk die Geschichten der Bibel objektiv erzählen und damit bereits das reformatorische Prinzip „sola scriptura" verwirklichen. Die Vermittlung der kirchlichen Institutionen wird überflüssig, denn auch der Laie kann die Bibel rein verstehen.[643] Mit der Absicht, den Gläubigen die ganze Heilsgeschichte des Alten und Neuen Testamentes zu vermitteln, stehen die Fastentücher gedanklich der Reformation sehr nahe. Im Sinne der neuen Lehre sollten die Bilder das Evangelium sachlich und unverfälscht vermitteln. So lautete eine Forderung der Reformatoren, daß jede subjektive Auslegung der Bilder durch den Künstler unterbleiben solle.[644] Wer könnte diesem Verlangen besser gerecht werden als jene Fastentücher, denen eine rein kunsthistorische Betrachtung gerade das Fehlen einer eigenen künstlerischen Handschrift zum Vorwurf macht? Die Fastentücher wiederholen treu ihre Vorlagen, beschränken sich auf biblische Fakten und vermeiden jede Form der Spekulation.

Sie verzichten auf eine kirchlich gebundene Aussage und besitzen deshalb keinen konfessionellen Charakter. Unter diesem Gesichtspunkt muß auch die Stellung Luthers zu den Fastentüchern noch einmal überdacht werden. Seine ablehnende Haltung – er konnte sie als Gaukelwerk bezeichnen[645] – wurde von Emminghaus in die Fastentuchfrage eingebracht und seitdem immer wieder unkritisch wiederholt: „Die Bilderfeindlichkeit, die Verwerfung der Transsubstantiation und der Realpräsenz Christi unter der Gestalt des Brotes lassen das Fastentuch für die neue Lehre sinnlos erscheinen."[646] Nach unserer Einschätzung der Fastentücher scheint sich Luther allein gegen ihren „Brauch", also das Verhüllen der Altäre, das Auf- und Zuziehen usw., gewandt zu haben. Gestaltung und Ikonographie der Tücher hätten doch Luthers Empfinden zutiefst entsprechen müssen.

Ob Luther Fastentücher in der Art, wie sie für den Alpenraum typisch sind, gekannt hat, läßt sich nicht feststellen. Gelegenheit dazu hätte er nicht nur auf seiner Romreise gehabt, die ihn in der Fastenzeit des Jahres 1511 auf dem Rückweg über die Alpen führte, sondern auch im heimatlichen Sachsen selbst, wo in Zittau das 1472 gestiftete große Fastentuch in Gebrauch war.

Wir brechen die Diskussion über das Verhältnis von Fastentuch und Reformation an dieser Stelle ab. Man darf nämlich nicht der Gefahr erliegen, hier zu geradlinige Abhängigkeiten zu vermuten. Wir tendieren eher zu der anfangs geäußerten Vermutung, daß hier keine historisch begründbaren Beziehungen bestehen. Die gedankliche Nähe heilsgeschichtlicher Bildprogramme und protestantischer Bildzyklen beruht auf gemeinsamen Traditionen. Und für die vorreformatorische Frömmigkeit heißt dies, daß es bereits längst vor Luther ein schlichtes, bibeltreues und undogmatisches Christentum gegeben hat. Man kann die Fastentücher nicht als „katholisch", aber eben auch nicht als „protestantisch" bezeichnen, sie verkünden die biblische Heilsgeschichte aus „christlicher" Sicht.

Abschließend und gewissermaßen in Klammern gesetzt sei ein Hinweis auf den theologischen Wert des heilsgeschichtlichen Bildprogramms gestattet. Zu allen Zeiten hat die Kirche über die Bilder diskutiert, sie hat sie verehrt und sie hat sie verworfen. Der Streit entzündete sich meist am Christusbild, dessen Abbildbarkeit immer durch die Zweinaturenlehre, wahrer Mensch und wahrer Gott, in Frage gestellt wurde. Denn entweder zeigt ein Bild die menschliche oder die göttliche Natur, entweder die Niedrigkeit oder die Majestät. Vielleicht ist der heilsgeschichtliche Zyklus das einzig legitime Bild von Christus: es zeigt den präexistenten Gottessohn vor aller Zeit bei der Erschaffung der Welt, Christus als den handelnden Gott im Alten Testament, es zeigt seine Geburt, Passion und Auferstehung und es präsentiert ihn als Weltenrichter am Ende aller Zeiten. Auf einen Blick enthält ein Fastentuch alle Aspekte einer biblisch begründeten Christologie.

Die barocken Fastentücher

Der Wandel vom felderreichen zum einszenigen Fastentuch mit all seinen Zwischenstufen muß durch einen tiefgreifenden Umschwung in der Volksfrömmigkeit erklärt werden. Die Ursachen dafür liegen sicherlich in der katholischen Gegenreformation begründet, finden ihren Niederschlag jedoch erst mit großer zeitlicher Verzögerung. Denn von vereinzelten Beispielen abgesehen vollzieht sich die Formenveränderung der Fastentücher erst in der Mitte des 17. Jahrhunderts, also knapp hundert Jahre nach dem Konzil von Trient.

Dabei ist paradoxerweise zu beobachten, daß in der lutherischen Kirchenausstattung das heilsgeschichtliche Bildprogramm noch bis ins 18. Jahrhundert weitergetragen wird, während die katholische Kirche seit der Mitte des 17. Jahrhunderts endgültig darauf verzichtet.[647] Die lutherische Frömmigkeit behält die vorreformatorische Tradition länger bei als die katholische Kirche selbst.

An die Stelle des felderreichen Fastentuches treten neue Typen, die, von formalen Unterschieden abgesehen, alle durch die Konzentration auf das Leiden Christi auffallen. Deshalb kann der religiöse Gehalt der nachmittelalterlichen Typen gemeinsam behandelt werden. Wirksam wurden hier zwei Aspekte.

Zum einen legte man wieder großen Wert auf das nachvollziehende Miterleben der einzelnen Stationen des Kirchenjahres und konzentrierte sich bewußt auf den besonderen Charakter der einzelnen Feste. Während das heilsgeschichtliche Bildprogramm einen überzeitlichen Charakter besaß, und die enthaltenen Passionsszenen Teil eines größeren Ganzen waren, konzentrieren sich die barocken Fastentücher wie die anderen kirchenjahreszeitlich bedingten Wechselbilder auf den eigentlichen Gegenstand des Festes. Passion bleibt Passion, Weihnachten bleibt Weihnachten. Die Wechselbilder haben gerade die Aufgabe, den Bildschmuck des Kirchenraumes auf das jeweilige Fest hin zu aktualisieren. Auf die Fastentücher bezogen heißt das, daß sie ausschließlich die Passion zum Inhalt haben.

In der Nachvollziehbarkeit des Weges Christi im Kirchenjahr liegt auch der zweite Aspekt begründet; man unterstrich durch die Art der Darstellung die jeweilige Eigenart der Kirchenjahreszeit. In der Passionszeit rückt deshalb nicht nur der leidende und sterbende Christus in den Mittelpunkt, sondern auch das Bild selbst soll den Betrachter gefühlsmäßig mitleiden lassen. Obwohl es auf den Passionsdarstellungen der felderreichen Fastentücher nicht an drastischen und brutalen Details mangelt, so war ihr Gesamterscheinungsbild doch emotionslos. Der lehrhafte Charakter überwog, die Kleinteiligkeit der Darstellung ließ nur den Zusammenhang erkennen, und die Wunden Christi und die Schläge, die er erhielt, waren eher historische Gewissenhaftigkeit, als Anregung zum Mitleiden. Emotion im Sinne einer *compassio,* eines echten Mitleidens, konnte erst durch die ausschnittsweise Vergrößerung der Passionsdarstellungen erreicht werden. Den Anfang machten die Darstellungen der Kreuzigung, die im Format die übrigen Passionsszenen übertrafen. Bei den Fastentüchern führte diese Entwicklung zum zentralen Felder-Typ, und das einszenige Fastentuch war nur die konsequente Weiterentwicklung.

Daß daneben weitere Szenen wie Dornenkrönung und Geißelung hervorgehoben wurden, liegt in ihrer Anschaulichkeit begründet. Während über dem Kreuz von Golgatha immer schon das „Es ist vollbracht" steht und damit auch das Leiden schon überwunden ist, schildern andere Szenen die Marter Christi noch deutlicher. Die Hiebe der Schergen hinterlassen blutige Striemen auf dem Körper Christi, die Dornenkrone läßt Blut über das Haupt Christi fließen. Georg Wagner[648] als Kenner barockzeitlicher Passionsfrömmigkeit führt diese Entwicklung auf den weitgreifenden Einfluß nachtridentinischer Kunsttheoretiker zurück. „Giovanni Gilio forderte zum Beispiel im Jahre 1564, daß der Gefühlsausdruck sorgfältig auf die darzustellende Situation abzustimmen sei und mit dem Inhalt des Bildes genau in Einklang gebracht werden müsse. Künstlerisches Ziel des Werkes soll es sein, Mitgefühl mit dem Herrn zu wecken. Aus einer nur schwachen Andeutung seiner Wunden, somit – so sagt Gilio – die bisherige Kunst sich begnügte, könne niemand lernen, wie bitter die Verspottungen, die Mißhandlungen und die übrigen großen Leiden des Herrn in Wirklichkeit gewesen seien."[649]

Im kirchenjahreszeitlichen Wandel werden dann die Gefühle erst recht noch gesteigert. Der Osterjubel gewinnt im Anschluß an die Karfreitagstrauer seine strahlende Helligkeit. Man war bemüht, alle Höhen und Tiefen des Lebens Christi nachzuempfinden. So empfahl Ignatius von Loyola, der Gründer des Jesuitenordens und Wegbereiter der Gegenreformation, in seinem berühmten und weit verbreiteten Exerzitienbüchlein: „Handelt also die Betrachtung von der Auferstehung, ist Freude mit dem sich freuenden Christus zu erbitten, handelt es sich um Leiden, ist Leiden, Tränen und Folter mit dem gequälten Christus zu erbitten."[650] In diesem Sinne sollen die passionszeitlichen Fastentücher ein tiefes Einfühlen in die bittere Not des Heilands ermöglichen. Sie leisten Hilfestellung zu einer passionsgemäßen Andacht und sind als Andachtsbilder zu verstehen.

Der Unterschied zu den mittelalterlichen Tüchern wird überdeutlich. Auf der einen Seite stellen sie eine unterschiedlose Aneinanderreihung objektiver Heilstatsachen dar, auf der anderen Seite konfrontieren sie den Betrachter mit der gefühlsbetonten Zurschaustellung eines Einzelgeschehens: einmal Lehrbild, einmal Andachtsbild.[651]

Aus den Wesensmerkmalen des Andachtsbildes läßt sich seine religiöse Bedeutung ableiten.[652] Das Andachtsbild zeichnet sich durch eine Isolierung einzelner Motive aus und lenkt damit die Aufmerksamkeit des Beschauers auf ein einziges Geschehen. Dabei handelt es sich stets um Darstellungen, die gefühlsbetonte, dem menschlichen Empfinden vertraute Affekte wie Freude, Glück, Triumph und Zufriedenheit auf der einen Seite, Angst, Not, Trauer und Schmerz auf der anderen Seite zum Inhalt haben. Wenn man also eine ikonographische Auflistung der Themen, die als Andachtsbild geeignet sind, sich vor Augen stellt, so dominieren jene aus der Menschwerdung Christi und Jugend Christi sowie aus der Passion, Auferstehung und Himmelfahrt.[653] Sie alle finden sich im kirchenjahreszeitlichen Brauchtum wieder: der Palmesel, die Ölberggruppen[654], die Verspottung Christi – Geißelung, Dornenkrönung, Ecce-Homo – und die Kreuzschlepper sowie die Christusfiguren für die Heilig-Grab-Liturgie und die Statuen des Auferstehungs- und Himmelfahrtschristus, die in der Praxis zur Vergegenwärtigung der Auferstehung und der Himmelfahrt benutzt wurden. Auf die Weihnachtskrippen braucht hier kaum eigens aufmerksam gemacht zu werden. Alle Gegenstände und Darstellungen dieser Art sind grundsätzlich nur zur kurzzeitigen, temporären Verwendung bestimmt (was nicht ausschließt, daß sie sich teilweise verselbständigt haben) und definieren eindrucksvoll, was ein Andachtsbild leisten soll: eine zeitlich begrenzte, kirchenjahreszeitlich vorgegebene Stimmung im Betrachter hervorrufen und thematisch begründen.

Formal tendiert das Andachtsbild zu einer Reduzierung des Figurenbestandes und des szenischen Beiwerks. Es appelliert an den Betrachter, das Geschaute selbst nachzuempfinden, betont das Momenthafte, die menschlichen Affekte und steigert sich in volkstümlicher Vereinfachung häufig zu einem aufdringlichen Pathos. Diese Eigenschaften treffen auch auf die barocken und neuzeitlichen Fastentücher zu.

Damit wird deutlich, daß die nachmittelalterlichen Fastentücher stärker als ihre gotischen Vorläufer sich in das gewohnte Bild der Kunstentwicklung einfügen. Bemerkenswert bleibt, daß die Fastentücher einmal mehr erst mit großer zeitlicher Verzögerung auf die allgemeine Entwicklung reagieren. Die Voraussetzungen für das Andachtsbild waren ja in der Volksfrömmigkeit schon früher gegeben, jedoch erst im 17. Jahrhundert gewinnt diese Form religiösen Lebens auch auf den Fastentüchern die Oberhand. Die barocken Fastentücher sind Ausdruck echter Volksfrömmigkeit, diese hat sich jedoch gegenüber dem Mittelalter neue Ziele gesucht. An die Stelle einer schlichten, biblischen Welterklärung ist eine Solidarität der Gefühle getreten; eine objektive Weltschau wurde von einer punktuellen Einzelbetrachtung abgelöst, der Andacht.

Die Gründe dafür sind vielfältig.[655] Eine der Hauptursachen war zweifellos das Bemühen der Kirche, Konsequenzen aus der Erfahrung der lutherischen Reformation zu ziehen und das religiöse Leben der Gemeinde zu aktivieren. Das nachvollziehende Erleben des Kirchenjahres in der Form spezifischer Andachten und kirchlicher Feste wurde dafür als besonders geeignet empfunden. Optische Zeichen innerhalb und außerhalb des Kirchenraumes[656] wurden bewußt in diese Zielsetzung mit eingespannt. Daraus sind die barockzeitlichen Wechselbilder zu verstehen (s. o. „Fastentuch und Wechselbild"). Die nachmittelalterlichen Fastentücher gehören also einer neuen Kategorie von Bildwerk an und stehen nur bedingt in der alten Tradition. Wagner hat deshalb zunächst Recht, daß „... in den religiösen Wirren des 16. Jahrhunderts ... das mit den Hungertüchern verbundene kirchliche Fastenbrauchtum immer mehr zurückgegangen und fast überall zum Erliegen gekommen .."[657] war. Mißverständlich aber ist seine Folgerung: „Merkwürdigerweise hielt man trotz dieser allgemeinen Entwicklung in Westfalen, besonders im Münsterland und am benachbarten Niederrhein mit einer nirgendwo sonst zu beobachtenden Zähigkeit an dem überkommenen Brauchtum fest."[658] Dies muß nun korrigiert werden; erstens hielt man nicht am alten Brauch fest, sondern hat einen neuen geschaffen mit neuen Formen und neuen Inhalten, und zweitens zeigt der Bestand der nachmittelalterlichen Fastentücher im Alpenraum, der rein quantitativ den westfälischen noch übertrifft, daß diese neue Form kirchlichen Brauchtums nicht auf Westfalen beschränkt war, sondern Teil eines allgemeinen kirchlichen Kunstprogramms war. Da Fastentücher nur ein Teilaspekt der Wechselbilder sind, müssen sie also im Rahmen dieses Gesamtphänomens verstanden werden. Und davon muß angenommen werden, obwohl die Befunde noch spärlich und mit den Fastentüchern nur für Westfalen und den Alpenraum flächendeckend nachweisbar sind, daß es weit verbreitet war.

Fastentuch und barockzeitliche Andacht

Überraschen die mittelalterlichen Fastentücher durch ihre Vielfalt dargestellter Themen, so fallen die barockzeitlichen durch ihre szenische Konzentration auf. Von wenigen Ausnahmen abgesehen lassen sich ihre Themen an einer Hand aufzählen: Es sind dies Christi Gebet am Ölberg, Geißelung, Dornenkrönung, Kreuztragung und Kreuzigung. Einige Fastentücher vom Zentral-Typ (Unterehrendingen, Pisweg, Dreifaltigkeit am Gray) zeigen exakt diese Zusammenstellung und weisen damit unübersehbar auf die Andacht zum schmerzhaften Rosenkranz hin. Neben der rein optischen Gestaltung barocker Fastentücher besitzen wir damit ein auch in literarischen Zeugnissen greifbares Kriterium, um ihre Herleitung aus dem Andachtswesen begründen zu können. Dadurch gewinnt die Möglichkeit, den Unterschied mittelalterlicher und barocker Fastentücher zu klären, an Gewicht.

Die alten heilsgeschichtlich orientierten Fastenbehänge standen im Einklang mit der gültigen Welterklärung, die Urgrund und Bekenntnis einer kollektiven Glaubensgemeinschaft zugleich war. Seit den Erfindungen und Entdeckungen der Neuzeit strebten „Welt" und „Glaube" auseinander, so daß neben die weltliche Vernunft die religiöse Inbrunst trat. Im Andachtswesen des 17. und 18. Jahrhunderts macht sich ein betonter Subjektivismus breit, d. h., der Beter sucht „. . . seinen eigenen Zugang zu dem Überirdischen und Göttlichen . . . vornehmlich von seinen persönlichen Bedürfnissen, Sehnsüchten, Affekten und Erfahrungen aus . . ."[659]

Die Bilder auf den Fastentüchern und die Texte in den Andachtsbüchlein gleichen sich; wir zitieren nur aus einem Rosenkranzbüchlein zum schmerzhaften Rosenkranz: „Das erste schmertzliche Geheimnüß. Ist das blutfliessende Gebett Jesu am Oelberg / und wie er gefangen worden . . . Das ander schmertzliche Geheimnüß. Ist die harte und erbärmliche Geißlung des allerzartesten Leibs Jesu . . . Das dritte schmertzliche Geheimnüß. Ist die durchstechende Crönung des gebenedeyten Haupts Jesu mit einer dörnen Cron . . . Das vierte schmertzliche Geheimnüß. Ist die beschwerliche Creutztragung des ausgematteten Königs Jesu . . . Das fünfte und letzte schmertzliche Geheimnüß. – Ist die allerschmertzlichste Creutzigung und der seligmachende todt Christi Jesu."[660]

Die Betrachtung der schmerzhaften Rosenkranzgeheimnisse diente der gemeinsamen wie der privaten Andacht und war vor allem zu endloser Wiederholung geeignet. Geschah dies vor einem Fastentuch, verbanden sich optischer und akustischer Eindruck zu einer ganzheitlichen gefühlsmäßigen Beteiligung des Beters. Wie bei allen anderen Andachtsformen auch waren Bruderschaften die Träger des Rosenkranzgebetes.

Die Konzentration auf das erbärmliche Leiden des Herrn konnte dann die einzelnen Leidensstationen isolieren, und die Andachten konnten der Todesangst Christi, der Geißelung, der Dornenkrönung und der Kreuztragung gelten. Die drastisch-grausamen Bilder fanden in den phantasievollen Ausmalungen der Barockprediger ihre Entsprechung.[661] Auch hier soll ein Beispiel genügen. So soll Christus 6666mal gegeißelt worden sein und 230.000 Blutstropfen vergossen haben, „. . . also daß / wann einer täglich 100 Vatter unser beten würde / endlich nach 20 Jahren jedem Tröpflein ein besondere Ehr würde bezeigt haben.[662] Das, was Christus für den Menschen getan hat, wird in Zahlen gemessen, um daraus die zu erbringende Leistung des Gläubigen berechnen zu können. Ziel solcher Bemühungen ist eine asketische und fromme Lebensweise des Menschen, der der Frage Christi begegnet: „Das habe ich für dich gelitten, was aber tust du für mich?"[663]

Wie aus den Anmerkungen ersichtlich, kann die barockzeitliche Andacht und ihre Wechselbeziehung mit der kirchlichen Kunst als recht gut erforscht gelten. Um hier nicht bereits Bekanntes wiederholen zu müssen, lassen wir es mit den kurzen Hinweisen zum Verständnis des barocken Fastentuches hiermit bewenden. Als Fazit bleibt zu ziehen: der große gedankliche Unterschied zwischen den heilsgeschichtlichen Fastentüchern des Mittelalters und den zur Compassio aufrufenden barocken Passionsbehängen. Aufgabe der barocken Fastentücher ist es, die bildliche Ausstattung des Kirchenraumes zu aktualisieren, dem entspricht die kirchenjahreszeitlich akzentuierte Predigt.

Nicht erklären können wir die thematische Beschränkung der Fastentücher auf die Rosenkranzgeheimnisse, während doch das barockzeitliche Andachtswesen mit der Andacht der Sieben Fußfälle, der Kreuzwegandacht, der Blut- und Wundenandacht, der Andacht zu den geheimen Wunden und verborgenen Leiden Christi sowie der Herz-Jesu-Andacht zahlreiche weitere Andachtsformen und damit auch Bildinhalte zur Passionszeit zur Verfügung stellte. Ebensowenig begegnen im Normalprogramm der barocken Fastentücher die andachtsmäßig verehrten Schmerzen Mariens oder die Schmerzensmutter selbst. Möglicherweise kann dies auf die lange Fastentuchtradition zurückgeführt werden. Denn obwohl eine einschneidende Form- und Funktionsveränderung stattgefunden hat, kann man doch eine Entwicklungslinie aufzeigen. Apokryphe, symbolische oder gar mariologische Themen waren den Fastentüchern eigentlich fremd. Und wenn man die einszenigen Tücher aus dem Zentralen-Felder-Typ ableitet, dann standen eben für eine Konzentration keine anderen Themen als die biblischen zur Verfügung.[664]

Anmerkungen:

567 Berlin 1957.
568 Ebd., S. 9.
569 v. Haebler, a. a. O., S. 11.
570 ders., a. a. O., S. 12.
571 Heidelberg 1977 (= Quellen und Forschungen zur Reformationsgeschichte, Bd. XLV).
572 Stirm, a. a. O., S. 70.
573 Rudolf Zeitler, Das Programm der Malereien einer schwedischen Bauernkirche um 1450, in: Von der Macht der Bilder, hrsg. von E. Ullmann, Leipzig 1983, S. 121.
574 Die Kirche des Abendlandes hat im Gegensatz zur byzantinischen Kirche keine eigene Bildertheologie entwickelt. Sie hat sich nie zu einer Verehrung des Bildes entschließen können und betrachtete die Bilder in treuer Gefolgschaft Gregors als nützliche didaktische Hilfsmittel. So finden sich seit der Alten Kirche die Bilder der Geschehnisse des Alten und des Neuen Testamentes an den Wänden der Gotteshäuser. Auch folgen alle Theologen des 12. und 13. Jahrhunderts dem Bekenntnis, ausschließlich am didaktischen Gehalt der Bilder festzuhalten. Vgl. dazu Johannes Kollwitz, Bild und Bildertheologie im Mittelalter, in: Wolfgang Schöne: Das Gottesbild im Abendland, Witten-Berlin 1957, S. 109 ff., 121 ff.
575 Margarete Stirm, a. a. O., S. 73.
576 ebd., S. 73.
577 vgl. Anm. 541.
578 Kollwitz, a. a. O., S. 127.
579 Otto Clemen, Die Volksfrömmigkeit des ausgehenden Mittelalters, Dresden 1937, S. 6.
580 Kollwitz, a. a. O., S. 123.
581 ebd., S. 123.
582 ebd., S. 124.
583 Kunst der Reformationszeit, Staatliche Museen zu Berlin, Hauptstadt der DDR, Ausstellung im Alten Museum vom 26. August bis 13. November 1983, Berlin 1983. Marthin Luther und die Reformation in Deutschland, Ausstellung zum 500. Geburtstag Martin Luthers, veranstaltet vom Germanischen Nationalmuseum Nürnberg in Zusammenarbeit mit dem Verein für Reformationsgeschichte, Frankfurt 1983.
584 Kunst der Reformationszeit, a. a. O., S. 75.
585 ebd., S. 75 f.
586 H. Boockmann, in: Martin Luther und die Reformation in Deutschland, a. a. O., S. 41.
587 ebd., S. 41.
588 Eine Ausnahme stellt das sehr späte Fastentuch des Felder-Typs aus Lienz dar.
589 WA 18, 83, 4.
590 Zumindest stammen die meisten erhaltenen Beispiele aus dieser Zeit, wobei witterungsbedingt mit einer hohen Verlustquote zu rechnen ist.
591 So bemerkt Georg Graber, Kärntner Volksschauspiele, III. Das Kärntner Spiel vom Leiden und Sterben Christi, Wien 1923: Noch vor 50 Jahren konnte sich fast jedes Tal des Kärntner Landes seines eigenen Passionsspiels rühmen." S. 3.
592 F. J. Mone, Altdeutsche Schauspiele, Quedlinburg 1841, S. 145.
593 A. Schumann, Das Künzelsauer Fronleichnamsspiel, Öhningen 1926.
594 So bemerkt etwa F. Haider: „Aus dem gleichen Anlaß wie die Fastentücher – aus der Schriftunkundigkeit des Großteils der Bevölkerung heraus – ist die Tiroler Passion entstanden." Tiroler Volksbrauch im Jahreslauf, Innsbruck 1968, S. 186. Bei der Besprechung einzelner Fastentücher haben wir auf den möglichen Einfluß der geistlichen Schauspiele hingewiesen. Manche Szenendetails oder Bildfolgen, im Einzelfall sogar der Ursprung bestimmter unbiblischer Szenen (Jesus im Bach Kidron), scheinen eine Verbindung zu den Fastentüchern nahezulegen. Eine konkrete Abhängigkeit nachzuweisen wird dadurch erschwert, daß sich die Entstehung sowohl der Fastentücher wie der Schauspiele im historischen Dunkel verliert. Eine einlinige Beeinflussung scheint ohnehin wenig wahrscheinlich, eher sollte man mit einer gegenseitigen Befruchtung rechnen. Auch sind hiervon die übrigen mittelalterlichen Kunstwerke betroffen . . . Wichtig ist die feste Verankerung der Fastentücher wie der Schauspiele in der Volksfrömmigkeit.
595 Otto Clemen, Die Volksfrömmigkeit des ausgehenden Mittelalters, Dresden 1937, S. 33.
596 Otto Clemen, a. a. O., S. 33.
597 Mereth Lindgren, Evangelische Ikonographie in schwedischen Kirchenmalereien 1530–1630, in: Von der Macht der Bilder, hrsg. von Ernst Ullmann, Leipzig 1983 (= Beiträge des C.I.H.A.-Kolloquiums „Kunst und Reformation", S. 122–128, und vorher Peter Poscharsky, Das lutherische Bildprogramm, in: Festschrift für Fairy von Lilienfeld zum 65. Geburtstag, hrsg. von A. Rexhäuser und K. H. Ruffmann, Erlangen, 1982, S. 374–395.
598 Hans Carl von Haebler, Das Bild in der evangelischen Kirche, Berlin 1957, S. 21–59.
599 Haebler, a. a. O., S. 17; und ebenso Ernst Badstübner, Protestantische Bildprogramme, in: Von der Macht der Bilder, a. a. O., S. 332 f.
600 Haebler, a. a. O., S. 59.
601 Margarete Stirm, Die Bilderfrage in der Reformation, Gütersloh 1977, S. 117.
602 Hermann Oertel, Die protestantischen Bilderzyklen im niedersächsischen Raum und ihre Vorbilder, in: Niederdeutsche Beiträge zur Kunstgeschichte, Bd. 17, 1978, S. 102–132.
603 Ebd., S. 103.
604 „Mit Luthers Bibelillustration und mehr noch mit Melanchthons Bildprogrammen für die Cranachaltäre sind die Anfänge einer protestantischen Ikonologie geschaffen und ist der bildenden Kunst der Auftrag erteilt worden, aus der Sicht Luthers die christlichen Grundwahrheiten und die Aufgaben der Kirche zu verkünden." Oertel, a. a. O., S. 103.
605 Luther übersetzte die Bibel abschnittsweise und gab die einzelnen Teile nacheinander heraus; 1534 erschienen erstmals alle Teile gemeinsam. Vgl. Ph. Schmidt, Die Illustration der Lutherbibel, 1522–1700, Basel 1977[2], S. 179 ff.
606 Oertel, a. a. O., S. 103.
607 Die Erzählungen des Neuen Testamentes sind mit Ausnahme der Apokalypse und den Darstellungen der Evangelisten nicht bebildert, Ph. Schmidt, a. a. O., S. 187 ff.
608 Oertel, a. a. O., S. 106.
609 Ebd., S. 106.
610 Poscharsky, Das lutherische Bildprogramm, S. 390.
611 Ebd., S. 390.
612 Seit 1983 wird am Lehrstuhl für Christliche Archäologie und Kunstgeschichte der Friedrich-Alexander-Universität in Erlangen von P. Poscharsky ein Forschungsvorhaben „Emporenmalereien in Franken" (Laufnummer 1/7/5) betrieben. Ein Vorbericht unter Mitarbeit von P. Poscharsky, R. Sörries, U. Lange und J. Beer ist jetzt erschienen in Kirche und Kunst 1986, Heft 2.
613 Deutlich dargestellt bei Reinhard Lieske, Protestantische Frömmigkeit im Spiegel der kirchlichen Kunst des Herzogtums Württem-

berg, Stuttgart 1973. Der bilderlose Protestantismus ist erst ein Produkt der Aufklärung, vgl. Reiner Sörries, Die Evangelischen und die Bilder, Erlangen 1983, S. 169 ff.

614 Eine Gesetzmäßigkeit in der Anordnung festzustellen, bedarf noch umfangreicheren Materials.

615 Archiv Lehrstuhl für Christliche Archäologie und Kunstgeschichte, Erlangen.

616 Alle genannten Orte liegen in Franken; die Dokumentation im Lehrstuhl für Christliche Archäologie und Kunstgeschichte der Friedrich-Alexander-Universität Erlangen ist noch nicht publiziert. Vgl. Anm. 612!

617 Friedrich Kaeß, Horst Stierhof, Die Schloßkapelle in Neuburg an der Donau, Weißenhorn 1977.

618 Kaeß, Stierhof, a. a. O., S. 16.

619 Ebd., S. 20.

620 Gottfried Seebaß, Kat.-Nr. 638, in: Martin Luther und die Reformation in Deutschland, Ausstellungskatalog zum 500. Geburtstag Martin Luthers, veranstaltet vom Germanischen Nationalmuseum Nürnberg in Zusammenarbeit mit dem Verein für Reformationsgeschichte, Frankfurt 1983, S. 400.

621 Aus dem Jahr 1529 stammen die ersten bekannten Fassungen dieses Lehrbildes.

622 Vgl. etwa die Tendenz des Sammelbandes „Von der Macht der Bilder", hrsg. von Ernst Ullmann, Leipzig 1983 (Beiträge des C. I. H. A. Kolloqiums).

623 Peter Poscharsky, Die Kanzel, Gütersloh 1963.

624 Ebd., S. 165 ff.

625 Ebd., S. 169.

626 Poscharsky, Die Kanzel, S. 169.

627 Ebd., S. 169.

628 Ebd., S. 180.

629 Vgl. dazu: Bernd Möller, Frömmigkeit in Deutschland um 1500, in: Archiv für Reformationsgeschichte, 56. Jg., 1965, S. 5–30; Hansgeorg Molitor, Frömmigkeit in Spätmittelalter und früher Neuzeit als historisch-methodisches Problem, in: Festschrift für E. W. Zeeden, 1976, S. 1–20; und: Berndt Hamm, Frömmigkeit als Gegenstand theologiegeschichtlicher Forschung, in: Zeitschrift für Theologie und Kirche, 74. Jg., 1977, S. 464–497.

630 Hamm, a. a. O., S. 466.

631 Ebd.

632 Ebd.

633 Ebd., S. 468.

634 Ebd., S. 469.

635 Meiner Meinung nach sollte man die verschiedenen Quellen nicht prinzipiell verschiedenen Disziplinen zuweisen, also die materiellen Zeugnisse der Volkskunde, die literarischen der Theologiegeschichte (so Hamm, a.a.O., S. 469, Anm. 16, S. 473), eine Trennung ist nur arbeitstechnisch vertretbar.

636 Moeller, a.a.O., S. 6.

637 ebd., S. 8.

638 ebd., S. 20.

639 ebd., S. 27.

640 Ich erinnere mich gut an ein Gespräch mit Herrn Dr. H. Rutishauser (Kantonale Denkmalpflege Graubünden), in dem er sinngemäß äußerte, die Fastentücher wirken alle so protestantisch.

641 Alfred Schnerich, Die beiden biblischen Gemälde-Cyclen des Domes zu Gurk, in: Mittheilungen der k.k. Central-Commission zur Erforschung und Erhaltung der Kunst- und historischen Denkmale, N.F. XX.Jg. Wien 1894, S. 16.

642 J. Rauscher, Die Prädikaturen in Württemberg vor der Reformation, in: Württemberg. Jahrbücher für Statistik und Landeskunde 1908/2, S. 152–211, E. Lengwiler, Die vorreformatorischen Prädikaturen der deutschen Schweiz, Diss. Fribourg 1955.

643 So die Charakterisierung einiger vorreformatorischer Bildwerke, die aus marxistischer Sicht schließlich „. . . die Befreiung der Menschen von klerikaler Bevormundung in Glaubenssachen . . ." brachten, in: Kunst der Reformationszeit, Ausstellungskatalog Berlin 1983, S. 18.

644 ebd., S. 22.

645 WA Bd. 19, S. 112.

646 Marxer, S. 145.

647 Die Fastentücher waren katholischerseits die letzten Träger dieses Programms.

648 Georg Wagner, Barockzeitlicher Passionskult in Westfalen, Münster 1967.

649 ebd., S. 59.

650 Ignatius von Loyola, die Exerzitien. Übertragen von H. Urs von Balthasar, Einsiedeln 1954, S. 22 (das lateinische Original entstand 1535).

651 Über das Andachtsbild als Gesamtphänomen gibt es noch keine zusammenfassende Darstellung, die Begrifflichkeit deshalb nicht einheitlich. Der theologische Begriff kann alle „selbständigen bildlichen Darstellungen eines religiösen Gegenstandes, die im Gegensatz zur hieratischen Transzendenz des Kultbildes und zum zyklischen Historienbild durch Auffassung und Gestaltung den persönlichen Gefühlsgehalt verkörpern" (LThK, Bd. 1 Art. Andachtsbild) umfassen. Der kunstgeschichtliche Begriff ist durch die Arbeiten von Dehio, Pinder und Panofsky zu stark auf eine bestimmte Gruppe plastischer Werke des 14. und 15. Jahrhunderts, Vesperbild, Schmerzensmann oder Christus-Johannes-Gruppe, eingeengt (RDK, Bd. 1 Art. Andachtsbild). Für unseren Gegenstand unzutreffend auch das sog. Kleine Andachtsbild (Adolf Spamer, Das kleine Andachtsbild, München 1930), weil es eindeutig in den Rahmen rein persönlicher Andacht gehört. Richtungsweisend ist die Charakterisierung im Lexikon des Mittelalters (Bd. 1 Art. Andachtsbild), welches eine ikonographische Abgrenzung versucht und den Charakter als Andachtsbild aus seiner Eignung, Emotionen zu wecken, ableitet.

652 Die von der Kunstwissenschaft gewonnenen formalen Charakteristika (s. o.) dürfen trotz neuer Definition des Andachtsbildes verwendet werden.

653 Vgl. Lexikon des Mittelalters, Art. Andachtsbild, Bd. 1, Sp. 583–588.

654 Auch Ölberggruppen dienten zunächst der temporären Verwendung; mechanisch ausgeklügelte bewegliche Gruppen konnten Blut und Wasser schwitzen; erhaltene Exemplare sollen bis in unser Jahrhundert noch in Südtirol in Gebrauch gewesen sein.

655 Zur barocken Frömmigkeit vgl. neben Wagner, Barockzeitlicher Passionskult, vor allem: Veit/Lenhart, Kirche und Volksfrömmigkeit im Zeitalter des Barock, Freiburg i. Br. 1956 und W. Weisbach, Der Barock als Kunst der Gegenreformation, Berlin 1921.

656 Außerhalb des Kirchenraumes ist vor allem an die Prozession, Kalvarienberge usw. zu denken.

657 Wagner, Barockzeitlicher Passionskult, S. 80.

658 Ebd., S. 80.

659 Wagner, Barockzeitlicher Passionskult, S. 246.

660 Gebetbuch. Form und Weiß. Den H. Rosenkrantz mit den Geheimnüssen Lebens, Leydens und Glory Christi, So wohl Chorweiß als in geheimb zu betten. Für alle diejenigen so da seynd aus der Ertz-Bruderschaft Jesu und Mariae Rosenkrantz, Warendorf 1739, zitiert nach Wagner, Barockzeitl. Passionskult, S. 269.

661 Hierzu vgl. die ausführliche Darstellung von Wagner, a. a. O. 245–301.

662 Nagel, B. D., Fasciculus Myrrhae Dilectus Jesus Crucifixus . . . das ist Ermahnung und Betrachtungen vom bitteren Leyden und Todt des Gekreuzigten Jesu, allen Liebhaberen / bsonders denen Priesteren / welche zur H. Fasten-Zeit predigen / oder der Brüderschaft der Todt-Angst unseres am H. Creutz sterbenden Heylands fürstehen / wie dan / welche selbiger embsig beywohnen / wohlmeinendlich fürgelegt . . . Münster 1742, zitiert nach Wagner, Barockzeitlicher Passionskult, S. 265.

663 Bildunterschrift unter ein Gemälde von Domenico Fetti (1589–1624), welches das dornengekrönte Haupt Christi zeigt. Bayerische Staatsgemäldesammlung.

664 Denkbar für Fastentücher wären ja auch die Kreuzwegstationen, diese standen jedoch mit den Stationstafeln in den Kirchen als Ganzjahresbilder ohnehin zur Verfügung.

Fastentücher zwischen Kunst und Volkskunst

In einem abschließenden Kapitel wenden wir uns der schwierigen Aufgabe einer Standortbestimmung der Fastentücher innerhalb der Geschichte künstlerischer Bildwerke zu. Der Überblick über die Forschungsgeschichte hat ja gezeigt, daß sich zunächst einmal Liturgiegeschichtler und Kirchenhistoriker mit den Fastentüchern beschäftigt haben, und man wird den Theologen nicht übelnehmen können, wenn sie der Frage nach der kunstgeschichtlichen Einordnung wenig Aufmerksamkeit geschenkt haben.

Die allgemeine Kunstgeschichte, die hierzu hätte Stellung nehmen können, hat ihrerseits die Fastentücher eigentlich nicht zur Kenntnis genommen. So wurde das brachliegende Feld von der Volkskunde bearbeitet, wenngleich auch hier ein unverständliches Desinteresse zu beobachten ist. Wie die einschlägigen Publikationen erkennen lassen, war die lokalgeschichtlich ausgerichtete Heimatkunde noch am ertragreichsten. Dadurch entstand zwangsläufig ein Gefälle, auf dem die Fastentücher unversehens (und unbegründet) in die Kategorie „Volkskunst" gelangten.

Auch wir haben uns in der Bearbeitung der Fastentücher bewußt an die volkskundliche Methode (siehe Vorwort) gehalten, doch soll dadurch keineswegs ein Präjudiz über die Zugehörigkeit der Fastentücher zur Volkskunst gefällt sein. Es wurde jedoch die kunsthistorische Arbeitsweise mit der Frage nach der stilistischen Entwicklung ausgeklammert, weil von vornherein klar war, daß den Fastentüchern innerhalb gewisser Stilgrenzen eine „Zeitlosigkeit"[665] anhaftet, die sie aus der allgemeinen Kunstentwicklung ausklammert. Damit aber erfüllen die Fastentücher bereits eine erste Bedingung der Volkskunst.

Diese Einschätzung der Fastentücher wird durch die Tätigkeit und den Umgang mit den Fastentüchern durch die Museen und Sammlungen bestätigt. Keine der großen Kunstsammlungen besitzt ein Fastentuch. Ausschließlich die Landesmuseen und Volkskundesammlungen sowie die Heimatmuseen reihten sie in ihren Besitz ein. Dort werden sie überwiegend unter der Kategorie „Religiöse Volkskunst" geführt. Eine solche Klassifizierung erscheint zunächst sinnvoll und überzeugend, eine theoretische Begründung wurde allerdings bisher noch nicht gegeben. Die Voraussetzungen dafür sind auch denkbar schlecht, weil ja bis heute eine klare Definition der religiösen Volkskunst fehlt, und selbst der Begriff Volkskunst noch keine befriedigende Abgrenzung erfahren hat.[666] Die Sammlertätigkeit, die seit hundert Jahren mehr gefühlsmäßig als systematisch betrieben wird, verfügt über keine ausreichende wissenschaftliche Basis.

Natürlich fehlt es nicht an verschiedenen Kriterien, an denen die Gegenstände der Volkskunst und mit ihnen auch die Fastentücher gemessen werden können. Dem einst von Alois Riegel (1894) vertretenen Konzept von „Volkskunst, Hausfleiß und Hausindustrie"[667] entsprechen die Fastentücher nicht. Sie sind weder im häuslichen Bereich entstanden noch waren sie für den eigenen Bedarf bestimmt, noch sind sie dort gefertigt worden.[668]

Die bisher aufgestellten Kriterien religiöser Volkskunst greifen nicht, wenn man darunter das versteht, was in Flur, Dorf und Stube an religiösen Bildzeichen durch die schaffenden Hände des Volkes bzw. durch begabte Handwerker geschaffen wurde.[669] Ist nicht auch das religiöse Volkskunst, was in Kirchen, Kapellen und auf Friedhöfen aufgestellt wurde? Hier beginnt eine Grauzone, in der die Grenzen zwischen Volkskunst und Hochkunst sich verwischen.

Natürlich dringen mit den Votivtafeln der Wallfahrer echte und unbestrittene Zeugnisse der Volkskunst in den Kirchenraum ein; wie aber steht es um die Gegenstände der kirchlichen Ausstattung? Niemand hat bis heute Altäre, Kanzeln, Taufsteine oder gar die kirchlichen Wandmalereien dem Bereich der religiösen Volkskunst zugerechnet. Warum sollte also eine Veranlassung bestehen, die kirchlicherseits propagierten und regelrecht zur Norm erhobenen Fastentücher als Volkskunst einzustufen? Der Kirchenraumausstattung wird in keiner Publikation über religiöse Volkskunst ein eigenes Kapitel gewidmet. Vielmehr fühlt sich auch hier die Kunstgeschichte verantwortlich und bemüht sich, auch drittklassige

Werke in einen allgemeinen Entwicklungsgang der Stilentwicklung einzuordnen sowie Schulen und Abhängigkeiten von künstlerischen Zentren festzustellen.[670] Fastentücher fallen kaum unter dieses Bemühen.

So ist man geneigt, qualitative Merkmale für eine Unterscheidung zwischen Kunst und Volkskunst geltend zu machen. Allein diese Trennungslinie erweist sich als die ungeeignetste überhaupt. Sie würde ganze Einheiten zusammengehöriger Denkmälergruppen auseinanderreißen und verschiedenen Disziplinen zuweisen. Ganz zu schweigen von dem höchst undankbaren Richteramt, welches über Kunst und Volkskunst zu urteilen hätte. Eine qualitative Sichtung wird auch den Fastentüchern nicht gerecht. Ihr künstlerisches Niveau bewegt sich auf solch unterschiedlichen Höhen, daß ihnen kein einheitlicher Level bescheinigt werden kann. Neben Erzeugnissen biederer Handwerkskunst kennen wir doch Fastentücher von überdurchschnittlicher Qualität.[671]

Fastentücher sind keineswegs vom Volk gemacht. Mag es für die westfälischen Hungertücher, die alle in Nadelarbeit hergestellt sind, zutreffen, daß sie von handwerklich geschickten Nonnen oder adeligen Damen in mühsamer Handarbeit hergestellt wurden, so kann dies für die alpenländischen Tücher nicht gelten. Wo wir den Namen des Verfertigers kennen, und das ist gar nicht so selten der Fall, handelt es sich um die ortsansässigen Meister und ihre Werkstätten. Dieselben Künstler, die zur Bemalung der Kirchenwände und der Altäre herangezogen werden, schufen auch die Fastentücher. Ein wichtiges Kriterium volkskünstlerischer Erzeugnisse, die Anonymität des Verfertigers, fällt damit weg.

Als weiteres Kriterium der Volkskunst wollte man einmal ihre Provenienz im ländlichen Raum einführen und war kurze Zeit geneigt, den Begriff Volkskunst durch Bauernkunst zu ersetzen. Doch hat sich diese Terminologie nicht durchgesetzt, sie wäre auch den Fastentüchern nicht angemessen. Denn diese finden und fanden sich sowohl in kleinen Dorfgemeinden wie in den städtischen Zentren. Lediglich die finanzielle Liquidität der Auftraggeber hatte Einfluß auf die künstlerische Qualität der Ausführung. Dabei haben sich auch kleine Gemeinden zu erstaunlichen finanziellen Aderlässen bereit gefunden für die nur kurzzeitig verwendeten Fastentücher. So scheinen alle volkskundlichen Kriterien – konsequent angewandt – zu einer Spaltung der Fastentücher in Volkskunst einerseits und Hochkunst andererseits zu führen.

Wer die Fastentücher als Einheit sehen und behandeln will, wird also auf die ihnen gemeinsame Funktion zurückgreifen. Sie sind – den Funktionswandel eingeschlossen – dazu geschaffen, Räume, Gegenstände und Bilder zu verhüllen, sind aber selbst mit Bildern versehen, die sich mehr oder weniger immer wieder gleichen und demselben Gedanken verpflichtet sind. So gesehen, sind die Fastentücher allesamt keine originären Neuschöpfungen, sondern Variationen ein- und desselben Urtypes, der aber selbst nicht zu greifen ist. Darin gründet wohl das wichtigste Kriterium, demzufolge wir die Fastentücher mit Recht der Volkskunst zuweisen.

Erst seitdem das künstlerische Schaffen aus der Anonymität der vorneuzeitlichen Handwerkskunst herausgetreten ist und die Stufe einer Hoch- oder Individualkunst erreicht hat, die mit Künstlerstolz signiert und datiert, betrachten wir die Kunstwerke als schöpferische, bewußte Gestaltung. Als solche sind die Fastentücher generell nicht zu bezeichnen, zumal wir auch ihre Urtypen und Erstschöpfungen nirgendwo greifen können. Wo uns Fastentücher erhalten sind, sind sie die ungezählte Wiederholung des ursprünglichen Gedankens. Dem widerspricht nicht, daß auch Fastentücher manchmal eine Signatur, ein Datum oder ganze Inschriften tragen. Vielmehr muß berücksichtigt werden, daß sich die Fastentücher wie kaum ein anderer Kunstgegenstand in engen formalen und ikonographischen Grenzen bewegen. Die Bildprogramme erfahren in mittelalterlicher Zeit lediglich geringfügige Variationen, und trotz formaler Typenerweiterung wird der ikonographische Spielraum in nachmittelalterlicher Zeit sogar noch geringer.

Die engen Grenzen der Fastentücher ergeben sich aus ihrer Funktion im kirchlichen Brauchtum, vergleichbar etwa mit den Heiligen Gräbern, den Krippen, den Palmeseln, Prozessionsfiguren und Kreuzwegen. Wenn wir daraus aber die Begründung einer Zugehörigkeit zur Volkskunst ableiten, so sind wir uns bewußt, daß wir damit auch anderen kirchlichen Ausstattungsgegenständen, die im Brauchtum verankert sind, den Weg in die Volkskunst weisen. Solcherlei Dinge wie etwa Altäre, Taufsteine usw. sind aber kein traditioneller Gegenstand der Volkskunde.[672] Wenn man also die Fastentücher als Zeugnisse der Volkskunst versteht, dann muß dies auch für die übrige kirchliche Ausstattung gelten.

Damit sehen wir uns innerhalb der religiösen Volkskunst zwei unterschiedlichen Kategorien gegenüber. Einem eingangs schon erwähnten Bereich der privaten Frömmigkeit, der mit den bestehenden Kriterien Hausfleiß, Anonymität und Zeitlosigkeit erfaßt werden kann, steht der Bereich der kirchlich-kultischen Gebrauchsgüter gegenüber, der mit den genannten Kriterien nicht oder nur ungenügend definiert werden kann. Um hier dennoch auf den Begriff Volkskunst nicht verzichten zu müssen, greifen wir auf den von Adolf Spamer eingeführten soziologisch-phänomenologischen Kunstbegriff zurück, der unter Volkskunst die Summe jener Bildschöpfungen versteht, die nicht als bewußte Individualleistungen außerhalb des volksläufigen Bildungsgutes stehen. Das heißt, wir entscheiden uns mit Spamer für eine Auslegung von Volkskunst im weitesten Sinn: „. . . während Volkskunst in einem System der Volkskunde alles das ist, was der Volksmensch als Kunst empfindet, womit er sein Heim und seinen Lebensweg schmückt."[673]

Ja die Volkskunde vermag sich sogar der Hochkunst zuzuwenden, „. . . verschließt sie doch keineswegs den Blick vor den schöpferischen Leistungen der Genien wie auch ihrer umfänglichen, in allen Graden selbständigen Gestaltungsvermögens und eigenwilliger Persönlichkeit sich abstufenden Gefolgschaft, die als Sprachrohr einer ‚führenden' (. . .) volkhaften ‚Oberschicht' die gedanklichen, literarischen und künstlerischen Züge der wechselnden Kulturen und der sich mehr oder minder schnell ablösenden Modeformen prägt."[674] Dabei geht es der Volkskunde jedoch nicht um die Kunstwerke – „. . . sie wertet deren Erzeugnisse und Leistungen weder an sich noch in bezug auf ihre Schöpfer . . ."[675], sondern immer um ihre Benutzer oder wie Spamer sagt: „. . . den Träger von Lied und Wort und Werk."[676]

Eine solche Betrachtungsweise scheint den Fastentüchern als einer feststehenden Denkmälergruppe am angemessensten. Sie geben uns Auskunft über die religiöse Mentalität ihrer Benutzer. Sie gewähren uns Einblick in eine literarisch so nicht faßbare schlichte Volksfrömmigkeit, sind ein wesentliches Zeugnis ihrer Ausdrucksmöglichkeiten und liefern sogar die theologischen Begründungszusammenhänge. Nicht ihre Herkunft, ihre Qualität oder ihre Verfertiger entscheiden über die Zugehörigkeit zur Volkskunst, sondern allein ihre Verwurzelung im volksfrommen Brauchtum in soziologischen Schichten unterhalb der führenden Oberschicht.

Wenn die Zugehörigkeit der Fastentücher zur Volkskunst mit ihrer Funktion begründet wird, so schließt dies andererseits aber nicht aus, sie aus anderer Perspektive unter kunsthistorischen Gesichtspunkten zu würdigen. Hierbei treten die Fastentücher als Ganzes zurück und das Einzelstück in den Vordergrund. Im Rahmen dieser Arbeit stand zweifellos das Bemühen im Vordergrund, eine bisher kaum beachtete Denkmälergruppe für die volkskundliche und frömmigkeitsgeschichtliche Forschung fruchtbar werden zu lassen. Die kunsthistorische Würdigung der Einzeldenkmale möchten wir gerne an die weitergeben, die dazu berufener sind.

Die beiden Fastentücher im sächsischen Zittau

(Abb. bei Gurlitt, S. 543, Anm. 1 u. Abb. 268)

In großer geographischer Entfernung, aber zeitlicher Nähe kennen wir zwei Fastentücher im sächsischen Zittau. Wenn sie nun am Ende einer Arbeit über die alpenländischen Fastentücher stehen, so runden sie nicht nur das Bild insgesamt ab, sondern liefern regelrecht eine Kontrollinstanz der gewonnenen Ergebnisse.

Um es vorwegzunehmen, die beiden Tücher aus Zittau fügen sich nahtlos in die Typengeschichte der alpenländischen Fastentücher ein. Das ältere, 1472 datierte Exemplar entspricht Typ I, dem Felder-Typ, das jüngere Tuch von 1573 folgt Typ III, dem Arma-Christi-Typ in der Form, wie er auch vom Tuch in Rheinfelden vertreten wird.

Die älteste Nachricht vom großen Zittauer Hungertuch entnehmen wir einer Notiz bei Johann Benedict Carpzow von 1716: „Hierbey kan denen Liebhabern der Antiquitäten nicht unvermeldet bleiben, daß vormahls nach Päbstischen Gebrauch das sogenannte Hunger Tuch in der Kirchen zu sehen gewesen, welches anno 1472 Jacob Gürteler ein Gewürtz Kramer verfertigen lassen und in die Kirche verehret. Es war ein großes auf Leinwandt gemahltes Gemählde, worauf 90 biblische Geschichte alten und neuen Testaments entworffen und unter ieglichen Felde folgende Verse zu lesen . . . (es folgen die Bildunterschriften in damaliger Redeweise, also nicht in originaler Abfassung)."[677] Hier bereits erfahren wir, daß der Umfang knapp dem des Gurker Tuches, das wenig früher entstanden ist, entspricht. Aus der Aufzählung der Themen ergibt sich weiter, daß sich Altes und Neues Testament exakt die Waage halten, und die Verknüpfung der beiden Heilszeiten durch Szenen aus der Annenlegende geleistet wird.

Die Redewendung von Carpzow, daß der Gewürzhändler Gürteler das Fastentuch in die Kirche verehrte, kann nicht anders denn als Votivgabe interpretiert werden.

Ebenso macht bereits Carpzow auf das zweite, jüngere Fastentuch aufmerksam: „Ingleichen ward in der Fasten vor das Altar ein Tuch aufgehänget, worauf Christus am Creutz nebst einen Engel in der Hand einen Becher haltende abgebildet; unterm Creutze stund Maria oben und unten aber waren alle Instrumenta passionis Christi nebst des Verräthers Juda Kopff und Beutel zu sehen. Dieses Tuch ist ao. 1573 gemacht und nachdem es ao. 1684 zuletzt gehangen, abgeschafft worden."[678]

Dem Arma-Christi-Typ entspricht vollkommen, daß Carpzow berichtet, das Tuch habe vor dem Altar gehangen, während er von dem älteren Hungertuch noch weiß, daß es „... alle Jahr in der Fastnacht aufgehenckt und mitten in dem großen Gange der Kirchen, bis oben hinauff gezogen, von einem Pfeiler die quer über bis zum anderen, allwo es bis auf den guten Freytag hengen bliebe."[679]

Als Christian A. Pescheck 1834 seine Geschichte von Zittau schrieb[680], waren beide Tücher nicht mehr vorhanden und galten als verloren, untergegangen beim großen Stadtbrand des Jahres 1757. So weiß Pescheck auch wenig davon zu berichten, doch liest sich seine Geschichte auch im Blick auf die Fastentücher spannend. Carpzow nannte das Jahr 1684 als Zeitpunkt, zu dem das jüngere Fastentuch zum letzten Mal verwendet worden war, das ältere Fastentuch war wenige Jahre zuvor abgeschafft worden: „Nachdem es 200. Jahr gehangen hatte, wurde es anno 1672 gar abgeschafft . . ."[681] Nun aber bestätigt Pescheck, was der Leser vielleicht im Hinblick auf Sachsen schon vermutet hat, daß Zittau bereits im dritten Jahrzehnt des 16. Jahrhunderts reformatorisch gesinnt war.[682] Selbst wenn man das Jahr 1521, das in Zittau als Reformationsjahr gilt, nicht absolut setzt, so war doch die Reformation in den folgenden Jahrzehnten endgültig vollzogen.

Beide Zittauer Fastentücher hingen in der Johanneskirche, in der evangelisch gepredigt wurde. Ja, das jüngere Fastentuch wurde erst in der reformatorischen Epoche Zittaus angeschafft, und es unterscheidet sich in nichts von den „katholischen" Fastentüchern dieser Zeit. Sicher kann man für diese beachtenswerte Tatsache den Umstand verantwortlich machen, daß sich in Zittau die Reformation allmählich und keineswegs bilderstürmerisch vollzogen hat, aber ebenso wichtig dürfte die Beobachtung sein, daß die Fastentücher durchaus der lutherischen Lehre nicht widersprachen.[683]

Auch als sie schließlich abgeschafft wurden, geschah dies keineswegs aufgrund theologischer Bedenken, sondern weil sich die Tücher in einem so schlechten Zustand befanden, daß Unfälle befürchtet werden mußten: „... weil es von dem Staube ziemlich verderbet und mürbe worden, daß zu befürchten war, es möchte einmahl unter dem Gottesdienste herabreißen, und durch seinen Fall Schaden und Lermen in der Kirche anrichten."[684], berichtet Carpzow vom älteren Tuch.

Kann man sich schon aufgrund der Carpzowschen Bemerkungen ein Bild von den beiden Fastentüchern machen und feststellen, daß sie den alpenländischen nicht unähnlich gewesen sein können, so darf sich doch die kirchliche Kunstwissenschaft glücklich schätzen, daß beide Fastentücher 1840 wieder aufgefunden wurden.[685]

Das ältere Fastentuch von 1472 gelangt von 1842 bis 1876 als Leihgabe nach Dresden in das Museum des Königlich Sächsischen Altertums Vereins, um dann nach Zittau zurückzukehren. In den Jahren danach wurde es schließlich Gegenstand wissenschaftlicher Beschäftigungen, die das Fastentuch allgemein bekannt machten.[686]

Doch war die Odyssee des Fastentuches damit noch nicht beendet. Während des zweiten Weltkrieges wurde es aus dem Zittauer Museum ausgelagert und galt danach erneut als verloren. Schwer beschädigt wurde es wieder aufgefunden und konnte seitdem nicht mehr ausgestellt werden. Gegenwärtig wird es in Berlin einer umfangreichen Restaurierung unterzogen.

Das ältere oder sog. große Hungertuch von Zittau besitzt die Maße 8.50 m in der Höhe und 6.80 m in der Breite und erreicht damit annähernd die Größe des Gurker Tuches. Es umfaßt zehn Register zu je neun Bildzeilen, damit also insgesamt 90 Bildfelder. Das fast 58 m² große Tuch setzt sich aus sechs Leinwandbahnen zusammen, ist leicht vorgeleimt und mit Temperafarben bemalt. Es wird auf allen vier Seiten von einem Rahmen mit spätgotischen Blattornamenten umschlossen. Darin sind überlebensgroße Blumen und kletternde Tiere, Katzen, Marder, Äffchen und Vögel eingestreut. In den vier Ecken befinden sich Sinnbilder der vier Evangelisten, während in der Mitte des oberen Rahmens „moyses patriar" erscheint. In der Mitte des unteren liest man das Jahr der Stiftung 1472, das vom böhmischen Löwen auf der einen, vom weißen Z im roten Felde auf der anderen Seite, als Hinweis auf das Stadtwappen eingerahmt ist. Hier ist auch der Stifter Jacob Gürteler abgebildet mit der Waage in der Hand und mit Säcken auf einem Tische zu seiner Seite.

Die einzelnen im Schachbrettsystem angeordneten Bildfelder messen 0.65 m x 0.65 m und sind jeweils mit einer darunterliegenden Textzeile versehen. Die beigeschriebenen Erläuterungen lesen sich jeweils zwei zusammen mit Endreimen wie ein Gedicht.

I.
1 hy schaffte hymel vun erde got
2 Dor noch dy 4 element gemacht hot
3 Alhy schyt her den tag von der nacht
4 Sonne vnt monden dor noch macht
5 Do schuff her fogel vnd fische hyr
6 Nu macht her den menschin vde dy thyr
7 Alhy got even von adam machte
8 Dornoch den feyr tyg betrachte
9 Den menschen alhy die slange betrug

II. 1 Dor wmb sy der engel von dannen slug
2 Hye adam rot vnd eva spint
3 hye eva czwey kint gewint
4 Abel und kayn ir oppfer totten got
5 hye slecht kain syn brvder abel tot
6 Noe des engels botschafft wol vernam
7 Alhye die archa vff dem wasser swam
8 hye oppfert Noe got die fogelin
9 Czu frede gab got Noe den reginsbogen
III. 1 hy ca yn d'schloff seims vatirs schpot
2 do bawte den turm babilonie nerot
3 abraha opperte melchisedech wey vn brot
4 abraha sach drey engel vn bethe eyne an
5 Sodoma vn gemora vorsucke vb de svd' wille
6 Hy stet das tote mer stille
7 hy wart geoppert ysack durch abraham
8 ysack mit freyen der wirbit rebeccam
9 abraham stirbt aldo mit yomer gros
IV. 1 Esaw vorkauft sey irstgebvrt vb ey lisemvs
2 hy gebenedeit ysack seyne son iakob
3 Dy gebenedeyvge esaw auch wolde etphon
4 Jacob trawte das dy engel vo hymel quome
5 de egel liss iacob vo ym nicht gere komen
6 Dye bruder joseph yn dy czisterne thoten
7 Jacobs sone eyn blutig cleit vo joseph brochti
8 dy bruder ioseph aldo beczalt nomen
9 Dar noch sy czu ym yn egipten quomen
V. 1 hymel brot lasz moyses do her in d wustenuge gig
2 alhy moyses mit de heden broch fogil phick
3 moyses na dy X gebot vn gap sy vorbas
4 dy ivde tantzen vmb das kalb s'tewil yn de zas
5 Daton vn abieren verschlang alhy dy erde
6 Dy slangen ir bisse dy vmb d' svde geberde
7 Wer dyse slage an sach d' wät crakheit reyne
8 moyses slvg wass' aus eym kyselik steyne
9 Josue kalef trvgen dy weyntruwel grus
VI. 1 De bischof iocheys oppir schmelich vordrus
2 d' engil troste jochey d' bey de hirti gingk
3 hy yn d' goldin pforti iocheym anna etphik
4 Do gebert anna mariam lobezam
5 Anna mit Maian yn den templi quam
6 Der engil maian dy botschafft aldo thet
b 7 maia gar frolich emphingk elizabeth
a 8 Aldo maia ihm xpm das kinth gebar
(Die Unterschriften sind vertauscht;
auf dem Bild durch a und b kenntlich)
9 Dem dy konige oppir brochtin mit grusir schar
VII. 1 Hy gotis zon in de templi geoppirt wart
2 maia key egipte mavlde off d' vart
3 he'odes lys hy dy kynder alle thoeten
4 maia czv egipti vortreip apgote
5 aldo larte ihus dy ivden offte
6 Johannes ihm yn dem iorda tavfte
7 Aldo vorsvchte d'teufel ihesv crist
8 Dvrch welgin wey avs wass' wordi ist
9 got sich vorclerte czu thabor off dem berge
VIII. 1 Do irwakte got lazarv avs dem sarge
2 mit dem aussetzige symone as do got
3 der key irtim alzo geriten hot
4 do slvg got avs dem tepil dy wechsler gar
5 das obint esse thet got mit d' ivger schar
6 do thet ihvs seyn gebete czv gote
7 hy finge sy yn mit stricke gar drot
8 Do wart got d' worheit vor anas belogen
9 in d' nacht warth h' iemerlich zere geschlage
IX. 1 Alzo xps vor pylato gefurt wart
2 Hy vor herode der ym ze gehass wart
3 Sehet pylatus let yn geysseln zere
4 Dor noch lysz her trone xpm vyl here
5 Aldo wart xps geweyset der iuden schar
6 Dy hende wuschz pylatus vnreyne tezwar
7 Do treht got das creucze mit grosir peyn
8 Der do hengt vor dy dyner seyn
9 Do neme sy yn von dem creucze ab
X. 1 Und legin yn ey eyn nawes grab
2 Do fert xps tzu d'hellen hyn abe
3 hy stet h' off aus sey heylige grabe
4 Dy drey maian tzu dem grabe wartin
5 Got entschey madgalene yn dem gartin
6 Do greyffet thomas ym yn dy wude blus
7 Dem d' do fur czu hymel mit freute grus
8 Got sante yn te heylige geist d'worheit
9 Das ernste gerichte sitcz h' mit gerechtheyt[687]

Weder Themenauswahl noch die Abfolge der Szenen überraschen. Schöpfung, Sündenfall und die Folgen der Sünde, das Leben der Patriarchen und die Mosegeschichten bilden den alttestamentlichen Bestand. Im neutestamentlichen Teil werden die Geschichte der Gottesmutter, die Kindheit Jesu sowie seine Passion geschildert. Wenige Szenen sind dem öffentlichen Leben Jesu zuzurechnen. Die Bildfolge endet mit den nachösterlichen Ereignissen.

Seiner Entstehung noch im 15. Jahrhundert entspricht, daß die Legende von Anna und Joachim erzählt wird. Außerdem hat sich eine apokryphe Szene aus dem Aufenthalt der Heiligen Familie in Ägypten erhalten (VII/4): Maria zerstört Götzenbilder in Ägypten.

Im Vergleich mit den alpenländischen Fastentüchern dieser Zeit mag man vielleicht eine bewußte erzählerische Konzentration feststellen. Die Themenauswahl etwa in der zweiten Hälfte der alttestamentlichen Reihen wirkt nicht mehr so zufällig, man hat die einzelnen Register thematisch geordnet. So erzählen

das 1. Register: Schöpfung und Sündenfall
das 2. Register: Die Folgen der Sünde
das 3. Register: Das Leben der Patriarchen
das 4. Register: Das Leben von Esau, Jakob und Joseph
das 5. Register: Die Mosegeschichten
das 6. Register: Marienleben und Geburt Jesu
das 7. Register: Die Kindheit Jesu
das 8. und 9. Register: Die Passion Christi und
das 10. Register: Die nachösterlichen Ereignisse.

Die Bilderfolge veranlaßte bereits Franz Krohn zu vermerken: „Wie in der Aufnahme altchristlicher Motive und dem Festhalten an fast ausschließlich biblischen Darstellungen eine dem Protestantismus verwandte Denkweise sich kundgibt, so ist es auch bezeichnend, daß der Versucher dem Heiland in der Gestalt eines Mönches mit dem Rosenkranze in der Hand entgegentritt."[688]

Daraus ergibt sich deutlich, daß die Fastentücher nicht nur ‚zufällig' reformatorischen Geist besitzen, sondern daß sie selbst mit dazu beigetragen haben, den Boden für die Erneuerung der Kirche

268. Fastentuch ZITTAU (1573). Foto: Städtisches Museum Zittau

vorzubereiten. Sie müssen in ihrer Schlichtheit zu den Bildwerken gerechnet werden, die dem spätmittelalterlichen Bilderkult entgegensteuern und die mit manchen Bilddetails bewußte Kirchenkritik treiben.

Über die kunstgeschichtliche Einordnung des großen Zittauer Hungertuches wird nach erfolgter Restaurierung sicherlich mehr zu lesen sein; gegenwärtig muß hier noch auf die Bemerkungen von Reinhard Müller verwiesen werden.[689]

Weniger Beachtung hat bisher das jüngere, sog. kleine Zittauer Hungertuch gefunden, das wir hier erstmals abbilden (Abb. 268).[690] Mit einer Höhe von 4.15 m und einer Breite von 3.40 m nähert es sich einem quadratischen Format, entsprechend seiner Bestimmung, das Altarbild zu verhüllen. Es wurde 1573 geschaffen und ebenfalls in Tempera auf Leinwand gemalt. Es befindet sich unter der Inventarnummer 2834 ebenfalls im Besitz des Städtischen Museums zu Zittau.

Auf allen vier Seiten ist es von einem breiten Rahmen umgeben, auf dem die Leidenswerkzeuge, die Arma-Christi, angeordnet sind. Sie sind bereits von den anderen Tüchern des Arma-Christi-Typs vertraut, weshalb hier auf eine nähere Beschreibung verzichtet werden kann. Die nächste Parallele besitzt das Tuch in jenem von Rheinfelden. Denn inmitten des Rahmens befindet sich eine großformatige, einszenige Darstellung. Hier ist es, nun im Gegensatz zu Rheinfelden, eine figurenarme Kreuzigung, vergleichbar am ehesten jener in Freiburg im Breisgau.

Damit fügt sich auch das sog. kleine Zittauer Hungertuch nahtlos in die Typengeschichte alpenländischer Fastentücher ein, wenngleich es zu den frühen Beispielen seines Typs gezählt werden muß und im Umkreis der Tücher von Münsterlingen, Freiburg und Rheinfelden anzusiedeln ist.

Wir schließen ab.

Die beiden Fastentücher im sächsischen Zittau entsprechen voll und ganz ihren alpenländischen Verwandten. Sie würden unter ihnen in Auffassung, Bildgestaltung, Form und Technik kaum auffallen, obwohl sie Hunderte von Kilometern entfernt entstanden sind. Sie untermauern damit die Spannweite der Fastentücher und ihre Bedeutung für die abendländische Kulturgeschichte, werfen aber gleichzeitig die Frage der Vermittlung über eine solch große Entfernung auf. Nicht zuletzt wird einmal die Frage zu stellen sein, wo sie nun ursprünglich entstanden sind. Vielleicht hat Böhmen hier eine wichtige Mittlerfunktion ausgeübt, eine Landschaft, die mit dem österreichischen Raum sehr verbunden war, die wir bislang aber noch nicht daraufhin untersucht haben.

Mein Bemühen war es, die alpenländischen, bemalten Fastentücher in ihrer Eigenart und Entwicklung zu erforschen. Die Wichtigkeit eines solchen Bemühens hat schon Franz Krohn betont, an den ich hier erinnern möchte: „Man kann wohl getrost behaupten: Was uns hier im Bilde entgegentritt, ist die Verkörperung und Zusammenstellung alles dessen, was von biblischen Vorstellungen Gesamtbesitz des mittelalterlichen christlichen Volkes war. Diese Behauptung bedarf aber ihrer ausführlichen Begründung, die vielleicht später einmal gegeben werden kann."[691]

Einen Beitrag dazu zu leisten, habe ich versucht.

Anmerkungen:

665 Beitl, Wörterbuch, S. 889.
666 Beitl, Wörterbuch, S. 888–891.
667 Von Beitl, Volksglaube übernommen: „Religiöse Volkskunst wie Volkskunst im allgemeinen entsteht zuerst im Hausfleiß." S. 16.
668 Anders vielleicht tatsächlich bei den westfälischen Hungertüchern.
669 Leopold Schmidt, Volkskunst in Österreich, Wien 1966, S. 173 ff.
670 Stellvertretend für diese kunstgeschichtliche Richtung wird nur Alfred Stange, Deutsche Malerei der Gotik, hier insbesondere „Österreich und der deutsche Siedlungsraum von Danzig bis Siebenbürgen", München 1961, genannt.
671 Zu denken wäre z. B. an Obervintl, Haimburg.
672 Keines der Werke über Volkskunst behandelt Altäre, Taufsteine, Kanzeln o. ä. Sie sind deshalb auch keine Stichworte in Beitl, Wörterbuch der deutschen Volkskunde.
673 Adolf Spamer, Wesen und Aufgaben der deutschen Volkskunde, in: ders., Hrsg., Die deutsche Volkskunde, 1. Band, Leipzig 1934, S. 12.
674 Spamer, a. a. O., S. 4.
675 ebd., S. 4.
676 ebd., S. 12.
677 Johann Benedict Carpzow, Analecta fastorum Zittaviensium, Zittau 1716, S. 63.
678 Carpzow, S. 65.
679 Carpzow, S. 65.
680 Christian A. Pescheck, Handbuch der Geschichte von Zittau, Bd. 1, Zittau 1834.
681 Carpzow, S. 65.
682 Pescheck, a. a. O., S. 389 ff.
683 Vgl. 5. Kapitel, Anmerkungen zu einer Theologie der Fastentücher.
684 Carpzow, S. 65.
685 Christian A. Pescheck, Nachricht über das im Jahre 1840 wieder aufgefundene sogenannte Zittauer Hungertuch von 1472, in: Mittheilungen des königlich sächsischen Vereins für die Erforschung und Erhaltung der vaterländischen Alterthümer, 1842, Heft 2. S. 70–73.
686 Franz Krohn, Das Hungertuch im städtischen Museum in Zittau, in: Mittheilungen der Gesellschaft für die Geschichte Zittaus, 1894, S. 89–91.
687 Die Inschriften folgen: Cornelius Gurlitt, Bau- und Kunstdenkmäler des Königreichs Sachsen, 30. Heft: Zittau (Stadt), Dresden 1907; hier auch die besten Abbildungen dieses Tuches.
688 Krohn, a. a. O., S. 90.
689 Reinhard Müller, Das Zittauer Hungertuch, in: Zittauer Geschichtsblätter, 6. Jg., Zittau 1929, Nr. 4, S. 13–16.
690 Pescheck, Nachricht, S. 73.
691 Krohn, a. a. O., S. 91.

Anhang

Ortsverzeichnis

Ortsnamen, deren Nennung sich auf ein Fastentuch bezieht, sind gesperrt geschrieben. Damit sind auch die Fastentücher schnell auffindbar, die nicht eigens in den Katalog aufgenommen wurden. Darunter fallen die zahlreichen, nur literarisch überlieferten Fastentücher ebenso wie die späten Beispiele aus dem 19. Jahrhundert.

Ikonographisches Verzeichnis

Die Aufzählung der Bildthemen hält sich im wesentlichen an die Chronologie der biblischen Ereignisse und die Abfolge auf den Fastentüchern. Die Ziffern beziehen sich auf die Katalognummern. Kursiv gesetzte Ziffern entsprechen den Fastentuchtypen III, IV, V, VI.

Altes Testament

1. Dreifaltigkeit, 44
2. Engelsturz, 44, 66
3. Schöpfung, allgemein, 1, 9, 10, 12; Schöpfung von Erde, Land und Wasser, 2, 3, 7, 13, 14, 15, 45, 51, 66; Schöpfung der Gestirne, 51, 66; Schöpfung der Fische, 2; Schöpfung der Vögel und Tiere, 2, 7, 17, 44, 47, 66; Schöpfung der Elemente, 51
4. Erschaffung Adams (Gen 2,7), 1, 2, 7, 14, 17, 20, 43, 44, 51
5. Erschaffung Evas (Gen 2,21), 1, 2, 3, 7, 10, 11, 12, 13, 14, 15, 17, 20, 44, 47, 51, 55, 57, 66
6. Zusammenführung von Adam und Eva (Gen 2,22), 20, 44
7. Verbot, vom Baum der Erkenntnis zu essen (Gen 2,17), 46, 66
8. Sündenfall (Gen 3,1–7), 1, 2, 3, 7, 10, 11, 12, 13, 14, 15, 17, 20, 42, 44, 46, 47, 51, 55, 57, 66
9. Vertreibung aus dem Paradies (Gen 3,23), 1, 2, 3, 7, 10, 11, 12, 13, 14, 15, 17, 20, 42, 44, 46, 47, 51, 55, 57, 66
10. Die Folgen des Sündenfalls (= Arbeit der Stammeltern, Gen 3, 16 ff.), 1, 2, 3, 7, 10, 11, 14, 20, 44, 46, 47, 51, 66
11. Sehnsucht des Alten Testamentes nach der Erlösung, *34*
12. Verheißung über die Stammeltern, *34*
13. Adams Tod und Begräbnis, 42
14. Opfer Kains und Abels (Gen 4,3–8), 1, 2, 7, 11, 14, 44, 51, 66
15. Brudermord (Gen 4,8), 1, 2, 3, 7, 9, 10, 11, 12, 14, 15, 43, 44, 45, 51, 55, 56
16. Gott stellt Kain zur Rede (Gen 4,9 ff.), 7, 45
17. Jubal und Thubalkain (Gen 4,21–22), 45
18. Lamech tötet Kain, 7, 44
19. Henoch wird entrückt (Gen 5,24), 1
20. Befehl zum Bau der Arche (Gen 6,14–16), 45
21. Bau der Arche (Gen 6,22), 45
22. Sintflut – Arche Noah (Gen 7), 1, 3, 7, 10, 12, 13, 14, 15, 20, 43, 44, 51, 55, 57, 66
23. Dankgebet des Noah (Gen 8,20), 57, 66
24. Bund Gottes mit Noah (Gen 8,21–9, 12), 55
25. Einführung des Weinbaus (Gen 9,20), 14
26. Söhne Noahs (Gen 9,19 ff.), 66
27. Trunkenheit Noahs (Gen 9,21–25), 1, 7, 14, 66
28. Turmbau zu Babel (Gen 11), 1, 15
29. Sodom und Gomorra (Gen 19), 1, 15
30. Abraham und Melchisedek (Gen 14,18), 1, 15, 66, 69
31. Isaak trägt das Opferholz (Gen 22,6), 8
32. Isaaks Opferung (Gen 22,12), 1, 3, 7, 12, 13, 14, 20, 44, 45, 51, 55, 57, 66
33. Isaak und Rebecca am Brunnen (Gen 24,62–67), 69
34. Isaak und Esau (Gen 27,1–4), 45
35. Esau auf der Jagd (Gen 27,5), 66
36. Isaaks Segen über Jakob (Gen 27,29), 1, 45, 66
37. Jakobs Traum von der Himmelsleiter (Gen 28,12), 1, 15, 55, 66
38. Jakobs Kampf am Jabbok (Gen 32,25–30), 69
39. Joseph wird in die Zisterne geworfen (Gen 37,24), 45
40. Joseph wird verkauft (Gen 37,25–36), 1, 69
41. Joseph vor Potiphar verklagt (Gen 39,20), 69
42. Jakob kommt nach Ägypten (Gen 46), 1
43. Auffindung des Mose (Ex 2), 1
44. Kindheit Mose am Hof des Pharao, 45
45. Feuerprobe des Mose, 45
46. Mose vor dem brennenden Dornbusch (Ex 3), 1, 3, 42, 55
47. Schlangenwunder des Mose (Ex 7, 8–10), 45
48. Tötung der Erstgeburt (Ex 12,29), 1
49. Auszug aus Ägypten (Ex 12), 1
50. Durchzug durchs Rote Meer (Ex 14,26–30), 1, 7, 14, 15, 42
51. Mannawunder (Ex 16), 1, 3, 14, 15, 45, 57
52. Wachtelwunder (Ex 16), 14
53. Wasserwunder (Ex 17), 7
54. Gesetzesübergabe am Sinai (Ex 20), 1, 3, 7, 12, 13, 44, 57
55. Die Zehn Gebote (Ex 20,2–17 und Katechismus), 42
56. Tanz ums Goldene Kalb (Ex 32), 3, 7, 12, 13, 44
57. Strafe des Volkes (Ex 33,27–35), 44
58. Aufrichtung der Ehernen Schlange (Num 21,6–9), 1, 3, 7, 14, 44, 55, 57
59. Aaron und die Wolkensäule, 55
60. Orakel der 12 Stäbe (Num 17), 1
61. Siebenarmiger Leuchter (Ex 25,31–40), 45
62. Josua schlägt die Amoriter (Jos 10,13–27), 1, 45
63. Kundschafter mit der Traube (Num 13, 18), 3, 45
64. Gideon mit dem Vließ (Ri 6,37), 1
65. Simsons Kampf mit dem Löwen (Ri 14), 8, 14, 45
66. Simson schlägt die Philister (Ri 15), 1
67. Simson trägt die Tore von Gaza (Ri 16), 14
68. Naemi nimmt Abschied von Arpa (Rt 1, 14 f.), 44
69. Naemi und Ruth (Rt 1,16 ff.), 44
70. Samuel salbt Saul zum König (1. Sam 10), 1
71. David und Goliath (1. Sam 17), 1, 14, 45, 66, 69
72. Davids Einzug in Jerusalem (1. Sam 17,53–54), 69
73. David von Semei verspottet (2. Sam 16,5–7), 69
74. Tod Absaloms (2. Sam 18,9), 1
75. Pest in Israel (2. Sam 24,15), 1
76. Salomonisches Urteil (1. Kö 3,16), 1, 43, 45
77. Salomons Tempelbau (1. Kö 11), 1
78. Zerstörung Jerusalems (2. Kö 24 f.), 1
79. Elia erweckt den Sohn der Witwe von Zarpath (1. Kö 17,17–24), 69
80. Elia Himmelfahrt (2. Kö 2,11), 1
81. Hiob im Elend (Hiob 2), 1, 69
82. Der Eckstein, den die Bauleute verworfen haben (Ps 118,22), 45
83. Traum Jesses, 1
84. Martyrium des Jesaja, 1
85. Martyrium des Jeremia, 1
86. Martyrium des Ezechiel, 1
87. Daniel in der Löwengrube (Dan 14), 1
88. Meerwurf des Jona (Jona 2), 1, 8, 9
89. Ausspei des Jona (Jona 2), 1, 8, 9, 14
90. Judith und Holofernes (Jud 13), 1
91. Esther und Haman (Esth 5), 1
92. Wiederaufbau Jerusalems (Esra 3), 1
93. Alexander der Große vor dem Hohenpriester, 1
94. Abschied des Tobias von seinem Vater (Tob 5), 43
95. Sieg des Judas Makkabäus (2. Makk 15 ff.), 1
96. Tod des Caesar, 1

Neues Testament

1. Vision der Sybille vor Kaiser Augustus (LA, Benz 52), 1, 45
2. Zurückweisung des Opfers Joachims (LA, Benz 679), 3
3. Verkündigung an Joachim (LA, Benz 680), 3
4. Begegnung an der goldenen Pforte (LA, Benz 681), 3
5. Mariae Geburt (LA, Benz 681), 1
6. Mariae Tempelgang (LA, Benz 681), 1, 3, 45
7. Mariae Vermählung (LA, Benz 681 f.), 3, 13, 44
8. Verkündigung an Maria (Lk 1,26), 1, 2, 3, 10, 11, 12, 13, 14, 15, 17, 20, 44, 46, 50, 55, 57
9. Heimsuchung (Lk 1,41), 1, 3, 15, 20, 44, 55
10. Geburt Christi (Lk 2,7), 1, 2, 3, 10, 11, 12, 13, 14, 15, 17, 20, 43, 44, 45, 46, 50, 55, 57
11. Beschneidung (Lk 2,21), 1, 3, 13, 14, 17, 20, 44, 46, 55, 57
12. Anbetung der Könige (Mt 2,1–12), 1, 3, 10, 11, 12, 13, 14, 15, 17, 20, 43, 44, 46, 50, 55, 57
13. Darstellung Jesu im Tempel (Lk 2,22), 1, 3, 12, 20, 44, 45
14. Flucht nach Ägypten (Mt 2,14 ff.), 1, 3, 6, 12, 13, 14, 17, 44, 46
15. Bethlehemitischer Kindermord (Mt 2,16–18), 1, 12, 14, 44, 46
16. Zwölfjähriger Jesus im Tempel (Lk 2,41 ff.), 1, 3, 6, 12, 13, 14, 20, 44
17. Taufe Jesu (Lk 3,21 ff.), 1, 3, 12, 13, 14, 15, 17, *30,* 44, 55
18. Jesus fastet in der Wüste (Mt 4,2par), 1
19. Erste Versuchung (Mt 4,3par), 1, 3, 10, 11, 12, 14, 15, 17, 20, 44, 45, 55, 69
20. Zweite und dritte Versuchung (Mt 4,5–11), 1
21. Hochzeit zu Kana (Joh 2,1–11), 1, 14, 20
22. Heilung der zehn Aussätzigen (Lk 17,11–20par), 1
23. Heilung des Besessenen (Mt 8,28 ff. oder Mk 5,2 ff.), 1
24. Heilung des Gelähmten (Joh 5,1–16), 1
25. Verklärung Christi (Mt 17,1–8par), 1, 3
26. Wunderbare Brotvermehrung (Mt 14,13 ff.par oder Mt 15,32par), 1, 3, 14, 20
27. Wunderbarer Fischzug Petri (Lk 5,1–12par), 1
28. Berufung des Zachäus (Lk 5,27–32), 1
29. Gastmahl Simons (Lk 7,36–50), 1
30. Jesus und die Samariterin am Brunnen (Joh 4,5–26), 1, 3, 44, 69
31. Jesus und die Ehebrecherin (Joh 8), 3
32. Auferweckung des Lazarus (Joh 11), 1, 3, 11, 13, 15, 55, 69
33. Salbung Jesu in Bethanien (Joh 12,3), 1, 15
34. Abschied Jesu von seiner Mutter, 13, *34,* 55, *61*
35. Einzug in Jerusalem (Joh. 12,12–19par), 1, 2, 3, 5, 6, 7, 10, 11, 12, 13, 14, 15, 17, 19, 20, 44, 46, 50, 51, 55, 57, 69
36. Tempelaustreibung (Mt 21,12–17), 1, 3, 7, 14
37. Verrat des Judas bei den Hohenpriestern (Mt 26, 14), 7
38. Letztes Abendmahl (Mt 26,20–29par), 1, 2, 3, 5, 6, 7, 10, 11, 12, 13, 14, 15, 17, 19, 20, 21, *30, 34,* 44, 45, 46, 47, 49, 50, 51, 55, 57, 58, 69
39. Fußwaschung (Joh 13,1–20), 1, 12, 14, 15, 19, 20, *34,* 44, 58
40. Arma-Christi (Leidenswerkzeuge), *35, 53, 56, 62, 64, 67, 68*
41. Christi Gebet am Ölberg (Mt 26,36–39), 1, 2, 3, 5, 6, 7, 10, 11, 13, 14, 15, *16,* 17, 19, 20, 21, *30, 34, 36, 38, 39,* 44, 45, 46, 47, 49, 50, 51, 55, 57, 58, *61, 63, 65, 68,* 69, *70*
42. Gefangennahme (und Verrat des Judas) (Mt 26,39–46), 1, 2, 3, 5, 6, 7, 10, 11, 12, 13, 14, 15, *16,* 17, 19, 20, 21, *34,* 44, 49, 50, 51, 57, 58, 69
43. Niederfallen der Häscher (Joh 18,6), 44
44. Abführung durch den Kidronbach, 13
45. Jesus vor dem Hohenpriester Hannas (Joh 18,13 ff.), 6, 15, 19, 21, *34,* 55
46. Jesus vor dem Hohenpriester, meist Kaiphas (Mt 26,57–68par), 1, 3, 5, 6, 7, 10, 12, 13, 14, 15, *16,* 17, 19, 21, *34, 50* 51, 55, 58, 69
47. Verleugnung Petri (Mt 26,69–75par), 1, 14, *34,* 44
48. Verspottung Jesu im Haus des Hohenpriesters (Mt 26,67 ff.), 1, 3, 5, 12, 48, 69
49. Christus vor Pilatus (Mt 27,1–14par), 1, 2, 3, 6, 7, 11, 12, 13, 14, 15, 19, 21, *34,* 44, 49, 55, 58
50. Christus vor Herodes (Lk 23,6–12), 1, 13, 14, 15, 19, 47, 55, 58
51. Geißelung (Mt 27,26par), 1, 3, 5, 6, 7, 8, 10, 11, 12, 13, 14, 15, *16,* 17, 19, 20, 21, *27, 28, 30, 31, 32, 33, 34, 37, 38, 39,* 43, 44, 47, 49, 50, 51, 55, 57, 58, *61, 65, 68,* 69, *70*
52. Dornenkrönung (Mt 27,27–31par), 1, 2, 3, 6, 7, 8, 10, 11, 12, 13, 14, 15, *16,* 17, 19, 20, 21, *27, 28, 30, 32, 33, 34, 37, 38, 39, 41,* 44, 47, 49, 50, 51, 55, 57, 58, *65, 68, 70*
53. Ecce homo (Joh 19,4–15), 1, 6, 11, 12, 13, 14, 15, *16,* 17, 19, 21, *34,* 44, 49, 50, 55, 57, 58, *70*
54. Verurteilung Jesu (= Handwaschung des Pilatus) (Mt 27,24par), 1, 3, 5, 7, 12, 13, 14, 15, 19, 44, 49, 50, 55, 58, *70*
55. Kreuztragung (Mt 27,32par), 1, 2, 3, 6, 7, 8, 10, 11, 12, 13, 14, 15, *16,* 17, 19, 20, 21, *30, 34, 38, 39,* 44, 45, 47, 49, 50, 51, 55, 57, 58, *65, 70, 72*
56. Jesus, seiner Kleider beraubt, 10, 19, 58
57. Kreuzannagelung, 1, 3, 10, 13, 15, 19, 20, 21, *26, 30, 34,* 45, 49, 58
58. Kreuzaufrichtung, *25,* 51, 58, *70*
59. Kreuzigung (Mt 27,35par), 1, 2, 3, 6, 7, 8, 10, 11, 12, 13, 14, 15, *16,* 17, 19, 20, 21, *22, 23, 24, 27, 28, 29, 30, 33, 37, 38, 39,* 44, 45, 47, 48, 49, 50, 51, 55, 57, 58, *59, 60, 65, 71*
60. Kreuzabnahme (Joh 19,38), 1, 3, 6, 10, 11, 12, 15, 19, 20, *34, 40,* 47, 49, 55, 58
61. Vesperbild (= Beweinung), 21, *30, 35,* 51, *56, 61, 63*
62. Grablegung (Mt 27,60), 2, 3, 7, 8, 9, 10, 12, 13, 14, 15, 17, 19, 20, 21, *30, 34,* 44, 49, 57, 58
63. Christi Abstieg in die Vorhölle (LA, Benz 280), 3, 5, 7, 8, 11, 12, 13, 14, 19, 20, 44, 45, 47, 58
64. Auferstehung Christi (LA, Benz 274), 1, 2, 3, 7, 8, 9, 10, 11, 12, 13, 14, 15, *16,* 17, 19, 20, 21, *36,* 44, 45, 47, 49, 50, 57, 58
65. Christus erscheint seiner Mutter (LA, Benz 280), 1
66. Die Frauen am leeren Grab (Mt 28,5), 12, 44, 58, *61*
67. Christus erscheint Maria Magdalena (= Noli me tangere) (Joh 20, 11), 1, 3, 7, 19, 44, 58
68. Gang nach Emmaus (Lk 24,13–32), 3, 44
69. Ungläubiger Thomas (Joh 20,27), 1, 11, 44
70. Himmelfahrt Christi (Mk 16,19par), 1, 3, 7, 11, 12, 13, 14, 15, 17, 19, 20, 21, 44, 45, 47, 57, 58
71. Pfingsten (Apg 2,1 ff.), 1, 3, 12, 14, 15, 17, 19, 20, 44, 45, 57, 58
72. Bekehrung des Saulus (Apg 9,1–15), 44
73. Himmelfahrt Mariens (LA, Benz 582 ff.), 20
74. Krönung Mariens, 20
75. Heilige: Katharina (?), 5 – Eusebius, Martinus, Nikolaus, 66 – Antonius von Padua, Franz von Assisi, *64*
76. Michael, der Seelenwäger, 45
77. Kluge und törichte Jungfrauen (Mt 25,1–13), 45
78. Weltgericht, 1, 2, 3, 8, 9, 11, 12, 13, 14, 15, 47, 49, 50, 51, 57, 58

Literaturverzeichnis

Autorennamen, deren Publikation sich konkret mit einem Fastentuch oder der Denkmälergruppe als ganzer beschäftigt, sind gesperrt geschrieben.

Amstad, P. Fintan OSB, Führer durch das Historische Museum von Uri, hrsg. vom Verein für Geschichte und Altertümer von Uri, Altdorf 1975 (2. Aufl.)

Ausstellungskatalog, Gotik in Tirol, Innsbruck 1950

Ausstellungskatalog, Kirche in Oberösterreich, 200 Jahre Bistum Linz, Linz 1985

Ausstellungskatalog, Kunst der Reformationszeit, Staatliche Museen zu Berlin (DDR), Berlin 1983

Ausstellungskatalog, Martin Luther und die Reformation in Deutschland, Germanisches Nationalmuseum Nürnberg, Frankfurt 1983

Ausstellungskatalog, Spätgotik in Tirol, Oberes Belvedere Wien, Wien 1973

Ausstellungskatalog, Spätgotische Kunst aus den Studiensammlungen des Tiroler Landesmuseums Ferdinandeum, Innsbruck 1968

Badstübner, Ernst, Protestantische Bildprogramme, in: Von der Macht der Bilder (s. d.)

Bammert, Markus und Emmenegger Oskar, Sta. Maria in Pontresina, Basel 1980 (2. Aufl.) = Schweizer Kunstführer

Barth, M., Das Fastentuch oder Hungertuch im Elsaß, in: Archiv für Elsässische Kirchengeschichte, 6. Jg., 1931, S. 406–408

Baumer, Iso, Das Fastentuch: alter Brauch – neuer Brauch, in: Vaterland, Nr. 47, Freitag, 25. 2. 1977 (Beilage Spektrum der Kirchen)

Baumgärtel-Fleischmann, Renate, Ausgewählte Kunstwerke aus dem Diözesanmuseum Bamberg, Bamberg 1983

Beinert, Wolfgang, Die Kirche – Gottes Heil in der Welt, Münster 1973

Beitl, Wörterbuch = Beitl, Richard, Wörterbuch der Deutschen Volkskunde, Stuttgart 1974 (3. Aufl.)

Beitl, Volksglaube = Beitl, Richard, Volksglaube, Zeugnisse religiöser Volkskunst, Salzburg 1978

Belloni, P. Venanzio, Bellinzona: Affreschi di Sta. Maria delle Grazie, Genova 1975

Biedermann, Gottfried, Zur gotischen Kunst im Bereich des Stiftes, in: Gotik in der Steiermark, Landesausstellung Stift St. Lambrecht, Graz 1978

Berliner, Arma Christi = Berliner, Rudolf, Arma Christi, in: Münchner Jahrbuch der bildenden Kunst, 3. Folge, Bd. VI, 1955, S. 35–152

Berliner, Rudolf, Bemerkungen zu einigen Darstellungen des Erlösers als Schmerzensmann, in: Das Münster, 9. Jg., 1956, Heft 3/4, S. 97–116

Berliner, Rudolf, Die Weihnachtskrippe, München 1955

Birchler, Linus, Die Kunstdenkmäler im Kanton Zug, 2. Halbband, 1959 (2. Aufl.)

Birchler, Linus, Die Kunstdenkmäler im Kanton Schwyz, Bd. 2, 1930

Blaser, Franz, Die Pfarrkirche zu St. Jakob in Steinen, Steinen 1925

Böhner, Philotheus und Gilson, Etienne, Christliche Philosophie, Paderborn 1954

Boockmann, Hartmut, Kirche und Frömmigkeit vor der Reformation, in: Ausstellungskatalog, Martin Luther und die Reformation in Deutschland, Frankfurt 1983

Braun, Altar, Bd. II = Braun, Joseph, Der Christliche Altar, Bd. II. München 1924

Braun, Joseph, Die liturgischen Paramente, Freiburg 1924

Breckenridge, J. D., Et prima vidit. The Iconography of the Appearance of Christ to his Mother, in: Art Bulletin, 39, 1957

Breitenbach, Speculum = Breitenbach, Ernst, Speculum humanae salvationis. Eine typengeschichtliche Untersuchung, Straßburg 1930

Browe, P., Mittelalterliche Kommunionssitten, in: Jahrbuch für Liturgiewissenschaft, 15, 1941, S. 23–66

Brückner, M., und Haetge, E., Der Zyklus der farbigen Glasfenster im Chor des Erfurter Domes, Burg bei Magdeburg 1928

Buholzer, Columban, Vom Fastentuch, in: Bündnerisches Monatsblatt, 12, 1942, S. 377–380

Carpzow, Johann Benedikt, Analecta fastorum Zittaviensium, Zittau 1716

Clemen, Otto, Die Volksfrömmigkeit des ausgehenden Mittelalters, Dresden 1937

Daniel-Rops, Henri, Die apokryphen Evangelien des Neuen Testamentes, Zürich 1956

Dedic, Paul, Der Kärntner Protestantismus von der Adelsemigration bis zum Ende des 17. Jahrhunderts, in: Jahrbuch des Protestantismus in Österreich, 1938

Dehio = Dehio, Handbuch: Die Kunstdenkmäler Österreichs: Kärnten, Wien 1976

Deichmann, Friedrich Wilhelm, Einführung in die christliche Archäologie, Darmstadt 1983

Demus, Otto, Der Meister von Gerlamoos, in: Jahrbuch der Kunsthistorischen Sammlungen in Wien, Bd. XI, 1937

Demus, Otto, Neue Forschungen zur Geschichte der ältesten Kärntner Tafelmalerei (1420–1475), in: Carinthia I, 126. Jg., 1936, S. 14–29

Demus, Otto, Die neuentdeckten Wandgemälde in Feistritz an der Drau, in: Carinthia I, 127. Jg., 1937

Demus, Otto, Zur künstlerischen Herkunft des Thomas von Villach, in: Carinthia I, 1961, S. 625 ff.

Dittrich, Fr., Inneres Aussehen und innere Ausstattung der Kirchen des ausgehenden Mittelalters im deutschen Nordosten, in: Zeitschrift für Christliche Kunst, 1890, Nr. 6

Dörrer, Anton, Heiliggräber, Grabandachten und Karwochenspiele, in: Ostern in Tirol (s. d.)

Durrer, Robert, und Wegeli, Rudolf, Zwei schweizerische Bildzyklen aus dem Anfang des 14. Jahrhunderts, in: Mitteilungen der Antiquarischen Gesellschaft in Zürich, Bd. XXIV., Heft 6, 1889, S. 255–269

Ebner, Lois, Virgener Fasten- und Hungertuch, in: Tiroler Tageszeitung 1984, Nr. 95, Beilage S. V

Effenberger, Arne, Das Mosaik aus der Kirche San Michele in Affricisco zu Ravenna, Berlin 1975

Eggart, Hermann, Die spätgotischen Wandmalereien in der Pfarrkirche zu Eriskirch am Bodensee, in: Schriften des Vereins für Geschichte des Bodensees und seiner Umgebung, 61. Heft, 1934

Egger, Gerhart, Das Gurker Fastentuch, in: Notring-Jahrbuch, Wien 1960

Egli, Johannes, Historisches Museum von St. Gallen, Ein Führer durch die Sammlungen, St. Gallen 1928

Emminghaus, Velum quadragesimale = Emminghaus, Johannes Velum quadragesimale, in: Theologische Revue 60, 1964, 2

Emminghaus, Westfälische Hungertücher, Münster i. W. 1949, Diss. masch.

Engelmeier, Paul, Westfälische Hungertücher, Münster i. W. (= Veröffentlichungen aus den westfälischen Museen 4)

Erb, Hans, Das Raetische Museum, Ein Spiegel von Bündens Kultur und Geschichte, Chur 1979

Felder, P., Die Hofkirche St. Leodgar und St. Mauritius in Luzern, Basel 1958 (= Basler Studien zur Kunstgeschichte, Bd. 17)

Fleischlin, B., und Herzog, F. A., Die Hofkirche zu Luzern, Luzern 1944

Friedel, Rene, Geschichte des Fleckens Erstein, Erstein 1927

Fries, Walter, Die Schreinmadonna, in: Anzeiger des Germanischen Nationalmuseums, Jg. 1928/9
Fritz, Anton, Kärntens Flügelaltäre, Klagenfurt 1975
Frodl = Frodl, Walter, Die gotische Wandmalerei in Kärnten, Klagenfurt 1944
Frodl, Walter, Glasmalerei in Kärnten, 1150–1500, Klagenfurt–Wien 1950
Füglister, R. L., Das lebende Kreuz, Einsiedeln, 1946

Gantner, Joseph, Zur Ikonographie des Heilsspiegelaltares von Konrad Witz, in: Jahresbericht der öffentlichen Kunstsammlungen für 1940, Basel 1942
Ganz, Jürg, Münsterlingen, Basel 1977 (= Schweizerische Kunstführer)
Garzarolli-Thurnlakh, Karl, Das graphische Werk von M. J. S. gen. Kremser Schmidt, Zürich–Wien–Leipzig 1925
Ginhart, Karl, und Grimschitz, Bruno, Der Dom zu Gurk, Wien 1930
Girkon, Paul, Die Glasmalerei als kultische Kunst, Berlin 1927
Goern, H., und Hege, F., Die gotischen Bildfenster des Erfurter Domes, Dresden 1961
Götz, Ute, Die Bildprogramme der Kirchentüren des 11. und 12. Jahrhunderts, Diss. Tübingen 1971
Gorion, Micha Josef bin, Die Sagen der Juden, neu herausgegeben und mit einem Nachwort von Emanuel bin Gorion, Leipzig 1978
Graber, Georg, Kärntner Volksschauspiele, III. Das Kärntner Spiel vom Leiden und Sterben Christi, Wien 1923
Grass, Nikolaus, Vom Fasten- oder Hungertuch, in: Ostern in Tirol (s. d.)
Grass, Nikolaus, Die Bauernfeiertage Tirols im Zeitalter des Spätjosephinismus, in: Tiroler Heimat, Bd. 20, Innsbruck 1957, S. 28–54
Grass, Nikolaus, Barock-Heiliggräber. Ein Beitrag zur Kultur- und Kunstgeschichte Tirols, in Ostern in Tirol (s. d.)
Grimm, Wörterbuch = Grimm, Jakob, und Grimm, Wilhelm, Deutsches Wörterbuch, Leipzig 1854–1960
Gröber, Konrad, Das Konstanzer Münster. Seine Geschichte und Beschreibung, Lindau o. J. (1955)
Gröger, Herbert, Das Hungertuch von Steinen, in: Zolliker Bote (Amtliches Publikationsorgan der Gemeinde Zollikon und offizielles Mitteilungsblatt des Vereins-Kartells) 58. Jg., Nr. 15, 11. April 1958
Gurlitt, Cornelius, Bau- und Kunstdenkmäler des Königreiches Sachsen, 30. Heft: Zittau (Stadt), Dresden 1907

Haebler, Hans Carl von, Das Bild in der evangelischen Kirche, Berlin 1957
Haider, Friedrich, Tiroler Volksbrauch im Jahreslauf, Innsbruck 1968
Hamm, Bernd, Frömmigkeit als Gegenstand theologiegeschichtlicher Forschung, in: Zeitschrift für Theologie und Kirche, 74. Jg., 1977, S. 464–497
Handel-Mazzetti, Hermann, Die Hungertücher und ihre historische Entwicklung, in: Die christliche Kunst, 16. Jg., 1919/20, S. 190–196 und 210–219
Haniel, E., Die Chorfresken von St. Jakob in Strassen, in: Carinthia I, 1943, Heft 2
Hann, Franz G., Drei Darstellungen der Weltschöpfung auf Malereien in Kärtnen, in: Carinthia I, 1892
Hann, Franz G., Fastentücher in Kärnten, in: Carinthia I, 1892
Hann, Franz G., Das Fastentuch in der Kirche zu Millstatt, in: Carinthia I, 1893, S. 73–81
Hann, Franz G., Die Kirche zu Gerlamoos und ihre Wandmalereien, in: Carinthia I, 1891, S. 111–121
Hans, E., Urkundenbuch der Pfarrei Bergheim, Straßburg 1894
Harter-Hart, Die Wandbehänge der ehemaligen Stiftskirche in Garsten, in: Die christliche Kunst, 12. Jg., 1915/1916, Heft 11
Hartwagner, S., Der Dom zu Gurk, Klagenfurt–Wien 1963
Hasler, Josef M., Fasten- und Hungertücher, in: Allgemeine Kölnische Rundschau 2, 1949, Nr. 44, S. 5
Heim = Heim, Walter SMB, Die Revitalisierung des Hungertuches, in: Archiv für Liturgiewissenschaft 23/1, 1981, S. 30–56
Hengeler, Rudolf, Aus dem Einsiedler Stiftsarchiv: Das Inventar von 1550, in: Zeitschrift für schweizerische Archäologie und Kunstgeschichte, Bd. 18, 1958
Hennecke, E., und Schneemelcher, W., Neutestamentliche Apokryphen, 1. Band Evangelien, Tübingen 1959 (3. Aufl.)
Hieronimus, K. W., Das Hochstift Basel im ausgehenden Mittelalter (Quellen und Forschungen): De cortinis in quadragesima per chorum extendendis et rursum deponendis), Basel 1938
Hölker, Karl, Das Telgter Hungertuch, in: Das schöne Münster 5, 1933, S. 65
Hofmann = Hofmann, Herbert, Ein Fastenvelum aus der Zeit um 1500, in: Nachrichtenblatt der Denkmalpflege für Baden-Württemberg 4, Stuttgart 1961
Hohmann, Elisabeth, Fastentücher, in: Zeitschrift für Kunst 2, 1950
Hootz, Reinhardt, Kunstdenkmäler in Österreich, ein Bildhandbuch: Salzburg, Tirol, Vorarlberg, München 1965
Huber, Axel, Das Millstätter Fastentuch, Klagenfurt 1987

Ignatius von Loyola, Die Exercitien, übertragen von H. Urs von Balthasar, Einsiedeln 1954
Ingenhoff, Hans-Dieter, Zur Frage der kunsthistorischen Einordnung des Altheim-Heiligkreuztaler Hungertuches, in: Nachrichtenblatt der Denkmalpflege für Baden-Württemberg 4, Stuttgart 1961

Jaksch, August, Der Maler Konrad von Friesach, in: Carinthia I, 1925
Jecklin, Fritz, Erwerbungen im Jahre 1906 (für das raetische Museum), in: XXXVI. Jahresbericht der historisch-antiquarischen Gesellschaft von Graubünden, Jg. 1906, Chur 1907

Kaeß, Friedrich, und Stierhof, Hans, Die Schloßkapelle in Neuburg an der Donau, Weißenhorn 1977
Kalt = Kalt, Gustav, Die Geschichte des Hungertuches, o. Ort u. Jahr, Ausstellung im Zürcher Landesmuseum, 1978 (Sonderdruck), ohne Paginierung
Kalt, Gustav, Am Hungertuch nagen, in: Schweizerische Kirchenzeitung 145, 1977
Kastner, Ottfried, Osterkrippen in Oberösterreich, in: Der Krippenfreund Nr. 134/135, 1952
Kellner. Karl Adam, Heortologie oder die geschichtliche Entwicklung des Kirchenjahres und der Heiligenfeste von den ältesten Zeiten bis zur Gegenwart, Freiburg i. B. 1911
Keppler, Paul Wilhelm von, Württembergs kirchliche Kunstalterthümer, Rottenburg a. N. 1888
Klunzinger, Karl, Zweiter Bericht über den Alterthums-Verein im Zabergau, 1846, Stuttgart 1847
Knappe, Karl-Adolf, Dürer – das graphische Werk, Wien 1864
Kneller, K. A., Geschichte der Kreuzwegandacht von den Anfängen bis zur völligen Ausbildung, in: Stimmen aus Maria Laach, Erg.-Band 98, 1908
Kober, Karl Max, Die Wandmalerei, in: Ullmann, Ernst, Geschichte der deutschen Kunst, 1350–1470, Leipzig 1981
Koller, Manfred, Die barocken Wandbehänge der ehemaligen Stiftskirche Garsten in Oberösterreich, in: Oberösterreich, Heft 3, 1985, S. 77–88
Koller, Manfred, Barocke Altarbilder in Mitteleuropa: Technik, Schäden, Konservierung, in: Albert Knoepfli u. a. Der Altar des 18. Jahrhunderts. Das Kunstwerk in seiner Bedeutung und als denkmalpflegerische Aufgabe, ohne Ort und Jahr (= Forschungen und Berichte der Bau- und Kunstdenkmalpflege in Baden-Württemberg, Bd. 5)
Kollreider, Franz, Krippen und Heiliggräber in Osttirol, Lienz 1958
Kollreider, Franz, Das Virgener Fastentuch im Osttiroler Heimatmuseum Schloß Bruck, in: Tiroler Heimatblätter 34, 1959
Kollwitz, Johannes, Bild und Bildertheologie im Mittelalter, in: Wolfgang Schöne, Hrsg., Das Gottesbild im Abendland, Witten-Berlin 1957

Koppensteiner, Erhard, Malerei im Stift Garsten, in: Ausstellungskatalog, Kirche in Oberösterreich (s. d.)
Kosch, Ernst, Die Exstiftskirche Garsten, Linz 1923
Kramer, Ernst, Kreuzweg und Kalvarienberg, Kehl–Straßburg 1957
Kriss-Rettenbeck, Lenz, Anmerkungen zur neueren Krippenliteratur, in: Bayerisches Jahrbuch für Volkskunde, 1966/67
Krohn, Franz, Das Hungertuch im städtischen Museum in Zittau, in: Mittheilungen der Gesellschaft für die Geschichte Zittau, 1894, S. 89–91
Kunst der Reformationszeit = Ausstellungskatalog, Kunst der Reformationszeit (s. dort)
Kunstdenkmäler Kärntens = Ginhart, Karl, Die Kunstdenkmäler Kärntens, Bd. I–VIII; Klagenfurt (Artur Kollitsch Verlag)
Die Kunstdenkmale des Landkreises Celle, Hannover 1970 (= Die Kunstdenkmale des Landes Niedersachsen Bd. 34)
Die Kunstdenkmäler der Schweiz, Birchler, Linus, Kanton Schwyz, Basel 1930; Birchler, Linus, Kanton Zug, Basel 1959; Poeschel, Erwin, Kanton Graubünden, Basel 1942; Poeschel, Erwin, Fürstentum Liechtenstein, Basel 1950; Reinle, Adolf, Kanton Luzern, Basel 1953; Rothenhäusler, Erwin, Kanton St. Gallen, Basel 1951
Kunsttopographie Österreichs, Wien 1889 ff.; Bd. I, Herzogthum Kärnten; Bd. IX, Salzburg; Bd. III, Melk; Bd. XXXII, Feldkirch, Bd. XLIII, Kremsmünster
Kurth, Betty, Die deutschen Bildteppiche des Mittelalters, Wien 1926

LA = Legenda Aurea = Die Legenda Aurea des Jakobus de Voragine, aus dem Lateinischen übersetzt von Richard Benz, Heidelberg 1925
Landlinger, Johannes, Obermauern, Virgen (Osttirol), Virgen 1982 (5. Auflage), Kirchenführer
LCI = Lexikon der Christlichen Ikonographie, hrsg. von Engelbert Kirschbaum SJ, Band 1–8, Freiburg 1968 ff.
Legenda Aurea = LA (s. dort)
Leitner, Inschriften = Die Deutschen Inschriften, Band 21, Wiener Reihe 2. Band, Inschriften im Bundesland Kärnten, Österreichische Akademie der Wissenschaften, Wien 1982
Lengwiler, E., Die vorreformatorischen Prädikaturen der deutschen Schweiz, Diss. Fribourg 1955
Letter, Paul, Kam St. Jost zum Vorschein, in: Der Geschichtsfreund, 122. Band 1969
Letter, Paul, Hungertücher aus der Innerschweiz, in: Luzerner Tagblatt, Nr. 15, 25. Februar 1978, S. 25
Lexikon des Mittelalters = Lexikon des Mittelalters Bd. 1 ff., München und Zürich 1980 ff.
Lindgren, Mereth, Evangelische Ikonographie in schwedischen Kirchenmalereien 1530–1630, in: Von der Macht der Bilder (s. dort)
Luthers Werke = Martin Luthers Werke, Kritische Gesamtausgabe, Weimar 1883 ff.

Maier, Alois, Kärntner Kirchengeschichte, Klagenfurt 1979
Maier, Dieter, Die schönsten Pässe und Höhenstraßen der Alpen, Herrsching 1984
Maierbrugger, Matthias, Lebendiges Brauchtum in Kärnten, Klagenfurt 1978
Maierbrugger, Matthias, Fastentücher in Kärnten, in: Das neue Kärntner Volksblatt, 33, 1982, Nr. 6, 25. März, S. 6
Mair, Josef Fr., Eine interessante alte Fastenkrippe, in: Der Krippenfreund, 1926, Nr. 60
Maister, K. Fastentücher in Osttirol, in: Osttiroler Heimatblätter, 11. Jg. Lienz 1934
Marcolino, Venicio, Das Alte Testament in der Heilsgeschichte, Münster 1970
Martin Luther und die Reformation in Deutschland = Ausstellungskatalog, Martin Luther und die . . . (s. dort)
Marxer = Marxer, Felix, Das Fastentuch von Bendern, Jahrbuch des Historischen Vereins für das Fürstentum Liechtenstein, Bd. 74 (Sonderdruck)
Mecenseffy, G., Geschichte des Protestantismus in Österreich, Graz–Köln 1956
Mende, Ursula, Die Bronzetüren des Mittelalters, Darmstadt 1983
Meng-Köchler, M., Die Bilder des Konrad Witz und ihre Quellen, Basel 1947
Michler, Wibke, Die Wand- und Gewölbemalereien im Nonnenchor des ehemaligen Zisterzienserinnenklosters Wienhausen, Diss. Göttingen 1967
Michler, Wiebke, Kloster Wienhausen – Die Wandmalereien im Nonnenchor, Wienhausen 1968
Milesi, Richard, Fastentücher in Kärnten, in: Die Kunst und das schöne Heim, Heft 3, 1978, S. 145–152
Möller = Möller, Bernd, Frömmigkeit in Deutschland um 1500, in: Archiv für Reformationsgeschichte, 56. Jg., 1965, S. 5–30
Molitor, Hansgeorg, Frömmigkeit in Spätmittelalter und früher Neuzeit als historisch-methodisches Problem, in: Festschrift für E. W. Zeeden, 1976, S. 1–20
Mone, F. J., Altdeutsche Schauspiele, Quedlinburg 1841
Müller, Anton E., Der Sinn und die Bedeutung des Hungertuches, in: Vaterland 34, Freitag, 10. 2. 1978

Neckheim, Günther H., Die Fastentücher im Kärntner Kunstschaffen zur Passionszeit, in: Die Kärntner Landsmannschaft, 1965, Heft 4

Oberhammer, Vinzenz, Christus am Ölberg. Teilstück eines Fastentuches aus Obervintl, in: Deutsche Kunst, Bd. 8, Bremen, o. Jahr (ca. 1942/43), o. P.
Oertel, Hermann, Die protestantischen Bilderzyklen im niedersächsischen Raum und ihre Vorbilder, in: Niederdeutsche Beiträge zur Kunstgeschichte, Bd. 17, 1978, S. 102–132
Osten, Gert von der, Der Schmerzensmann, Typengeschichte eines deutschen Andachtsbildwerkes von 1300–1600, Diss. Halle 1933
Ostern in Tirol = Grass, Nikolaus, Hrsg, Ostern in Tirol, Innsbruck 1957 (= Schlern-Schriften 169)
Otte, Heinrich, Handbuch der kirchlichen Kunst-Archäologie, Leipzig 1883 (5. Auflage)
Otte, Heinrich, Archäologisches Wörterbuch, Leipzig 1877 (2. Aufl.)

Panofsky, Erwin, Imago Pietatis, in: Festschrift für M. J. Friedländer, 1927
Perndl, Josef, Die Stiftskirche von Garsten, ihre Geschichte und Ausstattung, Diss. masch. Wien 1939
Perndl, Josef, Die Stiftskirche von Garsten, ihre Geschichte und Ausstattung, in: Jahresbericht des Kollegiums Petrinum, Linz 1963, S. 1–66
Pescheck, Christian A., Handbuch der Geschichte von Zittau, Bd. 1, Zittau 1834
Pescheck, Christian A., Nachricht über das im Jahre 1840 wieder aufgefundene sogenannte Zittauer Hungertuch von 1472, in: Mittheilungen des königlich sächsischen Vereins für die Erforschung und Erhaltung der vaterländischen Alterthümer, 1842, Heft 2, S. 70–73
Peters, H., Die sieben Schmerzen Mariä, in: Neußer Jahrbuch für Kunst-, Kulturgeschichte und Heimatkunde, 1957
Pfleger, Lucian, Analecta liturgica Argentinensia, in: Archiv für elsässische Kirchengeschichte, 3. Jg. 1928, S. 378–379
Pizzinini, Meinrad, Matrei/Osttirol, München–Zürich 1980 (2. Aufl. = Schnell, Kunstführer 971)
Platte, Hans, Meister Bertram in der Hamburger Kunsthalle, Hamburg 1973
Poeschel, Erwin, Die romanischen Deckengemälde von Zillis, Elfenbach–Zürich 1941
Poeschel, Erwin, Die Wandmalereien in der Marienkirche zu Pontresina, in: Das Werk XIII, 1936, S. 277–297
Poeschel, Erwin, Die Kunstdenkmäler des Kantons Graubünden, Basel 1942 ff.
Poeschel, Erwin, Die Kunstdenkmäler des Fürstentums Liechtenstein, Basel, 1950
Poscharsky, Peter, Die Kanzel, Gütersloh 1963

Poscharsky, Peter, Das lutherische Bildprogramm, in: Festschrift für Fairy von Lilienfeld zum 65. Geburtstag, hrsg. von A. Rexhäuser und K. H. Ruffmann, Erlangen 1982, S. 374–395

Raimann, Alfons, Gotische Wandmalerei in Graubünden, Disentis 1985 (2. Auflage)

Rainer, Otto, Die Kärntner Fastentücher, in: Fürs Kärntner Heim Nr. 2, 1931 (Zeitungsbeilage 1. März)

Rainer, Otto, Das Haimburger Fastentuch, in: Kirchenkunst, Jg. 3, 1931 (Wien) S. 2–8

Rainer, Otto, Das Gurker Fastentuch, Klagenfurt o. J. Neuauflage, Gurk Domcustodie 1984

Rainer, Otto, Das Gurker Fastentuch, in: Die Warte, 30. März 1946, Nr. 13, S. 1

Ranacher, Maria, Painted Lenten veils and wall coverings in Austria, in: Conservation within historic buildings. Preprints of the IIC Vienna Congress, London 1980 (Der Titel wurde mir erst nach Abschluß meiner Arbeiten bekannt und konnte von mir nicht mehr eingesehen werden.)

Rauscher, J., Die Prädikaturen in Württemberg vor der Reformation, in: Württemberg. Jahrbücher für Statistik und Landeskunde 1908/2, S. 152–211

RDK = Reallexikon zur Deutschen Kunstgeschichte, Stuttgart 1937 ff.

Reiners, Heribert, Das Münster Unserer Lieben Frau zu Konstanz, Konstanz 1955

Reiners, Heribert, Kunstdenkmäler Südbadens, Bd. 1, Konstanz 1955

Reinle, Adolf, Die Kunstdenkmäler des Kantons Luzern, Basel 1953

RGG = Die Religion in Geschichte und Gegenwart, Tübingen 1957 ff. (3. Aufl.)

Riedmatter, P. O., Die Ikonographie des Abschieds Jesu von Bethanien, München 1931

Riesenhuber, Martin, Die kirchliche Barockkunst in Österreich, Linz 1924

Ringler, Josef, Tiroler Fastenkrippen, in: Ostern in Tirol (s. dort)

Ritz, Gislind, Die christliche Gebetszählschnur, ihre Geschichte, ihre Erscheinung, ihre Funktion, München 1955

Röhrich, L., Lexikon der sprichwörtlichen Redensarten, Freiburg i. Br. 1976 (4. Auflage)

Röhrig, K., Der Christustyp von Ludwig Fahrenkrog, in Monatsschrift Gottesdienst und kirchliche Kunst 11, 1906

Rohde, Alfred, Passionsbild und Passionsbühne, Berlin 1926

Rosenberg, A., Engel und Dämonen, München 1967

Roth, Elisabeth, Der volkreiche Kalvarienberg in Literatur und Bildkunst des späten Mittelalters, Berlin 1967 (2. Aufl.)

Rothenhäusler, Erwin, Kunstdenkmäler des Kantons St. Gallen, Basel 1951

Rott, Hans, Oberrheinische Meister des 15. und 16. Jahrhunderts, Namen und Werke, in: Oberrheinische Kunst 3, 1928

Sachs, Badstübner, Neumann = Sachs, Hannelore, Badstübner, Ernst, Neumann, Helga, Christliche Ikonographie in Stichworten, Leipzig 1973 – München 1975

Sakrausky, Oskar, Hrsg., Evangelisches Österreich, Wien o. Jahr

Salvini, Roberto, Agnolo Gaddi, in: Sta. Croce, Kirchen, Kapellen, Kloster und Museum, hrsg. von Umberto Baldini und Bruno Nardini, Stuttgart 1985

Samson, H., Das Fastentuch, in: Pastor Bonus, 7, 1985

Savels = Savels, Carl August, Hungertücher, in: Zeitschrift für Christliche Kunst 1894, Heft 6

Schiller, Gertrud, Ikonographie der christlichen Kunst, Bd. 1–4, Gütersloh 1962 ff.

Schmidt, L., Das geheime Leiden Christi, in: Gerhard Schreiber, Volk und Volkstum, Bd. III, München 1937

Schmidt, L., Geschichte der Volkskunde in Österreich, Wien 1951

Schmidt, Leopold, Volkskunst in Österreich, Wien 1966

Schmidt, Philipp, Die Illustration der Lutherbibel, 1522–1700, Basel 1977 (2. Aufl.)

Schneider, Jenny, Bildteppiche, Bern 1978

Schneider, Jenny, Schweizerische Bildstickereien des 16. und 17. Jahrhunderts, Bern 1978

Schneider = Schneider, Johannes, Kärntner Fastentücher, in: Heiliger Dienst, 14, 1960

Schneider, Johannes, Zur Rückkehr des Gurker Fastentuches in: Kärntner Volksblatt 9. Jg., Nr. 10 (war mir nicht zugänglich)

Schnerich = Schnerich, Alfred, Die beiden biblischen Gemälde-Cyclen des Doms zu Gurk, in: Mittheilungen der K.K. Central-Commission zur Erforschung und Erhaltung der kunst- und historischen Denkmale, N.F. XX. Jg., Wien 1894

Schnerich, Alfred, Das Fastentuch in Reichenfels, in: Carinthia I, 1912

Schnürer, G. Katholische Kirche und Kultur im 18. Jahrhundert, Paderborn 1941

Schober = Schober, Ferdinand, Das Fasten- oder Hungertuch im Münster U.L.F. in Freiburg, in: Schau ins Land 28, 1901, S. 129–137

Schrade, Hubert, Beiträge zur Erklärung des Schmerzensmannbildes, in Deutschkundliches, Friedrich Panzer zum 60. Geburtstag, Heidelberg 1930

Schumann, A., Das Künzelsauer Fronleichnamsspiel, Öhningen 1926

Schweizer, Eduard, Das Evangelium nach Matthäus, Göttingen 1973

Schwemmer, Wilhelm und Schnellbögel, Fritz, Der Kalvarienberg in Schnaittach, ein Denkmal barocker Kunst, in: Altnürnberger Landschaft, 12, 1963 (Sonderheft), S. 5–32

Sennhauser-Girard, Marese, Die karolingische Ausmalung der Klosterkirche von Müstair, Diss. Basel 1966

Sigl, Johann, Das Hungertuch, in: Christliche Kunstblätter, 83, 1942

Smitmans, Adolf, Die christliche Malerei im Ausgang des 19. Jahrhunderts – Theorie und Kritik, Sankt Augustin 1980

Sörries = Sörries, Reiner, Die Fastentücher im Vorarlberger Landesmuseum in Bregenz, in: Jahrbuch des Vorarlberger Landesmuseumvereins, Freunde der Landeskunde, Bregenz 1986, S. 123–144

Sörries, Reiner, Die Evangelischen und die Bilder, Erlangen 1983

Spamer, Adolf, Wesen und Aufgaben der deutschen Volkskunde, in: ders., Hrsg., Die deutsche Volkskunde, 1. Bd. Leipzig 1934

Spamer, Adolf, Das kleine Andachtsbild, München 1930 (1980, 2. Aufl.)

Staffelbach, Georg, Hat Kaspar Meglinger die Hungertücher gemalt, in: Vaterland 78, Samstag 2. April 1977

Stange, Alfred, Deutsche Malerei der Gotik, Bd. 10–11, München 1960/61

Steinmann, Eugen, Brigels/Breil, Basel 1977 = Schweizerische Kunstführer

Stirm = Stirm, Margarete, Die Bilderfrage in der Reformation Heidelberg 1977 (= Quellen und Forschungen zur Reformationsgeschichte Bd. 45)

Strutz, Herbert, Eine Volksbibel in Bildern, in: Die Kärntner Landsmannschaft, Heft 4, 1965

Styger = Styger, Paul, Das Fastentuch im Historischen Museum zu Altdorf, in: Urner Historisches Neujahrsblatt, 1919, S. 85–96

Swoboda, Otto, Fastenkrippen und Fastentücher, in: Österreichische Ärztezeitung, Kultur im Zeitgeschehen, 30, 1975, S. 41 (Der Titel ist irreführend, er beschäftigt sich nur mit Fastenkrippen)

Tietze, H., Die typologischen Bilderkreise des Mittelalters in Österreich, in: Jahrbuch der K.K. Central-Commission für Erforschung und Erhaltung der kunst- und historischen Denkmale, Wien 1904, N.F. II. Band, 2. Teil

Ullmann, Ernst, Geschichte der Deutschen Kunst, 1350–1470, Leipzig 1981

Veit/Lenhart, Kirche und Volksfrömmigkeit im Zeitalter des Barock, Freiburg i. Br. 1956

Vetter, E., Maria im brennenden Dornbusch, in: Das Münster 10, 1957

Volk, Paulus, Das sogenannte Hungertuch, in: Studien und Mitteilungen zur Geschichte des Benediktinerordens 57, 1939

Von der Macht der Bilder = Ullmann, E., Hrsg., Von der Macht der Bilder, Beiträge des C.I.H.A. Kolloquiums „Kunst und Reformation", Leipzig 1983

WA = Martin Luthers Werke, Kritische Gesamtausgabe, Weimar 1883 ff.

Waal, Anton de, Figürliche Darstellungen auf Teppichen und Vorhängen in römischen Kirchen, in: Römische Quartalschrift 2, 1888, S. 313–321

Wagner, Barockzeitlicher Passionskult = Wagner, Georg, Barockzeitlicher Passionskult in Westfalen, Münster 1961

Wagner, Georg, Volksfromme Kreuzverehrung in Westfalen von den Anfängen bis zum Bruch der mittelalterlichen Glaubenseinheit, Münster 1960

Wahrig, Wörterbuch der deutschen Sprache, München 1978

Weale, M., Le velum templi, in: Le Beffroi II, Brügge 1864

Weckwerth, Alfred, Die Zweckbestimmung der Armenbibel und die Bedeutung ihres Namens, in: Zeitschrift für Kirchengeschichte 68, 1957, S. 225–258

Weckwerth, Alfred, Art. Armenbibel in TRE (= Theologische Realencyclopädie)

Weingartner, Joseph, Die Kunstdenkmäler Südtirols, Innsbruck 1951

Weinzierl-Fischer, Erika, Geschichte des Benediktinerklosters Millstatt in Kärnten, Klagenfurt 1951

Weisbach, Werner, Der Barock als Kunst der Gegenreformation, Berlin 1921

Wetzer und Weltes Kirchenlexikon, Freiburg i. Br. 1882 ff. (2. Aufl.)

Wonisch, Othmar, Die Kunstdenkmäler des Benediktinerstiftes St. Lambrecht, Wien 1951 (= Österreichische Kunsttopographie Bd. XXXI)

Wyss, R. L., Die neun Helden, in: Zeitschrift für Schweizerische Archäologie und Kunstgeschichte, 17, 1957

Zeitler, Rudolf, Das Programm der Malereien einer schwedischen Bauernkirche um 1450, in: Von der Macht der Bilder (s. dort)

Zoepfl, F., Das unbekannte Leiden Christi in der Frömmigkeit und Kunst des Volkes, in: Schreiber, G. Volk und Volkstum Bd. II, München 1937, S. 317–336

Zykan, Josef und Dworschak, Fritz und Feichtmüller, Rupert und Garzarolli-Thurnlakh, Karl, Der Maler Martin Johann Schmidt, genannt der Kremser Schmidt 1718–1801, Wien 1955

Inhalt